MÉMOIRES
DU PRINCE
DE TALLEYRAND

PUBLIÉS AVEC UNE PRÉFACE ET DES NOTES

PAR

LE DUC DE BROGLIE
DE L'ACADÉMIE FRANÇAISE

V

PARIS
CALMANN LÉVY, ÉDITEUR
RUE AUBER, 3, ET BOULEVARD DES ITALIENS, 15
A LA LIBRAIRIE NOUVELLE
—
1892

Droits de reproduction et de traduction réservés pour tous les pays
y compris la Suède et la Norvège.

MÉMOIRES

DU

PRINCE DE TALLEYRAND

LE PRINCE DE TALLEYRAND

1838

(D'après Ary Scheffer).

AVERTISSEMENT DE L'ÉDITEUR

Le cinquième et dernier volume des *Mémoires* du prince de Talleyrand complète la publication dont les exécuteurs testamentaires du prince avaient laissé le soin à des mandataires de leur choix. Les éditeurs accomplissent l'engagement qu'ils ont pris en remettant à M. le Directeur de la Bibliothèque nationale les volumes manuscrits dont le texte aujourd'hui imprimé est l'exacte reproduction. Il sera ainsi aisé de se convaincre qu'ils ne se sont permis de faire subir au dépôt qu'ils avaient reçu aucune modification et aucun retranchement d'aucune sorte.

A la vérité, le recueil mis ainsi à la disposition du public n'étant point un écrit autographe mais une copie certifiée par les exécuteurs testamentaires, cette constatation, suffisante pour attester la sincérité scrupuleuse des éditeurs, ne le serait pas à elle seule, à défaut d'autres témoignages, pour terminer la controverse qui a été élevée sur le caractère des *Mémoires* eux-mêmes. Heureusement, la discussion à laquelle cette controverse même a donné lieu a déjà suffi pour dissiper tous les doutes.

La question de l'authenticité des *Mémoires* de Talleyrand a été débattue, en effet, à fond dans la presse et leur caractère original établi jusqu'à l'évidence par des critiques éminents et par les juges dont l'autorité est la moins contestée. M. Sorel dans le *Temps*, M. Chuquet dans la *Revue critique*, M. Gustave Monod et M. Farge dans la *Revue historique*, se sont prononcés avec la compétence que leur donnent leurs études comparées de tous les documents touchant à l'histoire contemporaine ; et à l'appui du même jugement, M. Pierre Bertrand a apporté dans la *Revue encyclopédique* des détails curieux sur les procédés de composition du prince de Talleyrand, tels qu'il a été en mesure de les reconnaître dans la publication qu'il a faite de plusieurs de ses lettres inédites.

Si je reviens donc aujourd'hui sur un sujet qui peut paraître épuisé, ce n'est pas dans la pensée de rien ajouter à des démonstrations si concluantes, mais simplement pour en offrir la reproduction et le résumé aux lecteurs qui, n'ayant pu suivre les phases du débat, désireraient être fixés sur la véritable valeur de l'œuvre mise aujourd'hui tout entière entre leurs mains.

Quelques mots suffiront pour rappeler sur quels points la contestation a porté et dans quelle mesure exacte elle a été renfermée. On n'a pas essayé d'assimiler les *Mémoires* de Talleyrand à ces compositions apocryphes qui abondent dans notre littérature, véritables romans historiques, fabriqués de toutes pièces par des artistes de profession et mis ensuite par eux sous le nom de tel ou tel personnage célèbre. L'origine certaine des documents et l'empreinte d'un esprit supérieur visible dans certaines parties ne pouvaient prêter à des suppositions de cette espèce. On s'est borné à soutenir que le texte primitif avait été mutilé, remanié et n'arrivait ainsi à la publicité qu'après avoir subi des altérations qui le rendaient méconnaissable; et pour justifier cette assertion, on a signalé dans le récit de la vie publique ou privée du prince soit des lacunes qui semblent l'effet de retranchements faits après coup par une main étrangère, soit des confusions de faits ou de noms qui n'auraient pas dû échapper à l'auteur puisque l'erreur porte sur des événements auxquels il a été personnellement mêlé et sur des contemporains, adversaires ou amis, qu'il a personnellement connus. L'absence d'un manuscrit autographe s'expliquerait alors par le dessein, arrêté chez ceux qui l'ont transcrit, de faire disparaître les traces des modifications qu'ils n'auraient pas craint d'y apporter.

On doit reconnaître, en effet, que dans les *Mémoires*

ne figurent pas, du moins avec le même degré de détail et d'importance, tous les événements de la vie de l'auteur qui ont trouvé place depuis longtemps dans sa biographie. La narration passe très rapidement et sans insister sur les débuts de la carrière politique de Talleyrand, le rôle qu'il a joué à l'Assemblée constituante, ses rapports avec les personnages illustres qui ont alors occupé la scène, les missions et les fonctions publiques qu'il a remplies pendant cette première phase de la Révolution. A ne considérer même que la dimension des récits, il y a loin des quelques chapitres consacrés à ces années de jeunesse aux développements qui sont réservés à l'exposition complète et détaillée des grandes négociations de 1814 et 1830. Mais loin que cette différence dût surprendre, on devait s'y attendre, et elle ne présente rien à nos yeux que de très naturel. Dans le cours d'une existence presque séculaire, Talleyrand, associé à toutes les vicissitudes dont l'Europe et la France avaient été le théâtre pendant cette période d'agitation, avait vu en réalité changer la face du monde autour de lui ; et par l'effet d'une si longue expérience suivie de déceptions répétées, il devait lui arriver, comme à la plupart des hommes de sa génération, de ne retrouver presque rien en lui de l'état d'âme et d'esprit qu'il avait partagé avec beaucoup des plus sages de ses contemporains. Au moment où il prenait la plume, au lendemain de la Restauration à laquelle il avait puissamment contribué, le prince de Talleyrand, venant de représenter la monarchie légitime à Vienne devant l'Europe assemblée, conservait bien peu d'idées et de traits communs avec l'abbé de Périgord siégeant au côté gauche de l'Assemblée constituante, et il devait avoir peine à reconnaître en lui-même à travers un passé si lointain ce modèle presque effacé. Il avait beaucoup appris et peut-être aussi un peu oublié. Bien des résolutions qu'il avait appuyées dans des jours d'espérance, d'illusion et d'orage devaient lui apparaître, sinon comme un entraînement dont il n'avait pas su se défendre, au moins comme des nécessités qu'il avait dû subir. Comment ne se serait-il pas hâté de tourner cette page de son histoire pour arriver rapidement à celle où étaient inscrits les services éminents qu'il venait de rendre à son pays? Comment se serait-il attardé à retracer avec complaisance, pour la postérité des impressions dont il avait peut-être lui-même perdu, et dont il ne se souciait pas, en tout cas, de raviver la mémoire?

Un homme qui a exercé sur les affaires politiques de son temps une action pareille à celle qui est échue à Talleyrand ne se met pas à écrire, comme un narrateur ordinaire, uniquement pour charmer les loisirs de l'âge avancé en repassant sur les souvenirs de sa jeunesse. Sa pensée constante est de faire apprécier la mesure des efforts qu'il a faits pour servir les intérêts qui lui étaient confiés et les résultats qu'il s'applaudit d'avoir obtenus. A ce point de vue, 1789 ne rappelait à M. de Talleyrand qu'une activité dépensée sans fruit. Est-il étonnant qu'il ait mieux aimé s'occuper de la grandeur et de l'utilité incontestables du rôle qu'il avait joué en 1814 et 1830? On n'a point, d'ailleurs, tenu une si grande place dans son siècle sans avoir été sujet à beaucoup d'accusations et de reproches. Des Mémoires n'ont point alors pour but de révéler des faits inconnus, mais de préparer les pièces d'un procès qui doit être instruit devant l'histoire, et l'histoire elle-même y doit chercher encore moins des informations nouvelles que les éléments propres à l'éclairer sur le jugement qu'elle est appelée à porter.

Je sais bien qu'on s'était fait assez généralement des *Mémoires* de Talleyrand une idée toute différente de celle que la connaissance aujourd'hui complète a réalisée. Par l'effet des précautions peut-être excessives prises par les exécuteurs testamentaires pour prévenir une publication prématurée, on s'était plu à se figurer que le secret n'avait pu être aussi longtemps gardé que parce qu'il portait sur des faits de nature délicate et mystérieuse et que, le voile une fois levé, on verrait apparaître des révélations piquantes, des portraits satiriques, des anecdotes malignes, qui sait? peut-être même des confidences sur les facilités que le relâchement des mœurs permettait au clergé mondain de l'ancien régime. Le ton grave du récit particulièrement approprié à la nature des sujets traités a déconcerté cette curiosité frivole, et de là à supposer qu'on avait supprimé à dessein tout ce qui aurait pu la satisfaire, il n'y avait qu'un pas. Mais il n'était pas nécessaire d'avoir connu M. de Talleyrand, il suffisait d'avoir vécu avec ceux qui l'avaient approché pour n'avoir jamais conçu une idée et, par conséquent, n'avoir pas à perdre une illusion de cette nature. Il suffisait même de se rappeler que parmi les reproches de tout genre qu'on a pu lui faire, celui de manquer de tact et de goût est peut-être le seul qu'on lui ait épargné. Si des écrivains sérieux ont pu chercher dans ses *Mémoires* ce genre d'intérêt et s'étonner de ne l'y pas trouver, ils ont fait preuve d'un défaut de jugement qui ne leur permettrait pas de prétendre à la qualité d'historiens.

On ne comprend pas davantage comment, avec la moindre habitude d'écrire l'histoire d'après des documents originaux, on pourrait attacher une réelle importance à quelques erreurs de chronologie ou de noms propres qu'on a pu relever dans les *Mémoires* de Talleyrand. Au lieu d'y voir une marque de contrefaçon, on doit y reconnaître ce qu'il y a de plus simple au monde : une défaillance de mémoire inévitable au bout d'une longue vie écoulée dans des circonstances si diverses. J'ose affirmer qu'il n'y a pas de Mémoires connus, même ceux dont l'authenticité est la moins douteuse, qui ne renferment des erreurs plus graves et qui, examinés à la loupe, ne supportent moins bien l'examen. Je puis invoquer, à cet égard, mon expérience personnelle faite dans diverses conditions.

J'ai eu l'occasion, par exemple, dans le cours de mes travaux, d'étudier avec soin les Mémoires laissés par les hommes qui avaient joué pendant le xviiie siècle un rôle important comme ministres, généraux ou ambassadeurs : je citerai, entre autres, le maréchal de Belle-Isle et le marquis d'Argenson : et en comparant ensuite leurs récits avec leur correspondance écrite pendant leur gestion, ce n'est pas une fois, par hasard, c'est à tous moments que j'ai rencontré des différences, des contradictions même, en apparence inconciliables, entre le détail des faits tels qu'ils les ont rapportés après coup dans leur retraite et tels qu'on les trouve dans leurs lettres écrites au lendemain même du jour où les incidents se sont produits. Beaucoup de ces différences sont motivées sans doute par le désir de se justifier de certains reproches ou d'accroître le mérite de certains services, mais d'autres n'ont d'explication que des oublis ou des confusions involontaires.

De plus, deux hommes politiques ayant tenu une place considérable dans notre histoire contemporaine — et dont l'un a cessé de vivre — ont bien voulu me faire part de tout ou partie de leurs souvenirs inédits, et je me suis permis de leur signaler, dans le récit des événements où ils avaient figuré comme acteurs principaux, des inexactitudes très inoffensives, sans doute, et très innocentes, mais beaucoup plus graves que celles dont on accuse les *Mémoires* de Talleyrand, et ils se sont empressés, sur ma seule observation, de les reconnaître et de les réparer.

J'ajouterai qu'appelé à publier moi-même les Souvenirs de mon père, j'ai pu constater, d'après son propre témoignage, combien l'homme le plus consciencieux, écrivant après de longues années, doit se défier de la fidélité de sa mémoire et a de précautions à prendre pour ne pas la trouver en défaut.

On sait que le premier acte et l'un des plus caractéristiques de la vie politique de mon père fut la résolution qu'il prit en 1815 de siéger à la Chambre des pairs dans le procès du maréchal Ney, bien qu'il n'eût pas encore l'âge légal pour délibérer et qu'il ne dût l'atteindre que le jour où la sentence serait portée. Combien de fois ne l'avais-je pas entendu raconter le détail de la première séance à laquelle il avait assisté et dont l'impression devait être restée gravée dans son esprit en traits ineffaçables, en raison de la gravité et de la nouveauté du spectacle qu'il avait sous les yeux. Le sujet du débat, me disait-il, était ce jour-là la décision du point peut-être le plus important de la cause : la question de savoir si on appliquerait au maréchal le bénéfice de l'amnistie promise aux rebelles par la capitulation de Paris. Quelle surprise n'ai-je donc pas éprouvée en retrouvant dans ses Souvenirs ces mêmes détails, mais rapportés avec la réserve qu'on va lire :

« Le 4 décembre, écrit-il, je pris séance, j'entrai à onze heures du matin dans la Chambre du conseil déjà réuni : la Chambre du conseil, c'est-à-dire le lieu où la Chambre délibérait hors la présence du public, c'était la galerie de tableaux. Je vois encore ici la position de chacun des membres à moi connus et la place que je pris moi-même au dernier banc. Chose inconcevable, si j'en étais requis, je prêterais serment que le sujet de la délibération c'était la question de savoir si l'on permettrait au maréchal Ney de plaider la capitulation de Paris. On sait que ce fut le tort, le grand tort, je dirai presque le crime de la Chambre des pairs d'avoir en ceci fermé la bouche à l'accusé. J'entends M. Molé parler dans un sens, Lanjuinais et Porcher de Richebourg en sens opposé. Cette séance a fait époque dans ma vie. Comment se fait-il que je me trompe? Il le faut bien, néanmoins, puisque le procès-verbal place cette séance non le premier, mais le dernier jour du procès à l'issue des plaidoiries. Mais tout en reconnaissant mon erreur, c'est ma raison qui se soumet, ma mémoire reste intraitable, et, je le répète ici, je prêterais serment contre le procès-verbal. »

Supposons maintenant que le narrateur n'eût pas été en mesure de consulter les procès-verbaux de la Chambre des pairs et eût mis par écrit ses souvenirs tels qu'il les avait gardés, cette erreur de date suffirait-elle pour contester soit la véracité de l'écrivain, soit l'authenticité du texte[1]?

Enfin, s'il suffisait d'une erreur sur la qualité d'un personnage public pour mettre en doute la sincérité d'un écrit, comment expliquer que, dans le petit nombre de lettres autographes de M. de Talleyrand lui-même que nous possédons, on trouve, à cet égard, des méprises plus considérables que celles qu'on a signalées dans ses *Mémoires*? Comment expliquer, par exemple, que, parlant à l'empereur Alexandre, il donne la qualité de beau-frère du roi Frédéric-Guillaume au chef d'une maison assurément très illustre, mais qui ne tenait à la famille royale de Prusse que par des liens de parenté beaucoup plus éloignés[2], et comment expliquer qu'au lieu de réparer cette erreur, deux jours après, il la renouvelle en rendant compte au roi Louis XVIII de

---

[1]. C'est une erreur de date de ce genre qui a fait mettre en doute un instant l'authenticité de la lettre de Louis XVIII à M. de Talleyrand relative au projet formé par les Prussiens de faire sauter le pont d'Iéna. En citant cette lettre dans ses *Mémoires* (C. III, p. 236) M. de Talleyrand la fait précéder de cette suscription : Paris, le 15 juillet 1815, samedi dix heures. Cette date ne pouvait être exacte puisque le fait auquel la lettre se rapporte s'est passé non pas le samedi 15 mais le samedi 8 juillet. Heureusement l'original de la lettre existe et a été reproduit en photographie en tête du premier volume des *Mémoires* et elle ne porte d'autre date que celle-ci : ce samedi. L'erreur est donc uniquement du fait de l'auteur des Mémoires qui voulant donner, de souvenir, à la lettre une date certaine, s'est trompé d'une semaine : Ce qui pour un incident en lui-même de peu d'importance n'a rien d'extraordinaire.

[2]. Voir tome III, p. 71.

son entretien ? Assurément, pour un homme de cour, pour un diplomate vivant et causant avec les souverains, sachant combien ils aiment peu qu'on se méprenne sur ce qui les touche, il y avait là une inexactitude ou une maladresse beaucoup plus grande que celle qui consiste à avoir donné au directeur Carnot, en 1796, le grade de général, qui ne lui a été conféré qu'en 1813.

On chercherait donc vainement à tirer parti, contre la confiance due aux *Mémoires* dans leur ensemble, de ces incorrections inévitables portant sur de telles minuties. Reste à expliquer pourquoi le manuscrit que les exécuteurs testamentaires ont laissé est une copie certifiée et non pas un texte autographe. La réponse est des plus simples : c'est qu'un pareil texte — au moins dans les conditions qu'on suppose — n'a probablement jamais été entre leurs mains, et connaissant les habitudes de M. de Talleyrand, ils n'en ont éprouvé eux-mêmes aucune surprise.

Tous ceux qui avaient vécu auprès de M. de Talleyrand savaient, en effet, que le travail matériel le fatiguant, il n'écrivait de sa propre main que ses lettres intimes ou celles que, par respect pour les personnes à qui il les adressait, il ne se croyait pas permis de faire passer par la plume d'un secrétaire. Pour les travaux de plus longue haleine il dictait; la dictée faite, il la revoyait, y apportait des corrections pour rendre l'expression plus conforme à sa pensée ; puis la pièce ainsi revue était recopiée de nouveau et classée dans ses papiers.

Quelquefois, il jetait au courant de la plume quelques idées sur le papier et laissait à un secrétaire le soin de relier entre eux ces fragments détachés. Enfin, quand il avait pleine confiance dans l'intelligence et l'habileté de ce collaborateur, il se bornait à lui faire connaître le fond de la pensée qu'il voulait exprimer, et en se réservant à lui-même la tâche de corriger la forme pour lui donner plus de force et d'élégance. C'étaient des textes ainsi préparés, mais dont aucun probablement n'était de la propre main de l'auteur, que M. de Bacourt a reçus en dépôt; et en les transcrivant de nouveau il n'a cru altérer en rien leur caractère, ni surtout leur enlever aucune garantie d'exactitude et d'authenticité. Que gagnerait-on, en effet, à avoir sous les yeux ces textes originaires (remarquez que je ne dis nullement originaux)? ce seraient des copies tout comme celles que nous avons reçues, sauf qu'au lieu d'être reliées en volumes et toutes d'une même main, ce seraient des cahiers détachés peut-être d'écritures différentes, tout aussi susceptibles et tout aussi facilement suspectées de suppression ou d'interpolation, et pour y ajouter foi, il faudrait toujours s'en rapporter à la loyauté des exécuteurs testamentaires et en particulier du dernier survivant, M. de Bacourt[1].

---

[1]. Voici comment M. Bertrand après avoir expliqué en détail le mode de composition de M. de Talleyrand dont l'étude de ses lettres et des pièces émanées de lui existant aux Affaires étrangères

Je sais bien que c'est cette loyauté même de M. de Bacourt que, sans craindre de contredire l'opinion unanime de ceux qui l'ont connu, on n'a pas hésité à mettre en suspicion. A cette occasion, on rappelle que la marque de confiance dont M. de Talleyrand avait honoré M. de Bacourt n'était pas la première du même genre qui lui eût été conférée; son nom figure déjà en tête d'une publication faite, il y a plusieurs années, contenant des pièces très importantes relatives aux rapports de Mirabeau avec la cour de Louis XVI, et dont le comte de La Marck, depuis prince d'Arenberg, avait été l'intermédiaire. M. de La Marck en mourant avait chargé M. de Bacourt de faire connaître ces pièces au public

---

a pu lui donner connaissance, résume son opinion au sujet des Mémoires eux mêmes.

« Le caractère des manuscrits privés et de ses Mémoires est fort bien indiqué par cette mention de la copie laissée par M. de Bacourt dans l'inventaire de ses papiers, inventaire qui était joint à son testament :

» Quatre volumes reliés en peau qui sont la seule copie authentique et complète des *Mémoires du Prince de Talleyrand*, faite d'après les manuscrits, dictées et copies dont M. le prince de Talleyrand lui avait indiqué l'emploi.

» On le voit, il est question de manuscrits, de dictées et de copies. Les manuscrits sont évidemment toutes les pièces émanées de divers personnages dont les originaux possédés par Talleyrand sont aujourd'hui aux mains de M. le duc de Broglie et dont quelques-uns ont été insérés par M. de Bacourt dans la copie des *Mémoires*. Il est permis de supposer que les copies dont parle l'inventaire sont des copies faites pour Talleyrand des pièces possédées par les archives de l'Etat ou par des particuliers : il reste les dictées. Mais que serait-ce que ces dictées sinon les manuscrits originaux des *Mémoires* ? »

pour bien établir le caractère, suivant lui mal apprécié, de ces relations secrètes de Mirabeau, et on accuse M. de Bacourt de n'avoir pas porté un scrupule suffisant dans l'accomplissement de ce mandat. Quelques-unes des pièces, dont on trouve la trace, ont dû être supprimées et laissées dans l'ombre ; et on en conclut que c'est à une élimination du même genre que M. de Bacourt a procédé dans la publication des *Mémoires* de Talleyrand. Le fait allégué fût-il vrai — ce que je n'ai pas à discuter ici — je ne vois pas quelle conclusion on serait en droit de tirer d'une assimilation faite entre deux situations qui n'ont rien de pareil. M. de La Marck avait réuni une vaste collection de papiers de dates et d'origines différentes. C'étaient des lettres et des notes, les unes émanant de Mirabeau lui-même, les autres à lui adressées, d'autres postérieures à sa mort. C'est de cet ensemble un peu confus de documents qu'il avait entrepris de tirer la justification de l'homme illustre dont il avait été le confident et l'ami. Mais pour atteindre ce but et produire l'effet désiré, ou seulement pour mettre un peu d'ordre et de clarté dans la suite des pièces et en faire comprendre au lecteur le sens et la portée, un classement et par suite un choix étaient à faire. C'est à cette tâche que M. de La Marck s'était appliqué ; mais le déclin de sa santé ne lui permettant pas de la mener à fin, il léguait à M. de Bacourt le soin de l'achever dans l'esprit et avec les intentions qui lui étaient connues. De quelque manière que le mandataire se soit acquitté de sa commission, il usait de son droit et surtout ne trompait personne. Car on ne voit nulle part que M. de La Marck lui eût enjoint de mettre au jour sans distinction tout ce que son testament lui remettait, et lui-même n'a non plus prétendu nulle part s'être dessaisi de tout ce qu'il avait entre les mains. Enfin — et c'est ici dans le cas présent le plus important — on ne dit pas et même on ne soupçonne pas que M. de Bacourt ait fabriqué lui-même aucune des pièces qu'il livrait à l'impression avec l'intention de faire passer sa prose sous le couvert et sous le nom d'autrui [1].

Tout autre et bien plus grave serait le tort ou plutôt l'injure qu'on ferait à la mémoire de M. de Bacourt, si on admettait l'imputation dont elle est l'objet. Chacun des volumes manuscrits des *Mémoires* de Talleyrand porte, on le sait, à la dernière page l'attestation, signée par M. de Bacourt lui-même, que le contenu en est *authentique* et *complet*. Or admettons que, par une subtilité de conscience assez difficile à comprendre, un homme d'honneur pût se croire autorisé à attester l'in-

---

1. Ces lignes étaient écrites avant la publication, dans la *Revue Historique* du 1er mars 1892, d'un travail de M. Pierre Bertrand, qui justifie M. de Bacourt du reproche qui lui avait été adressé. On avait signalé l'existence, dans un ouvrage allemand, des pièces que M. de Bacourt était accusé d'avoir supprimées et il se trouve que ces pièces figurent dans la collection de M. de Bacourt, seulement à une date différente de celle que le traducteur allemand leur assigne. De plus, cet ouvrage allemand n'est que la traduction du recueil de M. de Bacourt, faite de son consentement et avec son concours, et porte en tête son approbation. Jamais méprise ne fut plus complète.

tégrité d'un recueil qu'il aurait lui-même altéré et mutilé. Mais une fois les suppressions et les altérations faites, pour faire disparaître dans la suite et la trame du récit des solutions de continuité trop visibles, il aurait fallu prendre la plume, combler les lacunes, rétablir les transitions interrompues, en un mot prêter à l'auteur parlant à la première personne, comme un personnage de comédie, un langage qu'il n'a pas tenu. Les critiques de M. de Bacourt n'ont pas reculé devant cette supposition ; il y a même des chapitres entiers où ils ont prétendu ne pas reconnaître la touche élégante et délicate de Talleyrand, et dont ils ne font pas difficulté d'attribuer la composition à celui qui s'est couvert de son nom. Ici, il n'y a aucun ambage possible : le fait, s'il était vrai, serait une falsification pure et simple et un mensonge sans aucune circonstance atténuante.

Comment alors ne pas tenir compte du témoignage unanime et de la protestation indignée de tous ceux qui ont vécu auprès de M. de Bacourt, et dont il n'est pas un qui n'atteste que le trait le plus saillant de son caractère était une délicatesse poussée jusqu'à un scrupule méticuleux? Telle était, d'ailleurs, son admiration profonde et presque superstitieuse pour le maître qu'il vénérait, que l'idée de prendre sa place et de parler en son nom était un excès de présomption qui ne pouvait pas lui traverser l'esprit. Il n'aurait pas supposé que le lecteur pût s'y tromper un seul instant.

La conclusion est donc certaine. Les *Mémoires* de

Talleyrand peuvent prendre place à un rang élevé dans cette riche collection de souvenirs historiques qui est l'un des titres de gloire de notre littérature, et on peut les lire avec autant de confiance que les Mémoires de Richelieu que personne ne conteste aujourd'hui, bien qu'on n'en connaisse aucun manuscrit, et que les trois quarts des lettres de madame de Sévigné, dont on ne possède pas la minute.

Duc de Broglie.

ONZIÈME PARTIE

RÉVOLUTION DE 1830 *(Suite)*

(1832-1833)

RÉVOLUTION DE 1830 *(Suite)*

(1832-1833)

Avant de reprendre le récit des faits qui concernent mon ambassade à Londres, où je retournai au commencement du mois d'octobre 1832, je voudrais rappeler quelques incidents survenus pendant mon absence.

A mon arrivée à Paris, au mois de juin, j'avais trouvé le ministère français très affaibli, à la suite de la mort de M. Casimir Périer, et ne parvenant ni à se compléter ni à se fortifier sur une base un peu solide. Des intrigues de toute sorte se croisaient autour des portefeuilles, l'ambition de quelques personnes gênait moins que la présomption de tous. Voilà où conduisent les révolutions qui déplacent tant de monde. Je me hâtai de partir pour les eaux ne me souciant point d'assister à un pareil spectacle où je n'avais que faire. On ne tarda pas à m'y poursuivre; on insistait pour que je retournasse immédiatement en Angleterre. Ces instances tenaient à une autre intrigue. On voulait établir que M. Durant de Mareuil qui me remplaçait était insuffisant, parce que je lui avais donné la préférence sur M. de Flahaut, vivement appuyé par le général Sébastiani. Je ne me laissai point émouvoir par toutes ces agitations. Je répondis de Bourbon-l'Archambauld, que rien d'urgent ne réclamait ma présence à Londres, où les affaires suivaient leur cours naturel ; que la hâte les gâterait, plutôt qu'elle ne les servirait ; qu'avant d'être pressé, il faut surtout être raisonnable et prendre la raison dans les hauteurs et les difficultés de sa position et même ne point avoir l'air d'être pressé ; enfin que notre position était prise, qu'elle consistait à être bien avec l'Angleterre et à marcher avec elle, que c'était à cela que tout devait être sacrifié, le reste n'étant que secondaire. On revint à la charge, néanmoins, en se montrant effrayé des plaintes violemment exprimées dans les Chambres belges, contre la conférence de Londres, et qui pourraient, prétendait-on, amener une reprise des hostilités.

Pour apaiser tous ces bruits et mettre fin aux intrigues, j'annonçai l'intention de raccourcir le temps de mon congé et de retourner dès le mois d'août à Londres, quoique bien résolu à n'en rien faire ; je sentais le besoin de prendre du repos après les eaux de Bourbon. Cela suffit pour déjouer l'intrigue Flahaut-Sébastiani et on me laissa tranquille. Je me prononçai en même temps très fortement contre l'arrogance des Belges qui ne méritaient pas que notre gouvernement se compromît pour eux, et je demandai qu'on les forçât de céder ce qui était raisonnable. On ne suivit guère mes conseils sur ce point et on se pressa, au contraire, fort à tort, à mon sens, de conclure le mariage de Madame la princesse Louise d'Orléans avec le roi Léopold, qui eut lieu à Compiègne le 9 août. Il était bien évident que la conclusion précipitée de ce mariage ne pouvait qu'embarrasser nos affaires, en augmentant les exigences des révolutionnaires belges et français. Le roi de Hollande, heureusement, se chargea de nous tirer d'embarras par la mauvaise foi qu'il apporta dans ses négociations avec la conférence de Londres. Celle-ci, après de longues discussions, écrites et verbales, avec les plénipotentiaires hollandais, n'ayant pu aboutir à aucun résultat, se vit conduite à déclarer, par un protocole qui porte la date du 1er octobre 1832, « qu'il était devenu nécessaire d'employer des mesures coercitives contre la Hollande pour l'obliger à exécuter les conditions du traité signé entre les cinq puissances et la Belgique [1] ». Il est vrai qu'après cette déclaration il y eut un dissentiment, entre les membres, de la conférence, sur la nature des mesures coercitives à employer. Les plénipotentiaires d'Autriche, de Prusse et de Russie ne consentirent à s'associer qu'à des mesures pécuniaires, tandis que ceux d'Angleterre et de France se réservèrent « de concourir à des mesures plus efficaces dans le but de mettre à exécution un

---

1. Cette déclaration était celle du plénipotentiaire anglais. Le plénipotentiaire français était encore plus affirmatif. Il adhérait, disait-il, en tous points à cette déclaration, et en outre, « réservait à son gouvernement, pleine faculté d'agir pour l'exécution du traité conclu avec la Belgique, ainsi que le droit lui en est acquis, et suivant ce que la teneur de ses engagements et l'intérêt de la France pourront exiger ».

Quant aux mesures de coercition pécuniaire sur lesquelles la conférence, ainsi qu'il est dit un peu plus loin, était tombée d'accord, elles consistaient à libérer la Belgique des arrérages échus envers la Hollande depuis le 1er janvier 1832, et à défalquer un million de florins par semaine du montant des dettes de la Belgique envers la Hollande, dans le cas, où au bout d'un délai à fixer, la radiation des arrérages ne produirait pas l'effet qu'il était permis d'en attendre.

traité qui, depuis tant de mois, avait été ratifié par leurs cours et dont l'inaccomplissement prolongé exposait à des dangers continuels et croissants la paix de l'Europe ». Le principe ainsi posé, il s'agissait d'en faire découler les conséquences et c'était pour obtenir ces conséquences que je me décidai à retourner à Londres dans les premiers jours d'octobre 1832. Toutefois, avant de me mettre en route, je tenais à être sûr qu'on était enfin parvenu à former à Paris, un ministère qui offrît des conditions de solidité et de durée. J'en obtins l'assurance de la bouche même du roi, la veille de mon départ pour Londres le 9 octobre 1832[1].

Je crois ne pouvoir mieux donner l'idée de la situation du nouveau cabinet français et de celle qu'il me faisait à Londres qu'en insérant ici les lettres que les principaux membres de ce cabinet m'adressèrent le 11 octobre, le lendemain de mon départ.

LE DUC DE BROGLIE AU PRINCE DE TALLEYRAND.

« Paris, le 11 octobre 1832.

» Mon prince,

» Vous saviez, je le crois, au moment de votre départ, que les affaires avaient encore une fois changé de face. Hier soir, à cinq heures, M. le maréchal Soult est venu m'annoncer que le roi agréait mes propositions. A sept heures le futur cabinet s'est réuni ; il est ce matin au *Moniteur*.

---

1. C'était le ministère dit du 11 octobre ; il était composé ainsi qu'il suit : Présidence du conseil et guerre, le maréchal Soult ; affaires étrangères, le duc de Broglie ; intérieur, M. Thiers ; finances, M. Humann ; instruction publique, M. Guizot. MM. Barthe, d'Argout et de Rigny demeurèrent à la justice, au commerce et à la marine.

» Je n'ai pas besoin de vous dire que ce cabinet est composé de tout ce que le parti du bon ordre, de la paix, du pouvoir légal et régulier, compte de plus décidé dans ses rangs. Je vous ai confié en grand détail mes vœux et mes espérances. Il dépend de l'Europe et de l'Angleterre surtout de consolider ce cabinet, et de mettre par là un terme aux dangers que la victoire du parti contraire entraînerait, dangers dont l'Europe aurait assurément sa bonne part. Nous allons combattre pour la cause de la civilisation, et c'est à la civilisation de nous aider; c'est à vous, mon prince, à lui dire ce qu'il faut faire pour que nous ouvrions la session avec éclat. Si le cabinet anglais vous écoute, notre triomphe est assuré au dire même de ceux qui se montrent le plus timides. Je ne vous parle pas de moi. Je ne vous parle pas de mes sentiments pour vous. Je vous demande conseil et assistance, bien sûr de l'obtenir et sachant en quelles mains repose, en ce moment, notre avenir.

» Permettez-moi de vous renouveler l'assurance de mon tendre et sincère attachement.

» *P.-S.* — Je joins à ce peu de mots écrits à la hâte une lettre pour lord Grey et une autre pour lord Palmerston. Vous voyez que je n'oublie point vos instructions et j'ai grand plaisir à les suivre.

» Vous recevrez probablement de moi dans la même journée, une dépêche sur la grande affaire qui vous est connue; le temps nous presse; je la recommande encore une fois à votre amitié et à votre ascendant sur tous ceux qui vous approchent. »

M. GUIZOT AU PRINCE DE TALLEYRAND.

« Paris, le 11 octobre 1832.
» Mon prince,

» J'ai vivement regretté hier de ne pouvoir causer dix minutes de plus avec vous. J'ai besoin de vous répéter combien votre concours le plus actif, le plus décisif, nous est nécessaire. Nous voilà engagés dans une grande lutte. Nous acceptons l'honneur et le fardeau de soutenir la cause de l'ordre, de la paix, des intérêts légitimes et réguliers, des vrais principes sociaux, la cause de la civilisation et de la sécurité européenne. Nous nous y dévouerons tout entiers, sans relâche comme sans réserve, et j'ai très bonne espérance, car la France veut comme nous, le triomphe de cette belle et bonne cause. Mais faites en sorte, mon prince, que notre situation soit bien comprise ; qu'on sache bien que la confiance des hommes sensés, des honnêtes gens hors de France, comme en France, fait notre force et qu'elle ne saurait se manifester trop tôt ni trop clairement. Investis de cette confiance, nous pourrons beaucoup, j'ose le dire. Si elle était incomplète, lente, timide; si nous n'en faisions pas recueillir les fruits à notre pays, nous rencontrerions des difficultés immenses. Je suis, pour mon compte, tout prêt à les braver, mais elles peuvent disparaître, diminuer beaucoup, du moins, dès les premiers pas. Vous nous y aiderez, mon prince. Ce succès-là mérite bien qu'on y fasse quelques sacrifices. Vous savez si je suis tout à vous. »

L'AMIRAL COMTE DE RIGNY AU PRINCE DE TALLEYRAND.

« Paris, le 11 octobre 1832.

» Mon prince,

» Je ne veux pas laisser partir madame de Dino sans vous dire un mot et de la composition du nouveau ministère et de son avenir.

» Son avenir (je veux dire sa durée) importe, je le crois, à toute l'Europe, et l'Europe, jusqu'à un certain point, peut influer sur sa durée.

» Malgré la violence que vont manifester nos débats, nous triompherons, si nous avons à annoncer une conclusion raisonnable de l'affaire belge : elle est toute pour nous dans l'évacuation d'Anvers; il faut qu'on nous laisse aller la demander sous ses murs et nous retirer le lendemain.

» Il nous faut pour cela l'aveu du cabinet de Londres; le silence des autres en sera la suite. Mais, sans cela, la lutte parlementaire peut nous emporter et avec nous la dernière digue.

» Votre haute influence, mon prince, peut seule nous aider. L'œuvre est digne de vous; nos liens avec l'Angleterre deviendraient indestructibles et la civilisation de l'Europe, encore sauvée.

» Madame de Dino vous dira que c'est hier à minuit et demi que les ordonnances ont été signées.

» Je vous renouvelle l'hommage de mon respectueux dévouement. »

M. THIERS AU PRINCE DE TALLEYRAND.

« Paris, le 11 octobre 1832.

» Mon prince,

» Le télégraphe vous annoncera bien avant moi, les choix que le roi vient de faire. Nous avons longtemps résisté et nous le devions, pour nous bien assurer de la solidité des résolutions royales. Aujourd'hui, je crois que nous pouvons compter sur la fermeté du roi. Il soutiendra de tous ses moyens constitutionnels la nouvelle administration qu'il vient de former. Il regarde les hommes qui la composent comme les derniers appuis du système de M. Périer, et il est convaincu que ce système de modération, au dedans comme au dehors, peut seul assurer le repos de la France et de l'Europe. Mais les résolutions du roi ne suffisent pas; il faut qu'on nous aide de toutes parts. Vous le pouvez, vous, mon prince, plus que personne. Vous le pouvez, en éclairant le cabinet anglais sur ses intérêts et sur les nôtres, qui aujourd'hui sont identiques. C'est l'affaire d'Anvers qui décidera de tout. Personne dans le ministère ne veut être exigeant; mais tout le monde sent le besoin de terminer de trop longues incertitudes et de rasseoir les esprits. Les deux pays qui ont le plus à gagner à une conclusion, c'est l'Angleterre et la France. Toutes deux ont besoin que cet inconnu renfermé dans la question belge cesse, et qu'un résultat positif termine tous les doutes. Nous sommes arrivés à ce point, en France, que tout le monde, dans le parti modéré surtout, demande la conclusion des affaires de la Belgique. Quelque ministère qui arrive, la mission qu'on lui imposera sera la même : ce sera *de donner des résultats*. Ce mot est aujourd'hui un proverbe qui court de bouche en bouche. M. Dupin[1], M. Odilon Barrot, M. Périer, s'il vivait, tous auraient besoin de faire la même chose. Puisqu'il faut en finir avec les résistances calculées de la Hollande, et en finir quel que soit le ministère, la question est de savoir s'il vaut mieux finir cela avec nous qu'avec d'autres. Or je ne doute pas que l'on ne reconnaisse l'avantage de traiter avec nous plutôt qu'avec d'autres. Si, par exemple, nous prenions la citadelle d'Anvers, on peut compter sur notre parole : nous l'évacuerions trois jours après l'avoir prise. Tout le conseil s'y engagera. La parole de M. de Broglie est, je crois, la plus rassurante de toutes. Pour moi, j'y engage ma parole de ministre, ma parole d'honnête homme, et vous savez que j'ai pour principe que la bonne foi est le seul moyen de bien faire les grandes affaires. Je crois qu'on ne doute pas de la parole que nous donnerions, mais on se demandera peut-être, si nous pourrons la tenir et si nous n'aurons pas bientôt des successeurs qui secoueront les engagements pris par nous. A cela j'ai une réponse que je crois péremptoire. Notre majorité est assurée, si nous avons à présenter au pays des résultats prochains. On nous fait espérer la majorité si nous nous défendons bien, et on nous la promet comme infaillible si l'affaire d'Anvers est terminée. C'est une exigence parlementaire devenue irrésistible et qu'il faut absolument satisfaire. C'est, de plus, une chose que la

---

1. André-Marie Dupin, né en 1783, avocat sous la Restauration, député en 1827, procureur général près la Cour de cassation en 1830, président de la Chambre des députés de 1832 à 1840. Réélu en 1848, il était président de l'Assemblée en 1851. Il donna sa démission de procureur général à la suite du décret qui confisquait les biens de la famille d'Orléans, mais il rentra en charge en 1857 et devint également sénateur. Il mourut en 1865.

dignité de l'Angleterre et de la France exige également. Si on fait cela, nous pouvons répondre de tout. La parole que nous aurons donnée c'est nous qui serons chargés de la tenir. Sinon, nous serons livrés à tous les hasards de la tribune et du scrutin. Or, après nous, il n'y a que Dupin, allié à Odilon Barrot, et assurément les exigences de ces messieurs ne seront pas moindres, et ne seront pas toujours fondées, comme les nôtres, sur les intérêts bien entendus des deux pays. Ainsi, mon prince, secondez-nous de tout votre génie et de toute votre influence. La question se résout à ces termes :

» Tout le monde voudra Anvers.

» Si c'est nous qui l'obtenons, nous serons assurés de la majorité et on aura l'avantage de consolider avec nous le système de la modération : *Nous ne le voulons que pour trois jours.*

» Je vous demande pardon, mon prince, de vous dire ces choses que vous savez mieux que moi; mais on a besoin de les répéter à tout le monde et à tout instant.

» Recevez, je vous en prie, l'assurance de mon profond respect et de mon amitié dévouée. »

LE DUC DE BROGLIE AU PRINCE DE TALLEYRAND.

« Paris, le 12 octobre 1832.

» Mon prince,

» En vous adressant la dépêche ci-jointe, permettez-moi de rappeler à votre souvenir et à votre bonne amitié notre position, nos besoins et nos espérances.

» Le ministère actuel est composé pour moitié des collègues de M. Casimir Périer, pour moitié de ceux de ses amis politiques qui, plus compromis encore que lui-même dans la cause de l'ordre et de la paix, avaient été réservés par lui pour des temps meilleurs.

» Ces temps sont arrivés.

» L'état de la France, vous l'avez vu de vos yeux, est pleinement satisfaisant. Le calme règne sur tous les points du territoire; partout l'ordre renaît, les esprits se rassoient; toutes les élections partielles sont sages et modérées; dans les villes, dans les campagnes, les affaires reprennent à vue d'œil; la récolte a été très belle.

» Une seule difficulté reste à surmonter.

» Cette difficulté, c'est le maintien de la majorité formée l'année dernière et qui nous a coûté tant de soins et tant d'efforts. Des divisions politiques qui vous sont connues ont brisé cette majorité; des préventions absurdes, des rivalités purement littéraires, de misérables tracasseries menacent de donner à nos adversaires un avantage sur nous qui coûterait à l'Europe des torrents de sang et des années de calamités incalculables.

» Si le ministère actuel ne s'était pas chargé du fardeau des affaires, vous le savez, mon prince, vous l'avez vu vous-même, le pouvoir passait dans des mains qui l'auraient transmis, sans le savoir, sans le vouloir peut-être, mais inévitablement au parti de la guerre et de l'anarchie.

» Si le ministère actuel succombait dans la lutte, sa défaite aurait encore plus certainement et plus directement le même résultat.

» Il est, nous en sommes convenus ensemble, un moyen sûr de le prévenir.

» Que l'Angleterre nous voie, sans en prendre alarme, enlever la citadelle d'Anvers aux Hollandais et la remettre entre les mains des Belges. Si la session prochaine s'ouvre sous de tels auspices, soyez certain d'un triomphe éclatant. S'il nous faut, au contraire, défendre de nouveau à la tribune les délais, les remises, les procrastinations de la diplomatie, notre position sera très périlleuse, et le poids des préventions qui nous attendent en sera très péniblement aggravé. Je ne sais si nous y pourrons résister.

» Lorsque j'ai exposé ces idées, en votre présence, à lord Granville il m'a fait des objections. Il m'a dit : « Mais » si l'Europe se fie à votre parole, qui lui répondra que vous » resterez au pouvoir assez de temps pour la tenir? »

» A cela voici ma réponse :

» Si l'Angleterre y consent, nous pouvons entrer en Belgique du 20 au 22. Nos troupes sont prêtes, elles le sont déjà; le 26 ou le 27, nous serons sous Anvers ; du 8 au 15 de novembre, la citadelle sera à nous ; du 16 au 20, nos troupes seront rentrées sur le territoire de France. La session ne s'ouvre que le 19. L'adresse ne viendra pas avant le 1er décembre. Ainsi tout danger de ce côté est nul.

» Lord Granville m'a dit encore : « Mais si les Hollandais » vous attaquent pendant le siège, que ferez-vous ? »

» Ma réponse sera également simple.

» Si les Hollandais nous attaquent, nous les repousserons jusqu'aux limites du territoire belge. Nous prendrons l'engagement de ne pas avancer un pouce au delà.

» Il serait dit dans le *Moniteur* qui annoncerait l'entrée de nos troupes en Belgique, qu'elles n'entreront même pas dans Anvers ; que la citadelle sera remise aux mains des Belges au moment de la capitulation ; que le jour même commencerait otre mouvement rétrograde.

» Lord Granville a paru s'inquiéter encore de l'intervention possible des Prussiens. Mais, d'abord, une expédition conduite avec ce degré de célérité ne leur laisserait pas le temps de concentrer leurs troupes qui sont fort disséminées. En second lieu, nous leur offrons, vous le savez, d'occuper Venloo et toute la partie du territoire hollandais qui se trouve en ce moment au pouvoir des Belges. La réponse à cette proposition ne peut nous parvenir avant trois semaines. Les ordres pour le rassemblement des troupes prussiennes mettraient nécessairement le même temps pour parvenir aux généraux. Notre expédition serait terminée avant qu'ils fussent en mesure de faire une démonstration sérieuse[1].

1. Les rapports de la France et de la Prusse, traversèrent une période assez critique pendant le temps que dura l'expédition d'Anvers. Il y est fait à plusieurs reprises allusion dans ces *Mémoires* (voir pages 33, 63 et suivantes). Aussi, croyons-nous utile de donner à ce sujet quelques explications. — La Prusse voyait avec une profonde jalousie l'intervention de la France en Belgique. M. Ancillon, personnellement hostile à la France, ne cachait pas sa vive irritation, et M. Bresson dans sa correspondance en transmettait les échos à Paris. C'est ainsi que M. Ancillon déclarait que si l'armée française entrait en Belgique, la Prusse serait obligée de prendre des mesures de précaution telles, qu'elles ne manqueraient pas d'encourager la résistance des Hollandais (*Dépêche de M. Bresson, du 11 octobre*, rendant compte d'un entretien de M. Ancillon avec lord Minto). Le 13 octobre, M. Bresson ajoutait que la Prusse dans le cas de l'intervention française, réunirait des troupes sur la Meuse, et que si un soldat français pénétrait en Hollande, la Prusse y verrait un *casus belli*. M. Bresson ne se laissa pas intimider. Il assura à Paris que la Prusse quel que fût son déplaisir, n'oserait pas s'opposer à l'action de la France (*Dépêches des 22 et 24 octobre*; voir également à l'Appendice p. 486, une très belle lettre que M. Bresson écrivait le 24 octobre au duc de Broglie). Pour calmer l'irritation du cabinet de Berlin, le gouvernement français imagina de lui proposer d'occuper à titre de garantie les territoires attribués à la Hollande par le traité du 15 novembre et que la Belgique occupait indûment; c'est-à-dire Venloo et certains districts du Limbourg et du Luxembourg (*Dépêche du duc de Broglie à M. Bresson, 8 octobre*, voir cette lettre à l'Appendice p. 485). M. de Talleyrand consulté, approuva cette idée (*Lettre de M. de Talleyrand au duc de Broglie, du 27 oc-*

» Si le gouvernement anglais se refuse à cette proposition, voyez ce qui va en résulter :.

» Premièrement, il est fort douteux que nous réussissions à contenir les Belges. Le roi Léopold est aujourd'hui sans gouvernement quelconque. Aucun ministre ne veut entreprendre de se charger des affaires si le roi ne se décide à recourir à des mesures énergiques. Le général Goblet forme à lui tout seul tout le cabinet, et veut se retirer sous quelques jours [1]. Le roi Léopold aura la main forcée ; les Belges attaqueront ; le roi des Pays-Bas les attaquera à son tour ; force nous sera bien de les défendre, et voilà véritablement la guerre.

» Supposez même que ceci n'arrive point, et je ne vois guère possibilité de l'éviter, la position du cabinet français deviendra très périlleuse à l'ouverture des Chambres. Si nous succombons dans la lutte, le pouvoir passera au parti de la guerre, et l'expédition d'Anvers ne sera que la moindre de ses entreprises.

» Il me semble donc que l'expédition d'Anvers n'est pas pour

---

tobre, Appendice p. 487). M. Bresson l'approuva également sauf en ce qui concernait le Luxembourg (*Dépêche du 17 octobre*). Le cabinet prussien fut fort perplexe. M. Ancillon parut disposé à l'accepter, mais il demanda en outre Liège qui lui fut refusée (*Dépêche du 24 octobre*). Finalement il recula, craignant de se brouiller avec la Russie en paraissant accéder aux mesures de coercition contre la Hollande, et demanda que les territoires litigieux au lieu de lui être remis, fussent directement confiés au roi des Pays-Bas. Le cabinet français ne pouvait accepter cette proposition bien que l'Angleterre semblât y donner les mains. Lord Palmerston écrivit en effet à lord Minto que les cinq puissances devraient s'entendre pour offrir lesdits territoires au roi Guillaume (*Dépêche de M. Bresson du 19 décembre*). Bref, aucune solution n'intervint, et cette longue négociation n'eut d'autres résultats que d'avoir gagné du temps et d'avoir permis à l'armée française de s'emparer d'Anvers sans opposition de la part de la Prusse, ce qui d'ailleurs, avait été le vrai but du cabinet français.

1. Le général Goblet avait été nommé ministre des affaires étrangères le 18 septembre ; il se retira le 27 septembre suivant.

l'Europe un objet sur lequel l'alternative lui soit véritablement laissée. Il ne s'agit pas de savoir si elle se fera; mais, qui la fera: si ce sont les Belges ou les Français ; si ce sera le parti de la guerre ou le parti de la paix.

» Exposant ainsi la question, il me semble qu'elle ne saurait être douteuse.

» L'expédition n'empêcherait nullement le blocus. Nous ne mettrions point pour condition de notre retraite l'acceptation du traité, la solution de la question de l'Escaut. Ce sont des points qui resteraient à vider par voie de négociation ou par les moyens de coercition maritime ou pécuniaire, s'il y avait lieu. Notre engagement de quitter la Belgique immédiatement après la reddition de la citadelle serait absolu.

» Si vous obtenez ce point, mon prince, le cabinet que vous avez vu se former, que vous avez eu la bonté de désirer, est assuré de s'établir, et s'il s'établit, le repos de la France et celui de l'Europe sont assurés. Dans le cas contraire, je ne prévois que des malheurs dont le nombre et l'étendue sont impossibles à prévoir.

» J'ajouterai, en finissant, que notre armée se trouve maintenant très concentrée et en mesure d'agir. Si l'expédition ne se fait pas, il nous faudra la disperser. Nous tremblons à chaque instant que le choléra n'y éclate, et si nous sommes réduits à la disperser, quelle masse d'accusations va s'élever contre nous!

» Pardon, mon prince, de cette immense lettre, je n'ai pas eu le temps de la méditer, je n'ai pas celui de la relire. Je me fie à votre bonté, à votre indulgence pour excuser ce que j'ai pu dire d'inconsidéré, pour suppléer à ce que j'ai pu omettre. Notre sort est dans vos mains.

» Recevez, avec votre bienveillance accoutumée, l'expression de mon sincère et tendre attachement. »

J'arrivai à Londres le 14 octobre, après une pénible traversée, et je ne perdis pas un instant pour m'occuper des intérêts qui m'étaient confiés. Le jour même de mon arrivée, j'eus une longue entrevue avec lord Palmerston, dans laquelle je repris la suite des affaires depuis mon départ, et traitai l'importante question qui pesait dans ce moment sur les deux cabinets de Londres et de Paris, celle de l'exécution du traité du 15 novembre. Je reconnus que M. Durant de Mareuil avait très bien préparé le terrain. Comme je l'ai déjà dit, la conférence s'était réunie le 1ᵉʳ octobre pour décider si des mesures coercitives contre la Hollande étaient devenues nécessaires, et quelles seraient ces mesures. Personne n'avait révoqué en doute la nécessité des mesures de coercition. Seulement, comme ces mesures pouvaient être de deux espèces, pécuniaires ou matérielles, il y avait eu sur ce point dissentiment entre les plénipotentiaires ; ceux d'Autriche, de Prusse et de Russie déclarant qu'ils ne pourraient s'associer qu'à des mesures pécuniaires, tandis que les plénipotentiaires de France et de la Grande-Bretagne, regardant ces mesures comme insuffisantes, annoncèrent l'intention de leurs cours d'en venir à de plus efficaces. On dressa un protocole constatant cette situation et qui peut être considéré comme le dernier acte public de la conférence, quoiqu'elle continuât longtemps encore à exercer la grande influence qu'elle avait acquise.

C'était le principe posé dans le protocole du 1ᵉʳ octobre par les plénipotentiaires de France et d'Angleterre qu'il s'agissait de développer par une nouvelle négociation entre ces deux puissances. A quelles mesures plus efficaces se résoudraient-elles? Le cabinet français proposait de procéder militairement à l'évacuation de la citadelle d'Anvers, pendant que des escadres française et anglaise bloqueraient les côtes de Hollande. Le cabinet anglais, par des raisons qu'on trouvera exposées plus loin, aurait préféré qu'on s'en tînt au blocus des côtes. Je devais commencer par rallier lord Palmerston et lord Grey à l'opinion du gouvernement français, et, après de longs efforts, j'y parvins. On verra bientôt que les difficultés que je rencontrai dans le cabinet anglais étaient encore accrues par des intrigues qui avaient leur centre à Paris et qui étaient dirigées contre notre cabinet. Je vais donner maintenant des extraits de mes dépêches et lettres et de celles que je recevais, et qui feront, je crois, saisir clairement la marche des négociations.

LE PRINCE DE TALLEYRAND AU DUC DE BROGLIE.

« Londres, le 16 octobre 1832.

» Monsieur le duc,

» M. de Mareuil reçut hier une lettre de Berlin par laquelle M. Bresson lui faisait part du compte qu'il vous avait rendu d'une conversation que lord Minto[1] et lui avaient

---

1. Gilbert Elliot, comte de Minto, né en 1782, député aux Communes en 1806, entra à la Chambre des lords en 1814, à la mort de son père. Il siégea dans le parti whig. En 1832, il fut nommé ambassadeur à Berlin. En avril 1835, il devint directeur général des postes, puis premier lord de l'amirauté. Il se retira en 1841, puis devint en 1846 lord du sceau privé. Il quitta les affaires en 1852 et mourut en 1859.

eue avec M. Ancillon, après l'arrivée du comte Dönhoff[1], porteur du protocole du 1er octobre[2].

» Je désirai que M. de Mareuil se rendît chez lord Palmerston, et s'informât de lui, s'il n'avait pas reçu les mêmes rapports de lord Minto, et s'il n'y trouvait pas un nouveau motif pour accélérer les déterminations des deux cabinets de France et d'Angleterre. M. de Mareuil vient de me rendre compte de cet entretien. Lord Palmerston s'est montré, à lui comme à moi, pénétré du vif intérêt qui appelle une décision prompte et complète sur la grande question du moment. Le conseil de cabinet, tenu hier matin, en a encore examiné toutes les parties. Il paraîtrait qu'on y aurait témoigné quelques doutes sur le prompt succès d'une attaque de vive force contre la citadelle d'Anvers, car lord Palmerston demanda à M. de Mareuil s'il avait à cet égard quelques données positives qui pussent inspirer une pleine confiance, et tout à l'heure, lord Durham est venu m'exprimer la même pensée. Sans se montrer plus positif qu'il ne convient, M. de Mareuil répondit qu'à Paris, à Bruxelles, même à La Haye, il avait entendu des gens du métier, connaissant le fort et le faible de cette citadelle, assurer qu'elle ne pouvait pas tenir contre une attaque bien dirigée. Il ajouta cependant que, si elle était défendue, elle ne serait probablement pas prise sans qu'il en résultât des dommages considérables pour la ville, ce qui le conduisit à répéter qu'il était nécessaire qu'on annonçât formellement à la Hollande que ces dommages seraient compensés. Lord Palmerston parut accueillir de nouveau

---

1. Conseiller de légation prussien.

2. Dépêche de M. Bresson au duc de Broglie, 11 octobre. (Voir p. 15).

cette observation, et il confirma l'espérance qu'il m'avait donnée, que j'aurais ce soir, demain matin au plus tard, une communication complète des résolutions du gouvernement.

» Dans le cours de cet entretien, lord Palmerston fit mention d'un incident qui avait causé quelque surprise au cabinet. Vous savez déjà par une dépêche de Vienne que lord Granville vous aura communiquée, comment quelques paroles du maréchal Maison avaient paru prématurées à sir Frédéric Lamb, et avaient excité de la part du prince de Metternich des représentations assez vives.

» On a été encore plus étonné peut-être d'apprendre par une communication du baron d'Ompteda[1], ministre de Hanovre, que le ministre de France à Hanovre avait annoncé officiellement l'action immédiate des deux gouvernements de France et d'Angleterre contre la Hollande; et, en effet, il a pu paraître étrange qu'on notifiât au roi de Hanovre une résolution du roi d'Angleterre, tandis que devant le prince qui réunit les deux couronnes on délibère encore sur le principe et sur les formes de cette coopération. Ce fut toutefois sans aucune amertume que lord Palmerston fit cette observation à M. de Mareuil, et il n'en tira qu'une conclusion pareille au sentiment qu'il m'avait déjà exprimé : c'est qu'après l'éveil donné dans les gazettes sur les déterminations de la France et de l'Angleterre, il était urgent d'arriver sans retard à leur exécution. »

---

1. Louis-Charles-Georges, baron d'Ompteda, né en 1767, homme d'État et diplomate hanovrien. Il était secrétaire de légation à Dresde en 1791, puis chargé d'affaire à Berlin en 1795. Le Hanovre étant passé sous la domination de la Prusse, M. d'Ompteda entra au service de cette puissance et la représenta à Dresde. En 1815, redevenu sujet de Hanovre, il fut accrédité à Berlin. En 1823, il devint ministre d'État, puis ministre près la personne du roi à Londres. Il se retira en 1837 et mourut en 1854.

LE PRINCE DE TALLEYRAND A LA PRINCESSE DE VAUDÉMONT.

« Londres, le 16 octobre 1832.

» Je suis ici au milieu des intrigues continuelles de madame de Flahaut, qui ne quitte pas lady Grey et qui tient là les plus mauvais propos sur notre gouvernement actuel : « — Cela ne peut pas durer ; le ministère ne peut pas tenir ; il » n'aura pas la majorité ; tout le monde le repousse... » C'est là ce qu'elle dit à tous les coins. Aujourd'hui, c'est chez lord Holland qu'elle tient ses assises. Avoir des affaires difficiles à conduire, et avoir de plus des calomnies de société qui se renouvellent à chaque heure, c'est insupportable. Le fait est que son mari à Paris et elle à Londres nuisent véritablement au nouveau ministère, et en vérité, c'est bien coupable. Je ne pouvais pas croire à tout ce que l'on m'avait dit sur cela ; à présent, je suis forcé de me trouver un imbécile quand je repoussais comme calomnie tout ce que j'entendais dire de ce ménage. J'oubliais de vous dire que madame de Flahaut fait des éloges pompeux de Sébastiani, ajoutant : « Il faudra » bien que le roi y revienne... »

LE PRINCE DE TALLEYRAND AU DUC DE BROGLIE.

« Londres, le 17 octobre 1832.

» Monsieur le duc,

» Les plénipotentiaires de Russie, de Prusse et d'Autriche, ont demandé plusieurs fois dans ces derniers jours à lord Palmerston une réunion de la conférence pour y discuter les mesures à adopter contre la Hollande. Ils ont fait auprès de moi, des démarches dans le même sens, mais j'ai engagé lord Palmerston à se refuser à cette demande, en lui faisant sentir les inconvénients d'une discussion qui ne pourrait avoir que des résultats fâcheux en ce moment. Lord Palmerston a partagé mon opinion sur ce point, et il ne réunira la conférence que quand il sera en état de lui communiquer nos résolutions définitivement arrêtées. »

« Le 18 octobre, soir.

» ... J'avais vu ce matin lord Palmerston, il m'avait fait espérer qu'à l'issue du conseil, j'aurais une communication positive des résolutions du cabinet. Cependant à cette heure, le ministre n'a pas pu me donner encore la résolution que je désirais si vivement. Il est vrai que le roi qui devait venir aujourd'hui à Londres, n'y viendra que demain et que sa présence est réclamée pour une sanction définitive. Mais je dois croire aussi, d'après une conversation assez étendue que j'ai eue avec lord Palmerston et dont je vous rendrai un compte détaillé, que la discussion en se prolongeant au sein du cabinet, y a fait naître, non pas de l'opposition sur le fait même de l'exécution du traité (à cet égard, tout le monde est d'accord), mais le besoin de porter jusqu'aux dernières limites l'examen des conséquences qui pourraient résulter des voies coercitives employées en commun par la France et par l'Angleterre et que, de plus, les conversations sur l'intérieur du pays, que je vous expliquerai dans une lettre demain, donneraient la pensée de gagner encore du temps. C'est la tendance de plusieurs membres du cabinet; je l'ai combattue, je la combattrai, et j'espère vaincre; mais ce n'est qu'une espérance. Demain, je verrai le roi, et après le conseil, j'aurai avec lord Palmerston une explication dont immédiatement je vous donnerai connaissance.

» Je dois vous dire que je garde en moi la conviction que cette discussion prolongée n'a rien qui doive vous inquiéter, et qu'elle ne fera que donner plus de poids à la décision qui sera prise... »

« Le 19 octobre matin.

» Je suis vraiment embarrassé de vous répéter chaque jour que ce qu'on m'a promis la veille est encore remis au lendemain.

» Le roi est venu hier de Windsor, j'ai eu l'honneur de lui faire ma cour. J'ai trouvé à Saint-James tous les membres du cabinet, et j'ai pu rappeler à plusieurs d'entre eux combien il était urgent d'arriver à une résolution décisive sur la coopération de la France et de l'Angleterre pour l'exécution du traité du 15 novembre. Tous ont reconnu cette nécessité et, cependant, le conseil qui s'est tenu chez le roi, et qui a duré depuis quatre heures jusqu'à sept heures et demie a été uniquement rempli par le rapport du *Recorder* sur les condamnations en matière criminelle qui ont été prononcées depuis quelques mois et par la discussion qui s'en est suivie. Lord Palmerston m'a assuré hier au soir que la question politique du moment n'avait pas même été présentée et qu'elle était remise à la délibération qui aura lieu aujourd'hui chez lord Grey à East-Sheen où tous les membres du cabinet se réunissent et doivent dîner.

» Je vous dois cependant l'explication de ces délais telle au moins que je l'ai recueillie dans les dernières conversations que j'ai eues avec lord Palmerston. Hier au soir, encore, il a ajouté quelques développements à ce qu'il m'avait dit à cet égard.

» D'une part, il paraîtrait qu'après s'être montré parfaitement résolu sur le principe de la coopération et de l'emploi successif et simultané des forces de terre et de mer, le conseil a vu que quelques-uns de ses membres, tout en reconnaissant que le nouveau ministère français inspirait une juste confiance, témoignaient sur sa durée des inquiétudes; que des rapports venus de Paris et colportés ici par des bouches qu'on aurait crues plus discrètes, ont ranimé l'opposition, en même temps que des esprits plus sages ont eux-mêmes conçu la crainte que si des mesures coercitives exercées en commun contre la Hollande par l'Angleterre et la France, amenaient une guerre générale, un changement de ministère à Paris ne fît de celle-ci une guerre de propagande à laquelle l'Angleterre ne voudrait pas se tenir associée.

» Cette hésitation du cabinet, d'autre part, tient aussi à des circonstances intérieures qui ont besoin d'être développées.

» Les embarras que donnent de nouveau la question des noirs dans les colonies américaines et à l'île Maurice, ainsi que le besoin d'y pourvoir, ont déjà absorbé de longues délibérations[1]. Il faut que cette considération ait plus d'importance que d'abord on ne lui en supposait, car lord Palmerston me l'a répété dans deux conférences différentes. De plus, lord Palmerston pressé sur le besoin d'en finir et sur la nécessité dans laquelle étaient la France et la Belgique d'avoir à faire connaître à l'ouverture des Chambres une réso-

---

1. Les esprits étaient vivement surexcités en Angleterre par la question de l'esclavage des noirs. On sait qu'il allait être aboli en 1834. Dès 1832, le gouvernement s'acheminait vers cette solution et on discutait au parlement une série de mesures pour réglementer le sort des esclaves aux colonies (ordre du conseil du 2 novembre). L'émotion soulevée par ces discussions suscita aux colonies des troubles assez sérieux. A la Jamaïque l'insurrection de 1831 fut terrible. A la Trinité et à Sainte-Lucie les colons refusèrent de se soumettre aux ordres de la métropole. A Maurice le procureur général ayant publié un pamphlet en faveur de la liberté des noirs, provoqua une émeute de la part des colons.

lution prise, et pour le moins un commencement d'exécution, s'est vu forcé d'avouer que le gouvernement britannique éprouvait presque un besoin contraire, et que, pour lui, un délai de quelques semaines serait avantageux. Voici l'explication qu'il en a donnée. Le parlement actuel est prorogé au 11 décembre. L'intention du gouvernement est de le dissoudre. Il regarderait comme un inconvénient de le réunir encore, et cependant si les mesures coercitives étaient immédiatement employées contre la Hollande, comme elles ne seraient point des actes formels de guerre, on se dispenserait de convoquer le parlement. Mais si le roi de Hollande faisait alors lui-même une déclaration positive de guerre, il y aurait nécessité, d'après la constitution, soit de réunir le parlement actuel, soit de le dissoudre et d'en convoquer un nouveau. Dans le premier cas, il faudra s'attendre à une opposition très animée et on a lieu de croire que ce serait surtout avec cette espérance que le roi de Hollande se porterait à la déclaration dont il s'agit. Dans le second cas, et si la dissolution était prononcée, il faut savoir que l'enregistrement des électeurs, d'après la loi nouvelle, n'est pas encore assez avancé, pour qu'on n'eût point à craindre, dans une élection immédiate, des choix d'autant plus dangereux, qu'ils seraient faits par des hommes que l'application du bill de réforme doit priver du droit d'élire et qui en useraient pour la dernière fois.

» C'était là une particularité dans la situation du cabinet britannique, qu'il fallait bien reconnaître. Il m'était plus facile de combattre les craintes qu'on avait témoignées sur la stabilité de notre ministère, et je pouvais partir de l'estime qu'on lui accordait pour établir combien il serait utile à la politique des deux cabinets d'aider le nôtre dans sa position.

J'insiste donc vivement pour que les ouvertures qui ont été faites ici, et que lord Granville vous a confirmées, obtiennent un prompt et plein effet. Je suis loin d'en perdre l'espérance. Les dernières lettres de La Haye, le discours du roi de Hollande à l'ouverture des États-généraux, et le langage virulent des gazettes qui reçoivent les inspirations du cabinet néerlandais, ont été appréciés ici comme d'évidents symptômes d'une résistance toujours plus opiniâtre; et, à moins que l'intervention du cabinet de Berlin et les lettres dont M. de Dönhoff est porteur, ne produisent à La Haye un changement absolu, ce qu'on saura avant deux jours, je suis fondé à ne pas croire que le gouvernement britannique veuille reculer sur ses propres propositions, et j'accepte volontiers comme une preuve de sa persévérance, le consentement formel qu'il vient de donner à la jonction de nos vaisseaux aux siens dans la rade de Spithead... »

« Le 19 octobre, huit heures du soir.

» Nous avons reçu très tard aujourd'hui un avertissement de lord Palmerston pour nous réunir en conférence. Cette réunion a eu lieu à la demande du plénipotentiaire hollandais qui avait adressé un paquet cacheté à la conférence. Lord Palmerston n'a pu s'y refuser, comme nous en étions convenus, puisqu'elle n'était pas provoquée par un des trois plénipotentiaires, et qu'il s'agissait d'ailleurs d'entendre des explications venant de Hollande et qui pouvaient être d'un haut intérêt.

» Le paquet du baron de Zuylen ouvert, on nous a donné lecture d'un long factum dans lequel on cherche à réfuter le soixante-neuvième et le soixante-dixième protocoles. Il est à remarquer que ce dernier n'avait point été communiqué au plénipotentiaire hollandais. Du reste, ce long morceau de polémique est sans valeur; il ne devait avoir et n'a eu aucune influence sur la conférence; c'est évidemment une pièce qu'on veut produire devant les États-généraux de Hollande. Nous l'avons considéré ainsi, et nous nous sommes séparés sans prendre aucune délibération... »

LE DUC DE BROGLIE AU PRINCE DE TALLEYRAND.

« Paris, le 18 octobre 1832.

» Mon prince,

» Votre lettre a confirmé les espérances que m'avaient données et la dépêche de M. de Mareuil, et la conversation de lord Granville. Nous attendons ici avec grande impatience votre courrier de demain, et nous nous préparons à tout événement. La situation politique du ministère est beaucoup meilleure que nous n'eussions osé l'espérer en débutant. Après beaucoup de criailleries, on finit par revenir au vrai et par se demander à quoi bon tant de tumulte. La disposition générale des esprits, sans être encore bienveillante, devient attentive; le propos le plus habituel maintenant est de dire : « Il faut voir ce que fera ce ministère. » Notre sort dépend donc de plus en plus de nos œuvres d'ici à la session, et de toutes les œuvres, la véritable, la seule qui préoccupe l'attention publique, c'est l'expédition d'Anvers. Sur ce point l'opinion devient chaque jour plus exigeante; ce n'est pas la minorité turbulente, c'est la majorité raisonnable qui presse; je me réjouis par conséquent de plus en plus du parti que vient de prendre le cabinet anglais, car, lors même qu'il se serait décidé contre notre expédition, je ne vois pas qu'il eût été possible de l'éviter. Si nous la faisons, notre succès à la Chambre est assuré. Nous ne négligeons rien pour qu'elle n'entraîne pas trop de complications imprévues. Notre flotte est toute prête ; elle est composée d'officiers qui, pour la plupart, ont servi avec les Anglais. Je ne vous cacherai pas que, s'il était possible que les deux flottes s'engageassent ensemble à l'embouchure de l'Escaut, et qu'il y eût quelques coups de canon tirés simultanément sur les Anglais et les Français, cela serait ici du meilleur effet : l'alliance serait de plus en plus populaire et nous en aurions plus de liberté pour agir conformément aux désirs du cabinet anglais.

» Je finis, mon prince, en mettant encore une fois tous nos intérêts dans vos mains : vous savoir à Londres est tout mon espoir et toute ma tranquillité..... »

« Le 19 octobre, dix heures du matin.

» ... Je reçois à l'instant votre dépêche du 16 et j'y réponds par estafette, sans attendre une minute afin de vous mettre à portée de donner toutes les explications qui vous seront demandées.

» L'armée française réunie sur la frontière du nord est forte de quarante-huit mille hommes. Dix-huit mille environ sont destinés à faire le siège d'Anvers ; trente mille à prendre position sur les routes de Berg-op-Zoom et de Bréda, en dedans des limites du territoire belge, afin de couvrir le siège.

» Les postes français relèveront les postes belges dans toute l'étendue du cercle d'opérations militaires.

» Nous demandons au roi des Belges de réunir son armée en arrière de Turnhout, afin qu'elle menace le flanc de l'armée hollandaise, si celle-ci se portait contre notre armée d'observation, de même que notre armée d'observation menacerait le flanc de l'armée hollandaise, si elle se portait contre l'armée belge en dedans des limites du territoire belge.

» Quant à la facilité de prendre la citadelle, le maréchal Gérard pense qu'elle ne peut tenir plus de dix jours. Il a pris à cet égard toutes les informations désirables. Tout est prêt. Il n'y a pas, sur ce point, la moindre inquiétude à avoir... »

LE PRINCE DE TALLEYRAND AU DUC DE BROGLIE.

« Londres, le 22 octobre 1832.
» Monsieur le duc,

» J'ai reçu toutes les dépêches que vous m'avez fait l'honneur de m'adresser jusqu'au 20 octobre inclusivement ; je conçois parfaitement les impatiences du gouvernement du roi en ce moment difficile, et vous avez pu voir que je partageais son désir d'arriver au terme de nos trop longues incertitudes sur la question belge. Il ne faut cependant attribuer les hésitations du ministère anglais qu'à la gravité de l'affaire. Lord Grey et lord Palmerston voulaient réunir le plus grand nombre possible de membres du cabinet, et obtenir à l'unanimité une décision que les circonstances rendent de la plus haute importance. J'ai besoin d'appuyer sur cette considération parce que je dois à ces deux ministres de déclarer qu'il est impossible d'apporter des dispositions plus favorables pour nous que celles qu'ils n'ont pas cessé de me témoigner. Vous en trouverez la preuve, monsieur le duc, dans la convention que je viens de signer avec lord Palmerston et que j'ai l'honneur de vous transmettre : elle remplira, j'espère, les intentions du gouvernement du roi.

» Il est minuit, je n'ai pas le temps de développer les différents articles de cette convention ; je ne puis que vous dire qu'il était impossible d'obtenir davantage.

» Il est absolument nécessaire que les ratifications partent de Paris le jeudi 25 au soir, afin d'être à Londres le 27 dans la journée. Je n'ai pas besoin de vous engager au plus profond secret sur cette convention. Nous désirons qu'elle ne soit publiée qu'après avoir été communiquée aux plénipotentiaires des trois puissances à la conférence, ce qui aura lieu le lendemain de l'échange des ratifications.

» Vous penserez sans doute qu'il est convenable de prévenir les consuls du roi, pour que les intérêts français ne soient pas compromis... »

Ainsi que l'annonçait cette dépêche, j'avais signé, le 22 octobre au soir, avec l'Angleterre la convention tant désirée par le gouvernement français, et par laquelle il était décidé, sur l'invitation du roi des Belges, que les deux puissances procéderaient à l'exécution du traité du 15 novembre, conformément à leurs engagements ; que l'évacuation territoriale formerait un commencement d'exécution ; que les gouvernements de Hollande et de Belgique seraient requis d'opérer réciproquement cette évacuation pour le 12 novembre ; que la force serait employée contre celui de ces gouvernements qui n'aurait pas donné son consentement pour le 2 novembre ; qu'en cas de refus de la Hollande, l'embargo serait mis sur les vaisseaux hollandais, et que le 15 novembre une armée française entrerait en Belgique pour faire le siège de la citadelle d'Anvers. L'inquiétude était grande à Paris, et toutes les lettres qu'on m'écrivait, montraient avec quelle impatience on attendait le résultat que je venais enfin d'obtenir. Cette impatience était parfois gênante pour moi ; aussi, j'écrivis à cette époque à la princesse de Vaudémont une lettre dont je veux citer quelques passages.

LE PRINCE DE TALLEYRAND A LA PRINCESSE DE VAUDÉMONT.

» Londres, le 25 octobre 1832.

» ... Le marquis de Lansdowne[1] part aujourd'hui pour Paris ; il donnera du courage à notre ministère qui s'effraye un peu aisément. En tout, on a toujours, et pour toutes choses, l'air trop pressé. Cela ôte la sécurité à ceux qui regardent. J'ai été huit jours ici, et j'ai obtenu tout ce qu'ils désiraient et qui avait été bien préparé par Durant. Je reçois de *Mademoiselle* avant le huitième jour de mon séjour à Londres une lettre d'impatience. Vous souvenez-vous quand ils croyaient que les Belges allaient entrer en Hollande, et cela c'est il y a trois mois ? — Je leur disais que le ministère Broglie finirait par s'arranger ; ils ne voulaient pas me croire. Eh bien ! il est établi, et il restera pour du temps, s'il ne fait pas de sots procès comme celui de M. Berryer[2]. Les voilà

---

1. Le marquis de Lansdowne était président du conseil dans le cabinet anglais. Il allait à Paris pour négocier des changements à apporter dans le tarif des douanes.

2. Le ministère avait ordonné l'arrestation de MM. Berryer, de Chateaubriand, Hyde de Neuville et de Fitz-James comme prévenus de complicité avec la duchesse de Berry (7 juin). Les trois derniers ne tardèrent pas à être mis en liberté, aucun indice n'ayant pu être relevé contre eux. Quant à M. Berryer, il fut jugé le 16 octobre par la Cour d'assises de Blois. Le procès était si mal engagé que le ministère public dut abandonner la poursuite, et l'accusé bénéficia d'un acquittement qui devint un triomphe.

munis pour se présenter à la Chambre, puisqu'ils ont l'autorisation de marcher sur Anvers. Ce qu'il faut à présent qu'ils fassent, c'est à tout prix de se rapprocher de la Prusse qui est bien disposée. Cela fait, le reste ira sur des roulettes. »

Aussitôt après la signature de la convention du 22 octobre et en attendant les ratifications qui ne vinrent de Paris que le 27, je pris avec lord Palmerston tous les arrangements pour son exécution. Aussi, à l'instant même de l'échange des ratifications, la convention ratifiée fut transmise aux plénipotentiaires des trois cours accompagnée d'une note simple et laconique pour éviter autant que possible une demande d'explications de leur part. Un bateau à vapeur préparé à cet effet partit immédiatement pour Rotterdam, portant la communication qui devait être faite à La Haye par les chargés d'affaires de France et d'Angleterre au gouvernement des Pays-Bas et qui, en se référant à la convention, était courte et péremptoire. Enfin, on expédia également un courrier à Bruxelles, qui portait au gouvernement belge une note presque identique à celle destinée au gouvernement hollandais. Nous avions voulu témoigner par là notre impartialité et d'ailleurs exiger de la part des Belges, la remise de Venloo et des portions de territoire qu'ils possédaient encore indûment et qui devaient être restituées au roi des Pays-Bas, le jour où il accepterait le traité du 15 novembre. Nous aurions bien voulu tirer parti de la restitution exigée des Belges, pour détacher le gouvernement prussien des cabinets d'Autriche et de Russie. Dans ce but, nous proposâmes de faire occuper par ses troupes, la place de Venloo et les territoires dans le Limbourg et le Luxembourg que le traité du 15 novembre attribuait à la

Hollande, avec l'engagement de les garder jusqu'à l'acquiescement du roi au traité et de ne les restituer à celui-ci qu'après l'exécution de sa part des conditions du traité. Cette proposition donna lieu à une négociation particulière et assez compliquée avec le cabinet de Berlin, qui avait d'abord semblé disposé à l'accepter, mais qui, en définitive, n'osa pas paraître s'associer aux mesures coercitives prises par les deux puissances maritimes et qui refusa[1]. Il en résulta que les Belges gardèrent les territoires qu'on avait réclamés d'eux, ce qui rendit leur position vis-à-vis de la Hollande encore plus favorable.

Reprenons la suite des dépêches et lettres.

LE PRINCE DE TALLEYRAND AU DUC DE BROGLIE.

« Londres, le 26 octobre 1832.

» Monsieur le duc,

» Lord Palmerston avait convoqué ce matin la conférence à la demande de M. de Bülow[2] qui annonçait avoir une communication à nous faire. Cette communication était un projet de traité envoyé par le cabinet de La Haye. Lord Palmerston et moi

---

1. Voir page 15.

2. Une dernière tentative avait été faite par la Prusse pour prévenir une rupture. Le cabinet de Berlin avait transmis à La Haye un état des concessions exigées par la conférence. Le 23 octobre, le ministre des affaires étrangères de Hollande annonça aux envoyés de Russie, de Prusse et d'Autriche que le roi adhérait à ce plan, sauf quelques modifications. Le traité fut aussitôt envoyé à Londres. On a vu quel accueil il avait trouvé près de la conférence. Quelques jours plus tard, le 9 novembre, le ministre de Hollande à Londres le communiqua à lord Grey qui répondit que ce traité ne levait point toutes les difficultés, que d'ailleurs il venait trop tard, et que l'évacuation d'Anvers était désormais le préliminaire indispensable de toute négociation nouvelle.

avons tout de suite déclaré que les formes strictes que nous avions adoptées jusqu'à présent, ne nous permettaient pas d'écouter des propositions venant par un autre intermédiaire que par le plénipotentiaire reconnu de la cour qui nous les faisait; que si M. de Zuylen avait quelque chose à nous communiquer de la part de sa cour, nous étions prêts à l'entendre, mais que nous ne pouvions admettre la demande de M. de Bülow. — M. de Bülow n'a pas insisté. Nous avons ainsi éludé toute explication. Il n'a pas même été donné lecture du projet de traité. La clause principale de ce projet est la reconnaissance de la libre navigation de l'Escaut, avec la réserve d'imposer des droits de trois shillings par tonneau au lieu d'un shelling consenti par le roi Léopold et par la Prusse. J'espère que nos ratifications seront arrivées avant que M. de Zuylen nous soumette directement le projet de sa cour, qui aujourd'hui n'aurait pas eu grande faveur dans la conférence. Nous sommes tous tombés d'accord que la réunion de ce matin ne serait pas regardée comme une conférence tenue au Foreign Office...»

LE DUC DE BROGLIE AU PRINCE DE TALLEYRAND.

« Paris, le 25 octobre 1832.

» Mon prince,

» Votre courrier est arrivé hier vers cinq heures de l'après-midi. J'ai sur-le-champ porté au roi la convention : hier soir nous avons eu conseil. On a passé la nuit pour préparer les ratifications; le courrier va partir et vous le recevrez demain de bonne heure dans la journée.

» Je n'ai pas besoin de vous dire avec quelle joie cette nouvelle a été reçue. Je ne vous parlerai pas non plus de notre reconnaissance pour un tel succès. Il fallait être vous pour y réussir ; vous n'aurez jamais rendu à votre pays un plus signalé service.

» Permettez-moi maintenant de vous adresser une ou deux questions sur le mode d'exécution de ce traité.

» Le roi des Belges est sommé en même temps que le roi des Pays-Bas d'évacuer la portion de territoire qui ne lui appartient pas, aux termes des vingt-quatre articles.

» Si le roi de Hollande refuse d'évacuer le 2 novembre, le roi des Belges sera-t-il tenu de le faire? Et dans ce cas, à qui remettrait-il Venloo et les autres portions du Limbourg?

» Il est impossible de se figurer que ce soit au roi de Hollande.

» Si le roi des Pays-Bas accepte la proposition, s'il consent à évacuer le territoire belge, le roi des Belges devra-t-il remettre au roi de Hollande le territoire occupé maintenant par les Belges, avant que le roi de Hollande ait accepté le surplus des vingt-quatre articles, tandis qu'il contestera encore sur l'Escaut, sur le syndicat[1], sur la navigation des eaux intermédiaires? Cela serait-il prudent?

» Je vous fais ces questions afin que nous soyons bien fixés sur la direction que nous devons donner au roi des Belges. Vous savez de reste que son peuple n'est pas des plus raison-

---

1. Cette question du syndicat était difficile et demande quelques éclaircissements.

Une loi du 27 décembre 1822 avait créé pour le royaume des Pays-Bas un syndicat d'amortissement en remplacement du syndicat des Pays-Bas et de la caisse d'amortissement. Ce syndicat d'amortissement avait été doté de 250 millions de florins. Or, par suite de défaut ou d'irrégularité de comptabilité, il se trouvait qu'il était en 1832 impossible de juger de l'emploi de ce crédit, d'où impossibilité de déterminer exactement le montant de la dette des Pays-Bas ; c'est sur ce thème que les plénipotentiaires belges et hollandais discutèrent à perte de vue. Le traité des vingt-quatre articles avait fixé le partage de la dette, mais le roi des Pays-Bas avait refusé d'admettre les chiffres de la conférence.

nable, et sitôt qu'il va se sentir en confiance, il va nous susciter mille embarras d'exécution.

» Soyez assez bon pour me dire quelle est l'idée que vous vous faites de la solution de ces questions. Au reste, j'espère avoir de vous une lettre aujourd'hui même, qui peut-être résoudra tous nos doutes.

» Agréez... »

LE PRINCE DE TALLEYRAND AU DUC DE BROGLIE.

« Londres, le 27 octobre 1832.

» Monsieur le duc,

» J'ai reçu ce matin les ratifications de la convention du 22 octobre que vous m'avez fait l'honneur de m'adresser avec votre dépêche numéro 77. Je vois avec plaisir que cette convention a rempli les intentions du gouvernement du roi, et je vous le répète, je suis convaincu qu'il appréciera chaque jour davantage ses conséquences importantes. Nous venons de faire l'échange des ratifications avec lord Palmerston; je vous enverrai celles de l'Angleterre par le prochain portefeuille.

» Nous avons transmis la convention ratifiée aux plénipotentiaires des trois cours d'Autriche, de Prusse et de Russie, avec la note dont je joins une copie.

» Un bateau à vapeur part dans une heure pour Rotterdam; il porte la note numéro 2 aux chargés d'affaires de France et d'Angleterre à La Haye, et un courrier, qui part également ce soir, portera à Bruxelles la note numéro 3.

» Quant aux explications que vous me demandez, monsieur le duc, sur la clause de la convention relative à la remise de Venloo par les Belges, je puis vous dire que nous n'avons jamais eu l'intention de faire livrer Venloo au roi des Pays-Bas, avant la complète exécution du traité du 15 novembre. La sommation sera faite aux Belges comme témoignage de notre impartialité, mais voici le parti que nous avons pris au sujet de cette ville. Nous devons demain, lord Palmerston et moi, proposer au baron de Bülow de faire remettre Venloo par les Belges à Sa Majesté le roi de Prusse, sous la condition que ce souverain s'engagera à ne la restituer au roi des Pays-Bas, que lorsque celui-ci aura rempli toutes les stipulations du traité du 15 novembre. Je vous ferai connaître l'issue de cette proposition que j'ai adoptée parce que je savais qu'elle entrait complètement dans les vues du roi... »

LE ROI LOUIS-PHILIPPE AU PRINCE DE TALLEYRAND.

« Neuilly, le 25 octobre 1832.

» Mon cher prince,

» En signant le document important que vous venez de nous adresser, je veux vous féliciter de l'avoir obtenu. C'est un des plus grands services qu'il fût possible de me rendre, et un des plus grands avantages qu'on peut assurer à la France, puisque c'est l'honorable gage de la paix générale. Je n'ai que le temps de vous réitérer l'expression de tous les sentiments que vous me connaissez depuis longtemps pour vous. »

MADAME ADÉLAÏDE D'ORLÉANS AU PRINCE DE TALLEYRAND.

« Neuilly, le 25 octobre 1832.

» Je reçois à l'instant votre excellente lettre du 23 et je m'empresse, mon cher prince, de vous en remercier, et d'autant plus que vous m'avez tirée d'une véritable inquiétude et d'un grand tourment, car c'est vous qui m'avez appris que la grande affaire était terminée et que la convention était signée. Il paraît que le secret avait été si fortement recommandé que notre cher roi s'était cru obligé de n'en rien dire ni à sa femme ni à sa sœur, ce qu'il avait exigé de M. de Broglie, et ce que, je certifie, il a bien tenu. Je suis arrivée chez lui triomphante, avec votre précieuse lettre et alors il s'est mis à rire et m'a répondu : « Ce n'est pas moi qui l'ai dit. » Je vous en remercie de tout mon cœur, et je n'ai pas besoin de vous dire qu'il n'y aura pas d'indiscrétion faite par moi, quoique, je vous avoue, je ne comprends pas trop pourquoi le secret. Enfin, c'est égal, cela ne me regarde pas ; mais ce que je sais, c'est que vous m'avez fait un grand bien en me donnant cette bonne et grande nouvelle et que c'est de bien bon cœur que je m'en félicite avec vous. Vous avez coupé le nœud gordien, comme je vous le demandais. C'est un bien grand événement qui assure la prospérité de notre chère France et du règne de notre bien-aimé roi. Tout ira bien maintenant, j'espère. Notre cher roi me charge de vous dire combien il est satisfait de la bonne réussite de vos efforts ; qu'il espère et qu'il compte que vous achèverez aussi heureusement la grande œuvre qu'il dit que vous seul pouviez faire... »

M. GUIZOT AU PRINCE DE TALLEYRAND.

« Paris, le 26 octobre 1832.

» Je savais d'avance, mon prince, que vous feriez l'impossible : c'est votre usage. J'espère que nous accomplirons ce que vous avez fait. Nous voilà avec une dot : on nous épousera. Certainement, il faut ménager les préventions du pays où vous êtes, et ne pas mettre le cabinet britannique aux prises avec l'instinct britannique. Nous sommes exactement dans la même situation ; nous avons nos préjugés qui sont puissants, nos ignorances qui sont infinies. Nous demandons qu'on ménage aussi tout cela. Dites-nous ce qu'il faut, et dites ce qu'il nous faut. Nous réussirons ici et à Londres, Dieu et vous aidant...

» Rien n'est jamais fini en ce monde ; et après ce que vous venez de faire, nous vous demanderons problablement de faire beaucoup encore. Nous avons besoin d'aller chercher de la raison partout, car nous n'en avons pas assez sous la main. Vous nous en fournirez toujours, n'est-ce pas?

» J'ai proposé au roi de rétablir la classe des sciences morales et politiques de l'Institut[1]. Cela est ici d'un bon effet, et j'ai eu la bonne fortune de rencontrer là votre nom. Je regrette bien que vous ne soyez pas ici pour les élections qui vont se faire; mais, quelle que soit l'importance des académies, ce que vous faites à Londres vaut mieux... »

LE PRINCE DE TALLEYRAND AU DUC DE BROGLIE.

« Londres, le 28 octobre 1832.

» Monsieur le duc,

» Je viens de recevoir des deux plénipotentiaires de Russie la lettre et la note dont j'ai l'honneur de vous envoyer des

---

1. Voir le rapport de M. Guizot au roi (*Journal des Débats* du 28 octobre). La classe des sciences morales et politiques créée le 3 brumaire an IV par une loi de la Convention avait été supprimée par arrêté consulaire du 3 pluviôse an XI.

copies. Nous devions nous attendre à cette démarche de leur part. Elle n'a fait aucune impression sur lord Palmerston, ni sur MM. de Wessenberg et de Bülow, et cela leur a paru être une précaution prise par les plénipotentiaires russes, qui agissaient d'après d'anciennes instructions de leur cour et qui, ayant une fois été blâmés pour avoir pris sur eux, voulaient dans cette occasion faire une réserve[1].

» En prenant lecture de la note, vous vous arrêterez sans doute aux premiers mots du quatrième paragraphe. MM. de Lieven et Matusiewicz n'entendent que suspendre leur participation aux conférences; il ne s'agit donc pas de rupture, ni même de froideur envers les deux cours: c'est là, à mon avis, le point essentiel auquel nous devons nous attacher.

» J'apprends que le comte Pozzo di Borgo, qui doit être arrivé à Paris, de retour de Russie, a tenu un très bon langage sur nos affaires à Berlin, à Vienne et à Munich. Je vous engage à agir près de lui, dans le sens que je viens d'avoir l'honneur de vous indiquer; c'est comme cela que je traiterai cette question ici. Je crois même qu'à tout prendre, cette absence

---

1. Voici cette note, que les plénipotentiaires russes adressèrent à M. de Talleyrand et à lord Palmerston en réponse à la communication qui leur avait été faite de la convention du 22 octobre :

Les soussignés s'acquittent d'un ordre formel de l'empereur, leur maître, en faisant la déclaration suivante :

L'adoption des mesures coercitives que la France et la Grande-Bretagne ont résolu de prendre contre la Hollande, a fait échoir le cas où les plénipotentiaires de Russie, en vertu des instructions dont ils sont munis et dont les plénipotentiaires des autres cabinets n'ignorent pas la teneur, se trouvent dans la nécessité de se retirer des conférences.

Ils rendront compte immédiatement à leur cour des circonstances graves qui, en altérant le caractère de la médiation pacifique à laquelle ils ont été appelés à prendre part, ne leur permettent plus de s'associer aux travaux de leurs collègues.

En suspendant leur participation aux conférences, les plénipotentiaires de Russie sont dans l'attente des déterminations ultérieures de leur cour, motivées par la gravité des circonstances qui ont rendu nécessaire la déclaration dont ils s'acquittent.

LIEVEN.
MATUSIEWICZ.

momentanée des plénipotentiaires russes de la conférence, qui d'ailleurs ne se réunit pas depuis longtemps, nous sera utile au milieu des mesures d'exécution dans lesquelles nous sommes entrés. L'affaire hollando-belge doit être terminée dans vingt jours par les moyens d'action qui seront employés. C'est le temps nécessaire pour que la réponse à la communication de notre convention soit venue de Saint-Pétersbourg; des réunions de la conférence, pendant ce temps, étaient devenues inutiles et pouvaient avoir de l'inconvénient.

» Je crois que le parti adopté par la Russie dans cette circonstance n'aura d'autre effet que d'entretenir, un peu plus peut-être le roi des Pays-Bas dans son obstination.

» L'Autriche et la Prusse ne feront que de simples accusés de réception aux communications que nous avons dû leur faire, en leur envoyant la convention...

» J'ai l'honneur de vous transmettre les ratifications de la Grande-Bretagne à la convention du 22 octobre...

« Le 30 octobre 1832.

» Je viens d'être prévenu par lord Palmerston que des ordres partaient ce soir même pour l'amiral Malcolm à Portsmouth, par lesquels il lui était enjoint d'expédier demain trois frégates anglaises qui iront croiser la première à Texel, la seconde à l'embouchure de la Meuse et la troisième à l'embouchure de l'Escaut. Ces frégates devront engager tous les bâtiments de commerce anglais qui pourraient se présenter pour entrer dans les ports hollandais, à ne point s'y rendre. Elles ont ordre de ne pas commencer les hostilités et de ne gêner en aucune manière le commerce hollandais, mais de se défendre si elles étaient attaquées par des vaisseaux de guerre hollandais.

» Lord Palmerston, en me donnant cette information, m'a demandé de faire une démarche semblable près de l'amiral français qui commande notre escadre à Spithead. Je n'ai pas balancé à adresser des instructions dans ce sens à M. Ducrest de Villeneuve[1], en lui annonçant que j'en rendais immédiatement compte au gouvernement du roi. Je l'ai invité, en conséquence, à expédier demain de concert avec l'amiral Malcolm, trois frégates françaises qui seront chargées de la même mission sur les mêmes points que les frégates anglaises, et qui agiront envers les bâtiments de commerce français, de la même manière que ces dernières envers les bâtiments de commerce anglais.

» Je suppose, monsieur le duc, que Sa Majesté approuvera le parti que j'ai pris : le temps ne me permettant pas d'attendre des ordres venus de Paris, j'ai dû agir sous ma propre responsabilité. »

LE DUC DE BROGLIE AU PRINCE DE TALLEYRAND.

« Paris, le 29 octobre 1832.

» Mon prince,

» Vous avez fait des merveilles ; le traité, je vous l'ai dit, nous a paru pleinement satisfaisant. Nous sommes également très contents de la marche que vous avez suivie dans l'exécution. Le seul point que nous recommandons très instamment à votre habileté, c'est de faire en sorte que le roi des Belges

---

1. Alexandre-Louis Ducrest de Villeneuve, né en 1777, engagé à quatorze ans comme novice, était capitaine de vaisseau en 1814. En 1830, il était contre-amiral et major de la flotte à Toulon. Il commanda en 1832 l'escadre envoyée dans l'Escaut. En 1834 il fut nommé préfet maritime à Lorient, prit sa retraite en 1838 et mourut en 1852.

ne soit pas pressé d'évacuer matériellement Venloo, avant que nos troupes soient arrivées à Anvers. Il pourrait y avoir difficulté, tapage dans les Chambres belges et complication dans nos opérations. C'est une affaire d'un jour ou deux, et il ne faudrait pas pour cela risquer de faire faire aux Belges quelque grosse sottise. Si les Prussiens n'acceptent pas notre proposition, il ne peut pas y avoir de difficulté à retarder de deux ou trois jours, non pas l'engagement d'évacuer Venloo, mais l'évacuation *matérielle* de la place. Je ne sais pas même en pareil cas, si vous jugeriez convenable que l'évacuation ait lieu, car à qui remettre la place? Si les Prussiens acceptent, il faudra tâcher qu'ils ne se présentent que le 15 ou le 16 novembre; j'y ferai de mon côté mes efforts avec M. de Werther.

» Nos affaires ministérielles vont assez bien, autant qu'il est permis d'en juger en ce moment, où le nombre des députés arrivés n'est pas grand encore. Si notre entreprise réussit, et j'en ai très bon espoir, ce sera grâce à vous. Quant à moi, je mets encore plus de prix aux sentiments que vous me témoignez qu'à l'avantage qui en résulte pour mon pays... »

L'AMIRAL DE RIGNY AU PRINCE DE TALLEYRAND.

« Paris, le 2 novembre 1832.
» Mon prince,

» En faisant partir nos vaisseaux de Cherbourg j'ai donné ordre au contre-amiral Ducrest de Villeneuve de vous rendre compte de son arrivée, et, de plus, de se conformer à toutes les directions que vous croiriez devoir lui donner.

» Il m'a paru tout naturel que ces directions vinssent de

Londres sans l'intermédiaire de Paris. Le temps est précieux et il ne faut pas le perdre en détours inutiles. Vous, mon prince, qui l'avez si utilement employé dans cette circonstance, vous en jugerez comme moi.

» Nos dissidents s'humanisent un peu; cependant, il serait hasardeux de dire que tous se rangeront. Dupin est arrivé et a vu le roi hier. Il dit qu'il ne fera pas d'opposition et qu'il s'asseoira *neutre* au fauteuil de la présidence. Comme membre obligé de la commission de l'adresse, il aura quelque influence. L'opposition se propose d'y mettre un mot significatif au sujet de la *quasi légitimité*.

» Nous pensons que le 4 ou le 5, nous aurons la réponse de La Haye, peut-être par Londres. Vous pourriez nous la faire donner par le télégraphe de Calais. — La *Melpomène* et la *Créole* partent pour Spithead...»

LE PRINCE DE TALLEYRAND AU DUC DE BROGLIE.

« Londres, le 3 novembre 1832.

» Monsieur le duc,

» J'ai reçu ce matin une dépêche de M. le comte de Latour-Maubourg qui me fait part d'un embarras dans lequel l'a placé une demande de M. le général Goblet. Ce dernier en recevant la réquisition faite par suite de la convention du 22 octobre, pour la remise par le gouvernement belge de Venloo, des territoires du Limbourg et du Luxembourg, aurait exigé une déclaration officielle, tendant à garantir qu'en aucun cas la ville de Venloo et les territoires destinés à revenir à la Hollande, ne seraient occupés par des troupes étrangères, avant que la citadelle fût remise aux Belges.

» Vous avez vu par la lettre dont j'ai eu l'honneur de vous adresser une copie avant-hier que j'avais autorisé M. de Latour-Maubourg en remettant la réquisition au général Goblet, à lui annoncer confidentiellement que la remise des territoires ne se ferait dans aucun cas entre les mains des Hollandais et qu'on s'occupait ici d'arranger cette affaire de la manière la plus tranquillisante pour les Belges.

» Il me semble que cette communication était plus que suffisante pour calmer les inquiétudes du gouvernement belge au moment où la France et l'Angleterre soutiennent avec tant de vigueur les intérêts de la Belgique. Je redoutais, je pense, avec raison, les publications indiscrètes auxquelles le ministère belge ne s'est jamais refusé. Les articles des journaux de Bruxelles nous ont déjà causé trop d'embarras pour ne pas nous tenir sur nos gardes.

» La réclamation officielle que réclame le général Goblet produirait un très mauvais effet dans les cabinets, j'en suis convaincu. Si, comme me l'écrit M. de Latour-Maubourg, sir Robert Adair s'est cru autorisé à donner cette déclaration, je ne puis m'expliquer comment la publicité immédiate de tous les actes remis au cabinet de Bruxelles ne l'aurait pas arrêté.

» Il est beaucoup plus important pour nous en ce moment de rassurer les puissances par nos démarches que de satisfaire aux puériles susceptibilités des Belges. Je crois donc que la déclaration demandée par le général Goblet, qui, dans toutes les circonstances, s'est montré difficultueux, devrait être nettement refusée par M. de Latour-Maubourg; c'est dans ce sens que je m'en expliquerai avec lord Palmerston, à ma première entrevue avec lui; il est à la campagne jusqu'après-demain, mais je le verrai aussitôt qu'il sera revenu [1]... »

« Le 5 novembre.

» J'ai reçu il y a une heure la réponse faite par le roi des Pays-Bas à la communication qui avait été faite par les chargés d'affaires de France et d'Angleterre [2] ; j'ai l'honneur de vous en envoyer une copie quoique je suppose qu'elle vous sera parvenue directement de La Haye. Cette réponse est un refus rédigé dans des termes assez adoucis... »

LORD PALMERSTON AU PRINCE DE TALLEYRAND.

« Foreign Office, 6 novembre 1832.

» Mon cher prince,

» Je vous envoie *très confidentiellement* une copie de la lettre que j'ai écrite aujourd'hui à l'Amirauté pour guider ce dépar-

---

1. En même temps que cette dépêche, M. de Talleyrand écrivait au duc de Broglie la lettre particulière suivante :

3 novembre.

Je vous écris aujourd'hui pour que vous sachiez bien, dans vos rapports avec le général Goblet, à qui vous avez affaire. Le général Goblet est un orangiste ; il fait ce qu'il peut pour plaire aux hommes du mouvement en Belgique et pour exciter à de fausses mesures, compliquer ainsi les questions et laisser par là une porte entr'ouverte au parti orangiste. J'ai été dans le cas de le juger ici, où ses arrogantes difficultés n'ont pas cessé de nour gêner. Il joue à peu près à Bruxelles le rôle de nos carlistes qui se font républicains. Dans ma correspondance avec Sébastiani, je l'ai plusieurs fois averti qu'il ne devait pas mettre là sa confiance...

2. Le cabinet hollandais refusa de se soumettre aux injonctions de la convention du 22 octobre. Il déclara que l'évacuation de la Belgique par ses troupes avant l'échange des ratifications du traité du 15 novembre serait contraire au sens des négociations, et que d'ailleurs le devoir absolu de la Hollande était de ne pas se dessaisir, en abandonnant Anvers, du gage qui devait lui servir à obtenir des conditions équitables de séparation.

tement quant aux instructions qu'il doit donner à l'amiral Malcolm; j'en ai envoyé copie ce soir à Granville pour qu'il la communique à votre gouvernement, afin qu'ils puissent juger combien ils trouveront convenable de donner des instructions semblables à l'amiral Villeneuve. Il serait cependant utile que vous portassiez ces instructions confidentiellement à la connaissance de votre amiral, parce qu'il devrait savoir quels sont les ordres qui ont été donnés à son collègue.

» Tout à vous. »

LE PRINCE DE TALLEYRAND A LA PRINCESSE DE VAUDÉMONT.

« Londres, le 7 novembre 1832.

» La déclaration des Russes n'a de valeur que par le bavardage qu'elle occasionne. Le fait est que M. de Lieven ne voulait pas la faire et que c'est Matusiewicz qui l'a décidé à la faire. Il ne faut pas regarder cela comme une affaire. On fait beaucoup parler Pozzo. Chacun se sert de son langage, suivant son intérêt. M. de Lieven a été jusqu'à dire que dans l'état où étaient les affaires, nous ne pouvions pas faire autre chose qu'une convention renfermant des conditions finales, et que les termes dans lesquelles la nôtre était conçue lui paraissaient fort convenables. — La date de ma lettre me fait croire que nous arriverons au 15 sans coup férir. Ce qui se passera après est hors de ma direction; c'est aux hommes qui conduisent la guerre à prendre toutes leurs précautions. Politiquement les choses sont bien placées; voilà tout ce dont j'étais chargé, et ce dont j'étais chargé, je l'ai fait. On m'a dit à mon départ de

Paris : « c'est essentiel pour avoir la majorité » ; la chose est faite ; à présent, aura-t-on la majorité?

LE DUC DE BROGLIE AU PRINCE DE TALLEYRAND.

« Paris, le 8 novembre 1832.

» Mon prince,

» Je vous écris deux lignes pour vous dire que je ne puis vous en écrire davantage. Voici l'heure du courrier ; je n'ai pu rentrer de meilleure heure. Vous en comprendrez facilement le motif lorsque vous saurez que madame la duchesse de Berry vient d'être arrêtée hier à Nantes. Nous avons passé la matinée à pourvoir aux mesures nécessaires pour sa sûreté. Ceci nous assure une majorité grande et infaillible.

» Agréez... »

MADAME ADÉLAÏDE D'ORLÉANS AU PRINCE DE TALLEYRAND.

« Paris, le 9 novembre 1832.

» Assurément, mon cher prince: je suis *très contente de vous*, de vos œuvres et de votre lettre du premier de ce mois dont je vous remercie de tout mon cœur. J'allais le faire hier lorsque la grande nouvelle de l'arrestation de madame la duchesse de Berry est arrivée. C'est à Nantes qu'elle a été prise; c'est un événement bien important et je suis persuadée que vous approuverez l'article qui l'annonce dans le *Moniteur* de ce matin, et la résolution prise à cet égard par notre gouvernement. Il me semble qu'il satisfait à tout. Cela s'est passé très tranquillement à Nantes. Dès la veille on avait fait des visites dans cette maison, ayant eu l'avis qu'elle y était, mais sans rien trouver; alors le général et le préfet firent cerner par la troupe et la garde nationale toutes les issues d'une masse de maisons qui formaient une espèce d'île dans laquelle se trouvait celle où l'on croyait, et avec raison, qu'était madame la duchesse de Berry, où le préfet avait laissé des gendarmes, qui, en faisant du feu pour se chauffer dans la cheminée d'une petite chambre au troisième, échauffèrent tellement la plaque, que madame la duchesse de Berry, qui se trouvait cachée dans une petite chambre derrière avec M. de Mesnard[1], M. de Guibourg et mademoiselle de Kersabiec, étant au moment d'être asphyxiée, ne put y tenir et en sortit en se rendant. Sans cet extraordinaire incident, il est probable qu'on ne l'aurait pas encore découverte. Elle a été sur-le-champ conduite au château de Nantes. Voilà tout ce que je sais sur cet important événement jusqu'à présent, et que je m'empresse de vous mander.

» Chartres et Nemours partent dimanche pour l'armée; j'espère, et nous en avons besoin en ce moment, que cela ne sera pas long et qu'ils nous reviendront bientôt avec la grande et belle nouvelle de la reddition d'Anvers. Je trouve que la réponse du roi de Hollande, tout en refusant, n'annonce pas l'intention de faire une grande résistance. Toutes les difficultés s'aplanissent pour notre juste, bonne et belle cause, et j'ai de plus en plus la douce et ferme confiance que notre cher roi

---

1. Louis-Charles, comte de Mesnard, né en 1769, était en 1789 capitaine au régiment de Conti. Il émigra, servit dans l'armée de Condé et resta en Angleterre jusqu'à la Restauration. Il devint alors colonel et aide de camp du duc de Berry, puis premier écuyer de la duchesse et pair de France (1823). Après la révolution de 1830, il accompagna la duchesse de Berry en Angleterre, en Italie, la suivit en France, fut arrêté, jugé et acquitté. Il quitta la France et mourut en 1842.

jouira de la récompense de toutes ses peines et de tous ses sacrifices en voyant notre chère France tranquille, heureuse et prospère... »

LE PRINCE DE TALLEYRAND AU DUC DE BROGLIE.

« Londres, le 11 novembre 1832.

» Monsieur le duc,

» M. le baron de Zuylen, après avoir vainement tenté plusieurs fois de renouer une négociation avec lord Palmerston, s'est enfin adressé à lord Grey, dans l'espoir, sans doute, d'obtenir quelques concessions auxquelles lord Palmerston s'était refusé. Il s'est présenté hier chez lord Grey, et lui a remis le projet de traité proposé par le cabinet de Berlin dont je vous ai déjà entretenu, et la pièce que j'ai l'honneur de vous envoyer en copie[1]. Je joins également une copie du projet de traité que je n'ai pu me procurer qu'hier soir.

» Lord Grey après sa conversation avec M. de Zuylen, m'a invité à me rendre chez lui pour nous y entendre avec lord Palmerston. Il m'a communiqué alors ce dont je viens de vous rendre compte. J'ai pu exprimer immédiatement mon opinion sur ces nouvelles propositions du cabinet de La Haye, et j'ai dû dire qu'il n'y avait plus de base possible de négociation avant la reddition de la citadelle d'Anvers et avant un engagement, pris par le roi des Pays-Bas, d'accepter le traité du 15 novembre avec les modifications qui pourraient être consenties par la Belgique.

---

1. Voir page 34 et note, la réponse que lord Grey fit à M. de Zuylen au sujet de ce projet de traité. La pièce dont il est ici question est une note écrite qui développait cette réponse.

» Lord Grey qui partageait mon opinion, a rédigé un projet dans ce sens, mais il m'a dit qu'il se croyait cependant obligé de soumettre cette question à un conseil de cabinet, et il m'a fixé chez lord Palmerston un rendez-vous pour aujourd'hui, à l'issue de ce conseil. Je m'y suis rendu ; il m'a remis la note ci-jointe qui a été approuvée par le conseil, et envoyée à M. le baron de Zuylen comme réponse à sa communication d'hier.

» Vous remarquerez, monsieur le duc, que par cette note on se borne à réclamer l'évacuation de la citadelle d'Anvers, comme préliminaire indispensable à toute négociation nouvelle. Lord Grey m'a dit que dans le conseil, on n'avait pas cru convenable d'adopter la seconde condition du projet convenu hier entre nous, parce qu'elle ne donnait aucune ouverture à des négociations ultérieures, en imposant d'avance au gouvernement des Pays-Bas l'obligation d'accepter le traité du 15 novembre et en soumettant les modifications possibles de ce traité à la seule volonté de la Belgique. Il faut observer que la note de lord Grey à M. le baron de Zuylen n'est point signée, ce qui lui ôte le caractère strictement officiel; elle a paru cependant assez importante à M. de Zuylen pour qu'il l'envoyât immédiatement à La Haye par un courrier.

» J'ai retrouvé dans cette circonstance comme dans toutes les autres, lord Grey et lord Palmerston pleins d'une sincérité et d'une droiture au-dessus de tout éloge... »

LE PRINCE DE TALLEYRAND A LA PRINCESSE DE VAUDÉMONT.

« Londres, le 13 novembre 1832.

» Je vois arriver le 15 plutôt avec plaisir qu'avec inquiétude; il nous tirera de l'incertitude si fatigante dans laquelle nous sommes. M. de Zuylen a prodigieusement nui par ses finasseries, ses réserves et je pourrais dire, sa mauvaise foi à une affaire que tout le monde voulait éclaircir et terminer. Il a pris des voies détournées; il s'est lié avec les tories pour faire dire dans les journaux ce qui convenait aux ennemis du ministère anglais. Avec M. Falck tout se serait arrangé depuis six mois, et le roi de Hollande serait beaucoup mieux placé... »

« Le 14 novembre.

» Nous touchons au moment de l'entrée de nos troupes en Belgique; dans peu d'heures, elles seront en marche. J'ai fait de mon côté tout ce dont on avait besoin; j'espère qu'à Paris, tout a été préparé pour l'action; il ne faut faire aucune perte de temps. Plus l'expédition sera courte, plus elle sera brillante, et sans inconvénient en Europe. L'escadre anglaise est sur les côtes de la Hollande; c'est l'amiral Malcolm qui est avec elle.

» Toute démonstration de l'Angleterre nous convient; car c'est par notre union avec elle que nous éviterons la guerre, quoi qu'en puisent dire les journaux français. Notre convention avec l'Angleterre est trop près d'être un traité offensif et défensif pour que les plus zélés pour la guerre ne se refroidissent pas.

» Adieu, j'ai bien besoin d'être au courant jour par jour, de la marche de notre armée et des mouvements des troupes prussiennes dont parlent les journaux[1]... »

---

1. Dès l'entrée des troupes françaises en Belgique, la Prusse concentra une armée d'observation sur la Meuse, mais elle ne fit aucun mouvement offensif.

LE PRINCE DE TALLEYRAND AU DUC DE BROGLIE.

« Londres, le 16 novembre 1832.
» Monsieur le duc,

» On attend avec une très vive impatience des nouvelles de l'armée française dont on dit que l'entrée en Belgique a dû avoir lieu seulement ce matin. C'est désormais de ce côté que nous devons tourner nos regards, et je vous prie de me tenir le plus exactement possible au courant de tout ce qui peut offrir de l'intérêt ; on cherchera sans aucun doute à répandre ici des bruits fâcheux sur notre armée, et il est important que je sois toujours en état de les démentir ; je voudrais même, si cela était possible, être instruit directement par le télégraphe de Lille à Calais. Les personnes les mieux disposées pour nous, nous témoignent de l'inquiétude ; on craint que nous n'ayons pas assez de troupes sur la frontière du Nord, et que cela ne fournisse au prince d'Orange l'occasion de se précipiter vers le centre de la Belgique. Je cherche à calmer ces craintes, mais il est essentiel que je puisse toujours contredire les faux bruits qui viendraient leur donner de la consistance... »

LE DUC DE BROGLIE AU PRINCE DE TALLEYRAND.

« Paris, le 19 novembre 1832.
» Mon prince,

» J'ai à peine le temps de vous écrire quelques lignes. L'attentat de ce matin ajoute au trouble de cette journée. L'indignation est grande dans les Chambres et dans tout

Paris. Probablment, cela profitera à la bonne cause; je dis probablement, car nous sommes ici bien mobiles. Le roi a été, comme il est toujours dans de telles occasions, très bien, très calme, et de grand courage. Il n'a pas voulu que le bruit de l'événement fût porté à la Chambre avant son arrivée, et personne n'a pu s'en douter à la tranquillité de sa voix et de sa contenance. L'effet du discours a été bon; j'espère que vous en approuverez le ton général, la fermeté et la réserve. J'avais ajouté un dernier paragraphe sur les négociations qui se poursuivent en Angleterre, les postes, les vins, les livres... mais à la dernière lecture ce paragraphe a été retranché, comme ajoutant à la longueur du discours; j'aurai soin d'en parler dans la discussion.

» Adieu, mon prince; l'assassin n'est pas encore connu[1]... »

MADAME ADÉLAÏDE D'ORLÉANS AU PRINCE DE TALLEYRAND.

« Tuileries, lundi 19 novembre 1832.

» Que d'actions de grâces nous avons encore à rendre à la Providence, mon cher prince! Un attentat horrible a été manqué, grâce au ciel; un monstre a tiré un coup de pistolet sur notre bien-aimé roi, comme il descendait le pont Royal à cheval pour se rendre à la Chambre. Il a été admirable et d'un calme parfait, et a continué sa marche comme si de rien n'était, n'a pas voulu qu'on en parlât dans la Chambre, et a fait son discours d'une voix forte et ferme. Il a

---

1. On ne trouva jamais l'assassin, ce qui fit dire à l'opposition que cet attentat n'était qu'un coup de police. On finit par arrêter un nommé Bergeron qui fut acquitté.

été reçu à merveille. Malheureusement, le monstre n'est pas encore arrêté. Aussitôt que la Chambre a été instruite de cet horrible attentat, celle des pairs, aussi bien que celle des députés, par un mouvement spontané, sont arrivées ici ; et tous les membres sans exception, sauf La Fayette et Dupont de l'Eure ; mais peut-être viendront-ils. Je ne sais si vous pourrez me lire, mon cher prince, mais vous trouverez simple que ma main tremble : je tenais à vous écrire tout de suite par l'estafette... »

LE DUC DE BROGLIE AU PRINCE DE TALLEYRAND.

« Paris, le 22 novembre 1832.
» Mon prince,

» Lord Granville m'a communiqué la lettre de lord Palmerston au sujet des commérages du gouvernement belge. Lord Palmerston a attaché à tout ceci plus d'importance que je n'en mettais. Comme les Belges s'étaient servis de son nom pour disputer contre nous sur l'indemnité, sur l'affaire de M. Pescatore[1], et sur plusieurs autres points, j'étais bien aise de savoir ce qu'il y avait de vrai dans leurs propos. Du reste, tous ces petits tracas ne valent guère la peine qu'on s'en occupe.

» C'est aujourd'hui que la sommation doit être faite au général Chassé. Se défendra-t-il ? Jusqu'à quel point se défendra-t-il ? C'est ce que nous saurons bientôt, mais ce qu'il est impossible de conjecturer. Quant à la résolution d'évacuer

---

1. M. Pescatore était un membre du gouvernement civil du Luxembourg que la gendarmerie belge avait arrêté en octobre 1831 en représailles de l'arrestation de M. Thorn. Les deux prisonniers furent échangés à la fin de 1832.

la Belgique après la prise de la citadelle, et de tenir à la lettre l'engagement contracté le 22 octobre, vous n'avez pas besoin de m'en faire souvenir. Je ne resterais pas aux affaires une demi-heure, si ceci pouvait être pour quelqu'un l'objet d'un doute.

» Lord Lansdowne vous dira que nos affaires ministérielles prennent ici le meilleur tour, que la majorité semble tout à fait ralliée. Nos amis ne doutent pas du succès. Je ne suis pas aussi confiant... »

LE PRINCE DE TALLEYRAND AU DUC DE BROGLIE.

« Londres, le 26 novembre 1832.

» Monsieur le duc,

» Je puis vous dire que notre situation ici s'est fort améliorée dans ces derniers jours. Les dépêches venues de Vienne et de Berlin indiquent qu'on y a modifié les dispositions qu'un premier mouvement d'effervescence avait laissé percer. Les ministres d'Autriche et de Prusse à Londres vont même jusqu'à témoigner de leur désir de voir réussir les mesures adoptées par la France et l'Angleterre contre l'obstination si prolongée du roi des Pays-Bas.

» Plus on y réfléchit, et plus on reste convaincu que les différents cabinets du continent chercheront à rompre l'union de la France et de l'Angleterre; mais qu'aussi, ils sauront se résigner à cette union et à ses conséquences, tant qu'ils lui reconnaîtront des symptômes évidents de durée... »

« Le 29 novembre.

» Je vois avec peine par les informations que vous voulez bien me donner que de nouveaux retards ont été apportés dans les opérations du siège de la citadelle d'Anvers. L'anxiété s'accroît ici chaque jour, et le cabinet anglais va même jusqu'à dire qu'il attache à la prompte reddition de cette citadelle un intérêt égal à celui que pouvait avoir le nouveau cabinet français à la conclusion de la convention du 22 octobre. Ce langage résume bien l'importance de la question pour ce gouvernement; il n'est point exagéré et je partage cette opinion.

» Je ne suis point surpris des négligences dont vous avez à vous plaindre de la part des Belges. On doit s'attendre à toute sorte d'embarras venant d'eux, et je crois que les formes de ménagement que nous adoptons généralement à leur égard ne conviennent pas à un gouvernement si nouveau et si présomptueux.

» Les délais de l'expédition d'Anvers font plus que jamais sentir la nécessité de ne rien précipiter dans notre négociation avec le cabinet prussien. Le temps est un grand maître qui arrange bien des difficultés. Vous penserez sans doute qu'il faut se donner une grande latitude quand on est livré aux chances d'un siège, et je vous engage à ne rien conclure à Berlin, avant d'être sur la voie d'un résultat certain à Anvers. Vous remarquerez que si on s'était arrêté à la date du 5 décembre, fixée par vous en dernier lieu, pour la remise de Venloo aux Prussiens, on se serait placé dans une situation embarrassante. Comme la négociation se suit par M. Bresson, aidé de lord Minto, il doit être facile de la ralentir en exprimant à propos le besoin d'instructions communes des cabinets de Paris et de Londres.

» Je viens de communiquer à lord Palmerston votre dépêche numéro 101, relative aux frais de notre expédition en Belgique, que vous croyez devoir réclamer du gouvernement belge. Je la lui ai lue tout entière. Après l'avoir écoutée avec beaucoup d'attention, lord Palmerston a répondu que cela ne changeait rien à son opinion, parce que tous les motifs qui avaient été donnés dans le conseil du roi restaient dans leur entier. J'ai essayé en vain de donner de nouveaux développements aux arguments que me fournissait votre dépêche; et je dois vous avouer que je ne suis pas parvenu à modifier une opinion qui me paraît irrévocablement arrêtée.

» J'ai ensuite entretenu lord Palmerston de la mission qui aurait été confiée par l'Angleterre à un agent de la Porte ottomane. Il m'a répondu qu'il avait été effectivement informé par une lettre de Constantinople du 26 octobre de la résolution adoptée par le sultan d'envoyer en Angleterre Namick Pacha, colonel de ses gardes; que cette résolution n'avait pas eu l'assentiment du Divan qui avait du moins obtenu que Namick Pacha passerait par Paris; que, du reste, quoiqu'on sût bien que la mission de Namick se rapportait à la guerre qui existe entre la Porte et le pacha d'Égypte, on ne connaissait point exactement la nature des communications qu'il était chargé de faire au gouvernement anglais; mais qu'on supposait seulement que l'intention de la Porte avait été de donner à cette mission assez d'éclat pour qu'elle inquiétât le pacha d'Égypte, qui ne manquerait pas d'en avoir connaissance [1].

» Lord Palmerston m'a assuré en même temps que sir Stratford Canning [2] n'avait jamais fait aucune insinuation qui

1. Sur la mission de Namick Pacha, voir pages 95 et 108.

2. Sir Stratford Canning, ancien ambassadeur d'Angleterre près la Porte, avait été envoyé à Constantinople en novembre 1831 avec une mission spéciale. Il devait demander une extension de frontières en faveur de la Grèce.

pût être regardée comme une offre réelle de secours de la part de l'Angleterre et que vous aviez parfaitement jugé qu'il s'était borné à des paroles de bienveillance, telles qu'il est d'usage d'en employer en pareille occasion... »

LE DUC DE BROGLIE AU PRINCE DE TALLEYRAND.

« Paris, le 27 novembre 1832.

» Mon prince,

» La réponse que je vous adresse est une réponse officielle à une dépêche officielle. J'imagine que lord Palmerston a pris par là ses mesures pour répondre au besoin devant le parlement. C'est par le même motif que j'insiste.

» Vous savez que la raison qui nous a portés à demander à la Belgique le remboursement de nos dépenses extraordinaires, c'est le refus positif qu'a fait la Chambre des députés, l'année dernière, de nous allouer la dépense de notre expédition de Belgique en 1831. Nous serions sans réponse si nous ne pouvions pas témoigner publiquement que nous avons fait tous nos efforts pour mettre à couvert les intérêts du trésor. Du reste, nous avons peu d'espérance de nous enrichir avec ce qui nous en reviendra.

» Le fait est néanmoins que notre position n'est pas analogue à celle de l'Angleterre. Elle fournit à la cause commune une escadre; nous en faisons autant. Elle ne demande rien à la Belgique; pour cela, nous ne demandons rien non plus. Mais en outre, nous entreprenons à nos frais une expédition de terre infiniment plus coûteuse que nous exécutons seuls.

» Lord Palmerston pense que c'est dans un intérêt uniquement européen que nous agissons. Je ne le crois pas. La meilleure preuve que c'est en même temps dans un intérêt purement belge, c'est que nous ne marchons qu'à la réquisition expresse de la Belgique. Si nous ne prenions pas Anvers, il faudrait que ce fût l'armée belge qui le prît, et ce que nous lui demandons est très inférieur à ce qu'il lui en coûterait pour cela. La Belgique n'en paye pas un soldat de moins, il est vrai, mais elle paye de moins toutes les dépenses matérielles du siège que nous faisons à nos dépens.

» Lord Palmerston ajoute que nous avons désiré nous-mêmes, dans l'intérêt de la formation ou du maintien du ministère que cette expédition se fît. Ceci sort du cercle général de la discussion. C'est une discussion sur ce qui se passe dans l'intérieur des couloirs. Ce n'est pas un motif que nous puissions alléguer publiquement. Si nous voulons prendre ainsi en considération les motifs secrets des choses, alors nous pourrons dire que la crainte des sottises des Belges, la crainte de les voir entamer une expédition contre la Hollande, la nécessité de les tirer de la situation où ils sont, sont au nombre des raisons qui nous ont fait désirer d'entreprendre l'expédition d'Anvers. Ce sont certainement les provocations des Belges et leur action sur les esprits en France, qui ont concouru pour plus de moitié à rendre cette expédition inévitable.

» Au reste, je le répète, il ne faut prendre les choses que pour ce qu'elles valent : notre demande a pour but de mettre notre responsabilité à couvert. Je crois que la dépêche de lord Palmerston est précisément de même nature, et je vous prie de l'assurer que je n'ai pas la moindre envie d'y voir autre chose.

» Notre expédition ne marche pas aussi vite que je l'aurais désiré. L'armée tout entière est arrivée à jour fixe ; mais le transport de l'artillerie de siège et des munitions a souffert et souffre encore des retards. Le maréchal Gérard ne veut faire sa sommation qu'au moment où toutes ses dispositions seront terminées, pour répondre à un refus par un feu terrible. On m'assure que la sommation doit être faite aujourd'hui, mais je crains encore du retard... »

LE PRINCE DE TALLEYRAND AU DUC DE BROGLIE.

« Londres, le 30 novembre 1832.

» Monsieur le duc,

» M. le marquis de Palmella est arrivé hier à Londres, chargé d'une mission de dom Pedro près du gouvernement anglais; il avait quitté Oporto le 22 de ce mois. Il paraît qu'on commence à sentir dans cette ville la nécessité de mettre fin à l'état de choses qui désole en ce moment le Portugal[1]; le marquis de Palmella doit, en conséquence demander un armistice au cabinet anglais. Il m'a fait des ouvertures à ce sujet. La proposition de cet armistice n'aurait de caractère imposant que si elle est faite en même temps par la France et par l'Angleterre.

» Cet armistice obtenu, on chercherait à obtenir une médiation dans laquelle devraient paraître les puissances les plus intéressées, c'est-à-dire, l'Espagne, l'Angleterre et la France, et il est bien probable que si ces trois puissances s'accordaient sur ce qui est nécessaire pour rétablir

---

1. On se rappelle que dom Pedro avait débarqué le 3 mars 1832 dans l'île de Terceira. Le 8 juillet il était entré à Porto, qui devint le centre du gouvernement constitutionnel, tandis que dom Miguel maintenait à Lisbonne le régime absolutiste. Une lutte acharnée s'engagea entre les deux frères.

l'ordre en Portugal, le pays forcerait les deux princes de la maison de Bragance à adopter les propositions qui seraient faites.

» Je vous tiendrai au courant des démarches de M. de Palmella vis-à-vis du gouvernement anglais, et des résolutions que ce gouvernement sera disposé à prendre. Ayez la bonté de me dire quel doit être mon langage dans le cas où la proposition de M. de Palmella serait accueillie ici... »

« Le 1ᵉʳ décembre.

» Mon cher duc,

» Nous sommes toujours au même point; cet état de choses devient de plus en plus pénible pour le cabinet anglais et gênant pour moi. Je crains que cet embarras ne s'augmente encore de Berlin; nous y avons porté la négociation de Venloo, espérant qu'à la faveur des distances et des hésitations de M. Ancillon, nous aurions eu le temps d'enlever Anvers et de trancher ainsi la plus forte partie de la difficulté. Les époques que vous m'aviez indiquées comme étant nécessaires aux opérations de notre armée, ne se sont malheureusement pas trouvées suffisantes, et nous voici à la veille de voir une convention signée à Berlin lorsque rien n'est commencé encore à Anvers. La sotte fanfaronnade belge qui nous menace de ne pas remettre Venloo aux Prussiens avant la prise d'Anvers peut tout compliquer d'une façon vraiment fatale au repos de l'Europe. Que nous faut-il donc essayer maintenant ? Rien, si ce n'est obtenir de nouveaux délais; traîner en longueur tout ce qui est du fait des négociations; hâter tout ce qui est du fait de l'armée, surtout en imposer fortement au mauvais esprit et aux ridicules prétentions des Belges. J'ai eu la preuve en main que d'ici, bien loin de les encourager on les traite avec toute la hauteur qu'il serait bon de leur faire trouver également chez nous. Je vous conjure donc, mon cher duc, de n'envoyer à M. Bresson que des instructions très vagues et de lui faire sentir que ce qu'il nous faudrait le moins, ce serait une conclusion. Je crois même, ce que du reste je n'ai pu ni dû indiquer dans ma dépêche, que le dénouement entre la Belgique et la Hollande serait plus facile, si nous pouvions rester assurés de la bienveillante neutralité de la Prusse, sans l'appeler à un rôle plus actif. Je crois que cela n'est pas impossible, si toutefois nous arrivons à nous rendre maîtres d'Anvers dans un délai rapproché, et qu'à Berlin on sache toujours négocier sans jamais conclure.

» Je crois avoir trouvé sur ce terrain-là une combinaison qui ne serait pas sans valeur; mais j'ai besoin de la mûrir encore avant de vous la soumettre; aujourd'hui, je me borne à vous prier de laisser toutes les négociations ouvertes et de n'en clore aucune.

» Il ne faut pas oublier que l'Angleterre a laissé percer quelques regrets de ce que les négociations avec la Prusse étaient portées à Berlin. Cela doit de plus en plus n'y rien faire faire à M. Bresson, sans la plus intime coopération de lord Minto. Mais, je le répète, ce qu'il faut surtout, c'est qu'il ne s'y fasse *rien* pour le moment et que le langage y soit très prudent.. »

MADAME ADÉLAÏDE D'ORLÉANS AU PRINCE DE TALLEYRAND.

« Tuileries, 2 décembre 1832.

» Mon cher prince,

» Je viens vous faire part avec empressement des nouvelles que nous recevons de notre armée. Je copie ce qu'on me mande, du 30 novembre à quatre heures après midi :

« Nous avons ouvert la tranchée hier devant la citadelle ; M. le duc d'Orléans la commandait et dans cette première occasion où il a été au feu et a dû sérieusement faire la guerre, le prince royal a montré beaucoup de sang-froid, d'attention à tout prévoir et de zèle pour parer à tout ; il a sans cesse parcouru la ligne des travailleurs, visité ses grand'gardes, assuré ses réserves ; fait enfin ce qu'aurait fait un militaire expérimenté. Grâce à une nuit extrêmement noire et pluvieuse, nous avons pu dérober à l'ennemi cette opération délicate, et ce n'est qu'au jour qu'il a pu nous voir couverts par une parallèle de deux mille sept cents toises, et à l'abri de son feu. Aussi, n'est-ce, je crois, que pour faire plaisir à M. le duc d'Orléans que, vers midi, il a commencé à nous jeter des obus et des boulets. Le siège a tellement avancé dans ce peu d'heures qu'il est à espérer que le roi recevra bientôt les clefs de la citadelle.

» C'est ce que nous souhaitons pour tout bien vivement, mon cher prince, car vous jugez que nos cœurs sont bien agités. Le maréchal Gérard, qui était avec Chartres à la tranchée, mande au roi qu'il est impossible d'y avoir été plus de sang-froid et d'un courage plus brillant. L'aide de camp du maréchal, qui a apporté les dépêches, dit qu'au premier boulet qui a passé au-dessus de sa tête, Chartres a fait un saut de joie et que tous les soldats se sont mis à danser.

» Nous ignorons encore si la justice parviendra à la source de l'horrible attentat du 19 novembre ; elle en a la confiance. Ce qu'il y a de certain, c'est que cet attentat a fait sentir généralement et plus vivement que jamais que la France possède un précieux trésor dans notre roi, et à quels dangers elle serait exposée s'il lui manquait. Tous se rattachent à lui et à la monarchie constitutionnelle ; c'est ce qui nous donne cette grande majorité dans la Chambre, qui devient excellente et nous assure la plus heureuse session.

» Ce qu'il faut, c'est finir l'affaire d'Anvers, et nous sommes à l'œuvre. Certes, les Belges devraient en être reconnaissants, heureux et contents, mais cela n'est pas ; je vous avoue que je suis indignée de leur ingratitude et de leur bêtise. Ne grognent-ils pas encore dans ce moment de la nouvelle division du général Schramm [1] que, d'après les inquiétudes du gouvernement anglais que nous n'ayons pas assez de monde en Belgique, le roi vient d'y envoyer. Il me semble, en vérité, que le gouvernement anglais devrait bien leur faire sentir leur bêtise et le mal qu'ils se font en cela... »

LE DUC DE BROGLIE AU PRINCE DE TALLEYRAND.

« Paris, le 6 décembre 1832.

» Mon prince,

» Je vous envoie enfin des nouvelles du siège, qui peuvent et qui doivent contenter le ministère anglais. Le tort a été, non pas de manquer de parole, mais de n'avoir pas assez calculé le temps nécessaire aux préparatifs dans cette épouvantable

---

1. Jean-Paul Adam, comte Schramm, né en 1789, entré au service en 1803, général de brigade en 1813. Il vécut dans la retraite sous la Restauration, fit en 1832 la campagne d'Anvers, devint général de division et pair de France (1839). En 1850 il fut ministre de la guerre, et fut créé sénateur en 1852. Il mourut en 1884.

saison. L'armée a fait des efforts surhumains; le placement de la dernière batterie, exécuté à découvert sous le glacis même de la citadelle, est, dit-on, une des entreprises les plus hardies qui aient jamais été exécutées. On pense que sous huit jours, dix jours au plus tard, probablement plus tôt, la citadelle sera prise. J'espère que la nouvelle en arrivera au milieu des élections anglaises.

» Vous verrez, par ma dépêche d'aujourd'hui, que j'ai été et dû être on ne peut plus surpris de voir l'affaire de Venloo finir à l'improviste par une offre de remettre cette place et le Limbourg à la Hollande. En tout, je ne conçois rien à la marche de cette affaire. Elle est allée à Berlin, sur une note de vous et de lord Palmerston. Revenue à Londres, elle est retournée à Berlin, lord Palmerston se plaignant un peu, ainsi que vous l'avez remarqué vous-même, que ce fût sans son consentement, et voilà qu'elle se termine par une offre dont ni vous ni moi ne sommes avertis et dont je ne sais les conditions que par des billets de lord Palmerston à lord Granville[1].

» Je crains fort que cette offre ne nous lance dans de grandes difficultés quand il en faudra venir à l'exécution; elle nous donne, en attendant, vis-à-vis de la Prusse, un air d'incertitude et de versatilité qui me contrarie extrêmement. Le roi est très fort contre cette offre, et je trouve que, sous plus d'un rapport, il n'a pas tort.

» J'ai eu ce matin une longue conversation avec M. d'Offalia qui quitte son poste d'ambassadeur d'Espagne ici, pour retourner à Madrid, où il va être ministre de l'intérieur. Après beau-

---

1. Voir page 15.

coup de circonstances diverses, voici le point où il en est venu[1].

» Si le gouvernement anglais croit avoir à se plaindre des coups de canon tirés à l'entrée du Douro sur un de ses bâtiments, le gouvernement espagnol interviendra volontiers pour lui faire obtenir satisfaction. Mais si le gouvernement anglais en prend occasion pour rompre la neutralité et se déclarer en faveur de dom Pedro, le gouvernement espagnol fera sur-le-champ entrer une armée en Portugal.

» J'ai interrompu M. d'Offalia et je lui ai demandé en quelle qualité il me parlait, si c'était une pure conversation, ou si c'était une ouverture qu'il me faisait au nom de son gouvernement. Il m'a déclaré qu'il ne me parlait pas comme ambassadeur, qu'il ne se regardait plus comme tel, mais que, causant avec moi, il était bien aise de me dire que telle était l'opinion de son gouvernement, et qu'il ne deviendrait ministre du roi d'Espagne qu'à cette condition.

» Je lui ai demandé alors quel usage il désirait que je fisse de sa conversation; s'il désirait que j'en fisse part à l'ambassadeur d'Angleterre. Il m'a donné à entendre que tel était son désir. Il s'est longuement étendu sur ce sujet. Après l'avoir enfin écouté fort longtemps, je lui ai dit, que puisqu'il me parlait par pure conversation, et sans caractère officiel, j'allais continuer sur le même ton et que je lui adresserais une question sur une idée qui me passait par la tête,

---

1. Don Narcisco de Hérédia, comte d'Offalia, homme d'État espagnol, né en 1777, secrétaire d'ambassade à Washington en 1800. Il rentra dans la vie privée à l'avènement du roi Joseph. En 1823, il fut nommé ministre de la justice, puis envoyé extraordinaire à Londres (1827) et ambassadeur à Paris (1828). En 1832 il fut ministre de l'intérieur dans le cabinet Zea-Bermudez. En 1837, il devint chef du cabinet et ministre des affaires étrangères. Il se retira en 1838 et mourut en 1843.

désavouant toute induction qu'il en pourrait tirer autre que celle de me satisfaire personnellement en sachant son opinion sur une éventualité.

» S'il arrivait, lui ai-je dit, que la cause de doña Maria pût être séparée de celle de la constitution, si le hasard faisait qu'il pût être question de la placer sur le trône en laissant la constitution de côté, seriez-vous aussi décidés à intervenir à main armée en faveur de dom Miguel?

» Il m'a très clairement dit que non, et que la constitution était ce qui tenait au cœur à l'Espagne que le gouvernement actuel ne pouvait souffrir sans périr.

» Je n'ai pas poussé la conversation plus loin et j'en ai rendu compte à lord Granville. Je crois que vous serez bien aise de connaître également cette conversation. Du reste, j'entrevois bien des obstacles et des difficultés sans nombre au projet dont vous m'avez parlé[1]. J'attendrai, s'il y a lieu, pour en parler au conseil, que l'Angleterre nous fasse des propositions explicites.

» Adieu, mon prince, guérissez-vous : j'attendrai de vos nouvelles avec grande impatience... »

LE PRINCE DE TALLEYRAND AU DUC DE BROGLIE.

« Londres, le 10 décembre 1832.

» Monsieur le duc,

» J'ai reçu la dépêche que vous m'avez fait l'honneur de m'écrire le 6 de ce mois, et ce n'est pas sans surprise que j'ai

---

1. Le projet de médiation dont M. de Talleyrand avait entretenu le duc de Broglie dans sa lettre du 30 novembre (voir page 62).

lu les informations qu'elle contient. J'ai dû en faire part immédiatement à lord Palmerston.

» Il serait facile, en pressant toutes les contradictions qui se présentent dans la manière dont a été conduite l'affaire de Venloo, d'en faire ressortir bien des motifs d'explication et de récrimination. Comme cela serait sans aucun résultat et que même cela pourrait compromettre le sort des graves questions qui nous occupent et qui doivent passer avant tout, j'ai pensé qu'il valait mieux couper court à ces explications.

» On ne doit pas trop s'étonner d'ailleurs qu'une négociation successivement portée à Paris, à Londres et à Berlin, ait donné lieu à des malentendus, quand l'objet principal était d'obtenir des délais. Le défaut d'instructions, la nécessité ou la volonté de s'en passer, des paroles dites légèrement ou mal interprétées et mille autres circonstances auront sans doute contribué à créer la plus grande partie des difficultés que nous venons de rencontrer.

» Il ne faudrait pas croire cependant, monsieur le duc, que j'aie négligé d'exprimer mon étonnement à lord Palmerston avec la gravité que votre lettre exigeait. J'y étais personnellement autorisé, puisque j'avais lu la dépêche que j'ai eu l'honneur de vous adresser le 6 sous le numéro 37; il l'avait trouvée parfaitement correcte; j'avais moi-même, à sa demande, changé quelque chose à une phrase sans importance. Il ne me dit pas un mot alors, des instructions qu'il avait cru devoir adresser à lord Minto.

» Je lui ai rappelé cette circonstance d'une manière assez vive pour qu'il m'ait répondu que s'il avait eu tort d'agir ainsi, il avait lui-même à se plaindre de ce qui s'était passé au sujet de la sommation faite par le maréchal Gérard, au nom des gouvernements de France et d'Angleterre; qu'on avait fait parler son souverain, dans cette occasion, sans l'avoir préalablement consulté, et que le roi lui avait témoigné le plus vif mécontentement de cette conduite.

» Je vous le répète, monsieur le duc, j'aurais pu presser plus longtemps lord Palmerston dans cette voie sans aucun résultat réel pour les intérêts du gouvernement du roi ; je crois donc avoir agi plus prudemment en terminant ma conversation sans aigreur. J'ose espérer que vous partagerez mon opinion et que vous penserez qu'il faut mettre en oubli tous les torts qu'on peut supposer involontaires. C'est pour l'avenir une leçon de laquelle il sera utile de profiter en se renfermant toujours dans des démarches et des communications officielles. J'ai, en conséquence, engagé lord Palmerston à vous informer par l'intermédiaire de lord Granville du nouveau projet d'arrangement dont nous nous sommes entretenus et dont je vais avoir l'honneur de vous rendre compte. Il est nécessaire avant cela que je réponde à une autre question renfermée dans votre dépêche.

» Vous me demandez de vous faire connaître les raisons qui me portaient à croire à la possibilité de réunir la conférence après la prise de la citadelle d'Anvers. J'avais toujours pensé et lord Palmerston aussi, que, ce fait accompli, nous trouverions dans les plénipotentiaires des trois autres puissances, des dispositions favorables pour reprendre les négociations interrompues par l'emploi des mesures coercitives contre la Hollande: cela eût été un grand calmant pour la tranquillité de l'Europe. Notre espoir à cet égard paraissait fondé jusqu'à l'arrivée d'un courrier qui, avant-hier a apporté des dépêches de Pétersbourg à MM. de Lieven et Matusiewicz.

Ils ont trouvé dans ces dépêches des témoignages de la satisfaction de l'empereur pour la conduite qu'ils ont tenue lorsque la convention du 22 octobre leur a été communiquée, et on leur annonce en même temps qu'on leur retire les pouvoirs qu'ils avaient pour traiter en conférence et qu'ils avaient déclaré à lord Palmerston et à moi n'être que suspendus. Ceci détruit le plan que nous avions formé de réunir la conférence immédiatement après la prise de la citadelle d'Anvers.

» Dans cet état de choses il devient de la plus haute importance pour l'Angleterre et la France de concerter la marche qu'elles jugeront convenable d'adopter si elles étaient appelées à terminer la question hollando-belge sans la participation des trois autres puissances. Tel est le but du nouveau projet sur lequel je vais maintenant appeler toute votre attention.

» La France et l'Angleterre s'étant unies pour vaincre par la force l'obstination du roi des Pays-Bas, elles croient qu'il est de leur devoir, la conférence n'existant plus, de proposer à l'acceptation du cabinet de La Haye un traité consenti par les Belges qui renfermerait les conditions suivantes :

» 1º La remise au roi des Pas-Bas des territoires qui doivent lui appartenir;

» 2º La remise de la part de ce souverain des forts de Lillo et de Liefkenshock, qui dépendent d'Anvers;

» 3º La reconnaissance par la Hollande de la libre navigation de l'Escaut, moyennant le droit d'un florin par tonneau;

» 4º La fixation des droits de balisage et de pilotage dans l'Escaut et dans les eaux intermédiaires;

» 5º L'ouverture de la Meuse;

» 6º L'ouverture de deux routes pour servir aux communications commerciales de la Belgique avec l'Allemagne;

» 7° Une amnistie générale pour tous les délits politiques ;

» 8° Un acte par lequel tous les anciens sujets du roi des Pays-Bas seront déliés de leur serment de fidélité.

» Ce traité, convenu entre la France et l'Angleterre, serait envoyé à La Haye par des plénipotentiaires anglais et français. Je vous prie, monsieur le duc, de vouloir bien me transmettre vos ordres à cet égard.

» Le cabinet anglais vient de désigner sir Stratford Canning pour se rendre à Madrid et y suivre la médiation entre les deux princes de la maison de Bragance dont je vous ai déjà entretenue. Il passera par Paris où il s'arrêtera plusieurs jours pour s'entendre avec vous. Il doit vous donner tous les détails relatifs à l'objet de sa mission. Vous pourrez ensuite adresser à M. de Rayneval les directions que vous jugerez convenable de lui donner... »

LE COMTE DE LATOUR-MAUBOURG AU PRINCE DE TALLEYRAND.

« Bruxelles, le 18 décembre 1832.

» Prince,

» Au moment du départ du courrier et mon paquet déjà fermé, je reçois des nouvelles d'Anvers qui m'annoncent que par suite de retards provoqués par les pluies de ces jours derniers, nous ne pourrons commencer à battre en brèche qu'après-demain. Je dois donc modifier, à cet égard, ce que j'ai eu l'honneur de vous mander dans ma dépêche de ce matin.

» Le maréchal Gérard se montre affecté des articles insérés dans quelques journaux anglais qui prétendent que nos soldats ne vont à la tranchée qu'à force d'eau-de-vie et de mauvais traitements de la part des officiers. Il voudrait que ces mensonges fussent démentis par les soins de l'ambassade française à Londres. Je me fais l'interprète de ses vœux à cet égard avec d'autant plus d'empressement que je sais que le colonel Caradoc (commissaire militaire anglais au quartier général français) doit écrire en ce sens à lord Palmerston...»

LE BARON DURANT DE MAREUIL AU PRINCE DE TALLEYRAND.

« Paris, le 15 décembre 1832.

» Mon prince,

» Je ne sais trop, mon prince, comment vous faire part de ce qui m'arrive.

» Depuis que je suis de retour de Londres, je ne cessais pas de réclamer du ministre mes dernières provisions pour Berlin. D'abord il avait désiré que j'attendisse l'ouverture des Chambres, la discussion des adresses et les premiers actes des deux assemblées. Tout allant à souhait, j'ai fini par demander formellement mes lettres de créance, mes instructions, mes passeports, et voilà qu'hier même, M. le duc de Broglie me déclare que, dans les circonstances actuelles, M. Bresson est l'homme nécessaire à Berlin et qu'il ne peut consentir à ce qu'il soit éloigné. Il y a plus, et j'ai dû comprendre que malgré mes représentations, malgré l'appel que j'ai fait à toutes les raisons qui rendraient le procédé si douloureux pour moi, il est probable que M. Bresson sera bientôt nommé définitivement à la mission de Berlin.

» De belles paroles, il est vrai, ont accompagné le coup qui m'était porté ; on reconnaît mes services, on rend justice à ma capacité, on me promet la première ambassade qui sera vacante ; mais pour le moment on ne peut m'offrir que la mission de Florence. Je demande à rester comme je suis, où je suis, jusqu'au moment où l'on jugera à propos de m'envoyer à Berlin. Il est probable que je ne l'obtiendrai pas. J'ai éprouvé dans ma vie politique plus d'un moment pénible ; celui-ci est le pire. Le retour de fortune que je devais à votre influence et qui en me faisant partager vos travaux, m'avait valu plus d'un suffrage ne m'avait point préparé à une telle disgrâce...

» Permettez que je réclame votre intérêt et vos conseils. Excusez-moi de mêler cette affaire personnelle aux grandes choses qui vous occupent... »

LE PRINCE DE TALLEYRAND A LA PRINCESSE DE VAUDÉMONT.

« Londres, le 20 décembre 1832.

» Je vais écrire à Durant d'abord et ensuite à son ministre. Il est impossible qu'on ne fasse pas pour lui, une tout autre réparation que Florence. S'il y a un mouvement dans les ambassades et si l'on envoyait Barante[1] à une plus grande ambassade que Turin, il serait naturel et dans les convenances des Tuileries, de nommer à Turin M. de Rumigny et de donner la Suisse à M. Durant. Voilà ce qu'il y aurait de

1. Amable-Guillaume-Prosper Brugière baron de Barante, né à Riom en 1782, auditeur au conseil d'État en 1806, sous-préfet, puis préfet. Il donna sa démission aux Cent-jours, devint ensuite conseiller d'État, puis député, et pair de France (1819). Après la révolution de Juillet il fut nommé ambassadeur à Turin, puis à Pétersbourg où il demeura jusqu'en 1848. Il mourut en 1866.

mieux. — Vous et moi, nous portons dans toutes nos relations de la sincérité et de la fidélité. Je me garde bien de regarder si nous ne sommes pas un peu dupes. »

« Le 21 décembre.

» J'écris aujourd'hui à Durant. Je vous dirai *à vous* que ce qu'on fait là est très inconvenable : cela rabaisse l'administration. J'insisterai pour qu'on lui donne Turin, si Turin devient vacant. Mais, qu'est-ce que mon insistance? J'ai fait tout ce que l'on voulait; on n'a plus besoin de moi, et c'est dans le besoin qu'on a des hommes qu'est tout leur crédit. Le maréchal Gérard se plaint de ce que, dans les journaux anglais, on blâme les lenteurs du siège, et on dit que cela décourage les soldats. Sûrement, cela se dit dans quelques journaux, mais d'autres disent le contraire, et alors cela ne fait plus rien sur l'opinion. Les journaux tories disent du mal de l'expédition; les journaux whigs et les journaux radicaux en disent du bien, il faut se soumettre à cela. Le roi, la reine et tous les ministres anglais s'y soumettent... »

« Le 25 décembre.

» Voilà Anvers pris [1]!!! La garnison est faite prisonnière de guerre jusqu'à la reddition des forts, à ce que m'annonce le télégraphe. Voilà donc nos princes hors de tout danger. J'en suis enchanté. C'était un tourment réel pour moi depuis un mois. Je vis presque tout seul, parce que, quand l'inquiétude est de tous les moments, on est mal à son aise avec les indifférents...

---

1. Le général Chassé avait capitulé le 23 décembre après vingt-cinq jours de tranchée ouverte et dix-neuf de bombardement.

» Vous ne me mandez pas pourquoi Pozzo vient ici. Je crois, mais ceci est pour vous seule, que c'est pour ne pas, en sa qualité de doyen du corps diplomatique, faire le discours du jour de l'an, qui l'embarrasserait. Voilà ce qui m'a passé par la tête et je crois que c'est vrai. Je vous dis ce qui me vient de raisonnable, comme ce qui vient de folie dans ma cervelle...

» Le travail va me revenir car il faut essayer de faire faire quelque chose au roi de Hollande et vous savez si cela est aisé. En attendant, je donne demain à dîner à Namick Pacha et à quelques autres Turcs. Le pacha a une jolie figure et parle très bien le français; même il l'écrit. Il est habillé un peu à l'européenne : sur sa tête on reconnaît un peu de l'ancien Turc... »

LE PRINCE DE TALLEYRAND AU DUC DE BROGLIE.

« Londres, le 26 décembre 1832.

» Monsieur le duc,

» ... La nouvelle de la reddition de la citadelle d'Anvers a été reçue à Londres, comme un nouveau gage du maintien de la paix, et on pourrait dire que, sous ce point de vue, la satisfaction a été générale. J'ai été, par les soins de M. le préfet du Nord, le premier informé de la capitulation et j'ai pu me servir utilement de ce renseignement, en l'opposant aux récits erronés de quelques journaux... »

LE DUC DE BROGLIE AU PRINCE DE TALLEYRAND.

« Paris, le 24 décembre 1832.

» Mon prince,

» Voilà le dénouement arrivé. Vous l'aurez su en même temps que nous. Nous ne savons encore aucun détail. La dépêche télégraphique a été interrompue par le mauvais temps. L'avenir est maintenant entre vos mains, et c'est pour cela que je suis tranquille.

» J'attends de vos nouvelles avec impatience. Nos affaires vont très bien ici... »

LE BARON DURANT DE MAREUIL AU PRINCE DE TALLEYRAND.

« Paris, le 25 décembre 1832.

» Je ne désespère pas que cette lettre-ci, allant par l'estafette, arrive avant ma précédente, trop courte pour que j'aie pu vous dire que tout était enfin réparé pour moi. Je vais à Naples comme ambassadeur. Je vous ai dit pourquoi j'aurais préféré d'être ministre à Berlin, mais il y a ici plus qu'une compensation, et ma reconnaissance se partage encore entre le roi, le ministre et vous, ne doutant pas que vous n'ayez puissamment contribué à me faire obtenir si prompte et si pleine justice.

» Je me reprocherais d'oublier de me réjouir avec vous du dénouement d'Anvers. Il fait ici un grand et bon effet et, sans doute, il sera tel à Londres... »

LORD GREY AU PRINCE DE TALLEYRAND.
[*Traduction*]

« East-Sheen, le 30 décembre 1832.

» Cher prince de Talleyrand,

» Mille remerciements pour votre agréable lettre. Le récit qu'elle contient n'est pas moins que ce que j'attendais de la sage politique et de la bonne foi du gouvernement français.

La résolution de renvoyer la garnison hollandaise sans condition est encore meilleure que de l'avoir relâchée sur parole.

» Croyez-moi toujours...»

La citadelle d'Anvers était prise; toute cette affaire bien terminée et au moment où tous ceux qui s'y intéressaient, jouissaient d'une grande satisfaction, je devais, moi, être frappé d'un coup douloureux qui me causa un profond chagrin. La princesse de Vaudémont, après une maladie de quelques jours, mourut dans la nuit du 31 décembre au 1er janvier 1833. Je perdais une amie avec laquelle j'étais lié depuis cinquante ans; je l'avais connue chez sa belle-mère, madame la comtesse de Brionne, où j'avais passé les plus agréables années de ma jeunesse; nos rapports n'avaient jamais varié, et je ne puis me consoler de la perte d'une aussi fidèle amie. Elle m'a rendu service, même après sa mort, ses héritiers m'ayant renvoyé la plupart des lettres que je lui avais adressées; c'est là où j'ai pu puiser, comme on l'a vu, beaucoup des détails qui ont servi à rassembler mes souvenirs et qui sans cela, auraient probablement échappé à ma mémoire. Aussi, on me pardonnera de placer ici quelques-uns des témoignages rendus à son noble caractère par ceux qui, plus heureux que moi, ont pu assister à ses derniers instants. »

LE BARON PASQUIER AU PRINCE DE TALLEYRAND.

« Paris, le 2 janvier 1833.

» Mon prince,

» Le malheur qui vient de nous frapper m'inspire le besoin de joindre mon affection à la vôtre parce que je suis sûr qu'il ne saurait y en avoir de plus profondément senti.

» Vous avez été certainement informé de la maladie de madame de Vaudémont, et les progrès en ont été si rapides que la nouvelle de sa mort vous parviendra presque aussitôt...

» Quand on a eu l'avantage d'être compté au nombre de ses amis, on peut se dire qu'on vient d'être condamné à la plus grande perte qui se puisse éprouver. Son éloge peut se faire en bien peu de mots. Elle a eu beaucoup d'amis et n'en a jamais abandonné un, ni n'en a jamais perdu un par sa faute. Je sais à quel point elle vous était attachée et comprends tout le vide qu'elle va vous laisser... »

MADAME ADÉLAÏDE D'ORLÉANS AU PRINCE DE TALLEYRAND.

« Tuileries, le 6 janvier 1833.

» Le malheur que je ne prévoyais que trop et que je redoutais tant pour nous et surtout pour vous, mon cher prince, a suivi de bien près la lettre que je vous écrivais. Il me tarde de recevoir de vos nouvelles après ce coup si cruel pour vous, et je viens de nouveau vous en demander. Nous sommes tous bien occupés de vous et nous sentons bien vivement et douloureusement la perte de cette chère princesse de qui j'avais reçu tant de preuves de véritable amitié et qui s'était si chaudement identifiée à notre cause et à nos intérêts. Je désirerais de tout mon cœur pouvoir apporter quelque adoucissement à la trop juste douleur que vous ressentez et que je partage du fond de mon âme... »

Je veux reprendre mon récit interrompu par ce douloureux incident. J'ai déjà donné les extraits de lettres qui conduisent jusqu'à la prise de la citadelle d'Anvers, ne voulant point interrompre ce qui concernait cet événement ; mais avant d'obtenir cette solution, on pensera sans doute que nous avions dû nous occuper des conséquences qu'elle pouvait avoir et surtout des mesures que les gouvernements de France et d'Angleterre auraient à adopter. Ceci m'oblige à revenir sur mes pas.

On a vu dans ma dépêche du 10 décembre 1832, que dès cette époque, lord Palmerston et moi avions songé à la marche que nous devions suivre après la prise de la citadelle d'Anvers. Le duc de Broglie, après les communications que je lui avais faites à ce sujet, me transmit un mémoire excellent qui résumait parfaitement toute la question et dont je me bornerai à énumérer ici les conclusions.

« Aussitôt après la prise de la citadelle d'Anvers, l'armée française se retirerait ;

» L'embargo serait maintenu ;

» Les flottes resteraient unies et ne sortiraient des dunes que quand l'ordre leur en serait donné par les deux gouvernements ;

» Les cabinets de France et d'Angleterre feraient dresser un projet de traité sur les bases suivantes :

» 1° La remise au roi des Pays-Bas des territoires qui doivent lui appartenir ;

» 2° La remise, de la part de ce souverain, des forts de Lillo et de Liefkenshok, dépendant d'Anvers, si ces forts n'étaient pas tombés au pouvoir des Français en même temps que la citadelle ;

» 3° La reconnaissance par la Hollande de la libre navigation de l'Escaut, moyennant un droit d'un florin par tonneau ;

» 4° La fixation des droits de balisage et de pilotage dans l'Escaut et dans les eaux intermédiaires ;

» 5° L'ouverture de la Meuse ;

» 6° L'ouverture de deux routes pour servir aux communications commerciales de la Belgique avec l'Allemagne ;

» 7° Une amnistie générale pour tous les délits politiques ;

» 8° Un acte par lequel tous les anciens sujets du roi des Pays-Bas seraient déliés de leur serment de fidélité.

» Ce projet de traité serait concerté avec la Belgique et serait remis au cabinet de La Haye par les chargés d'affaires de France et d'Angleterre dans cette résidence.

» On pourrait s'entendre avant cela avec les cabinets de Vienne et de Berlin pour qu'ils secondassent près du roi des Pays-Bas l'offre faite par la France et l'Angleterre.

» Le traité présenté au roi des Pays-Bas devrait être par lui accepté purement et simplement sans discussion.

» En cas d'acceptation, les mesures coercitives cesseraient immédiatement et l'embargo serait levé.

» En cas de refus, on négocierait l'occupation provisoire de Venloo et du Limbourg avec la Prusse.

» Après avoir réglé ces préliminaires, on appellerait la conférence pour modifier le traité du 15 novembre, de concert avec la Hollande et la Belgique, si la Hollande s'était montrée animée d'un esprit de conciliation, ou pour trouver à la question belge un dénouement indépendant de la volonté du roi des Pays-Bas.

» Ce dénouement consisterait :

» 1° A régler un *statu quo* tel qu'il dût bientôt amener le roi des Pays-Bas à accepter le traité ;

» 2° A placer le territoire belge sous la garantie de l'Europe, en assurant à la Belgique un secours suffisant pour qu'on pût l'obliger à désarmer sans lui laisser l'inquiétude d'aucune invasion. »

Je ne pus communiquer immédiatement ce projet à lord Palmerston qui s'était absenté de Londres pour son élection, rendue nécessaire par la dissolution du parlement. Il m'avait annoncé son retour pour le 22 décembre seulement. Je le vis le lendemain, et voici le compte rendu de notre entretien.

LE PRINCE DE TALLEYRAND AU DUC DE BROGLIE.

« Londres, le 24 décembre 1832.

» Monsieur le duc,

» C'est seulement hier soir que je suis parvenu à voir lord Palmerston et que j'ai pu l'entretenir du plan que le gouvernement du roi propose de suivre lorsque la citadelle d'Anvers sera tombée en notre pouvoir. Avant de lui laisser l'exposé dont j'ai l'honneur de vous envoyer une copie, je le lui ai lu, afin de pouvoir développer successivement, dans la conversation, les différentes questions qu'il renferme.

» En lisant cet exposé, vous verrez, monsieur le duc, que j'ai reproduit presque textuellement les considérations que vous avez si bien fait valoir dans les dernières lettres que j'ai eu l'honneur de recevoir de vous.

» Notre projet a été bien accueilli par lord Palmerston ; il reconnaît l'exactitude des faits qui sont réunis dans l'exposé et il trouve que la marche qui y est indiquée est convenable et peut devenir très utile. Il m'a remercié de lui avoir communiqué ce travail et m'a promis de se soumettre très prochainement à un conseil de cabinet, dans lequel il se propose de l'appuyer. Ce n'est donc qu'après la décision qui sera prise dans ce conseil qu'il me sera possible de vous transmettre une réponse positive. Je ne puis pas vous désigner précisément le jour où il aura lieu, car plusieurs des ministres ne sont pas à Londres. Le chancelier, le marquis de Lansdowne et quelques autres sont absents...

» J'ai ensuite parlé à lord Palmerston des inquiétudes que l'on pouvait éprouver sur l'intention annoncée du roi des Pays-Bas, d'entraver la navigation de l'Escaut, et je l'ai prié de me faire connaître la conduite que croirait devoir adopter le gouvernement britannique si ce projet se réalisait. Il m'a répondu que la question pourrait se résoudre de deux manières selon les mesures que prendrait le gouvernement néerlandais. « En effet, m'a-t-il dit, le roi des Pays-Bas doit
» annoncer qu'il ne ferme l'Escaut qu'aux pavillons de France,
» d'Angleterre et de Belgique, ou qu'il le ferme à toutes les
» nations. — Mais, dans le premier cas, lui ai-je dit, ce sera
» la guerre qu'il nous déclarera. — Oui, a-t-il repris, ce
» sera la guerre, mais ce sera *lui* qui nous la déclarera, et
» il doit savoir qu'alors es valeurs qui sont tombées entre
» nos mains, par suite du blocus et de l'embargo, courront
» les chances des prises faites en temps de guerre.

» Si le roi Guillaume, a ajouté lord Palmerston, croit
» devoir rendre la fermeture de l'Escaut une mesure géné-
» rale pour toutes les nations, nous serons en droit de réclamer
» le concours des cabinets qui ont pris part aux actes du
» congrès de Vienne, et qui, tous, sont plus ou moins inté-

» ressés à la libre navigation des fleuves, principe reconnu
» solennellement à Vienne. Rien ne nous empêchera, dans
» ce dernier cas, de procéder également à la condamnation
» des bâtiments hollandais que nous ne tenons encore que
» sous le séquestre.

» Il me semble, monsieur le duc, que cette manière d'agir serait fondée en raison, et qu'elle pourrait bien modifier la résolution du cabinet de La Haye, qui connaît la profonde impression que produirait en Hollande la saisie des bâtiments néerlandais retenus en ce moment par la France et par l'Angleterre ; et, comme ce serait un des plus sûrs moyens de séparer les intérêts de la Hollande des intérêts du roi, on ne devrait pas le négliger... »

« Le 30 décembre 1832.

» J'ai reçu ce matin, avec une bien vive satisfaction, la dépêche que vous m'avez fait l'honneur de m'écrire le 27. J'ai immédiatement communiqué à lord Palmerston et à lord Grey les ordres qui ont été adressés à M. le maréchal Gérard, au sujet de la rentrée de notre armée en France et de la mise en liberté sur parole de la garnison hollandaise. Ils m'ont tous deux exprimé leurs remerciements, de manière à me faire sentir tout le prix qu'ils attachent à cette conduite si noble et si loyale du gouvernement du roi.

» Nous avons pensé, monsieur le duc, qu'il ne fallait pas perdre de temps, comme vous voulez bien me le dire dans votre dépêche, pour tenter la démarche que nous croyons tous utile de faire à La Haye, qu'elle ait ou qu'elle n'ait pas de succès ; et nous venons, en conséquence, d'arrêter avec lord Palmerston la note qui renferme nos propositions au roi des Pays-Bas; elle partira ce soir même et elle sera, comme vous le désiriez, remise par les chargés d'affaires de France et d'Angleterre à La Haye [1].

» J'ai l'honneur de vous envoyer une copie de cette note; vous voudrez bien remarquer que nous nous rapprochons beaucoup des propositions que vous m'avez transmises, le 22 de ce mois [2], et que nous avons écarté avec soin tout ce qui pouvait servir à exciter contre nous l'opinion publique en Hollande.

» L'accord que je crois trouver entre notre note et les projets que vous m'avez adressés; l'avis que vous avez bien voulu me donner par votre dépêche d'aujourd'hui, et enfin les nouvelles que nous recevons de La Haye, et qui nous font sentir la nécessité de hâter notre communication au gouvernement néerlandais, — toutes ces considérations m'ont déterminé à signer et à expédier notre note en Hollande, sans

---

1. Projet de convention présenté au gouvernement hollandais par le marquis d'Eyragues au nom de la France et de l'Angleterre :

1° Le roi des Pays-Bas s'oblige à retirer ses troupes des forts de Lillo et de Liefkenshok.

2° Il s'oblige à ouvrir au commerce, aussitôt après les ratifications, la Meuse et ses embranchements.

3° La navigation de l'Escaut sera libre jusqu'à la conclusion de la paix définitive.

4° Les Belges évacueront et remettront au roi des Pays-Bas Venloo, la partie hollandaise du Limbourg et la partie allemande du Luxembourg.

5° Les Belges auront le libre usage d'une route allant en Allemagne par le Limbourg, ainsi que des routes de Maestricht et Sittard.

6° Le roi des Pays-Bas promet une amnistie pleine et entière.

7° L'armée hollandaise et l'armée belge seront remises sur le pied de paix.

8° L'embargo mis en France et en Angleterre sur les navires hollandais sera levé.

2. Voir ces instructions, page 81.

attendre de nouveaux ordres de vous ; j'ose espérer que vous ne désapprouverez pas le parti que j'ai pris dans cette circonstance.

» J'ai tenu à ce que notre note et nos propositions fussent rédigées dans les termes les plus simples afin de ne pas fournir des sujets de controverse au cabinet de La Haye, toujours si habile à les saisir. »

Les chargés d'affaires de France et d'Angleterre à La Haye remirent notre note le 2 janvier 1833 au gouvernement néerlandais. Le roi des Pays-Bas, pressé sans doute par les plaintes de ses sujets contre les effets de l'embargo et du blocus des ports, crut qu'il ne pouvait pas décliner d'entrer en négociation avec les deux puissances qui lui offraient de mettre fin à un état de choses si nuisible aux intérêts de son pays. Il nous fit donc remettre le 9 janvier 1833 par M. de Zuylen un contre-projet[1], en réponse au nôtre du 30 décembre, et par ce fait, une négociation était entamée entre la France et la Grande-Bretagne d'une part, et les Pays-Bas de l'autre[2].

---

1. Le contre-projet hollandais se rapprochait sensiblement du projet franco-anglais. Toutefois, l'article 2 ne parlait que de la Meuse et non de ses embranchements. Pour l'Escaut, le gouvernement hollandais réclamait la faculté de percevoir un droit de tonneau. — Un article additionnel portait que la France et l'Angleterre s'engageaient à obtenir de la Belgique le payement annuel d'une somme de 8 400 000 florins à la Hollande. Il n'était pas question de désarmement. Enfin un droit de péage devait être établi sur la route du Limbourg.

2. On trouvera à l'Appendice une lettre du roi Louis-Philippe au duc de Broglie (p. 488), et une lettre particulière du duc de Broglie à M. de Talleyrand, dans lesquelles est exposée la ligne de conduite qu'entendait suivre le gouvernement français dans cette période des négociations qui suivit l'expédition d'Anvers.

Je n'ai point l'intention d'exposer ici les détails de cette fastidieuse négociation qui dura près de cinq mois, avant d'aboutir à un résultat que je constaterai en son temps. Il me suffira de dire, en quelques mots, que le roi des Pays-Bas, fidèle à son système de procrastination et de ruse, chercha par tous les moyens à éluder la reconnaissance du traité du 15 novembre et à maintenir un état provisoire qui lui laissât la possibilité de recommencer la lutte si les chances lui paraissaient favorables.

Cependant, nous ne nous laissâmes pas détourner de notre but, qui était d'obtenir, soit la pleine reconnaissance du traité du 15 novembre, soit une situation provisoire tellement avantageuse à la Belgique et défavorable à la Hollande, qu'elle dût amener celle-ci à un arrangement définitif.

M. de Zuylen épuisa toutes les ressources et les arguties de la chicane pour nous entraîner sur un autre terrain, mais vainement; et, de guerre lasse, il quitta son poste vers le milieu du mois de mars, et la négociation resta pendant quelques jours suspendue. Mais les conséquences du blocus et de l'embargo se faisaient toujours sentir trop vivement en Hollande pour que le roi ne se sentît pas forcé d'y mettre fin. Il envoya à Londres un nouveau plénipotentiaire, M. S. Dedel, beaucoup plus conciliant que son prédécesseur, et dont les formes agréables aidèrent à aplanir nos discussions. Toutefois, les pouvoirs qu'il avait reçus étaient si limités qu'il fallut employer plus de deux mois encore avant de conclure la convention du 21 mai, sur laquelle je me réserve de revenir plus tard. Jusque-là, je laisserai de côté les fatigantes affaires hollando-

belges, dont l'importance était devenue presque secondaire[1].
L'attention de la France et de l'Angleterre avait été reportée
de plusieurs autres côtés à la fois. Les affaires d'Orient[2], on

1. Quelques mots sont nécessaires pour compléter cet exposé de la question hollando-belge. — A la suite du contre-projet du 9 janvier et de la prétention de la Hollande d'interdire la navigation de l'Escaut aux navires français, anglais et belges, une rupture survint entre les parties. Toutefois, le cabinet de La Haye ayant cédé, les négociations furent reprises. La conférence repoussa le contre-projet du 9 janvier et proposa un deuxième projet de convention qui se rapprochait sensiblement du précédent, ajoutant que les plénipotentiaires étaient prêts à signer un traité définitif sur les bases offertes. Refus de M. de Zuylen et deuxième contre-projet hollandais (5 février). — Réponse très vive des membres de la conférence qui opposent une fin de non-recevoir absolue (14 février). La Hollande semble céder. M. de Zuylen est rappelé, remplacé par M. Dedel, et le ministre hollandais des affaires étrangères, déclare à la tribune que ce changement doit être interprété dans un sens favorable aux mesures de conciliation. Toutefois, le premier projet présenté par M. Dedel contenait encore des prétentions singulières comme celle de refuser de reconnaître la neutralité de la Belgique (23 mars). — Réponse de la conférence en date du 2 avril. — Réplique de M. Dedel (16 avril). — Enfin, devant une note catégorique et menaçante de la conférence, du 22 avril, le cabinet de La Haye capitula et proposa, le 16 mai, des conditions qui furent acceptées et firent l'objet de la convention du 21 mai. Voir pages 156 et 168.

2. La question d'Orient va devenir la principale préoccupation de M. de Talleyrand à Londres. L'épisode qui troubla si profondément la diplomatie européenne pendant près de dix ans fut la rivalité du sultan Mahmoud et du pacha d'Égypte Méhémet-Ali. Celui-ci, né en 1769, autrefois simple soldat albanais, était devenu vice-roi d'Égypte (1806), titre que lui avait reconnu la Porte ottomane. Par son habileté et son énergie, il avait créé en Égypte une armée, une flotte, une administration. En même temps, il soumettait toute la Haute-Égypte, la Nubie, une partie de l'Arabie, et ne cachait pas son dessein de fonder un empire égyptien aux dépens de l'empire turc. Une rupture devait forcément survenir entre le suzerain et le vassal. Méhémet trouva un prétexte en 1831 dans le refus du sultan de lui donner la Syrie pour prix de sa coopération dans la guerre de l'indépendance hellénique. Il fit aussitôt envahir cette province (nov. 1831) par son fils Ibrahim, qui s'empara de Gaza, Jaffa, Saint-Jean-d'Acre, battit les troupes turques à Homs et à Beilan. De la Syrie, Ibrahim passa en Anatolie, où il remporta la grande victoire de Konieh (21 déc. 1832). C'est à ce moment que l'Europe intervint. La Russie offrit des secours à la Turquie, et c'est cette démarche qui, éveillant à juste titre les défiances de la France et de l'Angleterre, attira tous les regards de la diplomatie vers les rives du Bosphore.

l'a vu déjà, s'étaient fort compliquées par les succès du pacha d'Egypte, Méhémet-Ali, contre la Porte ottomane. Le nouveau gouvernement grec éprouvait des difficultés à s'établir[1]. D'autre part, en Espagne, la présence de M. de Zea Bermudez à la tête du ministère, au moment où Ferdinand VII était affaibli par la maladie qui devait le conduire au tombeau, avait suscité des embarras[2] qui s'aggravaient beaucoup par la guerre civile prolongée en Portugal entre les deux frères

1. Le roi Othon s'était embarqué le 14 janvier 1833, à Brindisi, pour Nauplie. Des embarras de tout genre assaillaient le nouveau gouvernement. Outre qu'une partie de la population la plus remuante et la plus hardie, les pallikares, et à leur tête le redoutable Colocotroni, lui était hostile, il avait une administration entière à créer de toutes pièces dans un pays à peine civilisé et presque sans ressources financières.

2. La question de la succession espagnole troublait profondément toute la péninsule, et l'Europe n'y restait pas indifférente. Le roi Ferdinand avait eu de son quatrième mariage une fille, l'infante Isabelle, née le 10 octobre 1830. Les femmes avaient autrefois régné en Espagne, mais la loi de succession établie en 1714 par le premier roi bourbon Philippe V les avait exclues du trône. D'après la loi salique, le trône devait donc revenir à la mort de Ferdinand à son frère don Carlos. Mais Ferdinand révoqua en 1830 la loi de 1714; après être revenu sur cette révocation, il la confirma de nouveau, puis il mourut le 29 septembre 1833, laissant la couronne à sa fille Isabelle, sous la régence de sa mère Marie-Christine. Alors commença entre les partisans de don Carlos et ceux de la reine Isabelle une guerre qui dura de longues années. Don Carlos représentait le pouvoir absolu. Marie-Christine, pour lui résister, dut s'appuyer sur les constitutionnels. Aussi ne tarda-t-elle pas à se séparer de son ministre, Zea Bermudez, entièrement inféodé aux idées absolutistes. La crise espagnole se liait intimement à celle qui sévissait alors en Portugal: car l'établissement à Lisbonne d'un gouvernement absolu ou d'un gouvernement constitutionnel devait avoir un contre-coup nécessaire à Madrid. Aussi, tant que le roi Ferdinand vécut, il soutint dom Miguel. La reine régente, au contraire, devait être favorable à dona Maria. D'ailleurs, si dom Miguel triomphait, don Carlos trouvait en Portugal un asile et des secours de toute sorte. On comprend dès lors comment, aux yeux de la diplomatie européenne, la succession espagnole et celle du Portugal ne formaient qu'une seule et même question, et en particulier, comment la France et l'Angleterre étaient intéressées au règne de la reine Isabelle avec un cabinet constitutionnel.

dom Miguel et dom Pedro. C'était aussi dans ce moment que le général Pozzo, ambassadeur ordinaire de Russie en France, avait jugé bon de faire un voyage à Londres. M. Pozzo était revenu récemment à son poste de Paris, d'un séjour qu'il avait été faire à Pétersbourg sur l'ordre de son souverain qui avait voulu conférer avec lui. A son retour, il s'était arrêté à Berlin, à Munich et à Stuttgart, avec des missions à remplir, assurait-on, près de ces différentes cours [1]. A peine rentré à Paris, il était tout à coup parti pour Londres, au moment où son rang de doyen du corps diplomatique l'aurait mis dans le cas de complimenter le roi Louis-Philippe à l'occasion du jour de l'an. Ces simples indications suffiront pour saisir le sens et la portée des correspondances dont nous allons nous borner à donner des extraits. Je veux rappeler encore que le gouvernement anglais venait de nommer, pour le représenter temporairement à Madrid, sir Stratford Canning, que la cour de Russie, par esprit de rancune contre la conduite de sir Stratford à Constantinople [2], avait refusé de recevoir comme

1. Il paraîtrait que le comte Pozzo, dans le cours de son voyage en Europe, avait adressé aux cabinets d'Autriche et de Prusse un projet d'alliance avec la Russie. Ce projet déclarait d'abord que la convention du 22 octobre entre la France et l'Angleterre et les dangers qui pouvaient en résulter imposaient aux trois cours l'obligation de se concerter pour le maintien de la paix en Europe. Il était stipulé en conséquence qu'aussitôt après l'entrée d'une armée française en Belgique, une armée prussienne se porterait en avant et s'emparerait de Venloo et des parties du Limbourg et du Luxembourg destinées à la Hollande. La Prusse garderait ces territoires au nom et sous l'autorité des trois parties contractantes, pour être remis aux Hollandais après la prise d'Anvers. La Russie et l'Autriche déclaraient s'associer aux opérations de la Prusse, en acceptaient la solidarité et promettaient de la soutenir de tout leur pouvoir (*Extrait d'une dépêche de M. Bresson au département, 14 février 1833*).

2. Sur la mission de sir Stratfort Canning à Constantinople, voir page 59 et note.

ambassadeur à Pétersbourg. Sir Stratford Canning qui se rendait en Espagne par Paris, avait reçu l'ordre de s'y arrêter, de voir le duc de Broglie et de s'entretenir avec lui de la mission qu'il allait remplir à Madrid.

M. de Broglie me fit connaître ensuite le résultat de cette entrevue par la lettre suivante :

LE DUC DE BROGLIE AU PRINCE DE TALLEYRAND.

« Paris, le 20 décembre 1832.
» Mon prince,

» ... Sir Stratford Canning a passé deux jours ici. Il m'a communiqué ses instructions. Son but est d'abord d'obtenir un armistice, puis d'essayer de terminer l'affaire de Portugal en écartant les deux frères et en établissant une régence au nom de doña Maria, sous la condition de renoncer à la constitution de 1826. Dans l'état où se trouve le gouvernement espagnol, j'ai peu d'espérance que sir Stratford Canning soit écouté jusqu'à la fin de sa harangue. Il n'est point question de l'intervention de la France dans les instructions de sir Stratford Canning; cependant, à la fin de la conversation que nous avons eue ensemble, il m'a exprimé le désir que le gouvernement français s'associât à sa mission. J'en ai référé au conseil, et voici la réponse que le roi, sur ma proposition, a décidé de faire :

» 1° Si la mission de sir Stratford Canning devait aboutir plus tôt ou plus tard à l'emploi de la force contre dom Miguel et par suite contre l'Espagne, le gouvernement français croit de sa loyauté de déclarer d'avance qu'il ne pourrait s'y associer. Contre dom Miguel tout seul, l'Angleterre n'a pas besoin de notre appui. Si l'Espagne s'en mêle, nous ne pouvons pas faire la guerre à l'Espagne dans l'intérêt de dom Pedro ou de sa fille, sans que cette entreprise ne prenne sur-le-champ des deux côtés des Pyrénées un caractère révolutionnaire. Ce serait la contre-partie de notre expédition de 1823 ; la guerre générale s'ensuivrait. Il n'y aurait pas moyen de prévenir dans tous les esprits cette idée que nous entrons en Espagne pour rétablir le gouvernement des Cortès.

» 2° Sir Stratford Canning se propose d'argumenter de l'analogie de situation et de droits entre la jeune doña Maria et la jeune infante d'Espagne. Nous ne pouvons non plus nous associer à cette argumentation. Ce serait prendre couleur d'avance dans la question de succession d'Espagne et prendre couleur dans un sens opposé au véritable intérêt de la France. Ce serait s'engager contre le maintien de la loi salique et s'y engager au profit d'un parti assez faible, fort chancelant, et qui, selon toute apparence, aura le dessous dans la lutte, si elle vient à s'engager.

» Sous ces deux limites nous ne demandons pas mieux que de donner à M. de Rayneval des instructions tendant à seconder sir Stratford Canning. La demande d'un armistice nous paraît être le point principal ; cette demande n'a point d'inconvénient ; elle a l'avantage, si elle réussissait, de donner à un tiers parti le temps de se former en Portugal, tiers parti qui repousserait également les deux frères et qui se déclarerait pour doña Maria sans condition. J'ignore si les éléments de ce tiers parti existent ; mais s'ils n'existent pas, évidemment il n'y a rien à faire.

» Quant aux mesures de pacification postérieures à l'armistice, nous pensons que pour être seulement écouté, sir

Stratford Canning fera prudemment de ne pas s'expliquer en termes trop catégoriques, de se montrer prêt à en essayer de toutes sortes : doña Maria seule; une amnistie avec dom Miguel; un mariage; que sais-je? S'il précise trop sa proposition en commençant, il sera refusé net. En se tenant dans les généralités, jusqu'à ce que l'état du Portugal lui fournisse un point d'appui, il est possible que la négociation s'entame.

» J'envoie à Rayneval des instructions en ce sens. Il secondera sir Stratford Canning dans la demande d'un armistice et dans toutes les mesures qui pourraient tendre à la pacification du Portugal.

» J'espère, mon prince, que vous trouverez que nous nous sommes tenus dans une juste mesure, eu égard à cette proposition délicate. Sir Stratfort Canning m'a paru content... »

LE PRINCE DE TALLEYRAND AU DUC DE BROGLIE.

« Londres, le 6 janvier 1833.

» Monsieur le duc,

» ... Lord Palmerston avait invité hier à une réunion les membres de la conférence, sur les affaires de la Grèce, pour leur donner communication des dernières dépêches écrites par les commissaires démarcateurs des trois puissances en Morée. Il résulte de ces dépêches que des difficultés se sont élevées par suite de l'inexactitude de la carte sur laquelle les commissaires ont dû baser leurs travaux; cette carte est, dit-on, remplie d'erreurs, mais on espère cependant arriver à une démarcation précise qui n'entraînera aucun inconvénient...

» Après la conférence, j'ai eu avec lord Palmerston une

conversation dans laquelle je lui ai parlé, comme vous le désiriez, de la négociation suivie ici par Namick Pacha. Il a commencé par me mettre au courant des circonstances qui ont amené cet envoyé de la Porte en Angleterre. Il paraît que la cour de Russie a dernièrement proposé au Grand Seigneur le secours d'un corps de quinze mille hommes contre le pacha d'Égypte; ce corps aurait été détaché de l'armée russe du Caucase et serait venu se réunir à l'armée de Syrie, commandée par le grand visir. Le sultan a décliné l'offre de l'empereur Nicolas en répondant que c'était sur mer qu'il avait besoin d'être soutenu en ce moment. C'est donc dans le but d'obtenir un secours du gouvernement anglais que Namick Pacha a été envoyé à Londres. Depuis son arrivée, il a fait la demande formelle de l'appui des forces maritimes britanniques dans le Levant, pour faire rentrer le pacha dans l'obéissance.

» Cette demande sera soumise au premier conseil de cabinet qui n'aura pas lieu avant la fin de ce mois, les ministres anglais ne devant tous se retrouver à Londres qu'à cette époque.

» Lord Palmerston, tout en me disant que son opinion n'était pas formée à cet égard, m'a cependant laissé entrevoir qu'il trouvait quelques motifs plausibles à la demande du Grand Seigneur. Il ne s'agit pas ici, m'a-t-il dit, d'une de ces interventions contre lesquelles l'Angleterre s'est toujours prononcée; ce serait un appui donné à un ancien allié contre un sujet rebelle, dont la révolte, si elle était couronnée de succès, doit avoir les plus dangereuses conséquences pour la tranquillité future de l'Europe. Car il est probable que la Russie, qui aujourd'hui fait parade d'une vaine générosité envers le sultan, ne manquera pas d'entretenir sous main la révolte du pacha. L'intérêt de l'Europe est donc de remarquer que la Porte, placée entre l'ambition de la Russie et celle du pacha, ne pourrait pas, dans son état d'abaissement actuel, soutenir une pareille lutte. Si on admet la nécessité de l'existence de l'empire ottoman, l'état critique dans lequel il se trouve placé en ce moment fera également reconnaître la nécessité de lui donner un appui qui, seul, peut arrêter sa ruine.

» La manière de voir de lord Palmerston a dû être fortifiée par les observations que nous avons souvent faites dans nos conversations sur la politique envahissante de la Russie, car je n'ai jamais laissé échapper l'occasion, je l'avoue, de la faire remarquer aux ministres anglais.

» Du reste, comme je viens d'avoir l'honneur de vous le dire, lord Palmerston soumettra la demande du sultan au conseil, et j'aurai soin de vous communiquer les déterminations qui y seront arrêtées. En attendant, je verrai séparément ceux des membres du ministère qui sont à Londres, pour connaître l'opinion qui probablement prévaudra dans le cabinet.

» L'heureuse influence de la prise de la citadelle d'Anvers se fait sentir d'une manière bien évidente par la hausse de tous les fonds publics ; c'est un symptôme pacifique qui n'est pas toujours certain, mais qui doit être remarqué, surtout quand il se manifeste au même instant à Londres, à Paris et même à Amsterdam. Personne ne peut nier que cet événement n'ait donné une grande force aux gouvernements actuels de Belgique, de France et de Grande-Bretagne. C'est de la reddition de la citadelle d'Anvers, que la Belgique peut vraiment compter son existence, comme État indépendant. La France en éprouve les bons effets par la marche des discussions devenues plus faciles dans les Chambres; et le ministère anglais, soutenu par les nouvelles élections, prend chaque jour plus de force[1]. Il vient d'obtenir une preuve de l'affermissement de son pouvoir dans une circonstance qui, ailleurs, pourrait paraître futile, mais qui ici n'est pas sans importance.

» Sa Majesté la reine d'Angleterre avait été obligée, d'après les instances réitérées des ministres, d'éloigner d'elle, l'année dernière, son premier chambellan, lord Howe[2], qui votait contre le ministère dans la question de la réforme. Jusqu'à présent, Sa Majesté s'était refusée à nommer un successeur à lord Howe; elle vient enfin de s'y décider, et la reine a fait choix de lord Denbigh[3], partisan très prononcé du ministère, qui regarde cette nomination comme un premier pas vers un rapprochement avec la cour.

» Quelques heures après son arrivée à Londres, le général Pozzo, accompagné de M. de Lieven, a passé chez moi; nous avons eu un assez long entretien dans lequel je dois dire que son langage a été parfaitement convenable. Cette conduite de sa part n'a rien que de très simple, et si je vous en parle,

---

1. Les élections avaient été très favorables au ministère. La nouvelle Chambre, recrutée en très grande majorité dans le parti whig, ne renfermait que deux faibles groupes d'opposants, les tories d'un côté, les radicaux de l'autre.

2. Richard William Penn, comte Howe, petit-fils de l'amiral de ce nom, né en 1796, entra à la Chambre des lords en 1820 sous le titre de vicomte Curzon, fut, pendant quinze ans, grand chambellan de la reine d'Angleterre.

3. William-Basile Percy-Fielding, comte de Denbigh, né en 1796, succéda à son grand-père à la Chambre des lords, où il siégea dans le part tory. Il fut grand chambellan de la reine.

c'est parce que je crois que nous devons dans cette circonstance laisser de côté tous les doutes que nous pouvons avoir sur les dispositions de la Russie. Le général Pozzo s'exprime peut-être avec un peu d'amertume sur le cabinet anglais, et sur la ligne politique qu'il a adoptée. Les ministres anglais ne sont assurément pas sans quelque méfiance de la Russie, et cependant, ils ont fait au général Pozzo toutes les politesses d'usage. Je me placerais, je pense, dans une fausse position si je ne faisais pas comme eux.

» Je n'ai pas besoin de vous dire que je mettrai la plus grande réserve dans mes rapports avec cet ambassadeur, mais en même temps je veux prendre pour sa véritable opinion tout le bien qu'il se croira obligé de me dire de la France et du gouvernement du roi... »

« Le 11 janvier 1833.

» ... Ce que vous m'apprenez du langage que M. de Zéa aurait tenu à M. de Rayneval, à l'occasion de la mission de sir Stratford Canning à Madrid, n'a point lieu de me surprendre. Ce langage me paraît s'accorder très bien avec les antécédents connus de M. de Zéa[1].

» Je désirerais être en état de vous fournir, monsieur le duc, les données que vous réclamez de moi sur le véritable

---

1. M. de Rayneval, ambassadeur de France à Madrid, écrivait à ce sujet « que rien n'avait pu empêcher M. de Zéa d'entrer en explications sur la mission de sir Stratford Canning; que M. de Zéa trouvait chimérique cette proposition d'armistice faite à un prince en possession du trône, par la puissance qui a poussé à la guerre contre lui, et qu'il manifestait la ferme résolution de s'opposer par tous les moyens à la violation de la neutralité. Selon M. de Rayneval, sir Stratford Canning ne pouvait réussir dans sa mission avant d'avoir renversé M. de Zéa (*Extrait de la dépêche de M. de Rayneval au département, du 29 décembre 1832*).

but qu'a eu le cabinet anglais en envoyant sir Stratford Canning en Espagne, mais je dois vous faire observer qu'il est à peu près impossible de se procurer sur ce point d'autres renseignements que ceux qui vous ont été donnés par sir Stratford Canning lui-même. Lorsque je questionnai lord Palmerston à ce sujet, il me répondit que sir Stratford Canning avait reçu l'ordre de vous communiquer toutes ses instructions : depuis lors, il m'a dit que cet ambassadeur, en rendant compte des observations que vous lui aviez faites dans ses différents entretiens avec vous, s'en était montré satisfait, et avait ajouté qu'il les trouvait parfaitement dans votre position. Cet ambassadeur n'est pas encore entré en Espagne ; il serait donc difficile de trouver un motif fondé pour supposer un changement dans les directions qui lui ont été données.

» Je suis porté à croire qu'on a laissé à sir Stratford Canning des pouvoirs assez étendus dans ses moyens d'action ; il serait donc possible qu'en admettant la répugnance invincible de M. de Zéa d'adopter les propositions qui lui seront faites, le cabinet anglais ait prévu l'éventualité où il faudrait essayer d'éloigner ce ministre des affaires, l'état de santé de M. de Zéa en offrant d'ailleurs un prétexte plausible. Cela m'étonnerait d'autant moins, qu'on connaît à Londres l'influence que la cour de Russie exerce depuis longtemps sur l'esprit de M. de Zéa, qui a été successivement consul et ministre d'Espagne à Pétersbourg, et appelé une première fois au ministère des affaires étrangères par le roi Ferdinand VII, à l'instigation de la Russie. Comme on peut croire que, dans les circonstances actuelles, l'influence russe serait employée dans des vues opposées à celles des ministres anglais, il serait facile alors d'expliquer le but caché qu'on attribue à la mission de sir Stratford Canning.

» Quoi qu'il en soit de ces suppositions, vous avez à Madrid, dans la personne de M. de Rayneval, un ambassadeur trop habile pour qu'il ne découvre pas bientôt les véritables intentions de l'ambassadeur anglais, et je ne doute pas qu'il ne vous transmette incessamment des notions précieuses qu'il serait hors de mon pouvoir de vous procurer d'ici.

» Lord Palmerston m'a dit confidentiellement que l'empereur Nicolas avait témoigné l'intention de ne point recevoir comme ambassadeur à sa cour sir Stratford Canning, qui devait occuper ce poste aussitôt après son retour de Madrid. Le cabinet anglais ne cache pas son mécontentement de cette détermination. Je n'étais point appelé à donner mon opinion dans cette occasion, mais j'ai pu cependant en profiter pour faire quelques réflexions qui, j'ai lieu de le croire, ne seront pas perdues. »

LE BARON PASQUIER AU PRINCE DE TALLEYRAND.

« Paris, le 11 janvier 1833.

» Mon prince,

» ... Je comprends votre résolution d'en rester *là*, quand vous aurez fini la grande affaire que vous seul pouviez mener à bien, et qui, j'aime à le croire, touche à son terme ; et cependant, je ne comprends guère ce que deviendra la politique de notre France quand elle manquera de la direction que vous lui imprimez. Dans l'état général des affaires de l'Europe, il est fort difficile que de graves circonstances ne se présentent pas à des époques fort rapprochées ; et je ne vois encore, dans le monde nouveau qui s'élève autour de nous, personne qui soit en état d'en user habilement, je dirais presque, de les comprendre. Toute mon espérance, en vérité, est dans le *va da sé*.

» Si je pouvais vous être bon ici à quelque chose, je vous prie très instamment de disposer de moi. Je vous savais si bien et si soigneusement informé par notre pauvre amie[1], que je ne pensais pas qu'il y eût jamais rien à vous apprendre. Aujourd'hui, s'il en était autrement, dites-le-moi et je suis à vos ordres.

» Notre position intérieure est sensiblement améliorée, cela saute aux yeux, et la manière dont l'ordre du jour a été enlevé dernièrement, à la Chambre des députés, au sujet de la duchesse de Berry, a tiré du pied ministériel la plus dure épine qui pût y être enfoncée[2]. Il est donc certain qu'aujourd'hui, avec une habileté tant soit peu commune, tout peut marcher.

» Le Pozzo que vous me dépeignez à Londres est celui auquel je m'attendais. L'humeur qu'il a beaucoup trop laissé voir ici est née, je n'en doute pas, de la peur prodigieuse que son empereur lui a inspirée. Il en est revenu terrifié, à parler littéralement. C'est chose dont je ne puis douter, et je ne crois pas qu'il fût aisé de le déterminer maintenant à

---

1. La princesse de Vaudémont qui venait de mourir.

2. Séance du 5 janvier. On y discuta le rapport de M. Sapey sur les pétitions qui avaient été adressées à la Chambre relativement à Madame la duchesse de Berry : les unes réclamaient la mise en liberté de la princesse, les autres demandaient qu'un plébiscite décidât de son sort ; toutes contenaient des protestations contre la révolution de Juillet. La Chambre, après une séance longue et tumultueuse, vota l'ordre du jour pur et simple réclamé par le gouvernement qui gardait ainsi sa liberté d'action.

un voyage pareil à celui qu'il a accompli dans les six derniers mois de l'année 1832.

» Veuillez accepter, mon prince, avec les assurances de ma haute considération, celles d'un dévouement que je vous prie de mettre à l'épreuve dans toutes les occasions où vous croirez pouvoir en user utilement... »

LE PRINCE DE TALLEYRAND AU DUC DE BROGLIE.

« Londres, le 17 janvier 1833.

» Monsieur le duc,

» ... Je dois vous informer d'une communication assez importante qui vient d'être faite au ministère anglais par l'ambassade d'Autriche à Londres ; elle est relative à l'état actuel du Portugal et aux moyens de mettre un terme à la guerre civile qui désole ce pays.

» Le ministre d'Autriche a été chargé par sa cour d'offrir au gouvernement anglais la médiation du cabinet de Vienne dans les affaires portugaises, et, en le déclarant à lord Palmerston, il a ajouté que la première condition de cette médiation serait la reconnaissance, comme roi de Portugal, de dom Miguel, qui s'engagerait alors à donner une amnistie générale et à lever tous les séquestres établis sur les propriétés particulières.

» Pour appuyer cette proposition le cabinet de Vienne fait valoir que, depuis plus de quatre ans, l'infant dom Miguel occupe le trône de Portugal ; qu'en admettant même comme fondés tous les torts reprochés à son gouvernement, on ne peut s'empêcher de reconnaître qu'il a reçu l'assentiment de la grande majorité de la nation portugaise, et l'entreprise tentée avec si peu de succès par dom Pedro est invoquée, s'il en était besoin, comme témoignage de ce fait.

» Le ministre d'Autriche, en terminant la communication qu'il avait ordre de faire, a dit que son souverain s'était déterminé à cette démarche, quelque contraire qu'elle fût aux intérêts de sa petite-fille[1], parce qu'il était convaincu que la pacification du Portugal était devenue par sa liaison avec la tranquillité de la péninsule une question de la plus haute importance pour la paix de l'Europe, et que cette pacification ne pouvait être réalisée promptement que par la reconnaissance de l'infant dom Miguel; mais que, du reste, il entendait que l'amnistie qu'on imposerait à ce prince serait sans aucune restriction et donnée de manière à rassurer toutes les opinions.

» Lord Palmerston a sur-le-champ répondu au baron de Neumann[2] qu'il ne s'expliquait pas trop bien l'opinion exprimée par la cour de Vienne dans cette circonstance; qu'il lui paraissait fort étrange, pour ne rien dire de plus, de proposer à dom Pedro de quitter le Portugal, de livrer les Açores, d'abandonner enfin la cause de sa fille, et de ne lui offrir, en échange de toutes ces concessions, qu'une amnistie pour laquelle on n'aurait, en définitive, d'autre garantie que la parole d'un prince connu pour son peu de fidélité à tenir ses engagements. Lord Palmerston a conclu en déclinant l'acceptation de la médiation de l'Autriche dans les termes dans lesquels elle était offerte.

---

1. Doña Maria était en effet petite-fille de l'empereur François par sa mère, l'archiduchesse Léopoldine, que dom Pedro avait épousé en premières noces.

2. Secrétaire d'ambassade autrichien à Londres. Il faisait fonction de chargé d'affaires en l'absence de l'ambassadeur, le prince Esterhazy.

» Tel a été le résultat de cette discussion soutenue sur un ton assez vif de la part de lord Palmerston et de celle de M. de Neumann.

» Dans une des dernières dépêches que vous m'avez fait l'honneur de m'écrire, vous m'avez témoigné le désir de connaître le plus ou moins de fondement que pouvaient avoir les bruits répandus à Madrid sur le véritable but de la mission de sir Stratford Canning. En vous répondant, le 11 de ce mois, je vous ai indiqué quelles étaient les difficultés qui s'opposaient à ce que je puisse me procurer des informations précises à cet égard, mais je n'en ai pas moins cherché à vérifier quelques-uns des faits que vous avez bien voulu me mander. Un membre du corps diplomatique dans lequel je place quelque confiance m'a communiqué à peu près les mêmes renseignements que ceux contenus dans la dépêche de M. de Rayneval; mais il a appuyé son récit d'une circonstance qui tendrait à fortifier l'opinion qu'on avait à Madrid sur les inquiétudes de M. de Zéa. Je veux parler de l'acte solennel par lequel Sa Majesté le roi d'Espagne, en renouvelant sa première déclaration relative aux droits de l'infante Isabelle à succéder au trône, annule les dispositions qu'il annonce lui avoir été arrachées pendant sa maladie[1]. On pense que cet acte est un moyen employé par M. de Zéa pour déjouer les manœuvres de sir Stratfort Canning, qui devait, comme vous me l'annonciez, essayer de lier les intérêts de l'infante Isabelle à ceux de doña Maria, en promettant à la reine d'Espagne l'appui de son gouvernement, pour faire respecter les droits de sa fille, si elle voulait, de son côté, protéger la jeune reine du Portugal. M. de

---

1. Voir page 90.

Zéa aurait, dit-on, enlevé à l'ambassadeur d'Angleterre un de ses plus puissants moyens d'action, en se prononçant avant son arrivée d'une manière éclatante pour les droits de l'infante Isabelle.

» Comme la relation qui m'a été faite pourrait aussi venir de Madrid, je ne vous la transmets qu'avec une certaine défiance. Vous serez en position d'en vérifier bientôt l'exactitude et, je vous le répète, on peut se reposer sur l'habileté de M. de Rayneval pour découvrir toutes les intrigues qui ne tarderont pas à se développer dans la péninsule.

» Parmi les différentes explications qu'on cherche à donner au voyage de M. le général Pozzo, à Londres, il en est une qui ne m'a pas paru dénuée de vraisemblance. On prétend que le cabinet de Pétersbourg reçoit depuis quelques mois, sur l'Angleterre des dépêches assez contradictoires qui lui sont adressées par le prince de Lieven d'une part, et de l'autre par le comte Matusiewicz; qu'incertain sur l'opinion qu'il doit se former entre les relations si différentes de ses ministres en Angleterre, l'empereur Nicolas a désiré envoyer à Londres le général Pozzo, qui aurait acquis toute sa confiance pendant le séjour qu'il vient de faire à Pétersbourg, afin d'avoir par lui des notions positives, d'après lesquelles il pût régler ses rapports politiques avec la Grande-Bretagne. Ce voyage ne serait donc que le complément de la mission du général Pozzo à Berlin et dans les différentes cours d'Allemagne. Vous jugerez si cette explication a quelque valeur..... »

« Le 20 janvier.

» ... J'ai déjà eu l'honneur d'appeler votre attention sur une question dont les membres du cabinet anglais m'entretiennent souvent, et qui est pour eux d'un grand intérêt. Il s'agit des changements qu'on voudrait ici voir adopter dans nos lois de douane.

» Les pétitions adressées dernièrement à la Chambre des députés à ce sujet par le commerce de Lyon, Bordeaux, Nantes et autres villes industrielles, ont eu un grand retentissement en Angleterre où elles ont constaté que l'opinion publique s'était extrêmement modifiée en France à l'égard des lois prohibitives. On pense qu'aujourd'hui il serait facile au gouvernement français d'entrer dans une voie plus large, et on le désire pour des raisons assez graves.

» Le cabinet anglais actuel envisage cette question plutôt politiquement que commercialement; car, sous ce dernier point de vue, on a trouvé que le système de M. Huskisson[1] avait déjà produit les plus heureux résultats, et que la diminution dans les droits d'importation sur les soieries, les gants et autres objets, avait été bien plus que compensée par l'accroissement immense de la consommation. Ainsi, en ne considérant que l'intérêt commercial de l'Angleterre, les ministres pourraient peut-être se passer des mesures de réciprocité des autres pays, et tirer encore de grands avantages du système libéral pour lequel ils se sont prononcés. Mais un intérêt politique important leur fait un devoir de rechercher des relations commerciales plus étendues avec la France.

» Lors des dernières élections, on a prononcé dans plusieurs villes manufacturières d'Angleterre des discours qui ne vous ont certainement pas échappé, et dans lesquels vous au-

---

1. William Huskisson (1770-1830) président du bureau du commerce en 1823, avait été en cette qualité, l'un des champions les plus ardents de la liberté du commerce.

rez pu remarquer de nombreuses allusions à l'alliance qui a récemment uni la France et la Grande-Bretagne; on l'invoque fréquemment comme devant placer bientôt sur une ligne plus égale les relations entre les deux pays. Les journaux, dont l'action est si puissante en Angleterre, ont vivement secondé cette nouvelle tendance de la classe industrielle. Aujourd'hui le ministère sent, que, de la manière dont la Chambre des communes est composée, il ne pourrait peut-être pas compter sur une majorité solide, ni sur l'appui de l'opinion publique s'il ne présentait pas quelques résultats avantageux de son alliance avec le gouvernement français. Ce ne sont pas des privilèges nuisibles à la France qu'il réclame; c'est un échange mieux combiné des produits des deux pays à l'aide duquel se resserrent chaque jour davantage les liens dont les deux nations sentiront mieux alors l'utilité et l'importance.

» On ne doit pas perdre de vue qu'en affermissant au pouvoir le cabinet anglais actuel, on assure une durée certaine à l'alliance intime qui subsiste depuis quelques mois seulement, entre la France et l'Angleterre; et que c'est cette alliance, qui en créant une force nouvelle en Europe, réprime toutes les intrigues du Nord, et donne un véritable point d'appui à tous les intérêts de la société.

» Il me semble que des considérations d'une aussi haute portée politique seront appréciées par le gouvernement du roi, et je ne doute pas que vous n'en fassiez ressortir toute la valeur.

» Comme j'ai déjà eu l'honneur de vous le dire, presque tous les ministres m'ont chargé de vous exprimer leurs vœux dans le sens que je viens d'indiquer. Je vous serai particulièrement reconnaissant de me mettre incessamment en position de leur faire connaître l'influence que ces vœux auront eue sur les déterminations du gouvernement français... »

LE DUC DE BROGLIE AU PRINCE DE TALLEYRAND.

« Paris, le 21 janvier 1833.

» Mon prince,

» J'ai peu de chose à ajouter à la dépêche officielle que je vous adresse. Je me suis entretenu à cœur ouvert avec lord Granville sur le contenu de cette dépêche. Ce qui va arriver en Orient, personne ne peut le dire; mais les événements ne nous ont point pris au dépourvu, puisque des propositions raisonnables et trouvées telles par toutes les personnes douées de quelque sens dans l'intérieur du Divan ont été obtenues de Méhémet-Ali par notre consul et transmises à Constantinople par notre chargé d'affaires, et puisque c'est sur ces propositions qu'on négocie en ce moment[1]. Il importe de bien avertir lord Palmerston qu'il ne se fie en rien à Namick Pacha; c'est un très petit intrigant, envoyé non par la Porte, mais par le Sérail, ce qui ne peut être bon à rien. C'est à Constantinople qu'il faut agir maintenant. Je crois que les intérêts du gouvernement anglais sur ce point sont identiques au nôtre et que le temps presse. J'ai tout lieu de croire que si nos deux gouvernements s'entendent bien, l'Autriche

---

1. Méhémet-Ali avait fait parvenir au sultan ses propositions au commencement de janvier. Il offrait de traiter sur les bases suivantes :
Cession par la Porte des pachaliks de la Syrie moyennant tribut, ainsi que du district d'Adana.
Modification dans le lien qui rattachait l'Egypte à la Porte, de façon à placer le pacha d'Égypte dans la situation des anciens deys d'Alger.

finira par se réunir à nous contre l'agrandissement éventuel de la Russie.

» C'est là l'œuvre que vous avez tentée au congrès de Vienne et que les Cent-jours sont venus déranger. C'est à vous qu'il appartient de l'achever... »

MADAME ADÉLAÏDE D'ORLÉANS AU PRINCE DE TALLEYRAND.

« Tuileries, le 24 janvier 1833.

» Mon cher prince,

» J'ai tout de suite fait part au roi de ce que vous me mandez sur les douanes. Il me charge de vous dire qu'il entre tout à fait dans votre manière de voir à cet égard, et qu'il ne cesse de parler dans ce sens, et pour amener le résultat que vous désirez et lui aussi avec toute sagesse et raison, car, certes, notre alliance avec l'Angleterre est plus heureuse et plus importante que jamais pour nous et pour elle.

» C'est une bien grande nouvelle que la victoire d'Ibrahim[1]. Notre cher roi désire vivement savoir quelles sont vos idées sur cet événement?... quelles seront ses conséquences?... et sur ce que vous pensez qu'il y aurait à faire maintenant, et à préparer pour les suites qu'elles peuvent avoir et pour l'avenir. Il pense avec raison que personne ne peut mieux juger cela que vous ; et dans sa grande confiance en vos lumières, il tient beaucoup à avoir votre avis sur cette importante question... »

1. Bataille de Konieh (21 décembre 1832), où l'armée turque fut taillée en pièces. C'est à la suite de cette bataille que furent entamées les négociations dont il est question plus haut.

LE PRINCE DE TALLEYRAND AU DUC DE BROGLIE.

« Londres, le 28 janvier 1833.

» Monsieur le duc,

» Vous avez connu par ma dépêche numéro 56 les obstacles qui s'opposaient à ce que je communiquasse à lord Palmerston, aussitôt que je l'aurais désiré, l'objet de la dépêche que vous m'avez fait l'honneur de m'adresser le 21 de ce mois. C'est avant-hier seulement que j'ai pu le faire, et lord Palmerston me promit alors de soumettre les propositions du gouvernement français à un conseil de cabinet qu'il convoqua à cet effet pour le lendemain. Ce conseil a eu lieu hier dimanche, mais avant de vous faire connaître le résultat de ses délibérations, je dois vous entretenir de quelques circonstances qui l'ont précédé.

» Si vous voulez bien vous faire représenter la dépêche que j'ai eu l'honneur de vous adresser le 6 de ce mois, vous pourrez y remarquer que j'étais déjà fortement préoccupé alors des événements qui se passaient en Orient; j'avoue que les dépêches que j'ai reçues de vous le 10 et le 14 ne m'avaient point complètement rassuré et que j'étais resté dans l'opinion qu'une action quelconque de la France et de l'Angleterre deviendrait bientôt nécessaire de ce côté. Dans mes conversations avec les membres du cabinet anglais, j'avais cherché à attirer leur attention sur les graves conséquences que pouvait avoir la lutte entre le sultan et le pacha d'Égypte, si les succès prolongés de ce dernier devaient placer la Porte ottomane dans l'obligation de recourir à la protection de la Russie.

» C'est dans ces entrefaites que j'ai reçu votre dépêche numéro 13 qui m'a fourni la preuve que mes prévisions s'étaient malheureusement réalisées. Cette dépêche contient un admirable exposé de l'état actuel de l'Orient et des mesures qui doivent être employées pour arrêter les dangers qui menacent l'empire ottoman[1]. Elle m'a paru si remarquable que j'ai cru devoir en donner lecture à lord Palmerston dans l'entretien que j'ai eu avec lui samedi soir. Il a été frappé, comme moi, des considérations habilement développées dans cette dépêche, et convaincu de la nécessité dans laquelle se trouvaient l'Angleterre et la France de prendre immédiatement un parti, et de commencer par faire à Constantinople et à Alexandrie l'offre d'une médiation armée à laquelle on inviterait l'Autriche à se joindre.

» Après avoir quitté lord Palmerston, je me suis encore occupé des moyens qui pourraient assurer le succès le plus prompt de notre médiation, et hier matin, je lui ai écrit une lettre dont vous voudrez bien me permettre d'insérer ici un extrait :

» Si le cabinet anglais approuve le projet de médiation
» tel que je l'ai proposé hier soir, il faudrait que la marche
» qui sera suivie fût extrêmement prompte; et voici, dans mon
» opinion, celle qui pourrait être adoptée.

» Des instructions seraient rédigées pour sir Frédéric
» Lamb. Elles seraient transmises à lord Granville, qui les
» communiquerait au duc de Broglie. Celui-ci croirait sans
» doute devoir rédiger à son tour des instructions pour le

---

1. Par cette dépêche (dépêche n° 13 en date du 21 janvier) le duc de Broglie invitait M. de Talleyrand à proposer au cabinet d'Angleterre un projet de médiation commune en Orient. — Voir cette dépêche à l'Appendice, page 493.

» maréchal Maison, analogues à celles de lord Palmerston.
» M. le duc de Broglie n'hésiterait probablement pas à
» les communiquer à lord Granville, et, d'accord avec
» lui, ils expédieraient chacun un courrier pour Vienne. Ces
» courriers partiraient ensemble.

» Les instructions porteraient aux deux ambassadeurs à
» Vienne l'ordre de proposer à M. de Metternich de joindre
» l'offre de la médiation de l'Autriche à celles de la France
» et de l'Angleterre.

» Si le cabinet de Vienne accepte la proposition qui lui
» est faite, les deux ambassadeurs, guidés par leurs instruc-
» tions dont ils n'auraient pas la faculté de se départir,
» s'entendraient avec M. de Metternich sur les termes de
» la médiation à proposer à Constantinople, et les courriers
» anglais, français et autrichien continueraient ensuite leur
» route vers cette capitale. Ils y remettraient aux représen-
» tants de l'Autriche, de l'Angleterre et de la France, les
» instructions de leur cour respective.

» Si le cabinet de Vienne refuse la proposition, les cour-
» riers anglais et français n'en iront pas moins directement
» à Constantinople. Il est bien entendu que dans les deux
» cas les courriers seront porteurs de pouvoirs et d'instruc-
» tions directes de lord Palmerston et du duc de Broglie
» pour les représentants de l'Angleterre et de la France, près
» la Porte ottomane.

» Tel est le plan que je proposais de suivre, monsieur le
duc; il présentait, dans mon opinion, l'avantage de hâter
autant qu'il était possible l'exécution des mesures qui me sont
recommandées par votre dépêche du 21, et de provoquer en
même temps le concours de l'Autriche.

» Les ministres anglais, après avoir discuté pendant plusieurs heures le projet de médiation tel que je l'avais remis à lord Palmerston, ont fini par s'arrêter à l'idée un peu étrange d'étendre l'offre d'entrer dans la médiation non seulement à l'Autriche, mais encore à la Russie. Ils se sont laissés déterminer par l'importance qu'il y aurait, dans cette circonstance, à lier la politique de la Russie à celle des trois autres cours.

» Cette résolution m'a été aussitôt communiquée par lord Palmerston, et j'ai fait tous mes efforts pour la combattre dans une conférence qui a duré plus de cinq heures. Je vous en rendrai compte demain, mais déjà vous aurez pressenti toutes les raisons que je devais opposer au concours de la Russie. Je n'avais rien obtenu hier lorsque nous nous sommes séparés. En quittant lord Palmerston, je l'avais engagé à réfléchir sur les fâcheuses complications dans lesquelles le système du cabinet anglais nous entraînerait, et nous nous étions donné rendez-vous pour aujourd'hui. Je sors d'une nouvelle conférence, et, après une très longue discussion, j'ai enfin obtenu que la médiation ne serait proposée qu'au nom de la France et de la Grande-Bretagne. C'est demain seulement que nous en réglerons les conditions. J'ai à peine le temps de finir cette dépêche, et vous comprendrez l'impossibilité dans laquelle je me trouve d'entrer dans plus de détails aujourd'hui ; je les réserve pour demain.

» Je veux seulement ajouter que lord Ponsonby a reçu l'ordre de partir immédiatement pour Constantinople[1] et que le consul d'Angleterre à Alexandrie, de la conduite

---

1. Lord Ponsonby venait d'être nommé ambassadeur près la Porte.

duquel vous vous plaigniez, a été rappelé. Le parlement se réunit demain, et c'est le 5 que le discours du trône sera prononcé... »

« Le 31 janvier.

» Vous aurez sans doute été surpris de ne pas connaître plus tôt le résultat de la communication que vous m'aviez chargé de faire au gouvernement anglais ; j'éprouve le besoin de vous donner des explications à ce sujet.

» Il ne faut pas perdre de vue qu'ici, les affaires intérieures du pays passent avant toutes les autres, quelque intérêt, d'ailleurs, que puissent avoir ces dernières. En ce moment, le parlement vient de s'assembler ; le cabinet doit lui proposer des mesures qui le préoccupent fortement : l'état de l'Irlande, les dîmes du clergé, les finances réclament sa plus sérieuse attention ; et il m'est souvent impossible de la détourner du milieu de ce conflit d'intérêts si pressants, pour la ramener à des questions de politique extérieure. Depuis huit jours, tous mes efforts tendent à faire comprendre ce que la question d'Orient exige de célérité, pour ne pas rendre notre intervention ridicule; on convient de tout ce que je dis ; on promet de s'en occuper le jour même, et chaque jour on remet la question au lendemain. Vous jugerez mieux que personne que ces retards ne sont que la conséquence de la position où on se trouve.

» Je vous ai annoncé par ma dépêche du 28 de nouveaux détails sur la conversation que j'ai eue avec lord Palmerston au sujet de notre médiation.

» Comme j'ai déjà eu l'honneur de vous le dire, le système des ministres anglais reposait sur leur désir d'arrêter la politique envahissante de la Russie, tout en conservant envers elle des apparences de bonne intelligence; ils croyaient que l'adjonction de cette puissance à notre médiation atteindrait ce but.

» J'ai dû, en m'opposant à un pareil système, faire sentir tous les dangers qu'il présentait. J'ai fait remarquer à lord Palmerston que la rapidité d'exécution était la première condition de succès de notre entreprise; que nous nous en priverions en nous mettant dans l'obligation d'attendre la réponse de la cour de Russie, et que la conséquence inévitable serait d'arriver trop tard à Constantinople et à Alexandrie, que cette question de temps aurait de plus l'immense inconvénient d'empêcher la France et l'Angleterre d'agir, puisqu'elles se trouveraient, par le fait même de leur proposition à la Russie, obligées à ne faire aucune démarche avant de connaître la réponse de cette puissance, tandis que le cabinet de Pétersbourg, libre de tout engagement pendant un certain temps encore, ne manquerait pas de mettre ce retard à profit; que d'ailleurs, par suite de la mission du général Mourawieff près du sultan[1], la cour de Russie avait pris le rôle d'alliée de la Turquie, et que, dès lors, le pacha d'Égypte serait en droit de lui refuser le caractère de médiateur.

---

1. Le général Mourawieff avait été chargé par le czar d'offrir au sultan des secours contre Méhémet-Ali. Le sultan, sous le coup de la défaite de Konieh, accepta d'abord avec empressement et donna en outre son assentiment à une mission que le général Mourawieff devait remplir à Alexandrie pour sommer Méhémet d'arrêter ses troupes.

Nicolas Nicolaiewitch, prince Mourawieff-Karski, né en 1793, entra au service et fit les campagnes de 1812 à 1815, devint major général en 1829, lieutenant général après la guerre de Pologne (1831), fut en 1832 envoyé en Turquie et en Égypte. Disgracié de 1838 à 1848, il devint en 1854 général en chef de l'armée du Caucase, puis conseiller d'État (1855). Il mourut en 1866.

« J'ai enfin fait valoir près de lord Palmerston une considération qui, pour un ministre anglais, est toujours d'un très grand poids, c'est celle du côté constitutionnel de la question qui nous occupe ; j'ai pu lui dire à ce sujet qu'une médiation établie seulement par deux pays soumis à des gouvernements constitutionnels trouverait une approbation plus générale dans le parlement anglais et dans les Chambres françaises, que si on voyait la Russie y prendre part. Cette considération a fait assez d'impression sur lord Palmerston pour qu'il ait cru devoir revenir sur la décision prise dans le conseil de cabinet, et, comme ici tout finit par se résoudre en questions parlementaires, il est probable que c'est par la considération que je viens d'indiquer, que le cabinet anglais a été amené à changer sa première détermination.

» Mais si on est décidé sur la médiation en elle-même, on n'a pu encore arrêter, ni la forme de cette médiation, ni la marche qu'on suivra. Depuis trois jours on renvoie ces questions au lendemain, et comme j'avais l'honneur de vous le dire au commencement de cette dépêche, mes démarches n'ont pu, jusqu'à présent, amener aucun résultat. Je suis porté à croire que les dernières nouvelles de Constantinople, qui annoncent que le sultan s'est décidé à traiter avec le pacha d'Égypte, augmenteront les hésitations des ministres; et il se pourrait bien qu'on finît par ne prendre aucune résolution.

» Quoi qu'il en soit, monsieur le duc, il me semble que le gouvernement du roi s'est très bien placé, et qu'il a fait tout ce qu'on pouvait attendre de lui dans une circonstance où la Russie était déjà engagée, et où l'Autriche refusait d'entrer dans une médiation... »

LE DUC DE BROGLIE AU PRINCE DE TALLEYRAND.

« Paris, le 28 janvier 1833.

» Mon prince,

» Avant-hier soir, au milieu d'une grande réunion, le chargé d'affaires de Russie, M. de Medem[1], s'approcha de moi et me demanda si je désirais qu'il me donnât connaissance confidentiellement des instructions données au général Mourawieff.

» Je crus ne devoir lui témoigner aucun empressement excessif et je me bornai à lui répondre que j'en serais très reconnaissant.

» Ce matin, il est venu, de lui-même, me réitérer son offre, en m'ajoutant que c'était en grande confidence qu'il me parlait, n'ayant point d'ordres de sa cour. Puis, il a tiré de sa poche, d'abord, une dépêche contenant un exposé des motifs généraux qui déterminent l'empereur Nicolas à l'envoi du général Mourawieff, puis un avertissement, que la communication des instructions données à ce général n'est faite qu'à l'ambassadeur lui-même, qu'il ne doit point en faire part au gouvernement français, avec lequel, est-il dit, les rapports ne sont pas *assez confiants* pour que l'ambassadeur de Russie doive aller au-devant d'explications.

» Vous noterez cependant, mon prince, que c'est le chargé d'affaires qui a fait toutes les avances; que même je n'ai répondu à ses ouvertures qu'avec assez d'indifférence et que c'est lui qui est revenu à la charge.

---

1. Le comte de Medem, conseiller de l'ambassade de Russie à Paris, faisait fonctions de chargé d'affaires pendant l'absence de l'ambassadeur comte Pozzo di Borgo.

» Après la lecture de cette dépêche, est venue la lecture des instructions mêmes ; en voici à peu près la substance :

» L'instruction débute par un exposé des événements d'Orient, et des progrès de Méhémet-Ali depuis six mois.

» Il est dit ensuite que la continuation de ces progrès amènerait nécessairement une catastrophe ; que le résultat de cette catastrophe devant être de donner à la Russie un voisin, probablement peu disposé à respecter le traité d'Andrinople, la Russie serait obligée de prendre une *attitude menaçante*, ce qu'elle veut éviter.

» Il a ajouté que l'empereur sait que Méhémet-Ali a dit que, s'il avait été possible de prévoir les progrès de l'armée égyptienne, la Russie se serait bien gardée de retirer son consul d'Alexandrie.

» La mission du général Mourawieff a pour but de répondre à cette idée.

» Le général doit se rendre d'abord à Constantinople et, là, remettre au sultan une lettre de cabinet, portant une assurance de l'amitié inaltérable de la Russie, de l'horreur que lui inspire la rébellion de Méhémet-Ali, solliciter enfin de la Porte son adhésion à la démarche que le général est chargé de faire vis-à-vis du pacha.

» Cette adhésion obtenue, le général doit se rendre à Alexandrie et donner à sa démarche auprès du pacha toute la solennité possible ; lui exposer sous les couleurs les plus noires toute l'énormité de ses attentats ; l'inviter à rentrer dans le devoir, et, en cas de refus, lui déclarer qu'il n'aura à imputer qu'à lui-même les conséquences de sa conduite. — Rien de plus.

» Si Méhémet-Ali, touché de la remontrance, demandait

au général de se porter médiateur entre la Porte et lui, le général devrait refuser, la Russie ne voulant pas intervenir dans les affaires des autres, pas plus qu'elle ne souffrirait qu'on intervînt dans les siennes.

» (N.-B. que ceci est probablement le but de la communication; c'est ou un reproche ou un avertissement indirect, adressé à la France.)

» Si Méhémet-Ali persiste dans son égarement, le général doit revenir à Saint-Pétersbourg et en rendre compte à son maître.

» Il est ajouté dans un post-scriptum que si le général n'obtenait pas l'adhésion de la Porte à sa mission, il retournerait à Saint-Pétersbourg, sans aller à Alexandrie; mais le ministre de Russie écrirait à Méhémet-Ali ce que M. de Mourawieff avait pour mission de lui dire.

» Le chargé d'affaires de Russie s'est épuisé en protestations sur la ferme volonté où était son maître de n'employer que la voie d'influence et d'exhortation; il m'a même dit et répété que l'empereur Nicolas était plus embarrassé qu'enrichi par les provinces qu'il avait conquises sur la Porte, et qu'il serait plus disposé à renoncer à ses conquêtes qu'à les pousser plus loin.

» Mon opinion sur cette communication est qu'elle ne contient que la moitié de la vérité; qu'elle expose réellement les instructions données au général Mourawieff dans l'hypothèse où le conflit entre la Porte et le pacha resterait douteux, mais qu'il avait d'autres instructions éventuelles, le cas échéant de la défaite de l'armée musulmane, instructions en conformité desquelles il a agi, ainsi que je vous l'ai mandé dans ma dernière dépêche. La source des renseignements que je vous ai donnés dans cette dépêche est de nature à ne me laisser aucun doute à cet égard.

» Je me suis borné à répondre à cette communication en très peu de mots, et en termes très généraux, protestant de nos desseins pacifiques et de l'envie que nous avions de voir la querelle se terminer à l'amiable.

» M. de Medem m'ayant recommandé sur cette communication le plus profond secret, je vous prie, mon prince, de conserver pour vous ces renseignements, bien que je sois porté à penser que M. de Medem ne s'est pas grandement compromis en me la confiant... »

LE COMTE DE RAYNEVAL AU PRINCE DE TALLEYRAND.

« Madrid, le 25 janvier 1833.

» Prince,

» J'ai pensé que, dans les circonstances actuelles, il pourrait vous être agréable d'être exactement et directement informé de la situation dans laquelle sir Stratford Canning trouve l'Espagne. Je profite donc, pour vous donner à ce sujet quelques détails, du premier courrier qu'il expédie, et j'en profite avec d'autant plus d'empressement que c'est une occasion de me rappeler à votre souvenir et de vous demander la continuation de vos anciennes bontés.

» Il semblait naturel de penser que le changement de politique intérieure de l'Espagne en amènerait aussi un dans sa politique extérieure. On a dû croire que le parti que la reine et ses adhérents ont à combattre, étant celui qui soutient de ses vœux et peut-être de ses secours secrets la cause de dom Miguel, l'intérêt que le cabinet espagnol portait à ce prince devait disparaître devant un intérêt plus rapproché et plus pressant. Mais les ministres espagnols raisonnent autrement. Selon eux, le gouvernement ne parvient à contenir le parti apostolique[1] qu'en usant à son égard de beaucoup de ménagements. Ils croient qu'ils lui donneraient pour auxiliaires tous les royalistes d'Espagne, s'ils favorisaient dom Pedro, que l'on regarde comme le chef des libéraux de la péninsule entière, et s'ils manquaient aux engagements précédemment pris avec dom Miguel.

» Lorsqu'on laisse entendre qu'il serait possible d'écarter dom Pedro et la constitution, ils répondent qu'il ne le serait pas d'écarter ses partisans, ses ministres, ses conseillers, dont quelques-uns sont plus dangereux que lui-même. Telle est la manière de voir de M. de Zéa et de M. d'Offalia. Tant qu'ils conserveront la direction des affaires, on ne doit donc pas s'attendre à voir l'Espagne adhérer à un projet de conciliation, et cesser d'insister sur le maintien de la neutralité de la part de toutes les puissances. Les différents partis travaillent chacun de leur côté, mais avec une égale ardeur, contre ces ministres. Cependant leur chute ne peut pas être regardée comme prochaine. Dans ce moment-ci la marche qu'ils suivent dans l'affaire de la succession leur assure la confiance et la faveur du roi et de la reine.

» C'est réellement ce qui se passera en Portugal qui décidera de leur sort, et peut-être de celui de la monarchie espagnole. On le sent, et pour cette raison on s'alarme excessivement des suites que peut avoir le différend qui s'est élevé entre notre gouvernement et celui de dom Miguel au sujet

---

[1]. Nom donné au parti absolutiste, c'est-à-dire aux carlistes.

d'un bâtiment français coulé bas dans le Douro, et que va aggraver une autre insulte faite à notre pavillon à l'entrée du Tage. Le cabinet espagnol soutient que le tort est de notre côté, et par conséquent que nous ne sommes pas dans le cas de demander réparation, mais il ne nous accuse pas d'arrière-pensées. Dans le public on est plus sévère, et depuis le moment du départ du général Solignac[1] pour Porto, on annonce hautement que, directement ou indirectement, nous voulons intervenir dans la lutte des deux frères et y mettre fin par la force. Le gouvernement espagnol juge notre intervention plus dangereuse pour dom Miguel et le repos de la péninsule, que celle de l'Angleterre. Aussi, dans l'instant actuel, notre querelle avec le Portugal l'occupe-t-il presque plus que la mission de M. Canning.

» Voilà, prince, où nous en sommes ici. Tout cela peut mener à de telles complications et exalter si fortement les passions qu'aucune force humaine ne puisse sauver ce pays-ci d'une secousse. Je trouve, dans de pareilles circonstances, le fardeau qu'on m'a donné à porter beaucoup trop lourd. Que ne donnerais-je pas pour pouvoir recourir à vos conseils! Mais l'éloignement, la rapidité avec laquelle les événements marchent, y mettent malheureusement obstacle. Cependant, quelques mots où je pourrais lire votre pensée sur l'ensemble des affaires de la péninsule me seraient si utiles, que je ne puis m'empêcher d'exprimer le plaisir et la reconnaissance avec lesquels ils seraient reçus.

» Je vous écris dans un moment où vous ressentez une

---

[1]. Le général français Solignac commandait à Porto une partie des troupes de dom Pedro.

vive affliction. En perdant la princesse de Vaudémont, vous avez fait une de ces pertes qui ne se réparent point. Je ne crois pas que jamais amitié ait été plus vraie que celle qu'elle vous portait. Il était impossible de la connaître sans lui être attaché. C'est un sentiment que j'éprouvais bien sincèrement et auquel elle avait tout à fait droit de ma part, sa bienveillance pour moi ne s'étant jamais démentie.

« Veuillez agréer, prince... »

Je suis heureux de pouvoir donner ici cette lettre de M. de Rayneval qui fait autant d'honneur à son cœur qu'à son excellent esprit et à son jugement. Il trace là un tableau de la péninsule qui faisait parfaitement saisir les difficultés du présent et pressentir celles encore plus grandes de l'avenir. Ses prévisions se sont réalisées avec une rare exactitude ; et au moment où je rassemble ces souvenirs, l'Espagne et le Portugal sont en proie à des discordes dont il serait impossible de présager le terme. On verra bientôt quels ont été les efforts des gouvernements de France et d'Angleterre pour prévenir les désordres qui menaçaient la malheureuse péninsule : puissent ces efforts aboutir un jour à un heureux résultat! Je ne veux point anticiper sur la marche des événements; mais il m'a été doux d'exprimer en passant la bonne opinion que j'avais toujours eue du caractère et de la capacité de M. de Rayneval, qui a succombé au fardeau dont il trouvait déjà le poids trop lourd lorsqu'il m'écrivait l'admirable lettre qu'on vient de lire. Ai-je besoin d'ajouter à cette occasion, comme dans. toutes les autres précédentes du même genre, que je voudrais retrancher des lettres que je cite les passages flatteurs et louangeurs pour moi, si je ne pensais pas que les éloges mêmes, dans de pareilles circonstances, ne sont qu'un reflet de la situation, et qu'on est d'autant plus porté à louer les autres qu'on est soi-même plus embarrassé ou plus affligé.

LE PRINCE DE TALLEYRAND AU DUC DE BROGLIE.

« Londres, le 3 février 1833.

» Monsieur le duc,

» Les difficultés que je vous ai indiquées dans ma dépêche numéro 59[1], au sujet des affaires d'Orient, ne m'ont point empêché de continuer à réclamer le concours du gouvernement anglais dans une question qui m'a toujours paru du plus haut intérêt pour l'Europe. Je puis enfin vous annoncer que mes efforts ne sont point demeurés absolument sans résultat. Voici le parti auquel l'Angleterre s'est arrêtée.

» Le colonel Campbell vient d'être nommé consul général à Alexandrie ; il part demain pour se rendre en toute hâte à son poste. Les instructions dont il sera porteur seront envoyées par le courrier de ce soir à lord Granville, qui doit vous les communiquer. Je puis déjà vous dire à peu près ce que ces instructions renferment.

» On a dû, dans les circonstances actuelles, et à d'aussi longues distances, admettre les deux éventualités : que la paix ne serait pas encore, ou serait déjà conclue entre le sultan et le pacha, au moment où le colonel Campbell arrivera à Alexandrie.

---

1. Voir p. 114, la dépêche du 31 janvier.

» Dans la première de ces éventualités, il devra, aussitôt après son arrivée, témoigner hautement l'intérêt que l'Angleterre porte au sultan, et tenir à Méhémet-Ali un langage qui lui fasse comprendre toute l'étendue de la protection que cet intérêt peut assurer à la Porte ottomane de la part de la Grande-Bretagne.

» Si, comme on a tout lieu de le croire, la paix est déjà signée entre la Turquie et l'Égypte, le colonel Campbell bornera son rôle à celui d'observateur, mais en indiquant cependant le but primitif de sa mission.

» Dans les deux cas, le colonel Campbell devra entretenir des relations intimes entre les consuls de France et d'Autriche, conserver seulement de bons rapports avec l'agent russe, et tout entendre de lui sans lui montrer la même confiance qu'aux deux autres.

» Vous trouverez sans doute comme moi, que ces instructions, qui du reste sont fort détaillées, sont d'accord avec la marche que vous avez suivie à l'égard du pacha d'Égypte.

» Le gouvernement anglais est informé de la résolution que le sultan a prise de traiter avec Méhémet-Ali à la suite des instances de l'internonce d'Autriche ; il pense donc qu'une démarche directe près de la Porte ottomane est devenue inutile aujourd'hui, et il se bornera, de ce côté, à hâter le départ de lord Ponsonby pour Constantinople... »

« Le 8 février.

» J'ai reçu votre dépêche du 4 de ce mois. Les nouvelles de Constantinople qu'elle renferme et que vous aviez bien voulu communiquer à lord Granville, ont causé ici une très vive satisfaction. On voit avec plaisir l'intervention de la

France, employée à suspendre la marche d'Ibrahim et à empêcher, par le rétablissement de la paix en Orient, une complication qui menaçait, sous beaucoup de rapports, d'être dangereuse[1]. On doit remarquer que l'idée qui domine généralement en Europe, en ce moment, est d'éviter tout ce qu'on peut appeler une affaire. Cette disposition des esprits et même des cabinets nous est trop avantageuse pour ne pas l'encourager par la direction de notre politique. Aussi la conduite du chargé d'affaires de France à Constantinople, dans les dernières circonstances, est-elle digne d'éloges....

» Les journaux anglais qui vous parviennent chaque jour vous tiennent trop exactement au courant des débats du parlement, pour que je croie devoir vous en entretenir. Vous y aurez vu que le gouvernement du roi a été noblement défendu par lord Grey et bien apprécié par les membres qui votent avec le ministère... »

« Le 11 février.

» Les observations que vous voulez bien me transmettre dans votre lettre du 8, sur les dispositions des cabinets de Vienne et de Berlin, sont, je crois, parfaitement fondées.

---

1. Lorsque le premier moment d'effroi causé par la bataille de Konieh fut passé, le sultan Mahmoud ne tarda pas à comprendre l'imprudence qu'il avait faite en appelant les Russes en Turquie. Aussi se ravisa-t-il et, déférant aux conseils du chargé d'affaires de France, M. de Varennes, il se décida à négocier avec le pacha. Il envoya en Egypte l'ancien capitan-pacha-Halil pendant que M. de Varennes écrivait à Méhémet-Ali pour lui persuader d'accueillir ces ouvertures, et à Ibrahim pour l'inviter à suspendre sa marche. Ce dernier s'arrêta à Kutaya. En même temps, le plénipotentiaire turc débarquait à Alexandrie le 21 janvier avec mission de proposer au pacha l'investiture des gouvernements d'Acre, de Tripoli, de Naplouse et de Jérusalem. Méhémet réclama la Syrie entière et Adana. Ces conditions furent acceptées par le sultan le 5 mai suivant.

Vous avez très bien présenté, ce me semble, le but des plaintes de ces deux cabinets contre le gouvernement britannique; il n'est pas douteux qu'on cherche par tout moyen à désunir la France et l'Angleterre; l'année dernière, on se plaignait de la domination exercée par la France sur le cabinet anglais; cette année, c'est la prépotence de l'Angleterre qu'on accuse, et comme l'accusation d'aujourd'hui n'est pas plus vraie que celle de l'an dernier, il ne faut voir dans tout ceci que ce qui est vraiment, c'est-à-dire, l'humeur qu'on éprouve à Pétersbourg, à Vienne et à Berlin, de ce que, chaque jour, s'affermit davantage une alliance qui place la France et l'Angleterre à la tête de l'Europe, et qui, en assurant le maintien de la paix générale, ôte tout espoir de former des coalitions [1].

» Le ministère anglais vient de montrer une grande prudence

---

[1]. L'entente anglo-française effrayait singulièrement les cabinets du continent. M. Ancillon, notamment, ne cachait pas sa profonde irritation, et M. Bresson, dans sa correspondance, insistait sur le mécontentement éprouvé à Berlin par la négociation séparée de la France et de l'Angleterre avec la Hollande. « Les gens bien intentionnés ici, écrivait-il, comme M. de Bernstorff par exemple, désirent que notre négociation avec le roi des Pays-Bas obtienne un résultat satisfaisant; mais ce n'est pas l'affaire de M. Ancillon, qui calcule sur des embarras pour reprendre quelque ascendant ou du moins quelque importance. Je suis persuadé qu'il nous trompe quand il nous dit qu'il continue à porter le cabinet de La Haye à des concessions » (*Dépêche du 10 février*). L'animosité du gouvernement prussien était particulièrement vive contre l'Angleterre. « L'arrogance offensante du cabinet anglais, disait M. Ancillon à M. Bresson, tient sans doute au caractère personnel de lord Palmerston; mais il faudra qu'elle ait un terme » (*Dépêche de M. Bresson du 17 janvier*). De son côté, lord Minto, au sortir d'un entretien avec le ministre prussien, écrivait à M. Bresson : « Aucune malhonnêteté ne pouvait me surprendre, mais j'avoue que je n'étais pas préparé à la criminelle folie que j'ai trouvée en lui hier soir: Il a nié tout ce qu'il m'avait dit sur les affaires belges depuis que nous nous connaissons » (*Dépêche de M. Bresson du 10 février*). A Vienne, l'irritation et les craintes n'étaient pas moins vives. Aussi les deux cours allemandes s'efforçaient-elles d'ébranler l'union des deux puis-

dans sa conduite envers la Chambre des communes ; il a laissé se prolonger pendant plusieurs jours les débats de l'adresse, en réponse au discours de la couronne ; sans prendre une part directe à la discussion, les membres les plus exagérés du parti radical n'ont mis aucun ménagement dans leurs discours ; et la violence de leur langage, a eu pour résultat de détacher d'eux un grand nombre de leurs adhérents qui, soit par dégoût, ou par conviction, se sont rapprochés du gouvernement, en votant contre les amendements de l'opposition et en faveur de l'adresse... »

« Le 18 février 1833.

»... Le chargé d'affaires d'Autriche m'a lu hier une lettre de M. de Metternich, dans laquelle se trouvent développées

---

sances occidentales en semant entre elles des germes de défiance. De là la tentative de rapprochement avec la France qui eut lieu à cette époque, de la part de l'Autriche et de la Prusse. MM. d'Appony et de Werther vinrent proposer au duc de Broglie de reprendre, relativement aux affaires belges, les négociations de la conférence moyennant la cessation des mesures coercitives. Le duc, en transmettant ces informations à M. de Talleyrand, ajoutait : « En rapprochant la démarche des cabinets de Vienne et de Berlin de l'ensemble de leur attitude actuelle, et du langage plus modéré que tient depuis peu la cour de Russie, nous sommes conduits à penser que ces trois gouvernements, craignant de voir la question belge se dénouer sans leur participation, sont impatients de sortir du rôle passif auquel ils se sont condamnés eux-mêmes dans un moment d'irritation irréfléchie. Cette disposition domine surtout à Berlin où la politique de M. Ancillon a encouru une désapprobation presque unanime. Peut-être aussi les tentatives de rapprochement ont-elles pour but de jeter entre la France et l'Angleterre des germes de division ou du moins d'incertitude, et, dans cette hypothèse, nous nous expliquerions très bien les plaintes que l'Autriche et la Prusse ne cessent de nous adresser sur les tendances révolutionnaires et l'affectation de prépotence du gouvernement britannique » (*Le duc de Broglie au prince de Talleyrand, dépêche du 7 février.* Voir également à l'Appendice, p. 495, une longue lettre du duc de Broglie où il relate sa conversation avec les deux ambassadeurs).

les vues de l'Autriche sur les affaires actuelles de la Suisse. M. de Metternich paraît fort préoccupé des dispositions du parti qui demande aujourd'hui des modifications notables dans le pacte fédéral, et le succès de cette tentative pourrait, selon lui, amener des complications fatales aux intérêts et au repos de cette partie-là de l'Europe[1].

» Sans partager ni repousser entièrement cette opinion, je dois vous dire qu'avant même la communication du baron de Neumann, je me sentais porté à croire que nous devions nous opposer en ce moment à toute altération dans la politique intérieure et extérieure de la Suisse. Vous savez à quel point vont vite les partis révolutionnaires, et s'ils arrivaient jusqu'à toucher à la neutralité de la Suisse, l'Autriche, le Piémont et la France se trouveraient immédiatement placés dans des situations respectives toutes différentes de celles dans lesquelles ils sont encore aujourd'hui.

Je n'applique pas ma manière de voir à cet égard, simplement à la Suisse, sur l'état de laquelle je n'ai que des notions assez vagues; mais je pense qu'en général le gouvernement français doit éviter de donner de l'encouragement à cet esprit novateur qui, sous le prétexte d'améliorer, s'est

---

1. Des troubles graves agitaient la Suisse depuis deux années. A la suite de la révolution de Juillet, des insurrections avaient éclaté dans plusieurs cantons; des constitutions cantonales nouvelles s'étaient établies, si bien qu'il devenait nécessaire de mettre le pacte fédéral en harmonie avec les réformes particulières. La diète s'assembla le 2 juillet 1832 et décida qu'il y avait lieu de réviser le pacte. Un projet présenté par M. Rossi fut voté par elle, quoique avec de nombreuses modifications, et soumis à la sanction des cantons. Ce fut l'occasion, dans plusieurs cantons, de troubles sérieux qui dégénérèrent en véritables guerres civiles. Aussi la diète ajourna-t-elle le *referendum*. La constitution revisée ne fut pas appliquée et tout demeura en suspens.

emparé d'un grand nombre des pays voisins de la France. Je crois que, pour le bien de l'Europe, il vaut mieux même ajourner les améliorations que de provoquer des secousses.

» J'ai parlé avec lord Palmerston des affaires de la Suisse, à peu près dans le sens que je viens d'avoir l'honneur de vous indiquer; et si vous partagiez mon opinion, je crois qu'il pourrait être utile d'en entretenir lord Granville.

» Il serait peut-être bien aussi de faire comprendre par l'ambassade française en Suisse, que la France repousse d'avance toute participation dans les tentatives des agitateurs qui se montreront, sans doute, au sein de la diète helvétique, lors de sa réunion au commencement du mois de mars prochain... »

« Le 22 février.

»... J'ai reçu ce matin seulement, la dépêche du 18 de ce mois. L'exposé que vous voulez bien m'adresser des dispositions nouvelles de la Russie vient de m'être confirmé par le prince de Lieven que j'ai vu au lever du roi et qui m'a exprimé dans les termes les plus convenables le désir de son gouvernement d'entretenir de bons rapports avec la France. Le prince de Lieven doit me montrer ce soir la dernière dépêche qu'il a reçue de Pétersbourg et qui est probablement dans le même sens que celle qui vous a été communiquée par le comte de Médem.

» Avant le lever du roi, j'ai eu l'honneur d'être reçu en audience particulière par Sa Majesté qui m'a longtemps entretenu de son attachement pour le roi des Français, de la satisfaction qu'elle éprouvait des heureux succès de son gouvernement et de la confiance toute particulière qu'elle plaçait en vous, monsieur le duc. En tout, je n'ai eu qu'à me louer de l'accueil et du langage bienveillant de Sa Majesté... »

« Le 4 mars.

»... M. le comte Pozzo quitte après-demain Londres pour retourner à son poste de Paris. Je puis dire encore une fois qu'il ne m'est rien revenu du langage de cet ambassadeur pendant son séjour ici qui ne soit très convenable pour nous. En général, la présence à Londres du comte Pozzo aura été dans mon opinion plutôt utile aux affaires que le gouvernement français y traite en ce moment... »

LE DUC DE BROGLIE AU PRINCE DE TALLEYRAND.

« Paris, le 9 mars 1833.

» Mon prince,

» Je voudrais que mon courrier pût vous porter quelque nouvelle, mais nous en sommes fort stériles. Le ministère marche assez bien ici, et tout semble annoncer que nous atteindrons la fin de la session sans encombre. La majorité se tient bien, et ne se désunit que sur des questions de peu d'importance; nos ennemis sont en grande division et en pleine déroute : Dupin, surtout, est en décadence complète. Du dehors, je ne sais rien; la politique me paraît stationnaire et en expectative, soit du côté de la Hollande, soit du côté de la Belgique, soit du côté de l'Orient. — Nous ne croyons pas pouvoir congédier la duchesse de Berry, avant ses couches; il y a une espèce de semi-complot carliste, pour nous y entraîner, afin qu'une fois hors de nos mains, elle puisse tout nier. Ce n'est qu'après l'événement que le parti aura perdu toute espérance; et nous sommes obligés d'ajourner jusque-là l'amnistie. — Il me semble que le ministère va très bien en Angleterre... »

LE PRINCE DE TALLEYRAND AU DUC DE BROGLIE.

« Londres, le 14 mars 1833.

»... Hier, au lever du roi, lord Grey m'a entretenu de la séance de la Chambre des députés de France, dans laquelle il a été parlé de l'occupation d'Alger[1]. Il m'a exprimé des regrets très vifs du langage qui avait été tenu dans cette occasion, et qui lui causera, m'a-t-il assuré, de très grands embarras à la Chambre des lords, où la question sera incessamment traitée. — Il aurait désiré que le gouvernement du roi évitât de prendre des engagements aussi positifs, après surtout que les promesses faites à l'Angleterre par le dernier gouvernement français, ont été si hostilement révélées l'année dernière par lord Aberdeen.

» J'ai dû répondre à lord Grey que j'aurais l'honneur de vous faire part de ses observations et j'ai ajouté que le discours prononcé par M. le président du conseil à ce sujet, renfermait plusieurs phrases assez vagues pour qu'on ne pût pas préjuger les intentions du gouvernement du roi à l'égard de l'occupation d'Alger ; et que d'ailleurs je croyais qu'on

---

1. Séance du 8 mars. A l'occasion des crédits demandés pour l'armée d'Afrique, le maréchal Soult, président du conseil, avait fait la déclaration suivante : « ... J'ai déjà dit qu'il n'y a aucun engagement de pris relativement à Alger envers les puissances étrangères. La France pourra faire de ce pays tout ce qu'elle jugera convenable d'après sa politique. Les mesures qu'a prises le gouvernement et les fonds mêmes que nous vous demandons rendent peu vraisemblable que nous songions à abandonner le pays... »

n'avait jamais songé à faire de ce territoire qu'une colonie de répression.

» Il serait, je pense, utile de vérifier la nature des promesses qui, d'après lord Aberdeen, auraient été faites par le prince de Polignac. Les traces doivent exister aux affaires étrangères.

» Vous comprendrez, monsieur le duc, que dans la position assez difficile du cabinet anglais, il redoute le moindre choc qui lui viendrait du dehors, et surtout de la part de notre gouvernement qui s'est montré opposé à ses vues dans les questions de douane. Il ne connaît pas encore exactement l'esprit de la nouvelle Chambre des communes, et il craint, peut-être avec raison, qu'une discussion soulevée mal à propos ne puisse avoir une fâcheuse influence sur les délibérations de cette Chambre qui, en ce moment, est occupée des affaires les plus compliquées et les plus importantes.

» Je sais bien, d'autre part, que le gouvernement du roi a aussi ses embarras parlementaires, et j'ai plus d'une fois regretté que, dans notre Chambre des députés, on ne comprît pas mieux les véritables intérêts de la France, et qu'on soulevât imprudemment des questions pour lesquelles le silence serait utile. Dans le parlement anglais, l'opposition même ne chercherait pas à embarrasser le gouvernement par des demandes indiscrètes qui pourraient compromettre les intérêts matériels du pays... »

« Le 18 mars 1833.

» ... J'ai éprouvé une satisfaction bien vive en lisant le postscriptum de votre dépêche numéro 34, qui contient la dépêche télégraphique du chargé d'affaires de France à Vienne. Les nouvelles qu'elle donne de Constantinople et qui m'ont été confirmées par le chargé d'affaires d'Autriche, me paraissent être de la plus haute importance. Je dois féliciter le gouvernement du roi d'un résultat tel que celui obtenu par l'amiral Roussin ; c'est un grand et beau succès pour l'honneur de la France et pour la tranquillité de l'Europe. Je suis convaincu que nous en ressentirons bientôt tous les bons effets et que la politique actuelle de la France laissera une profonde impression dans les différents cabinets [1].

» Le baron de Neumann m'a communiqué la dépêche qui lui a été écrite, à ce sujet, par le prince de Metternich : les détails qu'elle renferme vous seront parvenus après la dépêche télégraphique ; mais je puis vous dire que cette lettre de M. de Metternich est remarquable par la satisfaction qu'elle exprime de voir les tentatives de la Russie déjouées [2]. Il est évident que toutes les puissances qui sont appelées à recueillir le fruit de nos efforts doivent partager les sentiments du

---

1. Voici ce qui s'était passé à Constantinople :
L'amiral Roussin, ambassadeur de France, était arrivé le 17 février à Constantinople, au moment où les Russes entraient dans le Bosphore. Il déclara aussitôt qu'il partirait sur l'heure si la Porte ne réclamait pas le départ de la flotte russe. Le sultan répondit que la flotte russe était sa seule sauvegarde contre les troupes d'Ibrahim. L'amiral répliqua qu'il se faisait fort d'imposer la paix à Méhémet et de lui faire accepter les conditions que lui apportait Halil (voir page 126 et note). Le divan, heureux de voir la France épouser si chaudement ses intérêts, réclama aussitôt le départ des Russes qui se retirèrent peu de jours après. Cette retraite fut d'abord considérée comme une victoire pour la France, mais, le mois suivant, Méhémet ayant nettement refusé les conditions d'Halil malgré les instances de l'amiral, le sultan rappela les Russes, et la situation de notre ambassadeur, qui s'était engagé imprudemment, devint très difficile.

2. Tel était également le sentiment du cabinet anglais, s'il faut en croire ce qu'écrivait lord Palmerston à son frère, sir William Temple : « Roussin, dit-il dans sa lettre du 21 mars, a admirablement terminé la dispute entre le Turc et l'Égyptien et a bien fait de renvoyer l'amiral russe la queue entre les jambes » (*Correspondance intime de lord Palmerston*).

cabinet de Vienne. Nous en retirerons pour nous l'immense avantage d'avoir exercé le plus noble patronage dans la solution d'une question à la fois française et européenne, et d'avoir, par un nouveau lien, rattaché nos intérêts à ceux des autres gouvernements. C'est, je le répète, un beau succès, qui place le gouvernement du roi dans la position élevée qui lui convient... »

LE DUC DE BROGLIE AU PRINCE DE TALLEYRAND.

« Paris, le 18 mars 1833.

» Mon prince,

» Je sens comme vous tout ce qu'il y a de fâcheux, de sot et de puéril à mettre en ce moment l'affaire d'Alger sur le tapis. Mais nous avons affaire à des gens si déraisonnables qu'il n'est pas possible d'éviter toute discussion sur ce misérable sujet. Toutefois, il est un point que je désire voir bien éclairci entre le ministère anglais et nous : c'est le fait des engagements pris envers l'Angleterre au sujet d'Alger. J'ai fait dépouiller avec soin, avant de parler, toute la correspondance ; elle dépose, à chaque page, non seulement de l'absence de tout engagement, mais de la résistance obstinée à tout engagement de cette nature, résistance qui s'est perpétuée jusqu'au moment même de la prise d'Alger, et qui avait presque amené une rupture entre la France et l'Angleterre. J'ai fait venir M. de Bois-le-Comte [1], qui était directeur des

1. Charles-Joseph-Edmond, comte de Bois-le-Comte, né en 1796, entra en 1814 dans la diplomatie, alla à Vienne, Pétersbourg et Madrid. En 1829, il devint directeur des affaires politiques au ministère des affaires étrangères. Sous la monarchie de Juillet, il devint ministre en Portugal, en Hollande et en Suisse. Il fut créé pair de France en 1845. Il mourut en 1863.

affaires politiques sous M. de Polignac: je l'ai interrogé à fond sur ce point; il proteste que jamais aucun engagement quelconque n'a été pris. Enfin je l'ai chargé de me faire un gros mémoire sur toute l'affaire d'Alger; je ferai extraire de ce mémoire tout ce qui concerne l'Angleterre, et je vous l'adresserai, afin que vous en puissiez faire tel usage que de raison. Je tiens donc essentiellement, d'une part, à bien constater que je n'ai point parlé légèrement sur ce sujet; d'une autre part, à bien m'entendre avec le gouvernement anglais sur la valeur et la nature de ces engagements prétendus, dont nous ne trouvons ici, ni dans les documents, ni dans la mémoire des personnes attachées au département, aucune trace quelconque. Soyez assez bon, mon prince, pour en dire un mot à lord Palmerston. Je serais très fâché, je le répète, qu'on pût m'accuser, avec la moindre apparence de raison, d'avoir rétracté des engagements pris même par M. de Polignac... »

LORD GREY AU PRINCE DE TALLEYRAND.
Traduction

« Downing-Street, le 21 mars 1833.

» Mon prince,

» Je vous rends, ci-jointes, avec bien des remerciements, les pièces que vous m'avez fait l'honneur de me confier.

» J'y trouve tout le bon esprit et toute la droiture de M. le duc de Broglie, et j'en conçois l'espérance que nous pourrons nous entendre sur l'affaire d'Alger d'une manière conforme aux relations amicales des deux gouvernements et aux intérêts européens qui s'y attachent.

» Je vous prie... »

LE PRINCE DE TALLEYRAND AU DUC DE BROGLIE.

« Londres, le 22 mars 1833.

» Monsieur le duc,

» ... J'ai communiqué à lord Grey ce qui est relatif à la question d'Alger; j'ai plus que jamais lieu de croire qu'on attache ici beaucoup d'importance à cette question. Je recevrai avec reconnaissance le mémoire que vous m'annoncez. Lord Palmerston a chargé l'avocat de la couronne d'en faire un sur le même sujet; comme il n'y a pas de pièces, je ne sais pas sur quoi il pourra le baser; des lettres de lord Stuart à son gouvernement, rapportant des communications verbales, me paraissent devoir fournir peu d'arguments à des gens de bonne foi.

» Je ne suis point surpris du mécontentement que produiront sur le gouvernement russe et sur ses agents les résultats obtenus à Constantinople par l'amiral Roussin; on comprend aisément, qu'après avoir pris la direction d'une affaire de cette importance, le cabinet russe soit blessé de la voir terminée par notre intervention. Ce n'est, du reste, qu'une question d'amour-propre pour lui, mais c'est pour cela même que je pense que nous devons montrer, avec plus de modération encore, la satisfaction d'un succès que chacun saura apprécier. »

LE DUC DE BROGLIE AU PRINCE DE TALLEYRAND.

« Paris, le 22 mars 1833.

» Mon prince,

» ... Je suis bien aise que vous soyez satisfait de la conduite de l'amiral Roussin. Ses instructions étaient de faire en sorte, par tous les moyens licites et raisonnables, d'empêcher que les Russes n'occupassent Constantinople, *du consentement de la Porte*, bien sûr que s'ils l'occupent *contre le gré* de la Porte, cela deviendra tout de suite une affaire européenne, et que nous aurons plus d'alliés qu'il ne nous en faut pour les faire déguerpir. Roussin a très bien agi. Je m'attends à une bourrasque de Saint-Pétersbourg, terrible ; mais après tout, que peuvent-ils faire? Ils ne peuvent argumenter que contre le *procédé*, et alors je rétorquerai l'argument, et je me plaindrai de la dissimulation qu'ils ont mise dans toute cette affaire, du peu de sincérité de la communication de la mission de Mourawieff... Le pauvre Pozzo est dans des transes mortelles de se voir rappelé ; le reste de la diplomatie est assez en émoi.

» Je suis bien joyeux de l'approbation que tout ceci a rencontré en Angleterre. L'extrême froideur avec laquelle le gouvernement anglais avait accueilli, depuis trois mois, nos diverses ouvertures relativement aux affaires d'Orient, me faisait craindre d'être abandonné dans cette conjoncture, et c'est pour cette raison que, dans le petit article inséré avant-hier dans nos journaux, je n'ai point fait mention de la légation anglaise. Je craignais que le gouvernement anglais ne nous accusât de vouloir le compromettre dans cette affaire ; mais, du moment qu'il témoigne l'envie d'y figurer et d'en prendre sa part, à cela ne tienne, je vais faire rédiger demain un autre article où la légation anglaise aura presque le beau rôle. J'espérais, ce matin, avoir une interpellation à la Chambre des députés, où j'aurais placé dans ma réponse la légation anglaise en première ligne, mais nos adversaires ont trouvé le terrain trop bon pour nous, et ils ont voté les fonds que nous demandions pour des armements dans la Méditerranée, sans mot dire et à l'unanimité. Ne serait-il pas possible que les Anglais envoyassent quelques renforts à leur station navale : qu'ils en fissent mine seulement, cela serait du meilleur effet... »

LE PRINCE DE TALLEYRAND AU DUC DE BROGLIE.

« Londres, le 28 mars 1833.

» Monsieur le duc,

» Dans une des dernières dépêches que vous m'avez fait l'honneur de m'adresser, vous avez bien voulu me parler d'un entretien que sir Stratford Canning aurait eu avec M. de Rayneval et duquel il résulterait que l'Angleterre ne serait pas éloignée de traiter la question portugaise sur la base de la reconnaissance de dom Miguel.

» J'ai déjà été dans le cas de vous exposer les difficultés qui s'opposaient à ce que je pusse me procurer des renseignements sur les intentions précises du cabinet anglais à l'égard du Portugal et de l'Espagne. Je puis vous dire cependant que j'ai plus d'une fois entretenu lord Palmerston de l'état de la péninsule, et que le langage qu'il m'a tenu dans ces différentes occasions me persuade que l'Angleterre n'a aucun plan arrêté pour mettre fin à l'état de choses qui existe en Portugal. Je suis même porté à croire que depuis le départ de sir Stratford Canning, et depuis surtout que ce diplomate a échoué dans la négociation qu'il devait suivre à Madrid, le cabinet anglais s'est à peu près livré aux événements pour la solution de la question portugaise. Il attend les informations de sir Stratford Canning, et je crois qu'il ne lui a pas envoyé d'autres instructions que celle de se diriger d'après les circonstances.

» Je ne vous envoie pas la note remise le 3 février par sir Stratford Canning à M. de Zéa, ni la réponse que celui-ci a faite sous la date du 28 février; je les ai entre les mains, mais je suppose que M. de Rayneval n'aura pas manqué de vous transmettre des copies de ces deux pièces.

» Je vous renouvelle l'assurance que je ne négligerai rien pour me procurer tous les renseignements qu'il me sera possible d'obtenir sur la marche du gouvernement anglais dans les affaires de Portugal et d'Espagne, et que je m'empresserai de vous les communiquer... »

MADAME ADÉLAÏDE D'ORLÉANS AU PRINCE DE TALLEYRAND.

« Tuileries, le 25 mars 1833.

» Je viens vous annoncer, mon cher prince, une visite que vous aurez bientôt à Londres : c'est celle de Chartres. Notre cher roi pense que ce voyage qu'il lui a témoigné le désir de faire ne pourra que produire un bon effet. Lord Granville, à qui le duc de Broglie en a parlé, est de cet avis. Chartres m'a demandé hier soir de vous en parler, et nous serions bien aises de savoir ce que vous en pensez. Je crois que pour notre jeune homme c'est une bonne et utile chose; il veut en faire une chose d'instruction et bien voir tous les beaux établissements, tous les perfectionnements, les chemins de fer, etc. Vous serez un bien bon guide pour lui dans ce voyage. Son projet est de partir d'ici le jour de Pâques, le 7 avril au soir, et d'être de retour ici pour le 1er mai, jour de la fête du roi, qui écrira peut-être au roi d'Angleterre pour lui parler du voyage de Chartres. Qu'en pensez-vous ?... »

LE PRINCE DE TALLEYRAND AU DUC DE BROGLIE.

« Londres, le 9 avril 1833.

» Monsieur le duc,

» La santé de lord Palmerston ne lui a pas encore permis de me recevoir aujourd'hui, il n'a vu personne. J'ai passé inutilement aussi chez le ministre de la marine, sir James Graham[1], qui est aussi indisposé, mais je suis parvenu à voir lord Grey, auquel j'ai pu donner connaissance des faits contenus dans la dépêche que vous avez bien voulu m'écrire le 4 de ce mois, au sujet des affaires d'Orient.

» Lord Grey m'a dit que l'Angleterre ne restait point inactive dans cette grave circonstance et que des ordres avaient été expédiés pour que tous les bâtiments disponibles de la station du Tage et des différentes croisières anglaises dans la Méditerranée se rendissent immédiatement devant Alexandrie. Cette force maritime est chargée d'appuyer la négociation du colonel Campbell. Vous avez eu connaissance des instructions qu'il a reçues en se rendant à Alexandrie ; vous pouvez, par conséquent, juger la ligne de conduite qu'il suivra.

» Dans le cas où le pacha d'Égypte se refuserait à consentir aux propositions approuvées par le colonel Campbell, l'escadre anglaise ne laissera sortir aucun bâtiment de guerre

---

1. Sir James Graham, né en 1792, député aux Communes, fut premier lord de l'amirauté dans le cabinet Grey. En 1841, il devint ministre de l'intérieur, et, en 1852, ministre des colonies. Il mourut en 1861.

de Méhémet des ports de l'Égypte, et interceptera en même temps tout transport d'hommes ou de munitions qu'on essayerait d'envoyer à l'armée d'Ibrahim.

» On a, de plus, adressé au commandant des forces navales anglaises dans la Méditerranée l'ordre de se concerter avec l'amiral français, si la négociation du colonel Campbell échouait à Alexandrie.

» Telles sont les communications qu'en l'absence de lord Palmerston j'ai reçues de lord Grey.

» Il semblerait résulter des renseignements que vous avez eus de Vienne et que vous m'avez fait l'honneur de me transmettre, que M. de Metternich serait fort agité des événements qui se passent en Orient et qu'il éprouverait une inquiétude secrète des projets ultérieurs de la Russie. Les informations venues de Vienne à Londres, soit au cabinet, soit aux ministres étrangers, dont j'ai eu connaissance, ne sont pas dans le même sens. Les dépêches et les lettres particulières annoncent, au contraire, que M. de Metternich cherche à rassurer ceux qui se montrent effrayés de la présence des Russes dans le Bosphore, et qu'il a une confiance pleine et entière dans les assurances données par le cabinet de Pétersbourg et par l'empereur Nicolas.

» Il est dit aussi dans les renseignements que vous avez de Vienne que l'opinion publique s'y est fortement prononcée contre la Russie. Je m'étonne un peu d'entendre parler de l'opinion publique de Vienne; mes souvenirs, mes relations actuelles m'avaient laissé croire qu'à Vienne il n'y avait point d'opinion publique; il y a bien une opinion de société, mais cette société est une : elle n'est point divisée, et c'est M. de Metternich qui la dirige; ce serait, je crois, s'abuser beaucoup que de compter trouver là un auxiliaire dans l'opinion publique.

» Du reste, on croit généralement à Londres que les affaires présentes d'Orient s'arrangeront, parce que les quatre grandes puissances, y compris la Russie, qui y ont des intérêts plus ou moins directs, paraissent toutes tendre vers le même but, qui est le maintien de l'existence de l'empire ottoman... »

« Le 11 avril 1833.

»... La poste d'aujourd'hui nous a apporté le récit des événements qui se sont passés à Francfort, et qui semblent être assez graves[1]. Je vous prie de les juger sous le rapport que j'ai eu l'honneur de vous indiquer plusieurs fois dans mes dépêches, c'est-à-dire sous le rapport de l'influence qu'ils auront sur le cabinet autrichien. M. de Metternich ne montre une confiance entière dans les intentions de la Russie que parce qu'il est dominé par la crainte des troubles que l'esprit révolutionnaire pourrait essayer de produire en Allemagne et en Italie. Il est, en général, disposé à sacrifier la politique extérieure de l'Autriche à ce qu'il croit être le principe essentiel de sa politique intérieure, et, comme il trouve en ce moment dans le gouvernement russe un ennemi déclaré de l'esprit d'innovation, il est bien déterminé à se joindre à lui pour réprimer toutes les tentatives des agitateurs allemands ou italiens. Ce n'est pas qu'il néglige absolument les intérêts importants de

1. Une insurrection sanglante avait éclaté à Francfort le 3 avril. C'était le dernier épisode de la fermentation et des troubles qu'avait suscités dans toute l'Allemagne la révolution de Juillet. Le mouvement fut étouffé par les troupes de la diète et le territoire de la république fut occupé militairement par l'Autriche.

la Hongrie et de l'Autriche dans les affaires d'Orient, mais ce n'est pour lui qu'une question secondaire.

» Je ne suis point surpris des insinuations qui vous ont été faites par MM. d'Appony et de Werther pour établir à Vienne une conférence sur les affaires d'Orient; c'est encore une inspiration de M. de Metternich qui, depuis l'existence de la conférence de Londres, n'a pas dissimulé son mécontentement de voir les affaires se traiter hors de son influence directe, et qui emploie tous ses efforts pour les ramener à lui ; c'est, je crois, tout simplement une question d'amour-propre[1]... »

---

1. M. de Metternich, en effet, désirait très vivement attirer hors de Londres le centre des négociations, particulièrement en ce qui regardait les affaires d'Orient. Déjà au mois de janvier il avait fait faire en ce sens, auprès du cabinet de Saint-James, des insinuations qui avaient été repoussées. Au commencement de février, au moment où les cours de Berlin et de Vienne cherchèrent à se rapprocher de la France (voir page 127 et note), une démarche qui, au fond, avait le même but, fut tentée auprès du cabinet des Tuileries. Lorsque les événements se précipitèrent en Orient et qu'un accord fut conclu à Constantinople entre le sultan et le pacha d'Égypte (voir page 175), le dépit de M. de Metternich s'accrut encore : il s'adressa à M. de Sainte-Aulaire, à qui il répéta la proposition qu'il avait déjà faite à lord Palmerston et au duc de Broglie. Celui-ci, en instruisant le prince de Talleyrand de ces incidents, ajoutait : « Le prince de Metternich, en apprenant par M. de Sainte-Aulaire les termes de l'arrangement conclu le 5 de ce mois, a manifesté une assez vive émotion et de l'inquiétude. Il attache au territoire d'Adana une telle importance que, tout en pensant que les puissances doivent unir leurs efforts pour maintenir la transaction convenue entre la Porte et le pacha, il croit qu'il est indispensable de le modifier à cet égard. Il parle vaguement de la nécessité de s'entendre sur la question d'Orient et d'établir à cet effet à Vienne non pas un congrès, non pas même une conférence régulière, mais un centre de délibérations. Tout cela est bien confus et se ressent singulièrement de la situation fausse et incertaine où le cabinet de Vienne s'est placé par rapport aux événements de l'Orient » (*Dépêche du 26 mai*). Le cabinet des Tuileries refusa d'accéder à la demande de l'Autriche : « Nous ne donnerons aucune suite à la proposition autrichienne, écrivait le duc de Broglie, huit jours plus tard ; M. de Sainte-Aulaire dira seulement à M. de Metternich qu'il est autorisé à discuter avec lui toutes les ouvertures que le chancelier croira devoir lui faire par rapport à l'état de l'empire ottoman » (*Dépêche du 3 juin*).

LE DUC DE BROGLIE AU PRINCE DE TALLEYRAND.

« Paris, le 12 avril 1833.

» Mon prince,

» Je me reproche de ne pas vous avoir entretenu plus au long du voyage de M. le duc d'Orléans. Lorsqu'il en a été question pour la première fois, les petites difficultés dont il peut être l'occasion ne m'avaient pas frappé, je l'avoue, autant qu'elles auraient dû me frapper. Cela m'avait paru une chose assez simple, et, pour tout dire, je n'y avais pas assez réfléchi lorsque j'ai fait l'étourderie d'en parler à lord Granville comme d'une chose éventuelle et possible avant que la résolution en fût arrêtée. Il m'a pris au mot, en a écrit sur-le-champ à son gouvernement, en m'assurant que rien ne serait plus agréable au roi d'Angleterre. Cependant, en y pensant davantage, il m'a paru, non point que la chose fût mauvaise à faire, mais qu'il était bon de s'y préparer et de prendre des mesures pour qu'elle réussît bien. C'est dans ce but que j'ai contribué de mon mieux à faire différer le voyage. M. le duc d'Orléans ne veut ni de l'attitude de prince royal, ni de celle de prince voyageant incognito. Reste à savoir comment on peut lui ménager une réception convenable dans cette position intermédiaire. Quant à moi, je ne sais si je me trompe, mais j'insiste beaucoup auprès du roi et auprès de lui pour qu'il ait en Angleterre l'attitude la plus aristocratique possible, et qu'il ne donne pas aux gens qui ne demanderaient pas mieux que de le traiter en parvenu un prétexte pour cela. Je l'ai prié d'y bien réfléchir, puis de me communiquer ses idées sur le nombre et l'espèce de personnes qui doivent l'accompagner, sur l'étiquette à laquelle il veut se résigner, sur tous les accessoires, en un mot, du voyage tel qu'il le conçoit. Lorsqu'il m'aura fait part de ses idées sur ce sujet, je vous en écrirai, et vous demanderai vos bons conseils pour m'aider à rectifier ce qu'il pourrait y avoir de défectueux. M. le duc d'Orléans a beaucoup acquis; je suis certain que sa tenue sera bonne, son désir d'aller en Angleterre tient plutôt à l'envie d'échapper à la vie oisive de Paris qu'à toute autre chose. Il est ici absolument étranger à toute politique, peut-être trop, car cela le rend plus dissipé qu'il ne le serait naturellement. Au demeurant, nous avons au moins un mois devant nous, et d'ici là, j'aurai le temps de recevoir vos directions sur ce qui pourra le mieux réussir.

» Nos affaires d'Orient se compliquent un peu, mais je crois cependant que nous en viendrons à bout. »

LE PRINCE DE TALLEYRAND AU DUC DE BROGLIE.

« Londres, le 15 avril 1833.

» Mon cher duc,

» Le retard apporté au voyage de M. le duc d'Orléans a l'avantage de lui faire éviter la petite épidémie qui règne ici : elle a saisi lord Palmerston et M. Dedel; le roi de Hollande, malade aussi, ne répond pas.....

» J'espère que M. le duc d'Orléans ne quittera Paris qu'après le prochain dénouement de Blaye : il ne saurait être commode, pour un aussi proche parent et dans des circonstances aussi particulières, de se trouver dans un pareil moment sur une terre étrangère. On ne porte ici aucun intérêt politique à madame la duchesse de Berry, mais elle a inspiré une grande pitié. Pourquoi donc M. le duc d'Orléans, qui est maître de choisir son moment, ne remettrait-il pas son voyage après la délivrance de sa cousine?

» Ma dépêche d'aujourd'hui est bien pauvre, car la semaine qui vient de s'écouler a été fort terne, en apparence du moins. Si l'on en croyait les bruits qui circulent, elle se serait passée dans une guerre intestine qui menacerait le cabinet d'une prochaine modification. Sans croire à un résultat aussi sérieux, il faut cependant que le ministère éprouve, non seulement de fortes difficultés parlementaires, mais encore des difficultés de cabinet par les nuances d'opinion de ceux qui le composent. Je ne crois pas les choses assez avancées dans cette route pour en faire un sujet de dépêche; je vous avoue, d'ailleurs, tout naturellement, mon cher duc, que je n'ai pas grande opinion de l'importance que l'on attache chez nous au secret. J'ai eu plusieurs fois, depuis trois ans, raison de craindre que ce qui se passait au conseil à Paris devenait promptement le domaine des salons. L'orage qui gronde ici, dans mon opinion particulière, passera sans éclater, mais il ne faudrait pas qu'il revînt ici que j'ai appelé votre attention sur les difficultés intérieures de l'administration... »

« Le 18 avril 1833.

» J'ai vu hier lord Palmerston. En lui parlant des affaires du Levant, je me suis servi utilement des réflexions que contenait votre dépêche numéro 47, pour lui faire comprendre l'inconvénient d'un désaccord même apparent, entre la Grande-Bretagne et la France, dans les négociations suivies en ce moment à Alexandrie et à Constantinople. Il a apprécié l'importance de ces réflexions, et m'a répondu que les instructions du colonel Campbell lui prescrivant à peu près de conformer sa conduite à celle du consul général de France, il ne doutait point que notre action sur ce point ne fût simultanée; qu'à l'égard de Constantinople, il n'avait pu approuver entièrement la vivacité que l'amiral Roussin avait déployée dès le début de la mission qui lui était confiée[1]; que le chargé d'affaires d'Angleterre, qui était sans instructions, avait dû montrer une réserve qui convenait mieux à sa position secondaire et peut-être aussi aux circonstances dans lesquelles il se trouvait placé.

» Je suis bien aise que vous ayez chargé lord Granville de présenter à lord Palmerston les observations que vous a inspirées la conduite de l'Angleterre dans les affaires d'Orient. J'ai été déjà plus d'une fois dans le cas de vous faire remarquer que le cabinet anglais, dominé soit par la préoccupation des progrès de la puissance égyptienne, soit par l'indifférence qu'il apporte dans les questions de politique extérieure qu'il ne croit pas l'intéresser directement, a toujours accueilli froidement les propositions que je lui ai faites à diverses reprises. Je verrai donc avec plaisir lord Granville me prêter l'appui de son opinion près des membres du cabinet.

» Lord Palmerston m'a dit que le chargé d'affaires d'Autriche lui avait fait part du projet de M. de Metternich que vous avez bien voulu me communiquer, et qui consisterait à traiter à Vienne les différentes questions relatives aux affaires

---

1 Voir page 134.

du Levant[1]. M. de Metternich ne voudrait pas que cette négociation prît la forme d'un congrès ou d'une conférence ; il craindrait, sans doute, de paraître imiter en quelque chose ce qui s'est fait à Londres. Lord Palmerston n'est pas éloigné d'adopter l'idée de M. de Metternich dans ce qui se rapporte au concours des quatre puissances pour régler la pacification du Levant : car il pense, et je partage cette opinion, que la meilleure manière de neutraliser les mauvaises intentions de la Russie est de l'appeler à concourir à toutes les négociations et de la lier ainsi par des engagements qu'elle ne refuserait que difficilement de prendre. La Russie, agissant seule, doit appeler la plus grande surveillance : agissant avec les trois autres puissances, le danger de son action est très affaibli. Mais, d'autre part aussi, lord Palmerston voudrait que cette affaire se traitât plutôt à Constantinople qu'à Vienne. Les motifs apparents qu'il fait valoir sont la nécessité d'être sur les lieux mêmes dans une affaire de cette importance, et l'embarras des distances. Je crois bien cependant que la véritable raison qui lui fait préférer Constantinople à Vienne est l'idée que M. de Metternich, en attirant cette négociation à Vienne, ne parvînt bientôt à y appeler les affaires de l'Europe et à diminuer par là l'influence de l'alliance intime de la France et de l'Angleterre, qui l'offusque toujours. Dans mon opinion, Constantinople est préférable, parce qu'on éviterait là l'inconvénient des retards, qui est si grave dans l'état de faiblesse de l'empire ottoman. Je suppose que la confiance que le gouvernement du roi a placée dans l'amiral Roussin ne pourrait que s'accorder

---

1. Voir page 144.

avec le choix de cette ville pour le centre de la négociation... »

« Le 25 avril 1833.

» J'ai lu avec un vif intérêt la lettre de M. Bresson du 14 avril, que vous m'avez fait l'honneur de me communiquer[1], et j'avoue que je fonde beaucoup d'espoir sur les résultats de la présence du comte Matusiewicz à Berlin pour la solution de notre négociation avec le roi des Pays-Bas. Il ne conviendrait pas, je crois, en ce moment, au succès de l'affaire hollando-belge de témoigner de la méfiance sur les démarches du cabinet russe, et il faut, au contraire, en tirer tous les avantages qu'elles peuvent nous offrir. Ma vieille expérience m'a appris qu'il est des circonstances où la confiance, même un peu hasardée, devient de l'habileté. Cette opinion prend plus de force et de valeur encore lorsqu'on trouve un gage de sécurité dans les intérêts bien fondés et bien distincts de ceux à qui on se confie.

» C'est également sur ce principe que j'établis la nécessité pour la France, la Grande-Bretagne et surtout pour l'Autriche, de réclamer le concours de la Russie dans les affaires d'Orient, parce que je suis persuadé qu'il entre dans les véritables intérêts de la Russie de rassurer l'Europe, *pour*

---

1. Dans cette dépêche, M. Bresson annonçait l'arrivée à Berlin du comte Matusiewicz avec mission d'inviter le cabinet prussien à s'associer à la note du 2 avril. On se rappelle (voir page 89) que cette note avait été adressée par le prince de Talleyrand et lord Palmerston à M. Dedel en réponse aux propositions inadmissibles qu'il avait formulées dans son projet du 23 mars. M. Bresson rendait compte des démarches de M. Matusiewicz qui, disait-il, avait persuadé le roi de Prusse. Il vantait sa hardiesse, car il agissait ainsi sans en avoir spécialement référé à sa cour. Il parlait aussi de ses sollicitations dans le même but auprès du ministre autrichien qui n'y avait pas répondu et avait demandé des instructions à Vienne.

le présent, sur les projets ambitieux qu'on lui suppose. Le langage conciliant et plein d'abnégation que M. de Lieven n'a pas cessé de tenir ici n'a pu que me confirmer dans cette opinion.

» Les dernières nouvelles de Constantinople parvenues à Londres y ont causé des alarmes peut-être exagérées et qui tiennent surtout, je pense, à ce qu'on n'était pas préparé à la marche si rapide des événements. Il y a eu évidemment imprévoyance de la part des gouvernements, et c'est à une prompte réparation de cette imprévoyance qu'il faut pourvoir aujourd'hui.

» Le ministère anglais, qui, jusqu'à présent, s'était assez légèrement occupé de cette grave question, commence enfin à l'apprécier à sa juste valeur. Lord Grey et lord Palmerston m'ont parlé tous deux, avec inquiétude, de l'état de l'Orient, avant même l'arrivée de lord Granville. Je ne doute pas que la présence de cet ambassadeur à Londres ne contribue à éveiller davantage l'attention du cabinet britannique sur ce point.

» J'ai beaucoup réfléchi sur ce qu'il y aurait de plus utile à faire pour le Levant, et s'il est très difficile de former des combinaisons sur des événements aussi compliqués et aussi incertains que ceux qui se passent en Asie, il est du moins possible de se tenir en mesure d'atténuer leurs conséquences fâcheuses, en prévenant pour un avenir rapproché de dangereuses collisions, ou bien de sanctionner les résultats de ces événements s'ils offrent vraiment quelque garantie aux gouvernements européens.

» Les dernières circonstances ayant rendu à chacun son indépendance, mes réflexions m'ont affermi dans l'idée que.

pour finir aujourd'hui les affaires d'Orient d'une manière quelque peu rassurante pour l'Europe, le concours des quatre puissances est absolument nécessaire. Ce concours devrait être exprimé par une transaction quelconque qui contiendrait l'engagement formel de la part des puissances contractantes de ne recevoir aucune augmentation territoriale aux dépens de l'empire ottoman. Un tel engagement n'aurait rien d'inusité; il a même, récemment encore, été appliqué à la question grecque, lorsque les trois puissances signataires du traité du 6 juillet 1827 ont promis de ne faire porter le choix du souverain de la Grèce sur aucun des membres des familles régnantes en France, en Russie et en Angleterre.

» Nous n'éprouverions aucun embarras à l'égard d'Alger par un pareil engagement, le principe de notre expédition ayant reçu dans le temps l'approbation pleine et entière de la Russie et de l'Autriche. Il suffirait d'ailleurs, pour nous mettre parfaitement à couvert, de choisir une époque qui ne pourrait pas laisser de doute sur notre droit à une occupation permanente du territoire d'Alger.

» J'ai communiqué à lord Palmerston l'avis que je viens d'avoir l'honneur de vous exposer; il sera soumis ce soir à un conseil de cabinet, et j'espère être demain en état de vous faire connaître une résolution définitive... »

« Le 25 avril 1833.
» Mon cher duc,

» Cette affaire d'Orient devient bien forte. Il est vraiment un peu étrange que l'amiral Roussin ne se soit pas assuré des dispositions d'Alexandrie avant de se porter fort à Constantinople[1] : c'est ce qui nous a tous trompés. Mais enfin il faut prendre les choses où elles sont parvenues. Ici, d'une longue léthargie on passe à une sorte d'épouvante; cette alarme n'a cependant produit aucun expédient : chacun alors est venu me parler et me demander mon avis. J'ai pu dire ce que je croyais être, *dans mon opinion particulière*, la seule bonne issue. Vous en trouverez les détails dans ma dépêche d'aujourd'hui. Demain je pourrai vous en dire davantage; mon projet *verbal* devant être soumis ce soir à un conseil de cabinet. Lord Palmerston l'a accepté ce matin avec empressement; mais, isolée, son opinion ne suffit pas pour un commencement d'exécution qui, cette fois-ci, je l'espère, ne se fera pas attendre, ceci étant surtout une question d'à-propos. A demain... »

« Le 26 avril 1833.

» La résolution dont j'ai eu l'honneur de vous entretenir dans ma dépêche d'hier a été adoptée par le cabinet anglais. Il va, je crois, proposer aux gouvernements d'Autriche, de France et de Russie, de conclure une convention qui, dans trois articles à peu près, renfermerait :

» 1° L'engagement de ne consentir à aucun démembrement de l'empire ottoman, soit au profit d'une des quatre parties contractantes, soit à celui de toute autre puissance;

» 2° L'assentiment donné par les quatre cours à tout arrangement conclu entre la Porte ottomane et le pacha d'Égypte, par suite duquel la suzeraineté et l'intégrité de l'empire ottoman seraient maintenues

---

1. Voir page 134.

» 3° L'engagement également pris par les quatre cours, dans le cas où le pacha d'Égypte n'aurait pas consenti à un arrangement tel que celui défini dans l'article précédent, de l'y contraindre par les moyens qu'elles concerteront entre elles.

» Je vous indique ici les trois points qui entreront dans le projet de convention, sans pouvoir spécifier la rédaction définitive qui sera adoptée et qui vous sera immédiatement communiquée. Ma dépêche d'hier vous rassurera, je l'espère, sur la seule question qui intéresse directement la France; j'ai insisté sur les dates: vous verrez si celles qui vous sont proposées vous conviennent.

» Je n'ai trouvé aucun inconvénient à ce que la proposition vînt de l'Angleterre, qui ne veut avoir, dans les affaires d'Orient, qu'un intérêt européen, et qui, n'y ayant pris jusqu'à présent aucune part active, se trouve placée vis-à-vis des autres puissances dans une position plus impartiale que nous.

» Si une telle proposition n'était point acceptée par les gouvernements d'Autriche et de Russie, nous pourrions voir dans ce refus une preuve que ces deux gouvernements ont des arrière-pensées, peut-être des projets arrêtés de partage : car, pour me servir d'une expression vulgaire, *ils sont coutumiers du fait*.

» J'attendrai avec impatience les réponses que vous voudrez bien me faire à mes dépêches d'hier et d'aujourd'hui... »

« Le 29 avril 1833.

» J'apprends avec grand plaisir que vous regardez comme terminée la discussion qui s'était élevée entre la cour de Pétersbourg et le gouvernement français au sujet des négociations de l'amiral Roussin à Constantinople. C'est une complication de moins dans un moment où elles ne manquent assurément pas.

» Quand cette dépêche vous parviendra, monsieur le duc, les journaux anglais, qui précèdent presque toujours nos courriers, vous auront déjà informé du grave embarras qu'a produit pour le cabinet le vote de vendredi soir, dans la Chambre des communes, par suite duquel le droit sur la drèche (*malt tax*) a été réduit de moitié. Cette réduction causera dans les recettes une diminution de près de deux millions cinq cent mille livres sterling; et si l'abolition de la taxe sur les fenêtres (*window tax*) était adoptée demain, comme il est possible qu'elle le soit, il se trouverait tout à coup un déficit dans les recettes de près de cinq millions de livres sterling.

» Le ministère a eu de fréquentes réunions depuis trois jours afin de pourvoir à cet embarras. Il éprouve les plus grande difficultés pour couvrir le déficit dont il est menacé... Cet incident est assez grave; aussi a-t-il excité, ici, un mouvement très vif dans les esprits; les fonds ont subi une altération considérable; les journaux ont redoublé de violence dans leur polémique. On ne pense pas cependant que ce triomphe des ennemis du ministère puisse amener sa retraite; mais il aura le fâcheux inconvénient d'éveiller la défiance de ses partisans et d'affaiblir par conséquent ses forces. On croit que ce soir le ministère présentera à la Chambre des communes la résolution que le vote de vendredi l'aura obligé de prendre; elle n'est point encore connue, et l'heure de la marée m'empêchera sans doute de vous la transmettre aujourd'hui. Je vous écrirai demain, à ce sujet, par l'estafette.

» Votre dépêche du 25, qui contenait la copie d'une lettre de M. Bresson, du 18, m'avait causé une grande satisfaction qui n'a malheureusement pas duré longtemps. Les dernières nouvelles de Berlin nous apprennent que M. Ancillon, au moment de signer la note convenue avec le comte Matusiewicz, a tout à coup changé de volonté, sous le prétexte que la note du cabinet de La Haye, du 16 avril, devait nous suffire par les propositions qu'elle renferme au sujet de l'armistice. J'avoue que je ne comprends pas une pareille manière de traiter les affaires; elle serait décourageante pour l'avenir, s'il ne fallait pas compter un peu aussi sur quelque nouveau caprice de M. Ancillon[1].

» Nous n'avons pas de nouvelles de La Haye depuis l'envoi de notre note du 22[2]; nous en attendons à chaque ins-

---

1. La mission du comte Matusiewicz à Berlin avait traversé de nombreuses vicissitudes. Elle avait d'abord semblé réussir au point que M. Bresson avait cru pouvoir annoncer que M. Matusiewicz partait pour La Haye, après avoir arrêté avec M. Ancillon les termes de la note collective qui devait être remise au cabinet néerlandais dans deux hypothèses : la première, si sa réponse à la note du 2 avril était négative, évasive ou dilatoire, la deuxième s'il n'y faisait pas de réponse dans un délai raisonnable. Si la réponse était favorable, la démarche n'aurait pas lieu et le cabinet de Berlin joindrait ses efforts à ceux des autres cours pour hâter la conclusion d'un traité définitif. Tout paraissait réglé, lorsque à coup M. Ancillon se ravisa (*Dépêche de M. Bresson du 22 avril*) et déclara qu'il n'y avait plus lieu à l'envoi de la note collective. Toutefois le ministre de France revint à la charge, et avec le concours de lord Minto, ministre d'Angleterre, il finit par persuader le roi. Finalement, le 6 mai, M. Bresson put écrire à Paris que la note était partie la veille pour La Haye. Il ajoutait que M. Ancillon lui avait déclaré qu'en cas de refus du roi des Pays-Bas, la Prusse était décidée à l'abandonner à lui-même (*Correspondance officielle de M. Bresson*).

2. On se rappelle (voir page 89) que M. Dedel avait fait à la conférence de nouvelles propositions par une note du 16 avril. Ces propositions, jugées inadmissibles à Londres (voir à ce sujet une lettre de lord Palmerston à M. de Talleyrand, Appendice, page 502), avaient provoqué de la part de la conférence une réponse très vive, sous la forme d'une lettre collective au cabinet de La Haye. C'est cette lettre en date du 22 avril dont il est ici question.

tant ; les premières qui arriveront n'auront probablement pas un grand intérêt. Il est bien à craindre que les incertitudes de M. Ancillon, l'état de l'Orient, et surtout l'embarras présent du ministère anglais, ne nous créent de nouvelles difficultés à La Haye... »

« Le 29 avril 1833, au soir.

» Mon cher duc,

» Ennemi des prédictions, je m'abstiens d'en faire sur le résultat de la journée, qui, cependant, est d'une grande importance pour les destinées politiques et financières du ministère et du pays. Je me bornerai à fixer votre attention sur le *Times* d'aujourd'hui. Lisez, je vous prie, le *leading-article* et celui du *Money-market*. Vous en sentirez sûrement toute la portée, et vous saurez alors où en est l'Angleterre.

» Les tories prêteront dans la séance d'aujourd'hui un appui sincère au ministère; mais si l'on n'obtenait pas que le vote de vendredi fût annulé, tout changerait rapidement de face ici, et l'on verrait bientôt, comme le disait madame de Lieven hier, avec une joie concentrée : *l'Angleterre ne peser plus guère dans la balance européenne.*

» Adieu, mille amitiés. »

« Londres, le 1ᵉʳ mai 1833.

» Monsieur le duc,

» Comme j'ai eu l'honneur de vous l'annoncer hier, la séance de la Chambre des communes n'a fini qu'à quatre heures ce matin, et par un vote en faveur du ministère. C'est par une majorité de cent cinquante-quatre voix que la Chambre a décidé de revenir sur l'abolition de la taxe sur la drèche. On espère que cette circonstance qui avait d'abord causé d'assez graves inquiétudes, rendra plus facile la discussion du budget. Les fonds sont beaucoup montés aujourd'hui. »

LE DUC DE BROGLIE AU PRINCE DE TALLEYRAND.

« Paris, le 29 avril 1833.

» Mon prince,

» Vous trouverez dans ma dépêche ci-jointe la détermination prise ce matin par le conseil du roi. Nous acceptons la proposition du cabinet d'Angleterre quant à son principe, sauf à discuter la rédaction quand elle nous parviendra. J'espère que l'affaire sera finie à Constantinople avant que nous ayons réponse des deux cours d'Autriche et de Russie; mais cela sera bon pour faire déguerpir les Russes. Je suis bien fâché que l'Angleterre n'ait pas pris son parti plus tôt; en vérité, ce n'est pas ma faute. Depuis mon entrée au ministère, je n'ai cessé de la solliciter d'envoyer un ambassadeur à Constantinople. J'ai communiqué presque jour par jour à lord Granville toutes les dépêches que j'écrivais ou que je recevais à ce sujet; je l'ai averti, prié, pressé; je ne lui ai rien laissé ignorer, toutes les fois qu'un incident quelconque, de quelque importance, s'est déclaré; je vous ai prié, mon prince, de renouveler vos ouvertures à ce sujet. Enfin, il vaut mieux tard que jamais; j'espère encore que nous nous en tirerons bien; mais tout serait fini, et à Alexandrie, et à Constantinople, si le cabinet anglais avait voulu.

» Je vous envoie une dépêche de M. Bresson, qui vous montrera que M. Matusiewicz a échoué à Berlin[1]. Je crois qu'il nous faut maintenant commencer à montrer les grosses

---

1. Voir page 153.

dents : car, sans cela, on va nous croire à bout de nos forces et la Hollande se moquera de nous. N'y aurait-il pas moyen de resserrer le blocus et de peser plus efficacement sur le commerce hollandais ? Voilà la belle saison qui s'écoule ; si nous n'en profitons pas, que dira-t-on de nous ? Adieu, mon prince... »

LE PRINCE DE TALLEYRAND AU DUC DE BROGLIE.

« Londres, le 3 mai 1833.

» Monsieur le duc,

» ... J'entretiens souvent lord Palmerston des moyens qui peuvent le mieux convenir à la France et à l'Angleterre pour amener enfin un accommodement avec le roi Guillaume, et ceux que vous m'indiquez dans votre dépêche et dans votre lettre du 29 ont fait, plus d'une fois, le sujet de nos conversations ; mais, je dois vous dire que nous entrevoyons, du moins pour le moment, des difficultés de plus d'un genre dans l'exécution du plan proposé. Le cabinet anglais est préoccupé des motions sur les affaires hollando-belges dont on le menace dans les deux chambres du parlement, et des réclamations assez vivement prononcées du commerce anglais contre la mesure de l'embargo. Il craindrait donc d'augmenter en ce moment, par de nouvelles rigueurs, le mécontentement qui a été manifesté dans les derniers temps sur cette question. Lord Grey et lord Palmerston espèrent encore que M. Ancillon reviendra vers nous, et que l'assistance de la Prusse nous sera plus avantageuse qu'un redoublement de moyens coercitifs ; ils sont entretenus dans cette opinion par les lettres les plus récentes de Berlin, qui représentent M. Ancillon comme n'étant pas éloigné de rentrer dans le projet d'une déclaration des trois cours à La Haye. Enfin, nous pensons tous qu'il n'est pas possible de se déterminer à quelque chose de positif, avant de connaître la réponse du cabinet de La Haye à notre note du 22 avril... »

LE DUC DE BROGLIE AU PRINCE DE TALLEYRAND

« Paris, le 4 mai 1833.

» Mon prince,

» Vous trouverez, mon prince, dans ma dépêche officielle, le résumé de nos nouvelles de Constantinople. L'affaire ne tient plus qu'à un fil à Alexandrie. Ibrahim se retire; j'ai tout lieu d'espérer que les efforts réunis de tout le monde agiront sur le pacha et que nous emporterons le tout. Mais, il n'en devient que plus nécessaire d'agir, dès aujourd'hui, sur la Russie, qui fait ce qu'elle peut, me mande-t-on de Constantinople, pour empêcher le dénouement, afin de s'impatroniser tout à son aise dans le Levant, de bien s'établir et de ne s'en aller qu'après mille difficultés. Je suppose que les derniers événements parlementaires en Angleterre sont le seul obstacle à la proposition dont vous m'avez parlé, et sur laquelle je me suis empressé de vous répondre. Après la victoire, j'espère que nous allons reprendre l'affaire d'Orient, sur nouveaux frais, et je vous conjure de ne pas laisser le gouvernement anglais s'endormir encore une fois.

» Je ne sais ce que nous devons espérer ici des démarches des trois cours à La Haye; les nouvelles de M. d'Eyragues[1]

---

1. Le marquis d'Eyragues, diplomate français, alors secrétaire d'ambassade à La Haye, où il résidait depuis 1832. Il avait d'abord été envoyé à Copenhague en 1827. En 1835, il alla comme premier secrétaire à Constantinople, et fut plus tard accrédité comme ministre plénipotentiaire à Carlsruhe (1838), puis à Dresde (1845).

ne sont pas rassurantes; il faut cependant en finir. — Les affaires vont bien ici; tout annonce que la nouvelle session sera facile et courte... »

LE PRINCE DE TALLEYRAND AU DUC DE BROGLIE.

« Londres, le 6 mai 1833.

» Monsieur le duc,

» Monseigneur le duc d'Orléans est arrivé avant-hier à dix heures du soir, après avoir fait une bonne traversée et un heureux voyage.

» J'ai reçu la dépêche et la lettre particulière que vous avez bien voulu m'écrire le 4 de ce mois; celle que j'ai eu l'honneur de vous adresser le 3 se trouve répondre aux observations que vous faites sur l'affaire hollande-belge. Je sens comme vous la nécessité de terminer cette affaire; mais il existe ici des exigences qui en rendent, pour le moment, la prompte solution assez difficile. Il me semble que l'argument qui se trouve employé dans le dernier paragraphe de votre dépêche ne paraîtra pas sans réplique; car, il faut bien remarquer que la première expédition de Belgique et la convention du 22 octobre ont été des actes qui, par cela même qu'ils fortifiaient le ministère français, ont contribué à affaiblir le ministère anglais; ce qui fait qu'il n'y a pas parité dans les deux situations. La mesure de l'embargo a déplu beaucoup en Angleterre, et la discussion à laquelle elle donnera lieu jeudi ou vendredi prochain, à la Chambre des communes, ne laissera pas que de produire une fâcheuse impression sur l'opinion publique. Comme je vous l'indiquais dans ma dernière dépêche, les nouvelles de Berlin affermissent encore le cabinet anglais dans la résolution d'attendre le résultat des démarches des trois cours à La Haye, et la réponse du gouvernement des Pays-Bas, à notre note du 23 avril ; cette réponse, d'après les lettres de M. d'Eyragues, ne se ferait plus longtemps attendre... »

En écrivant cette dépêche, je voulais calmer un peu l'ardeur du gouvernement français qui, poussé par les Belges, était porté à augmenter les rigueurs contre la Hollande au moment même où j'étais persuadé que le roi des Pays-Bas allait céder, sinon sur tous les points, du moins sur ceux qui étaient le plus importants pour la Belgique, et, par conséquent, pour nous. Mon opinion ne tarda pas à se trouver fondée, comme on le verra bientôt.

LE PRINCE DE TALLEYRAND AU DUC DE BROGLIE.

« Londres, le 13 mai 1833.

» Monsieur le duc,

» J'ai eu l'honneur de vous annoncer que sir Pultney Malcolm avait été appelé au commandement de la station anglaise dans la Méditerranée. Il doit partir immédiatement et est chargé d'instructions et de pouvoirs beaucoup plus étendus que ceux de son prédécesseur. M. Aston[1] a dû vous en donner communication, ainsi que de ce qui a été écrit à ce sujet à lord Ponsonby, ambassadeur d'Angleterre à Constantinople. L'amiral et l'ambassadeur doivent s'entendre avec l'amiral

1. Sir Arthur-Ingram Aston, diplomate anglais, né en 1798, était en 1833 secrétaire d'ambassade à Paris. En 1840, il fut nommé ministre à Madrid.

Roussin, et on suppose ici que ce concert des deux puissances sera suffisant pour assurer à leur politique dans le Levant l'influence qu'elle doit y exercer dans les circonstances actuelles.

» Le cabinet anglais abandonne le projet de convention que lord Palmerston m'avait promis de proposer aux trois cours. Le prince de Lieven, auquel il a été communiqué, y a fait quelques objections dont la principale nous a un peu surpris. Il pense que l'empereur de Russie ne pourrait jamais consentir à entrer dans une convention qui constitue un véritable acte d'intervention dans les affaires intérieures de la Turquie. Sur l'observation de lord Palmerston qu'il lui paraissait que l'envoi de vaisseaux et de troupes russes à Constantinople était un acte d'intervention bien plus positif encore, M. de Lieven a répondu qu'il ne pouvait pas être de cet avis. — Le sultan, a-t-il dit, a sollicité des secours de l'empereur, qui les lui a envoyés avec la ferme résolution de les laisser à la disposition de la Porte ottomane, aussi longtemps qu'elle les jugerait nécessaires à sa sûreté ; mais avec la même résolution de les retirer aussitôt que le sultan en témoignerait le désir. Il s'agit donc ici du secours d'un allié et non d'une intervention.

» Quelque peu plausible que soit cette réponse, lord Palmerston a bien voulu s'en contenter et ne pas poursuivre un projet qui lui paraissait devoir rencontrer de nombreuses difficultés.

» Vous aurez pu juger vous-même si les instructions remises à l'amiral Malcolm sont suffisantes pour amener une heureuse solution des affaires d'Orient.

» Vous aurez appris par les journaux anglais le résultat de la discussion qui a eu lieu vendredi, à la Chambre des communes, sur l'embargo hollandais et sur l'état de la Turquie. Ce résultat, quoique favorable au ministère, ne le rassure pas ; et les plaintes assez générales du commerce lui font impérieusement sentir la nécessité de mettre fin aux affaires de Belgique ; il serait bien difficile, cependant, de le décider à recourir à des moyens plus puissants que ceux qu'il a employés jusqu'à présent... »

LE DUC DE BROGLIE AU PRINCE DE TALLEYRAND.

« Paris, le 13 mai 1833.

» Mon prince,

» Il n'est bruit ici que de la magnificence de vos fêtes. Le roi est transporté de joie de l'accueil que l'on fait en Angleterre à M. le duc d'Orléans[1], et il vous attribue avec raison la plus grande partie de cette bonne volonté universelle. J'en suis, pour ma part, d'autant plus réjoui, que cela répond aux bruits que nos ambassadeurs ici s'efforcent souvent de répandre d'un refroidissement entre la France et l'Angleterre.

» Ce qui y répond encore mieux, ce sont les instructions de lord Ponsonby, que M. Aston m'a communiquées ce matin, et celles données par l'amirauté à sir Pultney Malcolm. Ces instructions sont, à très peu de chose près, conformes

1. Le duc d'Orléans est arrivé et j'ai dîné avec lui hier chez Talleyrand. Il est merveilleusement embelli depuis que je l'ai vu à Paris en 1830. Déjà alors il était très bien, mais, depuis, il est devenu un homme et un très joli garçon, et il a les manières et le maintien qui conviennent à son rang, il a vraiment une excellente mine de prince héritier, et d'après la conversation que j'ai eue avec lui, son intelligence m'a paru s'être développée aussi bien que sa personne...» (*Lord Palmerston à Sir William Temple, 7 mai 1833*, op. cit.).

aux nôtres, et je vois que nous allons commencer à marcher du même pied en Orient. J'attends avec impatience à toute minute les nouvelles d'Alexandrie, que le télégraphe m'a annoncées ; j'espère qu'elles nous apportent la conclusion de l'affaire de ce côté. Reste à faire déguerpir les Russes.

» Si vous pouvez terminer honorablement et utilement l'affaire de la convention provisoire avec la Hollande, vous rendrez grand service au roi des Belges, qui ne sait plus où donner de la tête. En tout cas, nous sommes prêts à aller aussi loin qu'on le voudra dans les mesures coercitives. Les Chambres sont disposées à patienter, si cela est nécessaire, et à nous approuver de tout ce que nous ferons d'énergique. Les choses vont au mieux à l'intérieur, et jamais la prospérité n'a repris avec un tel degré de rapidité. La tranquillité se rétablit partout. Si rien ne nous trouble de l'extérieur, il ne restera plus trace, dans un an, de l'agitation causée par la révolution de Juillet.

» Vous verrez dans le *Moniteur* de demain tout le détail des déclarations de Madame la duchesse de Berry ; cela finit d'une manière un peu burlesque et moins honteuse qu'il n'était permis de l'espérer [1]... »

LE PRINCE DE TALLEYRAND AU DUC DE BROGLIE.

« Londres, le 17 mai 1833.

» Mon cher duc,

» Votre amitié veut m'attribuer un peu des succès de M. le duc d'Orléans à Londres ; je conviendrai peut-

---

1. La duchesse de Berry venait de déclarer qu'elle était mariée au comte de Luchesi-Palli.

être, de vous à moi, que je n'y suis pas parfaitement étranger ; mais il est vrai de dire qu'on ne saurait être mieux, à tous les égards, que ne l'est notre jeune prince. *La duchesse de Cumberland*[1]*!!!* vient de charger madame de Dino d'engager M. le duc d'Orléans à diriger sa promenade de dimanche vers Kew, où elle veut lui offrir un déjeuner. Pour le coup, ce sont là les grosses cloches qui sonnent, et je crois que la liberté rendue à la prisonnière de Blaye n'est pas étrangère à une attention aussi marquée, et que je n'allais pas jusqu'à espérer.

» En vous envoyant hier la note de M. Dedel[2], j'ai omis de vous dire qu'il valait mieux n'en pas laisser prendre de copie à M. Lehon. Il y aurait à craindre qu'il ne la fit publier trop tôt à Bruxelles, et c'est ce qui m'a décidé à en donner seulement lecture à M. Van de Weyer. D'ailleurs, si comme cette note nous le fait espérer, nous arrivons bientôt à une convention préliminaire, nous devons nous tenir en garde contre les prétentions belges qui, plus d'une fois encore, nous gêneront.

» Je suis charmé que les instructions données à lord Ponsonby et à l'amiral Malcolm, vous satisfassent. Les circonstances données, je crois, en vérité, que c'est quelque chose d'obtenir ce que l'on vient de faire.

» Espérons qu'il sortira enfin une convention préliminaire

---

1. Frédérique de Mecklembourg-Strélitz, sœur de la reine Louise de Prusse, née en 1778, mariée en 1815 à Ernest-Auguste duc de Cumberland, fils de Georges III, roi d'Angleterre, plus tard roi de Hanovre. La duchesse de Cumberland mourut en 1841.

2. La note du 16 mai par laquelle, après une longue discussion, M. Dedel déclarait que « jusqu'à la signature d'un traité définitif, Sa Majesté Néerlandaise s'engageait à ne pas recommencer les hostilités avec la Belgique et à laisser la navigation de l'Escaut entièrement libre ».

et tranquillisante de la dernière note de M. Dedel à laquelle il me semble qu'il y a peu d'objections à faire. Vous remarquerez sûrement que le titre de grand-duc de Luxembourg est omis. Est-ce avec intention ? Nous aurons demain ou après-demain une conférence avec M. Dedel. Je vous écrirai dès qu'il y aura quelque chose de décidé... »

« Le 20 mai 1833.

» J'ai reçu la dépêche que vous m'avez fait l'honneur de m'adresser sous le numéro 59, ainsi que les ratifications du traité supplémentaire qui règle l'ordre de succession au trône de Grèce[1].

» Nous avons eu, avant-hier et aujourd'hui, des conférences de plusieurs heures entre lord Palmerston, M. Dedel et moi, et, si j'osais croire à la réalisation d'une espérance si souvent trompée, je vous dirais que demain, peut-être, nous signerons la convention préliminaire. M. Dedel, que je quitte à l'instant, hésite encore pour un article explicatif que nous lui avons proposé, et s'il ne se décide pas d'ici à demain, il en référera à La Haye ; ce sera alors un nouveau retard de huit jours. Dans le cas où un examen attentif de ses instructions, lui persuaderait qu'il est autorisé à consentir à ce que nous lui proposons, la convention serait signée demain.

1. Ce traité supplémentaire signé le 30 avril 1833 avait pour but de préciser et de compléter les dispositions de l'article 8 de la convention du 7 mai qui réglait la succession au trône de Grèce. Il portait que la succession à la couronne tant dans la branche du roi Othon que dans celles des princes Luitpold et Adalbert, lesquelles avaient été éventuellement substituées à celle du prince Othon, devait être établie de mâle en mâle par ordre de primogéniture. Les femmes ne seraient habiles à succéder à la couronne que dans le cas de l'extinction totale des héritiers mâles légitimes dans les trois branches.

» Je n'ai pas besoin de vous assurer que je fais tout ce qui est en mon pouvoir pour hâter la solution d'une affaire dont personne plus que moi n'apprécie l'importance. J'aurai l'honneur de vous écrire à l'issue de la conférence que nous devons avoir demain... »

« Le 21 mai 1833.

» Cette fois, mes espérances n'ont point été déçues, et j'ai l'honneur de vous transmettre la convention préliminaire que je vous annonçais hier et que nous venons de signer avec M. Dedel[1]. Elle renferme toutes les stipulations qui me paraissaient essentielles à obtenir : car il résulte évidemment de cette convention que la Belgique se trouve dans la position la plus *favorable*, et que celle du roi des Pays-Bas est tellement *défavorable* qu'il doit être promptement amené à demander lui-même un traité définitif. L'ouverture de l'Escaut et le non-payement des intérêts de la dette par la Belgique, lui en imposeront bientôt l'obligation. Je crois donc avoir rempli complètement les intentions du gouvernement du roi en concluant un arrangement qui contient tout ce qu'il était

---

1. Par cette convention, le roi Guillaume promettait le maintien de l'armistice, la liberté de la navigation de l'Escaut et de la Meuse, la liberté de communication entre Maestricht, le Brabant et l'Allemagne. D'un autre côté l'embargo sur les navires hollandais était levé, et les prisonniers de guerre mis en liberté. L'article explicatif dont il est question quelques lignes plus bas était ainsi conçu :

Il est convenu entre les hautes parties contractantes que la stipulation relative à la cessation des hostilités, renfermée dans l'article III de la convention de ce jour, comprend le grand-duché de Luxembourg et la partie du Limbourg occupée provisoirement par les troupes belges. Il est également entendu que, jusqu'à la conclusion du traité définitif dont il est fait mention dans ledit article III de la convention de ce jour, la navigation de l'Escaut aura lieu telle qu'elle existait avant le 1er novembre 1832. — Le présent article aura la même force et valeur...

possible de demander en ce moment au gouvernement néerlandais.

» Vous remarquerez que nous avons fait ajouter à la suite un article séparé, qui est explicatif de l'article III, sur le sens duquel nous ne voulions laisser aucune incertitude. Nous avions d'abord demandé qu'il fût inséré dans le traité ; mais, M. Dedel, que nous avons décidé avec la plus grande difficulté à adopter cet article, s'est opposé à ce qu'il fût compris dans la convention elle-même, par un motif qui nous a paru assez fondé : c'est qu'une explication qui suivrait immédiatement l'article III aurait l'air de jeter du doute sur la bonne foi de la rédaction proposée par le roi des Pays-Bas, et que nous devions au moins cette légère satisfaction à son gouvernement et à lui-même, qui craindrait de s'exposer aux reproches de son souverain en consentant à son insertion, telle que nous la désirions. Nous avons cédé avec d'autant plus de facilité sur ce point, que la question en elle-même est très peu importante, puisque l'article explicatif doit être ratifié en même temps que la convention et avoir la même valeur qu'elle.

» Vous jugerez convenable de ne rien publier de la convention avant le terme de dix jours fixé pour l'échange des ratifications.

» Le gouvernement du roi sentira sans doute, après que cette convention aura été ratifiée, que le moment est venu de provoquer un désarmement en Belgique. Il serait peut-être utile, dès à présent, d'insinuer cette mesure à Bruxelles ; c'est celle qui, plus que toute autre, hâtera l'arrangement définitif : car, la Belgique désarmant, l'armée hollandaise se débandera ou sera bientôt licenciée, et le gouvernement néerlandais se trouvera par cela même forcé de mettre fin à un état de choses qui compromet si gravement son existence.

» M. le duc d'Orléans est parti ce matin pour Liverpool et Manchester : Son Altesse Royale sera de retour à Londres le 28... »

LE BARON PASQUIER AU PRINCE DE TALLEYRAND.

« Paris, le 18 mai 1833.

» J'ai reçu votre lettre du 14, mon prince, et vous remercie des bons renseignements qu'elle contient. Les succès du voyage auquel vous présidez si bien auront ici un fort bon retentissement ; non qu'il faille espérer que notre faubourg Saint-Germain soit disposé à entendre sitôt raison, mais parce que ses mauvaises volontés en seront au moins un peu gênées et parce qu'il trouvera moins d'oreilles ouvertes à ses insipides moqueries.

» L'événement de Blaye nous est arrivé plus tôt que nous ne le comptions ; mais je dis comme vous qu'à tout prendre, le résultat a été satisfaisant. Il ne paraît pas qu'il ait causé chez vous aucun embarras dans la situation du prince, et c'était là un des points essentiels.

» Je vous remercie de l'appui que vous avez su donner à mon vœu d'amnistie ; ce vœu, je l'avoue, est devenu une idée fixe, et je ne comprends pas que tout le monde ne comprenne pas que c'est une issue indispensable ; la seule même par laquelle on puisse sortir utilement et honorablement d'une grande crise politique. Si on manque l'occasion du départ de la duchesse de Berry, je ne puis imaginer quand il s'en pourra représenter une aussi favorable.

» Je ne vous parle pas de nos affaires intérieures ; leur amélioration saute aux yeux, et quant à celles du dehors, vous en savez sur ce point cent fois plus long que moi.

» Je n'ai certes pas donné ni les mains, ni mon approbation à la mesure prise au sujet du décès de notre pauvre Dalberg[1]. Je suis, au contraire de ceux qui réclament fortement contre et qui voudraient même amener une décision positive avec laquelle on serait, pour l'avenir, à l'abri de semblables avanies, dont le moindre inconvénient est, et sera toujours, la complète inutilité[2]. On parle tant des conséquences de la révolution de Juillet ; il me semble que celle-ci ne se peut refuser.

» Veuillez recevoir, mon prince, avec votre bienveillance accoutumée, les assurances de mon plus sincère attachement. »

LE DUC DE BROGLIE AU PRINCE DE TALLEYRAND.

« Paris, le 24 mai 1833.

» Mon prince,

» Recevez mes sincères félicitations ; vous avez opéré comme toujours, c'est-à-dire le mieux du monde. Si le roi des Belges a la moindre sagesse maintenant, il s'établira

---

1. Le duc de Dalberg était mort le 27 avril au château de Hernsheim près de Worms à l'âge de cinquante-neuf ans.

2. A la suite de la mort du duc de Dalberg, le gouvernement avait fait mettre les scellés sur ses papiers qu'il revendiquait à cause des fonctions que le duc avait remplies (*Note de M. de Bacourt*).

tranquillement dans la convention provisoire ; renverra la moitié de son armée et déclarera bien haut qu'il est tout prêt à signer un traité définitif ; mais qu'il souhaite que ce soit le plus tard possible, attendu que le provisoire est tout à son avantage. S'il agit ainsi, et s'il parle ainsi, nous aurons le traité définitif avant peu.

» Pendant que vous faisiez ainsi merveille, nous courions ici un risque véritable : la discussion de l'emprunt grec a été des plus pénibles, et nous ne l'avons emporté qu'en en faisant, bon jeu bon argent, une question de cabinet[1]. Du reste, la session marche à son terme, et dans six semaines tout sera fini... »

LE PRINCE DE TALLEYRAND AU DUC DE BROGLIE.

« Londres, le 27 mai 1833.

» Mon cher duc,

» ... On a suivi ici avec beaucoup d'intérêt la discussion de la garantie de l'emprunt grec à la Chambre des députés, et je dois vous dire, monsieur le duc, que l'opinion a été unanime sur les différents discours que vous avez prononcés à cette occasion. On a généralement admiré l'exposé si vrai, et en

1. D'après la convention du 7 mai 1832, qui donnait le trône de Grèce au roi Othon, les puissances signataires (France, Russie, Angleterre) s'étaient engagées à garantir un emprunt de soixante millions que le jeune roi allait contracter. Les premiers revenus de la Grèce étaient exclusivement affectés aux intérêts et au fonds d'amortissement de cet emprunt. Le 24 janvier 1833, le cabinet français déposa un projet de loi pour l'autoriser à donner sa garantie. Il fut, le 4 avril, l'objet d'un rapport favorable du colonel Paixhans. L'affaire ne vint en discussion que le 18 mai. Le projet, ardemment combattu par l'opposition, nécessita quatre jours de débats. Il fut enfin voté par 175 voix contre 112. Quinze jours plus tard il fut également voté par les pairs à la majorité de 91 voix contre 9.

même temps si brillant, que vous avez fait de toutes les négociations sur la Grèce. Il s'agissait du reste, dans cette affaire, d'une question constitutionnelle d'une haute importance, et vous avez très bien défini les droits que donne, et les limites qu'impose aux Chambres, leur intervention dans les transactions diplomatiques conclues par le gouvernement.

» J'ai l'honneur de vous adresser une dépêche qui est arrivée ce matin de La Haye et qui vous apprendra le bon effet qu'y a produit la convention signée le 21. On doit, ce me semble, trouver dans cette circonstance une nouvelle preuve de l'inconvénient qu'il y aurait eu à se laisser trop préoccuper par quelques récits exagérés. Si on s'en était rapporté aux informations qui, depuis plusieurs mois, étaient transmises de différents côtés, nous aurions dû croire que la résistance de la Hollande était insurmontable et qu'elle était soutenue par les trois cours du Nord. Nous voyons aujourd'hui que ces informations étaient plutôt le résultat d'impressions personnelles et peut-être d'inexpérience dans les affaires, que d'une connaissance approfondie de l'état de choses et des lieux.

» On pense que les ratifications de La Haye arriveront le 29. M. Dedel, que je viens de voir et qui a reçu aussi les nouvelles les plus satisfaisantes de La Haye, les attend pour ce jour-là.

» M. le duc d'Orléans est revenu aujourd'hui à quatre heures de Liverpool. Son Altesse Royale se propose d'assister demain au drawing-room de la reine, et de partir ensuite pour Deal afin d'inspecter l'escadre française stationnée aux Dunes... »

LE ROI LOUIS-PHILIPPE AU PRINCE DE TALLEYRAND.

« Neuilly, le 25 mai 1833.

» Mon cher prince,

» Je ne veux pas différer davantage à vous exprimer combien je suis sensible à l'accueil qui vient d'être fait à mon fils en Angleterre, et combien j'apprécie toute la part que vous avez eue à préparer et à obtenir ce succès, auquel son importance réelle et mes vieux sentiments pour cet admirable pays me font attacher le plus grand prix. Ce succès confirmera mon fils dans ces sentiments, et cela seul serait un grand bien pour nos deux nations. Il le sent vivement, et me demande de vous bien témoigner, et particulièrement à madame de Dino, combien il est sensible à tout ce que vous avez fait pour lui dans cette circonstance. J'espère qu'elle me permettra aussi de m'associer à ce remerciement, en attendant que je puisse le lui réitérer moi-même.

» Je vous prie, mon cher prince, de rechercher et de saisir une occasion de témoigner, de ma part et de celle de la reine, au roi et à la reine d'Angleterre, combien nous sommes sensibles à l'accueil qu'ils ont fait à notre fils, et à toutes les attentions dont il a été l'objet de leur part. Vous serez de même mon fidèle interprète auprès des princes et princesses de la famille royale, aussi bien que de toutes les autres grandeurs anglaises et étrangères, et vous leur direz surtout combien j'ai joui et combien je suis touché de la manière dont mon fils a été reçu en Angleterre.

» *And the last not least :* j'ai encore à vous faire mon compliment de la signature de la convention du 21 mai, avec

M. Dedel. Je la regarde comme assurant la conclusion pacifique de la grande tâche que je m'applaudis tant de vous avoir confiée, et que vous avez conduite avec tant d'habileté et de succès. J'espère et je crois qu'on en sera satisfait à Bruxelles, et qu'elle y produira l'effet que je regarde comme le point décisif de la question, c'est-à-dire que la dépense sera réduite dans les limites du revenu. Une fois cet équilibre établi, nous attendrons avec beaucoup de patience et de résignation le moment où le roi des Pays-Bas jugera à propos de signer le traité définitif. »

» Vous connaissez depuis longtemps, mon cher prince, toute mon amitié pour vous.

LE DUC DE BROGLIE AU PRINCE DE TALLEYRAND.

« Paris, le 26 mai 1833.

» Mon prince,

» Vous trouverez dans la dépêche officielle que je vous adresse par estafette nos dernières nouvelles de Constantinople : elles vont jusqu'au 8 mai.

» Le fait important, c'est la décision prise par le grand seigneur de céder Adana à Ibrahim, et la partie importante de ce fait, c'est que ce soit lord Ponsonby qui l'ait conseillé ; cela engage le gouvernement anglais plus que je n'aurais osé l'espérer. Maintenant tout est fini *de droit*, et il n'y a plus de prétexte pour les Russes à rester. Mais, *de fait*, il pourrait bien en être autrement.

» L'amiral Roussin m'écrit une lettre où il semble fort inquiet des efforts du comte Orloff pour rompre tout cet arrangement et établir d'une manière durable, sinon définitive, les Russes à Constantinople ; il paraît même craindre que des dispositions ne se fassent, en secret, pour appeler de nouvelles forces russes dans le Bosphore. Je ne sais pas exactement quelle importance nous devons attacher à ses appréhensions[1]. Ce théâtre de Constantinople est si mobile que les choses y changent du blanc au noir dans une demi-journée. Toutefois, sa lettre est conçue dans des termes tellement alarmants, qu'elle nous a donné beaucoup à penser. J'ai cru devoir, *par extraordinaire*, la soumettre au conseil, et le conseil a été unanimement d'avis que je vous écrivisse à ce sujet, en vous priant de sonder le cabinet anglais sur ses intentions dans le cas où la Russie jetterait à peu près le masque, ferait rompre par la Porte tous les engagements pris sous notre garantie commune et travaillerait à peu près ouvertement à s'établir dans le Bosphore, sous l'apparence de protéger le sultan.

» Le conseil a été d'avis de faire équiper à Toulon deux vaisseaux de plus et de les expédier à l'amiral Hugon[2] ; ces deux vaisseaux seront prêts dans vingt jours, c'est-à-dire le

---

1. Un arrangement était effectivement intervenu le 5 mai entre le sultan et le pacha d'Égypte, à la suite duquel Ibrahim se retira en deçà du Taurus. A cette nouvelle qui dérangeait tous ses plans, l'empereur Nicolas envoya à Constantinople le comte Orloff avec les pouvoirs les plus étendus. Les appréhensions manifestées par l'amiral Roussin n'étaient que trop fondées, puisque, ainsi qu'on le verra dans le suite de ce récit, le plénipotentiaire russe réussit à signer avec la Turquie un traité d'alliance défensive (8 juillet). Ce n'est qu'après la signature de ce traité qui mettait en réalité la Turquie à la merci du czar Nicolas que la flotte russe repassa le Bosphore.

2. Le baron Hugon, né en 1783, engagé en 1795, fit comme capitaine de vaisseau la campagne de Navarin. En 1831, il fut nommé contre-amiral et chargé de réprimer la piraterie grecque en Orient. Il devint vice-amiral en 1840. Sénateur en 1852, il mourut en 1862.

15 de juin ou environ. Comme nous ne voudrions pas que cet accroissement de forces, qui rendra l'escadre française supérieure à l'escadre anglaise, excitât de la jalousie à Londres, nous désirons que vous en fassiez part à lord Palmerston, en lui demandant de renforcer également l'escadre anglaise.

» Mais le point le plus important sur lequel nous désirerions nous entendre avec le cabinet britannique, c'est la modification à faire subir aux instructions des amiraux.

» En ce moment, les instructions de l'amiral Malcolm sont parfaitement en harmonie avec celles de l'amiral Hugon. Ils doivent se réunir dans les environs de Smyrne, tout étant fini du côté de l'Égypte : ils ont, l'un et l'autre, ordre d'attendre des instructions nouvelles, avant de tenter de passer les Dardanelles ; mais les distances sont si grandes, qu'il nous paraît qu'on risquerait beaucoup à persister dans de semblables dispositions. Il vaudrait mieux, à notre avis, indiquer d'avance, et dès aujourd'hui, dans quelles circonstances les deux ambassadeurs à Constantinople seraient autorisés à ordonner aux amiraux de mettre ce point à couvert de la prise de possession par les Russes. Il nous paraît que cette autorisation devrait leur être donnée dans deux cas :

» 1° Si les forces russes leur donnent lieu de craindre, par leurs mouvements, qu'elles ne veuillent s'emparer elles-mêmes des Dardanelles ;

» 2° Si, après la paix faite et conclue comme elle l'est en ce moment, de nouveaux renforts sont appelés d'Odessa ou de Bucarest, car ces renforts ne peuvent avoir d'autre but que de s'assurer une position inexpugnable.

» Bien entendu qu'après avoir franchi les Dardanelles, les

deux escadres s'arrêteraient, ne s'approcheraient point de Constantinople, éviteraient toute agression et se contenteraient de repousser la force par la force, en cas de besoin.

» Le conseil a également décidé que notre chargé d'affaires à Saint-Pétersbourg serait chargé de déclarer, en termes mesurés mais décisifs, que le cabinet de France s'attend, à présent que la paix est faite, que les Russes ne se prévaudront d'aucun vain prétexte pour séjourner à Constantinople, et qu'ils imiteront l'exemple que nous avons donné cette année même en Belgique. C'est également l'attitude que je prends vis-à-vis M. Pozzo.

» Veuillez, mon prince, communiquer ce que vous jugerez convenable dans tout ceci au cabinet de Londres, et nous tenir au courant de ses dispositions. »

LE PRINCE DE TALLEYRAND AU DUC DE BROGLIE.

« Londres, le 29 mai 1833.

» Monsieur le duc,

» J'ai reçu la dépêche que vous m'avez fait l'honneur de m'écrire sous le numéro 63, et qui était relative aux affaires d'Orient.

» Je viens d'avoir à ce sujet une longue conversation avec lord Palmerston, qui a les mêmes nouvelles que vous, à peu près, de Constantinople. Il pense que la cession d'Adana, une fois consentie par la Porte, peut être regardée comme définitivement conclue, et qu'il n'y a plus aucun prétexte pour la prolongation du séjour des Russes dans le Bosphore. Il a déjà écrit dans ce sens au ministre d'Angleterre à Pétersbourg, et il va renouveler les ordres qu'il lui avait donnés et les rendre encore plus positifs.

» Lord Palmerston se refuse à croire que le sultan, à l'instigation des Russes, revienne sur la cession d'Adana, après les représentations qui lui auront été faites à cet égard par les ambassadeurs de France et de la Grande-Bretagne ; mais il approuve cependant la mesure adoptée par le gouvernement du roi d'envoyer deux vaisseaux de plus dans l'Archipel, et il a ajouté que la même mesure serait prise par le gouvernement anglais. Deux des bâtiments qui, par suite de la convention du 21 mai, ne seront plus employés sur les côtes de Hollande, vont être expédiés immédiatement pour rejoindre l'escadre de l'amiral Malcolm.

» Quant à l'envoi de pouvoirs aussi étendus que ceux que le gouvernement du roi proposait d'adresser aux ambassadeurs de France et d'Angleterre à Constantinople, lord Palmerston ne voudrait dans aucun cas, y consentir, et à cet égard, je partage son opinion.

» En effet, ne semblerait-il pas exorbitant d'accorder à un ambassadeur la faculté de prendre, sans avoir préalablement consulté son gouvernement, une résolution qui peut amener la guerre? L'inconvénient des distances, quelque grand qu'il soit, dans les circonstances actuelles, ne pourrait jamais justifier l'adoption d'un tel parti. Je vous avoue que, pour mon compte, je ne voudrais pas plus donner que recevoir de pareils pouvoirs.

» Il me paraît que rien ne pourra faire changer sur ce point l'opinion de lord Palmerston, qui est aussi celle de tous les ministres ses collègues qu'il a consultés au conseil de cabinet, tenu ce matin... »

« Le 31 mai 1833.

» Dans la dépêche que vous m'avez fait l'honneur de m'écrire le 26 de ce mois, vous me demandez de vous faire connaître ma manière de voir sur la proposition de M. de Metternich à M. le comte de Sainte-Aulaire, au sujet des affaires d'Orient[1]. J'éprouve, je l'avoue, un certain embarras à répondre, en cette circonstance, à la confiance que vous voulez bien me témoigner. La question d'Orient a été, depuis six mois, appréciée dans des vues si diverses et souvent si opposées; elle a été le motif de projets si incertains et si mobiles, tour à tour acceptés et refusés; elle a mis en mouvement tant d'intérêts différents, qu'il deviendra impossible, à mon avis, d'arrêter un plan de conduite vraiment utile pour la résoudre, tant que les puissances qui sont appelées à cette œuvre n'auront pas adopté un principe unique, celui de la conservation de l'empire ottoman, assurée, du moins pour quelque temps, par la paix qui vient d'être signée.

» On ne peut pas s'étonner de la confusion qui a régné sur ce point, dans les différents cabinets de l'Europe, un seul excepté, quand on examine les sentiments divers qui les dirigeaient. Tous, à l'exception du cabinet russe, envisageaient l'état de l'empire ottoman, d'après des considérations relatives. Ainsi, on a vu l'Autriche dominée par ses inquiétudes sur l'Allemagne et l'Italie; la France, favorisant, peut-être sans s'en rendre compte, les intérêts du pacha d'Égypte, et les abandonnant ensuite; l'Angleterre, témoignant une froideur qui a été même jusqu'à l'indifférence. La Russie,

---

1. Voir page 144 et note.

seule, comme je le disais, a marché vers un but positif. Aussi, par son action, habilement conduite il faut en convenir, est-elle arrivée à un résultat qui, s'il est avantageux pour elle, n'en est que plus dangereux pour l'Europe.

» J'éprouve le besoin de rappeler ici, monsieur le duc, les différentes démarches que j'ai été dans le cas de faire près du cabinet britannique sur les affaires du Levant, afin de montrer que, pour ma part, je n'ai jamais négligé ce qui pouvait concourir à une heureuse solution de ces affaires.

» Vers la fin du mois de janvier dernier, je communiquai à lord Palmerston, comme le constate la dépêche que j'eus l'honneur de vous écrire, sous le numéro 57[1], un plan d'action en commun entre l'Angleterre, la France et l'Autriche. Ce plan, qui, je crois, offrait de grands avantages et qui avait été d'abord favorablement accueilli par les ministres anglais, ne fut pas adopté par M. de Metternich, qui répondit qu'il avait la plus complète confiance dans la loyauté et dans les assurances de l'empereur Nicolas. Les choses restèrent ainsi, livrées à elles-mêmes, ou plutôt à l'influence russe, qui ne s'était pas endormie.

» A la fin de février, l'amiral Roussin conclut avec la Porte, une convention imprudente, qui établit d'abord une funeste sécurité parmi les puissances. Je dis imprudente, puisque cet ambassadeur, avant de la conclure, ne s'était pas assuré des intentions du 'pacha d'Égypte, qu'il ne put pas décider à se rendre à ses vues.

» Les Russes débarquèrent aux Dardanelles, et, d'accord

---

1. Voir la dépêche du 28 janvier, p. 110.

avec la Porte, en occupèrent différents points. Ce fut alors que je proposai aux ministres anglais un nouveau plan qui consistait encore dans une action commune des puissances; mais, pour cette fois, je croyais qu'il fallait réclamer le concours de la Russie, qui, s'il présentait, à la fin de janvier, les inconvénients que j'indiquais à cette époque, était devenu une nécessité depuis qu'ils occupaient Constantinople. Vous avez su, monsieur le duc, que ce plan n'avait pas eu beaucoup plus de succès que le premier près du cabinet britannique, et qu'on s'était borné à l'envoi de nouvelles instructions qui devaient avoir peu d'influence sur la question principale, celle du maintien de l'empire ottoman, libre de tout protecteur, comme de tout ennemi.

» M. de Metternich a plusieurs fois, j'en conviens, proposé de s'entendre pour arriver à cet important résultat; mais on doit reconnaître que ses projets n'étaient pas plus utiles que celui qu'il vient de développer récemment à M. le comte de Sainte-Aulaire.

» La paix est enfin signée, et, quoi qu'il en soit des projets faits jusqu'ici, je crois qu'il faut aujourd'hui les considérer comme annulés par le fait même de la paix conclue entre le sultan et le pacha d'Égypte, et nous tenir à ce fait comme à celui qui domine désormais toute la question d'Orient. Il faut déclarer hautement que nous regardons cette paix comme mettant fin à tout, et ne pas élever le moindre doute sur la retraite immédiate des Russes.

» Mon opinion serait donc de répondre aux ouvertures de M. de Metternich qu'une réunion quelconque des puissances, pour s'entendre sur cette affaire, est devenue inutile, puisqu'il n'y a plus rien à arranger, et que la cession du district d'Adana n'est que la conséquence d'une transaction entre le sultan et le pacha, c'est-à-dire entre le souverain et son vassal, dans laquelle les puissances n'ont aucun droit d'intervenir.

» Je suis porté à croire ce parti le meilleur, parce que celui qui est proposé par M. de Metternich rejetterait dans l'incertitude, encouragerait les tergiversations du sultan, et servirait de prétexte aux Russes pour ne pas se retirer de Constantinople. Il ferait certainement perdre au sultan le peu de force morale qui lui reste, et, dans l'état actuel de faiblesse de l'empire ottoman, le livrerait à des dangers de toute espèce, en provoquant la révolte des pachas qui soulèveraient aisément les peuples contre une intervention européenne.

» La marche que je propose de suivre est d'ailleurs parfaitement d'accord avec le langage que vous avez tenu à M. le comte Pozzo et à M. d'Appony et à celui que vous avez prescrit au chargé d'affaires de France à Pétersbourg; elle s'accorde également avec la manière de voir de lord Palmerston qui, je pense, avec raison, ne veut pas plus de conférences à Vienne qu'à Constantinople, où j'avais, il y a quelque temps, et dans d'autres circonstances, proposé de les établir, et nous croyons l'un et l'autre qu'en présence d'une volonté exprimée par toutes les puissances, la cour de Russie n'hésitera pas à rappeler ses troupes de Constantinople. »

« Le 2 juin 1833.

» Le prince de Lieven a reçu hier des lettres de Pétersbourg, qui, en l'informant de la signature de la paix entre le sultan et le pacha, lui annoncent l'intention formelle de l'empereur Nicolas de rappeler ses troupes aussitôt que la demande lui en sera faite par le sultan. Cela s'accorde avec ce que nous pressentions ici, et j'avoue que je suis porté à croire dans cette circonstance aux assurances de la Russie...

» Nous avons remis aujourd'hui, lord Palmerston et moi, à M. Van de Weyer la note dont j'ai l'honneur de vous transmettre une copie[1]. Son objet est, comme vous le remarquerez, d'obtenir du gouvernement belge l'exécution immédiate des articles de la convention du 21 mai, qui concernent la Belgique... »

« Le 4 juin 1833.

» J'ai l'honneur de vous transmettre une copie de la note par laquelle lord Palmerston et moi avons communiqué la convention du 21 mai aux plénipotentiaires d'Autriche, de Prusse et de Russie à Londres, et de la réponse qui m'a été adressée par M. le prince de Lieven et qui est identique avec celle des deux autres plénipotentiaires.

» En lisant cette réponse, vous remarquerez que les plénipotentiaires ne prennent aucun engagement, et cela s'explique tout naturellement, puisqu'ils ont été informés par le secrétaire de l'ambassade hollandaise, arrivé hier à Londres, que le gouvernement néerlandais s'était adressé aux trois cabinets de Vienne, de Berlin et de Pétersbourg, pour s'entendre avec eux sur la reprise de la négociation avec les cinq

---

1. Note du 1ᵉʳ juin. M. Van de Weyer répondit le 10 juin par une note adressée à lord Palmerston et à M. de Talleyrand, dans laquelle il déclarait accepter la convention du 21 mai.

puissances[1]. Les plénipotentiaires doivent, conséquemment, connaître le résultat de cette démarche et les instructions qu'elle provoquera de la part de leurs cours respectives, avant de manifester une opinion qui, d'ailleurs n'aurait été que personnelle de leur part dans cette circonstance. Cependant, comme en dernier lieu, la Prusse a parlé à La Haye, au nom des trois puissances, il serait possible que la réponse de Berlin fût suffisante pour décider les trois plénipotentiaires à rentrer dans la conférence.

» On doit supposer que le roi des Pays-Bas, en s'adressant aux trois cours du Nord leur aura fait part des prétentions qu'il élèvera lors de la négociation définitive ; mais, quoi qu'il en soit, nous sommes en droit de nous attendre que la pre-

---

1. Il y eut à ce moment une tentative de rapprochement très marquée entre le cabinet de La Haye et les trois cours du continent, particulièrement celle de Berlin. M. Ancillon y donnait les mains. M. Bresson, le 11 juin, annonçait non sans une surprise mêlée d'inquiétude l'arrivée inopinée à Berlin du prince Frédéric des Pays-Bas. Le 13, il rendait compte au département d'un entretien qu'il avait eu à ce sujet avec M. Ancillon. « Le prince Frédéric, lui avait dit le ministre prussien, est tombé à Berlin comme une bombe dans une maison : personne n'en a été plus surpris que le roi lui-même. » Suivant M. Ancillon, le prince s'est annoncé comme envoyé par le roi, son père, pour remercier le roi de Prusse et, en sa personne, les empereurs d'Autriche et de Russie de la part qu'ils avaient prise à la conclusion de la convention provisoire. — M. Bresson ajoutait qu'il remarquait un changement dans la cour de Berlin. Elle désirait, disait-il, voir la conférence abandonner son caractère d'arbitre pour prendre celui de médiatrice. Il rappelait que quelques mois auparavant (*Dépêche de M. Bresson, du 12 mars*) il avait déjà attiré l'attention du cabinet français sur une lettre de M. de Metternich, à M. Clam, agent autrichien à Berlin, communiquée par celui-ci à M. Ancillon, qui contenait une première allusion à cette idée. Il voyait dans ce plan la volonté très arrêtée des cours du continent d'intervenir en faveur du roi des Pays-Bas. Le duc de Broglie envoya aussitôt ces nouvelles à Londres, et invita M. de Talleyrand à écarter toutes les propositions et insinuations qui tendraient à dénaturer le caractère de la conférence (*Dépêche du 20 juin*).

mière communication qui sera faite à la conférence par le plénipotentiaire néerlandais renfermera les chiffres du cabinet de La Haye sur les points financiers qui restent à régler. S'il en était autrement, et que le roi des Pays-Bas inventât de nouvelles difficultés qui tendraient à prolonger la négociation, on pourrait peut-être proposer un ajournement qui déplairait certainement en Hollande, et qui n'aurait aucun inconvénient pour nous, puisque, aujourd'hui, la Belgique, placée dans une situation beaucoup plus avantageuse que ne pourra la rendre le traité définitif, est, par conséquent, en mesure d'attendre patiemment que le gouvernement néerlandais revienne à des idées plus raisonnables...

» Vous trouverez dans les journaux anglais d'aujourd'hui le récit détaillé de la séance de la Chambre des pairs d'hier soir. Le duc de Wellington a fait la motion d'une adresse au roi, pour demander le maintien de la stricte neutralité du gouvernement anglais dans la lutte qui existe entre les deux princes de la maison de Bragance. Cette motion, qui a été combattue par les ministres, a fini par être adoptée à quatre-vingt-huit voix contre soixante-huit. On pense que c'est une défaite, mais qu'elle sera sans importance pour le ministère...

MADAME ADÉLAÏDE D'ORLÉANS AU PRINCE DE TALLEYRAND.

« Neuilly, le 2 juin 1833.

» Mon cher prince,

» Quelle bonne et excellente nouvelle, que celle de la ratification du roi de Hollande à la convention du 21 mai !

Maintenant, je n'ai plus de doute sur la prompte et heureuse terminaison définitive de cette si longue et si difficile affaire de Belgique. Votre manière de voir, sur la conduite à tenir par le roi Léopold, me paraît bien juste et bien vraie ; aussi ai-je écrit dans ce sens à Bruxelles ; mais il me paraît qu'on y est bien disposé, et qu'on va s'occuper tout de suite du désarmement...

» Les nouvelles de Blaye sont excellentes; madame la duchesse de Berry commence à se promener dans le jardin, et j'espère que dans peu de temps elle sera en voyage. Elle a fait proposer à madame Laurence de Bauffremont[1] de venir la rejoindre pour l'accompagner dans son voyage à Palerme. Celle-ci a accepté et a été hier demander un passeport à M. d'Argout, et la permission de s'y rendre, qui lui a été accordée. Je viens de voir son frère Raoul[2], qui m'a dit qu'elle partait aujourd'hui pour Blaye... »

LE PRINCE DE TALLEYRAND AU DUC DE BROGLIE.

« Londres, le 11 juin 1833.

» Mon cher duc,

» Lord Palmerston a reçu hier des nouvelles de Constantinople, qu'il a bien voulu me communiquer. Lord Ponsonby

---

1. Laurence de Montmorency, fille d'Anne de Montmorency, pair de France, née en 1802, mariée en 1819 à Théodore, prince de Bauffremont. Elle mourut en 1860.

2. Raoul, duc de Montmorency, grand d'Espagne, né en 1790, entré au service en 1807, fut aide de camp du maréchal Davout, puis chambellan de l'empereur; sous la Restauration il fut aide de camp du duc d'Orléans. Il mourut en 1862.

lui écrit que, dans une entrevue qu'il avait eue avec le comte Orloff, celui-ci lui avait donné les assurances les plus positives et les plus satisfaisantes de la volonté de l'empereur Nicolas de rappeler les troupes russes de Constantinople, aussitôt après la retraite d'Ibrahim Pacha. Ces assurances ont été répétées de tant de côtés maintenant, qu'il me paraît impossible qu'on ne les regarde pas comme fondées. Le cabinet russe est trop habile pour ne pas comprendre qu'une affaire comme la destruction de l'empire ottoman ne se fait pas par un coup de main. Le moment d'un partage n'est point encore venu, et les cabinets prudents, qui peuvent le prévoir, ont le temps de s'y préparer. La Russie a, cette fois-ci, gagné une grande force morale en accoutumant les Turcs à la présence des soldats russes, et elle s'en tiendra là pour le moment. La Pologne ne témoigne que trop bien de la marche graduée que sait employer la politique russe dans les affaires qui paraissent même l'intéresser davantage.

» Lord Ponsonby rend aussi compte à lord Palmerston d'une démarche de l'amiral Roussin près de la Porte ottomane, qui ne paraît pas avoir eu le mérite de l'à-propos : il s'agit de la demande faite par l'ambassadeur de France de laisser entrer l'escadre française dans le Bosphore, au moment même où l'ambassadeur de Russie prenait l'engagement de faire rappeler les troupes russes après la retraite d'Ibrahim. J'éprouve du regret de ce que cette démarche ait été faite, car, dans tous les cas, on peut trouver qu'elle a été faite trop tôt ou trop tard. Du reste, vous aurez été déjà informé sans doute que lord Ponsonby avait engagé l'amiral Roussin à retirer sa demande.

» On a reçu ici le discours du roi Léopold, dans lequel on a remarqué plus d'exigences pour l'avenir que de satisfaction du présent [1]... »

« Le 24 juin 1833.

» Je ne vous ai pas dissimulé les difficultés du ministère anglais, mais je crois vous avoir dit aussi, il y a deux mois, que je ne jugeais pas la crise aussi rapprochée que certaines personnes le supposaient. Le résultat m'a donné raison; mais si les difficultés se sont successivement aplanies, elles se sont aussi successivement renouvelées, et il n'est que trop évident qu'elles viennent d'acquérir un haut degré de gravité. Il ne s'agit peut-être plus uniquement de rétablir l'harmonie entre les deux Chambres par une nouvelle et large création de pairs, à laquelle le roi répugne, comme abus de pouvoir; mais il s'agit encore de triompher des deux factions, radicale et conservatrice, de la Chambre basse, qui, toutes deux, se montrent mécontentes du *Church-Bill* [2], l'une pour ce qu'on vient d'en retrancher, l'autre pour ce qu'on y a laissé. Réunies, ces deux factions pourraient bien faire perdre la majorité dans la Chambre des communes.

» Je me tiens avec soin, et presque avec affectation, en dehors des vives agitations du moment; mais, si, simple spectateur, je ne puis nier l'embarras réel du cabinet, je ne puis cependant encore partager les prévisions de ceux qui ne lui accordent plus qu'une très courte existence. Il faut néanmoins

---

1. Discours prononcé par la roi des Belges à l'ouverture des Chambres.

2. Le bill de réforme de l'Église d'Irlande qui depuis deux mois faisait l'objet de vifs débats dans le parlement.

admettre cette dernière chance comme possible ; les premières trois semaines éclairciront cette grande question... »

LE DUC DE BROGLIE AU PRINCE DE TALLEYRAND.

« Paris, le 29 juin 1833.

» Mon prince,

» Les journaux vous ont appris le sort infortuné de l'amendement que nous avions médité pour tenir lieu de la loi de douanes. A peine cet amendement a-t-il été imprimé, qu'il a excité dans la Chambre un récri universel ; la rumeur a été si grande que presque tous ceux qui avaient résolu de le soutenir ont perdu courage[1]. Saint-Cricq, qui devait le développer, s'est trouvé dans la Chambre à côté de la salle ; il proteste, sur son honneur, qu'il ne s'était éloigné que pour un instant, et que c'est le président qui, malicieusement, a fait venir l'amendement en discussion plus tôt qu'il ne devait.

1. La session de la Chambre allait être close sans qu'on eût voté la nouvelle loi sur les douanes, qui contenait de notables réductions de tarifs et qui était attendue impatiemment en Angleterre. Aussi dans l'une des dernières séances, le 18 juin, le cabinet fit-il présenter par M. de Saint-Cricq un article additionnel à la loi des finances ainsi conçu :

Des ordonnances du roi pourront, d'ici à la prochaine session des Chambres, mettre provisoirement à exécution, par extension de la faculté accordée par l'article 34 de la loi du 17 décembre 1814, celles des dispositions du projet de loi sur les douanes présenté à la Chambre des députés le 3 décembre dernier, qui, dans l'intérêt du commerce, de l'agriculture et de l'industrie, offriraient un caractère d'urgence. Les ordonnances qui auront été rendues en vertu de la présente disposition seront présentées aux Chambres dans la prochaine session pour être converties en lois.

La lecture de cet article souleva dans la Chambre de vives protestations, et il fut écarté sans discussion. Cependant le cabinet passa outre, et dès le 29 juin, une ordonnance royale portant de nombreux dégrèvements parut au *Moniteur* ; elle était contresignée par M. Thiers.

Enfin, toujours est-il que l'amendement, mis aux voix sans avoir été développé, a été rejeté avec acclamation à une immense majorité, sans que personne se soit senti la hardiesse de le défendre contre une opposition si générale. On avait contre soi, outre les intéressés qui sont en grand nombre et qui faisaient grand bruit, toute l'opposition qui tonnait contre le pouvoir que cet amendement mettait entre les mains du gouvernement. Je pense que le ministère anglais sera très irrité de tout ceci, et, franchement, je ne saurais trop m'en plaindre. La vérité, c'est que Thiers et Humann sont, au fond, très prohibitifs, que ce n'est que par condescendance qu'ils concèdent à mes instances et à mes efforts les modifications du tarif de douanes, et que, s'ils n'ont mis, dans les retards apportés à la discussion de cette loi et dans la mésaventure de l'amendement, aucune mauvaise foi, ils n'y ont pas porté peut-être tout le zèle que j'y aurais porté moi-même. Il faut que vous soyez assez bon pour tâcher d'adoucir le mécontentement du gouvernement anglais. En attendant, je m'occupe de réparer le mal en cherchant dans les lois existantes quelque moyen de faire une partie de ce que l'amendement nous donnait le droit de faire. J'y travaille de tout mon cœur et j'espère y réussir. J'espère surtout, mon prince, dans votre bienveillante habileté pour réparer nos sottises.

» Veuillez agréer... »

« Paris, le 1er juillet 1833.

» Mon prince,

» Je vous ai parlé, dans ma dernière lettre, de la question des douanes, de l'amendement rejeté par la Chambre des députés et de l'espérance que j'avais de trouver dans la législation existante quelque moyen de réparer cet accident parlementaire. Nous avons, en effet, trouvé ce moyen, non sans engager notablement notre responsabilité. Je suis parvenu à y déterminer mes collègues ; l'ordonnance est signée et elle paraîtra demain ou après-demain dans le *Moniteur ;* elle contient sur la soie tout ce que portait la loi des douanes qui n'a pas été discutée. Quant aux cotons, la proposition de la commission ne devant avoir d'effet qu'à dater de deux ans après la promulgation de la loi, le délai est sans importance pour le gouvernement anglais. Peu importe, en effet, que la loi ait passé ou non dans cette session, puisque l'effet de la loi devait être différé. Nous aurons soin seulement qu'il soit tenu compte de ce délai dans la rédaction de la prochaine loi sur les douanes. Je pense que le gouvernement anglais sera content de nos efforts ; il aurait tort s'il ne l'était pas, car, en vérité, nous nous compromettons assez sur ce point : je ne sais si nous ne nous en repentirons pas. »

Je voudrais faire ici, comme je l'ai déjà fait après le récit de la prise de la citadelle d'Anvers au mois de janvier précédent, un résumé aussi succinct que possible de la nouvelle phase dans laquelle étaient entrées les affaires de Hollande et de Belgique, à la suite de la convention du 21 mai. J'épargnerai ainsi au lecteur les détails des longues et fatigantes négociations qui recommencèrent bientôt, et qui durèrent plusieurs mois. Ce point écarté, je n'aurais plus à extraire des correspondances que ce qui concerne les autres affaires européennes traitées à cette époque par l'ambassade de France à Londres.

Ainsi qu'on vient de le voir, le roi Guillaume des Pays-

Bas avait ratifié la convention préliminaire du 21 mai[1], qui plaçait la Belgique dans une position si avantageuse qu'elle ne devait point désirer la conclusion d'un traité qui réglât d'une manière définitive ses rapports avec la Hollande. Il n'en était pas tout à fait de même des autres puissances, et notamment pour l'Autriche et la Prusse qui, en signant le traité du 15 novembre 1831, base de l'existence reconnue du nouveau royaume de Belgique, avaient réservé, au nom de la diète germanique, les droits de celles-ci sur le grand-duché de Luxembourg. On doit se rappeler qu'en vertu de ce traité, une partie du duché de Luxembourg avait été incorporée au royaume de Belgique, en échange d'une portion de la province de Limbourg qui, en 1790, n'appartenait pas aux États-généraux de Hollande. Les cabinets de Vienne et de Berlin étaient donc spécialement intéressés à la reprise des négociations pour arriver à un traité définitif entre la Hollande et la Belgique, qui avait d'ailleurs été formellement stipulé dans la convention du 21 mai. L'article V de cette convention était conçu dans les termes suivants :

« Les hautes parties contractantes s'engagent à s'occuper sans délai du traité définitif qui doit fixer les relations entre les États de Sa Majesté le roi des Pays-Bas, grand-duc de Luxembourg et la Belgique. Elles inviteront les cours d'Autriche, de Prusse et de Russie à y concourir. »

La France et l'Angleterre avaient fait aux trois cours cette invitation qui fut acceptée par elles, et la conférence de Londres, dissoute à la suite des mesures coercitives, se trouva reconstituée.

---

1. Les ratifications furent échangées le 29 mai à Londres.

Le traité du 15 novembre 1831, conclu entre les cinq puissances et la Belgique, avait déclaré qu'il restait à faire un traité *direct* entre la Hollande et la Belgique. Mais quel devait être le caractère de ce traité *direct* ?

D'après la note de la conférence du 15 octobre 1831, le traité direct entre la Hollande et la Belgique aurait dû consister dans la reproduction littérale des vingt-quatre articles qui auraient été acceptés mot pour mot par la Hollande comme ils l'avaient été par la Belgique. Mais cette reproduction mot pour mot était désormais impossible :

1° Parce que les trois cours d'Autriche, de Prusse et de Russie, en ratifiant le traité du 15 novembre, avaient fait des réserves qui accordaient à la Hollande le droit de provoquer de *gré à gré* un nouvel examen de quelques-uns des vingt-quatre articles ;

2° On avait reconnu qu'il était indispensable de donner des éclaircissements sur ceux de ces articles qui présentaient quelques obscurités ;

3° Enfin, les plénipotentiaires des cinq cours, faute de renseignements suffisants, avaient dû laisser sans solution complète des questions qu'il était nécessaire de résoudre dans un arrangement définitif.

Le roi des Pays-Bas s'était décidé à adjoindre son ministre des affaires étrangères, M. Verstolck de Soelen, à son plénipotentiaire ordinaire, M. Dedel, et le gouvernement belge, de son côté, avait envoyé le général Goblet, ministre des affaires étrangères, pour appuyer M. Van de Weyer. Les négociations nouvelles s'ouvraient ainsi avec un caractère de solennité qui semblait devoir les faire aboutir.

La conférence tint sa première séance le 15 juillet 1833, et décida que :

1° Les plénipotentiaires des Pays-Bas et de Belgique seraient entendus séparément, et traités de la même manière;

2° Que l'on négocierait autant que possible verbalement;

3° Que le traité du 15 novembre servirait de base aux négociations;

4° Que les articles de ce traité seraient présentés séparément à chaque partie, et paraphés, en cas d'adoption, avec ou sans modification.

La question territoriale dut former le premier objet des négociations. On n'éleva aucune objection contre les arrangements déterminés sur cette question par le traité du 15 novembre, mais on s'arrêta à un point secondaire.

Ces arrangements, comme on l'a vu, reposaient sur le principe d'un échange entre une partie du territoire belge de la province de Limbourg et une partie du grand-duché de Luxembourg ; en conséquence de ce principe, la partie du Limbourg cédée aurait dû être substituée à la partie du Luxembourg dans tous les rapports de ce dernier pays avec la Confédération germanique. Mais en exprimant dans son article III la corrélation qui existait entre les deux cessions, le traité du 15 novembre admettait, dans son article IV, l'alternative de la réunion de la partie du Limbourg, soit à la Hollande, soit à la Confédération germanique, et réservait, par son article V, au roi grand-duc, de s'entendre à cet égard avec la diète et avec les agnats de sa maison.

Le cabinet de La Haye, qui voulait pouvoir incorporer à la Hollande la rive droite de la Meuse, chargea ses plénipotentiaires de demander qu'on retranchât du traité les articles III et V, et les termes de l'article II qui indiquaient un rapport entre les deux cessions. Les plénipotentiaires belges, après en avoir référé à leur gouvernement, consentirent à cette suppression, sous la condition que le roi grand-duc produirait, avant la signature du traité, le consentement de la diète germanique et des agnats de la maison de Nassau. Les plénipotentiaires hollandais, de leur côté, se déclarèrent autorisés à prendre ce double engagement.

On parapha donc de part et d'autre les articles relatifs à la délimitation territoriale; et ensuite les articles VII, VIII, X, XV, XVI, XVII, XVIII, XIX, XX, XXI, XXII, XXIII, XXIV, et on ajouta un vingt-cinquième article, qui portait qu'il y aurait paix entre le roi des Pays-Bas et le roi des Belges, etc.

On procéda ensuite à l'examen des cinq articles qui donnaient lieu à des réclamations de la part de la Hollande; c'étaient : l'article IX, relatif à la navigation des fleuves et rivières; l'article XI, concernant l'usage des routes qui traversent le Limbourg; l'article XII, concernant la faculté d'établir un canal ou une route à travers le Limbourg; l'article XIII, relatif au payement annuel de la dette et à la liquidation du syndicat d'amortissement; et enfin l'article XIV, concernant les arrérages de la dette[1].

La conférence suivit pendant quelque temps les deux parties dans l'examen de ces questions; mais, lorsqu'elle eut acquis la certitude que le cabinet de La Haye n'avait fait aucune démarche pour obtenir le double consentement néces-

---

1. Cette manière de procéder ne fut pas approuvée à Paris. Le cabinet des Tuileries ne voulait pas recommencer à négocier sur des questions qui lui semblaient avoir été réglées par le traité du 15 novembre. (Voir à ce sujet une lettre de Madame Adélaïde. Appendice, page 503).

saire pour la cession du Luxembourg, elle crut devoir suspendre de nouveau les négociations, et en subordonner la reprise à l'accomplissement de l'engagement contracté par le roi grand-duc. Nous retrouverons plus tard la mention de cette suspension des négociations et des raisons qui la motivèrent[1]. Reprenons maintenant la suite des correspondances.

LE PRINCE DE TALLEYRAND AU DUC DE BROGLIE.

« Londres, le 4 juillet 1833.

» Monsieur le duc,

» ... J'ai communiqué à lord Palmerston les résolutions adoptées par le gouvernement du roi au sujet des douanes, dont vous avez bien voulu m'informer. Lord Palmerston s'en est montré fort reconnaissant, et m'a chargé, en son nom et en celui des autres membres du cabinet, de vous en témoigner toute leur satisfaction.

» J'ai eu l'honneur de vous mander que le cabinet anglais chercherait des moyens de conciliation pour sortir des embarras qui lui avaient été suscités dans la Chambre des communes; il a atteint ce but en faisant à propos quelques concessions dans le bill sur les affaires temporelles de l'Église d'Irlande. Les difficultés sont à peu près aplanies, et le ministère paraît assuré aujourd'hui d'arriver heureusement jusqu'à la fin de la session, au travers même des entraves inséparables des luttes parlementaires. La session finira probablement au milieu du mois d'août.

» On a reçu ce matin la nouvelle sans détails du débar-

1. C'est le 24 août que la conférence suspendit indéfiniment ses séances.

quement de l'expédition dirigée par MM. de Palmella et Villaflor à Lagos, sur les côtes des Algarves. Cette expédition, qui n'est que de deux mille cinq cents hommes, ne s'est pas trouvée assez forte pour oser aborder à Lisbonne, où elle comptait sur des intelligences... »

« Le 8 juillet 1833.

» Je suis bien aise que M. de Fréville [1] soit venu ici, il jouira du succès qu'a eu votre courageuse ordonnance. On saura bientôt, grâce à vos soins, que la réciprocité vaut mieux que les représailles ; celle-là n'engendre pas de querelles. Dans le mouvement actuel des esprits, les plus timides seront forcés de voir qu'il n'est donné à personne de faire longtemps et à meilleur marché que les autres. Le sol ne change pas et toutes les industries s'acquièrent.

» M. Dedel et M. Verstolck sont attendus demain matin. Il y a sept semaines que le traité préliminaire est fait ; dans ce traité, tous les avantages sont pour les Belges ; et cependant, le roi de Hollande traîne toujours ; c'est fort difficile à expliquer, car l'argent va lui manquer, et très probablement il n'obtiendra pas des États-généraux un nouveau crédit ; du moins, c'est l'opinion générale. Je vous manderai quelle est la première impression que j'aurai reçue au moment de l'arrivée de ces messieurs... »

« Le 9 juillet 1833.

» On vient de recevoir des nouvelles de l'expédition partie d'Oporto sous les ordres de MM. de Palmella et Villaflor. Le

---

1. Conseiller d'État français, envoyé à Londres pour aviser à l'application de l'ordonnance royale sur les douanes, dont il est fait mention dans la lettre du duc de Broglie du 1ᵉʳ juillet (*Note de M. de Bacourt*).

débarquement a eu lieu le 24 juin, au petit port de Villa Real, dans le royaume des Algarves, tout près de la frontière d'Espagne. Les lettres, qui sont du 28, annoncent qu'aussitôt après le débarquement, qui s'était fait avec très peu de résistance de la part du gouverneur miguéliste, M. de Villaflor s'était dirigé sur Tavira et devait s'avancer de là vers Beja, capitale de la province de l'Alentejo, où il comptait sur de nombreuses intelligences. M. de Palmella, de son côté, s'est rendu à Faro, où il s'occupait à organiser le royaume des Algarves ; toutes les villes du littoral avaient proclamé la reine doña Maria... Le capitaine Napier[1], commandant de la flotte, après avoir fait proclamer la reine à Lagos, devait se rendre à l'embouchure du Tage pour bloquer Lisbonne... »

« Le 14 juillet 1833.

» La nouvelle est arrivée ce matin à Londres, que la flotte de la reine doña Maria, commandée par l'amiral Carlos Ponza (capitaine Napier), avait rencontré le 5 de ce mois, à la hauteur du cap Saint-Vincent, l'escadre de dom Miguel, et qu'à la suite d'un engagement très vif, l'amiral Ponza s'était emparé de deux vaisseaux de ligne, de deux frégates et d'une corvette miguélistes. Cette nouvelle a produit une grande sen-

---

1. Le capitaine Napier commandait la flotte de dom Pedro : il avait pris en Portugal le nom de Carlos de Ponza, parce que en 1813 il s'était emparé avec éclat de la petite île de Ponza sur la côte de Naples.
Sir Charles Napier, né en 1786, capitaine de vaisseau en 1809, fit en 1810 la campagne de Portugal et se signala à diverses reprises jusqu'en 1815. Il fut alors mis en non-activité. En 1829, il entra au service de dom Pedro dont il contribua à faire triompher la cause. En 1834, il fut élu député à la Chambre des communes. Il fut nommé commodore en 1839, contre-amiral en 1846 et vice-amiral en 1853. Il échoua devant Cronstadt en 1854 et revint en Angleterre où il mourut en 1860.

sation à Londres ; le ministère en est très satisfait, et on doit croire qu'elle lui sera utile dans les importantes discussions qui vont s'ouvrir au parlement pendant cette semaine.

» Le fils de M. de Bourmont est arrivé ici, venant de France, et apportant des sommes assez considérables. Il a fait acheter un grand bateau à vapeur, *the United Kingdom*, qui partira pour Lisbonne dans le courant de la semaine, chargé de munitions, d'artillerie et d'officiers anglais, dit-on, qu'on est parvenu à enrôler. »

« Le 15 juillet 1833.

» ... Nous avons eu ce matin notre première conférence sur les affaires de Hollande et de Belgique... Après la conférence, j'ai entretenu lord Palmerston de la communication que vous avez bien voulu me faire par votre dernière dépêche sur le projet d'un traité d'alliance offensive et défensive entre la Russie et la Porte ottomane, dont il vous a été rendu compte par l'amiral Roussin[1]. Lord Palmerston a reçu les mêmes informations par lord Ponsonby, quoique d'une manière peut-être moins positive. Sir Frédéric Lamb lui écrit aussi que M. de Metternich, lorsqu'il lui en a parlé, s'est montré fort irrité qu'on crût à l'existence d'un pareil traité. Lord Palmerston et moi ne pouvons pas nous persuader que la Russie ait osé risquer une démarche de ce genre ; mais mon opinion personnelle est que, si le traité existe, l'Autriche doit en être une des parties, car on ne peut pas raisonnablement supposer que la Russie fît seule un traité qui mettrait nécessairement contre elle l'Autriche, la France et l'Angleterre ; la conduite

---

1. Voir page 176 et note et page 208.

du cabinet de Vienne serait, d'ailleurs, dans cette occasion, d'accord avec beaucoup de ses antécédents[1]... »

« Le 19 juillet 1833.

» La discussion sur la seconde lecture du bill relatif au temporel de l'Église d'Irlande, qui dure depuis deux jours à la Chambre des pairs, sera probablement terminée cette nuit. Le discours que lord Grey a prononcé dans la première séance a produit un grand effet et a été généralement admiré. La position du cabinet s'est fort améliorée dans ces derniers jours ; il n'est plus douteux que la seconde lecture du bill passera, et on pense même que dans les comités il ne subira pas de changements très importants. On attribue beaucoup à la modération témoignée par le duc de Wellington les dispositions plus calmes et plus conciliantes que montre, en ce moment, l'opposition dans la Chambre des pairs... Nous n'avons aucune nouvelle de Portugal, depuis celle de la victoire de l'amiral Napier... »

« Le 26 juillet 1833.

» J'ai très bien compris l'intérêt que vous deviez mettre à suivre la marche de la négociation sur les affaires hollando-belges ; aussi continuerai-je, comme je l'ai fait depuis la reprise de la négociation, à vous tenir au courant de toutes les délibérations de la conférence. Vous avez toujours été et vous serez toujours au courant de tout ce qui nous occupe si vivement ici, et, certes, à cet égard, vous devez souvent être fatigué de la multiplicité de mes lettres et de mes dépêches. Les autres

---

1. Voir pages 208 et 210.

ambassadeurs attendent généralement que nous soyons arrivés en conférence à quelques résultats pour en écrire à leurs cours. Je pense être le seul qui écrive presque journellement ; et c'est peut-être un tort, car j'appelle ainsi votre attention sur de simples ébauches et j'expose par là votre jugement à rester dans un vague qui peut même l'induire momentanément en erreur.

» Je ne pense pas que depuis trois ans que je suis à Londres le roi ait eu à se plaindre de faiblesse et d'imprudence de ma part, ni qu'il puisse expliquer les lenteurs actuelles par autre chose que par cet esprit de conciliation dont l'expérience me prouve chaque jour de plus en plus les avantages. Je ne crois pas que ce soit le moment de changer de système, et l'incident de Maëstricht dont vous parle M. d'Eyragues confirme cette opinion. Songez que nous avons enfin obtenu, pour finir l'affaire belge, un concours sincère des puissances du Nord ; que nous leur devons l'assouplissement momentané, et qu'il serait aussi facile que nuisible de compromettre leurs bonnes dispositions *si peu instinctives* par une complaisance illimitée pour la Belgique. Les intérêts réels des Belges triompheront, mais leurs besoins factices ne doivent pas venir entraver notre marche et nuire à la bonne intelligence de l'Europe, si nécessaire dans le moment actuel... »

LE DUC DE BROGLIE AU PRINCE DE TALLEYRAND.

« Paris, le 25 juillet 1833.

» Mon prince,

» C'est toujours à vous qu'il faut avoir recours dans les circonstances qui présentent quelques difficultés. Aussi, je désire vous entretenir de bonne heure de l'affaire de Portugal et savoir quel est votre avis sur la marche à suivre dans le cas où Lisbonne se rendrait prochainement au marquis de Palmella.

» A coup sûr, nous nous réjouissons de cet événement, en supposant qu'il arrive; mais nous ne pouvons nous dissimuler qu'il ne tardera pas à nous causer des embarras assez grands. La situation déjà bien précaire de l'Espagne en deviendra bien plus précaire encore, et chaque jour nous nous trouverons en présence de complications nouvelles résultant des tentatives faites pour amener un état révolutionnaire dans toute la péninsule. Ces difficultés seront plus ou moins nombreuses, plus ou moins pressantes, selon que l'établissement de la jeune reine sera dirigé par dom Pedro ou par Palmella, selon que la charte brésilienne sera ou ne sera pas mise de côté. Il importe, je crois, au gouvernement anglais comme à nous, que dom Pedro et sa charte soient éloignés du Portugal le plus tôt possible, et, pour cela, il importe que les deux gouvernements s'entendent et se concertent de bonne heure sur la ligne de conduite qu'ils se proposent de suivre. Nous savons par Oporto que dom Pedro a défendu à Palmella d'entrer à Lisbonne sans lui. Nous savons également que Palmella est décidé à ne point obéir. Nous savons également enfin que l'impératrice a des ordres secrets pour ne point laisser s'embarquer la jeune reine, jusqu'à ce que dom Pedro ait lui-même écrit qu'on la lui envoyât. Il me semble que nous ne saurions songer trop tôt à parer aux dispositions qu'il fait pour s'emparer exclusivement de toute l'affaire. Je désirerais savoir quelles mesures vous paraîtraient les plus efficaces pour arriver à ce but, et quelles sont celles que vous croiriez en même temps les plus faciles à concerter avec le gouvernement anglais. Soyez assez bon pour m'éclairer de vos conseils sur ce point, comme sur tous les autres, et veuillez recevoir... »

LE PRINCE DE TALLEYRAND AU DUC DE BROGLIE.

« Londres, le 27 juillet 1833.

» Monsieur le duc,

» ... M. Bresson vous aura sans doute mandé que Sa Majesté le roi de Prusse a dû se rendre du 22 au 24 de ce mois a Töplitz, accompagné de M. Ancillon, d'un autre de ses ministres, et du secrétaire de son cabinet. Le prince Félix de Schwarzenberg[1] doit s'y être rendu en même temps que Sa Majesté. Le prince de Metternich ira de Königswarth, et il paraît que Sa Majesté l'empereur d'Autriche, qui, vers cette époque, se trouvera dans ses terres en Bohême, a invité le roi de Prusse à y venir; on croit que la réunion de ces deux souverains aura lieu le 20 du mois d'août. On ignore encore à Londres si l'empereur Nicolas fera partie de cette réunion... »

« Le 30 juillet 1833.

» Mon cher duc,

» Je réponds aussi vite que je peux à la lettre pleine d'amitié et de confiance que vous m'avez écrite sur notre

1. Félix-Louis-Jean-Frédéric prince de Schwarzenberg, général et homme d'État autrichien. Né en 1800, il suivit à la fois la carrière des armes et de la diplomatie, fut attaché d'ambassade à Pétersbourg en 1824, puis à Londres (1826), à Rio-de-Janeiro (1827), à Paris et à Berlin. Il fut ensuite nommé ministre à Turin, d'où il passa à Parme et à Naples (1846). En 1848, il devint le chef du cabinet autrichien et garda ces hautes fonctions jusqu'à sa mort (1852).

position et sur celle de l'Angleterre vis-à-vis du Portugal. J'ai vu lord Palmerston à ce sujet ; il me paraît comprendre le grand avantage qu'il y aurait à écarter dom Pedro de la cause de sa fille et ne pas répugner à reconnaître une régence dont le duc de Bragance ne ferait pas partie et d'accréditer, par exemple, lord William Russell auprès d'une régence dont Palmella serait et le centre et le chef. Les deux autres membres (parce que les affaires n'en exigent en tout que trois), seraient donc, d'une part, M. de Villaflor, et, de l'autre, un miguéliste modéré, s'il était possible d'en rallier un à la cause de la jeune reine. Il serait bien heureux que le miguéliste s'appelât M. le duc de Cadaval[1].

» Je suis ici dans une trop grande ignorance de l'état des esprits en Espagne, et de votre langage à Madrid par rapport au Portugal, pour être sûr que vous vouliez adopter la marche que je viens de vous indiquer ; mais, dans le cas où elle vous paraîtrait convenable, un envoyé français, dans une position analogue à celle de William Russell, et qui, sur les lieux, s'entendrait avec lui, me paraîtrait utile à envoyer en Portugal, pour y faire valoir, en temps opportun, les avantages de la régence, et pour la reconnaître ensuite au nom de la France. Ce système aurait évidemment l'avantage d'établir en Portugal un gouvernement qui agirait au nom de la jeune reine, sans rendre sa présence à elle-même nécessaire

---

1. Nunho-Caëtano-Alvarez Pereira de Mello, duc de Cadaval, né en 1798, descendait d'une branche cadette de la maison de Bragance. Dom Miguel le nomma en 1828 président du conseil des ministres. Il soutint énergiquement la cause absolutiste, et après le triomphe de dom Pedro, il se réfugia à Paris où il mourut en 1838.

à une époque où vous pourriez craindre que sa belle-mère, d'après les ordres de dom Pedro, ne mît obstacle au départ de doña Maria. La régence devrait, dans mon opinion, et cela lui serait très facile, abandonner la constitution de dom Pedro, ce grand épouvantail de l'Espagne, et rassurer ainsi toutes les susceptibilités de l'Europe. Vous aurez dans la personne que vous devriez envoyer en Portugal, un choix très difficile à faire, parce qu'il ne faut pas surtout un homme de parti. Vous causerez, sans doute, de tout ceci avec lord Granville, que lord Palmerston doit mettre aujourd'hui même bien au courant de toute cette question, qui nous a fort occupés ce matin... »

« Le 31 juillet 1833.

» Il est minuit, la séance de la Chambre des pairs est levée; le ministère a eu une majorité de cinquante-trois voix [1]. Vous pouvez regarder la session comme terminée. Le ministère n'éprouvera plus de vraies difficultés. »

LE DUC DE BROGLIE AU PRINCE DE TALLEYRAND.

« Paris, le 30 juillet 1833.

» Mille grâces, mon prince, de votre aimable lettre du 26, et de votre excellente besogne. Il me paraît que, grâce à vous, l'affaire de Belgique est en très bon train; et je commence à espérer tout à fait que nous en verrons la fin. Je vous prie de croire que je pense des Belges ce que vous en pensez vous-

---

1. C'est le vote sur le bill de réforme de l'Église d'Irlande. Il fut voté par les pairs à la majorité de 135 voix contre 81.

même, et que mon unique préoccupation, quand je vous les recommande, c'est de tâcher de leur ôter tout prétexte de faire quelque sottise qui vienne gâter votre ouvrage ou vous susciter de nouveaux embarras. — Nos fêtes se sont passées à merveille[1], et réellement, si vous revenez d'ici à quelques semaines passer un petit bout d'automne en France, vous ne nous reconnaîtrez pas... »

LE PRINCE DE TALLEYRAND AU DUC DE BROGLIE.

« Londres, le 2 août 1833.

» Lord Palmerston vient de me communiquer les nouvelles suivantes de Lisbonne :

» La reine doña Maria a été proclamée à Lisbonne le 24 juillet. Il y a eu le 23 un combat au sud du Tage, entre le général Villaflor et Telles Jordaõ; celui-ci est resté sur la place et ses troupes ont été mises en déroute; le ministre d'Espagne[2] qui se battait avec les miguélistes, a été fait prisonnier par Villaflor. Le 24 au matin, le duc de Cadaval s'est retiré de Lisbonne avec la garnison. La population a immédiatement et spontanément proclamé la reine doña Maria.

---

1. Les fêtes pour l'anniversaire des journées de Juillet. Elles furent marquées, cette année, par le rétablissement de la statue de l'empereur sur la colonne Vendôme.

2. Louis-Fernandez de Cordova, général et diplomate espagnol, né en 1799, un des plus fidèles partisans du roi Ferdinand VII, qu'il soutint toujours contre le parti constitutionnel. Il fut secrétaire d'ambassade à Paris en 1825, puis ministre en Prusse. En 1832, il fut accrédité auprès de dom Miguel, dont il défendit énergiquement la cause. Il prit part aux guerres civiles de l'Espagne et se rangea du côté de la reine Isabelle. Il mourut en 1840.

Dans l'après-midi du même jour, Villaflor a traversé le Tage avec quinze cents hommes. Le 25, la flotte est entrée dans le Tage. Le 26 au soir, l'empereur dom Pedro s'est embarqué avec tous ses ministres à bord d'un bateau à vapeur, pour se rendre à Lisbonne, laissant Saldanha [1] comme gouverneur civil et militaire d'Oporto. L'armée assiégeante commençait à faire un mouvement de retraite... »

« Le 2 août 1833.

» Vous êtes déjà informé de la nouvelle qui est parvenue aujourd'hui à Londres et dont j'ai connaissance à l'instant. On vient d'apprendre que le traité entre la Russie et la Porte ottomane avait été signé à Constantinople [2], et quoiqu'on annonce qu'il est purement défensif (ce que même nous ne pourrions admettre), l'expérience prouve qu'en pareille cir-

---

1. Joao Carlos, duc de Saldanha Oliveira e Daun, homme d'État et général portugais, petit-fils du marquis de Pombal, né en 1780; il accepta en 1810 la domination française et fut fait prisonnier par les Anglais; il passa ensuite au Brésil. De retour en Portugal, il devint ministre des affaires étrangères du roi Jean VI. A la mort du roi, il devint le chef du parti libéral et soutint la cause de dom Pedro. Créé maréchal en 1834, il devint, en 1835, ministre de la guerre et président du conseil. Il quitta le pouvoir en 1836 et fut, pendant quinze ans, mêlé à toutes les luttes civiles du Portugal. En 1851, il s'empara du pouvoir qu'il garda cinq ans. Le maréchal devint plus tard ministre plénipotentiaire à Londres. Il mourut en 1875.

2. C'est le traité d'Unkiar-Skelessi signé le 8 juillet entre le comte Orloff et le gouvernement ottoman. Par ce traité, la Russie et la Turquie contractaient une alliance défensive contre toute attaque extérieure ou intérieure quelle qu'en fût la nature. La Russie promettait à la Turquie, sur terre et sur mer, tous les secours dont elle pourrait avoir besoin. Enfin, par un article supplémentaire, il était convenu que la Porte fermerait, en cas de nécessité, les Dardanelles, c'est-à-dire qu'elle ne permettrait à aucun vaisseau d'y entrer sous n'importe quel prétexte.
Le présent traité était signé pour huit années.

constance, un traité défensif est bien près, si cela convient, de devenir offensif.

» Un tel événement réclame toute l'attention du gouvernement du roi, et c'est parce que je sens l'importance d'une action vive et prompte, que je ne balance pas à vous communiquer quelques réflexions qui me sont suggérées par la situation.

» Il me semble que la France doit agir de concert avec l'Angleterre, et vous jugerez sans doute convenable de faire connaître vos vues à cet égard à lord Granville : de mon côté, je ferai usage de toutes les directions que vous voudrez bien me donner.

» D'après ce qu'on écrit de Constantinople, les ratifications du traité ne doivent être échangées que dans deux mois ; c'est un temps précieux dont il faut tirer parti.

» Dans l'état actuel des choses, la France et l'Angleterre ont à choisir entre Pétersbourg, la Bohême où se trouve M. de Metternich, et Constantinople, pour y employer toute leur influence afin d'empêcher la ratification du traité récemment conclu.

» A Pétersbourg, il est très probable qu'on ne s'est décidé qu'après de mûres réflexions et en conséquence d'une politique persévérante à entraîner la Porte dans cette alliance ; il y a donc tout lieu de craindre que les démarches des deux cours resteraient sans effet près d'un cabinet arrêté dans ses résolutions et qui, d'ailleurs, ne montre pas habituellement des dispositions très bienveillantes pour la France et pour l'Angleterre.

» Quant à M. de Metternich, par le langage qu'il a tenu à M. de Sainte-Aulaire et à sir Frédéric Lamb, on doit le croire ou trompé ou voulant nous tromper[1]. Dans le premier cas, on perdrait beaucoup de temps à le désabuser, et dans le second, il ne chercherait qu'à augmenter notre embarras par les moyens tortueux de la politique qu'il a adoptée. Sans compter beaucoup sur l'efficacité des tentatives qui pourraient être faites près de lui, je pense cependant qu'elles ne devraient pas être totalement négligées.

» Mais c'est à Constantinople qu'il faut, par-dessus tout, porter tous nos moyens d'action ; c'est là qu'il faut que les ambassadeurs de France et d'Angleterre représentent au sultan le danger dans lequel il se précipite ; qu'ils l'implorent, qu'ils le menacent au besoin, et surtout, qu'ils cherchent l'appui du parti considérable qui, dans le divan et parmi les ministres, a repoussé l'alliance russe. Il n'est pas possible de

---

[1]. M. de Sainte-Aulaire écrivait le 5 juillet au duc de Broglie pour lui rendre compte d'un entretien qu'il venait d'avoir avec M. de Metternich sur les affaires d'Orient : « M. de Metternich, disait-il, prétend n'avoir aucune connaissance de ce traité (Unkiar-Skelessi), mais il affirme que si cet acte existe, il a été conçu et accompli non seulement sans la participation de l'Autriche, mais sans qu'aucune circonstance ait pu éveiller les prévisions du cabinet de Vienne. Ce serait au reste, selon lui, une raison de plus pour marcher en commun à l'avenir, et plus on attacherait d'importance à ce nouveau danger pour l'indépendance de la Porte, plus la France et l'Angleterre auraient sujet de se réunir à l'Autriche et à la Russie pour substituer un protectorat commun à un protectorat exclusif. M. de Metternich donne des assurances réitérées que l'Autriche ne souffrira pas, de la part de la Russie, ni un accroissement de territoire, ni un protectorat exclusif de la Porte. La méfiance et le mauvais vouloir du prince de Metternich sont extrêmes contre la Russie. Pour aucun prix cependant, il ne se déciderait à rompre brusquement, mais il éprouve un vif désir d'organiser des négociations communes. » Le 14 juillet suivant, M. de Sainte-Aulaire ajoutait qu'il s'était mis d'accord avec M. de Metternich sur la nécessité pour les quatre puissances de notifier à la Porte qu'elles prenaient toutes un intérêt égal à sa conservation et qu'elles entendaient protéger l'intégrité de son territoire (*Correspondance officielle de M. de Sainte-Aulaire*).

croire qu'au moment où les troupes russes viennent de quitter Constantinople, et où le sultan a, par conséquent, recouvré une sorte d'indépendance, la voix unie de la France et de l'Angleterre ne se fasse pas entendre avec succès.

» Notre seul but doit être d'empêcher la ratification du traité, et dans mon opinion, le moyen d'y parvenir est une déclaration prompte et énergique de deux puissances en état d'assurer à la Porte un appui qui peut lui être devenu nécessaire par la faute à laquelle elle s'est laissée entraîner.

» Il me paraît que les représentants d'Angleterre et de France ont prudemment agi, en ne faisant aucune démarche avant le départ du comte Orloff et des troupes russes. »

« Le 2 août 1833.

» Mon cher duc,

» Je vous envoie des nouvelles importantes, que je crois certaines, de Lisbonne. Dom Pedro paraît y être accouru. A l'heure qu'il est, la régence doit être établie ; aussi mon opinion d'avant-hier est hors de propos. Mais si, par le fait, l'Angleterre et la France n'ont pu prendre part à l'établissement de la régence, elles restent aujourd'hui maîtresses de la reconnaître ou de ne pas la reconnaître. Je ne puis, dans ce moment, vous dire le parti que l'Angleterre prendra à cet égard, et peut être ne devons-nous pas, dans cette circonstance, faire dépendre entièrement notre marche de celle qu'on adoptera ici. L'Angleterre a des intérêts portugais directs ; notre intérêt direct à nous, c'est l'Espagne. Le Portugal est pour nous un intérêt de *second hand*. Les conditions auxquelles il peut nous convenir de reconnaître la régence pourraient donc ne pas être identiquement les mêmes que celles qui conviendront à l'Angleterre. J'ai cru devoir appeler votre attention sur tout ceci au moment de la décision qui paraît bien près d'arriver... »

« Le 5 août 1833.

» J'ai reçu la dépêche que vous m'avez fait l'honneur de m'écrire sous le numéro 85 [1], et j'ai vu avec une grande satisfaction, par les considérations qu'elle renfermait, que mon opinion se trouve parfaitement d'accord avec la vôtre, sur le grave événement qui vient de se passer à Constantinople.

» Je presse, depuis plusieurs jours, le ministère anglais de prendre un parti sur cette question, dans le sens que je vous indiquais par ma dernière dépêche, et je puis vous dire la résolution à laquelle il s'est arrêté.

» Un courrier anglais partira demain pour Constantinople et passera par Paris. Lord Granville sera chargé de vous communiquer la dépêche adressée à lord Ponsonby. Cette dépêche exprimera d'une manière nette et prononcée l'étonnement et le mécontentement qu'a éprouvés le gouvernement anglais en apprenant l'alliance conclue entre la Porte ottomane et la Russie, et l'ordre d'en faire part au gouvernement ottoman, en lui exposant tous les dangers de la situation dans laquelle il s'est placé. Lord Ponsonby devra faire comprendre que la Porte, en acceptant ce traité, renonce à son indépendance, qui, désormais, reste soumise aux volontés et aux exigences de la Russie ; que, par ce fait seul, sa puissance se trouve anéantie aux yeux de l'Europe, aussi bien qu'à ceux de ses peuples. Il insistera particulièrement sur les

---

1. Voir la dépêche du 1er août à l'Appendice, page 504.

changements qu'un tel traité doit produire dans les rapports existants entre la Sublime Porte et ses anciens alliés ; que l'Angleterre ne peut plus la reconnaître que comme dépendant de la Russie, et qu'en cas de guerre, par exemple, avec cette dernière puissance, elle se verrait obligée de traiter l'empire ottoman comme un ennemi ; qu'une pareille conséquence, qui est cependant inévitable, annulerait toutes les relations de la Porte avec d'anciens et fidèles alliés comme l'Angleterre et la France, et la livrerait au pouvoir de la Russie, son ennemie de tout temps.

» Je viens de vous rapporter à peu près l'exposé de ce qui sera écrit à lord Ponsonby ; vous jugerez peut-être convenable de transmettre à l'amiral Roussin des instructions dans le même sens. Il me paraît bien essentiel que les deux ambassadeurs combinent d'accord toutes leurs démarches et agissent de concert en tout point.

» Si vous adoptiez cette marche, vous croiriez sans doute devoir communiquer à lord Granville les instructions adressées par vous à l'amiral Roussin. Il serait utile aussi, je pense, que le courrier français porteur de vos ordres partît en même temps, et peut-être même avec le courrier anglais, afin de fournir, même dans l'exécution matérielle, une preuve de la communauté de vues de la France et de l'Angleterre.

» Il n'y a pas de temps à perdre, puisque c'est le 8 du mois de septembre que doit avoir lieu l'échange des ratifications entre la Russie et la Porte ottomane, et que c'est à empêcher cet échange que doivent tendre tous nos efforts.

» Vous voyez que, dans tout ceci, je ne parle pas de l'Autriche. Comme j'avais l'honneur de vous le dire dans ma dernière dépêche, une démarche envers l'Autriche, dans le premier moment, pourrait nous entraver au lieu de nous servir. Mais, après le départ des deux courriers, il y aurait peut-être de l'avantage à faire arriver à Vienne quelques réflexions sur les circonstances, afin de se ménager plus tard le moyen de représenter au cabinet autrichien que nous n'avons pas négligé de lui faire connaître notre opinion, et qu'il n'a tenu qu'à lui de s'unir avec nous, car il faut également éviter d'être entravé et d'être accusé de manque de confiance... »

« Le 5 août 1833.

» Le gouvernement anglais s'est décidé à reconnaître officiellement le gouvernement de la reine doña Maria ; et cette reconnaissance s'exprimera simplement en accréditant près de la régence un envoyé anglais. Lord William Russell qui, comme vous le savez, est déjà à Lisbonne, sera chargé de cette mission, à laquelle on donnera le caractère de mission spéciale.

» Lord Palmerston doit écrire en même temps au ministre d'Angleterre à Madrid, M. Addington [1], de tranquilliser le gouvernement espagnol sur le résultat de cette reconnaissance, en lui faisant comprendre que l'Angleterre, en agissant ainsi, avait usé du même droit que l'Espagne, qui avait précédemment reconnu dom Miguel. M. Addington devra aussi assurer que la ferme intention de l'Angleterre est d'empêcher toute réaction dans la péninsule.

---

1. Henry Unwin Addington, cousin du ministre de ce nom. Né en 1790, il entra dans la diplomatie, fut secrétaire de légation à Berne et à Copenhague, chargé d'affaires à Washington (1822) puis envoyé extraordinaire à Francfort (1828) et à Madrid (1829). En 1842, il devint sous-secrétaire d'État au Foreign Office, et conseiller privé en 1854.

» Lorsqu'il s'agira du retour de la reine doña Maria en Portugal, ne trouveriez-vous pas convenable qu'elle fût escortée par une frégate française et par une frégate anglaise? Je crois que le gouvernement anglais le verrait avec plaisir... »

« Le 6 août 1833.

» Je viens de voir lord Palmerston, qui m'a annoncé que le départ de son courrier pour Constantinople était retardé jusqu'à demain. Cette disposition du gouvernement anglais à apporter toujours des retards dans les décisions sur les affaires d'Orient, me persuade quelquefois qu'il n'en sent pas assez l'importance. Du reste, le gouvernement du roi aura par là un jour de plus pour délibérer sur une affaire qui mérite certainement la plus sérieuse attention.

» C'est demain aussi qu'on fera partir pour Lisbonne le paquebot qui doit porter à lord William Russell ses lettres de créance. Il me semble que rien ne vous oblige à hâter l'envoi d'un ministre en Portugal ; ce sera, de la part de la France, une démarche beaucoup plus prononcée que celle de l'Angleterre, qui accrédite seulement une personne qui se trouve déjà sur les lieux. Vous avez d'ailleurs, sur ce point, des informations qui doivent vous mettre en position de juger beaucoup mieux que moi du moment opportun pour faire cette démarche... »

» Le 8 août 1833.

» ...Lord Palmerston a envoyé hier à lord William Russell ses lettres de créance, en l'autorisant toutefois à ne pas déployer son caractère dans le cas où des troubles, ou toute autre circonstance, lui feraient trouver de l'inconvénient à cette démarche. C'est une information qui peut, au besoin, ne pas vous être inutile.

» Le gouvernement anglais avait fait demander avant-hier aux armateurs de la cité quinze bâtiments de transport de 3 à 400 tonneaux, et dont les services étaient réclamés pour trois mois. On a répandu le bruit que c'était pour envoyer des troupes en Portugal, et cela paraissait assez probable. Il semble cependant qu'on est revenu sur cette résolution, du moins pour le moment, puisqu'on s'est borné à recevoir les propositions des armateurs, sans leur donner de réponse positive ; on a peut-être voulu s'assurer par là seulement des facilités qu'on pourrait se procurer dans une occasion pressante.

» Le gouvernement anglais est d'ailleurs fort rassuré sur les dispositions du cabinet de Madrid ; les ministres m'ont dit que M. Addington leur écrivait que, dans ses dernières conversations avec M. de Zéa, il l'avait trouvé beaucoup plus conciliant et plus modéré, et qu'il paraissait même vouloir repousser tout projet d'intervention de la part de l'Espagne dans les affaires de Portugal.

» M. Aston vous aura donné connaissance des instructions pour lord Ponsonby, qui sont parties hier d'ici. Lord Palmerston a reçu la communication du projet de protestation à Constantinople, dont vous avez fait part à M. Aston ; il l'a accueilli très favorablement, et je puis vous dire qu'il entre complètement dans les vues du cabinet anglais... »

« Le 10 août 1833.

» Nous avons échangé aujourd'hui avec le ministre de Bavière les ratifications de l'article explicatif et supplémentaire de l'article VIII de la convention signée à Londres, le 7 mai 1832, pour l'arrangement définitif des affaires de la Grèce[1].

» Dans cette réunion des membres de la conférence sur les affaires de Grèce, il a été question de la demande qui doit nous être incessamment faite par le gouvernement grec, afin d'obtenir la garantie des trois puissances au troisième tiers de l'emprunt. Lord Palmerston et le prince de Lieven m'ont dit qu'ils étaient autorisés à accorder cette garantie, et j'ai promis de demander vos ordres à cet égard ; en conséquence, je vous prie de vouloir bien me faire connaître les intentions du gouvernement du roi, et si je suis ou non autorisé à accéder à la demande du gouvernement grec... »

« Le 10 août 1833.

» Voici l'extrait des nouvelles qui sont arrivées aujourd'hui de Portugal ; elles vont jusqu'au 31 juillet et sont, en général, très satisfaisantes pour la cause de la reine doña Maria.

» L'empereur dom Pedro est entré à Lisbonne le 28, et un grand nombre de personnes des classes les plus élevées, parmi lesquelles plusieurs grands du royaume, se sont empressées de lui présenter leurs hommages et de faire leur soumission à la jeune reine. Le patriarche de Lisbonne n'a pas voulu suivre le duc de Cadaval et avait déjà ordonné de nommer la reine et le régent dans les prières de l'Église...

» Le duc de Terceira, dans l'action du 23 contre Tellez Jordaô, a pris huit pièces de canon ; l'ennemi avait perdu trois cents hommes et deux escadrons de cavalerie. M. de Cordova, ministre d'Espagne, a été positivement fait prisonnier pen-

---

1. Voir page 167.

dant cette affaire, et quoiqu'il ait été vu pendant le combat dirigeant et encourageant les troupes miguélistes, le duc de Terceira l'a fait cependant mettre immédiatement en liberté. Retourné à Lisbonne, M. de Cordova a fait enlever les armes de la légation de son hôtel et s'est rendu à Coimbre...

» On a saisi des dépêches diplomatiques et autres qui éclairent fort bien sur les menées des agents, des amis et des protecteurs de dom Miguel. D'après les lettres de Porto du 29 juillet, l'ennemi aurait perdu cinq mille hommes dans l'action du 23. On compte parmi les morts le fils de M. de Bourmont, M. Duchâtel, le général Cardozo, et on parle aussi d'autres personnes assez importantes qui auraient été tuées; MM. de Bourmont[1] père, Clouet et Lemos ont été blessés... »

LE DUC DE BROGLIE AU PRINCE DE TALLEYRAND.

« Paris, le 7 août 1833.

» Mon prince,

» Je réponds aujourd'hui à vos communications, en ce qui concerne le traité entre la Porte et la Russie. Demain, je vous écrirai sur l'affaire de Portugal. A chaque jour ses difficultés et ses soucis.

---

1. Louis-Auguste-Victor, comte de Ghaisnes de Bourmont, né en 1773, était officier aux gardes françaises à l'époque de la Révolution. Il émigra, servit dans l'armée de Condé, puis en Vendée. Il fut arrêté sous le consulat, mais parvint à s'évader, revint en France en 1810 et prit du service. Il devint général de division. On connaît sa conduite en 1815. En 1829, il fut un instant ministre de la guerre et, en 1830, commanda l'expédition d'Alger, qui lui valut le bâton de maréchal. Il refusa de prêter serment au roi Louis-Philippe, suivit la duchesse de Berry en Vendée en 1832, puis se mit au service de dom Miguel, dont il commanda les troupes Il rentra en France en 1840 et mourut en 1846.

» La première réflexion qui me frappe en relisant ce traité, c'est que la question d'Orient touche à son terme, et qu'il faut éviter, quoi que nous fassions, de la réengager, et d'en commencer une nouvelle. Vous approuvez la conduite tenue par nos ambassadeurs; vous pensez qu'ils ont bien fait de ne pas compromettre l'évacuation du Bosphore, en travaillant à mettre obstacle à la signature du traité. Je le crois comme vous, et j'en tire cette conclusion, que toute action de notre part, qui pourrait avoir pour résultat de faire naître des embarras nouveaux, de reproduire des complications sur le théâtre de Constantinople, aurait plus d'inconvénients que d'avantages.

» Une autre réflexion qui ne me touche guère moins, c'est que le traité ne change rien matériellement à l'état actuel des choses.

» La Porte s'engage envers la Russie à lui fournir des secours, si la Russie les réclame. Ceci n'est qu'une pure dérision. Ce n'est pas un avantage réel pour la Russie. Elle n'en a pas besoin, et la Porte n'est pas en état de tenir son engagement, si elle était mise à l'épreuve.

» La Russie s'engage envers la Porte à lui fournir du secours si la Porte le réclame, et dans la proportion où elle le réclamerait. Ceci n'est guère plus sérieux. Traité ou non, la Russie sera toujours prête à envoyer ses vaisseaux dans le Bosphore et des troupes à Constantinople, et du moment qu'elle n'acquiert point par le traité le droit d'en envoyer, *sans attendre la demande de la Porte*, de même que la Porte se réserve de demander ou de ne pas demander, de régler le nombre et la nature des secours, lorsqu'elle en demande, la Russie n'acquiert aucun droit positif; et, je le répète, *matériellement*, les choses restent à peu près ce qu'elles sont.

» Mais, si le traité n'assure à la Russie aucun avantage matériel, il aura, pour elle, un effet moral auquel elle a raison d'attacher du prix, et que nous ne devons pas négliger.

» Premièrement, en concluant ce traité sous les yeux de la France et de l'Angleterre, la Russie *a le dernier*, si je puis m'exprimer ainsi; elle termine l'affaire à son profit, et en faisant preuve d'ascendant.

» En second lieu, le traité a l'air de sanctionner, de consacrer en quelque sorte, ce qui s'est fait : l'intervention de la Russie dans la querelle entre la Porte et ses pachas, l'occupation du Bosphore et de Constantinople, au lieu d'être une chose extraordinaire, inouïe, qui fixe tous les regards, devient une chose simple, naturelle, une perspective habituelle de l'empire ottoman.

» Par là, la puissance du divan, pour résister au sultan lorsque sa peur ou la fantaisie le porte à invoquer l'assistance de la Russie, est diminuée.

» Par là, l'empereur de Russie acquiert la facilité de recommencer, sans être tenu à prendre envers les puissances occidentales de l'Europe autant de précautions, d'engagements, de ménagements.

» Voilà, si je ne me trompe, le véritable résultat du traité. C'est à cela qu'il faut parer, en ayant soin d'ailleurs de ne point nuire à l'état de calme où le départ des Russes a mis Constantinople.

» Cela posé, si nous faisions effort pour prévenir la ratification du traité, je craindrais, ou que nous ne réussissions point, ou que nous ne fissions plus que nous ne voulons.

» Le traité doit être ratifié dans les deux mois ou plus tôt, *si faire se peut :* faire se pourra très probablement. Au moment où nos instructions arriveraient, les choses seraient probablement si avancées, les ratifications si près d'être échangées, supposant qu'elles ne le soient pas déjà, que la chance d'y mettre obstacle serait fort petite, et, dans le cas où, après avoir tenté l'aventure, nous échouerions, le triomphe de la Russie en serait plus grand, son empire mieux affermi, son succès plus complet.

» Admettant maintenant que nous réussissions : ce serait, au point où en sont les choses, brouiller à mort la Russie avec la Porte; ce serait, par conséquent, prendre l'engagement implicite de la soutenir dans toutes ses difficultés, de l'assister dans tous ses embarras, de la protéger dans toute la force du terme, de la prendre, en un mot, à notre charge. C'est beaucoup pour des puissances aussi éloignées de la Porte que la France et l'Angleterre. Et ces embarras ne seraient pas longtemps à se faire ressentir. La Russie a tellement la main dans les affaires de Turquie, le traité d'Andrinople lui a fait si beau jeu, la contribution de guerre que la Porte doit encore en grande partie, l'occupation des principautés, les troubles de la Servie[1], tant d'autres circonstances lui donnent de tels moyens de compliquer la situation du grand seigneur, que son œuvre serait incessamment en bon train, et nous, constamment obligés d'entretenir, au service de la Porte, des soldats et des vaisseaux, si nous ne vou-

---

1. En vertu du traité d'Andrinople, la Turquie avait obtenu certains districts de la Serbie. Cette incorporation ne s'était pas opérée sans protestations. Les habitants des districts cédés se soulevèrent et aidés par les troupes serbes chassèrent les Turcs.

lions pas la voir nous échapper et se jeter de nouveau dans les bras dont nous l'aurions à peine arrachée.

» Ce serait, si je ne me trompe, se créer plus d'affaires qu'il ne faut, et le remède pourrait finir par être plus dangereux que le mal.

» Que faire donc?

» Voici, à peu près, comment la chose se présente à mon esprit :

» Les deux légations de France et d'Angleterre remettraient le même jour à la Porte une note conçue à peu près en ces termes : après avoir annoncé que le traité est venu à leur connaissance, elles s'en plaindraient, mais en termes très mesurés, vis-à-vis de la Porte, comme d'un manque de confiance envers des gouvernements dont la Porte a eu constamment à se louer, qui lui ont donné sans cesse des preuves d'intérêt et d'amitié, et qui sont toujours prêts à lui en donner. Elles feraient remarquer que l'existence de la Porte ottomane n'étant menacée par aucun gouvernement étranger, le maintien, l'intégrité de l'empire ottoman étant, au contraire, invoqué, soutenu, réclamé par toutes les puissances avec lesquelles cet empire se trouve en contact, le traité ne peut avoir qu'un seul but, celui de consacrer et d'établir en fait l'intervention habituelle de la Russie dans les affaires intérieures de l'empire ottoman, c'est-à-dire de placer cet empire sous le protectorat de la Russie, de faire de l'occupation du Bosphore un état de choses, sinon constant, au moins simple et nullement extraordinaire. On établirait ensuite qu'un pareil arrangement ne saurait être admis par la France ni par l'Angleterre; que si les particuliers ont le droit de renoncer à leur indépendance, . n'en est pas de même des États, parce que leur indépendance importe aux autres États et fait partie du droit public; que l'interdiction du Bosphore aux bâtiments armés de toutes les nations est un principe fondé sur les traités; que l'existence de la Porte ottomane comme État *sui juris* est un intérêt commun; qu'en conséquence, ni la France, ni l'Angleterre ne peuvent reconnaître ni respecter le traité en question, en tant qu'il y porterait atteinte; et que, vienne le moment où le traité serait mis à exécution, elles se réservent d'agir comme si le traité n'existait pas, n'entendant pas qu'il puisse jamais être opposé, soit par la Porte, soit par la Russie, à leurs justes réclamations qu'elles sauraient soutenir, au besoin, ainsi qu'il conviendrait.

» Cette note, après avoir été remise à la Porte, sans lui demander de réponse, et comme une simple déclaration, serait communiquée à la Russie, à Saint-Pétersbourg également par les deux légations et également sans demander de réponse.

» Il me semble que ce mode de procéder a d'abord l'avantage de ne point recommencer l'affaire d'Orient, et de ne point l'engager de nouveau. Il la laisse dans l'état de repos et d'achèvement où elle est parvenue.

» De plus, ce n'est point la Russie, c'est nous qui aurons le dernier mot dans cette affaire. Quoi qu'on pût nous répliquer, nous répondrions que nous nous en référons à notre déclaration.

» Enfin, c'en serait assez pour annuler l'effet moral du traité. D'une part, la portion anti-russe du gouvernement ottoman serait avertie qu'elle a dans la France et dans l'Angleterre un appui, qu'elle peut résister au parti opposé sans courir le risque de se trouver seule, et, comme aux termes même du traité, le secours russe doit être *demandé*, elle peut lutter, comme si le traité n'existait pas, pour prévenir la demande. — D'une autre part, l'empereur de Russie est averti que s'il prétend envoyer une seconde fois ses vaisseaux dans le Bosphore, il sera obligé aux mêmes ménagements qu'auparavant, que les yeux sont ouverts sur lui, que l'excuse du traité ne sera point acceptée, que l'existence même de ce traité est un motif de plus de surveillance et d'inquiétude.

» Voilà, mon prince, comment je conçois l'affaire, sa conséquence et le remède qu'il est possible d'y apporter. Plus que cela, me paraîtrait s'engager dans une route semée d'écueils et dont la direction serait fort obscure et fort incertaine. Soyez assez bon pour me dire jusqu'à quel point ces idées vous paraissent plausibles, et là où elles vous sembleraient défectueuses, pour m'indiquer les moyens de les rectifier.

» Quant à M. de Metternich, franchement, j'y compte peu. Fût-il de bonne foi, je crois que sa bonne volonté de se fâcher serait de peu de durée et de peu de conséquence. C'est un mal, néanmoins, qu'il échappe entièrement pendant un tel moment à M. de Sainte-Aulaire et à sir Frédéric Lamb; mais, ni l'un ni l'autre n'étant invité, je ne vois pas de moyen qu'ils aillent courir en Bohême, à la suite de l'empereur d'Autriche. Je tâcherai seulement d'avoir quelques nouvelles de ce qui s'y fait par Maison qui se trouve à Carlsbad et qui a une invitation de l'empereur d'Autriche, une espèce de rendez-vous dont il profitera... »

LE PRINCE DE TALLEYRAND AU DUC DE BROGLIE.

« Londres, le 12 août 1833.

» Mon cher duc,

» Je voudrais répondre d'une manière vraiment utile à votre confiance. Votre dernière lettre m'en donnerait à elle seule le besoin, s'il me fallait un stimulant de plus pour souhaiter vivement que votre ministère, déjà si heureux à tant d'égards, ne fût pas moins fécond en bons résultats dans les nombreuses complications que chaque jour voit éclore.

» Celle d'Orient est incontestablement la plus grave dans sa vaste portée. Le fait seul d'un traité entre la Porte ottomane et la Russie, à part des autres puissances, rompt si évidemment tout équilibre, qu'il m'a semblé que ce qu'il fallait avant tout, c'était empêcher son existence. Comme vous, j'ai craint que nous n'arrivions trop tard, mais j'ai pensé aussi qu'il fallait du moins avoir tenté ce que plus tard l'opinion pourrait nous reprocher de n'avoir pas essayé. Les autres considérations si justement développées dans votre lettre devaient nécessairement m'échapper, puisque, manquant d'une quantité d'informations que l'on ne peut avoir qu'aux affaires étrangères, je ne puis être frappé que par des faits isolés. Je le suis beaucoup de cette politique envahissante, quoique mesurée, et lentement progressive du Nord, de cette action uniformément persévérante et prudente, qui ne devient rapide que lorsqu'il s'agit de profiter avec promptitude et adresse du moment vraiment opportun. C'est là ce qui seul m'a préoccupé comme étant le vrai danger contre lequel l'Europe civilisée réclamait l'union intime et l'union simultanée de la France et de l'Angleterre.

» Mais, des considérations accessoires pourront, en partie

j'en conviens, paralyser cette action. Je me rends donc à celles que vous avez eu la bonté de me donner. Je n'y comprends pas cependant les embarras d'argent du grand seigneur vis-à-vis de la Russie, car l'emprunt grec lui fournit les moyens de s'acquitter du tribut qui lui a été imposé par le traité d'Andrinople[1]. J'ignore s'il existe quelques exigences particulières et pécuniaires de la part des Russes pour le temps de leur occupation de Constantinople.

» Du reste, les distances auront résolu à elles seules une partie de la question, et le courrier anglais ainsi que le vôtre n'arriveront probablement que pour protester contre un fait accompli. La protestation de l'Angleterre dont lord Ponsonby a l'ordre de faire usage, si les ratifications sont échangées, est dans le même esprit que celle dont vous m'avez parlé dans votre lettre, et vous avez été pris ici pour guide et pour modèle. Il n'y a donc rien à faire de plus ici pour l'instant: il faut attendre les réponses de Constantinople.

» Je vous mande, dans ma dépêche de ce jour, ce que l'on sait ici du Portugal; les nouvelles sont du 31.

» L'esprit récalcitrant du cabinet de Bruxelles est tel qu'il semble à toute la conférence que l'on ait à cœur de fournir au roi Guillaume les délais qu'il n'ose plus demander... »

---

1. Le traité d'Andrinople avait imposé à la Turquie un tribut de cent trente-sept millions. Or, la Grèce ne devait à la Turquie qu'une somme de douze millions mise à sa charge par la convention du 16 septembre 1832 qui rectifiait sa frontière du nord. Il est vrai que la Turquie avait eu son tribut notablement réduit par le traité du 29 janvier 1833, mais l'écart n'en restait pas moins considérable entre les sommes dues par la Porte à la Russie et ce qu'elle avait à attendre de la Grèce.

« Le 16 août 1833.

» Les dernières nouvelles de Portugal n'ont point rassuré le gouvernement anglais qui, depuis quelques jours surtout, partage les appréhensions que vous m'exprimiez dans une des dernières dépêches que vous m'avez fait l'honneur de m'écrire à l'égard des prétentions de l'empereur dom Pedro. Les ministres anglais voudraient écarter ce prince du Portugal, mais n'ont point encore trouvé un moyen convenable d'atteindre ce but. Ils redoutent, pour le repos de la péninsule, l'influence que peuvent exercer sur l'esprit de dom Pedro les hommes exagérés qui l'entourent; et ils ne placent guère de confiance que dans le duc de Palmella et dans le duc de Terceira. Les instructions adressées à M. Addington et à lord William Russell, qui vous ont été communiquées, vous auront servi utilement pour diriger la conduite du gouvernement du roi dans une affaire qui exige de grandes précautions... »

LE DUC DE BROGLIE AU PRINCE DE TALLEYRAND.

« Paris, le 15 août 1833.

» Mon prince,

» Il y a huit jours, M. Aston, chargé d'affaires en l'absence de lord Granville, m'a donné lecture, de la part de lord Palmerston, des instructions adressées par lui à lord William Russell, instructions qui m'ont paru très judicieuses, très raisonnables et parfaitement adaptées à l'état actuel des affaires en Portugal. Lord Palmerston faisait savoir en même temps au cabinet français que l'intention du cabinet britannique était que lord William Russell fut accrédité auprès de la régence de dom Pedro, mais en qualité d'envoyé extraordinaire, chargé d'une mission spéciale et provisoire; l'intention du cabinet britannique étant de ne point différer à établir des relations diplomatiques avec le gouvernement de doña Maria, mais de faire cependant considérer l'organisation d'une mission ordinaire et permanente comme une faveur que dom Pedro devait mériter par sa sagesse et sa bonne conduite.

» Le cabinet britannique évitait de reconnaître formellement le gouvernement de doña Maria, en se référant à la reconnaissance qui avait eu lieu en 1826, et faisait consister la reconnaissance actuelle dans le simple fait de la reprise des relations diplomatiques.

» Il demandait au gouvernement français de s'associer à lui, soit dans la nature des démarches, soit dans le choix et la qualité de l'agent qui en serait chargé.

» Je fis, sur-le-champ, observer à M. Aston que le gouvernement anglais avait l'avantage de trouver sur les lieux mêmes son agent déjà établi et tout porté, tandis que l'envoi en Portugal d'un homme du rang et de la position de lord W. Russell serait, de notre part, une démarche plus grave et qui engagerait davantage. Cependant, M. Aston ayant insisté, je lui promis de prendre à ce sujet les ordres du roi et l'avis de mes collègues.

» L'avis du conseil fut de donner, autant qu'il dépendrait de nous, satisfaction au gouvernement anglais, de reconnaître doña Maria, supposant que le gouvernement anglais la reconnût, de faire consister, comme lui, la reconnaissance dans la reprise des relations diplomatiques, et d'envoyer en Portugal, en qualité de ministre chargé d'une mission spéciale et provisoire, un homme du rang et de la position de lord William Russell. Seulement, pour ne rien faire de plus que le gouvernement anglais, je proposai, et le conseil adopta l'expédient d'envoyer ce personnage avec doña Maria, sans titre, et comme pour la reconduire et lui faire honneur, nous réservant de ne lui adresser ses lettres de créance qu'après son arrivée à Lisbonne, et lorsqu'il s'y trouverait déjà pour un autre motif.

» Le roi avait même déjà désigné pour cet objet M. de Flahaut, que ses relations avec l'Angleterre et le Portugal semblaient y rendre plus propre qu'un autre.

» Sur ces entrefaites, nous avons appris l'arrivée à Brest du marquis de Loulé[1], venant de la part de dom Pedro, et qui a dû y rester en quarantaine environ dix jours. On s'attendait qu'au bout de deux ou trois jours, il enverrait ses dépêches, et qu'on saurait ce qu'il venait faire; mais il a gardé, ou plutôt on a gardé jusqu'à hier soir le plus profond secret sur le but de sa mission. Seulement, il était aisé de voir qu'il y avait là quelque chose de mystérieux. Le roi ayant été rendre visite à la duchesse de Bragance et lui offrir, si elle le désirait, une frégate française pour la transporter en Portugal, la trouva très froide et très réservée.

» Enfin, hier soir, la duchesse de Bragance, étant venue voir la reine, laissa tomber incidemment cette phrase, qu'elle se proposait de partir sur-le-champ; que le 25, des vaisseaux portugais seraient au Havre pour la prendre, qu'elle n'avait pas besoin de frégate française, et, de plus, qu'elle emmenait son frère, le duc de Leuchtenberg, et qu'elle lui avait déjà écrit de venir la trouver au Havre. C'était là le mot de l'énigme.

» Il est clair que l'intention de dom Pedro et de sa femme est de travailler sur-le-champ et ouvertement au mariage du duc de Leuchtenberg avec doña Maria.

---

1. Ministre de dom Pedro, dont il avait épousé la sœur, la princesse Anne.

» Je n'ai pas besoin de vous faire remarquer, mon prince, combien le projet est insensé, et combien le procédé est offensant pour le roi.

» Il est clair maintenant que si la cause de doña Maria a eu tant de peine à triompher, si même elle est encore douteuse en Portugal, ce n'est point parce que dom Miguel est aimé des Portugais; c'est parce que dom Pedro a pris à tâche de dénaturer cette cause, de lui faire perdre tout ce qu'elle a de national, de portugais, en l'identifiant avec sa propre personne, avec ses folies, ses boutades et sa sotte constitution, en la confondant avec la cause de tous les brouillons, de tous les boute-feux, de tous les *fuor usciti* de l'Europe : or, il n'y a certainement pas une manière plus directe et plus inévitable de l'achever dans l'esprit des Portugais, d'en dégoûter à la fois et les esprits modérés et les masses, que d'essayer à faire épouser à doña Maria un aventurier dont dom Pedro a épousé la sœur, en désespoir de cause, et lorsque aucune famille régnante en Europe n'a plus voulu contracter alliance avec lui. Il n'y a rien de plus propre à choquer la fierté des Portugais qu'une telle mésalliance, et à ruiner toute espérance d'un avenir tant soit peu tranquille.

» Que pouvons-nous d'ailleurs, en pareil cas, dire à l'Espagne?

» Nous avons déclaré, en 1831, que nous ne pouvions tolérer le duc de Leuchtenberg sur le trône de Belgique, parce que ce trône serait nécessairement le foyer des intrigues de tous les bonapartistes et de tous les artisans de désordre qui marchent à la suite de tous les prétendants. Comment pouvons-nous dire au gouvernement espagnol qu'il doit voir avec indifférence le duc de Leuchtenberg sur le trône de Portugal, lorsque ce trône deviendra inévitablement le rendez-vous, le centre de tous *les Joséphinos*[1] et de tous les mécontents de la péninsule? Joignez à cela la constitution, la liberté de la presse, la tribune et les réfugiés. Comment contester au gouvernement espagnol le droit de se défendre contre un état de choses aussi manifestement menaçant pour son existence?

» Enfin, la chose est grave sous un autre point de vue. C'est qu'elle manifeste dans dom Pedro l'intention de n'en faire qu'à sa tête, d'agir sans aucun égard pour les puissances dont le soutien lui est nécessaire, de satisfaire tous ses caprices, et de conduire à tort et à travers les affaires de sa fille jusqu'au point où il a si heureusement mené les siennes propres. Si l'Angleterre et la France lui cèdent en ce moment, si elles ne le prennent pas avec lui, sur-le-champ, de très haut, je crois que toute chance d'exercer sur lui le moindre ascendant disparaît.

» Quant au roi, quelle inconvenance, je dirais presque quelle insolence, n'est-ce pas, qu'une telle résolution ait été prise sans lui en faire part, sans le consulter, sans l'en instruire autrement qu'incidemment et par hasard?

» Dans cette situation, mon prince, le gouvernement français croit devoir demander au cabinet britannique d'agir avec lui énergiquement contre un projet aussi fou et aussi désastreux. Il désire qu'une démarche soit faite en commun par les deux gouvernements auprès de dom Pedro, démarche qui consisterait à lui donner lecture d'une dépêche conçue dans les termes les plus nets, les plus catégoriques, où le danger et la folie du projet seraient mis à nu, et qui conclurait en

---

1. On appelait ainsi à l'époque de l'occupation française, les Espagnols partisans du roi Joseph. Par extension, ce terme s'appliqua plus tard aux libéraux et aux révolutionnaires.

lui signifiant que les gouvernements de France et d'Angleterre n'entendent se compromettre dans la cause de doña Maria qu'en proportion des chances raisonnables de succès que la conduite sensée de ceux qui la dirigent peuvent leur promettre, et que l'appui moral ou matériel qu'on attend d'eux sera réglé par la déférence que l'on montrera aux conseils de la sagesse et de la raison. La conclusion définitive serait de demander l'éloignement du duc de Leuchtenberg et l'abandon absolu du projet de mariage.

» En proposant ainsi au gouvernement anglais une démarche en commun, vous voyez, mon prince, que nous ne renonçons pas à établir, dès à présent, des relations diplomatiques avec la régence de dom Pedro. Toutefois, le procédé du duc de Bragance est, dans cette occasion, si offensant pour le roi, qu'il lui serait impossible de persister à envoyer avec doña Maria un personnage de quelque distinction, ni de la faire escorter par une frégate française. Il se doit à lui-même de ressentir l'insulte et de le témoigner hautement. Nous nous contenterons de donner des lettres de créance à M. de Lurde[1], secrétaire de légation en mission à Porto, et qui résidera provisoirement à Lisbonne, avec la qualité, non pas précisément de chargé d'affaires, ce qui indiquerait une mission permanente, mais de *chargé des affaires de France*, et qui secondera lord William Russell en tout ce qu'il fera pour contenir et modérer dom Pedro. Si le gouvernement anglais est d'avis que la démarche doit être faite ainsi que

---

1. Le comte de Lurde, secrétaire de légation en Portugal depuis 1833, avait été précédemment en mission à Rio-de-Janeiro (1830). En 1838, il devint premier secrétaire d'ambassade à Constantinople, puis ministre à Buenos-Ayres en 1841.

je l'ai indiquée plus haut, je communiquerai à M. Aston la dépêche que j'adresserai à M. de Lurde, afin qu'il instruise lord Palmerston de son contenu, et je vous en enverrai copie, mon prince. Il serait bon, je crois, que les paroles fussent identiques, autant que possible.

» Je n'ai pas besoin de vous rappeler, d'ailleurs, que cette question du mariage de doña Maria n'est pas traitée pour la première fois entre l'Angleterre et la France. Le gouvernement anglais est déjà tombé d'accord avec nous de l'impossibilité de tolérer le duc de Leuchtenberg; et son avis, comme celui du gouvernement français, est de chercher à faire épouser à doña Maria un prince de Naples, ce qui, d'après toutes les notions que nous avons recueillies, ne paraît nullement impossible. Dans tous les cas, il ne saurait être question de la faire épouser à un de nos princes. C'est bien assez d'avoir à défendre la Belgique, et plaise à Dieu que nous n'ayons jamais une tâche pareille à remplir[1]... »

LE PRINCE DE TALLEYRAND AU DUC DE BROGLIE.

« Le 17 août 1833.

» J'ai reçu ce matin, par estafette, la dépêche que vous m'avez fait l'honneur de m'écrire sous le numéro 89, et j'ai profité d'un rendez-vous que j'avais avec lord Palmerston, aujourd'hui, pour l'entretenir des différents sujets que vous aviez recommandé à mon attention.

---

1. Dès le mois de février précédent, M. de Talleyrand, qui probablement avait sondé le terrain à Paris sur cette question, recevait de Madame Adélaïde une réponse des plus catégoriques (Voir cette lettre à l'Appendice, page 501).

» Lorsque je lui ai parlé du voyage du duc de Leuchtenberg et du projet de mariage avec la reine doña Maria, qui pouvait être le but de l'empereur dom Pedro, en appelant son beau-frère près de lui, lord Palmerston n'a pas hésité à me répondre que l'Angleterre ne pourrait jamais donner son approbation à un pareil projet, et qu'il adoptait en tout point les considérations que vous avez si bien fait valoir pour que la France et l'Angleterre s'opposassent à son exécution. Il a ajouté qu'il était tout prêt à donner à lord William Russell des instructions qui, quant au fond, seraient telles que vous les indiquez. La différence qui existe entre la position de la France et de l'Angleterre vis-à-vis du Portugal pourra, peut-être, les faire différer dans la forme de celles que vous enverrez, mais cela ne doit avoir aucune influence sur le résultat. Vous pourrez convenir de ces instructions avec M. Aston et les transmettre à l'agent quelconque que vous accréditerez en Portugal. Lord William Russel recevra l'ordre de s'entendre avec cet agent afin que leurs démarches aient lieu simultanément.

» J'ai pu remarquer, d'après le langage de lord Palmerston dans cette conversation, combien étaient fondées les informations que j'ai eu l'honneur de vous transmettre par ma dépêche d'hier sur le mécontentement qu'inspirait au cabinet anglais la conduite de dom Pedro... »

« Londres, le 17 août 1833.

» Mon cher duc,

» Votre lettre du 15 m'est arrivée ce matin. Après l'avoir bien lue et même méditée, ainsi que les pièces parfaitement bien faites qui y étaient jointes, je me suis rendu chez lord

Palmerston. Ma dépêche de ce jour vous dira le résultat général et satisfaisant de notre conversation. Voici quelques détails de plus.

» La question belge est suspendue depuis dix jours, ce qui excède tout le monde. A Bruxelles, on ne se fait pas faute de prolonger cet état de choses; forts d'un provisoire avantageux, confiants, plus qu'il ne faut, dans les liens d'une parenté française, les Belges considèrent peu le repos, l'équilibre, l'existence *reconnue*, qui ne sauraient ressortir vraiment que du définitif. La conférence fait une assez sotte figure vis-à-vis de ce silence belge, tout aussi impertinent, au dire de tous, que le sont les injures hollandaises. Vous avez bien raison de repousser tous ces intérêts de famille entés sur de la politique étrangère. C'est ce qui a perdu l'empereur Napoléon; c'est ce qui nous gêne aujourd'hui à Bruxelles, et ce qui aurait fait du Portugal une plaie pour la France, si l'on avait cherché à y marier un de nos princes. Je vous conjure d'employer toute votre action vis-à-vis des Belges; cela devient imminent.

» L'Angleterre comprend parfaitement toute notre répugnance pour le duc de Leuchtenberg, ainsi que notre juste ressentiment de l'inconvenante conduite du duc et de la duchesse de Bragance. Lord Palmerston ne trouve pas plus que nous qu'il faille donner à l'Espagne l'inquiétant spectacle d'un pareil mariage. Des notes anglaises seront envoyées à lord Russell pour mettre des obstacles sérieux à ce projet. Ce mariage ainsi que la constitution s'évanouiraient avec la personne de dom Pedro, mais il aurait fallu marcher ici d'un pas plus résolu, et n'accréditer des agents diplomatiques qu'auprès d'une régence sage et habile. Palmella et Villaflor paraissent avoir été mis de côté par dom Pedro. Du reste, on est sans nouvelles de Lisbonne depuis quelques jours, et il est impossible de savoir exactement ce qui s'y passe. M. de Lurde paraît aux Anglais, pour l'instant, un agent très suffisant; les questions un peu plus éclaircies, M. de Flahaut fera sans doute à merveille.

» La dépêche sur la Suisse que vous avez adressée à Berlin et à Vienne a paru si concluante à lord Palmerston, que ses lettres sur ce sujet ne seront, pour ainsi dire, que les paraphrases des vôtres[1]... »

LE DUC DE BROGLIE AU PRINCE DE TALLEYRAND.

« Paris, le 17 août 1833.

» Mon prince,

» Les événements se succèdent rapidement, mais leur progrès journalier démontre de plus en plus, ce me semble, la nécessité d'agir, dans les affaires de Portugal, avec prudence et décision. Si nous laissons les choses à leur cours naturel, avant peu, tout sera parvenu à un degré de confusion dont le plus habile aura peine à se tirer.

» Le but que nous devons nous proposer, si je ne me trompe, est celui-ci :

» 1° Exclure du Portugal dom Pedro et dom Miguel ;

» 2° Ajourner la mise à exécution de la constitution de 1826, jusqu'au moment où des temps plus tranquilles permettront de la revoir et de l'approprier aux mœurs du Portugal et à l'intérêt de tous les partis ;

---

1. Voir à l'Appendice, page 505, la dépêche en question que le duc de Broglie avait envoyée à M. Bresson.

» 3° Marier doña Maria à quelque prince qui n'excite ni l'inquiétude de l'Espagne, ni la jalousie de personne.

» Dans ce but, je ne saurais croire que l'ouverture faite par M. de Zéa à M. de Rayneval soit tout à fait à dédaigner [1].

» Si nous pouvions obtenir du gouvernement espagnol, qu'en lui garantissant l'exclusion de dom Pedro et l'ajournement de la constitution, sauf à la reviser plus tard, il reconnaîtrait doña Maria et nous aiderait dans la négociation du mariage entre cette princesse et un prince de Naples, je crois que nous ferions une chose sage et qui n'excède point la mesure du possible.

» Le gouvernement espagnol est évidemment dans une grande perplexité; il a peu d'espérance de soutenir dom Miguel; il est mécontent de sa conduite en ce qui se rapporte à don Carlos; il a besoin de se remettre bien avec la cour de Naples avec laquelle la question de la succession l'a presque brouillé; ce serait un moyen de renouer que de lui offrir une couronne pour le second ou le troisième prince de la maison de Naples.

1. Le cabinet espagnol était extrêmement animé contre dom Pedro. Il craignait de voir l'Angleterre prendre ouvertement les armes en sa faveur et déclarait qu'il considérerait cet acte comme une déclaration de guerre car, disait-il, la chute de dom Miguel entraînerait celle de la monarchie actuelle en Espagne (*Dépêches de M. de Rayneval, des 13 et 25 juillet*). Le 2 août, à la nouvelle de l'entrée de dom Pedro à Lisbonne, le gouvernement de Madrid devint de plus en plus pressant. M. de Zéa proposa à M. de Rayneval d'exclure dom Pedro et d'installer doña Maria avec une régence dont son père serait écarté (*Dépêche du 12 août*). M. Addington fut également sondé à cet égard. Le 9 août M. de Rayneval confirmait ses précédentes informations et ajoutait que M. de Zéa consentait formellement à reconnaître doña Maria pourvu qu'on lui donnât toute garantie contre dom Pedro et sa constitution (*Correspondance officielle de M. de Rayneval*).

» En s'engageant dans cette voie, les gouvernements de France et d'Angleterre non seulement auraient l'Espagne avec eux, mais auraient avec eux toute l'Europe, et, de plus, l'immense majorité du Portugal; ils n'auraient, à proprement parler pour adversaires, que dom Pedro et la poignée de brouillons qui marche à sa suite.

» Reste à savoir comment les deux gouvernements s'y prendraient pour déposséder dom Pedro et pour achever de chasser dom Miguel, sans intervenir ouvertement et à main armée dans les affaires du Portugal.

» Quant à dom Miguel, sa chute serait singulièrement précipitée par l'abandon de l'Espagne ; elle résulterait naturellement du cours des choses et des succès du parti opposé.

» Mais pour dom Pedro, la chose est plus difficile.

» Le vrai moyen, autant que j'en puis juger, c'est de séparer dom Pedro de la cause de la constitution, de retourner, si je puis ainsi parler, sa constitution contre lui. Aux termes de l'article 92 de cette constitution, la régence est dévolue à l'héritier le plus proche après le souverain existant. Dom Pedro n'est pas Portugais, dom Pedro n'est pas héritier; sa régence est une usurpation; la régence appartient à l'infante Marie Isabelle qui l'exerçait en 1826, à défaut de dom Miguel[1].

» C'est sur ce terrain qu'on peut se placer.

---

1. Dom Pedro n'était plus portugais, puisque le Brésil avait été séparé du Portugal. Il n'était pas héritier du roi Jean VI, puisqu'en prenant le titre d'empereur du Brésil, il avait abdiqué ses droits à la couronne de Portugal. La régence devait donc en effet être dévolue à l'infante Marie-Isabelle, fille du roi Jean VI, qui était l'aînée de dom Miguel.

» Si les deux gouvernements déclarent solennellement qu'ils reprennent les choses au point précis où elles étaient, lorsque l'appel de dom Miguel à la lieutenance générale a tout détruit, qu'ils ne prêteront d'appui moral et matériel qu'au gouvernement de doña Maria, tel qu'il existait alors, il est probable qu'ils créeraient à Lisbonne un parti portugais, qui en imposerait à dom Pedro, et finirait par l'obliger à se retirer des affaires. En agissant ainsi, ils pourraient, si cela était absolument nécessaire, dévier plus ou moins du système de neutralité avec l'approbation de tout le monde, et du moment que leurs efforts se dirigeraient à la fois contre les deux princes et pour un dénouement à l'avantage de l'Espagne, ils seraient sûrs de ne pas trouver de contradicteur. Leur arbitrage serait admis en fait, comme celui de la conférence tout entier l'a été dans les affaires de Belgique.

» Une fois dom Pedro expulsé, il serait facile de s'entendre sur la constitution et de la modifier dans un sens favorable à la paix de la péninsule.

» Je vous adresse à la hâte ces idées, mon prince, à mesure qu'elles me traversent la tête, car je n'ai pas eu depuis ce matin le loisir d'y réfléchir. Je les soumets, ou plutôt je les livre à votre expérience. Tirez-en ce que vous voudrez; rien du tout même, si elles ne vous paraissent pas susceptibles d'exécution. Nous persistons, d'ailleurs, dans les résolutions prises à l'occasion du projet relatif au duc de Leuchtenberg, et je vous confirme ici tout ce que je vous disais dans ma lettre d'avant-hier... »

LE PRINCE DE TALLEYRAND AU DUC DE BROGLIE.

« Londres, le 19 août 1833.

» J'ai reçu ce matin la dépêche sous le numéro 90, et je me suis empressé de voir lord Palmerston, auquel j'en ai donné communication, ainsi que de certaines parties des lettres de M. de Rayneval [1]. Il m'a, à son tour, donné à lire la dernière dépêche qu'il avait reçue de M. Addington et qui porte la date du 11, c'est-à-dire un jour après celle de M. de Rayneval. M. Addington rend compte, dans cette dépêche, d'une conversation qu'il venait d'avoir avec M. de Zéa, dont le langage aurait été très différent de celui qu'il avait tenu à M. de Rayneval.

» Au lieu de proposer, comme à ce dernier, de chercher les moyens de s'entendre et d'essayer d'arriver à la pacification de la péninsule par la voie de la conciliation, M. de Zéa aurait, au contraire, déclaré à M. Addington que l'Espagne ne s'écarterait en rien de la ligne de conduite qu'elle a suivie jusqu'à présent dans les affaires de Portugal, et que, pour sa part, il était décidé à s'y maintenir.

» Nous n'avons pu nous empêcher, lord Palmerston et moi, d'être frappés de cette contradiction dans les rapports de deux ambassadeurs dans lesquels leurs gouvernements placent, à juste titre, toute confiance, et nous avons dû en conclure que M. de Zéa avait deux langages, et qu'il avait voulu tromper l'un des deux ambassadeurs.

» Je n'en ai pas moins insisté près de lord Palmerston pour obtenir, de la part du cabinet britannique, plus de résolution dans ses communications, soit à Lisbonne, soit à Madrid.

---

1. Voir page 237.

» Vous aurez appris par ma dépêche numéro 159 que lord Russell agirait de concert avec l'agent que vous accréditerez à Lisbonne pour s'opposer au mariage projeté par l'empereur dom Pedro. Lord Palmerston est également décidé à appuyer le plan du mariage de la reine doña Maria avec un prince de Naples, et il fera à cet égard toutes les démarches que vous jugerez utiles et convenables.

» Quant à l'expulsion de dom Pedro du Portugal, et à la suspension de la constitution de 1826[1], il partage entièrement votre manière de voir et n'est arrêté que par la difficulté de trouver un moyen sans violence pour y parvenir. Il craindrait tout ce qui semblerait, en apparence, une intervention dans les affaires intérieures du pays; il ne voudrait pas même d'une déclaration solennelle des deux gouvernements, et qui tendrait à rétablir sous leur direction, comme vous le proposez, l'ordre de choses qui existait en Portugal avant l'usurpation de dom Miguel.

» Lord Palmerston ne se dissimule pas les inconvénients de la présence de dom Pedro en Portugal, ni la dangereuse action de la mauvaise constitution de 1826 sur le repos de toute la péninsule; mais, comme j'avais l'honneur de vous le dire, tout en voulant la fin, il recule devant les moyens. Je n'ai négligé aucun des arguments que vous faites valoir à ce sujet dans vos différentes lettres, mais je n'ai pas pu fixer son esprit sur une de ces résolutions hardies qu'il appartiendrait à l'Angleterre de prendre dans une pareille circonstance.

---

1. La constitution que dom Pedro avait donnée au Portugal, lorsque, après la mort du roi Jean VI, il s'était emparé de la régence au nom de sa fille doña Maria. Elle accordait le pouvoir législatif à deux Chambres, l'une élective, l'autre à la nomination du roi.

» Lord Palmerston m'a dit ensuite que, d'après les rapports de M. Addington, il lui serait impossible de tenter une démarche quelconque près du cabinet de Madrid, tant que M. de Zéa n'aurait pas fait au gouvernement anglais des ouvertures nouvelles et du genre, à peu près, de celles faites en dernier lieu à M. de Rayneval. Comme je l'ai trouvé assez décidé sur ce point, je n'ai pas voulu le presser davantage, me réservant d'ailleurs d'en entretenir lord Grey chez lequel je me suis rendu, à l'issue de ma conversation avec lord Palmerston. Je ne l'ai pas trouvé : j'y retournerai demain, mais je n'ai pas voulu différer de vous transmettre des informations qu'il ne sera peut-être pas inutile de faire arriver à Madrid. »

LORD GREY AU PRINCE DE TALLEYRAND.

« Downing-Street, Aug. 21, 1833.

» Mon prince,

» Je vous renvoie avec bien des remerciements les lettres intéressantes du duc de Broglie, que vous m'avez fait l'honneur de me confier.

» Je trouve beaucoup de justesse dans les vues et les raisonnements du duc, quoique je ne partage pas toutes ses craintes sur le mariage Leuchtenberg. Je serai charmé de trouver une occasion de parler avec vous sur cela, à mon retour de Windsor... »

LE PRINCE DE TALLEYRAND AU DUC DE BROGLIE.

« Londres, le 22 août 1833.

» ... Je n'ai pu avoir avec lord Grey qu'une très courte conversation sur les affaires du Portugal ; il est toujours absorbé par le parlement, et a été, de plus, passer un jour à Windsor. Il partage certainement votre répugnance pour le mariage que dom Pedro paraît projeter pour sa fille, mais, cependant, il n'en apprécie peut-être pas assez toutes les graves conséquences sur l'avenir de la péninsule, et j'ai retrouvé, dans lord Grey, comme dans lord Palmerston, si ce n'est de l'indifférence, du moins une hésitation, une incertitude de vues dans la question portugaise, qui pourraient avoir de bien fâcheux résultats si elles se prolongeaient. Je vous engage à vous en ouvrir franchement avec M. Aston... »

« Le 23 août 1833.

» ... Lord Palmerston a paru très bien comprendre nos répugnances pour le mariage Leuchtenberg, mais j'ai vu avec peine plusieurs autres membres du cabinet dominés dans cette question par une sorte de politique sentimentale, à mes yeux fort déplacée. En attendant, rien d'utile ne se fait : dom Pedro s'établit de plus en plus dans la régence qu'il s'est attribuée à lui-même ; il la conduit à la diable, et chaque jour, par malheur, le rend plus difficile à écarter ; il est à craindre aujourd'hui que la guerre civile ne se charge de le culbuter...»

« Le 26 août 1833.

» ... Les instructions que vous adressez à M. de Lurde me paraissent rédigées dans un excellent esprit, qui s'applique à des prévisions sagement méditées aussi bien qu'aux faits qui nous sont déjà connus.

» Je dois féliciter de plus en plus le gouvernement du roi du système politique qu'il a adopté dans ses relations avec l'Espagne, et dont votre dépêche à M. de Rayneval me fournit une nouvelle preuve. Je suis porté à croire avec vous que les ouvertures de M. de Zéa à notre ambassadeur à Madrid ont été faites avec l'intention d'y donner suite, et d'assurer, de commun accord avec la France et l'Angleterre, le repos de la péninsule. Que ce langage nouveau, de la part du cabinet de Madrid, lui ait été dicté par les craintes que lui causent les derniers événements de Lisbonne, ou par tout autre sentiment, je pense qu'il ne faut pas trop s'en laisser préoccuper. Aussi, n'ai-je négligé aucun argument pour faire prévaloir dans l'opinion des ministres anglais la nécessité de nous entendre avec l'Espagne pour régler, d'une manière avantageuse à tous, l'avenir du Portugal.

» J'ai eu l'honneur de vous faire connaître le mauvais effet qu'avaient produit ici les derniers rapports de M. Addington; mais je ne crois pas cependant que ce soit à ces rapports seuls qu'il faut attribuer les dispositions peu favorables du cabinet anglais envers le gouvernement espagnol, car on va jusqu'à supposer qu'il est surtout dominé par un esprit d'animosité contre M. de Zéa, qui pourrait amener de bien fâcheuses complications. La nomination, récemment faite, de M. George Villiers[1] à la place de M. Addington, paraît ici un peu empreinte de cet esprit, et, quoiqu'on y rende justice au caractère honorable de ce nouvel envoyé, on s'effraye de ses opinions beaucoup plus prononcées que celles de M. Addington, dans

---

1. Georges-William-Frédéric Villiers, comte de Clarendon, né en 1800, fut, en 1833, nommé ministre à Madrid. En 1839, il devint lord du sceau privé, chancelier du duché de Lancastre en 1840, lord-lieutenant d'Irlande de 1847 à 1852, puis secrétaire d'État aux affaires étrangères. Il se démit en 1858, fut de nouveau chancelier du duché de Lancastre en 1864 et reprit le portefeuille des affaires étrangères en 1865.

un sens qui ne peut s'accorder avec la politique du cabinet de Madrid. La nomination de M. Villiers est d'autant plus inopportune que M. de Zéa exprimait, il y a peu de temps encore, le désir de conserver M. Addington à Madrid.

» Je dois citer encore, comme un fait à l'appui des reproches qu'on adresse au gouvernement anglais, la publication des lettres interceptées à Lisbonne, publication que je n'ai pas moins déplorée que vous, monsieur le duc, et dont le ministère anglais aura bien de la peine à se justifier[1]. On eût pu tirer un utile parti de ces lettres, soit auprès des membres du parlement anglais, soit auprès des gouvernements étrangers qui y sont plus ou moins compromis, et auxquels la crainte de révélations indiscrètes aurait certainement inspiré plus de retenue et de ménagement. Ce qui doit aussi, ce me semble, faire regretter aujourd'hui cette imprudente publication, c'est que le gouvernement anglais n'ait pas su profiter du seul avantage

1. Au cours de la guerre de Portugal, un certain nombre de lettres adressées au gouvernement de dom Miguel avaient été interceptées et communiquées au cabinet britannique. Le *Times* en eut connaissance et les publia. Parmi ces correspondances, les plus curieuses sont les rapports adressés au duc de Cadaval et au vicomte de Santarem par un nommé Antonio Ribera Saraiva, ministre secret de dom Miguel à Londres, qui compromettaient singulièrement plusieurs membres considérables du parti tory et les représentants de diverses cours du continent. La lettre du 14 juillet 1833 (reproduite par les *Débats* du 20 août), parle de conférences secrètes qu'aurait eues à Londres le maréchal de Bourmont avec lord Beresford, M. de Neumann, chargé d'affaires d'Autriche, et M. Vial, ministre d'Espagne. L'agent portugais s'exprimait ainsi : « Le baron de Neumann me dit que non seulement lui, mais une foule d'autres personnes, et entre autres le duc de Wellington, seraient charmés d'apprendre que le maréchal de Bourmont se rendait en Portugal. Il ajouta que les trois puissances avaient applaudi à la résolution de Sa Majesté de prendre le maréchal à son service, et qu'en définitive, Bourmont devait se regarder, partant pour le Portugal, non seulement comme ayant mission de sauver la cause portugaise, mais encore celle de la légitimité dans toute la péninsule, en Europe et dans le monde. » Le 17 juillet, à la nouvelle de la destruction

qu'elle pouvait lui procurer, en se prononçant énergiquement dans les affaires de Portugal. Il aurait pu se regarder comme autorisé, d'après ces lettres, à intervenir à Lisbonne pour en expulser dom Pedro, et faciliter le rapprochement du gouvernement de doña Maria avec celui d'Espagne. Il lui aurait été aisé de dissimuler cette intervention dans les affaires intérieures du pays sous une forme quelconque, et d'ailleurs, dans ces sortes d'affaires, le succès justifie tout. Il satisfaisait par là tous les cabinets, il imposait silence au parti tory dans le parlement, et la tranquillité rétablie en Portugal, même avec la suspension de la constitution de 1826, jusqu'à la majorité de doña Maria, par exemple, lui offrait de puissants moyens de défense contre la fraction du parlement qui soutient les opinions les plus exagérées.

» Ainsi que vous m'y aviez autorisé, je viens de communiquer à lord Palmerston les instructions que vous adressez à M. de Lurde. Il s'est montré très sensible à cette marque de confiance, et m'a chargé de vous dire qu'il approuvait

---

de la flotte de dom Miguel, Ribera écrivait de nouveau : « Je ne conserve plus aucune espérance. J'ai causé à ce sujet avec les ambassadeurs des grandes puissances et autres grands personnages. Tous considèrent notre cause, sinon comme entièrement perdue, du moins comme fort compromise, et le seul espoir de ceux qui s'intéressent à nous est que le maréchal de Bourmont doit être maintenu à la tête des forces de terre... »

La publication de cette correspondance causa une vive sensation en Angleterre. Lord Palmerston fut à ce sujet questionné à la Chambre des communes par M. Murray, qui lui demanda si ces lettres étaient ou non authentiques. « Autant que je puis en juger, ajoutait l'honorable membre, cette correspondance est tout à fait étrange, et il est fâcheux d'y voir signaler certains personnages comme agents du plus détestable gouvernement qui fût jamais. Si ces lettres étaient vraies, elles feraient peu d'honneur au caractère anglais, mais j'aime à croire que le noble vicomte sera à même de les démentir. » Lord Palmerston refusa de répondre à l'interpellateur, ce qui laissa peu de doutes sur l'authenticité des documents publiés.

ces instructions dans toute leur étendue, et qu'il allait écrire à lord William Russell pour l'engager à se concerter, en général, dans ses démarches, avec M. de Lurde... »

« Le 26 août 1833.

» Mon cher duc,

» Voici une dépêche — celle ci-dessus — à laquelle j'ai ôté la forme officielle, afin que vous puissiez, si vous le jugez à propos, ne la considérer que comme une lettre particulière. J'ai cru devoir au gouvernement les renseignements qu'elle renferme. Vous y trouverez d'ailleurs quelques arguments dont vous pourriez, sans me citer comme de raison, tirer parti vis-à-vis de M. Aston. Je n'ai pas besoin de vous dire combien seraient graves les inconvénients qui résulteraient de quelque indiscrétion directe sur le contenu de cette dépêche.

» Le gouvernement anglais est fort mécontent de son ministre à Pétersbourg, qui a, sans motif d'aucun genre, compromis lord Minto près du cabinet de Berlin. J'ai fait tous mes efforts pour que lord Minto ne souffrît pas, dans sa position, d'une indiscrétion commise par un de ses collègues. Mon opinion est que le ministère fera l'impossible pour étouffer cette affaire et pour conserver lord Minto à Berlin... »

« Le 27 août 1833.

» Voici les nouvelles qui sont arrivées aujourd'hui à Londres de Lisbonne et d'Oporto.

» Lord William Russell a présenté le 15 ses lettres de créance au régent à Lisbonne.

» Le 16, Saldanha a battu les miguélistes devant Oporto, dont le siège est entièrement levé, et de telle sorte qu'un grand nombre de bâtiments de commerce sont entrés dans le Douro. — Les cortès ont été convoquées à Lisbonne, et les élections doivent commencer le 1ᵉʳ octobre.

» Une autre nouvelle qui est parvenue également ce matin à Londres, et à laquelle personne n'était préparé, est celle de l'arrivée de l'empereur de Russie à Stettin [1]. Nous l'avons appris par un courrier qu'a reçu le prince de Lieven.

---

1. L'empereur de Russie se rendait à Munchengraetz où il allait se rencontrer avec l'empereur d'Autriche le 19 septembre (voir page 271). M. Pozzo vint l'annoncer officiellement au duc de Broglie qui en rendit compte au roi. « M. Pozzo, écrivait-il, m'a donné lecture d'une grande dépêche de M. de Nesselrode qui explique les motifs de ce voyage par l'envie qu'ont depuis longtemps les trois souverains de se revoir et de se donner mutuellement des témoignages d'amitié. Les circonstances politiques s'y sont opposées jusqu'ici ; la guerre de Pologne, le choléra, l'état d'agitation des esprits. Aujourd'hui que l'Europe est en pleine paix, que la Pologne est tranquille, l'affaire d'Orient terminée, l'affaire de Belgique prête à finir, toutes les autres affaires trop minimes pour pouvoir troubler la paix de l'Europe, rien de s'oppose plus aux desseins des trois monarques et leur entrevue ne saurait être interprétée d'une manière alarmante. Il n'y faut chercher ni desseins secrets, ni concert pour atteindre un but qui leur soit propre. C'est une preuve d'affection réciproque qu'ils entendent se donner, il n'y faut pas chercher autre chose. — Telle est, Sire, la substance de cette dépêche, que j'ai écoutée sans approuver ni blâmer, comme une chose indifférente à la France et sans témoigner la moindre curiosité sur les détails de l'entrevue. Le temps apprendra si cette entrevue cache quelque profond mystère. Je ne le crois pas ; néanmoins, il est bon d'être sur ses gardes et de tout observer » (*Le duc de Broglie au roi Louis-Philippe, 30 août*).

Une démarche analogue fut faite par M. de Lieven auprès de lord Palmerston, qui écrivait à ce sujet à son frère : « Le motif de la rencontre des trois souverains en Bohême s'expliquera plus tard. Nesselrode écrit à Lieven pour que la lettre me soit montrée, que ce n'est que *pour un épanchement de cœur* et que la politique n'a rien à y voir. Comment peut-on prendre la peine d'écrire de pareilles niaiseries? C'est comme s'ils voulaient vraiment nous empêcher de croire un mot de ce qu'ils disent...» (*Lord Palmerston à Sir William Temple, 3 septembre 1833*).

LE COMTE DE RAYNEVAL AU PRINCE DE TALLEYRAND.

« Madrid, le 19 août 1833.

» Mon prince,

» Je vous remercie beaucoup de votre lettre du 27 juillet. Je conçois le peu d'attraits qu'a aujourd'hui pour vous le séjour de Paris, et j'avoue franchement que, pour ma part, je ne regarde pas du tout comme une privation d'en être éloigné. Il y a pourtant des moments où j'aurais bonne envie d'y faire une apparition, celui-ci par exemple. Je vous y rencontrerais, et ce serait pour moi à la fois un grand plaisir et un grand avantage. Vous éclairciriez, j'en suis certain, une foule de doutes qui ne cessent de se présenter à mon esprit, et vous me montreriez le chemin que je dois suivre pour me tirer des difficultés toujours croissantes de ma position actuelle. Le ministère devrait bien avoir la bonne idée de m'appeler, ne fût-ce que pour quelques jours. Il me semble qu'il y a dans les affaires de ce pays-ci des points pour lesquels les écritures ne suffisent pas, et qui exigent des conversations.

» On aurait pu croire à un dénouement prochain du drame qui se joue dans notre voisinage, si dom Pedro avait voulu se résigner à disparaître de la scène. Mais il aura pressenti qu'on était assez disposé à se passer de lui, et il a pris ses précautions. Dom Miguel et ses adhérents sont à peu près hors de combat. N'est-il pas à craindre qu'un nouveau conflit ne s'élève et que le pays ne se partage entre dom Pedro et doña Maria? L'Espagne, après quelques façons, s'accommoderait, je pense, du règne de cette princesse; mais le père lui fait peur. Les mesures précipitées qu'il vient de prendre contre le clergé le font regarder ici comme un révolutionnaire des plus fougueux[1]. Malgré cela, s'il ménage l'Espagne, l'Espagne le laissera très tranquille. Ce gouvernement connaît sa propre faiblesse et n'entreprendra rien s'il n'est poussé au désespoir. Il a beaucoup de peine à se rassurer sur les vues de l'Angleterre. Le rappel de M. Addington, quoiqu'il le prévît, lui paraît de mauvais augure; il craint de le voir remplacer par un homme ardent et prévenu. On peut mener très loin les Espagnols avec des ménagements; mais, si on les brusque ou les menace, ils se cabrent, et non seulement ils ne font rien de ce que vous voulez, mais vous pouvez même les précipiter dans les plus dangereuses folies.

» M. de Zéa remercie Votre Altesse de son souvenir. Il se recommande à elle pour tâcher d'adoucir lord Palmerston, qu'il croit animé de sentiments peu bienveillants pour l'Espagne.

» Le roi Ferdinand est dans un fort triste état. On craint qu'il ne passe pas le mois de septembre. Je crois que les nouvelles de sa santé sont la véritable cause de la persistance de don Carlos à rester en Portugal, malgré la guerre et le

---

1. Dom Pedro, entré à Lisbonne le 28 juillet, prit sur-le-champ les rênes du gouvernement. Il suspendit la charte jusqu'à la fin de la guerre, et renvoya du ministère le duc de Palmella qui avait la confiance de la France et de l'Angleterre, pour s'entourer de personnages connus par l'exaltation de leurs idées démocratiques. Il sévit également contre le clergé qui était le plus ferme appui de dom Miguel. Le nonce du pape fut embarqué de force pour l'Italie; les jésuites furent expulsés. Défense fut faite de payer les redevances dues aux communautés. Des décrets destituèrent tous les évêques nommés par dom Miguel et défendirent aux novices actuellement dans les couvents d'entrer dans les ordres. Enfin dom Pedro attribuait à la couronne la totalité des présentations aux bénéfices.

choléra. La mort du roi, arrivant dans les circonstances actuelles, mettrait, à coup sûr, ce pays-ci en combustion, et je ne sais si la tranquillité de l'Europe, que vos soins ont si miraculeusement conservée jusqu'à présent, résisterait à ce choc... »

LE PRINCE DE TALLEYRAND AU DUC DE BROGLIE.

« Londres, le 29 août 1833.

» Monsieur le duc,

» ...J'ai l'honneur de vous transmettre le discours prononcé aujourd'hui par Sa Majesté le roi d'Angleterre à la prorogation du parlement. Vous y remarquerez les phrases qui se rapportent aux questions de Hollande, de Portugal et de Turquie. — Le chancelier quitte Londres ce soir pour deux mois, et lord Grey partira dans quelques jours pour son château, dans le nord de l'Angleterre, où il compte aussi passer deux mois... »

LE COMTE DE RAYNEVAL AU PRINCE DE TALLEYRAND.

« Madrid, le 24 août 1833.

» Prince,

» Nous voici ici dans une sorte de crise. Pendant que lord Palmerston fait donner au cabinet de Madrid des assurances réitérées de neutralité de la part de l'Angleterre, en exigeant plus impérieusement que jamais celle de l'Espagne, en disant que si *un seul* soldat espagnol met le pied sur le territoire portugais, l'Angleterre regardera cet acte comme une déclaration de guerre, lord William Russell annonce qu'il a pris la résolution, pour protéger, dit-il, les sujets anglais, de faire descendre à terre, non *un* soldat, mais deux mille de ceux qui sont sur l'escadre de l'amiral Parker[1], et de leur faire occuper, non seulement le fort Saint-Julien qui défend l'embouchure du Tage, mais aussi le fort Saint-George qui domine la ville de Lisbonne. C'est pour une lettre adressée le 13 à M. de Cordova, que lord Russell donne à connaître cette détermination. Elle a causé, comme vous pouvez le penser, la plus vive impression sur ce gouvernement-ci, qui, il y a deux jours seulement, recevait les communications rassurantes dont j'ai fait mention plus haut. Il ne sait si cette idée de débarquer des troupes anglaises vient de lord William ou de son gouvernement. Il croit à la première de ces hypothèses plutôt qu'à la seconde, qui lui paraît trop directement en opposition avec ce que lui fait dire le cabinet britannique. Dans l'incertitude où est M. de Zéa, il se hâte d'expédier un courrier à Londres, pour engager le gouvernement à ne pas outrepasser les bornes qu'il a posées lui-même, et à ne pas forcer l'Espagne à quitter, malgré elle, la ligne de conduite qu'elle a fidèlement suivie jusqu'ici, à la demande de l'Angleterre. Il m'assure que la note qui sera remise à ce sujet à lord Palmerston est conçue en des termes qui ne peuvent nullement être pris en mauvaise part. Il demande à notre gouvernement d'appuyer cette démarche pacifique, et verrait avec reconnaissance que vous voulussiez bien user de

---

[1]. Sir William Parker, né en 1781, s'engagea tout jeune dans la marine, devint capitaine de vaisseau en 1810, contre-amiral en 1830, reçut en cette qualité le commandement de l'escadre que l'Angleterre envoya vers cette époque à l'embouchure du Tage. Il fut nommé lord de l'amirauté en 1834 et de nouveau, en 1841, commanda à cette dernière date les forces navales anglaises dans les mers de Chine, fut promu amiral en 1863 et mourut en 1866.

votre influence personnelle pour faire changer une détermination dont on ne peut réellement calculer les suites. Mais, j'ai bien peur que cette requête ne vienne trop tard. Le 16, M. de Bourmont a quitté Coimbre pour rejoindre son armée, qui marchait sur Lisbonne. Elle est forte de quinze à seize mille hommes, non compris quelques corps détachés qui sont sur le Tage, ou du côté de Torrès-Vedras. Avec cette force, il peut certainement tenter d'enlever la capitale, et y parvenir. Lord William sera, sans doute, obligé de suivre son projet, ou d'y renoncer sans attendre les directions de son gouvernement. Tout l'avenir de la péninsule va donc dépendre de l'idée qui lui passera par la tête.

» On ne peut se dissimuler que ces tristes affaires de Portugal prennent la tournure la plus fâcheuse possible. Une sanglante anarchie se propage dans tout le pays ; et dom Pedro, par tous les décrets qu'il lance, sans interruption, blesse toutes les opinions comme tous les intérêts, et rend presque impossible le retour de l'ordre. Il ne manque plus que de voir l'Angleterre et l'Espagne prendre part à la lutte, pour en être réduit à désespérer, non seulement de la péninsule, mais de l'Europe tout entière...»

MADAME ADÉLAÏDE D'ORLÉANS AU PRINCE DE TALLEYRAND.

« Saint-Cloud, le 30 août 1833.

» Je ne veux pas laisser partir M. Thiers pour Londres sans un petit mot de moi pour vous, mon cher prince ; il me l'a demandé hier soir, et je suis bien aise de vous dire combien notre cher roi l'apprécie et est satisfait de son esprit et de son dévouement; il va à merveille : c'est un excellent petit homme.

» Nous avons les nouvelles les plus satisfaisantes du voyage du roi[1]; c'est un véritable triomphe. Je vais partir avec la reine, mes nièces et mes deux plus jeunes neveux pour aller le rejoindre à Cherbourg, d'où je tâcherai de vous donner de nos nouvelles. Je vous écris en hâte, étant au moment de monter en voiture... »

LE PRINCE DE TALLEYRAND AU DUC DE BROGLIE.

« Londres, le 4 septembre 1833.

» Monsieur le duc,

» C'est seulement hier, 3, que j'ai reçu les dépêches que vous m'avez fait l'honneur de m'écrire le 29 et le 31 du mois dernier, et dont l'arrivée a été fort retardée par le mauvais temps.

» Le marquis de Rezende est arrivé, il y a quelques jours, à Londres, venant du Havre, chargé par Sa Majesté Madame la duchesse de Bragance de demander à Sa Majesté le roi d'Angleterre la permission pour elle et pour la reine doña Maria de venir attendre en Angleterre les bâtiments portugais qui doivent les conduire à Lisbonne. Le marquis de Rezende, en communiquant le but de sa mission aux ministres anglais, a porté des plaintes très vives sur la manière dont madame la duchesse de Bragance aurait été reçue au Havre, et particulièrement sur les mauvais traitements que M. le duc de

---

1. Le roi était parti le 26 août pour un voyage en Normandie. Des fêtes eurent lieu à son passage à Cherbourg où vint le rejoindre la famille royale. Le roi fut de retour à Saint-Cloud le 12 septembre.

Leuchtenberg aurait eu à supporter de la part des autorités du Havre[1].

» Lord Grey, qui m'a entretenu de la mission de M. de Rezende, m'a dit qu'il avait reçu une copie de la protestation faite par M. le duc de Leuchtenberg avant de quitter le Havre, et remise par lui au sous-préfet. Il m'a paru qu'il avait été très frappé de la rédaction de cette pièce, qu'il n'a pu me montrer parce qu'il l'avait laissée entre les mains du roi. Lord Grey a ajouté qu'il avait pris les ordres de Sa Majesté sur la demande faite par madame la duchesse de Bragance, et que le roi lui avait recommandé de faire savoir à M. de Rezende qu'il verrait avec plaisir la reine doña Maria et l'impératrice en Angleterre, et que, s'il avait un bâtiment disponible, il l'enverrait au Havre pour qu'elles pussent en faire usage.

» Lorsque lord Grey m'a fait la communication dont je viens de vous faire part, je n'avais point encore reçu votre dépêche du 31, qui renferme des explications sur ce qui s'est passé au Havre, relativement au duc de Leuchtenberg ; mais j'ai pu cependant l'assurer qu'il devait y avoir une grande exagération dans les récits du marquis de Rezende ; qu'il ne paraîtrait croyable à personne qu'après un séjour de deux années en France, pendant lesquelles Leurs Majestés M. le duc

---

1. « ... Le duc de Leuchtenberg était arrivé au Havre sous un nom supposé. Le gouvernement du roi lui ayant fait représenter qu'il ne pourrait sans inconvénient prolonger son séjour en France où il n'était entré qu'au moyen d'un passeport irrégulier, il a d'abord paru peu disposé à céder à cette invitation, mais il n'a pas tardé à se raviser : il a écrit au sous-préfet que s'il s'était rendu immédiatement au Havre, c'est qu'il avait cru y trouver les bâtiments destinés à transporter au Portugal la famille de dom Pedro, et que l'arrivée de ces bâtiments lui paraissant différée, il allait partir lui-même pour Munich » (*Le duc de Broglie au prince de Talleyrand, 31 août*).

et madame la duchesse de Bragance et la reine doña Maria n'avaient pas cessé d'être entourés d'égards et traités de la manière la plus distinguée, on eût eu, au moment de se séparer d'eux, des procédés inconvenants, qui sont si étrangers à la cour de France. J'ai retrouvé, du reste, dans cette circonstance comme dans plusieurs autres, lord Grey surpris de l'insistance que nous mettons à repousser le duc de Leuchtenberg, et ne voulant pas comprendre qu'il s'agit ici d'une question de dignité pour le Portugal et de tranquillité pour la péninsule entière, sur quoi j'ai toujours particulièrement insisté.

» J'ai eu, aujourd'hui même, avec lord Palmerston, une conversation dans laquelle je lui ai parlé de la note qui doit lui être adressée par le gouvernement espagnol, au sujet de l'occupation des forts de Lisbonne par des troupes anglaises. Il n'avait pas encore reçu cette note, mais elle lui avait été annoncée, au lever du roi, par M. Vial, ministre d'Espagne. J'ai pu cependant saisir cette occasion qui m'était offerte pour lui renouveler les instances que je lui ai déjà faites à diverses reprises sur la nécessité d'un rapprochement entre l'Angleterre et l'Espagne. Je lui ai indiqué qu'en agissant de concert avec le cabinet de Madrid, pour empêcher des troubles révolutionnaires dans la péninsule, il rapprocherait de lui les cabinets du continent que des intrigues récentes avaient pu en éloigner, et qu'il s'assurerait par là une influence profitable pour la paix de l'Europe ; que la meilleure manière de satisfaire l'Espagne en ce moment était de renoncer à l'occupation des forts de Lisbonne, et de repousser sans hésitation le mariage de doña Maria avec le duc de Leuchtenberg, qui ne pouvait qu'amener à sa suite la guerre civile en Portugal et en Espagne.

» Lord Palmerston a écouté ces observations avec intérêt et m'a donné sa parole de chercher dans la note du cabinet espagnol, aussitôt qu'elle lui serait parvenue, tous les moyens possibles de rentrer avec l'Espagne dans des relations amicales. Il m'a paru qu'il en sentait toute l'importance, et il m'a même assuré, comme M. Aston vous l'avait déjà annoncé, que l'autorisation donnée aux troupes anglaises d'occuper les forts de Lisbonne avait été révoquée, et que lord William Russell avait reçu l'ordre de se conformer aux premières instructions qui lui avaient été transmises, et dont vous avez eu connaissance. »

LE DUC DE BROGLIE AU PRINCE DE TALLEYRAND.

« Paris, le 5 septembre 1833.

» Mon prince,

» Je vous envoie une dépêche que j'ai reçue de Madrid ce matin même. Elle n'est pas aussi satisfaisante que je l'espérais. Il est clair que l'affaire portugaise demeurant encore dans sa crise, le gouvernement espagnol espère trop le succès de dom Miguel pour s'ouvrir à nous entièrement, tandis que le gouvernement anglais, regardant toujours dom Miguel comme perdu, se ressouvient plus de ses ressentiments contre l'Espagne que des vrais intérêts de l'Angleterre. Si Lisbonne est emporté d'assaut, et si dom Miguel est écrasé dans l'attaque, chaque gouvernement suivra sa pente, je le crains, et demeurera intraitable. Mais, je ne sais si je m'abuse, aucun de ces deux événements ne me paraît probable. A moins que dom Pedro n'ait décidément perdu la tête, il n'ira point se faire battre en rase campagne, et pour peu qu'il se tienne sur la défensive, ce ne sont pas les quinze ou vingt mille hommes de Bourmont qui pourront entrer de vive force dans une ville comme Lisbonne. La mauvaise saison approchant, ce qui semble être l'avenir de ce malheureux pays, c'est d'avoir ses deux capitales occupées par les pédristes, et le reste du territoire occupé par les miguélistes ou livré à leurs ravages, et cela, sans terme apparent, sans dénouement prochain ni probable.

» Un tel état de choses peut-il, doit-il subsister?

» J'avoue que j'ai peine à le croire. Je respecte beaucoup le principe de non-intervention. Chacun pour soi, chacun chez soi, rien de plus juste. Mais ce principe, comme tous les principes, a ses limites. Il suppose que le pays auquel on l'applique possède en lui-même les moyens de sortir de l'anarchie, d'échapper à la guerre civile; il suppose, dans ce pays, une majorité et une minorité: une majorité suffisante pour venir à bout de la minorité, tant qu'elle résiste, et la protéger, sans traiter avec elle, quand elle a succombé. Mais, quand une épreuve longue, patiente, sincère, a prouvé que le pays dont il s'agit ne possède aucun des moyens nécessaires pour rétablir l'ordre dans son propre sein; qu'il n'y a, d'aucun côté, une majorité réelle et capable de se dessiner, de se faire obéir; quand il est évident que la lutte ne peut finir par le triomphe absolu de qui que ce soit, il me semble que l'humanité, la raison, le bon sens veulent que ceux des voisins qui ont un intérêt quelconque à la pacification du pays dont il s'agit, se concertent pour intervenir, pour faire poser les armes aux combattants, pour régler ensuite un compromis entre les partis opposés, en proportionnant autant que possible les avantages réciproques à la force respective des partis.

» Telle est, à mon avis, la position du Portugal.

» Plus j'y réfléchis, plus j'y regarde, plus je me persuade que cette malheureuse affaire ne peut finir que par l'intervention amicale de la France, de l'Espagne et de l'Angleterre, intervention plus ou moins prononcée, plus ou moins directe, plus ou moins active, selon l'exigence du cas et la nature des circonstances ; mais intervention sans laquelle l'affaire dégénérera en une guerre entre l'Espagne et l'Angleterre, chacune s'engageant de plus en plus au soutien de son protégé, et faisant chaque jour de nouveaux appels à l'opinion de chaque pays, jusqu'au point de l'exalter, de manière à se priver de toute liberté de choisir et de se mouvoir en divers sens.

» Je vous confie ces réflexions, mon prince, bien moins pour vous demander de faire, en ce moment, une démarche quelconque, que pour vous prier de préparer à l'avance celles que les événements pourraient bientôt rendre nécessaires. S'il arrive qu'une sorte de convention s'établisse entre les trois gouvernements pour agir simultanément dans cette affaire, ce sera vous qui en poserez les bases. C'est votre sagesse et votre expérience qui en sera crue par le gouvernement anglais. Je n'aurais, à moi seul, que peu d'espérance de me faire écouter. Je tiens d'ailleurs, avant tout, à m'éclairer de vos conseils et à ne rien précipiter sans votre aveu... »

LE PRINCE DE TALLEYRAND AU DUC DE BROGLIE.

« Londres, le 9 septembre 1833.

» Monsieur le duc,

» La reine doña Maria et Sa Majesté la duchesse de Bragance ont débarqué hier à Portsmouth, venant du Havre, à bord d'un bateau à vapeur frété par un agent de dom Pedro. La jeune reine a reçu les plus grands honneurs à son débarquement; les lords de l'amirauté qui se trouvaient à Portsmouth se sont empressés de lui présenter leurs hommages, ainsi que toutes les autorités civiles et militaires. Elle est invitée à se rendre à Windsor, où il paraît qu'elle passera trois ou quatre jours. En tout, on met une espèce d'affectation dans la bonne réception qu'on fait à doña Maria en Angleterre ; il est aisé d'en deviner le but, et le *Times*, dans un article de son numéro de ce matin, ne laisse aucun doute à cet égard... »

« Le 9 septembre 1833.

» Mon cher duc,

» Voici le parlement dissous, les ministres anglais sont à la campagne, et la conférence ajournée de fait jusqu'à ce qu'il plaise au roi de Hollande de répondre et de céder. Il ne paraît disposé ni à l'un ni à l'autre, et nous ne faisons rien qui vaille ici.

Je crois donc le moment opportun pour obéir aux médecins qui jugent le changement d'air nécessaire pour me remettre de mon terrible rhume. Ma famille me presse de me rendre à Paris, où le triste état de mon frère exige des mesures qu'on ne croit pas pouvoir prendre sans moi, et mes affaires personnelles, enfin, sont trop en souffrance depuis la mort de l'homme qui les gouvernait depuis vingt-cinq ans pour que je puisse les laisser plus longtemps à l'abandon.

» L'état des choses me paraissant ne pas réclamer aujourd'hui d'une façon particulière ma présence ici, je viens vous demander un congé dont la durée dépendrait du plus ou moins d'importance dans les affaires politiques Je prie votre amitié de vouloir bien me l'accorder sans délai, car je sens que ma santé a besoin de quelque repos.

» Je suis porté à croire que le roi des Pays-Bas trouvera moyen de nous faire attendre longtemps sa décision ; mais, lors même qu'il se résignerait prochainement, ce n'est plus par des négociations plus ou moins habiles qu'on l'y déterminera ; la force des choses, les avantages évidents que nous avons assurés aux Belges par notre convention du 21 mai, et qui dureront autant que le provisoire, pourront seuls décider le roi Guillaume à signer. La démarche de la diète de Francfort à La Haye et notre refus de continuer ici une négociation oiseuse aussi longtemps que le roi des Pays-Bas y apportera des arrière-pensées, ont été deux excellentes mesures. Tout est donc bien préparé. Tout ce qui était difficile et utile à faire est fait. C'est maintenant au temps, et au temps lui seul, à achever. Ma présence ici n'en hâterait ni la marche ni l'action.

» Si, par impossible, les premières réponses de Hollande étaient assez favorables pour me donner la certitude que le traité définitif pourrait être conclu dans le mois de septembre, je me ferais un devoir de ne profiter de mon congé qu'après la signature du traité ; mais cette chance est si peu vraisemblable qu'il est presque inutile de l'admettre... »

« Le 11 septembre 1833.

»... J'ai lu avec un grand intérêt la dépêche de M. le comte de Rayneval du 30 août, dont vous avez bien voulu me transmettre une copie, et j'ai déjà fait usage de ce qu'elle contient, dans mes conversations ici[1].

» M. Georges Villiers, à son passage par Paris, en se rendant en Espagne, vous aura communiqué les vues de son gouvernement sur l'état de la péninsule ; il en avait reçu l'ordre de lord Palmerston. Il est chargé de la réponse du cabinet anglais à la dernière note de M. de Zéa, qui, comme vous le savez déjà, ne portait que sur deux points : l'occupation des forts de Lisbonne par des troupes britanniques, et le débarquement de ces mêmes troupes pour protéger les sujets anglais dans le cas où, par suite d'un conflit à Lisbonne même, ils auraient besoin d'une protection. Sur le premier point, vous êtes instruit que le cabinet espagnol a eu pleine satisfaction. Quant au second, lord Palmerston a répondu que rien ne pourrait empêcher l'amiral anglais d'employer tous les moyens qu'il possédait pour protéger les intérêts britanniques s'ils étaient menacés, et qu'à cet égard il avait reçu des instructions formelles. Aux deux articles que j'ai indiqués ci-dessus, M. de Zéa avait joint des protestations d'amitié auxquelles lord Palmerston a répondu par des assurances du même genre. Du

---

1. M. de Rayneval, dans cette dépêche, rend compte d'un entretien qu'il venait d'avoir avec M. de Zéa sur l'éventualité de la médiation franco-anglaise en Portugal. Notre ambassadeur n'avait pas caché à M. de Zéa que les deux puissances médiatrices n'avaient pas été sans élever quelques doutes sur la sincérité du cabinet espagnol. Le ministre protesta vivement; toutefois il refusa d'indiquer les conditions qu'il proposerait dans l'arrangement à intervenir en Portugal. Si dom Miguel triomphait, l'Espagne promettait de ne laisser porter aucune atteinte aux intérêts anglais, mais elle demandait une garantie égale de la part de l'Angleterre en cas de succès de dom Pedro. M. de Zéa insistait sur la modération du gouvernement espagnol qui, avec quelques milliers d'hommes pourrait faire pencher la balance en faveur de son candidat. M. de Rayneval terminait en disant que le cabinet espagnol avait renoncé à l'idée d'exclure en même temps les deux frères car le succès de dom Miguel lui paraissait assuré.

reste, vous serez informé sur ces questions beaucoup mieux par votre conversation avec M. Villiers, que je ne pourrais le faire par ma correspondance.

» Les nouvelles de Portugal, qui vous seront données par les journaux anglais d'aujourd'hui, montrent que les affaires de ce pays touchent à une crise, sinon décisive, du moins très importante. Les forces de dom Pedro et de dom Miguel se balancent à peu près, et il est impossible de prévoir quelle sera l'issue de la lutte. La reine doña Maria restera jusqu'au lundi 15 à Windsor, d'où elle retournera à Portsmouth; on annonce son départ de ce port pour Lisbonne comme très prochain; mais vraisemblablement elle ne partira pas avant qu'on ait reçu l'assurance qu'elle ne courra aucun danger dans sa capitale...

» Je crois que, sans attacher une importance exagérée au voyage de l'empereur Nicolas, il ne sera pas inutile d'en surveiller attentivement les suites. Le retour de M. de Metternich à Vienne et de M. Ancillon à Berlin mettra M. de Sainte-Aulaire et M. Bresson en position de vous communiquer quelques informations à ce sujet; je vous serai particulièrement obligé de me les faire connaître... »

« Le 13 septembre 1833.

» J'ai reçu la lettre par laquelle vous m'annoncez que Sa Majesté a bien voulu m'accorder l'autorisation de me rendre en France. Je voulais profiter immédiatement de cette autorisation, et j'avais l'intention de partir le 20; mais Sa Majesté le roi d'Angleterre m'ayant fait l'honneur de m'inviter à passer trois jours à Windsor, j'ai dû retarder mon départ. Je ne reviendrai de Windsor que le dimanche 22, et je partirai le 24, pou être rendu à Paris le 27. J'aurai soin, avant de quitter Londres, de présenter M. de Bacourt, comme chargé d'affaires, à lord Palmerston, ainsi que vous me l'avez recommandé.

» Il n'y a pas d'autres nouvelles de Portugal à Londres que celles venues par la voie de France ; il y a aujourd'hui vingt et un jours qu'aucune communication directe n'a eu lieu entre Londres et Lisbonne. L'incertitude qui règne sur l'état de cette dernière ville n'a pas empêché l'embarquement de la reine doña Maria, qui est partie avant-hier soir de Portsmouth, par un très mauvais temps... »

MADAME ADÉLAÏDE D'ORLÉANS AU PRINCE DE TALLEYRAND.

« Saint-Cloud, le 16 septembre 1833.

» En arrivant ici, mon cher prince, j'ai trouvé votre lettre du 9, et je me suis empressée de parler au roi de votre désir de revenir ici. Il est toujours charmé de faire ce qui peut vous être agréable, et il en a, sur-le-champ, entretenu le duc de Broglie, dont vous devez avoir reçu maintenant la réponse que vous souhaitiez. Je sens combien un des motifs qui vous rappellent à Paris est pénible pour vous, et j'y prends bien part, comme à tout ce qui vous touche ; mais je serai bien contente de vous revoir et de pouvoir causer tout à mon aise avec vous... Je regrette beaucoup que la résistance du roi de Hollande retarde encore la conclusion des affaires de Belgique. Au reste, les Belges ne sont pas de mon avis, car ils trouvent la convention du mois de mai plus avantageuse pour eux qu'une conclusion qui les obligerait à payer la dette, ce que, certes, je ne crois pas être bien entendu de leur part.

» Vous avez dans ce moment en Angleterre la petite reine de Portugal et la duchesse de Bragance. La conduite de cette dernière et celle de dom Pedro envers notre roi a été inconcevable, bien ingrate et bien déplacée. Elle est partie d'ici, sans remercier le roi de l'offre qu'il lui avait faite, à la nouvelle de l'entrée de dom Pedro à Lisbonne, de lui donner une frégate pour l'y conduire ainsi que la jeune reine, sans avoir prévenu le gouvernement de son départ. Dom Pedro n'a, non seulement pas écrit au roi depuis son entrée à Lisbonne, mais n'a pas même chargé M. de Loulé qui est venu chez le roi pour son propre compte, d'un mot de message pour le roi, ni d'aucuns remerciements pour tous les soins qu'il a eus de sa famille. Il est bon que vous sachiez que madame de Loulé (sœur de dom Pedro) a eu, pendant son séjour à Paris, soixante mille francs; celle-là en est très reconnaissante, mais il me semble que dom Pedro doit bien aussi quelque chose au roi. Tout cela n'est pas bien, mais je n'en fais pas moins des vœux bien sincères pour le succès de la cause de la petite reine.

» A revoir bientôt, mon cher prince... »

LE PRINCE DE TALLEYRAND AU DUC DE BROGLIE

« Londres, le 19 septembre 1833.

»... En m'entretenant ce matin avec lord Palmerston de la nouvelle de Constantinople dont vous avez bien voulu me faire part, nous nous sommes occupés de la conduite qu'il y aurait à tenir envers le cabinet russe, à l'égard du traité du 8 juillet qu'il a fait avec la Porte. Nous pensons l'un et l'autre qu'il y aurait une démarche à faire à Pétersbourg après la déclaration remise à La Porte, par les ambassadeurs de France et d'Angleterre. Il s'agit de savoir si cette démarche devrait consister dans une simple notification de ce qui a été fait à Constantinople, ou dans une déclaration à peu près du même genre que celle adressée à la Porte. Mon opinion serait pour ce dernier moyen, qui me paraît plus net, plus franc, et qui, en même temps, donnerait un caractère plus élevé à notre politique. Il serait, dans tous les cas, certainement convenable et utile, après la réunion des trois souverains du Nord, de présenter un témoignage bien marqué de l'union de la France et de l'Angleterre. Je vous engage à vous concerter avec lord Granville et à déterminer avec lui le parti à prendre dans cette circonstance par les deux gouvernements. »

» Nous sommes toujours sans nouvelles du Portugal... »

« Le 23 septembre 1833.

»... Lord Palmerston m'a chargé de vous offrir tous ses remerciements pour le bon accueil que vous avez bien voulu faire à M. Georges Villiers. Il s'est montré aussi très satisfait des dernières instructions que vous avez adressées à M. de Rayneval, et il croit qu'elles doivent produire un très bon effet sur le cabinet de Madrid. Je compte toujours aller coucher demain à Douvres, et m'embarquer après-demain matin. »

Je quittai en effet Londres le 24 septembre, et j'arrivai à Paris le 26.

FIN DE LA ONZIÈME PARTIE.

DOUZIÈME PARTIE

RÉVOLUTION DE 1830 *(Suite)*

(1833-1834)

RÉVOLUTION DE 1830 *(Suite)*

(1833-1834)

En quittant Londres au mois de septembre, j'étais à peu près décidé à ne plus y retourner. Je croyais y avoir laissé les affaires dans une situation telle, que ma présence n'y était plus nécessaire, et, d'autre part, mon grand âge, mes infirmités et l'état de mes affaires personnelles, fort dérangées par mes longues absences, me faisaient penser qu'il était temps de rentrer dans la retraite. J'aurais probablement persévéré dans cette résolution, si des sollicitations pressantes n'étaient venues me rappeler à Paris. Ces sollicitations avaient commencé dès les premiers jours du mois de novembre. Je résistai d'abord, en faisant valoir les raisons exposées plus haut; mais le roi et le ministère insistèrent avec vivacité, et je dus me rendre à Paris au commencement du mois de décembre, pour apprendre quels étaient les motifs qui faisaient désirer si vivement que je retournasse à mon poste de Londres.

Il ne s'agissait pas seulement des négociations relatives aux affaires de Belgique, qu'on se flattait de l'espoir de voir bientôt reprises à la suite des démarches que le roi des Pays-Bas avait faites auprès de la diète de Francfort et des agnats de sa maison afin d'obtenir leur assentiment aux conditions imposées par la conférence de Londres[1]. Le roi et son gouvernement étaient inquiets de la réunion qui avait eu lieu pendant l'automne, en Bohême, entre les souverains de Prusse et d'Autriche, et, au moins autant, des événements qui se passaient en Espagne et en Portugal, et qui faisaient craindre, soit un soulèvement révolutionnaire, soit la prolongation d'une guerre civile, incommode et peut-être dangereuse pour notre frontière des Pyrénées.

Aussitôt après mon arrivée à Paris, j'eus de longues conversations avec le roi et ses ministres, et on me communiqua toutes les correspondances relatives à ces trois questions, qui devaient me mettre au fait de ce qui s'était passé en mon absence.

Sur le premier point, je ne partageai pas trop les espé-

---

1. Le roi des Pays-Bas s'était en effet déterminé à cette démarche sur l'invitation pressante des cours de Russie, d'Autriche et de Prusse. Le prince Félix de Schwarzenberg avait été envoyé dans ce but à La Haye porteur de lettres autographes des trois souverains destinées à l'éclairer « sur l'inutilité et les dangers d'une plus longue résistance » (*Lettre de M. Bresson à M. de Talleyrand du 29 septembre 1833*). En conséquence, au mois de novembre suivant, le roi des Pays-Bas s'adressa aux agnats de la maison de Nassau et à la diète pour obtenir leur consentement respectif à la cession éventuelle de la partie wallonne du grand-duché de Luxembourg. La diète répondit qu'elle voulait en échange un équivalent territorial. Le roi répondit qu'il n'avait déjà que trop fait de sacrifices et que la Confédération germanique, n'ayant pas su garder le Luxembourg, n'avait droit à aucun dédommagement, et l'affaire demeura en suspens. Quant au duc de Nassau, il refusa formellement son consentement. La négociation avait donc échoué sur les deux points.

rances qu'on avait conçues d'une reprise sérieuse des négociations de Londres pour les affaires belges, et j'avoue que, s'il ne s'était agi que de cette question, je n'aurais pas pensé qu'il fût urgent, pour moi, de retourner en Angleterre. Les deux autres questions me parurent plus graves. Je veux parler d'abord de la réunion des souverains de Russie, d'Autriche et de Prusse, et de l'impression qui m'en resta.

Cette réunion, paraît-il, avait été provoquée primitivement par le prince de Metternich. Le chancelier d'Autriche, préoccupé des souvenirs de l'expédition d'Ancône, et redoutant, pour la liberté d'action de l'Autriche en Italie, les conséquences des doctrines professées par la France et par l'Angleterre au sujet du droit d'intervention, avait proposé au gouvernement russe de s'entendre avec lui à cet égard, et de préparer en commun l'énoncé des principes d'après lesquels les deux cours entendaient régler l'exercice de ce droit.

Le désir de se fixer sur ce point donna lieu à l'idée de se réunir, soit en Silésie, soit en Bohême. Cette idée, mise en avant par le cabinet de Pétersbourg, fut accueillie à Vienne avec empressement. On croyait être assuré du concours de la Prusse, et l'empereur Nicolas, qui devait traverser les États de son beau-père[1] pour se rendre au lieu désigné pour l'entrevue, ne doutait pas d'emporter son accession.

Cependant, il n'y réussit pas entièrement. A Schwedt, où se tint une réunion préparatoire, les ouvertures de l'empereur échouèrent en partie. Le roi de Prusse déclina de prendre des engagements solennels qui pouvaient compro-

---

1. L'empereur Nicolas avait épousé, en 1817, la princesse Frédérique-Louise-Charlotte Wilhelmine, fille du roi Frédéric-Guillaume III, née en 1797.

mettre son gouvernement dans l'esprit de l'Allemagne, dont les tendances libérales lui étaient connues. L'empereur Nicolas dut s'acheminer seul vers la Bohême, et se rencontrer à Munchengraëtz avec l'empereur d'Autriche. Là, on examina en commun d'abord les questions de politique générale qui intéressaient les deux pays, celles d'Orient et de Pologne. Le cabinet autrichien, dominé par les craintes que lui inspiraient les dispositions de l'Allemagne et la situation précaire de l'Italie, et abandonnant ses traditions constantes, aurait consenti à admettre en principe la suprématie à peu près exclusive de la Russie à Constantinople. Il aurait également donné son approbation aux mesures adoptées par le gouvernement russe pour enlever à la Pologne les restes d'une existence nationale et indépendante.

D'accord sur ces deux points, ce serait alors que M. de Metternich aurait proposé de conclure une convention qui arrêtât, sur les bases recommandées précédemment par l'Autriche, le principe d'un nouveau droit d'intervention, en vertu duquel il ne serait permis à aucune puissance d'intervenir dans les affaires intérieures d'un autre État, si elle n'y est formellement appelée par ce même État ; mais assurant en même temps à la puissance dont le secours aurait été invoqué le droit exclusif d'intervention, sans qu'aucun autre cabinet ait celui d'y prendre part ou de s'y opposer.

Le cabinet russe, qui voyait dans cette convention l'assurance de pouvoir intervenir à son gré à Constantinople, comme le lui permet le traité du 8 juillet dernier avec la Porte, n'aurait pas hésité à la conclure.

M. de Metternich, non content d'avoir obtenu de son côté le droit d'intervenir en Italie et la certitude d'être appuyé en ce cas par la Russie, aurait proposé, en outre, de convoquer à Vienne les chefs des cabinets des différents États de la Confédération germanique, et de les amener, par un acte arrêté en commun, à annuler toutes les concessions faites, depuis 1815, par plusieurs États constitutionnels de l'Allemagne, et qui gênaient les mesures répressives qu'on voulait employer contre la propagation des idées révolutionnaires. L'empereur Nicolas se serait empressé de donner son approbation à ce projet.

Tous ces points convenus et arrêtés entre les souverains de Russie et d'Autriche, on aurait envoyé MM. de Nesselrode et de Ficquelmont[1] à Berlin, pour déterminer le gouvernement prussien à entrer dans les vues de ses deux alliés. Après une résistance assez prolongée et beaucoup d'hésitation, le roi de Prusse aurait fini par se rendre aux instances qui lui étaient faites, et aurait signé la convention; mais, sous la condition formelle qu'elle resterait secrète.

Tel est à peu près le résumé des informations contenues dans les correspondances de nos agents diplomatiques, qui me furent communiquées. Je n'oserais pas garantir leur exactitude parfaite; mais ce qui restait exact et vrai, c'était d'abord le traité du 8 juillet 1833, imposé par la Russie à la Porte ottomane, puis une démarche collective, faite à Paris, dans les derniers jours du mois d'octobre par les ministres d'Autriche, de Prusse et de Russie. Ils s'étaient

---

1. Charles-Louis comte de Ficquelmont, homme d'État et général autrichien, né en 1777, était le fils d'un émigré français tué à Marengo. Il devint major général dans l'armée autrichienne et fut ministre plénipotentiaire à Stockholm, Florence, Naples et Pétersbourg. En 1840, il devint ministre de la guerre, puis des affaires étrangères. En 1848, il fut un instant premier ministre. Il mourut en 1857.

présentés successivement chez le duc de Broglie pour lui lire une dépêche de leur cour, qui en substance renfermait ceci : je cite la dépêche autrichienne :

M. de Metternich commençait par exposer, dans cette dépêche, que les trois souverains réunis en Bohême on trouvé, dans les explications qu'ils ont eues ensemble, les preuves les moins équivoques de la solidité des liens d'amitié qui les unissent, et des dispositions bienveillantes dont ils sont également animés à l'égard des autres puissances.

Après ce préambule, le chancelier d'Autriche passait au développement des principes que les souverains se sont accordés à reconnaître comme pouvant seuls garantir le repos de l'Europe.

Suivant M. de Metternich, ou plutôt, suivant les cabinets dont il se présente ici comme l'organe, chaque gouvernement est naturellement porté à désirer et à favoriser la diffusion des doctrines sur lesquelles repose son existence. Ce prosélytisme est trop naturel pour qu'on puisse penser à le condamner tant qu'il s'exerce par des voies pacifiques, par les seules influences morales. Mais il n'en est pas de même de ce système de propagande qui, étendant son action sur l'Europe entière, cherche à bouleverser partout les institutions en vigueur pour y substituer violemment de dangereuses innovations. Un pareil système, également hostile à tous les gouvernements réguliers, doit nécessairement être combattu par leurs efforts communs. Dans le cas où le gouvernement français, qui a si bien su se défendre lui-même des agressions des révolutionnaires, ne réussirait pas désormais à déjouer également les machinations auxquelles ils se livrent sur son territoire contre les États étrangers, il pourrait en résulter, pour quelques-uns de ces États, des agitations et des désordres intérieurs qui les mettraient dans l'obligation de réclamer l'appui de leurs alliés. Cet appui ne leur serait pas refusé, et toute tentative qui aurait pour but de s'y opposer serait envisagée, par les trois cours, comme une hostilité dirigée contre chacune d'elles.

Les communications faites par les ministres de Russie et de Prusse différaient par quelques nuances dans l'exposé des doctrines, mais s'accordaient toutes les deux dans la conclusion et constataient ainsi qu'il y avait une solidarité véritable entre les trois cabinets dans la démarche qu'ils venaient de faire.

Le duc de Broglie répondit avec autant de tact que de fermeté à ces communications[1]. Il dit aux trois ministres étrangers que, s'il ne devait voir, dans les documents qu'ils venaient de lui dire, qu'une profession de foi plus ou moins contestable, il croirait superflu de la discuter ; mais que, devant présumer que cette communication était autre chose qu'une inutile manifestation de principes, il était conduit à chercher quel en était le but.

Avait-on voulu, dit-il, insinuer que le gouvernement français favorisait la propagande révolutionnaire? Il ne le pensait pas; mais, s'il avait, à cet égard, la moindre incertitude, il repousserait par le démenti le plus formel l'apparence d'une imputation dans laquelle le gouvernement du roi

---

1. A la suite de la démarche des ambassadeurs des trois cours près le cabinet des Tuileries, le duc de Broglie adressa à tous les agents de la France au dehors une circulaire dont les lignes qui vont suivre sont l'analyse et parfois la reproduction littérale. Cette circulaire a été publiée par M. d'Haussonville dans son *Histoire de la Politique extérieure du Gouvernement français*, t. I, p. 47.

verrait une injure gratuite qu'il était décidé à ne pas tolérer. On apprendrait bientôt que l'envoyé de France près de la cour de Stockholm avait quitté cette capitale d'après les ordres qu'il lui avait transmis, et sans prendre congé du roi Charles-Jean, parce que ce prince avait cru pouvoir lui exprimer sur la politique du gouvernement du roi des allusions analogues à celles auxquelles il venait de faire allusion [1].

Quant à l'espèce d'intervention que semblait annoncer la conclusion des trois dépêches, voici la réponse qu'il y fit : « Il est des pays où, comme nous l'avons déclaré pour la Belgique, pour la Suisse, pour le Piémont, la France ne souffrirait à aucun prix une intervention de forces étrangères. Il en est d'autres à l'égard desquels, sans approuver cette intervention, elle peut ne pas s'y opposer, dans une circonstance donnée, d'une manière aussi absolue qu'elle le ferait dans d'autres conjonctures. C'est ce qu'on a pu voir lorsque l'armée autrichienne est entrée en Romagne. Ce qu'il faut en conclure, c'est que, chaque fois qu'une puissance étrangère occupera le territoire d'un État indépendant, nous nous croirons *en droit* de suivre la ligne de conduite que nos intérêts exigeront. Ce sont là de ces occasions où les règles du droit com-

---

[1]. Le roi de Suède, Charles-Jean, avait accueilli avec une vive irritation la révolution de Juillet. A l'arrivée du nouveau ministre de France, M. de Saint-Simon, il s'était plaint avec amertume de la conduite du gouvernement français vis-à-vis des autres puissances. Il l'accusait de favoriser la propagande révolutionnaire et reprochait au roi lui-même de manquer de bonne foi et de sincérité (*Dépêche de M. de Saint-Simon du 6 octobre 1833*). Le cabinet des Tuileries donna immédiatement l'ordre à M. de Saint-Simon de demander ses passeports ; le roi de Suède demeura assez embarrassé ; il nia les propos qui avaient déterminé la rupture. Toutefois l'accord ne fut rétabli qu'en 1835, époque où M. de Mornay fut accrédité à Stockholm.

mun n'étant plus applicables, chacun agit de part et d'autre à ses risques et périls. »

Cette réponse, transmise aux trois cabinets, avait été reçue par eux sans qu'ils y répliquassent[1]. C'était sur ce terrain qu'on se trouvait, au moment où je revenais à Paris, c'est-à-dire plus d'un mois après la réponse faite par le duc de Broglie.

Je ne dois pas omettre non plus de dire que pendant mon absence de Londres, les gouvernements de France et d'Angleterre avaient adressé, par leurs agents à Pétersbourg, une protestation formelle et identique contre le traité dit d'Unkiar-Skelessi, signé le 8 juillet 1833 entre la Russie et la Porte ottomane, protestation qui se terminait par la déclaration que, pour les cabinets de Paris et de Londres, ce traité restait comme non avenu.

Il était évident que les trois cours d'Autriche, de Russie et de Prusse, blessées de ce que la France et l'Angleterre, en se séparant d'elles dans la question hollando-belge, étaient parvenues par leur action commune à dompter l'obstination du roi des Pays-Bas; il était évident, dis-je, que ces trois cours avaient voulu faire une démonstration qui couvrît la défaite de leur politique. N'était-ce qu'une démonstration, ou y avait-il eu réellement une résolution prise d'agir en commun activement, dans tel cas donné qui pouvait se présenter? J'en doute, mais cependant on ne devait pas négliger un pareil symptôme, et il fallait ou répondre à des menaces par des

---

1. Le cabinet de Berlin, notamment, qui s'était laissé entraîner à contre-cœur par M. de Metternich, fut fort ému et décontenancé de la réponse du duc de Broglie. (Voir à l'Appendice, page 508, une lettre de M. Bresson à ce sujet.)

menaces, ce qui eût été puéril et n'eût servi à rien, ou s'arrêter à quelque mesure qui pût empêcher les trois cours de s'avancer davantage dans une voie périlleuse pour le maintien de la paix, et indiquer en même temps la volonté de résister à tout acte offensif de leur part.

Après avoir mûrement réfléchi sur cette question, je proposai au roi et au duc de Broglie d'essayer d'amener le gouvernement anglais à conclure avec nous un traité d'alliance, conçu dans des termes assez généraux pour ne pas lier d'une manière gênante les deux gouvernements, mais duquel on pourrait, au besoin, tirer les conséquences qu'on voudrait, selon les circonstances. Et je citai, à ce sujet, la situation précaire de l'empire ottoman et l'état de la péninsule qui, en ce moment, causait, comme je l'ai dit plus haut, les plus vives inquiétudes par suite des troubles qu'y provoquaient la lutte en Espagne entre l'infant don Carlos et la reine Isabelle et celle en Portugal, entre dom Pedro et son frère dom Miguel. On ne pouvait pas se dissimuler, si ces troubles se prolongeaient comme tout semblait le présager, que le moment viendrait où les intérêts français engagés en Espagne, et les intérêts anglais engagés en Portugal, obligeraient les gouvernements de France et d'Angleterre à exercer une action quelconque dans la péninsule pour y mettre fin à la guerre civile. Dans mon opinion, cette action devait être combinée entre les deux gouvernements, et je pensais qu'il eût été utile de la rattacher à un traité préalable, qui eût en même temps l'avantage de constater aux yeux de tous l'union intime de la France et de l'Angleterre. C'était, à mon sens, la meilleure réponse à faire au traité russe du 8 juillet et aux communications insolites des trois cours du Nord.

Je parvins à faire partager mon opinion au roi et à son gouvernement, qui insistèrent plus fortement alors pour que je retournasse en Angleterre. Je dus consentir à céder à leurs sollicitations tout en leur déclarant que j'étais bien éloigné de croire que j'arriverais à faire adopter mon idée par le gouvernement anglais. Je pensais cependant que le résultat eût été assez important pour valoir la peine de tenter de l'obtenir.

Je partis donc pour Londres, après être convenu avec le duc de Broglie qu'il me transmettrait un exposé détaillé de ses vues au sujet du traité dont je désirais proposer la conclusion au gouvernement anglais. C'est dans ce but qu'il m'adressa la lettre suivante que je veux citer intégralement, toute longue qu'elle est, parce qu'elle résume admirablement tous les arguments en faveur de l'acte politique qu'il me semblait si important pour mon pays de faire adopter par l'Angleterre. — La suite de ma correspondance viendra après.

LE DUC DE BROGLIE AU PRINCE DE TALLEYRAND.

« Paris, le 16 décembre 1833

» Mon prince,

» L'idée d'une alliance défensive entre la France et la Grande-Bretagne vous appartient. Elle vous appartient doublement. C'est vous qui m'en avez entretenu le premier, il y a deux mois, lors de votre passage à Paris. C'est vous qui, le premier, en avez dit quelques mots à lord Granville. Je n'ai fait depuis que méditer et développer vos propres raisonnements. Vous désirez néanmoins que je résume dans une lettre purement confidentielle ceux que j'ai fait valoir en votre absence. Vous n'y apprendrez rien de bien nouveau, mais c'est le moins que je vous doive de déférer à ce désir.

» Il s'agit d'une alliance défensive.

» Il s'agit d'un traité par lequel les ennemis de l'un des deux pays deviendraient ceux de l'autre, en cas d'agression gratuite et non provoquée contre l'un ou l'autre. Il ne peut être question, dans aucun cas, de faire courir à l'Angleterre, par exemple, les dangers que pourrait entraîner une attaque juste ou injuste dirigée par la France contre tel ou tel pays, ni de lui faire supporter les conséquences d'une représaille que la France se serait attirée.

» Dans l'hypothèse d'une alliance purement défensive, on peut se demander au premier aspect si l'Angleterre a, pour y souscrire, les mêmes motifs que la France pour la désirer. On peut se demander s'il y égalité d'avantages pour les deux pays, c'est-à-dire s'il y a parité de dangers, si l'Angleterre est aussi menacée que la France. Sous ce point de vue, la réponse ne serait pas favorable. Évidemment, la sûreté de la France est plus menacée que celle de l'Angleterre. Bien que les deux gouvernements aient au fond la même origine, je veux dire une révolution juste dans son principe et modérée dans ses conséquences; bien qu'il y ait entre les institutions des deux pays une analogie qui va souvent jusqu'à l'identité, la France court des dangers que ne court pas la Grande-Bretagne. Notre gouvernement est nouveau; le gouvernement anglais remonte à cent cinquante ans. Nous avons un prétendant à combattre; il n'est plus de prétendant au trône d'Angleterre. Nous sommes un pays continental, par conséquent, vulnérable sur beaucoup de points; l'Angleterre est une île et les Anglais sont maîtres de la mer. On pourrait pousser plus loin l'énumération des différences.

» Mais, ou je m'abuse, ou ce point de vue est tout à fait superficiel.

» Pour que deux pays s'associent par un traité d'alliance, il n'est pas nécessaire qu'ils y trouvent des avantages égaux ; il n'est pas nécessaire qu'ils y trouvent les mêmes avantages. Ce qu'il faut simplement, c'est que chacun y trouve son compte. Les avantages peuvent être plus grands pour l'un que pour l'autre, ils peuvent être différents, non seulement en degré, mais en nature, peu importe. Pourvu qu'ils existent, pouvu qu'ils soient suffisants, il serait puéril et déraisonnable d'insister sur la différence et de s'en faire un titre pour refuser. Ce serait se faire du mal à soi-même, de peur de faire du bien à autrui.

» Que la France ait intérêt au traité dont il s'agit, cela est trop évident pour que je m'arrête à le démontrer.

» Que l'Angleterre y ait intérêt, grand et véritable intérêt, plus j'y réfléchis, plus j'en demeure convaincu, et voici quels sont mes motifs.

» Je pose en fait, d'abord, que l'alliance existe, n'importe qu'on l'écrive ou qu'on ne l'écrive pas. Je pose en fait, qu'involontairement, par instinct, si la France devenait l'objet d'une agresion gratuite et non provoquée, si la France était attaquée par le nord de l'Europe, comme l'Espagne le fut par la France en 1823, l'Angleterre défendrait la France, et prendrait fait et cause pour elle. Son gouvernement ne pourrait l'en détourner, lors même qu'il le voudrait ; il ne le voudrait pas lors même qu'il le pourrait.

» La révolution de 1830 a été populaire en Angleterre, dès

les premiers moments ; populaire, à tel point que, représentée par lord Stuart, certainement sous les couleurs les moins favorables, à lord Aberdeen et au duc de Wellington qui ne devaient guère la voir de meilleur œil, ni lord Aberdeen, ni le duc de Wellington n'ont osé la blâmer, ni la désavouer. Et non seulement la révolution de 1830 a été populaire en Angleterre, la popularité est chose éphémère, mais elle y a été nationale ; je veux dire par là qu'elle y a trouvé les esprits dans une disposition conforme aux idées et aux sentiments sur lesquels elle se fondait ; elle y a trouvé les esprits mûrs pour un grand changement politique ; préparés à en courir les chances, résolus en même temps à n'y procéder qu'avec justice et précaution, à ne rien donner, soit aux passions, soit au hasard. Ce que la France se voyait forcée de conquérir, à travers les périls d'une révolution, l'Angleterre le voulait aussi ; mais, plus heureuse, elle pouvait l'obtenir sans sortir de l'ordre légal. Le but était le même, et les deux pays l'ont également atteint. La révolution de 1830 n'a pas été la cause de la révolution parlementaire ; elle en a été le signal, et ce signal une fois donné, les deux nations ont marché du même pied, dans les mêmes voies ; il y a eu entre elles identité de vœux, identité d'intérêts, identité de conduite ; les ennemis de l'une, au dedans comme au dehors, sont devenus ceux de l'autre ; et devant cette solidarité profonde ont disparu toutes les vieilles inimitiés, toutes les anciennes jalousies, tous les préjugés invétérés. Ceci n'est l'œuvre de personne en particulier ; aucun homme, aucun cabinet ne peut s'en attribuer le mérite. La France et l'Angleterre ont naturellement pris position en face des autres puissances de l'Europe, l'une à côté de l'autre, non seulement parce que ce sont les deux seules grandes nations qui jouissent de la liberté politique, mais surtout, parce qu'elles ont fait simultanément un grand pas dans la carrière de la liberté politique, un grand pas de plus et ensemble ; parce que ce double événement a éveillé au même degré, contre l'une et contre l'autre, la défiance et l'inimitié des gouvernements absolus, parce qu'il a créé à ces gouvernements, dans le sein des deux pays, des auxiliaires qu'il nous importe également de contenir : en France, les carlistes vaincus, en Angleterre, les tories dépossédés du pouvoir.

» Je tiens donc pour certain, je le répète, qu'il est impossible que la France, telle que la révolution de 1830 l'a faite, soit attaquée dans son honneur et dans sa sûreté, sans que l'Angleterre, telle que la réforme parlementaire l'a faite, ne se sente attaquée dans son honneur et jusqu'à un certain point dans sa sûreté. Je tiens pour certain que tout ministère quelconque serait entraîné à défendre la France, en pareil cas, et que si, ce qu'à Dieu ne plaise, lord Aberdeen se trouvait alors à la tête du département des affaires étrangères en Angleterre, il ne s'y trouverait qu'à des conditions qui l'obligeraient d'en passer par là, bon gré mal gré, et qu'il serait contraint de défendre la révolution de 1830, plus nécessairement encore qu'il n'a été contraint de la reconnaître.

» J'ajoute maintenant que ce que le mouvement des esprits, l'impulsion nationale obligeraient en pareil cas, tout ministère quelconque à faire, le bon sens le plus vulgaire, l'intérêt bien entendu le plus évident le lui conseilleraient.

» L'intérêt de l'Angleterre, c'est le maintien du *statu quo* européen.

» L'Angleterre s'est fait sa part en 1815 ; elle l'a faite

large ; ce n'était que justice. Tous les pays de l'Europe avaient passé sous le joug de Napoléon ; elle seule avait résisté. Sa résistance avait préservé l'Europe du fléau de la monarchie universelle et de la tyrannie. Mais enfin, je le répète, l'Angleterre s'est fait largement sa part ; la position qu'elle s'est créée en l'Europe est relativement grande et forte. Tous les changements de quelque importance qui pourraient désormais survenir en Europe, surtout s'ils s'opéraient sans son concours, lui seraient très désavantageux et tourneraient nécessairement contre elle.

» Or, supposant la France attaquée par le reste de l'Europe, il arriverait de deux choses l'une : ou nous serions vainqueurs ou nous serions vaincus.

» Nous serions vainqueurs, j'en ai la ferme espérance ; mais pour vaincre, nous serions forcés de mettre en mouvement de terribles passions au dedans et au dehors de la France. Nous serions réduits à de rudes sacrifices ; nous courrions de grandes chances. Il faudrait satisfaire à ces passions ; il nous faudrait des dédommagements de nos sacrifices et de nos périls. Nous rentrerions forcément dans la voie des conquêtes, et l'Angleterre, qui, dans cette hypothèse, n'aurait rien fait pour nous, n'aurait ni le droit ni le pouvoir de s'y opposer.

» Que si, au contraire, nous étions vaincus, le résultat serait précisément le même, mais en sens opposé. La France serait mutilée, démembrée, occupée militairement, en tout ce qui ne lui serait pas enlevé.

» Se figure-t-on l'Angleterre assistant immobile à un tel spectacle ? Se la figure-t-on venant demander sa part des dépouilles de la révolution de Juillet, décimée et anéantie ?

» Ce grand fait admis que, au fond, et en réalité, l'alliance subsiste, qu'un traité d'alliance défensive entre la France et l'Angleterre ne ferait courir aucun danger à l'Angleterre qu'elle ne court déjà nécessairement et par la force même des choses ; ne l'engage à rien, à quoi elle ne soit pas déjà engagée nécessairement et par la force même des choses, reste à savoir quelle est pour elle la voie la plus sûre d'échapper à ces dangers éventuels, de prévenir les chances qu'elle ne peut éviter complètement.

» Je dis moi que ce moyen, c'est le traité lui-même.

» Je dis que ce moyen, ce n'est pas d'attendre les événements, mais de les devancer.

» Aussi longtemps que l'union existe entre la France et l'Angleterre, aussi longtemps qu'elle existe, non seulement au fond et en réalité, mais extérieurement et en apparence, toute démonstration hostile de la part des puissances du Nord est impossible. Les six cent mille hommes dont la France dispose, joints aux armées de l'Angleterre, la marine de la France, jointe à la marine de l'Angleterre, le crédit de la France, joint au crédit de l'Angleterre ; les moyens d'action des deux gouvernements sur l'Italie, l'Allemagne, la Pologne, sont des choses que les puissances du Nord ne braveront pas. Mais l'union réelle, et, au fond, indestructible de l'Angleterre et de la France, peut être altérée de mille manières sous un point de vue purement apparent. Rien ne sera négligé, au dedans de chaque pays, par les partis violents, quelle que soit leur direction, au dehors, par les gouvernements étrangers, pour provoquer, pour cultiver, pour exploiter toutes les causes de refroidissement. Dans les pays libres, la politique est plus ou moins mobile ; durant le cours de la dernière session, le cabinet de

Londres et celui de Paris plusieurs fois ont été sur le point de se dissoudre et de faire place à d'autres hommes. Autres hommes, autre système on le croira du moins ; toutes les apparences de refroidissement seront grossies, exagérées par le langage violent de la presse ; mille événements insignifiants peuvent en faire naître : des questions de douane, l'affaire d'Alger, que sais-je ? peuvent fournir des prétextes, et les prétextes, pour peu qu'ils acquièrent la moindre consistance, seront travestis en véritable brouillerie. Tout ceci ne sera rien en réalité, je le répète ; vienne le moment d'agir, et toutes ces misères s'évanouiront devant une solidarité inévitable, devant une communauté d'intérêts évidente. Mais, en attendant, le moment d'agir sera venu ; les puissances du Nord auront repris courage ; elles se seront lancées dans une carrière qui leur deviendra funeste, mais qui ne fera pas moins peser sur la France et sur l'Angleterre. le fléau de la guerre générale.

» Qu'un traité d'alliance, au contraire, soit conclu, pour cinq, huit, dix ans, plus ou moins, n'importe, toute fantaisie de ce genre passera à la Sainte-Alliance de Münchengrætz ; toute espérance sera enlevée aux ennemis secrets ou publics des deux gouvernements, soit au dedans, soit au dehors ; toutes les difficultés accidentelles que les événements peuvent faire naître seront réduites à leur juste valeur ; leur solution sera prévue par tout le monde, et les esprits seront en plein repos.

» Mais, ce n'est pas tout.

» Une attaque à main armée contre la France n'est pas le seul danger que coure en ce moment le *statu quo* européen. Il est plus d'un moyen d'y porter atteinte. On peut y préparer, en pleine paix, des changements qu'il ne faudra plus qu'un souffle pour achever.

» Je m'explique.

» Il existe entre les trois puissances du Nord une solidarité d'intérêts pareille à celle qui existe entre la France et la Grande-Bretagne, bien que fondée sur des principes directement opposés. Cette solidarité les tient unis, et nous avons chaque jour des preuves de cette union. L'année qui vient de s'écouler en fournit avec abondance.

» Cette situation peut amener deux résultats :

» Le premier serait l'abandon momentané de toute idée d'agrandissement, de tout accroissement de territoire ou de prépondérance; le sacrifice de toute politique purement prussienne, autrichienne ou russe, à une politique de conservation européenne; c'est ce qui est arrivé en 1830, en 1831, quand le péril des révolutions était grand et imminent.

» Le second, c'est une sorte de compromis entre les ambitions et les prétentions des trois puissances, c'est un marché par lequel elles s'abandonnent mutuellement telle ou telle partie de l'Europe, à charge de revanche de part et d'autre.

» C'est ce qui arrive aujourd'hui où les inquiétudes sont moindres, et où les espérances de s'agrandir peuvent reprendre un peu le dessus.

» La Russie dit à l'Autriche: au nom du ciel, ne nous brouillons pas, restons unies contre l'ennemi commun ; mais, en attendant, laissez-moi disposer de la Turquie à ma fantaisie. L'Autriche répond : d'accord, ne nous brouillons pas; mais, si je vous laisse disposer de la Turquie, secondez-moi dans la domination que je veux établir en Italie; et le marché se conclut.

» La Prusse, à son tour, dit à l'Autriche : je veux bien vous prêter main forte dans vos projets sur l'Italie ; mais laissez-moi établir mon système de douanes[1] ; laissez-moi établir mes frontières de douane jusque sur les bords du lac de Constance, imposer mes tarifs à toute la Confédération, subjuguer les résistances de tous les États récalcitrants et jeter les fondements d'une unité allemande, qui portera ses fruits un peu plus tard.

» Et l'Autriche laisse faire la Prusse.

» On n'en est encore en Turquie, en Italie, en Allemagne, qu'à des accroissements de prépondérance, qu'à des protectorats, des tutelles, des actes de prépotence; mais quiconque a lu l'histoire, quiconque a quelque peu d'intelligence du progrès des événements sait où cela mène, et ce que deviennent les protectorats.

» Maintenant, de deux choses l'une :

» Ou la France et l'Angleterre contempleront tranquillement cette grande altération de l'équilibre de l'Europe, cet anéantissement successif de l'indépendance des États de second ordre, ou bien elles saisiront les occasions de s'y opposer. Dans le premier cas, elles en seraient considérablement amoindries, il ne faut pas s'y arrêter. Dans le second, les voilà obligées d'agir en commun, et nous voyons déjà, en effet, que dans l'affaire de la Turquie, les deux gouvernements

---

1. On sait que la Prusse, à cette époque, avait entamé une longue suite de négociations destinées à établir l'union douanière de l'Allemagne ou Zollverein. Déjà le 22 mars 1833 un premier traité avait été signé entre la Prusse et huit États, parmi lesquels la Bavière et le Wurtemberg. La Saxe y adhéra le 30 mars. Tous les autres États de l'Allemagne entrèrent peu à peu dans cette union qui, depuis 1871, est devenue le régime constitutionnel de l'empire.

en sont au point de se concerter pour mettre ordre aux entreprises sur Constantinople. Si les deux gouvernements agissent en commun, ils seront obligés de se garantir mutuellement les conséquences éventuelles de cette action commune. Voilà le traité d'alliance défensive qui reparaît de toute nécessité; mais, cette fois encore, il n'arrive que pour régler les conséquences de la guerre, tandis que, conclu et publié, dès à présent, il aurait la vertu de la prévenir.

» Supposons, en effet, qu'un traité d'alliance défensive existe entre la France et l'Angleterre, aujourd'hui, à présent même; il n'est pas besoin qu'il stipule autre chose que l'engagement de se soutenir mutuellement et dans les cas qui seront jugés par les deux parties rentrer dans la lettre du traité. Derrière cette stipulation générale, chaque puissance placera, par la pensée, toute espèce d'article secret destiné à prévenir les empiétements qu'elle médite. Chaque fois que l'Angleterre élèvera la voix, on apercevra derrière les six cent mille hommes dont la France dispose. Chaque fois que la France élèvera la voix, on apercevra derrière la puissance et l'ascendant de l'Angleterre. Il leur suffira de parler pour déconcerter les projets qu'en adoptant une autre ligne de conduite elles se verraient peut-être obligées de combattre.

» J'ajouterai que cette alliance deviendra le point d'appui naturel de tous les souverains qui se sentiront une velléité de résistance; du roi de Naples, en Italie, contre la domination autrichienne; du duché de Bade, de la ville de Francfort, du duché de Nassau, contre les douanes prussiennes; de tous les petits princes allemands, contre la prépotence de la diète. Elle deviendra le noyau d'un nouveau groupe d'intérêts; elle est, à mon avis, le seul contre-poids efficace à l'union des trois grandes monarchies du Nord.

» Il est, enfin, une dernière considération, qui n'est que secondaire, mais qu a cependant aussi son importance.

» Aussi longtemps que l'union de la France et de l'Angleterre n'existera qu'en fait, et sera susceptible en apparence de variation et d'éventualité, d'une part, chaque gouvernement sera forcé de se tenir en mesure à tout événement, comme s'il devait supporter seul tout le poids des chances de l'avenir; d'une autre part, le commerce, l'industrie de chaque pays ne se livreront à leur cours naturel qu'avec précaution et timidité. Si l'on suppose, au contraire, l'union publique, indissoluble, fondée sur un traité, la puissance de chacun des deux gouvernements doublera par ce fait seul, et ils pourront, sans aucun inconvénient, réduire leur état militaire et maritime. Or, dans la politique intérieure de chaque gouvernement, la possibilité de telles réductions est, à elle seule, un fait qu'il ne faut pas dédaigner. En même temps, tous les esprits se calmeront, la confiance dans l'avenir s'accroîtra presque sans mesure, et la richesse publique augmentera, tandis que les dépenses diminueront. Il n'est pas de ministère, sous un gouvernement représentatif, qui ne sache de quel prix serait un tel résultat.

» Telles sont, mon prince, les considérations que j'ai présentées à lord Granville. Soit amitié pour moi, soit intérêt pour la France, et je ne sais duquel de ces sentiments je suis le plus touché, il a paru les trouver dignes d'être pesées mûrement. L'obstacle qui l'a frappé le plus, c'est la difficulté de les faire pénétrer dans le public anglais et prévaloir dès à présent dans le parlement. C'est un obstacle dont il ne m'appartient point de mesurer la puissance ; il m'appartient bien moins encore d'indiquer les moyens d'en triompher. Vous êtes sur les lieux, mon prince, c'est à vous d'éclairer sur ce point le gouvernement français. Tant que vous ne m'aurez pas donné l'espérance de voir mes idées accueillies par le cabinet britannique, je m'abstiendrai d'en entretenir mes collègues et de faire aucune démarche officielle. Ce sera un secret entre vous et moi. Agréez... »

Je suis bien aise d'avoir placé ici ce témoignage de la haute capacité politique du duc de Broglie. Si les souvenirs que je retrace ici voient jamais le jour, on rendra justice à la clarté et à la fermeté des vues qui ont inspiré cette lettre, et je me persuade qu'on y trouvera aussi la véritable base d'une alliance intime entre la France et l'Angleterre, qui a été au début et à la fin de ma carrière politique mon vœu le plus cher, convaincu, comme je le suis, que la paix du monde, l'affermissement des idées libérales et les progrès de la vraie civilisation ne peuvent reposer que sur cette base.

LE PRINCE DE TALLEYRAND AU DUC DE BROGLIE.

« Londres, le 24 décembre 1833.

» Monsieur le duc,

» J'ai beaucoup réfléchi pendant mon voyage, et depuis mon arrivée ici, à la question qui a fait le principal objet des derniers entretiens que j'ai eu l'honneur d'avoir avec vous avant mon départ de Paris. Je n'ai pas varié dans mon opinion sur l'importance et l'utilité qu'il y aurait pour le gouvernement du roi de conclure avec l'Angleterre un traité d'alliance défensive. Je me suis attaché à rechercher le principe d'après lequel un tel traité pourrait être le plus avantageusement motivé, qui offrirait le plus de chances de succès auprès du gouvernement anglais et qui, en même temps, se rapprocherait assez des vues de quelques-uns des cabinets du continent pour espérer les y faire entrer un jour.

» Après avoir mûrement pesé toutes les considérations dont vous avez bien voulu me faire dernièrement l'exposé et les avoir rapprochées des faits que ma propre expérience m'a indiqués comme pouvant le mieux me guider dans une affaire de cette gravité, je me suis arrêté à l'idée que le *statu quo*, tel qu'il existe aujourd'hui en Europe, devait être notre point de départ, et que son maintien était le meilleur principe à choisir pour un traité d'alliance défensive entre la France et la Grande-Bretagne.

» Pour la France, le *statu quo* ne présente rien qui ne soit reconnu et admis par elle ; il ne blesse sur aucun point nos intérêts véritables, et il a, d'ailleurs, toujours fait partie du système soutenu depuis son origine par le gouvernement français actuel.

» Quant à l'Angleterre, il est incontestable qu'elle doit désirer de voir maintenir en Europe l'état de choses présent ; il lui garantit tous les avantages des traités de 1815, et, comme vous l'avez très bien remarqué, ces avantages ont été immenses. Il n'est pas besoin de dire qu'ils n'ont rien perdu de leur force depuis 1830. Il est possible que je me trompe, mais je ne vois pas quelles sont les difficultés qui pourraient s'élever dans le parlement, si le gouvernement anglais entrait avec nous dans un traité d'alliance défensive qui serait fondé sur le maintien du *statu quo* européen. Il me paraît que ce traité serait justifiable dans tous ces rapports et je dois attendre pour changer d'opinion à cet égard qu'on ait fait valoir des objections que je ne pressens pas en ce moment.

» En portant les yeux sur les différents cabinets du continent, on ne peut s'empêcher de reconnaitre que le traité dont je parle n'aurait rien qui pût les effrayer ; mais que, même, il rentrerait dans les idées des plus raisonnables d'entre eux. Le *statu quo* n'est-il pas l'idée fixe, pour ainsi dire, de M. de Metternich ? Le cabinet prussien n'a-t-il pas témoigné sans cesse de son désir de voir la paix générale garantie par la stabilité de ce qui existe ? La Russie elle-même n'annonce-t-elle pas avec emphase que le traité du 8 juillet avec la Porte est la preuve la plus évidente de ses intentions favorables pour la conservation de l'empire ottoman ? Quelle est celle de ces puissances qui oserait, avec la moindre apparence de raison, se montrer hostile à l'union de la France et de l'Angleterre, proclamée dans le soutien du *statu quo* européen ? S'il reste encore quelque espoir de ramener les cabinets dont la politique plus modérée offre des moyens de rapprochement, je ne balance pas à croire qu'un traité conçu d'après le principe que j'indique ici ne pourrait que hâter leur retour vers nous.

» C'est donc sur ce terrain que j'ai cru devoir me placer pour faire valoir, près de lord Grey et de lord Palmerston, le projet de traité dont j'ai eu l'honneur de m'entretenir avec vous. Ces deux ministres ont écouté fort attentivement les observations que je leur ai développées à ce sujet, et il m'a paru qu'elles leur faisaient impression. Cependant, comme je m'y étais attendu, ils n'ont pu que me promettre de s'occuper de ce projet, de le discuter avec leurs collègues et de me faire connaître ensuite la résolution que prendrait le gouvernement britannique.

» J'ai insisté près des deux ministres anglais pour que cette résolution répondît à la situation des choses, c'est-à-dire qu'elle fût grande et élevée. « Un simple expédient, leur ai-je
» dit, serait fort dangereux ; il paraîtrait n'être que le résultat
» d'une intrigue ou que l'expression détournée de notre humeur
» et c'est ce que nous devons éviter avant tout. Le vrai moyen
» de réussir, pour nous, est dans une action franche, énergique,
» sans menaces, sans arrière-pensées. »

» Je ne crois pas être en état de vous transmettre quelque chose de positif sur les vues du cabinet anglais, dans cette question, avant quelque temps. Lord Grey et lord Palmerston repartent tous deux aujourd'hui ou demain pour la campagne et les autres ministres ne seront à Londres que dans les premiers jours du mois de janvier. C'est alors seulement que l'affaire pourra être traitée en conseil de cabinet...»

J'ajoutais dans une lettre particulière du même jour que cette dépêche :

« Je suis arrivé ici en même temps que votre lettre du 16. Je l'ai lue avec la plus grande attention, et ce n'est qu'après m'en être bien pénétré que je me suis rendu chez lord Grey, et plus tard chez lord Palmerston. Ma dépêche vous rend compte de l'impression que ces deux ministres m'ont paru recevoir des ouvertures que je leur ai faites. Elles m'ont paru avoir sur eux le petit mérite de l'inattendu, du moins quant à la forme, si ce n'est quant à l'idée du traité en lui-même...»

LE DUC DE BROGLIE AU PRINCE DE TALLEYRAND.

« Paris, le 30 décembre 1833.

» Mon prince,

» D'après votre désir, je vous adresse un projet de traité[1]. C'est une simple ébauche sur laquelle le roi vous demande votre avis. Je me suis efforcé de rédiger d'après vos propres idées ; c'est pour lui donner la plus grande généralité possible et laisser soupçonner derrière tout ce qu'on voudra que je l'ai réduit à un préambule et à un article, l'article n'énonçant autre chose que le simple fait de l'alliance défensive, et renvoyant, par conséquent, tous les moyens d'exécution à une convention spéciale à conclure, le cas échéant. Il m'a paru, d'autre part, qu'il serait impossible que cet article unique n'eût pas pour résultat sur les imaginations de leur faire supposer un grand nombre d'articles secrets, et d'une autre part, il m'a paru que ne liant le gouvernement anglais qu'au fond même de la mesure, et lui laissant pleine liberté sur tout le reste, il devait faciliter l'admission du principe. En réduisant le traité à son effet moral, il écarte, en grande partie, les objections qu'on peut nous opposer.

» J'ai fondé le préambule, comme vous le désiriez, sur le *statu quo* ; mais j'ai pensé que ce *statu quo* devait avoir pour nom de baptême *la foi des traités*. Il serait très impopulaire, en France, de s'engager ostensiblement à renoncer aux dépar

---

[1] Ce projet stipulait purement et simplement une alliance défensive. Il ajoutait que les deux parties s'engageaient à se concerter dans toutes les occasions où le repos de l'Europe et l'indépendance des États qui la composent leur paraîtraient compromis.

tements que nous avons perdus ; mais il n'y a personne assez hardi pour venir dire qu'il faut violer, voire même qu'il ne faut pas respecter la foi des traités. Le reste du préambule est, ce me semble, d'un ton conciliant et irréprochable de la part des puissances étrangères.

» L'article séparé n'est qu'un moyen de négociation avec le gouvernement anglais. Nous ne désirons point qu'il soit inséré dans le traité ; mais, dans le cas où le gouvernement anglais désirerait nous engager un peu sur la question d'Orient, dans le cas où il mettrait son consentement au prix d'un engagement éventuel, en cas que les Russes revinssent à Constantinople, nous ne verrions pas d'inconvénient à l'article ainsi rédigé qui ménage une grande liberté aux deux parties, et qui, pour le ton, rentre dans le caractère même du traité défensif. Au demeurant, je vous le répète, ceci n'est qu'une ébauche sur laquelle nous vous demandons conseil...»

LE PRINCE DE TALLEYRAND AU DUC DE BROGLIE.

« Londres, le 3 janvier 1834.

» Mon cher duc,

» Je vous remercie de votre lettre et du projet de traité qui l'accompagnait et que je trouve excellent. J'espère bien qu'il nous sera utile dans quelque temps et que nous parviendrons à en faire comprendre l'avantage au gouvernement anglais. Pour le moment, je crois qu'il faut le laisser dormir. C'est du moins l'impression qui me reste des conversations fréquentes que j'ai eues dans ces derniers jours avec lord Grey et lord Holland, les deux seuls membres du cabinet qui soient à Londres. Vous connaissez la répugnance qu'ont toujours montrée les ministres anglais à se gêner par des liens qui n'ont pas un but spécial et déterminé.

» A part des difficultés parlementaires qui vont être très importantes ici dans les questions de politique étrangère, le gouvernement anglais est encouragé dans son désir de ne rien précipiter par les dernières dépêches qu'il a reçues de Vienne et de Berlin.

» On mande de Vienne que M. de Metternich est fort embarrassé de son congrès auquel il ne sait que proposer pour sujets de délibération[1]. Lord Grey conclut de là, et, ce me semble, avec raison, que si nous faisions paraître en ce moment un acte, de quelque nature qu'il soit, entre la France et l'Angleterre, nous donnerions matière à Vienne pour qu'on y fît quelque chose, et pour tirer M. de Metternich de son embarras. Cette objection, qui me paraît être très plausible, serait encore bien plus forte si, comme l'écrit de

---

1. Un congrès des représentants des puissances allemandes avait été convoqué à Vienne par M. de Metternich pour délibérer sur les intérêts généraux de la Confédération germanique. Il eut à s'occuper de cinq groupes de questions :

1° Du principe que la souveraineté appartient tout entière aux princes et non aux nations ;

2° De la publicité des séances législatives ;

3° Des écoles et des universités ;

4° De la presse ;

5° De l'accord des législations particulières avec les lois générales.

M. de Sainte-Aulaire tenait le cabinet français au courant de la marche de ce congrès dont les délibérations n'eurent d'ailleurs que peu de retentissement : « On ne doute pas, écrivait-il le 28 novembre, qu'un plan ne soit arrêté entre l'Autriche et la Prusse, mais ces deux puissances et surtout l'Autriche veulent que l'initiative appartienne aux petits États dont l'indépendance semblerait ainsi respectée. Les gouvernements secondaires, de leur côté, très disposés à faire bon marché de leurs constitutions, veulent cependant échapper au reproche de les avoir volontairement sacrifiées, et veulent mettre leur responsabilité à couvert vis-à-vis de leurs peuples » (*Dépêche de M. de Sainte-Aulaire au département*).

Berlin lord Minto, la Prusse se montre disposée à se séparer des cours d'Autriche et de Russie, dans le cas où celles-ci lui proposeraient un accord quelconque sur les affaires d'Orient, qui pourrait déplaire à la France et à la Grande-Bretagne.

» Je crois donc, mon cher duc, que le moment n'est pas opportun pour presser le gouvernement anglais. Vous devez être convaincu que je suivrai avec soin toutes ses dispositions, et que je saisirai avec empressement l'occasion lorsque je la jugerai favorable.

» La réunion du parlement dans le mois prochain donnera nécessairement lieu à des discussions sur les affaires d'Orient, car il est probable que le discours de la couronne devra en faire mention. Il serait possible que cette circonstance obligeât le ministère à prendre une résolution définitive, et d'ailleurs, à cette époque, le congrès de M. de Metternich sera fini, et nous n'aurions plus à nous inquiéter de ses délibérations... »

« Le 7 janvier 1834.

» ...Lord Palmerston n'est à Londres que depuis ce matin, et je n'ai pu le voir encore; mais je sors de chez lord Grey avec lequel j'ai eu un assez long entretien sur la question d'Orient et particulièrement sur les rapports de l'Autriche et de l'Angleterre à l'égard de cette question. Ce dernier point est celui que vous aviez bien voulu m'indiquer spécialement par votre dépêche du 2 de ce mois.

» Lord Grey m'a dit qu'effectivement le prince Esterhazy était venu plusieurs fois dans ces derniers temps, et notamment il y a dix jours, pour l'entretenir au nom de sa cour de l'importante affaire qui occupe si vivement tous les cabinets de l'Europe en ce moment, et lui avait tenu, à ce sujet, un langage très satisfaisant, en l'assurant que M. de Metternich n'avait pas d'autre but que celui de l'Angleterre, c'est-à-dire le maintien de l'empire ottoman.

» Le prince Esterhazy, ayant ajouté qu'il était à craindre que, dans cette occasion, le cabinet anglais ne se montrât trop soupçonneux envers la Russie, lord Grey lui aurait répondu qu'il était peut-être aussi à craindre que l'Autriche, de son côté, ne se montrât trop confiante; que, d'ailleurs, le gouvernement anglais pourrait être incessamment questionné au parlement sur les affaires d'Orient, et que l'opinion publique s'était prononcée d'une manière tellement violente en Angleterre contre les projets ambitieux de la Russie, que lui, lord Grey, aurait besoin de témoignages bien évidents de la modération de cette puissance pour calmer une irritation dont il reconnaissait que la cause n'était pas sans fondement.

» Sur cette réponse, le prince Esterhazy ayant demandé quels seraient les témoignages qui pourraient donner de la valeur aux assurances répétées du cabinet de Pétersbourg, lord Grey, sans vouloir les déterminer tous spécialement, aurait indiqué, m'a-t-il dit, l'évacuation immédiate et complète de la Moldavie et de la Valachie, et l'abandon, de la part de la Russie, de ce qui lui reste dû par la Turquie, par suite du traité d'Andrinople.

» Le prince Esterhazy a promis de faire connaître à M. de Metternich les détails de cette conversation, et a même ajouté qu'il espérait que son gouvernement entrerait dans des idées qui lui paraissaient si raisonnables. Le courrier du prince Esterhazy, qui portait ces informations à Vienne, est parti il y a plusieurs jours.

» On a reçu depuis des dépêches de sir F. Lamb, qui, d'après ce qui m'a été dit, sont entièrement conformes au langage tenu par cet ambassadeur à M. le comte de Sainte-Aulaire[1]. D'après ces dépêches, il annonçait que, dans une conversation qu'il avait eue avec M. de Metternich, celui-ci, tout en lui répétant les assurances de modération tant de fois renouvelées par la Russie, lui aurait cependant déclaré que l'Autriche était irrévocablement décidée à ne pas consentir à la cession d'un simple village, qui pourrait être faite par la Turquie à la Russie. Cette déclaration me paraît, monsieur le duc, avoir beaucoup de valeur dans la bouche de M. de Metternich, si surtout, comme l'aurait écrit sir F. Lamb, elle a été faite du ton le plus positif.

» Je dois ajouter que dans tout ceci, m'a-t-on dit, il n'y a pas eu la moindre pensée de séparer la France de l'Angleterre, et que, s'il a été fait moins souvent mention du gouvernement du roi, c'est parce que le cabinet de Vienne a paru assuré de son concours pour tout ce qui tendrait au maintien d'une paix honorable, et qu'enfin, c'était à Londres que, dans ces derniers temps, l'irritation sur les affaires d'Orient s'était montrée d'une manière plus marquée. Et, je le répète, on n'a pas exprimé une seule fois la pensée de nous séparer de l'Angleterre.

---

1. Les dépêches de M. de Sainte-Aulaire confirment en effet celles que sir Frédéric Lamb envoyait à son gouvernement. Il écrivait le 12 décembre que le cabinet autrichien avait été fort satisfait des ouvertures de lord Palmerston ; qu'il avait répondu que l'Autriche et l'Angleterre avaient le même intérêt et les mêmes vues dans la question d'Orient, mais que l'Autriche marchait avec la Russie à qui l'Angleterre ne se fiait pas, et que l'Angleterre marchait avec la France à qui l'Autriche ne se fiait guère : qu'en conséquence l'Angleterre devrait accepter la garantie de l'Autriche à l'égard de la Russie et que l'Autriche accepterait alors la garantie de l'Angleterre à l'égard de la France (*Correspondance officielle de M. de Sainte-Aulaire*).

» Lord Grey m'a fait part aussi des dépêches qu'il a reçues il y a quelques jours de M. Bligh[1], ministre d'Angleterre à Pétersbourg. Il paraît que ce ministre a été fort recherché dans ces derniers temps par l'empereur, par M. de Nesselrode, et par les principaux personnages influents; qu'on l'a prié d'exprimer à Londres les assurances du désintéressement absolu de l'empereur dans la question d'Orient. On a répété, à cette occasion, les déclarations précédemment faites au sujet du traité du 8 juillet, qui n'aurait jamais été sollicité que par la Turquie, et que toutes les pensées de l'empereur avaient pour but le maintien de l'existence de l'empire ottoman.

» M. le prince de Lieven, que j'ai vu fréquemment pendant le séjour que je viens de faire à Brighton, m'a tenu absolument le même langage, et j'ai pu remarquer que la cour de Russie attachait beaucoup d'intérêt en ce moment à rassurer la France et la Grande-Bretagne sur les projets d'envahissement qu'on lui attribue.

» Il me semble qu'on peut conclure de tous ces faits que, sans partager la confiance aveugle de M. de Metternich dans la Russie, il serait convenable de ne pas repousser les avances que cette puissance essaye de faire.

» Du reste, M. de Lieven ne m'a pas caché qu'il redoutait beaucoup l'effet que produiraient à Pétersbourg les articles récemment publiés dans les journaux anglais et français contre la Russie. Il m'a dit, à ce sujet : « L'empereur est jeune et » peu accoutumé à supporter des injures de ce genre. Il se

---

1. Sir John Duncan Bligh, né en 1798, d'abord attaché d'ambassade à Vienne en 1820, secrétaire de légation à Florence. Il alla ensuite à La Haye, puis à Pétersbourg en qualité de chargé d'affaires, devint ministre à Stockholm et enfin à Hanovre (1838).

» sera peut-être trouvé à Moscou quand ces journaux lui seront
» parvenus, et comme c'est dans cette ville qu'existe le foyer
» le plus puissant du parti qui pousse à la guerre, il est à
» craindre que les injures de ces journaux n'aient créé de
» grandes difficultés au parti raisonnable à la tête duquel
» se trouve le comte de Nesselrode, qui s'efforce toujours de
» ramener à la modération. »

» Je n'ai pu que regretter avec M. de Lieven, qu'en Russie,
on comprît si mal la liberté de la presse, sur laquelle on
devrait voir, si l'on était juste, que les gouvernements constitutionnels ont bien peu d'influence... »

« Le 10 janvier 1834.

» J'ai lu avec un grand intérêt la dépêche que vous m'avez fait
l'honneur de m'écrire sous le numéro 2, ainsi que la copie de
celle de M. de Sainte-Aulaire, qui y était jointe[1]. Cette dernière

---

1. *Dépêche du comte de Sainte-Aulaire du 25 décembre.* L'ambassadeur rend compte d'un entretien qu'il vient d'avoir avec M. de Metternich. M. de Metternich pense que le traité du 8 juillet entre la Russie et la Porte prépare une épouvantable catastrophe que l'Europe doit s'appliquer à prévenir et qu'elle ne pourra prévenir que par une action commune précédée d'un concert commun. Il propose, en conséquence, l'ouverture d'une conférence. M. de Tatitscheff au contraire, ne veut entendre parler que d'une action commune à Alexandrie pour intimider Méhémet-Ali, et M. de Sainte-Aulaire en conclut que l'Autriche et la Russie sont en dissentiment complet sur les affaires d'Orient. L'Autriche, ajoute-t-il, appelle l'Europe à son aide ; elle acceptera le premier appui qui lui sera offert. M. de Metternich lui a dit en présence de M. de Tatitscheff : « Affirmez à l'amiral Roussin qu'il n'existe pas entre nous le moindre dissentiment et que la politique de l'Autriche est parfaitement identique avec celle de la France dans les affaires d'Orient. » — M. de Sainte-Aulaire annonce ensuite que sir Frédéric Lamb a été chargé par M. de Metternich de proposer à son gouvernement d'accéder à une profession de foi des quatre puissances relative aux affaires d'Orient, qui prendrait la forme soit d'un traité, soit d'une déclaration commune et qui deviendrait la base d'un droit public européen.

renferme des détails curieux et de précieuses indications. J'ai fait usage avec discrétion de quelques-unes d'entre elles dans les entretiens que j'ai eus depuis hier avec lord Palmerston et avec lord Grey. En insistant près de ces deux ministres pour connaître d'une manière plus précise encore l'état des relations de ce gouvernement-ci avec celui d'Autriche sur les affaires d'Orient, j'ai provoqué des explications qui me paraissent satisfaisantes.

» Il résulte pour moi de ces explications la conviction entière que, depuis trois mois, il y a eu beaucoup de pourparlers, de tentatives de rapprochement entre le cabinet de Londres et celui de Vienne, et que la question d'Orient en a fait le principal objet[1]; mais que, jusqu'à la dernière conversation entre lord Grey et le prince Esterhazy, dont j'ai eu l'honneur de vous rendre compte par ma dernière dépêche, on n'a pas cherché à donner une forme aux vues qui sont partagées par les deux gouvernements.

» En indiquant assez légèrement à lord Palmerston que j'avais connaissance des relations plus intimes qui avaient eu lieu récemment entre sir F. Lamb et le prince de Metternich, je l'ai amené à me communiquer les dernières dépêches de cet ambassadeur, et il a, après notre conversation, et devant moi, donné l'ordre que des copies de ces dépêches fussent en-

---

1. M. de Sainte-Aulaire signalait également à Paris l'influence croissante de sir Frédéric Lamb à Vienne (*Dépêche du 12 décembre*). Il affirmait que l'ambassadeur anglais s'efforçait, conformément aux ordres de son gouvernement, de placer l'Angleterre entre la France et l'Autriche (*Dépêche du 25 décembre*). Enfin, le 5 janvier il déclarait qu'il se passait entre sir Frédéric Lamb et M. de Metternich quelque chose qu'on voulait lui cacher. (Voir également sur ce point une dépêche du 2 janvier du duc de Broglie à M. de Talleyrand. Appendice, p. 509.)

voyées à lord Granville qui vous les montrera. Vous y retrouverez des récits analogues à ceux de M. de Sainte-Aulaire.

» Cette démonstration pleine de franchise a été accompagnée de l'assurance réitérée que tout, dans cette affaire, se ferait complètement de concert avec la France ; j'ai reçu à cet égard, et séparément, la parole de lord Grey aussi bien que celle de lord Palmerston. Il me paraît assez probable que la pièce mentionnée par M. de Sainte-Aulaire comme ayant été portée par sir F. Lamb à l'empereur d'Autriche doit être la copie des instructions envoyées à lord Ponsonby. On aura voulu par là convaincre l'empereur que les vues de l'Angleterre sur l'Orient se rapprochaient de celles de l'Autriche.

» Du reste, je serais assez porté à croire que les premières démarches dans cette affaire ont pu venir de Londres ; et ce qui me le fait supposer, ce sont les plaintes qui m'ont été exprimées contre M. de Metternich et contre la froideur qu'il a longtemps témoignée sur la question d'Orient, dont il paraissait vouloir abandonner toute la direction à la Russie. Il ne serait pas impossible non plus que lord Palmerston, à qui les cabinets reprochent d'avoir eu, dans quelques circonstances, un langage un peu hautain, eût jugé convenable de se rapprocher du cabinet de Vienne, qui n'avait pas été un des moins irrités contre le ton de ses communications. Je crois, d'autre part, que le cabinet anglais reconnaît la justesse des reproches qui lui sont adressés aujourd'hui sur sa conduite de l'année dernière dans les affaires de Turquie. Il sent que, s'il avait adopté le plan que nous lui avions proposé avant l'arrivée des Russes à Constantinople, il aurait empêché beaucoup de mal. Ce plan, vous le savez, faisait entrer l'Autriche dans nos efforts communs pour arrêter les malheurs qui menaçaient alors le sultan ; vous en trouverez les traces dans mes dépêches des 8, 28 et 31 janvier 1833[1].

» J'aime à croire que maintenant le gouvernement anglais, animé par le sentiment de cette faute politique, suivra avec plus de zèle et de persévérance la ligne qu'il a adoptée en Orient...

» Les ouvertures faites par lord Grey, en réponse aux communications du prince Esterhazy, devront nécessairement amener M. de Metternich à s'expliquer nettement sur ses propres intentions. Il appréciera sans doute la valeur de la démarche de l'Angleterre, qui a été dictée par une parfaite convenance, car lord Grey a dit franchement à l'ambassadeur d'Autriche que l'Angleterre désirait faire passer par le cabinet de Vienne la demande des garanties qu'elle réclame de la Russie, parce que cette voie indirecte ôtait à cette demande toute apparence offensante pour l'amour-propre russe.

» Il me paraît, monsieur le duc, que nous aurions à nous féliciter si à Pétersbourg on se déterminait à céder sur quelques-uns des points mis en avant par lord Grey, tels que le licenciement de l'armée de Valachie et de Moldavie, et la dislocation de celle de Crimée. Le gouvernement du roi trouverait devant les Chambres, aussi bien que le cabinet anglais devant le parlement, des moyens de défense dans ces faits, s'il était attaqué, et d'ailleurs, ils nous offriraient un temps de repos pour mieux concerter les mesures que l'état incertain de l'Orient rendra inévitablement nécessaires dans un temps donné.

» Dès aujourd'hui, je pense que nous ne devons négliger aucune occasion de convaincre la cour d'Autriche de notre

---

1. Voir pages 110 et 114. La dépêche du 8 janvier n'est pas reproduite dans les *Mémoires*.

intention d'agir avec elle et avec la Grande-Bretagne dans cette affaire, et ne pas laisser supposer que nous croyons qu'il y a eu quelques propositions faites à notre insu. La dépêche de M. de Sainte-Aulaire présente M. de Metternich comme disposé à entrer dans un concert commun des quatre cours. Peut-être que plus tard, le refus de la Russie, s'il a lieu, de céder sur les garanties qui lui sont demandées en ce moment, amènerait le chancelier d'État à consentir à une triple alliance. Nous sommes dans une très bonne voie, qui ne peut que s'améliorer... »

« Le 12 janvier 1834.

» En lisant les journaux français du 9 de ce mois, j'y ai remarqué un article tiré de la *Gazette d'Augsbourg* du 5, qui ne vous aura pas échappé et qui a été répété par tous les journaux d'Angleterre. Le correspondant de la *Gazette d'Augsbourg*, en faisant mention d'un traité conclu entre la Russie et l'Autriche pour garantir l'existence de l'empire ottoman, même dans le cas où la dynastie régnante viendrait à s'éteindre, mais avec l'exclusion de Méhémet-Ali, ajoute que le prince de Metternich a communiqué les dispositions de ce traité à sir Fréderic Lamb, qui les a approuvées dans les termes les plus positifs[1].

---

1. Voici cet article : La question orientale avait pris dans ces derniers temps une tournure qui menaçait sérieusement le repos de l'Europe. Le traité conclu entre la Russie et la Porte ottomane avait donné une vive inquiétude à l'Angleterre dont la politique est principalement dirigée dans l'intérêt de son commerce et de son industrie, tandis que la France craignait de perdre l'influence qu'elle avait acquise à Constantinople par suite des démonstrations énergiques de l'amiral Roussin. De là, le froid survenu dans les relations de la Russie avec l'Angleterre et la France.... Afin d'éviter un pareil conflit, le cabinet de Vienne qui, dans ces dernières années, a agi avec tant d'énergie pour conserver la paix générale et le

» Quelque rassuré que je dusse être par les déclarations des ministres anglais, dont j'ai eu l'honneur de vous rendre compte par mes dernières dépêches, la condition de l'exclusion de Méhémet-Ali, que je savais être de nature à toucher le cabinet anglais, a élevé quelque doute dans mon esprit, et j'ai cru devoir réclamer encore de nouvelles explications de lord Palmerston et de lord Grey. En conséquence, je les ai revus hier, et je dois vous répéter que leur langage est aussi précis et aussi explicite que dans nos entretiens précédents. Sans qu'il ait été question récemment entre nous du pacha d'Égypte, je ne puis cependant pas négliger de vous dire que le gouvernement du roi ne saurait apporter assez de ménagements pour ôter tout soupçon au gouvernement anglais sur la nature des relations qu'il peut entretenir avec ce pacha. Je suis à peu près certain qu'ici on nous suppose toujours des arrière-pensées sur ce point.

» Lord Palmerston m'a dit qu'il avait expédié à Paris les dépêches de sir Frédéric Lamb, qui doivent vous être montrées ; mais il m'en a donné à lire une nouvelle qui était

---

statu quo européen, s'est adressé au cabinet de Pétersbourg avec lequel il se trouve, depuis les négociations de Munchengrætz, dans des relations d'intimité qui rappellent celles qui existaient entre eux lors de la guerre de Napoléon. La réponse du cabinet russe a été des plus satisfaisantes sous tous les rapports, et on assure qu'il vient d'être conclu un traité entre les deux cours par lequel elles auraient garanti l'existence de l'empire turc même pour le cas où la dynastie actuellement régnante viendrait à s'éteindre mais avec l'absolue exclusion de Méhémet-Ali. On assure que le prince de Metternich a communiqué, il y a deux jours, les dispositions de ce traité à l'ambassadeur d'Angleterre, sir F. Lamb, et que celui-ci a approuvé dans les termes les plus positifs une négociation qui ne peut que produire les résultats les plus heureux, et qui donne de nouveaux titres à la reconnaissance de tous les amis de l'ordre et de la paix au grand homme d'État qui dirige avec tant de sagesse les affaires de l'Europe, et qui nous a si longtemps préservés des horreurs de l'anarchie et de la guerre.

arrivée le matin et dans laquelle cet ambassadeur annonce que, d'après les conversations qu'il a eues, ainsi que M. de Sainte-Aulaire, avec le prince de Metternich, il a acquis la conviction que le chancelier d'État ne cherchait qu'à détacher les cours de France et d'Angleterre l'une de l'autre. Je ne sais point jusqu'à quel point cette observation de sir Frédéric Lamb est fondée, mais elle me paraît être une indication qui peut n'être pas inutile.

» Vous trouverez dans *the Globe* d'hier soir un long article qui par tout son ensemble offre un nouveau témoignage de la sincérité des assurances que j'ai reçues depuis trois jours. Ce journal ministériel insiste avec une force vraiment remarquable sur la nécessité de l'union de l'Angleterre et de la France... »

[*Confidentielle.*]

« Londres, le 13 janvier 1834.

» Mon cher duc,

» Les journaux vous disent malade. Le *Temps* va même jusqu'à parler de démission. Rassurez-moi sur votre santé; je ne crois pas à la démission; je n'en veux pas. Écrivez-moi quelques lignes que je puisse montrer à lord Grey, car il paraît un peu surpris de ce qui s'est passé à la tribune entre vous et M. Bignon[1]. Le cabinet anglais craint d'être

---

1. Louis-Pierre-Édouard, baron Bignon, né en 1771. Il entra de bonne heure dans la diplomatie, fut en 1797 secrétaire de légation à Berne, puis à Milan (république cisalpine) en 1799, et à Berlin (1880). En 1802, il devint chargé d'affaires, puis ministre à Cassel (1804). En 1806, il fut chargé de l'administration des provinces prussiennes. En 1809, il fut nommé administrateur général de l'Autriche. De Vienne, il alla à Varsovie comme ministre plénipotentiaire. Pendant les Cent-jours, il fut sous-secrétaire d'État aux affaires étrangères, et reçut le 22 juin, pour quelques jours, la direction de ce département. M. Bignon fut élu député en 1817 et fut constamment réélu jusqu'en 1837. Il fut alors nommé pair de France et mourut en 1841.

parlementairement gêné par un langage qui ne serait pas identiquement le même à Paris et à Londres sur la question d'Orient. Il est donc tout à fait nécessaire que je puisse satisfaire lord Grey par quelque explication qui vaudrait mieux que celle du *Journal des Débats,* et qu'il vous serait plus commode de faire passer par moi, que de donner à la tribune... »

LE DUC DE BROGLIE AU PRINCE DE TALLEYRAND.

« Paris, le 16 janvier 1834.

» Mon prince,

» Voici les faits, je les soumets à votre sagesse :

» Mercredi dernier, 8 janvier, on est venu à la discussion du paragraphe 16 de l'adresse. Ce paragraphe nous était annoncé comme dirigé spécialement contre le ministère. Dans mon opinion, au contraire, rien n'était plus aisé que de montrer qu'il contenait l'approbation la plus éclatante de notre système depuis trois ans. M. Bignon est venu, *au nom de la commission,* expliquer ce paragraphe dans un sens parfaitement raisonnable, parfaitement conforme à mon opinion; puis ensuite, il a fait un long discours sur l'état général de l'Europe, discours qui contenait, comme vous l'avez pu voir, beaucoup de choses raisonnables, et beaucoup d'autres follement exagérées.

» Je suis monté à la tribune après lui, et j'ai pris acte, en y adhérant, de ce qu'il avait dit, *au nom de la commission,* me proposant d'en tirer parti le lendemain et de prouver que notre système prévalait d'un commun accord sur celui de nos adversaires habituels. Quant au discours même de

M. Bignon, je n'en ai rien dit, sinon que ne contenant aucune attaque contre le gouvernement, il ne provoquait de ma part aucune réponse. J'ai terminé en remerciant M. Bignon de la modération de son langage *envers nous*.

» Le lendemain, j'étais gravement indisposé, tellement même, que j'ai longtemps hésité si j'irais à la Chambre. J'ai fait cependant effort sur moi-même. A mon arrivée, j'ai trouvé toute la Chambre en rumeur. On avait étendu l'adhésion que j'avais donnée aux explications de la commission, on l'avait étendue, dis-je, au discours de M. Bignon, sur lequel je n'avais rien dit du tout. Les imaginations avaient pris feu, tout le monde était convaincu que nous allions dans huit jours être en guerre avec toute l'Europe. Attaqué violemment par M. Mauguin, je me suis vu obligé de rectifier l'erreur universelle, de faire remarquer à quoi j'avais adhéré et de rassurer les esprits. Malheureusement, je vous le répète, j'étais trop malade pour avoir possession du mien. Au moment où je pris la parole, je fus saisi d'un éblouissement tel, que je fus obligé de me cramponner à la tribune et que je faillis me trouver mal. Dans cette disposition, j'allai au plus pressé; je répondis sans trop savoir ce que je disais; j'expliquai le traité du 8 juillet en particulier, sur lequel on avait dit cent sottises; mais en montrant qu'on n'en saisissait ni le sens, ni la portée; je ne pus pas montrer suffisamment quels étaient ses vrais dangers, quel en était le vrai caractère. Je fus obligé, je vous le répète, de couper court, et de finir volontairement, sous peine d'être interrompu par un étourdissement complet. En descendant de la tribune, je me mis au lit, et on me saigna abondamment.

» Le résultat de tout ceci, je ne me le dissimule point,

est très fâcheux pour moi et très fâcheux pour les affaires. Bien que je n'aie rien fait ni dit de précisément répréhensible, il vaudrait mieux, je crois, que le roi eût sous la main un autre ministre des affaires étrangères. Mais cela n'est pas, et ma retraite décomposant le ministère tout entier, j'ai consenti à rester. Si vous voulez vous faire mettre sous les yeux le *Moniteur* du 9 et celui du 10, vous saisirez maintenant parfaitement ce qui s'est passé. J'aurais mieux fait de ne pas m'emparer des explications données par M. Bignon au nom de la commission, puisque je me sentais déjà indisposé le 8. J'aurais mieux fait d'éviter toute discussion. Voilà ma faute. Je ne prétends point l'excuser. Tout le reste a été fatal et inévitable. Si j'avais été maître de moi-même le lendemain, au lieu de finir par un échec pour moi, la discussion aurait fini par la défaite la plus signalée que nos adversaires eussent essuyée depuis longtemps.

» Vous pouvez faire, mon prince, de tous ces détails, tel usage que vous voudrez. Je n'ai rien à cacher, rien à dissimuler, rien à justifier. J'ai eu tort, me sentant indisposé déjà, de jouer gros jeu; j'ai eu tort de perdre. Voilà tout ce que je puis dire... »

LE PRINCE DE TALLEYRAND AU DUC DE BROGLIE.

« Londres, le 20 janvier 1834.

» Mon cher duc,

» Il y a une certaine candeur, qui, pour être parfaitement vraie, n'en est pas moins habile. Votre excellente lettre du 16 en est la meilleure preuve. Vous trouverez l'effet qu'elle a produit sur lord Grey dans le billet qu'il vient de m'écrire et que je vous envoie.

» Je suis fondé à croire que nous aurons une très bonne phrase sur la France, dans le discours du roi d'Angleterre du 4 février; j'y ai mis tous mes soins. Je ne puis assez vous prier d'agir sur tous les journaux qui dépendent de vous, pour qu'ils ne reviennent pas sans cesse sur l'incident de l'adresse; il faut qu'il soit dorénavant dans l'oubli... »

(Billet joint à la lettre précédente.)

LORD GREY AU PRINCE DE TALLEYRAND.

[*Traduction.*]

« Downing-Street, le 20 janvier 1834.

» Mon cher prince,

» Je vous renvoie avec bien des remerciements la lettre de M. le duc de Broglie que vous avez bien voulu me confier hier soir.

» Je trouve dans son explication de nouvelles preuves de sa candeur, et de son caractère probe et honorable. L'affaire a sans doute été fâcheuse, et je craignais qu'elle ne donnât quelque avantage à la Russie dans ses futures discussions avec nous; mais il est impossible d'imputer au duc aucune faute, excepté celle dont il convient lui-même. Mais cela sera de peu de conséquence tant que les deux gouvernements continuent à maintenir l'union intime qui a été si heureusement établie entre eux.

» Je me réjouis fort de ce que M. de Broglie ne pense plus à donner sa démission; elle aurait occasionné une perte irréparable pour la France comme pour nous, qui nous fions entièrement à sa loyauté et à son honneur.

» Je vous prie d'agréer... »

LE PRINCE DE TALLEYRAND AU DUC DE BROGLIE.

« Londres, le 20 janvier 1834.

» Monsieur le duc,

» Je vous ai écrit à la hâte avant-hier, et vous ai exprimé l'assurance que les bruits répandus dans le public sur la retraite du cabinet anglais étaient sans fondement. Je persiste dans mon opinion à cet égard. Mais s'il n'est pas question d'un changement dans le ministère, il n'est pas moins certain qu'il s'est élevé un dissentiment assez prononcé entre quelques-uns de ses membres, et il paraît que c'est une intervention anglaise en Portugal qui en a été la cause. Plusieurs ministres pensaient qu'une intervention immédiate était devenue urgente; mais, la majorité s'étant prononcée contre cette mesure, elle a été abandonnée pour le moment. Le dernier voyage de lord Grey à Brighton avait été motivé par cette circonstance, et on m'assure que le roi a partagé l'opinion de la majorité de son conseil. Vous trouverez, du reste, dans le *Times* de ce jour, un exposé, que je crois assez fidèle, des principes sur lesquels s'appuient les partisans de l'intervention en Portugal... »

On a vu, par les extraits de ces dépêches que j'avais dû suspendre mes démarches près du cabinet anglais pour obtenir de lui la conclusion d'une alliance défensive entre la France et l'Angleterre. Les difficultés que je rencontrais étaient de plus d'une sorte. On m'avait d'abord opposé l'espoir d'un rapprochement avec l'Autriche, qu'un pareil traité n'aurait pas manqué d'effaroucher et de rejeter plus avant dans l'alliance russe. On m'avait fait à peu près la même objection pour ce qui concernait la Prusse. Mais, ce n'étaient pas là les seules entraves que je rencontrais. Il y en avait qui tenaient aux relations extérieures de l'Angleterre; d'autres, à la situation intérieure du cabinet. Ainsi, on redoutait, en s'engageant avec nous, de ne plus garder la même indépendance dans les affaires de Portugal, que l'Angleterre surveillait d'un œil jaloux et avec la ferme résolution d'agir sans nous sur ce point de la péninsule. On craignait aussi que si nous lui laissions pleine liberté à cet égard, elle ne se trouvât, par là, obligée un jour de nous laisser la même liberté d'action dans les affaires d'Espagne. Et on sait assez que, depuis la paix d'Utrecht, l'Angleterre a toujours cherché à combattre notre influence en Espagne. C'est une espèce d'axiome politique que je serais tenté de croire qu'on enseigne dans les universités d'Oxford et de Cambridge. Enfin, le cabinet anglais était ébranlé dans son existence; il y avait des divergences parmi ses membres sur plusieurs questions, et, pour ne rien cacher des motifs qui pouvaient l'empêcher de former l'alliance que je leur avais proposée, je dois dire aussi qu'il n'était pas bien rassuré sur la durée de l'existence du ministère français. L'incident survenu au duc de Broglie avait entretenu ses méfiances sur ce dernier point, et je vis bien qu'il fallait, sinon renoncer à mon projet d'alliance, du moins attendre que quelque événement, soit en Orient, soit dans la péninsule, fît comprendre en Angleterre l'importance de cette alliance.

Il y eut d'ailleurs, à cette époque, une série de complications dans la politique européenne, qui devaient être éclaircies avant que le cabinet anglais se sentît mieux disposé pour le plan que je lui avais présenté au nom de mon gouvernement.

La chute du ministère Zéa à Madrid[1] avait été considérée comme un succès pour l'Angleterre, qui attribuait à ce ministère une soumission entière à la France et qui se réjouit, par conséquent de le voir remplacé par M. Martinez de la Rosa[2], qu'elle espérait diriger.

D'un autre côté, le gouvernement russe essaya alors de se rapprocher de la France et surtout de l'Angleterre, ce qui devait détourner celle-ci de se lier trop intimement avec nous[3]. La suite des lettres qu'on va lire fera mieux saisir la portée

---

1. M. de Zéa était tombé à la suite d'une démarche de plusieurs capitaines-généraux qui avaient adressé à la reine régente une *exposition* où ils la suppliaient de renvoyer son ministère : la question fut soumise par la reine au conseil de régence qui décida que la retraite de M. de Zéa était nécessaire. En conséquence, le cabinet se retira le 16 janvier.

2. Francisco Martinez de la Rosa, né en 1789, député aux Cortès en 1812, était devenu l'un des membres les plus influents du parti libéral. Il devint chef du cabinet en 1822, mais fut exilé après le rétablissement du pouvoir absolu (1823). Il revint dans sa patrie en 1830 et devint, en 1834, président du conseil. En 1840, il fut ambassadeur à Paris, puis à Rome (1842). En 1844, il entra dans le cabinet Narvaez, fut de nouveau accrédité à Paris de 1847 à 1851, devint ensuite président de la première chambre des cortès, puis premier secrétaire d'État (1857) et président du conseil d'État (1858). Il mourut en 1862.

3. Le maréchal Maison attirait dans sa correspondance l'attention du gouvernement sur ce revirement du cabinet de Pétersbourg. Il écrivait, le 31 décembre, que M. de Nesselrode lui avait exprimé toute sa satisfaction de l'attitude adoptée par la France dans la question d'Orient. « Quand on est si près de s'entendre, avait-il dit, on doit finir par se rapprocher. » Le 3 janvier, le maréchal revient sur la même idée, et constate que M. de Nesselrode lui a témoigné sa satisfaction des efforts de la France pour consolider son gouvernement et réprimer la propagande révolutionnaire. — Le 6 janvier, l'ambassadeur rend compte d'un entretien qu'il vient d'avoir avec l'empereur, au cours duquel celui-ci avait parlé de l'Angleterre avec la plus grande violence. Il pense que le gouvernement russe, après avoir essayé, dix-huit mois auparavant, de brouiller l'Angleterre avec la France, cherche maintenant à brouiller la France avec l'Angleterre (*Correspondance officielle du maréchal Maison*).

de ce que je viens d'indiquer, ainsi que les événements qu'y s'y rattachent.

LE PRINCE DE TALLEYRAND AU DUC DE BROGLIE.

« Londres, le 25 janvier 1834.

» Monsieur le duc,

»... Les ministres anglais partagent entièrement votre opinion sur les avances faites récemment au gouvernement du roi par l'empereur Nicolas et par le cabinet de Saint-Pétersbourg; ils reconnaissent avec vous que ces dispositions si nouvelles envers la France n'ont d'autre but que de séparer les cabinets de Paris et de Londres. On voit avec plaisir ici que nous ne sommes point dupes de ces démonstrations, et j'ai lieu de croire qu'on nous en tiendra compte dans l'occasion.

» Les démarches du gouvernement russe à Stockholm et les mesures de précaution qu'il a cru devoir prendre du côté de la Baltique indiquent des inquiétudes qu'on ne fera rien ici pour dissiper[1].

1. Le cabinet de Pétersbourg avait sondé le gouvernement suédois sur l'attitude qu'il prendrait en cas d'une guerre entre l'Angleterre et la France d'une part et la Russie de l'autre (voir page 280). Notre chargé d'affaires à Stockholm, M. Billecocq, eut à ce sujet un entretien avec M. de Wetterstedt, ministre des affaires étrangères de Suède, dont il rendit compte à Paris, dans une dépêche du 4 janvier. M. de Wetterstedt déclara « avec une émotion extraordinaire » que la Suède n'avait pris aucun engagement, qu'elle n'était entrée dans aucune alliance et que la Russie lui avait laissé la faculté de conserver la plus stricte neutralité. Quelques jours plus tard, le ministre affirmait que si pareille guerre éclatait, la Suède ouvrirait ses ports aux navires des deux partis (*Dépêche du 10 janvier*). Deux mois après, M. de Wetterstedt, dans un entretien avec le chargé d'affaires anglais, reconnaissait que la Suède avait été formellement sollicitée par la Russie d'entrer dans une alliance contre la France et l'Angleterre, mais qu'elle n'avait promis que sa neutralité. (*Dépêche de M. Billecocq, du 7 mars.*)

» Lord Grey m'a parlé ce matin de M. Martinez de la Rosa, comme de l'homme qui pouvait le mieux diriger les affaires d'Espagne. Je crois que le mécontentement du gouvernement anglais contre M. de Zéa entre pour beaucoup dans les éloges qui sont prodigués à M. Martinez. Ceci ne vous surprendra pas.

» Je vous remercie du mémoire que vous m'avez adressé sur la conspiration qui a éclaté dernièrement en Grèce[1]. Il me sera utile, lorsque nous serons appelés à nous occuper des affaires de ce pays, ce qui, dans notre intérêt, n'est pas pressant ; mais ce qui sera sans doute le cas, lors de l'arrivée de M. Tricoupis[2] à Londres... »

« Le 28 janvier 1834.

» J'étais hier avec lord Grey et lord Palmerston lorsqu'ils ont appris l'entrée du général Saldanha à Leirya. On la considère ici comme une affaire dont tous les résultats sont importants, mais elle porte dans ses détails un caractère de férocité qui fait désirer vivement de voir finir la lutte dont le Portugal est le théâtre[3]. Il paraît certain que le général

---

1. Une conspiration contre le gouvernement grec avait été découverte à Nauplie, au mois de septembre 1833. Les conjurés voulaient renverser la régence, proclamer la majorité du roi et s'emparer du pouvoir sous son nom. L'arrestation des coupables fit avorter l'entreprise.

2. Spiridion Tricoupis, né en 1791, homme d'État et historien grec. Il joua un rôle actif pendant les guerres de l'indépendance. A l'avènement du roi Othon, il fut accrédité à Londres (1835-1838) et y revint en 1841. Il fut ministre des affaires étrangères en 1843, puis envoyé à Paris (1850) et encore une fois à Londres. Il fut ministre à différentes reprises entre 1855 et 1862 et mourut en 1873.

3. Le général Saldanha s'était emparé, le 15 janvier, de la place forte de Leirya située à égale distance de Lisbonne et de Porto. Sur quinze cents hommes que comprenait la garnison, à peine une poignée de soldats put échapper aux vainqueurs.

Saldanha ne s'arrêtera pas à ce succès, et qu'il doit immédiatement marcher sur Coimbre, afin de combiner ses mouvements avec le corps d'armée du duc de Terceire. Ces nouvelles sont du meilleur augure pour la solution d'une question dont, vous le savez, le cabinet britannique avait été fort préoccupé depuis quelque temps ; elles répondent aux alarmes des partisans d'une intervention immédiate en Portugal, et elles ont produit, pour le moment, la renonciation, de la part du ministère anglais à toute idée d'action directe et matérielle sur les affaires de ce pays... »

« Le 1ᵉʳ février 1834.

» Hier au soir, à dix heures, j'ai été, comme j'avais eu l'honneur de vous le mander dans ma dépêche du matin, chez lord Palmerston. Il m'a donné à lire la dépêche que M. de Lieven avait reçue la veille, et dont il lui avait confié l'original. Je l'ai lue deux fois, et il m'a ensuite permis de prendre quelques notes...

» Cette dépêche paraît être la réponse à celle qui avait été écrite de Londres par l'ambassadeur de Russie, le 27 décembre. M. de Lieven y annonçait que lord Palmerston lui avait exprimé le désir d'arriver à une explication franche entre la Russie et l'Angleterre. A cette ouverture toute de conciliation, la Russie répond par des protestations de son désir d'entretenir des relations de paix et de bonne amitié. Quelques lignes plus bas, se trouvent ces mots : *l'Angleterre est l'alliée naturelle de la Russie*. On observe ensuite que, dans ses rapports avec l'Angleterre, la Russie a toujours suivi et continuera à suivre les formes qu'elle a *graduellement* employées avec elle. On rappelle à cette occasion la note du

27 octobre[1], à laquelle la Russie avait fait la seule réponse que sa dignité, à ce qu'elle croit, lui permettait de faire ; et là, on observe apologétiquement que les notes n'ont point été provoquées par elle. Cette observation faite, on se plaît à faire sentir que, dès qu'il a paru une communication du gouvernement anglais, modérée par le fond et conciliante dans les formes, on s'était empressé à faire une réponse qui portât le même caractère, et que, d'après le désir que l'Angleterre avait montré d'avoir des informations plus étendues, la Russie s'y prêtait avec plaisir pour écarter tout ce qui pourrait compliquer les rapports des deux États et nuire à leur bonne intelligence.

» Envisagée sous ce point de vue, la demande du gouvernement anglais ne présente aux yeux du gouvernement russe aucun inconvénient, et il y répond volontiers.

» M. de Nesselrode donne alors des notions précises sur quelques dispositions militaires. Il prétend que les renseignements qu'a reçus le gouvernement britannique ne sont pas exacts, et il cherche à en démontrer les erreurs. Les mesures militaires qu'on a signalées à l'Angleterre ne sauraient être en aucun cas l'indice d'un système offensif de la part de la Russie, et bien moins encore contre l'Angleterre que contre toute autre puissance.

» Là, viennent quelques développements. On assure :

» *Premièrement,* que dans la mer Noire la flotte russe se trouve dans le même état où elle était à son retour de Constanti-

---

1. Note du 27 octobre 1832 qui faisait part au gouvernement russe de la convention franco-anglaise du 22 octobre. La Russie adressa en réponse aux cabinets de France et d'Angleterre une note que l'on trouvera à la page 41 (note).

nople, et qu'aucun armement nouveau n'a eu lieu depuis cette époque.

» A cela, lord Palmerston m'a fait observer qu'on n'expliquait pas pourquoi, l'expédition terminée, on conservait des forces aussi considérables, et que cela devait naturellement faire croire qu'on avait quelques intentions ultérieures ;

» *Secondement*, que la division cantonnée en Crimée n'est autre que celle qui est revenue de Constantinople l'été dernier à bord de l'escadre russe, qu'aucun renfort n'a été envoyé sur ce point, et que les troupes réunies dans les provinces méridionales de l'empire n'excèdent point le nombre de celles qui s'y trouvent cantonnées depuis quinze ans ;

» *Troisièmement*. Le gouvernement russe n'hésite pas à donner l'assurance que les bruits répandus sur l'accroissement de ses forces maritimes dans la Baltique sont dénués de fondement. M. de Nesselrode porte le nombre des vaisseaux à vingt-sept. Ce nombre, observe-t-il, est loin d'approcher de celui dont disposait l'impératrice Catherine dans ces mêmes parages, et les ouvrages des îles d'Aland se bornent à une caserne fortifiée, propre à contenir deux bataillons. Aucun établissement maritime n'y a été formé. Ces îles n'ont, d'ailleurs, que des ports de refuge qui sont de secours à tout le monde et qui ne peuvent inquiéter la Suède, qui, seule, pourrait s'en alarmer ;

» *Quatrièmement*, que les fortifications en Pologne n'ont pour objet que la propre sécurité de l'empire, qui, comme on l'a vu il y a deux ans, pouvait être menacée du côté où on les construit.

» Le gouvernement pourrait trouver des motifs d'appréhension très légitimes dans les paroles de lord Palmerston

lui-même. Ces paroles sont, aux termes de la dépêche :
» Qu'il serait dans les intérêts de l'Angleterre de
» préférer voir le trône du sultan occupé par Méhémet-Ali,
» changement qui substituerait la puissance arabe à l'em-
» pire ottoman.

» Il y a dans cette citation une grande inexactitude. Lord Palmerston a pu dire qu'il préférait voir le trône occupé par Méhémet-Ali à le voir occupé par l'empereur de Russie. C'est là certainement le sens des expressions employées par lord Palmerston, et ce sont, à ce qu'il m'a dit, les expressions elles-mêmes.

» M. de Nesselrode fait ensuite quelques réflexions au sujet des paroles prêtées à lord Palmerston, et dit que le système qu'elles renferment aurait pour but de remplacer une puissance alliée de la Russie par un pouvoir hostile et dangereux au maintien de la paix en Orient. Il convient cependant que l'Angleterre n'a point agi dans le sens qu'on lui a gratuitement attribué, mais que l'aveu qu'une semblable pensée ait pu subsister montre plus d'hostilité aux intérêts de la Russie que ne le sont les forts de la Vistule contre les intérêts de l'Angleterre.

» De là, on arrive à dire que le traité du 8 juillet doit paraître bien moins une arme offensive placée entre les mains de la Russie, qu'une garantie morale contre les projets d'envahissement et de conquête qu'une puissance arabe chercherait à étendre sur la Turquie d'Europe.

» A la suite de ces raisonnements, on donne l'assurance que l'acte séparé du 8 juillet n'établit point en faveur du pavillon de guerre russe un privilège exclusif au préjudice des autres puissances, et que, sous ce rapport, aucune altération n'a été apportée aux usages établis par la Porte : car la Russie, ajoute-t-on, est aussi éloignée de l'idée de vouloir les enfreindre elle-même, qu'elle est intéressée à ne pas les voir méconnus par aucune autre puissance.

» Viennent ensuite quelques explications sur le reproche du secret gardé vis-à-vis des autres cours, à l'occasion de ce traité. La raison qu'en donne M. de Nesselrode, c'est que le secret n'appartenait pas à la Russie ; qu'il appartenait uniquement à la Porte ottomane ; que c'est elle qui avait reconnu le besoin d'un traité, qui avait un intérêt direct à cette transaction, et qu'ainsi c'était à elle à juger quand il lui conviendrait de donner à ce document une publicité légale ; la Russie, laissant au divan la liberté la plus absolue de le publier ou de le tenir secret. On cite ensuite (mais on n'est pas heureux dans les citations) la convention du 22 octobre 1832, relative aux mesures concertées entre la France et la Grande-Bretagne à l'égard de la Hollande. On ne s'est pas rappelé que, dans cette circonstance, les plénipotentiaires des cinq cours réunis, deux d'entre eux avaient demandé aux trois autres s'ils voulaient prendre part aux moyens coercitifs, et que, sur leur refus, la France et l'Angleterre avaient déclaré qu'elles se croyaient libres d'agir séparément. Ce n'était certainement pas là un secret.

» Ce qu'il y a de mieux dans cette note, c'est la fin, où il est question des pourparlers actuels, qui ont lieu à Pétersbourg entre les représentants de la Porte. En voici à peu près les termes :

» Le résultat de la mission de la Porte, que nous pouvons
» regarder comme prochain, prouvera hautement que la Rus-
» sie, persévérant dans le système de conservation qu'elle a

» adopté envers l'empire ottoman, tient à cœur de respecter
» son intégrité comme son indépendance, et de fortifier l'au-
» torité du sultan, au lieu d'y apporter la plus légère atteinte.
» Les arrangements dont nous nous occupons avec Achmet
» Pacha, et ce sont les dernières paroles de M. de Nesselrode,
» donneront un nouveau poids aux explications franches qui
» font l'objet de la présente dépêche.

» Voilà, monsieur le duc, une analyse bien longue de la dépêche de M. de Nesselrode au prince de Lieven, mais je n'ai pas voulu perdre l'occasion de vous faire connaître, si vous ne l'avez pas appris par M. le comte Pozzo, quelle est la réponse de la Russie aux reproches qui lui ont été faits sur le mouvement qu'elle a donné à sa politique dans le Levant.

» En résumé, il me paraît évident que cette longue pièce russe est essentiellement destinée à calmer les inquiétudes des cabinets de Londres et de Paris ; elle témoigne même une certaine disposition à les satisfaire. — Mesurer le degré de confiance qu'il est convenable d'accorder à ces démonstrations serait difficile ; mais, les révoquer absolument en doute me semblerait imprudent. Il y a de certains caractères, tels que paraît être celui de l'empereur Nicolas, qui se croient d'autant plus engagés qu'on leur témoigne plus de confiance...

» J'ai l'honneur de vous transmettre des dépêches de La Haye. Vous y verrez que le roi de Hollande n'a point épuisé ses ruses dilatoires et qu'il attribue à un des membres de la conférence un langage évidemment contraire aux engagements pris par tous les membres dans leurs dernières réunions. Il ne peut y avoir eu d'ambiguïté dans es explications de lord

Palmerston à M. Dedel, et je ne puis pas croire que les plénipotentiaires représentant les trois cours du Nord aient montré autre chose que les dispositions conciliatrices qui leur sont ordinaires.

» La conférence, en se séparant, avait pris la résolution de ne se réunir de nouveau que lorsqu'elle aurait reçu de la part du roi de Hollande des ouvertures positives et acceptables d'arrangement final, ou lorsqu'un des plénipotentiaires en ferait la proposition. C'est cette voie qui a été adoptée pour reprendre la négociation ; et nous aurons, sans doute, mercredi ou jeudi une séance. Elle sera, suivant toute apparence, sans aucun résultat... »

J'ai dû donner ce long extrait de la dépêche du cabinet de Saint-Pétersbourg, parce qu'elle produisit plus tard un effet assez sérieux et qui révèle ce trait du caractère de lord Palmerston, que j'ai déjà indiqué dans une autre circonstance ; je veux parler de la passion personnelle qu'il mettait trop souvent dans le maniement des affaires. Ainsi, cette dépêche russe lui causa une extrême irritation et le poussa à prendre une mesure que je trouvai au moins maladroite, pour ne rien dire de plus. La cour d'Angleterre avait à cette époque à nommer un ambassadeur à Pétersbourg, en remplacement de lord Durham[1], qui avait demandé son rappel pour cause de santé. Lord Palmerston désigna pour le remplacer sir Stratford

---

1. Lord Durham n'était pas ambassadeur à Pétersbourg ; il y avait été envoyé en mission extraordinaire dans le but, prétend-on, d'offrir à l'empereur Nicolas la médiation de l'Angleterre en faveur des Polonais. Cette mission, en tout cas, n'eut aucun résultat. Quant à l'ambassade d'Angleterre en Russie, qui était alors sans titulaire, elle était gérée par un chargé d'affaires, M. Bligh.

Canning, sachant bien que ce choix était le plus désagréable qu'il pût faire pour la cour de Russie. En effet, lorsqu'il eut été annoncé à M. de Nesselrode, celui-ci ne tarda pas à faire savoir à Londres que l'empereur verrait avec beaucoup de déplaisir qu'on envoyât sir Stratford Canning à Pétersbourg, par la raison que ce diplomate, lorsqu'il était ambassadeur d'Angleterre à Constantinople, s'y était montré animé des sentiments les plus hostiles contre la Russie, et qu'ainsi, il le croyait peu propre à entretenir les bonnes relations qu'il souhaitait voir établies entre les deux cours. Lord Palmerston répondit, avec sa raideur ordinaire, qu'il était possible qu'un ambassadeur d'Angleterre ait déplu à l'empereur en remplissant consciencieusement ses devoirs et les instructions de son gouvernement, mais qu'il ne lui paraissait pas que ce fût un motif suffisant pour ne pas lui donner une mission à laquelle il était appelé par ses bons services, et que, si ce choix n'était pas agréé, le gouvernement anglais laisserait vacant le poste d'ambassadeur à Pétersbourg. L'empereur Nicolas, à son tour, se montra fort blessé du procédé et se décida à rappeler son ambassadeur, le prince de Lieven, qui était accrédité à Londres depuis l'année 1812. Les deux ambassades restèrent vacantes pendant longtemps, et les relations des deux cours s'en ressentirent naturellement.

Je ne partageai pas la manière de voir, ou plutôt la passion de lord Palmerston; je pensais qu'il fallait accepter les explications de la Russie pour ce qu'elles valaient, la surveiller, mais ne point se brouiller avec elle, tant qu'on n'était pas sérieusement résolu à lui faire la guerre. Aussi, j'écrivis.

LE PRINCE DE TALLEYRAND AU DUC DE BROGLIE.

« Londres, le 3 février 1834.
» Monsieur le duc,

» J'ai reçu votre dépêche sous le numéro 8. Je vous remercie de m'avoir communiqué la pièce qui y était jointe. Sa lecture a ajouté un degré de conviction à l'opinion que je m'étais faite sur la conduite que le gouvernement du roi doit tenir à l'égard de la Russie, dans un moment où cette puissance semble être dans une voie de rapprochement. Notre position est bonne; nous devons croire à la sincérité des protestations du gouvernement russe. Le langage uniforme que tiennent à Londres et à Paris les ambassadeurs, et à Pétersbourg les ministres russes, prouve le désir et presque le besoin de nous persuader: éclairés comme nous le sommes, que risquons-nous de paraître convaincus?

» Le fait est que les mouvements de la Russie sont arrêtés en ce moment: il faudra qu'elle cherche longtemps un nouveau prétexte pour amener une occasion de s'ingérer d'une manière directe dans les affaires de l'empire ottoman; c'est sur cela que nous devons porter notre surveillance. Le gouvernement anglais paraît être dans la même voie, si, comme j'ai lieu de le penser, le discours de la couronne s'exprime ainsi à l'égard de la Turquie:

» La paix de la Turquie, depuis l'arrangement qui a été
» fait avec Méhémet-Ali, n'a pas été interrompue, et ne sera
» menacée par aucun autre danger; le gouvernement portera
» son attention à prévenir tout changement dans les relations
» de cet empire avec les puissances que peuvent intéresser
» sa stabilité future et son indépendance.

» Je suis également fondé à croire que dans ce discours il se trouve une phrase qui nous regarde seuls et qui est conçue à peu près dans les termes suivants:

» Le but constant de ma politique a été d'assurer à mon
» peuple la jouissance continue du bienfait de la paix; en
» cela j'ai été assisté par la bonne intelligence qui a été heu-
» reusement établie entre mon gouvernement et celui de
» France; les assurances que je continue de recevoir des dis-
» positions amicales des autres puissances du continent me
» donnent confiance dans le succès de mes efforts... »

« Le 4 février.

» Je reviens de la séance royale; elle a été fort brillante. Je m'empresse de vous adresser le discours que le roi d'Angleterre a prononcé. La France y est nommée séparément des autres puissances; le roi a voulu que cela fût senti, par la manière dont il a prononcé le passage qui nous concerne spécialement; il a même fait une pause avant de prononcer ces mots: *les assurances que j'ai reçues*[1]... »

« Le 7 février.

» Notre conférence sur les affaires de Hollande a eu lieu à la suite d'une convocation de lord Palmerston; elle a

---

1. Discours prononcé par le roi à la séance d'ouverture du parlement. Voici le texte du passage auquel fait allusion M. de Talleyrand :

Le but constant de ma politique a été d'assurer à mes peuples la jouissance non interrompue du bienfait de la paix. En ceci, j'ai été parfaitement secondé par la bonne intelligence si heureusement établie entre mon gouvernement et celui de la France, et les assurances que j'ai reçues des dispositions amicales des autres puissances du continent me donnent la confiance que mes efforts continueront d'être couronnés de succès...

été longue parce que, dans la discussion des différentes opinions, on a été amené à revenir longuement sur le passé.

» Les plénipotentiaires autrichiens ont pris l'initiative et ont déclaré que leur cour, ne voulant rien négliger pour conduire à une prompte conclusion l'affaire hollando-belge, les avait chargés d'exprimer aux plénipotentiaires des autres cours le désir que la négociation trop longtemps interrompue fût reprise ; ils ont motivé leur demande sur ce que le roi des Pays-Bas avait fait, comme il s'y était engagé, les démarches convenues pour obtenir l'assentiment des parties intéressées aux arrangements territoriaux, et qu'il avait, de plus, envoyé de nouvelles instructions au plénipotentiaire néerlandais pour renouer la négociation sur les objets restés en litige.

» Lord Palmerston a pris alors la parole et, plaçant la question où elle était restée au 30 août, lorsque la conférence s'était séparée, a établi que rien n'était changé depuis cette époque ; que la Confédération germanique n'avait pas acquiescé à la demande du roi des Pays-Bas[1] ; que les ministres d'Autriche et de Prusse, confiants dans leur influence, nous avaient disposés à croire au succès

---

1. On se rappelle que les négociations relatives à l'affaire hollando-belge avaient été suspendues au mois d'août précédent, à la suite du refus par le roi Guillaume de faire auprès de la diète et des princes de Nassau les démarches nécessaires pour se faire autoriser à céder à la Belgique la partie du Luxembourg que lui attribuait le traité des vingt-quatre articles. Le roi des Pays-Bas s'était enfin déterminé à agir, mais avait essuyé un double refus. Il crut néanmoins que devant cette preuve de bonne volonté, la conférence accepterait de reprendre les négociations et donna des instructions en conséquence à ses plénipotentiaires. On va voir quel accueil on fit à Londres à sa proposition.

de cette démarche, mais que s'étant trompés eux-mêmes, l'importante difficulté des limites n'était pas levée, et qu'ainsi, cette première garantie, sans laquelle on ne peut prévoir d'issue à la négociation, n'était pas encore donnée, et paraissait loin de devoir l'être ; — qu'il en était de même sur la question des pouvoirs du plénipotentiaire néerlandais ; qu'il avait vu M. Dedel, et qu'après lui avoir fait remarquer que les délais de la diète privaient la conférence de la garantie qu'elle avait demandée pour arriver à la conclusion des arrangements territoriaux, il lui avait dit qu'après les difficultés qui se sont toujours succédé depuis trois ans, il devait lui demander s'il avait enfin une garantie à nous donner : par exemple, s'il avait des pouvoirs qui l'autorisassent à signer les articles paraphés par M. Verstolck lui-même, entre autres, l'article IX et les paragraphes qu'il contient ; — que M. Dedel lui avait répondu qu'il n'y était pas autorisé et qu'il ne pouvait prendre sur lui de signer. Lord Palmerston a ajouté qu'il avait été obligé de conclure que des conférences nouvelles ne mèneraient à rien, et qu'aujourd'hui la négociation était juste au point où elle était restée il y a cinq mois.

» Le ministre de Prusse, M. de Bülow, a essayé de répondre et a insisté sur la réunion de la conférence, en donnant pour raison déterminante que le roi des Pays-Bas se servirait de notre refus auprès des Hollandais et auprès des différents cabinets de l'Europe comme le motif qui empêchait la négociation de se terminer.

» J'ai pu alors établir, en reprenant plusieurs des arguments très bien développés par lord Palmerston, que négocier encore, sans avoir l'espérance d'arriver à une conclusion définitive, était une manière inconvenable de placer la conférence; que nous devions toujours nous mettre d'accord avec nous-mêmes ; que la séparation des territoires, base première du royaume de Belgique, avait été arrêtée sans aucune réserve des puissances ; qu'ainsi, nous étions liés à cet égard...; que si M. Dedel n'avait pas de pouvoirs pour signer avec nous ce que nous nous étions engagés à faire, il n'y avait pas de négociation utile à suivre ; qu'ainsi, mon opinion était, comme celle de lord Palmerston, qu'il fallait, pour le moment, laisser les choses dans l'état où elles étaient ; que l'action ne nous ayant pas réussi, il fallait avoir confiance dans la puissance de l'inaction.

» Après quelques moments de silence, on s'est séparé, et cette conférence, comme je l'avais prévu et comme je vous l'avais mandé, n'a mené à rien. Les plénipotentiaires autrichien et prussien ont exécuté exactement les ordres de leurs gouvernements; ils ne pouvaient pas paraître se rendre aux observations que nous leur faisions, mais leur silence a dû nous faire croire qu'ils trouvent nos raisons sans réplique. Nous nous sommes séparés, sans ajournement, comme on le ferait après une chose abandonnée... »

« Le 14 février 1834.

» Sur la demande du chargé d'affaires de Grèce, M. Skinas, la conférence s'est réunie aujourd'hui pour examiner la proposition qu'il était chargé de nous faire, de donner notre garantie à la troisième série de l'emprunt grec. M. Skinas nous a exposé l'état embarrassé des finances de la Grèce, et est entré dans de grands détails à ce sujet... Nous savions, lord Palmerston et moi, que le prince de Lieven avait reçu des ordres qui l'empêchaient de consentir à ce que la garantie sollicitée fût donnée... Nous l'avons donc laissé faire valoir les difficultés que son gouvernement faisait à l'obtention de cette garantie. Ces difficultés sont de forme. La Russie veut qu'on exige des comptes détaillés de l'état véritable des finances grecques; et M. Skinas ayant promis de nous les fournir dans un temps très court, nous nous sommes rendus aux observations de M. de Lieven, qui ne nous engageaient qu'à un délai.

» Je n'ai pas besoin de vous faire remarquer que ce qui se montre dans l'opinion de M. le prince de Lieven n'est pas le véritable motif sur lequel elle est fondée. La Russie ne veut pas perdre un moyen d'action qui lui reste encore sur les affaires de la Grèce. Peut-être a-t-elle des projets particuliers dont les difficultés présentes rendraient l'exécution plus facile. Les renseignements que vous devez avoir vous feront juger mieux que personne de la valeur des conjectures que nous formons ici, et vous expliqueront probablement ce qui fait que la Russie, qui était la première, il y a un an, à demander la garantie des trois puissances, se montre aujourd'hui difficultueuse sur ce point... »

« Londres, le 23 février 1834.

» ... Je vous remercie de m'avoir donné communication de la dépêche de M. le maréchal Maison, par laquelle il vous rend compte de la nouvelle convention conclue le 29 janvier, à Saint-Pétersbourg, entre la Porte ottomane et la Russie[1]. Cette convention adoucit, à certains égards, les conditions qui avaient été imposées à la Turquie, par le traité d'Andrinople ; mais il est difficile aussi de ne pas reconnaître que les renonciations de la Russie ne sont pas aussi étendues qu'elles en ont l'apparence. La Turquie est pour elle un créancier insolvable ; si elle lui fait une remise de fonds, le sacrifice n'est pas grand. L'évacuation des principautés est une mesure incomplète, car l'occupation de Silistrie et la route militaire conservée à travers les provinces qui doivent être évacuées sont des garanties presque équivalentes à celles dont la Russie a fait l'abandon par le traité du 29 janvier. Il n'y a pas dans tout ceci beaucoup de générosité ni d'abnégation. Ce qui est surtout à regretter, c'est que le plénipotentiaire ottoman n'ait pas stipulé dans la convention le nombre des troupes qui devront former la garnison de Silistrie. C'est là un point important que la Porte ottomane et l'Autriche n'auraient pas dû négliger de faire régler selon leur intérêt commun. Vous savez ce que c'est qu'une occupation de huit ans. L'Autriche paraît avoir oublié qu'il y a deux mois, elle disait qu'elle ne permettrait

---

1. *Dépêche du 1er février 1834.* — La convention du 29 janvier stipulait l'évacuation par les Russes des principautés, qui devait être effectuée avant la fin de mai suivant. Elle réglait l'organisation de ces provinces, la quotité du tribut à payer à la Porte, le mode de nomination des hospodars, qui seraient choisis par le sultan sur une liste présentée par les boyards. Les principautés auraient leur armée, leur flotte et leur drapeau. Les sandjacks de Tcheldir et de Pasken seraient définitivement réunis à la Turquie.

Il était accordé à la Porte une remise de deux millions de ducats sur les six millions que le traité d'Andrinople lui avait assignés comme contribution. Le payement des quatre millions restants devait être effectué en huit ans, et jusqu'à complète libération de la Turquie, la Russie devait occuper la place de Silistrie dont les communications avec l'empire seraient assurées par une route militaire traversant les principautés.

jamais que la Russie s'emparât d'un village turc ; elle aurait bien de la peine à trouver dans ses archives qu'une occupation de huit années ne soit pas devenue une propriété. Il serait, dans mon opinion, utile et grand pour la politique française et anglaise réunies de s'entendre pour faire faire à la Porte ottomane, un emprunt qui la libérât immédiatement, et fît rentrer les principautés et la Porte elle-même dans leurs droits de souveraineté. Jamais le crédit de notre pays et de l'Angleterre n'aurait été plus noblement et plus politiquement employé... »

« Le 24 février.

» En relisant aujourd'hui ce que j'ai eu l'honneur de vous écrire dans ma dépêche d'hier sur l'utilité dont serait pour la Porte ottomane d'être libérée, par un emprunt, des obligations qu'elle a dernièrement contractées envers la Russie, j'ai trouvé que, pour compléter cette idée, il fallait essayer d'associer l'Autriche au plan que je vous ai proposé : la sûreté de ses frontières de l'est, la liberté de la navigation du Danube, qui se trouve commandée par Silistrie, et aussi, ses intérêts germaniques, lui font, à ce qu'il me semble, un devoir de faire tous ses efforts pour enlever à la Russie la position que cette puissance cherche à conserver dans les principautés. Je croirais donc que le moment est favorable pour lui faire cette proposition, et, si elle l'acceptait, nous trouverions pour notre compte l'immense avantage de rompre l'unité de politique suivie par les trois puissances du nord depuis trois ans. Cette affaire me paraît digne de toute votre sollicitude.

» Le ministre de Suède m'a parlé hier d'une démarche

faite près de son gouvernement par le général Suchtelen[1], ambassadeur de Russie à Stockholm dans le dessein de connaître quelle serait la conduite de la Suède si la guerre venait à éclater entre la France, l'Angleterre et la Russie. Le gouvernement suédois a répondu par une note qu'il garderait la neutralité, et il a chargé son ministre à Pétersbourg de le notifier au cabinet russe... J'ai dû vous instruire de ce fait, quoique je croie qu'il n'aura pas de suite... »

MADAME ADÉLAÏDE D'ORLÉANS AU PRINCE DE TALLEYRAND.

« Tuileries, le 27 février 1834.

» ... Marseille, Lyon, Saint-Étienne et ce que nous venons d'avoir à Paris, était une même chose, un coup monté par les mêmes factions, par les républicains, par les associations et les sociétés secrètes[2]. Les ouvriers de Lyon et de Saint-Étienne n'ont heureusement voulu prendre aucune part à l'émeute, et tout est maintenant rentré dans l'ordre dans ces trois villes. Ici, la population n'a non seulement pris aucune part aux coupables tentatives de désordre, mais elle en a été

---

1. Jean-Pierre, comte de Suchtelen né en 1759, ancien officier hollandais passé, en 1783, au service de la Russie, devint général, puis ambassadeur à Stockholm. Il fit la campagne de 1813 dans l'état-major de Bernadotte, revint à Stockholm après la paix et y resta jusqu'à sa mort (1836).

2. Des troubles avaient éclaté sur divers points du territoire, à la suite de la loi sur les crieurs publics. On sait que la loi du 16 février les assujettissait à l'obligation de demander une autorisation préalable. Des scènes de désordre se produisirent, notamment, à Paris et à Lyon durant les journées des 21, 22 et 23 février.

indignée ; la garde nationale en est exaspérée, ainsi que la troupe de ligne et, de fait, cela n'a été qu'une poignée de misérables qui ne pouvaient donner d'inquiétudes sérieuses. En résultat, cela a été un mal pour un bien, en faisant sentir généralement la nécessité d'une loi pour réprimer ces associations et les sociétés secrètes et la faisant désirer à tout le monde. On ne doute pas que cette loi passera à la Chambre[1]...

» Le roi pense comme vous que le nouveau traité russo-turc est une grande amélioration, mais que cela ne peut pas changer matériellement la position relative de la Russie et de la Turquie, qui est celle de la force et de la nullité. Ainsi, ce que le roi croit le plus essentiel, c'est le désarmement de la flotte de la mer Noire, parce que tant qu'elle est armée, elle peut transporter les Russes à Constantinople en trois jours. Une fois cette flotte désarmée, le mouvement rapide n'est plus possible. Quant à l'évacuation des principautés, c'est une très bonne chose, sans doute ; mais avec une route militaire et Silistrie, elle est plus apparente que réelle.

» Le point essentiel, le nœud gordien de cette affaire, c'est la politique de l'Autriche. La Russie ne bougera pas si elle n'a pas l'assentiment de l'Autriche ; et j'appelle assentiment, la certitude de son inaction. La question est de savoir ce qui est fait à cet égard. L'Angleterre est de toute manière mieux placée que nous, pour le découvrir, et c'est à elle à nous le dire. Tâchez donc qu'elle le fasse... »

---

1. Cette loi fut en effet votée le 25 mars suivant par la Chambre des députés, à la majorité de 246 voix contre 154.

LE COMTE DE RAYNEVAL AU PRINCE DE TALLEYRAND.

« Madrid, le 21 février 1834.

» Mon prince,

» J'ai respecté le repos dont j'ai pensé que vous vouliez jouir pendant votre voyage en France. J'ai pensé que vous ne m'en voudriez pas de vous laisser un peu oublier les affaires de la péninsule. Mais l'occasion que m'offre aujourd'hui pour vous les rappeler le départ de M. de Florida-Blanca[1] est trop tentante, et je n'y puis résister.

» C'est hier que nous avons officiellement connu ici la réponse de lord Palmerston à la demande de secours que dom Pedro avait adressée au gouvernement anglais. Le sentiment qu'a fait éprouver au nouveau cabinet espagnol la certitude que l'Angleterre ne voulait pas sortir de son système d'inaction est une sorte de consternation. L'Espagne est et sera encore longtemps hors d'état d'intervenir efficacement en Portugal, et tant que dom Miguel et don Carlos se soutiendront, il n'y a pour le gouvernement de la reine ni tranquillité ni sécurité.

» M. de Florida-Blanca est chargé de commenter ce texte et de tâcher de faire changer la détermination de l'Angleterre. On a eu ici l'idée que si le gouvernement anglais ne pouvait décidément pas devenir l'auxiliaire de son alliée doña Maria, il pourrait au moins la servir indirectement en donnant des subsides à l'Espagne. Mais je crois que le temps des subsides est passé.

---

1. Le comte de Florida-Blanca partait pour Londres où il venait d'être accrédité.

» On songe sérieusement à la convocation des cortès. C'est une dangereuse expérience. Il n'est donné à personne d'en prévoir le résultat ; mais il est devenu impossible de ne pas la faire. Quand on réfléchit à la tâche qu'ont à remplir ceux qui gouvernent ce pays-ci, on est réellement près de désespérer. Voici l'énumération d'une partie des travaux qui leur sont imposés : altérer l'ordre de succession, — changer la forme du gouvernement, — réformer les finances et l'administration, — étouffer la guerre civile, — pacifier un pays voisin. Et tout cela, il faut le faire pendant une régence ; et une régence confiée à une femme !

» M. de Florida-Blanca désire que Votre Altesse veuille bien l'honorer de sa bienveillance et le guider par ses conseils. Il en connaît tout le prix et est bien persuadé que c'est seulement en les suivant qu'il peut espérer quelque succès dans la mission difficile qui lui est confiée[1]... »

LE PRINCE DE TALLEYRAND AU DUC DE BROGLIE.

« Londres, le 4 mars 1834.

» Monsieur le duc,

» Le ministère anglais a reçu des nouvelles de Portugal, qui

---

1. Le duc de Broglie écrivait en même temps à M. de Talleyrand :
... Le cabinet espagnol voit toujours dans la prolongation de cette lutte (en Portugal) un des plus grands dangers qui puissent exister pour le trône de la reine Isabelle, et comme il croit que l'intervention de l'Angleterre peut seule y mettre un terme, il ne renonce pas à l'espoir d'amener enfin le cabinet de Londres à sortir de sa neutralité. M. de Florida-Blanca, qui est attendu à Paris d'un moment à l'autre, a ordre de presser vivement à cet égard lord Palmerston. Je n'ai pas besoin, prince, de vous prier d'accorder votre appui et vos conseils à la légation d'Espagne dans toutes les circonstances où vous croirez pouvoir lui être de quelque utilité.

annoncent qu'un engagement sérieux a eu lieu près de Santarem, entre les troupes de dom Pedro, et celles de dom Miguel[1]. Les dépêches que M. le baron Mortier vous a écrites, et que je vous transmets aujourd'hui, vous donneront sans doute des détails plus circonstanciés que ceux que je pourrais vous mander. Mais je dois vous prévenir que les rapports qui sont parvenus au ministère britannique, et même les lettres des personnes attachées au parti de dom Pedro, s'accordent à dire que cette affaire, si vantée d'abord, n'était rien moins que décisive, car l'armée de dom Miguel, suivant les dernières nouvelles, était à quatre lieues en avant de Santarem.

» Quoique les partisans de dom Pedro considèrent ses forces militaires comme suffisantes pour le succès de la cause de la jeune reine, cependant, on fait encore à Londres beaucoup d'enrôlements, des achats d'armes et de munitions de guerre... »

« Londres, le 10 mars 1834.

» J'ai reçu votre dépêche numéro 19. Vous ne devez pas douter de l'empressement que je mettrai à prêter mon concours à M. de Florida-Blanca lorsqu'il sera arrivé à Londres. Je voudrais espérer que le gouvernement britannique, mieux éclairé sur les véritables intérêts de la péninsule et débarrassé des entraves que lui imposent les affaires intérieures de l'Angleterre, reconnaîtra enfin la nécessité de renoncer à la neutralité qu'il a conservée en Portugal. Je me suis toujours

---

1. Le combat est du 18 février. Les troupes miguélistes battirent en retraite après une lutte acharnée.

efforcé de le diriger dans cette voie, et je continuerai à le faire après l'arrivée de M. de Florida-Blanca; mais, j'avoue que, jusqu'à présent, j'ai peu d'espoir que nous atteignions le but tant désiré par le gouvernement actuel de l'Espagne... »

« Le 18 mars.

» Je crois devoir appeler votre attention toute particulière sur le récit de la séance de la nuit dernière à la Chambre des communes, qui se trouve dans les journaux anglais de ce jour. Une motion de M. Sheil[1], tendant à obtenir la remise à la Chambre de tous les documents relatifs aux affaires d'Orient a donné lieu à une discussion importante[2].

» Vous remarquerez sans doute avec plaisir les passages des discours de lord Palmerston et de M. Stanley[3], qui se rapportent plus spécialement aux relations politiques, si heureusement établies entre la France et la Grande-Bre-

---

1. Richard Lalor Sheil, né en 1791, écrivain et homme politique irlandais. Il fut élu député à la Chambre des communes, devint en 1839 vice-président du bureau du commerce, et en 1846 directeur de la monnaie. En 1850, il fut nommé ministre à Florence, et mourut l'année suivante.

2. La motion de M. Sheil, qui aurait eu la portée d'un vote de défiance contre le cabinet, fut repoussée malgré l'intervention de sir Robert Peel.

3. Édouard-Geoffroy Smith Stanley, comte de Derby, né en 1799 d'abord connu sous le nom de lord Stanley, entra tout jeune à la Chambre des communes, devint en 1830 conseiller privé et secrétaire d'État pour l'Irlande et ministre des colonies en 1833. Il se retira en 1834 et ne rentra aux affaires qu'en 1841, comme ministre des colonies dans le cabinet de sir Robert Peel. En 1852 il devint chef d'un cabinet qui ne dura que quelques mois. Il fut de nouveau premier lord de la Trésorerie en 1858 et une dernière fois de 1866 à 1868 ; il mourut en 1869.

tagne[1]. Le gouvernement du roi ne pourra qu'être satisfait du langage des deux ministres anglais, qui est, non seulement fort honorable pour la France, mais qui constate d'une manière bien avantageuse pour nous, aux yeux de l'Europe, l'union des deux pays. Cette union devait être le but de nos efforts; sa réalisation nous a déjà procuré et nous promet encore, ce me semble, de bien utiles résultats... »

« Le 27 mars.

» ... J'ai donné lecture à lord Palmerston de la lettre que vous avez écrite au chargé d'affaires de France à La Haye pour l'inviter à demander à M. le baron de Zuylen des explications sur les mouvements qui auraient eu lieu dans l'armée hollandaise[2]. Lord Palmerston a approuvé si complètement cette démarche, qu'il en fera faire une du même genre à La Haye et qu'il a déjà envoyé au chargé d'affaires d'Angleterre une note qu'il devra passer à M. de Zuylen. Cette note reproduit à peu près les termes de la lettre dont vous avez bien voulu m'adresser une copie.

» Je ne l'ai point détourné de donner à ses représentations à La Haye la forme qu'il a choisie, mais je pense que votre

1. *Lord Palmerston :* « Les relations qui unissent la France et l'Angleterre deviennent de jour en jour plus amicales. A mesure que les deux gouvernements se connaissent mieux, ils s'apprécient davantage, et c'est pour moi, je l'avoue, un véritable sujet d'orgueil et de satisfaction de songer que les préjugés qui divisaient les deux pays sont presque entièrement effacés. »

2. Cet incident n'eut pas de suite. Le duc de Broglie, en effet, écrivait le 31 mars : « ... Les inquiétudes manifestées par les Belges ne reposaient pas, à beaucoup près, sur des faits positifs. Aujourd'hui, elles sont entièrement dissipées, et le cabinet de Bruxelles convient lui-même qu'il avait trop légèrement ajouté foi aux rapports de ses agents » (*Dépêche du duc de Broglie à M. de Talleyrand*).

lettre à M. Drouyn de L'Huys[1] est préférable, et qu'il est souvent bon d'éviter l'emploi d'une note diplomatique, dont la gravité peut quelquefois blesser. Je suis porté à le croire, par l'exemple que je viens précisément d'en voir. Vous avez su que le cabinet de Vienne avait fait une réponse évasive, à peu près comme celle du cabinet de Berlin, à la note de l'ambassadeur d'Angleterre relative aux événements qui se sont passés dans le Luxembourg[2]. Mais, en même temps, M. de Metternich a chargé l'ambassade d'Autriche à Londres de donner des explications plus étendues au cabinet anglais. Ces explications portent sur les deux faits qui ont servi de prétexte à l'arrestation de M. Hanno, c'est-à-dire la levée de la milice et la vente de coupes de bois dans le rayon stratégique de la forteresse de Luxembourg. Sur le premier de ces points,

1. Édouard Drouyn de L'Huys, né en 1805, fut nommé, en 1830 attaché d'ambassade à Madrid, puis, fut pendant trois ans, chargé d'affaires à La Haye, et, en 1836, premier secrétaire à Madrid. En 1840, il devint directeur des affaires commerciales au ministère des affaires étrangères et député de Melun en 1842. Réélu en 1848, il devint ministre des affaires étrangères la même année, ambassadeur à Londres (1849), de nouveau ministre en 1851, puis vice-président du Sénat, fut encore chargé du portefeuille des affaires étrangères, de 1852 à 1855, puis de 1862 à 1866. Rendu à la vie privée en 1870, il mourut en 1881.

2. Un incident grave venait de se passer dans le Luxembourg. Le gouvernement belge, se fondant sur le traité du 21 mai qui avait consacré le maintien du *statu quo* territorial en Belgique, s'était mis en devoir de faire la vente des coupes de bois d'usage et de lever la milice dans la partie allemande du Luxembourg. Le général Dumoulin, qui commandait la forteresse de Luxembourg, s'y opposa, et le gouvernement désireux d'éviter tout conflit, ajourna ses projets. Toutefois, des affiches concernant la levée de la milice ayant été apposées dans deux communes, le général prussien Dumoulin fit enlever le commissaire belge du district, M. Hanno, qui cependant se trouvait en dehors du rayon stratégique, et le fit emprisonner (15 février). Le cabinet belge s'adressa à la France et à l'Angleterre qui firent des représentations à la diète. Celle-ci donna immédiatement des ordres pour l'élargissement du commissaire belge, et le général Dumoulin fut désavoué.

M. de Metternich soutient que le gouvernement belge était dans son tort, parce que la levée de la milice est une question qui concerne l'autorité militaire, et qu'à ce titre le commandant de la forteresse pouvait mettre opposition aux mesures de l'administration belge. Quant à la vente des coupes de bois, le chancelier d'État croit que la Belgique avait droit d'en réclamer la jouissance, et ajoute assez ironiquement qu'à cet égard, il ne peut pas partager l'opinion de lord Palmerston, qui, dans le principe de la discussion, avait blâmé la réclamation des Belges. M. de Metternich fait valoir cette dernière circonstance pour montrer l'impartialité qu'il apporte dans l'appréciation des faits, et il termine en exprimant l'étonnement que lui a causé la démarche faite à Vienne par le cabinet anglais, démarche qui, dit-il, n'était motivée par rien, puisque l'Angleterre a un ministre à Francfort, et la Belgique, un ministre à Vienne; et que, dans l'ordre des convenances, c'eût été un de ces deux agents qui aurait dû être chargé d'agir, et non l'ambassade d'Angleterre en Autriche. Il règne en tout dans cette communication de M. de Metternich un ton qui décèle toujours ses dispositions peu bienveillantes soit pour le gouvernement anglais, soit peut-être pour lord Palmerston seulement, et on voit que le chancelier d'État a saisi avec empressement l'occasion de blâmer la note remise, peut-être un peu légèrement, au cabinet autrichien par sir F. Lamb[1].

1. En même temps que l'Angleterre, la France était intervenue à Vienne au sujet de cet incident. M. de Sainte-Aulaire écrivait qu'il avait trouvé M. de Metternich fort mal disposé par la note que venait de lui remettre sir F. Lamb. M. de Metternich prétendit que l'Autriche ne pouvait pas plus à tout cela que les autres puissances. Pressé par l'ambassadeur, il convint enfin que le procédé du général Dumoulin était blâmable, et que s'il était au service de l'Autriche, il serait immédiatement rappelé (*Dépêche du comte de Sainte-Aulaire au département*, 9 mars).

» J'ai fait part à lord Palmerston des nouvelles de Madrid que vous aviez bien voulu me transmettre. Il ne m'a témoigné que de la satisfaction d'apprendre l'entrée en Portugal d'un corps de huit mille Espagnols, et je n'ai pas cru devoir provoquer d'autres explications[1]. Le cabinet anglais ne voit dans cette affaire que la question portugaise, et tout ce qui peut en amener la solution lui paraît avantageux. Nous sommes étonnés tous deux cependant que la régente d'Espagne pût, dans sa situation actuelle, disposer d'un corps de huit mille hommes; cela laisserait supposer que ses embarras sont moins grands, en effet, qu'ils ne le paraissent, si je ne trouvais pas, dans votre dépêche même, plus d'une raison de modifier cette opinion... »

« Le 31 mars.

» Dans la dernière entrevue que j'ai eue avec lord Palmerston et avec lord Grey avant le départ de ces deux ministres pour la campagne, ils m'ont parlé d'une dépêche qu'ils venaient de recevoir de Vienne, et dans laquelle sir Frédéric Lamb leur rendait compte d'une conversation qu'il avait eue avec M. le prince de Metternich. Il paraît que dans cette conversation, le chancelier d'État a jeté en avant une de ces thèses qu'il aime à soutenir et à développer : celle-

---

1. L'intervention de l'Espagne en Portugal avait été provoquée par l'attitude de dom Miguel qui, réfugié près de la frontière des deux pays, avait refusé de reconnaître la reine Isabelle, avait accueilli comme roi d'Espagne don Carlos, et lui fournissait tous les moyens de soutenir la lutte. Le gouvernement espagnol s'autorisa de ces faits pour envoyer en Portugal le général Rodil, avec ordre d'assister dom Pedro (16 avril).

ci était sur l'empire ottoman dont il annonçait la chute prochaine. Il en avait trouvé la cause, disait-il, dans la religion mahométane qui a placé la race turque sous le joug d'un absurde fanatisme, ennemi de tout progrès, au milieu des populations européennes qui tendent toutes à se modifier sans cesse. Appliquant cette opinion à la race arabe et sans se soucier de la contradiction qu'elle rencontre dans les entreprises hardies du pacha d'Égypte, M. de Metternich a déclaré cette dernière race également incapable, par la même raison, de succéder utilement à la puissance turque, et a ajouté qu'il fallait chercher une nouvelle combinaison pour arrêter la catastrophe qui se préparait en Orient, ou du moins pour tirer parti de ses conséquences.

» C'est là que se seraient bornées, ce jour-là du moins, les confidences du chancelier d'État ; mais les deux ministres anglais, voulant pénétrer plus avant dans sa pensée, se sont efforcés de découvrir ce que le cabinet de Vienne proposerait de substituer à l'état actuel des choses en Turquie ; et après avoir rejeté l'idée, qui leur a paru impraticable, de l'établissement d'un prince européen à Constantinople, ils se sont arrêtés à celle qu'un partage de l'empire ottoman devait être l'arrière-pensée dominante de M. de Metternich. Je n'ai pas essayé de combattre cette conviction dans l'esprit de lord Grey et de lord Palmerston, quoiqu'il me paraisse qu'ils se sont un peu trop laissés influencer par ce que M. de Metternich a dit, peut-être avec cette légèreté qui lui est propre ; mais j'ai cru devoir vous faire part de la conversation du chancelier d'État et de l'impression qu'elle avait produite sur le cabinet anglais.

» Les ministres, à l'occasion des fêtes de Pâques, seront absents de Londres jusqu'au 7 avril... »

Nous en étions là de nos affaires, lorsqu'un malheureux incident vint jeter une perturbation momentanée dans la confiance que le gouvernement anglais paraissait avoir enfin prise dans notre cabinet; je veux parler de la démission que le duc de Broglie se crut obligé de donner à la suite du vote de la Chambre des députés, qui rejetait le traité conclu entre la France et les États-Unis d'Amérique[1]. On sait que ce traité réglait les réclamations élevées depuis vingt ans par les États-Unis pour les déprédations qui auraient été commises par la marine française pendant les guerres de l'empire. La France s'était engagée à payer vingt-cinq millions de francs aux États-Unis, et c'est à cause de cette clause que le traité avait été soumis à la Chambre des députés. Il avait été signé par le général Sébastiani à l'époque où il était ministre des affaires étrangères; mais le duc de Broglie eut la générosité d'en assumer la responsabilité. Une intrigue avait été montée dans la Chambre pour faire avorter la proposition du gouvernement; l'intrigue réussit, et le duc de Broglie donna sa démission. Quelques lettres que je reçus de Paris à cette occasion offrent assez d'intérêt pour que je croie devoir leur faire trouver place ici.

1. Traité du 4 juillet 1831. — La question tranchée par ce traité était pendante depuis 1812. Les États-Unis demandaient soixante-dix millions; ils finirent par accepter la somme de vingt-cinq millions, offerte par la France et concédèrent en outre quelques réductions de tarif pour nos vins et nos soies. Ce traité soumis à la chambre le 28 mars, fut rejeté après cinq jours de discussion par 176 voix contre 168. Le duc de Broglie donna immédiatement sa démission.

MADAME ADÉLAÏDE D'ORLÉANS AU PRINCE DE TALLEYRAND.

« Paris, le 2 avril 1834.

» Mon cher prince,

» Je suis sûre que dans ce moment vous désirez une lettre de moi ; aussi, quoique je ne sache encore rien de ce qui se décide probablement dans ce moment au conseil où notre roi est en séance depuis ce matin dix heures et demie, et il en est deux et demie, après en avoir eu hier soir jusqu'à minuit, je viens gémir avec vous du déplorable vote de la Chambre et de la séance d'hier. C'est bien grave et bien malheureux. Je comprends que le duc de Broglie et Sébastiani ne veulent pas rester, et quelles tristes conséquences va avoir ce rejet du traité américain. Quelle ignorance et quelle bêtise de la part de cette Chambre qui avait été si bien pour la loi des associations !..

» *Trois heures.* — Le roi est encore au conseil, mais le général Sébastiani, qui en sort, vient de me dire que c'est probablement M. de Rigny qui sera nommé ministre des affaires étrangères. J'ignore encore celui qui remplacera M. de Rigny à la marine. Du reste, le ministère reste le même, ce qui était à désirer dans la circonstance actuelle.

» On dit qu'il y a déjà réaction dans la Chambre sur le vote d'hier, et regret. Malheureusement, il n'est plus temps... »

« Le 4 avril.

» J'espérais avoir à vous mander hier que l'arrangement du ministère était terminé, comme je le pensais lorsque je vous ai écrit le 2, ce qui était le moins de changement possible et certainement, par cette seule raison et dans les circonstances présentes surtout, ce qu'il y avait de mieux. C'était bien aussi l'avis du maréchal Soult, de Sébastiani, et, dans le premier moment, de la grande majorité du conseil. La première pierre d'achoppement a été M. Molé, auquel il y a eu objection par égard pour vous et l'Angleterre. Effectivement, comme vous me le dites dans votre lettre, ce n'est que l'autorité, la longanimité et l'esprit conciliateur de notre cher roi qui sont parvenus, jusqu'à présent, à tenir ensemble son ministère. Les hommes se fatiguent d'être ensemble, et ce dont on était satisfait en commençant ne contente plus au bout d'un certain temps. Le métier le plus difficile est celui du roi qui doit accorder et tenir ensemble les têtes ; mais il en a une qui, grâce au ciel et pour le bonheur de notre patrie, fait face à tout. Il faut sa patience, sa force d'âme et sa ferme volonté pour y résister. Il n'y a encore rien de fait pour le ministère. En attendant, chacun reste à son poste... »

« Le 5 avril.

» La grande affaire du ministère est enfin terminée d'hier soir ; je joins ici le *Moniteur* qui vous donnera toute la nouvelle composition [1]. Ce sont des gens de talent, et j'espère que cela marchera bien. Je suis bien aise que cela soit fini, car notre roi a bien besoin de pouvoir se reposer un peu des

1. Le nouveau ministère fut constitué le 4 avril. Le maréchal Soult, MM. Humann et Guizot conservaient leurs fonctions ; M. Thiers passait du ministère du commerce et des travaux publics à celui de l'intérieur ; M. de Rigny, du ministère de la marine aux affaires étrangères ; M. Duchâtel prit le portefeuille du commerce, et M. Persil fut nommé garde des sceaux. L'amiral Jacob devint ministre de la marine après le refus de l'amiral Roussin, à qui ce portefeuille avait été offert.

fatigues de tout genre qu'il a eues ces jours-ci. Il y a eu un oubli dans le *Moniteur* que je vous envoie, mais qui sera réparé : c'est que Sébastiani est nommé à l'ambassade de Naples, où il fera certainement très bien.

» Une chose qui nous choque, c'est que beaucoup de journaux anglais, et d'autres aussi, veulent attribuer à d'autres causes et à d'autres qu'au roi et à vous le mérite de l'union de la France et de l'Angleterre et de la pensée de l'alliance, tandis que, comme dit notre roi, c'est lui qui en est le père et vous le parrain. Vous devez réclamer cet honneur, et pour vous et pour lui... »

LORD HOLLAND AU PRINCE DE TALLEYRAND.

« Holland House, le 4 avril 1834.

» Quelles fâcheuses nouvelles ! Ne peut-on pas espérer que M. de Broglie reprenne son portefeuille ? Pourquoi ne veut-on pas écouter le sage conseil de cet ancien moine qui disait :

In omnibus tuis cogitationibus sempre caveto de resignationibus.

» Dites-moi, je vous prie, ce que vous en savez. »

LORD BROUGHAM AU PRINCE DE TALLEYRAND.

« Le 4 avril 1834.

» Mon cher prince,

» Mille condoléances de la démission de notre excellent ami à Paris. Rien de plus mal à propos dans ce moment. Mais il faut redoubler nos efforts pour que rien ne porte atteinte aux liaisons si heureusement établies entre nos deux pays. C'est là le point sur lequel toute ma politique extérieure tourne, à peu de chose près, et la vôtre aussi, je le sais bien... »

LE DUC DE BROGLIE AU PRINCE DE TALLEYRAND.

« Paris, le 6 avril 1834.

» Mon prince,

» Tant qu'a duré la crise dont nous sortons, j'ai différé de vous écrire. Je ne m'en sentais pas le courage. Quelque résolu que je fusse, quelle que fut ma conviction que le parti que je prenais était indispensable, en voyant le pouvoir prêt à passer aux mains de ceux qui devaient le livrer à nos ennemis, mon angoisse était grande. Je craignais de ne pouvoir vous la cacher. Grâce au Ciel, tout est terminé, et heureusement terminé. Le conseil s'est reformé : il est plus uni, plus fort, mieux assis que ne l'était le précédent ; rien n'y sera changé, tout y sera conduit avec plus d'ensemble, de vigueur et de suite. L'impuissance de nos adversaires a été encore une fois constatée : ils sont très honteux et très déconcertés.

» Je n'ai donc qu'à m'applaudir de ce que j'ai fait; mais, lors même que les événements auraient tourné autrement, je ne pourrais m'en repentir.

» Un ministre des affaires étrangères est obligé d'engager tous les jours la parole de son gouvernement, de l'engager lui seul, le plus souvent, sans consulter ses collègues, sans prendre les ordres du roi. Chaque mot qu'il dit est recueilli sur-le-champ, et envoyé aux quatre coins de l'Europe; il faut non seulement que sa parole soit sincère, mais qu'elle soit sérieuse. Il faut qu'on puisse y compter non seulement comme franchise, mais comme réalité. Il faut qu'il ait non seulement la volonté, mais le pouvoir de tenir ce qu'il a promis. Or, du moment qu'il est solennellement constaté que le ministre des affaires étrangères n'est pas en position de faire respecter par les Chambres la parole donnée au nom du gouvernement, il doit se retirer; l'intérêt du pays l'exige, son propre honneur y est engagé. C'est précisément parce qu'une des raisons qui ont le plus concouru à faire rejeter le traité américain, c'était que le gouvernement serait bien aise, au fond, qu'on lui forçât la main, que, pour ma part, je ne pouvais pas hésiter à donner à cette infamie le plus éclatant démenti.

» Un autre motif encore ne me laissait pas la liberté du choix. La Chambre ne voyait pas la portée de ce qu'elle faisait; elle croyait, quoi qu'on pût lui dire, que rejeter un traité, c'était une chose toute simple; qu'on pouvait disposer d'un traité comme d'un amendement sur une loi d'intérêt local; elle croyait qu'en l'avertissant des conséquences, je lui surfaisais, pour ainsi parler; qu'en annonçant que j'attachais à son vote mon existence ministérielle, et peut-être celle du cabinet tout entier, c'était une façon de parler; que j'étais une espèce de maréchal Soult, menaçant de m'en aller, et m'accommodant ensuite du sort qu'il lui plairait de me faire. Je ne pouvais pas hésiter à lui prouver le contraire, à lui faire savoir qu'il y a au monde des choses et des hommes qu'on ne peut traiter avec légèreté impunément. La leçon a été sévère et l'inquiétude bien grande dans la majorité pendant quelques jours. J'espère que cette inquiétude portera ses fruits. Toujours est-il qu'en ce moment la Chambre est fort humiliée de sa conduite, et que le traité passerait, en ce moment, aux quatre cinquièmes des voix.

» Vous avez été si bon pour moi, mon prince, en tout temps, et principalement depuis dix-huit mois, que je tiens à vous faire connaître les motifs qui m'ont dirigé. Quant à mon successeur, vous le connaissez aussi bien que moi; le roi et mes collègues ont, pour ainsi dire, exigé que je le nommasse moi-même. Je suis parfaitement certain qu'il continuera le plan de conduite que j'ai suivi jusqu'ici, sous vos auspices et d'après vos conseils. C'est sa ferme résolution. Il a beaucoup d'esprit et d'habileté. Je crois qu'il m'est sincèrement attaché; j'en suis même sûr; tout ce que je pouvais faire de bien, il le fera, et il le fera mieux que moi, parce que l'avènement au ministère du commerce de M. Duchâtel[1] lui en fournira le moyen. Je compte beaucoup sur les excellents principes et les dispositions de ce jeune homme, pour resserrer l'alliance entre la France et l'Angleterre. C'est un esprit très distingué. Mon seul et véritable chagrin est de voir s'interrompre les relations habituelles que j'entretenais avec vous et par vous avec le ministère anglais dans le sein duquel je compte des amis, qui, je l'espère, me conserveront quelque souvenir et trouveront que, soit en entrant au ministère, soit en y restant, soit en en sortant, je n'ai pas fait tort à l'idée qu'ils s'étaient formée de moi.

» Veuillez, mon prince, me rappeler au souvenir de ma-

---

1. Charles-Marie Tanneguy, comte Duchâtel, né en 1803, conseiller d'État en 1830, fut élu député en 1833. Il fut ministre du commerce de 1834 à 1836, puis ministre des finances (septembre 1836) et de nouveau membre du cabinet en 1839; il devint enfin ministre de l'intérieur de 1840 à 1848. Il vécut dans la retraite après la révolution de Février et mourut en 1867.

dame de Dino, et compter à jamais sur mon sincère et inaltérable dévouement. »

L'AMIRAL COMTE DE RIGNY AU PRINCE DE TALLEYRAND.

« Paris, le 6 avril 1834.

» Mon prince,

» Un orage politique vient de me lancer, bien malgré moi, sur une scène où je reconnais mon insuffisance. Je prévois ce qui m'y attend.

» Pour me faire triompher de ma répugnance, il a fallu qu'on me répétât bien souvent que je ne vous serais pas personnellement désagréable, et qu'autour de vous cela ne serait pas mal vu.

» Acculé dans un défilé, pressé par mes collègues et voyant que, sur mon refus, le roi n'avait qu'une ressource désespérée, j'ai accepté un fardeau que les prochaines et pressantes discussions me rendent effrayant.

» Permettez-moi de compter sur votre appui et vos conseils : en en recevant l'assurance, je me sentirai encouragé, et j'en ai besoin.

» Je ne puis vous donner aujourd'hui tous les petits détails de ces derniers jours, mais je n'ai pas voulu perdre un instant pour joindre à l'annonce officielle le nouvel hommage... »

LE PRINCE DE TALLEYRAND AU DUC DE BROGLIE.

« Londres, le 7 avril 1834.

» Mon cher duc,

» Rien n'est si honorable que votre retraite ; cette pensée ne saurait cependant être suffisante que pour vous ; elle laisse chez nous grande place aux regrets, et ceux qu'éprouve le ministère anglais, *en totalité*, s'expriment ou se montrent de toutes manières. Vous ne sauriez douter des miens en particulier, ainsi que de mon amitié bien dévouée. Veuillez offrir mes tendres et respectueux hommages à madame de Broglie.

» Adieu... »

« Londres, le 10 avril 1834.

» Mon cher duc,

» Si votre excellente lettre du 6 a encore augmenté le regret que me cause votre retraite actuelle des affaires, elle a cependant été pour moi l'occasion d'un grand plaisir, celui de la faire lire à lord Grey, à lord Brougham, à lord Holland, et de voir l'impression vive et profonde qu'elle leur a faite. Ils y ont tous trouvé de nouveaux motifs pour vous honorer et pour bien accueillir le nom de M. de Rigny, déjà fort considéré et fort apprécié ici. Ils ont vu avec plaisir ce que vous me mandez sur l'invariabilité du système, des sentiments et des principes de notre gouvernement. Voilà, mon cher duc, ce que, pour le bien général, comme pour votre satisfaction personnelle, vous serez aussi aise d'apprendre, que je le suis de vous en assurer. Ne cessez pas tout à fait de m'écrire, et en me donnant de vos nouvelles de me parler quelquefois de la France. Vos lettres peuvent m'être très utiles : je les demande à vos moments de loisir.

» Mille bien tendres amitiés.

» P.-S. — Gardez ce que je vais vous dire pour *vous* Votre excellente et *utile* lettre a été à Windsor et y a produit, sous tous les rapports, un effet excellent. »

LE PRINCE DE TALLEYRAND AU COMTE DE RIGNY.

« Londres, le 7 avril 1834.

» Monsieur le comte,

» Je viens d'apprendre, d'une manière indirecte, il est vrai, que le roi vous avait appelé à la direction du département des affaires étrangères, et je ne veux pas attendre la confirmation officielle de cette nouvelle pour vous exprimer le plaisir qu'elle me fait éprouver. Je ne doute pas qu'elle ne produise le même effet sur le gouvernement anglais et, d'après ce que j'ai recueilli dans différentes conversations avec Sa Majesté britannique de l'opinion qu'elle avait de vous, j'ai acquis la conviction que le choix du roi sera, dans les circonstances actuelles, personnellement très agréable au roi d'Angleterre.

» Les ministres anglais ne sont point encore rentrés en ville, et je ne pourrai par conséquent pas voir lord Palmerston aujourd'hui, pour l'entretenir des affaires que m'avait recommandées M. le duc de Broglie dans les dépêches qu'il m'a écrites sous les numéros 26 et 27[1]. Je ne manquerai pas de vous rendre compte successivement du résultat de mes démarches sur ce qui, dans ces dépêches, est relatif à l'Espagne, au Portugal et à la diète germanique; mais je ne perds pas de temps à appeler votre attention sur une question qui me paraît la mériter tout entière; je veux parler des affaires de Turquie et principalement de nos rapports avec l'Angleterre à ce sujet.

» Le commandement si honorable et si important que vous

---

1. Ces dépêches étaient relatives aux affaires espagnoles. (Voir la dépêche 26 à l'Appendice, page 510).

avez longtemps rempli dans l'archipel de la Grèce, la connaissance approfondie que vous avez acquise des intérêts et de la situation des diverses puissances en Orient, la position que vous occupez depuis plusieurs années dans le gouvernement, et au moyen de laquelle vous avez été tenu au courant de toutes les relations politiques de la France, me dispensent, monsieur le comte, de rappeler des faits et des événements qui sont parfaitement présents à votre mémoire. Je m'arrêterai donc seulement à ce qui s'est passé plus récemment.

» Si vous voulez bien vous faire représenter la dépêche que j'eus l'honneur d'adresser à M. le duc de Broglie, le 24 décembre dernier[1], vous y trouverez l'exposé d'un projet de traité d'alliance défensive que j'avais soumis au cabinet anglais. Ce traité entre la France et l'Angleterre, qui dans mon opinion devait être basé sur le maintien du *statu quo* européen, avait l'avantage de s'appliquer non seulement aux affaires d'Orient, mais encore à toutes les complications qui pouvaient surgir d'ailleurs. La dépêche que je viens d'indiquer en contient les développements. La proposition ne fut point accueillie par le gouvernement anglais, et si je ne dus pas insister alors pour la faire prévaloir, je ne restai pas moins convaincu de son utilité.

» Plus de trois mois se sont passés depuis cette époque, et les événements qui les ont rempli n'ont pu que me confirmer dans l'opinion qu'un traité d'alliance défensive, tel que nous l'avions conçu, était devenu, pour ainsi dire, une nécessité, aussi bien pour l'Angleterre que pour la France.

1. Voir page 291.

» En effet, les discussions dans le parlement anglais et à la Chambre des députés ont révélé des inquiétudes que ni les explications de la Russie, ni celles de la Porte ottomane, n'ont été de nature à calmer complètement. Les efforts des gouvernements du Nord, d'une part, et ceux de la presse périodique, de l'autre, ont redoublé, pour arriver à rompre ou du moins à affaiblir l'union intime qui existe entre la France et la Grande-Bretagne, et on ne doit pas se dissimuler que ces tentatives n'ont pas laissé que de faire quelque impression dans ce pays-ci. La modification que vient de subir le cabinet français a déjà été interprétée dans le même sens, et c'est pour tous ces motifs réunis que je crois qu'il serait utile de renouveler en ce moment la tentative infructueuse du mois de décembre dernier, en proposant maintenant à l'Angleterre de faire avec nous un traité d'alliance défensive.

» Ce sera d'abord la meilleure réponse à faire à ceux qui nous accusent de nous être retirés de l'alliance anglaise pour nous rapprocher de la Russie; ce sera aussi le meilleur moyen de dissiper la méfiance du cabinet anglais, si, par hasard, il en avait conçu sur notre bonne foi.

» Dans le cas où le gouvernement anglais, mieux inspiré cette fois, entrerait dans nos vues, il est indubitable que nous en tirerions de grands avantages. Un traité d'alliance entre les deux gouvernements consoliderait notre situation en Europe. Il offrirait pour tous un gage de sécurité et du maintien de la paix, parce qu'il mettrait fin à toutes les intrigues des autres cabinets pour nous séparer.

» Vous devez être bien persuadé, monsieur le comte, qu'en plaçant le gouvernement du roi dans cette voie, je n'entends nullement l'isoler en Europe, ni lui faire épouser toutes les querelles bien ou mal fondées de l'Angleterre ; un tel résultat serait tout l'opposé de ma pensée. Je suis intimement convaincu qu'un témoignage éclatant de l'union des deux pays ne tendrait qu'à rapprocher de nous les autres cabinets qui, obligés d'accepter un fait consommé, n'attacheraient que plus de prix à en atténuer les conséquences dans ce qui pourrait les atteindre.

» Si les considérations que je viens d'exposer vous frappaient autant que moi, et qu'elles eussent assez de valeur pour décider le gouvernement du roi à essayer une nouvelle tentative d'alliance avec le gouvernement britannique, il faudrait que vous ne tardassiez pas à en entretenir lord Granville et même lord Durham pendant son séjour à Paris. De mon côté, je ne négligerais rien pour faire prévaloir ici notre proposition, après que vous m'en auriez donné l'autorisation. Vous comprenez bien qu'alors il serait nécessaire aussi de m'adresser un plan général des conditions que vous voudriez faire entrer dans le traité.

» Quoi qu'il en soit, permettez-moi d'insister près de vous pour qu'on se hâte de choisir un successeur à l'amiral Roussin à Constantinople[1] et pour qu'on fasse porter ce choix sur un homme habile, prudent et consommé dans les affaires. On éviterait, par là, de mériter des reproches tels que ceux que le ministère anglais s'est attirés lors du départ retardé de lord Ponsonby pour Constantinople... »

---

1. L'amiral Roussin resta à Constantinople. Comme il avait été nommé ministre de la marine, M. de Talleyrand pensait qu'il allait quitter son poste, mais on sait que l'amiral refusa son portefeuille pour garder son ambassade.

« Le 9 avril 1834.

» J'ai reçu hier la dépêche que vous m'avez fait l'honneur de m'écrire, et j'ai pu faire immédiatement usage, dans mes conversations avec lord Palmerston et lord Grey, des explications qu'elle renfermait sur la modification qui vient d'être faite dans le ministère français. Ces explications ont été très bien accueillies par les deux ministres qui, comme je le prévoyais déjà dans ma dépêche d'avant-hier, ont jugé que votre entrée au département des affaires étrangères leur donnait l'assurance que le gouvernement du roi continuerait le même système de modération et de fermeté dont il a recueilli des résultats si avantageux.

» Dans l'entretien que j'ai eu avec lord Palmerston, il a été question des dernières notes de la Porte ottomane. Lord Palmerston, en m'annonçant qu'aucune détermination définitive n'avait été prise à cet égard par le gouvernement britannique, m'a dit qu'il avait cru utile de laisser reposer cette affaire pendant quelque temps encore, et de nous concerter plus tard sur les démarches qu'il pourrait être nécessaire de faire, soit à Constantinople, soit ailleurs. Je n'ai pas voulu insister sur ce point, avant de connaître votre réponse à ma dépêche d'avant-hier.

» ... L'arrivée récente de M. le comte de Florida-Blanca, qui était en même temps que moi chez lord Palmerston, m'a fourni une occasion naturelle de parler à ce dernier de l'état de la péninsule. Il m'a donné des détails à peu près conformes à ceux de la dépêche numéro 26 de M. le duc de Broglie[1],

---

1. Voir cette dépêche à l'Appendice, page 510.

sur ce qui s'est passé à Madrid après l'arrivée dans cette capitale du ministre de Portugal, M. de Sarmento. Il paraît que M. Villiers ne désespérait cependant pas encore d'obtenir de M. Martinez de la Rosa une déclaration franche et ouverte de la part du gouvernement espagnol contre dom Miguel[1]. Lord Palmerston se proposait de presser M. de Florida-Blanca d'écrire dans le même sens à sa cour. J'ai pu alors le questionner sur les communications qui ont été faites en dernier lieu par lord Howard de Walden[2] au gouvernement de dom Pedro. D'après les réponses de lord Palmerston, le projet de pacification du Portugal ne serait pas aussi avancé qu'on le présumait à Lisbonne, et les articles, qui ont été envoyés à notre département des affaires étrangères par M. Mortier, ne seraient que les indications des points sur lesquels le ministre anglais a été chargé de sonder le gouvernement de dom Pedro. Le cabinet anglais veut toujours se borner à des démarches officieuses près des ministres portugais, et il serait encore éloigné d'intervenir par un envoi de troupes dans la péninsule.

» Je ne sais jusqu'à quel point cette déclaration de lord Palmerston est vraie; je chercherai à en vérifier l'exactitude par d'autres moyens qui ne sont pas en ce moment à ma

.1. M. de Sarmento avait demandé au cabinet espagnol d'intervenir en Portugal en faveur de dom Pedro. M. Martinez de la Rosa avait refusé de lui venir en aide, mais il avait envoyé un corps de troupes en Portugal pour disperser les troupes carlistes qui s'y étaient réfugiées et qui faisaient cause commune avec les miguélistes. C'était en somme, quoique sous une forme déguisée et moins décisive, l'intervention que réclamait M. de Sarmento.

2. Charles-Auguste Ellis, baron Howard de Walden, diplomate anglais né en 1799, sous-secrétaire d'État aux affaires étrangères (1824), ministre à Stockholm (1832), puis à Lisbonne 1834) et à Bruxelles (1846).

disposition, et j'aurai l'honneur de vous rendre compte du résultat de mes recherches... »

LE COMTE DE RIGNY AU PRINCE DE TALLEYRAND.

« Paris, le 10 avril 1834.

» Mon prince,

» Je suis bien sensible à ce que vous me dites d'obligeant. Je comprends combien j'ai besoin de vos conseils et de votre appui, et je les réclamerai toujours.

» Les dépêches de Maison montrent une irritation croissante de la Russie contre l'Angleterre. Je ne sais si je me trompe, mais le cabinet anglais pourrait être amené par cette situation à mieux comprendre l'idée que vous avez eue à une certaine époque, et que le nouveau congrès de Vienne pourrait réchauffer.

» Nos affaires intérieures vont avoir un contre-coup de ce qui se passe à Lyon. Nous attendons ce matin des nouvelles. Celles d'hier soir annonçaient que les troupes avaient donné franchement et enlevé les barricades[1]. Il faut absolument que ce succès continue pour prévenir ce qui se tramait à Strasbourg, Dijon et Châlons. Après cela, l'exécution de la loi sur les associations sera plus facile ou moins nécessaire.

» Nous finirons promptement la session, vraisemblablement

---

1. Des insurrections éclatèrent de nouveau à cette époque sur différents points du territoire. A la suite d'une grève générale des ouvriers de Lyon, six des principaux meneurs avaient été arrêtés. L'ouverture de leur procès (5 avril) fut le signal d'une lutte qui dura cinq jours. L'armée finit par rétablir l'ordre dans la ville. En même temps, des mouvements républicains avaient troublé Marseille, Saint-Étienne, Perpignan, Châlons et plusieurs autres villes. A Paris, l'émeute éclata le 12 avril. Le cloître Saint-Merry fut le théâtre d'une lutte sanglante. Le calme se rétablit le 14.

vers le 10 mai, et les élections auront lieu en juin. Dupin s'est ajourné à cette époque.

» Les scènes de Bruxelles recommenceraient si la présence des troupes n'arrêtait encore[1]. Latour-Maubourg pense que pour frapper un peu sur ces *indifférents bourgeois* de Bruxelles, il faudrait qu'il pût s'entendre avec sir Robert Adair pour telle ou telle démarche que de nouveaux troubles rendraient nécessaire; il sera autorisé à s'entendre pour cela avec le ministre d'Angleterre... »

Les difficultés que la retraite du duc de Broglie du cabinet avait créées pour le gouvernement français étaient à peine surmontées, qu'une formidable insurrection éclatait à Lyon et ensuite à Paris. On prit promptement tous les moyens pour la réprimer et je ne doutai pas qu'on y parviendrait; mais ce déplorable événement n'était pas de nature à faciliter mes négociations à Londres. J'ai eu déjà plus d'une fois l'occasion, dans ces souvenirs, de constater combien de pareils accidents sont peu faits pour inspirer la confiance à des gouvernements étrangers. J'en aurais probablement éprouvé de plus fâcheuses conséquences dans cette circonstance, si les affaires de la péninsule n'avaient pas placé le gouvernement anglais dans la nécessité de se rapprocher de nous. On va lire les correspondances qui justifieront, je pense, cette observation.

---

1. Des manifestations orangistes, peu importantes d'ailleurs, avaient eu lieu récemment en Belgique. A ces nouvelles, les esprits s'échauffèrent à Bruxelles et cette ville fut, le 5 et le 6 avril, le théâtre de troubles sérieux. Des bandes de pillards dévastèrent les maisons des partisans connus du prince d'Orange. La répression fut prompte et énergique.

MADAME ADÉLAÏDE D'ORLÉANS AU PRINCE DE TALLEYRAND.

« Paris, le 11 avril 1834.

» Mon prince,

» Les tourments, depuis quinze jours, ne nous laissent pas en repos. A celui du ministère a succédé celui de Lyon. Je viens avec empressement vous faire part des nouvelles arrivées ce matin, qui sont un succès complet. Les troupes sont maîtresses de toutes les positions; le résultat est assuré, d'après ce que nous mande le préfet, le 9 au soir; mais il y a toujours à gémir de ces victoires-là sur les malheureux qui en sont victimes. Les insurgés étaient retirés et cernés dans quelques petites rues encore, mais où on les aura à discrétion; il est impossible qu'ils y tiennent. Il paraît qu'ils avaient été casser le télégraphe du poste après Lyon; on le suppose parce que depuis hier matin il n'y a pas eu de dépêches télégraphiques... »

LE PRINCE DE TALLEYRAND AU COMTE DE RIGNY.

« Londres, le 13 avril 1834.

» Monsieur le comte,

» Lord Palmerston m'avait invité à passer chez lui ce matin pour m'entretenir d'une affaire qui, m'écrivait-il, méritait tout notre intérêt. Je sors de cette entrevue qui a été assez longue, et je m'empresse de vous en rendre compte.

» Lord Palmerston m'a annoncé qu'il avait reçu, il y a quelques jours, une note du nouveau ministre d'Espagne, le comte de Florida-Blanca. Cette note, qu'il m'a montrée.

contient un exposé de l'état actuel de l'Espagne et une invitation au gouvernement anglais de s'unir au gouvernement espagnol pour faire cesser l'agitation qui s'est répandue dans la péninsule, par une guerre active faite en commun contre dom Miguel et don Carlos. C'est la demande formelle d'une intervention armée de l'Angleterre en Portugal.

» Lord Palmerston, après m'avoir fait lire cette pièce, a ajouté que le ministre de Portugal à Londres, M. de Sarmento, avait appuyé cette démarche du cabinet de Madrid, verbalement à la vérité, mais en insistant aussi fortement sur la nécessité de l'intervention armée de l'Angleterre.

» En présence de cette demande simultanée de l'Espagne
» et du Portugal, m'a dit lord Palmerston, le gouvernement
» de Sa Majesté britannique a cru ne pouvoir pas tarder davan-
» tage à prendre un parti qui lui est commandé par les cir-
» constances; et je suis chargé de répondre aux ouvertures de
» M. de Florida-Blanca et de M. de Sarmento par un projet de
» traité à signer entre l'Angleterre, l'Espagne et le Portugal.
» Par ce traité, l'Espagne s'engagerait à poursuivre activement
» et par tous les moyens en son pouvoir l'expulsion de don
» Carlos et de dom Miguel du Portugal, et de se retirer du
» territoire portugais aussitôt que ce but serait atteint. Le
» gouvernement de doña Maria, de son côté, prêterait les
» mains à l'entreprise de l'Espagne et consentirait à accorder
» une amnistie générale en Portugal, et une dotation conve-
» nable à l'infant dom Miguel, à l'expiration de la lutte.
» L'Angleterre, enfin, s'engagerait à envoyer des vaisseaux
» sur les côtes de Portugal et d'Espagne, pour seconder l'ar-
» mée espagnole et celle de dom Pedro; mais sous la restric-
» tion néanmoins qu'elle ne pourrait jamais être appelée à

» faire débarquer des troupes anglaises sur aucun point de la
» péninsule

» Le projet de ce traité qui est déjà rédigé, a continué lord
» Palmerston, renferme en outre un article par lequel il est
» entendu que les trois puissances se concerteront pour pro-
» poser à la France d'y adhérer ; et c'est pour cela que je
» vous ai prié de passer chez moi, afin de connaître votre opi-
» nion sur cette proposition, et de savoir si vous seriez disposé
» à donner votre adhésion au traité dont il est ici question.

» Je n'ai pas hésité un seul instant, monsieur le comte, à répondre à lord Palmerston que mon gouvernement ne se refuserait point à adhérer à un tel traité, si l'Angleterre consentait, elle, à en signer un du genre de celui que je lui avais proposé à la fin du mois de décembre dernier, et duquel tous les autres ne seraient plus, à l'avenir, qu'une conséquence naturelle ; mais que, pour mon compte, je ne croyais pas l'un possible sans l'autre, et que je ferais tous mes efforts pour détourner le gouvernement du roi de donner son adhésion à un acte qui le placerait relativement dans une position inférieure.

» Sur cette observation, lord Palmerston m'a dit que nous ne pouvions pas ignorer que la situation de l'Angleterre vis-à-vis du Portugal différait entièrement de la nôtre ; qu'elle était liée par des traités particuliers avec le Portugal, et que c'était ce motif qui expliquait la part différente que nous prendrions dans cette transaction.

» Mais, je lui ai fait remarquer à mon tour qu'il en était de même dans nos rapports avec l'Espagne, que nous avions des intérêts communs de voisinage, de frontières, de famille avec ce pays, et que nous les compromettrions évidemment.

en jouant un rôle qui, sous aucun point de vue, ne pouvait convenir, ni à notre dignité, ni à notre influence en Europe.

» J'ai alors fait valoir de nouveau, près de lord Palmerston, toutes les considérations puissantes qui devraient déterminer le gouvernement anglais à signer avec la France un traité général d'alliance défensive, dont il serait si facile de faire découler un arrangement complet et définitif pour la pacification de la péninsule. Il a vainement voulu se retrancher dans le danger que courrait l'Angleterre en se liant par un engagement avec notre cabinet, dont l'existence n'était pas, disait-il, encore assurée, et qui pourrait peut-être ne pas se maintenir après les prochaines élections. Je lui ai répondu que le danger était le même pour nous, qui pourrions avoir plus tard affaire à une autre administration anglaise, mais que, d'ailleurs, le gouvernement français, tel qu'il était constitué aujourd'hui, ne pouvait jamais changer de politique envers l'Angleterre, et que, s'il subissait une modification dans sa forme, le gouvernement anglais se trouverait libéré, par ce fait même, d'engagements qu'il aurait contractés sous l'empire d'autres circonstances. C'est ainsi que j'ai combattu cette dernière objection qui me paraît aussi futile en apparence qu'en réalité.

» Ne voulant pas cependant repousser complètement les ouvertures de lord Palmerston et laisser arriver à Madrid le soupçon que c'était nous qui nous opposions à un arrangement à l'aide duquel on pourrait espérer d'obtenir la pacification de la péninsule, j'ai fini par lui proposer un terme moyen entre son projet et le mien, si celui-ci était absolument rejeté par son gouvernement. Ce moyen consisterait dans un traité entre les quatre puissances, la France, la Grande-Bretagne, l'Espagne et le Portugal. Je lui ai fait sentir qu'il serait possible de rédiger cet acte de façon à ce que chacune des puissances conservât la part d'action qui lui appartient.

» C'est sur ces termes que notre conversation a fini. Il allait se rendre à un conseil de cabinet et m'a promis d'y faire un exposé exact de ce qui s'était dit entre nous. Il ne m'a pas dissimulé toutefois qu'il avait personnellement beaucoup d'objections à faire à un traité d'alliance comme je l'avais conçu. Je lui ai répondu que je le regrettais d'autant plus vivement que je craignais que chaque jour ne vînt confirmer la nécessité dont ce traité aurait été pour la paix de l'Europe... »

« Le 14 avril, dix heures du soir.

» Ainsi que je vous le mandais hier, un conseil de cabinet a été tenu à la suite de ma conversation avec lord Palmerston. La proposition, telle que je l'avais faite, d'un traité général d'alliance défensive entre l'Angleterre et la France n'a point été adoptée par les ministres anglais, quelque convaincus qu'ils se montrassent d'ailleurs de la force des raisons que je leur avais données à cet égard. Ils ont persisté dans leur projet de traité entre les cours d'Angleterre, d'Espagne et de Portugal, auquel on nous proposerait d'adhérer.

» J'ai vu lord Palmerston deux fois aujourd'hui. Il m'a, dans notre première entrevue, fait part de la résolution de son gouvernement. Je n'ai pas voulu alors insister davantage sur le traité d'alliance défensive dont il avait encore été question la veille entre nous, puisque, de ce côté, je ne pouvais conserver aucun espoir de succès. Je me suis donc arrêté au projet de traité qu'il venait de me communiquer; et c'est celui que j'ai discuté avec lui et que j'ai refusé de signer tel qu'il était. Sur les observations que je lui ai faites, il a dû s'entendre de nouveau avec ses collègues et avec les ministres d'Espagne et de Portugal, pour faire subir à ce projet les modifications que je réclamais et par suite desquelles la France devenait partie contractante au traité, au lieu d'être seulement partie adhérente. Je dois vous dire que j'ai eu à soutenir une lutte prolongée avant d'obtenir cette concession.

» Je viens de revoir lord Palmerston, et il m'a remis le nouveau projet dont j'ai l'honneur de vous transmettre une copie.

» Je n'ai point pris l'engagement que ce projet recevrait l'approbation du gouvernement du roi, et en promettant seulement de vous l'envoyer, j'y ai fait introduire plusieurs changements. Vous remarquerez entre autres la double rédaction proposée pour une partie de l'article IV. Il a été convenu que dans le cas où le gouvernement français consentirait à ce que je signasse ce traité, il choisirait celle des deux rédactions de l'article IV qui le satisferait davantage. Dans l'état actuel des choses, j'avoue que je ne vois pas de difficulté réelle pour le gouvernement du roi à entrer dans ce traité tel qu'i est, et qu'il me paraît, au contraire, lui présenter de grands avantages.

» Je n'ai pas le temps d'ajouter aucune réflexion à ce simple narré. Je ne puis retarder le départ de mon courrier. Lord Granville reçoit des instructions pour s'entendre avec vous; ainsi vous pourrez lui faire connaître vos motifs pour accorder ou refuser votre approbation.

» Je dois vous dire que MM. de Florida-Blanca et de Sarmento, en prenant sur eux d'apposer leur signature à ce traité qui n'est pas tout à fait d'accord avec leurs instructions, ont demandé qu'il n'en soit pas donné communication à l'ambassadeur d'Espagne, ni au ministre de Portugal à Paris, ce qui leur a été promis. Ils craignent qu'une publication prématurée faite à Madrid ou à Lisbonne ne compromette le succès du traité, qu'on ne pourra plus refuser de ratifier, disent-ils, lorsqu'il sera signé par les plénipotentiaires de France et de la Grande-Bretagne.

» Comme on est très pressé ici d'arriver à un résultat, je vous prie de me faire parvenir votre première réponse le plus promptement possible, et par le télégraphe. »

« Le 15 avril 1834.

» ... Le prince de Lieven m'a donné lecture, ce matin, d'une dépêche qu'il venait de recevoir de Pétersbourg, et dans laquelle le comte de Nesselrode lui annonce que le gouvernement impérial de Russie est complètement satisfait des dernières explications qui lui ont été données par l'Angleterre et la France au sujet des affaires d'Orient. Le vice-chancelier exprime aussi le désir de voir livrées à l'oubli toutes les discussions qui se sont malheureusement élevées sur cette question dans ces derniers mois, et donne l'assurance que l'empereur, son maître, ne veut point en conserver le souvenir... »

MADAME ADÉLAÏDE D'ORLÉANS AU PRINCE DE TALLEYRAND.

« Tuileries, le 14 avril 1834.

» Je ne me doutais guère hier, mon cher prince, quand je vous ai écrit que tout était terminé à Lyon, que quelques heures après nous aurions des barricades dans un coin de Paris[1]. Cela n'a été qu'un piège pour commettre des assassinats, car aucune n'a tenu. C'était une bande d'assassins et de lâches déchaînés dans Paris. Nous avons passé une affreuse nuit et, jusqu'à présent, dans de cruelles inquiétudes pendant les promenades de notre cher roi, et de Chartres et de Nemours, qui ont été tous les deux, ce matin, dans la rue Saint-Martin, et sur lesquels ces infâmes ont tiré des fenêtres d'une maison. Grâce à Dieu, tout est fini maintenant. La Chambre des députés vient de venir en masse chez le roi lui témoigner son indignation et l'assurer de nouveau de son attachement à sa personne par l'organe de son président. La Chambre des pairs va venir. La population est excellente et dans l'indignation. La garde nationale a été admirable, ainsi que la troupe de ligne; malheureusement, il y a eu, parmi eux, des victimes de ces monstres... »

LE COMTE DE RIGNY AU PRINCE DE TALLEYRAND.

« Paris, le 14 avril 1834, à onze heures.

» Mon prince,

» Il est onze heures, toute la nuit s'est passée sous les armes; les insurgés, barricadés dans des maisons, tirent individuellement sur les troupes; cela dégénère en assassinats partiels; il n'y a pas d'autre résistance organisée, et on n'a pas pu faire usage de l'artillerie. Les troupes et la garde nationale ont perdu surtout quelques officiers, parce qu'on les choisit. Il n'y a donc aucun danger public, mais des assassinats indivi-

---

1. Voir page 360.

duels. La journée se passera comme cela ; les troupes sont montées au dernier point et n'ont fait grâce nulle part où elles sont entrées[1]. En ce moment, nous délibérons sur quelques mesures à proposer aux Chambres.

» A Lyon, tout est à peu près fini ; il y a eu là de sanglantes exécutions. A Châlons, à Dijon, à Saint-Étienne, il y avait certaines tentatives, mais partout les troupes sont restées fermes. La garde nationale de Paris de même, mais ailleurs on ne peut en dire autant.

» A tout prendre, l'événement ou les événements sont de nature à donner quelque force au gouvernement. — Je continuerai à vous tenir au courant jusqu'à l'heure où partira l'estaffette. »

« Même jour, trois heures après midi.

» Tout est à peu près fini dans les rues ; on fouille encore quelques maisons, et je ne puis vous donner cette foule de détails qui ne se recueillent que les uns après les autres.

» Nous sommes fort occupés des moyens de tirer parti de ceci pour consolider tout ce qui est si fort ébranlé. Malheureusement, nous ne pouvons rien contre la presse. Demain il sera porté quelque chose aux Chambres, — *le quoi* ne sera décidé que ce soir. Cela consistera probablement en accroissement d'effectif d'armée.

» Les troupes et la garde nationale sont montées au plus haut degré. Nous expédions des courriers dans toutes les directions, car il faut prévenir partout. Je vous demande pardon d'être si bref et si pressé… »

---

1. C'est, en effet, au cours de cette lutte que se place le sanglant épisode de la rue Transnonain.

LE PRINCE DE TALLEYRAND AU COMTE DE RIGNY.

« Londres, le 17 avril 1834.

» Vous aurez vu par mes précédentes dépêches que j'avais devancé les instructions que vous m'exprimez dans votre lettre numéro 30, en agissant par moi-même près des ministres anglais pour les amener à la conclusion d'un traité d'alliance défensive avec nous. La circonstance du traité sur les affaires de la péninsule m'avait paru trop importante pour ne pas la saisir, et si je n'ai pas réussi dans mes tentatives, je suis du moins sûr de n'avoir pas compromis la dignité du gouvernement du roi, dont je n'avais pas eu le temps de recevoir des instructions, lorsqu'on m'a proposé de signer le traité entre les quatre puissances. On attend ici, avec impatience, la résolution que vous aurez prise à l'égard de ce dernier traité ; tous les membres du cabinet que j'ai vus ce matin m'ont questionné avec empressement à ce sujet, et je n'ai pu que leur promettre une prompte décision.

» On est fort préoccupé des événements de Lyon et de Paris qui ont, pour le moment, effacé tous les autres intérêts. J'ai déjà profité des informations que renfermait votre dépêche numéro 31, et il m'a été facile de faire comprendre les avantages que l'Angleterre, plus que tout autre pays peut-être, retirerait d'une répression prompte et énergique d'excès semblables à ceux commis à Lyon. L'effet en sera d'autant plus utile ici, qu'il règne depuis quelques jours une agitation assez grave parmi les ouvriers de plusieurs districts manufacturiers d'Angleterre, et qui est causée par des associations de la nature de celles que nous cherchons à détruire en

France. Je puis vous dire que l'opinion publique qui compte ici est avec nous dans cette affaire, quoi qu'en disent quelques organes de la presse périodique; les esprits sages savent gré au gouvernement du roi de ses efforts pour contenir les dispositions révolutionnaires de ceux qui ne cherchent qu'à troubler la paix de l'Europe, en livrant d'abord la France à l'anarchie... »

LE COMTE DE RIGNY AU PRINCE DE TALLEYRAND.

« Paris, le 17 avril 1834, à quatre heures.

» Mon prince,

» C'est autant un chagrin qu'un embarras pour moi, que de vous envoyer des observations, au lieu d'une positive affirmation.

» J'ai trouvé bien des scrupules, non sur le fond, parmi mes collègues, car votre idée d'une alliance défensive est adoptée par tous, mais sur la forme. Le roi partageait ces scrupules et se trouvait mal à l'aise, placé dans un préambule qui reparaissait au milieu du traité.

» Si secrète que demeure cette convention pendant quelque temps, elle sera dépistée, et vous sentez ce qu'on peut dire, si l'article V laissait trop entrevoir qu'à la réquisition des trois cours nous fournirions armes et soldats, non pas certainement que nous fussions engagés par votre rédaction, mais enfin on pourrait nous le reprocher, et ces reproches, injustes d'ailleurs, affaibliraient l'effet de cette convention, quant au fruit même à en retirer, qui est une plus apparente union avec l'Angleterre.

» Nous reconnaissons bien ici la difficulté sérieuse dont vous avez eu à triompher pour obtenir une première concession ; le moment était contre nous; l'avenir paraissait de même : les affaires de Lyon, celles de Paris, les impressions, tout était contraire. Aujourd'hui, la situation est meilleure, et je n'ose pas vous dire, mon prince, que vous pouvez en tirer parti, parce qu'on ne nous juge peut-être pas encore à Londres comme nous nous jugeons ici.

» Tout ceci va influer notablement sur les élections, car c'est surtout *la classe bourgeoise électorale* qui est menacée par ces agitations ; elle le sent, et l'effet en est incontestable à Paris. Si donc nous pouvons hâter la fin de la Chambre et la convocation, le système sera raffermi. C'est l'opinion des esprits réfléchis.

» Je quitte lord Granville à l'instant, et lui ai donné toutes les raisons que j'ai entendu développer ce matin au conseil. Il écrit à lord Palmerston par notre estafette, et m'a paru entendre nos motifs.

» Dans la dépêche officielle, j'ai essayé de vous aider en la rédigeant de manière à être montrée à lord Palmerston.

» Si, en adoptant le fond de notre pensée, il ne s'agissait que de changer ou de tourner autrement la rédaction des deux articles restant à leur place, dans le contre-projet, nous concevons, mon prince, que vous ne vous croyiez pas obligé dans ce cas, et vu l'urgence, de nous les renvoyer ici.

» Nous voyons que cela presse, et que nous ne devons pas laisser aller seule l'action de l'Angleterre sur l'Espagne. Nous nous sommes prévalus d'une note antérieure de Martinez de la Rosa, et ceci rappelle à peu près ce qui s'est passé lors du traité du 6 juillet 1827, relatif à la Grèce, dans lequel nous intervînmes, à l'aide d'une demande du gouvernement grec.

» Après tout, le traité quel qu'il soit fera du bruit dans le nord; nous ne le redoutons pas, si nous pouvons parvenir à le rendre défendable pour nous à l'intérieur. Vous seul, mon prince, pouvez résoudre ce problème, et le roi s'abandonne avec confiance à votre haute influence et à votre sollicitude... »

LE PRINCE DE TALLEYRAND AU COMTE DE RIGNY.

« Londres, le 19 avril 1834.

» Monsieur le comte,

» J'ai reçu hier la dépêche télégraphique que vous m'avez fait l'honneur de m'adresser le 17; et ce matin, votre dépêche numéro 32 à laquelle était joint le projet modifié du traité entre les quatre puissances.

» J'avais hier, avec votre dépêche télégraphique, contenu à grand'peine l'impatience des plénipotentiaires des trois cours, qui s'étaient persuadés que votre consentement n'était pas douteux.

» Aussitôt après l'arrivée de mon courrier ce matin, j'envoyai à lord Palmerston le paquet de lord Granville qui lui était adressé, et je lui demandai un rendez-vous dans la matinée. Il me répondit une heure après par la lettre dont j'ai eu l'honneur de vous transmettre une copie (voir page 377, pièce n° 1), afin que vous jugiez de la nature de l'opposition que je devais rencontrer. Je me rendis chez lui à l'heure qu'il m'avait indiquée; et, quelque préparé que je fusse à le trouver animé sur cette affaire, il l'était encore plus cependant que sa lettre ne me l'avait laissé pressentir. Une difficulté à laquelle je ne pouvais pas m'attendre augmentait mon embarras : on avait écrit de Paris que le gouvernement du roi approuvait le traité, tel que je l'avais envoyé, et qu'on pouvait compter que les objections que je ferais venaient de moi seul. C'est alors que je dus faire usage de votre dépêche numéro 32 ; j'en lus une partie à lord Palmerston, et, en développant les considérations qu'elle renferme, je me retranchai nettement dans la résolution de ne signer qu'aux conditions que vous m'aviez imposées. Quant à l'observation qui m'était personnelle, je fis remarquer qu'elle ne pouvait point être exacte, attendu que tout ce qui, dans ce traité, se rapportait à la France, étant du ressort de l'opinion publique, je n'avais pu, placé comme je l'étais, en juger les inconvénients, et que c'était le gouvernement du roi qui, seul, était en état de les apprécier.

» Lorsque je quittai lord Palmerston, il se rendait au conseil, où j'ai su que la discussion avait été très vive et où on n'avait pas facilement admis nos observations. A l'issue de ce conseil, je me suis rendu successivement chez lord Palmerston et chez lord Grey. Ils étaient encore fort éloignés de se montrer convaincus de l'importance de nos objections ; mais, après une conversation de plus de deux heures, j'obtins enfin que des changements notables seraient faits à la rédaction du traité. La lettre de lord Palmerston, que je reçus dans la soirée et dont je vous envoie une copie avec celle de la note qui y était jointe (voir pièces nos 2 et 3), vous donnera une idée du progrès que j'avais déjà fait. Il n'y avait plus qu'un seul préambule dans lequel la France et la Grande-Bretagne étaient placées sur la même ligne à l'égard de l'Espagne, ce qui, à mes yeux comme aux vôtres je pense, monsieur le comte, était le point essentiel. Mais il restait encore deux autres difficultés : l'article qui nous concerne dans le traité était rejeté à la fin, après les articles relatifs à l'amnistie en Portugal et à la dotation de l'infant don Carlos ; mais, ce qui est plus grave, on voulait que cet article fût rédigé ainsi qu'il suit :

» Sa Majesté le roi des Français s'engage à fournir, pour at-
» teindre le but qu'on se propose par le présent traité, tel
» secours qui sera déterminé d'un commun accord entre lui
» et les trois autres parties contractantes, *et lorsqu'elle sera*
» *invitée, par elles, à le faire.*

» Je viens d'écrire à lord Palmerston, en lui renvoyant son projet de traité, pour lui demander le retranchement des mots : *et lorsqu'elle sera invitée, par elles, à le faire*, comme formant une répétition de la même idée dans le même article. J'ai réclamé aussi plusieurs autres rectifications. Je ne pourrai avoir sa réponse que demain matin, car il est onze heures du soir, et je me décide à retarder le départ de mon courrier afin de vous faire connaître le résultat définitif de la négociation qui sera très probablement terminée dans la journée de demain. »

« Le 20 avril.

» J'ai reçu ce matin de lord Palmerston le billet dont la copie est jointe (voir pièce n° 4) et je me suis empressé de lui répondre que j'insistais pour le retranchement des mots que j'avais demandé hier, ou du moins pour une autre rédaction de l'article. Il vient de m'envoyer celle que vous trouverez dans la copie du traité qui accompagne cette dépêche[1]; je l'ai adoptée, parce qu'elle m'a paru être sans inconvénient et que j'étais au terme des difficultés que décemment il m'était permis de faire. Vous pouvez regarder le traité comme arrêté, tel que je vous l'envoie. Il faut qu'il soit soumis à l'approbation du roi, qui est à Windsor, et copié dans les quatre langues, ce qui me fait craindre qu'il ne puisse être encore signé demain. Je vous l'enverrai aussitôt qu'il le sera, mais ne l'ébruitez pas, de peur qu'il ne soit connu à Madrid avant que le ministre d'Espagne ait eu le temps de l'y faire parvenir.

» Je dois vous faire remarquer que je ne vous ai communiqué les lettres de lord Palmerston que pour vous donner une connaissance précise de la marche de la négociation. Il est très essentiel que ces lettres restent entièrement secrètes ; la moindre révélation indiscrète dans ce sens compromettrait nos relations avec l'Angleterre, et rendrait ma situation ici extrêmement désagréable et difficile. Je m'en rapporte à vous pour anéantir les copies des lettres lorsque vous les aurez lues. »

Pièces jointes à la lettre précédente.

N° 1er. — LORD PALMERSTON AU PRINCE DE TALLEYRAND.

« Stanhope-Street, le 19 avril 1834.

» Mon cher prince,

» J'ai reçu avec bien des regrets le paquet que vous m'avez envoyé ce matin. Il est fâcheux de trouver tant de difficultés là où nous ne nous y attendions pas. On paraît avoir mal

---

1. Voir page 385.

compris à Paris les principes et le but du traité dont il s'agit, et les changements qu'on nous propose tendraient à dénaturer la transaction.

» On nous dit que notre gouvernement a reçu de Martinez de la Rosa une note de la même teneur que celle qui m'a été remise par M. de Miraflorès[1]; j'avoue que cela m'étonne, d'abord parce que la note de M. de Miraflorès n'a pas été présentée d'après des instructions à cet effet de sa cour, mais à ma demande, et par suite d'une conversation que j'ai eue avec lui, et afin de me mettre à même de rendre plus fidèlement à mes collègues les arguments dont il s'était servi verbalement avec moi. — Ensuite, quel était le but de la note de M. de Miraflorès? C'était de nous dire que le gouvernement espagnol, sachant que celui de Portugal nous avait demandé un secours matériel contre dom Miguel, verrait avec plaisir que nous consentissions à envoyer des troupes en Portugal, puisque les intérêts de l'Espagne souffraient de la présence de don Carlos en Portugal. Mais le gouvernement portugais ne vous a pas adressé une pareille demande; comment donc M. Martinez a-t-il pu vous engager à accéder à une demande qui ne nous a pas été faite?

» Votre gouvernement a pu recevoir quelque communication de la part de M. Martinez, comme il en a reçu dans le temps de la part de M. de Zéa, relative à une intervention française dans les affaires de l'Espagne; mais il ne s'agit pas maintenant des affaires intérieures de l'Espagne, il s'agit des

---

1. Don Manuel de Pando, marquis de Miraflorès, comte de Florida-Blanca, né en 1792, alors envoyé extraordinaire à Londres, fut, en 1838, ambassadeur à Paris. Il devint ensuite chef du cabinet, puis gouverneur du domaine royal et sénateur (1848).

affaires du Portugal. Mais pourtant, si comme paraît croire votre gouvernement, il s'agissait d'une intervention étrangère dans les affaires de l'Espagne, nous n'hésiterions pas à déclarer que M. Martinez, en vous demandant une telle intervention, méconnaîtrait les vrais intérêts de l'Espagne et que votre gouvernement, en l'accordant, méconnaîtrait (à ce qui nous semble) les vrais intérêts de la France. Mais en tout cas, bien loin de nous associer à une telle demande ou de la sanctionner par un article du traité, comme on nous propose aujourd'hui de le faire, nous protesterions contre, comme une chose nuisible à toutes les parties.

» Par conséquent, quant au changement qu'on voudrait faire à Paris, dans le fond du traité, vous devez bien sentir, mon prince, que nous ne pouvons pas l'adopter.

» Quant aux changements de rédaction, il a coûté aux ministres d'Espagne et de Portugal et à moi assez de travail pour mettre notre polyglotte en harmonie; et je vous prierai de ne pas nous imposer une nouvelle tâche. Le temps presse; nous avons perdu deux jours à cause de la cour, mercredi et jeudi, et j'espère que vous vous trouverez autorisé à signer la pièce telle qu'elle est. Venez ici, si vous le pouvez, avant une heure, car à deux heures nous avons conseil.

» Tout à vous. »

N° 2. — LORD PALMERSTON AU PRINCE DE TALLEYRAND.

« Foreign Office, 19 avril 1834.

» Mon cher prince,

» Nous consentirions à substituer le paragraphe dont je vous envoie le projet au paragraphe existant du projet de traité, et le dernier article subirait alors le petit changement que j'y ai fait. Si cela vous arrange, je proposerai ces changements au roi et aux plénipotentiaires d'Espagne et de Portugal. Répondez, s'il vous plaît, ce soir. »

N° 3. — *Joint au billet précédent.*

« En conséquence de cet accord, Leurs Majestés les régents
» se sont adressés à Leurs Majestés le roi des français et le roi
» de la Grande-Bretagne, et Leurs dites Majestés, prenant
» en considération l'intérêt qu'elles doivent toujours prendre
» à la sûreté de la monarchie espagnole, et étant de plus
» animées du vif désir de contribuer à l'établissement de la
» paix dans la péninsule, comme dans toutes les autres par-
» ties de l'Europe; et Sa Majesté le roi de la Grande-Bretagne,
» considérant en outre les engagements provenant de son
» ancienne alliance avec le Portugal, Leurs Majestés ont con-
» senti à devenir parties dans l'engagement proposé. »

N° 4. — LE PRINCE DE TALLEYRAND A LORD PALMERSTON.

« Hanover-Square, le 19 avril 1834, neuf heures du soir.

» Dear lord Palmerston,

» Je viens de lire avec beaucoup de soin votre nouveau projet. Puisque vous persistez à ne pas vouloir de la rédaction du cabinet français pour la dernière partie du préambule, je me soumets à votre manière de voir sur ce point.

» Quant à l'article VI, je le trouve d'abord mal placé, il devrait venir à la suite de l'article III et former par conséquent l'article IV du traité, attendu que les articles IV et V de votre projet ne sont qu'accessoires; il est d'ailleurs logique et de bonne rédaction de traité que les articles d'action précèdent ceux qui ne sont que la conséquence.

» J'ai une autre observation à vous faire sur le même article VI, et à l'égard de laquelle il vous sera facile de me satisfaire, car ce ne sont que quelques mots à effacer. Je vous demande donc de supprimer les mots : *lorsqu'il sera invité par elles à le faire*, et de finir simplement par les mots : *tel secours qui sera déterminé d'un commun accord; entre lui et ses augustes alliés*. — La suppression que je vous demande ici est grammaticale, car dans la rédaction première il y a redondance, et d'ailleurs cela entre dans l'esprit de toute la rédaction où la même idée est déjà établie.

» Si vous adoptez mes très légères modifications, indiquez moi l'heure à laquelle vous voulez signer demain, je serai à vos ordres, car alors je prendrai sur moi de n'en pas référer à mon cabinet.

» Tout à vous. »

N° 5. — LORD PALMERSTON AU PRINCE DE TALLEYRAND.

« Stanhope-Street, le 19 avril 1834, onze heures du soir.

» Mon cher prince,

» J'adopte très volontiers la transposition que vous proposez de l'article VI, et je trouve avec vous que ce changement est une amélioration sous tous les rapports.

» Quant à la suppression des derniers mots de cet article, je dois vous prier de faire la part de nos susceptibilités, comme nous l'avons faite aux vôtres. Je conviens avec vous que ces paroles n'ajoutent rien de fort essentiel au sens de l'article et que ce qu'elles contiennent se trouve déjà exprimé par ce qui précède; mais, *nous y tenons beaucoup*, et quand je dis *nous*, je veux dire *plusieurs* personnes. Souvenez-vous qu'il s'agit dans le traité uniquement d'une intervention armée dans les affaires du *Portugal*, et que nous avons des préjugés sur ce point-là.

» Quant à nous-mêmes, non seulement nous n'y sommes pas intervenus sans y être spécialement invités, mais nous n'avons pas accepté l'invitation qui nous a été faite. Ne trouvez donc pas mauvais que nous nous montrions un petit peu doctrinaires à ce sujet.

» Je m'occupais, à l'instant que votre billet est arrivé, à rendre compte au roi des changements dont je vous croyais satisfait et pour lesquels il me faut sa sanction ; mais maintenant, il faut que j'attende votre réponse à ce billet, et, par conséquent je ne pourrai expédier mon courrier à Windsor que demain. Voilà encore une autre journée de perdue. Contentez-vous, je vous en prie, mon prince, des grands changements que vous avez faits dans ce projet, qui maintenant doit être considéré plutôt comme votre enfant que le mien.

» Tout à vous.

N° 6. — LE PRINCE DE TALLEYRAND A LORD PALMERSTON.

» Hanover-Square : 20 avril 1834, huit heures du matin.

» Dear lord Palmerston,

» Nous voilà d'accord sur tous les points, excepté sur ce retranchement de trois mots que notre amour-propre vous demande. Il me semble que le vôtre ne peut pas être engagé dans cette question, parce qu'il reste évident que, même sans ces trois mots, nous ne pouvons rien faire dans les affaires de la péninsule que de concert avec vous et les deux autres puissances. La répétition de la même idée dans le même article ne pourrait donc exprimer que de la méfiance. C'est ce que nous devons éviter dans l'intérêt de nos deux pays et dans la situation de nos deux gouvernements l'un vis-à-vis de l'autre. La moindre trace de méfiance dans notre traité serait plus dangereuse par ses conséquences que par le fait même, car, lorsqu'il sera public, les hommes de l'opposition chez vous et chez nous ne manqueraient pas de s'en emparer, et certainement au détriment de l'union intime qu'il est si utile de ménager. Ne voyez donc dans mon insistance que le désir d'être conséquent avec notre point de départ. Votre bon esprit comprendra cela, arrangera toutes choses de manière à ce que votre premier billet me dise à quelle heure je dois aller signer chez vous. Je suis presque embarrassé des vétilles auxquelles, par mes instructions, je suis obligé d'attacher de l'importance.

« Tout à vous. »

N° 7. — LORD PALMERSTON AU PRINCE DE TALLEYRAND.

» Stanhope-Street, 20 avril 1834.

» Mon cher prince,

» Ma foi, vous êtes bien difficile à contenter! Je conviens cependant avec vous que nous manquerions un but principal de notre traité, si, au lieu de constater union et confiance, nous devions proclamer défiance et soupçon. J'ai donc tâché[1] de rédiger l'article IV de manière à satisfaire toutes les parties. Dites-moi si j'ai réussi quant à vous.

---

1 Comparer cette deuxième rédaction qui fut définitive (p. 386) avec le projet primitif de lord Palmerston (p. 376).

» Vous me proposez de venir signer aujourd'hui, comme si préparer un traité était chose aussi simple qu'écrire une lettre. Mais il faut que je soumette tous vos changements à la sanction du roi qui est à Windsor. Et, après cela, il faut obtenir le concours des ministres d'Espagne et de Portugal, et les introduire dans le texte espagnol et portugais. Voilà bien de la besogne.

» Tout à vous. ».

N° 8. — LE PRINCE DE TALLEYRAND A LORD PALMERSTON.

« Hanover-Square, 20 avril 1834, deux heures après midi.

» Dear lord Palmerston.

» Quelque difficile que je sois, je vous rends les armes, et je me borne pour cette fois à une observation toute grammaticale. Ne trouvez-vous pas que l'article serait exprimé en meilleur français, en ne suspendant pas le sens par un membre de phrase incident et inutile. Je crois donc que nous devrions rayer les mots : *par les hautes parties contractantes*, qui viennent couper la première partie de l'article et en obscurcissent le sens. M. de Voltaire disait que de tous les changements que ses amis lui proposaient de faire à ses ouvrages, celui dont il ne s'était jamais repenti c'était d'effacer. Vous m'appellerez quand vous voudrez de moi.

» Tout à vous. »

N° 9. — LORD PALMERSTON AU PRINCE DE TALLEYRAND.

« Stanhope-Street, 20 avril 1834.

» Mon cher prince,

» Je suis bien fâché, mais je ne puis pas aller plus loin à votre rencontre. Le changement que vous me proposez embellirait peut-être le style, mais nuirait au sens. Le mot de Voltaire est vrai quant aux livres, mais je crois que, quant aux traités, le contraire doit plutôt s'affirmer, et qu'on pourrait bien dire que maintes disputes entre États n'auraient jamais eu lieu, si les traités avaient été rédigés avec plus de soin et de développement. Puis-je envoyer cet article tel qu'il est pour l'approbation du roi? Mandez-moi un *oui* et vite, car vraiment le temps presse. »

LE PRINCE DE TALLEYRAND AU COMTE DE RIGNY.

« Londres, le 23 avril 1834.

» Monsieur le comte,

» Il m'a été impossible de vous transmettre hier par le portefeuille le traité que j'ai l'honneur de vous envoyer aujourd'hui[1]. La transcription des quatre originaux, chacun en quatre langues, a exigé beaucoup de temps, et il y a une heure seulement que nous avons pu signer.

» Vous connaissez à peu près, par ma correspondance,

1. Voici le texte du traité tel qu'il fut signé à Londres le 22 avril 1834 :
« S. M. la reine régente d'Espagne... et S. M. I. le duc de Bragance... intimement convaincues que les intérêts et la sûreté des deux couronnes exigent l'emploi immédiat et vigoureux des efforts réciproques pour terminer les hostilités qui, si d'abord elles eurent pour but de renverser le trône de S. M. Portugaise, fournissent aujourd'hui appui et protection aux sujets et mécontents du royaume d'Espagne; désirant lesdites Majestés pourvoir à la fois aux moyens nécessaires pour rétablir la paix et le bonheur intérieur, et resserrer, sur des bases réciproques et solides, l'avenir des deux États, sont convenues de réunir leurs forces dans le but d'obliger l'infant don Carlos d'Espagne et l'infant dom Miguel de Portugal à quitter les domaines de ce dernier royaume.
» En conséquence de ces conventions, Leurs Majestés régentes se sont adressées aux Majestés le roi des Français et le roi de la Grande-Bretagne et d'Irlande. Ces deux derniers princes, considérant l'intérêt qu'ils doivent

quelles ont été les difficultés de la négociation de ce traité ; je pense qu'il faut maintenant les livrer entièrement à l'oubli et ne plus s'occuper que des résultats.

» Je suis convaincu que le gouvernement du roi apprécie les avantages du traité qui vient d'être conclu entre les quatre puissances ; mais vous voudrez bien me permettre de vous exposer succinctement les raisons qui m'ont déterminé à nous faire entrer dans cette alliance. Je l'ai envisagée sous ses différents points de vue, et c'est après y avoir mûrement réfléchi que j'ai jugé qu'elle nous offrait des avantages réels sans aucun danger.

» Cette quadruple alliance-ci ne peut manquer certainement de faire quelque bruit en Europe ; je ne prétends pas qu'elle

---

toujours prendre à la sûreté de la monarchie espagnole et animés du plus ardent désir de contribuer à l'établissement de la paix, tant péninsulaire qu'européenne, et Sa Majesté britannique considérant en outre les obligations spéciales qui émanent de son ancienne alliance avec le Portugal, ont consenti d'agir comme parties dans ledit traité ; à cet effet, ces Majestés ont nommé leurs plénipotentiaires..... Et les plénipotentiaires sont convenus des articles suivants :

» 1. — S. M. I. le duc de Bragance, au nom de la reine dona Maria II, s'engage à mettre en action tous les moyens qui sont en son pouvoir pour chasser l'infant don Carlos des domaines portugais.

» II. — S. M. la reine d'Espagne, priée et invitée par S. M. I. le duc de Bragance, ayant en outre de très justes et très graves sujets de reproche contre l'infant dom Miguel pour le soutien qu'il a prêté à l'infant don Carlos d'Espagne, s'engage à faire entrer sur le territoire portugais le nombre de troupes espagnoles suffisant et nécessaire pour coopérer avec celles de Sa Majesté à la sortie de don Carlos d'Espagne et de dom Miguel du territoire portugais.....

» III. — S. M. le roi de la Grande-Bretagne s'engage à coopérer en employant une force navale pour seconder les opérations et déterminations nécessaires d'après le présent traité.

» IV. — Dans le cas où la coopération de la France serait jugée nécessaire par les hautes parties contractantes. S. M. le roi des Français s'engage à faire tout ce que lui et ses très augustes alliés détermineront d'un commun accord.

» V. — Les hautes parties contractantes sont convenues qu'en conséquence n'excite un peu de jalousie de la part des grandes puissances du Nord; mais, en réalité, je ne crois pas qu'elles s'en préoccupent au point de nous causer plus d'embarras qu'elles ne le font depuis trois ans. Je serais plutôt disposé à penser qu'elles mettront plus d'ardeur à nous séparer de l'Angleterre et, par conséquent, à se montrer favorables envers nous. Ce n'est pas notre traité qui contribuera à resserrer les liens qui unissent les cabinets de Vienne, de Berlin et de Pétersbourg; nous avons pu voir récemment que ces liens étaient aussi forts que possible. Il nous sera aisé de justifier près d'eux les principes et le but de la quadruple alliance, puisque l'état de la péninsule était une question plus particulièrement du ressort de la politique anglo-française. En tout, je ne puis pas me persuader que l'alliance que nous venons de conclure, qui resserre notre intimité avec l'Angleterre et qui place, pour ainsi dire, dans notre dépendance l'Espagne et le Portugal, ne soit pas destinée à inspirer quelque respect

des attributions contenues dans les précédents articles, on procédera immédiatement à faire une déclaration annonçant à la nation portugaise les principes et le but du présent traité, et S. M. I. le duc de Bragance, animé du sincère désir d'effacer tout souvenir du passé et désirant réunir autour du trône de sa fille la nation entière, déclare son intention de publier une amnistie complète et générale en faveur de tous les sujets de S. M. T. F., qui, dans un temps qu'on déterminera, rentreront dans l'obéissance; et ledit régent déclare aussi son intention d'assurer à l'infant dom Miguel, aussitôt qu'il sera hors des États portugais, une rente correspondant à son nom et à sa naissance.

» VI. — S. M. la reine d'Espagne, en vertu du présent article, déclare son intention d'assurer à l'infant don Carlos, aussitôt qu'il sera sorti des domaines espagnols et portugais, une rente correspondant à son rang et à sa naissance.

» VII. — Le présent traité sera ratifié et ces ratifications seront échangées à Londres dans un mois, ou avant s'il était possible.

» FLORIDA-BLANCA, TALLEYRAND, PALMERSTON,
» MORAES-SARMENTO. »

aux cabinets du Nord. Ils pourront ajouter, dans leur pensée, la Belgique et peut-être la Suisse au cercle de notre alliance, et dans le cas où ils ne voudraient voir dans tout ceci que la réunion des peuples agités en ce moment par l'esprit révolutionnaire, ils ne craindront sans doute que davantage de provoquer les attaques d'une masse assez formidable par elle-même et par les sympathies qu'elle entretient avec tous les autres peuples.

» En considérant le traité spécialement dans ses rapports avec l'Espagne, nous pouvons nous rendre la justice de n'avoir pas compromis les intérêts de cette puissance, qui nous étaient plus particulièrement confiés. En effet, le traité ne stipule que des conditions utiles et honorables pour l'Espagne, et si ces conditions ne devaient pas avoir le résultat que nous en attendons (ce qui est fort possible dans l'état actuel de l'Espagne), ce n'est pas à nous qu'on reprochera d'avoir attiré un fléau de plus sur ce malheureux pays, en ajoutant la guerre étrangère à la guerre civile. Le territoire espagnol restera inviolable et cela doit être un des principes fixes de notre politique dans la péninsule.

» Si nous jugions l'importance que le cabinet anglais attache à notre participation à ce traité par les difficultés qu'il a suscitées sur sa forme, nous devrions la croire assez grande, et il me semble que nous ne nous tromperions pas, car aujourd'hui, il est évident que le ministère anglais a soumis à notre contrôle toute sa politique dans la péninsule; et quand même elle ne le serait pas dans la réalité autant qu'il le croit, il nous suffit pour l'opinion publique qu'elle le soit en apparence [1].

---

1. La lettre suivante de lord Palmerston est la piquante contre-partie de cette dépêche de M. de Talleyrand. Il écrivait, le 23 avril, à son frère

» Il y avait encore un point de vue sous lequel on ne devait pas négliger d'examiner le traité : c'était celui que je considérais comme le plus essentiel, celui enfin de son influence sur la France. J'avoue qu'il me paraît, à cet égard, aussi irréprochable que sous tous les autres rapports. S'agit-il de nos intérêts matériels? Nous ne sommes engagés à rien par le fait, car si nos alliés nous appellent à concourir à l'exécution du traité (et nous pouvons au moins douter qu'ils le fassent, l'Angleterre consentant), nous restons maîtres de nos résolutions, et de refuser de prendre part à toute intervention armée, dont les mauvaises chances sont incalculables. S'il ne s'agit que de l'amour-propre national, peut-il jamais être blessé d'un traité dans lequel nous jouons politiquement un rôle égal à celui de l'Angleterre, sans mettre sur pied un homme de plus et sans débourser un sou?

» Je le répète, monsieur le comte, je ne vois rien, dans le traité de la quadruple alliance, qui ne soit justifiable et honorable auprès de nos ennemis et de nos amis. Si, par ses résultats, il n'a pas toute l'utilité que nous en espérons, il ne

---

sir William Temple... : « J'ai été fort occupé, depuis le 4 de ce mois, à élaborer ma quadruple alliance entre l'Angleterre, la France, l'Espagne et le Portugal, pour arriver à l'expulsion de Carlos et de Miguel... Je l'ai emporté au conseil par un coup de main, en leur enlevant le temps de faire des objections. Je n'ai pas été aussi heureux avec le vieux Talley (*sic*) et le gouvernement français, car ils ont fait des objections en quantité; mais ces objections portaient toutes sur la forme dans laquelle je leur avais proposé de se joindre à nous. En définitive, j'ai réussi à satisfaire leur amour-propre en leur donnant parmi nous la place qu'ils paraissaient désirer. Je regarde ceci comme un grand coup. D'abord cela décidera l'affaire du Portugal et servira un peu aussi à arranger celles de l'Espagne. Mais, ce qui est d'une importance permanente et générale, c'est que cela établit entre les États constitutionnels de l'Occident une quadruple alliance qui servira de grand contre-poids à la Sainte-Alliance de l'Orient... » (*Correspondance intime de lord Palmerston*).

pourra du moins jamais être reproché au gouvernement du roi, et nous aurons fait tout ce que les circonstances permettaient.

» Vous remarquerez que les ratifications doivent être échangées dans le terme d'un mois, ou plus tôt si faire se peut ; il ne faudra point oublier qu'il est nécessaire d'envoyer trois ratifications dans les trois langues espagnole, anglaise et portugaise.

» J'expédie aujourd'hui même une copie de la convention à M. le comte de Rayneval à Madrid, et une autre à M. le baron Mortier à Lisbonne. »

C'est à l'époque de la signature de la quadruple alliance, épilogue de l'ambassade de M. de Talleyrand à Londres, que se termine le manuscrit des *Mémoires*.

M. de Talleyrand, cependant, ne revint en France qu'au mois d'août, et il eut encore, pendant ces derniers mois à traiter des affaires importantes. Aussi avons-nous cru devoir poursuivre jusqu'à la fin de son ambassade le travail auquel lui-même s'était livré pour les années précédentes. Tous les matériaux étaient là : dépêches officielles et lettres particulières. Nous nous sommes borné, comme M. de Talleyrand l'avait fait pour les derniers volumes, à les classer suivant un ordre rationnel.

La correspondance particulière du prince pendant cette période a déjà été publiée, il y a deux ans, par les soins de madame la comtesse de Mirabeau[1]. Il eût été superflu de la

1. Madame la comtesse de Mirabeau, nièce de M. de Bacourt, avait à la mort de son oncle hérité de ses papiers, à l'exception de ceux relatifs aux *Mémoires* de M. de Talleyrand, qui avaient fait l'objet d'un legs particulier. Toutefois, les documents ayant trait aux derniers mois de l'ambassade de M. de Talleyrand à Londres, que M. de Bacourt n'avait

rééditer ici. Toutefois, nous avons été obligés, pour exposer aussi clairement que possible la marche des négociations de reproduire ici quelques-unes de ces lettres. On les trouvera aux pages 405, 406, 423, 456, 474, 476, 478 et 480.]

LE COMTE DE RIGNY AU PRINCE DE TALLEYRAND.

« Paris, dimanche 27 avril 1834.

» Mon prince,

» Je profite d'un courrier qu'expédie le duc de Frias[1]. — Nous avons des nouvelles de Madrid jusqu'au 19. La presse y était mauvaise, et l'opinion publique en général en faveur du statut royal[2]. Burgos[3] a été remplacé par Moscoso d'Altamira[4].

» En général, les nouvelles d'Allemagne indiquent une certaine disposition des cours du Nord à rejeter maintenant la faute de tous les délais sur le duc de Nassau et d'en exonérer

---

pas eu le temps de coordonner et de classer, ne furent pas compris dans le legs des *Mémoires* et furent en conséquence attribués aux héritiers. Ces papiers étant la suite évidente et naturelle des *Mémoires*, madame de Mirabeau, au moment de la présente publication, s'empressa de les remettre aux éditeurs. C'est à cette gracieuse attention, qu'ils doivent de pouvoir compléter la teneur primitive des *Mémoires*, et de les conduire jusqu'au terme de la vie publique du prince de Talleyrand.

1. Alors ambassadeur d'Espagne à Paris.

2. Constitution donnée à l'Espagne par le cabinet Martinez de la Rosa. Elle fut promulguée le 12 juin.

3. Don Francisco Xavier de Burgos naquit en 1778. Ayant accepté quelques emplois du roi Joseph, il fut exilé à la restauration de Ferdinand. Il revint en Espagne en 1817 et se fit un nom comme polémiste dans le parti libéral. Il devint intendant du conseil des douanes (1827) puis conseiller supérieur des finances, ministre de l'intérieur à la mort de Ferdinand et enfin ministre des finances.

4. Don José Maria de Moscoso d'Altamira avait déjà été ministre de l'intérieur en 1822. Quelques mois après il fut destitué ainsi que ses collègues et emprisonné. De nouveau ministre de l'intérieur en 1834, il fut remplacé en janvier 1835 par don Diego Medrano.

le roi Guillaume; elles tendent à faire revenir les cabinets de Londres et de Paris sur leur résolution de ne pas reprendre les conférences et se plaignent amèrement des événements de Bruxelles.

» Les notes pleuvent sur la Suisse: le canton de Berne va cependant s'exécuter au sujet des réfugiés qui ont pris part au mouvement sur la Savoie[1].

» A l'intérieur, nous n'aurons le complément d'effectif demandé pour 1835 que pour les six premiers mois. Il faudra obtenir le reste de la nouvelle législature, nous avons été obligés de transiger avec la commission qui ne voulait donner que trois mois sur 1835[2].

---

1. La Suisse était à cette époque le lieu d'asile et le centre de réunion de tous les révolutionnaires d'Europe. Vers le mois de janvier 1834, un rassemblement d'environ un millier de réfugiés de toutes les nations se forma dans le canton de Vaud dans le dessein de pénétrer en Savoie et d'y proclamer la république. Le général polonais Romarino était à la tête du mouvement. Le 2 février, plusieurs bandes en armes passèrent la frontière et parvinrent jusqu'à Annecy mais sans provoquer aucun mouvement parmi la population. Elles ne tardèrent pas à être attaquées et mises en déroute par les troupes sardes. A la suite de cette échauffourée, la Sardaigne réclama de la Suisse des mesures contre les réfugiés; elle exigea du directoire qu'il les expulsât et qu'il mit en jugement les Suisses qui avaient pris part à l'expédition. Plusieurs États appuyèrent pour leur propre compte la démarche du cabinet sarde, et le gouvernement suisse reçut des réclamations analogues de l'Autriche, du grand-duché de Bade, de la Bavière, du Wurtemberg, de la Confédération germanique, du royaume de Naples, de la Prusse et même de la Russie. Il résista d'abord, et déclara qu'une pareille sommation portait atteinte à l'indépendance de la Suisse. Toutefois il finit par s'exécuter du moins en ce qui concernait l'expulsion des étrangers; le canton de Berne lui-même qui semblait le plus rebelle, et qui avait accueilli les réfugiés polonais avec faveur, les renvoya de son territoire. Cet incident qui émut un instant la diplomatie ne fut clos que vers le mois de juillet.

2. Le ministre de la guerre avait, le 15 avril, déposé un projet de loi pour ramener l'armée à son effectif de 360 000 hommes. Il demandait en conséquence des crédits supplémentaires sur les exercices 1834 et 1835. La commission ne lui alloua que la moitié des crédits demandés et la Chambre ratifia la décision de sa commission (13 mai).

» Quesada vient d'être battu par Zumalacarreguy[1] et forcé de rentrer à Pampelune; il a perdu deux ou trois cents hommes.

» Rodil a failli prendre don Carlos qui en a été quitte pour ses bagages. Je ne puis trop vous redire, mon prince, combien le traité fait bonne mine ici et combien on vous admire pour l'avoir conclu. Appony est le seul des étrangers qui n'en ait pas encore parlé. J'ai terminé quelques explications en lui disant que nous n'avions pas oublié que doña Maria était petite-fille de l'empereur François.

» Pozzo paraît de méchante humeur. Il me semble cependant que l'attitude prise en général par eux est, en attendant de regarder la chose, comme de peu d'importance. »

LE PRINCE DE TALLEYRAND AU COMTE DE RIGNY.

« Londres, le 28 avril 1834.

» Monsieur le comte,

» Lord Palmerston est pour deux ou trois jours à Windsor; c'est ce qui m'empêche de l'entretenir, aussitôt que je l'aurais voulu, de ce qui dans votre dépêche se rapporte à la question du Luxembourg et à la conduite du gouvernement prussien envers le général Goblet[2].

1. Thomas Zumalacarreguy né en 1788, s'engagea en 1808 au moment de l'invasion française; après la mort de Ferdinand VII, il prit parti pour don Carlos et fut un des meilleurs généraux de l'insurrection. Il tint la campagne pendant deux années obtint de nombreux avantages qui rendirent son nom fameux comme chef de partisans, mais il fut blessé mortellement au siège de Bilbao (juin 1835).

2. Le général Goblet avait été nommé ministre de Belgique à Berlin, mais le roi de Prusse, à l'instigation, dit-on, du cabinet de La Haye, avait refusé de le recevoir, bien qu'il eût précédemment agréé sa nomination.

» Aussitôt après le retour du ministre des affaires étrangères je le verrai pour lui faire part de vos observations sur ces deux points et pour concerter avec lui les mesures qu'il est convenable pour les gouvernements de France et d'Angleterre de prendre dans cette circonstance.

» Le procédé du gouvernement prussien me paraît comme à vous, monsieur le comte, inexplicable ; je dirai plus, il me paraît intolérable. Nous ne pouvons pas le laisser passer inaperçu, sans nous exposer à voir se produire chaque jour quelque nouvelle injure gratuite ou non contre la Belgique, et qui, en définitive, retomberait sur les deux gouvernements qui la protègent plus spécialement. Le choix du général Goblet pour la mission de Berlin a pu être maladroit, mais alors c'etait avant son départ de Bruxelles qui a été connu longtemps à l'avance, que le gouvernement prussien aurait dû indiquer la répugnance qu'il éprouverait à le recevoir. Dans l'état actuel des choses, on ne peut reconnaître au cabinet de Berlin le droit de repousser l'envoyé belge sous un prétexte aussi insultant que celui qu'il met en avant, quand surtout il y a à Bruxelles un ministre prussien accrédité et toujours traité avec considération par le gouvernement belge.

» Je ne puis encore prévoir quel sera le parti que lord Palmerston adoptera à cet égard, mais je le presserai d'en prendre un promptement.

» Quant aux propositions d'un nouvel arrangement dans l'affaire du Luxembourg qui ont été faites par la Prusse et l'Autriche, je ne pense pas qu'il nous convienne d'y entrer. Elles modifieraient, comme vous le remarquez très bien, les traités de 1815 et auraient de plus l'inconvénient de renouveler les discussions sur la question territoriale du traité hollando-belge, question qu'il nous importe de considérer et de faire considérer par les autres puissances comme irrévocablement résolue et terminée par le traité du 15 novembre...

» ... Je suis convaincu que nous avons très bien fait de garder pour notre part le secret du traité. On ne peut que blâmer la publication prématurée qui en a été faite par les journaux anglais. Il y a toujours en pareil cas beaucoup plus de convenance à ne point avoir d'indiscrétion à se reprocher. Je suppose que les journaux sur lesquels le gouvernement du roi exerce quelque influence, seront chargés de faire valoir l'utilité morale et politique de ce traité pour la France, lorsque le temps sera venu de le publier.

LE COMTE DE RIGNY AU PRINCE DE TALLEYRAND.

« Le jeudi 1er mai 1834.

» Mon prince,

» Je vous écris quelques mots au milieu des embarras du 1er mai. Goblet est rappelé. La note de M. de Mérode [1] est ferme. Bresson a pris à Berlin le ton un peu haut sur cette affaire et il a bien fait. Je crois que la faute du roi Léopold a été de ne pas répondre à une lettre particulière du roi de Prusse avant d'expédier Goblet. J'ai communiqué à lord Granville la teneur de cette lettre.

Le maréchal Maison me donne aujourd'hui des explications sur des préparatifs dans la mer Noire que notre consul à Odessa aurait annoncés et qui n'existent pas. M. Bligh ayant pu transmettre, sur la même foi, de semblables renseigne-

1. Le comte Félix de Mérode, alors ministre des affaires étrangères.

ments à Londres, il sera peut-être bon que lord Palmerston soit averti de leur exagération.

» La Suisse prend des mesures contre ses réfugiés. Vous avez lu dans les *Débats* la proclamation de la police de Berne : c'est une idée que j'avais suggérée là-bas. Je pense qu'aujourd'hui les légations étrangères sont bien attrapées d'être reléguées à Zurich.

» Nos journaux commencent à jaser sur le traité. La diplomatie ne nous en parle pas encore, mais je sais qu'elle est en émoi; le parti carliste, surtout, en trépigne...

» Sauf la défaite de Quesada, les nouvelles de Barcelone, Valence, Murcie, sont très bonnes. Le statut royal y a partout grand succès. La *Gazette de Madrid* du 23 annonce l'envoi réciproque et la réception de ministres accrédités entre Madrid et Lisbonne : voilà la reconnaissance formelle.

» Don Carlos a encore été serré de près une seconde fois et perdu de nouveau quelques équipages.

» M. Sontag[1] revient déjà de Bruxelles où se rend M. Périer[2]... »

LE PRINCE DE TALLEYRAND AU COMTE DE RIGNY.

« Londres, le 1ᵉʳ mai 1834.

» Monsieur le comte,

» ... J'ai pu voir lord Palmerston hier et lui parler des deux affaires qui faisaient l'objet principal de votre dépêche

---

1. Second secrétaire d'ambassade à Londres.

2. Auguste-Casimir-Victor-Laurent Périer, fils de M. Périer, alors secrétaire de légation à Bruxelles.

numéro 33. Il adopte en tout point votre opinion sur la conduite du gouvernement prussien envers le général Goblet et il a écrit à Berlin pour charger lord Minto de faire des représentations...

» Il y a eu tant et de si diverses propositions mises en avant dans ces derniers temps au sujet du Luxembourg, que lord Palmerston pense qu'il ne nous convient pas de nous montrer trop préoccupés de cette affaire, et que nous devons attendre qu'on nous soumette quelque projet positif que la France et l'Angleterre seront toujours libres d'accepter ou de rejeter.

» Lord Palmerston m'a communiqué ensuite des dépêches qu'il avait reçues de Vienne et dans lesquelles sir Frédéric Lamb lui rendait compte de plusieurs conversations qu'il avait eues avec le prince de Metternich, sur la reprise des conférences de Londres pour terminer l'affaire hollando-belge. Toutes ces conversations n'ont été qu'une longue série de raisonnements de la part du chancelier d'État pour prouver la nécessité de réunir la conférence, et quoique, en définitive, ils ne présentent rien de bien nouveau, lord Palmerston se propose de charger sir Frédéric Lamb d'y répondre et d'annoncer l'intention du gouvernement anglais de se rendre aux désirs du cabinet autrichien, lorsqu'on aura la certitude que le roi des Pays-Bas consent à signer les sept premiers articles du traité du 15 novembre, sur lesquels les gouvernements d'Autriche, de Prusse et de Russie n'ont jamais élevé la moindre contestation. Il pense, comme moi, que le refus ou l'acceptation du roi des Pays-Bas ferait connaître péremptoirement s'il veut ou ne veut pas finir.

» La dépêche de lord Palmerston sera transmise à Vienne

par Paris, et lord Granville doit vous en donner communication...

LE COMTE DE RIGNY AU PRINCE DE TALLEYRAND.

« Paris, ce 3 mai 1834.

» Mon prince,

» ... Tout est bien embrouillé sur la frontière du nord en Espagne, et cependant je ne vois pas Madrid s'impressionner beaucoup. Rayneval n'en souffle mot.

» Pozzo a dû avoir ce matin un rendez-vous avec le roi. J'ai fort prémuni le roi ; je l'ai surtout fort engagé à ne pas donner d'excuses à Pozzo ; bien moins encore de lui dire que c'était pour ne pas laisser les Anglais tout seuls agir dans la péninsule et avoir occasion *de les surveiller*.

» Il était, je crois, disposé à tenir ce langage, mais j'y ai mis tout ce que j'ai pu de savoir-faire pour qu'il s'en abstînt... »

LE PRINCE DE TALLEYRAND AU COMTE DE RIGNY.

« Londres, le 9 mai 1834.

» Monsieur le comte,

» ... Je crois qu'il serait utile de m'envoyer aussitôt que possible les ratifications du traité du 22 avril. Celles de Portugal pourraient arriver d'un instant à l'autre, et comme nous pouvons compter sur celles de Madrid, on fera probablement un premier échange avec le ministre de Portugal, si toutefois le gouvernement de dom Pedro ne refuse pas de ratifier le traité, comme quelques personnes ici paraissent le craindre, ce qui, je l'avoue, serait un plus grand acte de folie de la part de ce gouvernement que tous ceux qu'on a eus jusqu'ici à lui reprocher.

» J'engagerai lord Palmerston à ne pas retarder davantage l'envoi à Copenhague des instructions nécessaires pour la conclusion du traité relatif à la traite des noirs [1].

» Vous aurez remarqué dans les journaux anglais l'annonce de l'arrivée à Londres du comte de Montfort (M. Jérôme Bonaparte). Cette nouvelle est vraie; MM. Lucien et Joseph Bonaparte continuent aussi à séjourner ici.

« Londres, le 15 mai 1834.

» M. Feuillet m'a remis les ratifications du traité du 22 avril.

» ... Les deux pièces dont je joins ici des copies vous prouveront que le gouvernement de dom Pedro s'est décidé à ratifier le traité signé à Londres par son plénipotentiaire. On ignore encore le jour où les ratifications portugaises arriveront ici, mais cela est moins important maintenant que nous savons à quoi nous en tenir sur les intentions du régent du Portugal à l'égard de ce traité. Je pense cependant que tout sera complété dans trois ou quatre jours, à moins que les ratifications portugaise et espagnole ne soient pas parfaitement en règle, ce qui est à craindre d'après la

---

1. Des négociations étaient alors engagées entre la France et l'Angleterre, d'une part, et le Danemark, de l'autre, à l'effet d'obtenir du cabinet de Copenhague son accession au traité conclu le 30 novembre 1831 entre les cabinets de Paris et de Londres (et complété par la convention du 22 mars 1833) pour la répression de la traite des noirs. Le Danemark y adhéra le 26 juillet 1834.

hâte avec laquelle elles ont dû être réexpédiées à Madrid et à Lisbonne.

» Je n'ai pu voir lord Palmerston aujourd'hui ; je ne manquerai pas dans notre prochaine entrevue de lui exprimer votre désir au sujet des affaires de la Suisse... »

« Londres, le 18 mai 1834.

» En réfléchissant attentivement au projet de déclaration dont il est question à l'article V du traité du 22 avril[1] et que M. Martinez de la Rosa voudrait qui fût faite par un acte collectif signé des quatre plénipotentiaires, j'y ai reconnu plusieurs inconvénients que je dois vous indiquer comme je les ai déjà fait pressentir à lord Palmerston. J'y vois d'abord le fait d'une intervention directe dans les affaires purement intérieures de la péninsule, et nous nous engageons, ce me semble dès le premier pas, plus avant que ne nous y oblige le traité lui-même. Car, dans cet acte, j'ai tenu à ce que nous ne fussions que les garants des conditions de l'article V, mais que nous ne fussions point chargés de leur exécution. Si, par les conséquences inévitables d'une guerre telle que celle qui se fait dans la péninsule, il arrivait que dans les villes ou places successivement occupées par les deux partis, la déclaration des quatre cours subît toutes les mauvaises chances d'un acte rédigé au nom d'une des deux parties combattantes, la dignité de la France et de la Grande-Bretagne ne se trou-

---

1. Art. V. — « Il est convenu entre les hautes parties contractantes que par suite des stipulations contenues dans les articles précédents, une déclaration sera immédiatement publiée annonçant à la nation portugaise les principes et le but des engagements de ce traité. »

verait-elle pas compromise par des insultes qui tomberaient directement sur une déclaration émanée d'elles ?

» Je ne reconnais pas, d'ailleurs, la nécessité de la démarche réclamée par le cabinet de Madrid dans cette circonstance. Il me paraît qu'il devrait lui suffire qu'à la suite de la publication du traité, le gouvernement portugais fît la déclaration mentionnée et garantie par l'article V.

» Telles sont les observations dont j'ai fait part à lord Palmerston et sur lesquelles j'appelle votre attention, monsieur le comte. Vous aurez le temps de me faire connaître votre opinion définitive à ce sujet, car on ne pourra s'occuper de la forme de la déclaration qu'après l'échange des ratifications qui ne se fera que dans quelques jours...

» Lord Palmerston m'a dit qu'il allait positivement envoyer à Copenhague les instructions nécessaires pour terminer la négociation relative à la traite des noirs...

» Vous aurez déjà appris, quand cette lettre sera entre vos mains, que le cabinet anglais avait prévenu vos désirs relativement aux affaires de Francfort[1]. Lord Granville a dû vous communiquer la dépêche que lord Palmerston a écrite au ministre d'Angleterre dans cette ville, pour le charger d'y faire des représentations sur les derniers événements qui s'y

---

1. A la suite de l'émeute du 5 avril 1833, la diète avait ordonné l'occupation de Francfort par une garnison moitié autrichienne moitié prussienne, ce qui avait été la source de rixes et de conflits journaliers avec les milices de la ville. A l'occasion de troubles sérieux qui survinrent de nouveau le 2 mai, la diète prit une seconde décision qui concentrait la police et tous les pouvoirs militaires entre les mains du commandant autrichien. Le Sénat de Francfort protesta vivement contre cette mesure, qui ne laissait presque rien subsister de l'indépendance de la République. C'est également cet abus de pouvoir de la part de la Confédération qui avait provoqué l'intervention des puissances.

sont passés et sur les projets qu'on attribue à la diète. J'ai trouvé la lettre de lord Palmerston rédigée dans des termes un peu trop vifs, et je crains qu'elle ne dépasse le but. Je voudrais qu'elle vous eût produit la même impression qu'à moi, et que le gouvernement du roi, restant dans les idées sages que vous exprimez si bien par votre dépêche numéro 42, se bornât à faire des réserves sur un ton assez modéré pour ne pas causer d'irritation.

» Nous devons autant que possible ménager la susceptibilité des petits gouvernements d'Allemagne, et témoigner de notre force par notre modération même envers eux. Vous n'ignorez pas que, dans ces derniers temps, le ton quelquefois provocant des agents anglais en Allemagne n'y a pas utilement servi nos intérêts... »

LE COMTE DE RIGNY AU PRINCE DE TALLEYRAND.

« Paris, le 19 mai 1834.

» Mon prince,

» Roussin vient de refuser[1] : on va le remplacer par l'amiral Jacob, je crois. J'ai laissé le conseil parfaitement libre de nommer un ministre des affaires étrangères ou un ministre de la marine.

» Nous avons beaucoup de lettres de Constantinople et de Vienne. Roussin mande que les préparatifs maritimes russes sont immenses et pressés : on annonce un voyage de l'empereur en Crimée. Méhémet-Ali s'agite sur son divan et se croit menacé, mais il est assez embarrassé en Syrie et à

---

1. Le portefeuille de la marine.

Candie et ne pense plus à aller plus loin autrement que par des intrigues dans le divan même.

» Sainte-Aulaire pense que les trois cours du Nord feront un arrangement séparé avec la Hollande, si les conférences ne se reprennent pas.

» M. de Metternich ne digère pas le traité, mais prend en apparence la chose assez doucement. M. Ancillon est plus vif. Nous sommes dans un petit moment d'agitation ministérielle qui n'aura pas de suites, mais cela me fait perdre mon temps et un peu de ce que j'avais à vous dire...

» M. de La Fayette s'en va mourant ce soir, demain ou après au plus tard[1]... »

LE PRINCE DE TALLEYRAND AU COMTE DE RIGNY.

« Londres, le 22 mai 1834.

» Monsieur le comte.

» ... Les ratifications portugaises ne sont point encore arrivées; on ne peut expliquer ce retard que par l'état de la mer, qui n'a pas, depuis quelques jours, favorisé les arrivages du Portugal.

» Le prince de Lieven, ambassadeur de Russie à Londres pendant les vingt dernières années, vient d'être rappelé par sa cour pour occuper le poste de gouverneur ou, selon l'expression russe, de curateur du grand-duc héréditaire, dont la majorité a été déclarée il y a peu de jours à Pétersbourg. La lettre par laquelle on annonce à M. de Lieven sa nomi-

---

1. M. de La Fayette mourut le 20 mai. Ses obsèques eurent lieu le 22 au milieu d'une immense affluence.

nation, est conçue dans les termes les plus flatteurs et les plus honorables.

» Cette nouvelle a produit hier une assez vive sensation à la Bourse de Londres, et quelques personnes ont voulu y voir la preuve d'une rupture prochaine entre la Russie et l'Angleterre; on est déjà revenu aujourd'hui de cette crainte non fondée.

» M. le prince de Lieven sera fort regretté en Angleterre; il s'y était concilié l'estime de tous ceux qui, pendant tant d'années, ont eu occasion de reconnaître l'élévation et la noblesse de son caractère.

» Lord Palmerston, auquel j'ai parlé ce matin du projet qu'il a envoyé à M. Foster[1] à Turin et qui est relatif à l'accession de la Sardaigne à la convention sur la traite des noirs, m'a avoué que c'était par oubli que vous n'aviez pas reçu ce projet, et il m'a promis de réparer aussi promptement que possible cet oubli, en vous faisant remettre par lord Granville une copie du projet en question.

» J'espère pouvoir vous adresser par le prochain courrier l'ordre du conseil qui a levé l'embargo sur les navires hollandais en 1833. »

LE COMTE DE RIGNY AU PRINCE DE TALLEYRAND.

« Paris, le 26 mai 1834.

» Mon prince,

» Le roi a été tout remué d'une lettre du roi Léopold qui

---

1. Auguste-Jean Foster, né en 1780, ministre plénipotentiaire d'Angleterre en Sardaigne.

lui annonçait son projet d'établir un ordre de succession en Belgique[1].

» Lehon est parti hier, et je l'ai fort prié de faire ajourner non seulement toute résolution, mais, s'il était possible, toute discussion sur ce sujet qui n'est pas fort goûté en France.

» Lord Granville n'a rien reçu de Londres à ce sujet; je crois avoir lieu de croire que cette première détermination du roi Léopold aura surpris le cabinet de Londres comme le nôtre.

» Nous n'avons rien de Madrid depuis le 14. L'insurrection de la Navarre devient plus intense, mais les autres provinces n'y prennent pas la même part... »

MADAME ADÉLAÏDE D'ORLÉANS AU PRINCE DE TALLEYRAND.

« Neuilly, le 23 mai 1834.

» Qui croirait, mon cher prince, que le roi Léopold n'ayant que quarante-trois ans et une femme jeune et en parfaite santé, se laisse entraîner par l'amertume que lui cause la perte de son enfant à vouloir seul et de lui-même assurer sa succession au trône de Belgique à ses neveux, ce à quoi il n'avait pas pensé au moment de son mariage, ni avant, et certes il y avait moins de motifs de le faire à présent qu'avant la naissance du

---

1. Le prince royal de Belgique, âgé seulement de quelques mois, venait de mourir le 16 mai. Le roi Léopold, qui n'avait pas d'autres enfants, voulut assurer l'hérédité de la couronne dans sa famille en faisant proclamer par les Chambres belges les droits éventuels de princes de la maison de Cobourg, ses parents. C'est cette détermination du roi des Belges qui provoqua l'intervention du roi Louis-Philippe.

cher petit que nous pleurons. Notre Louise a prouvé qu'elle pouvait avoir des enfants et à vingt-trois ans, fraîche et bien portante comme elle l'est, il est probable qu'elle en aura d'autres. Vous ne serez pas surpris que notre roi lui fasse sentir, par la lettre dont je vous envoie copie, d'abord qu'il ne peut *seul* et de *lui-même* prendre une résolution de cette nature et de cette importance, sans se concerter d'avance avec l'Angleterre et la France, et que nous ne pouvons consentir à laisser germaniser la Belgique ni à la laisser affubler d'une série d'agnats comme ceux du Luxembourg qui nous ont déjà causé tant d'embarras et de difficultés; ce que, mon cher prince, vous savez mieux que tout autre. Notre roi pense qu'il est utile et nécessaire que vous soyez au fait de cette affaire pour, si on y donne suite en Angleterre et que vous en entendiez parler, prévenir dans votre sagesse les dangers et difficultés qui en pourraient résulter pour la paix générale, en les faisant envisager en Angleterre dans toute leur étendue. Nous nous en remettons pour cela à votre esprit si juste et à votre zèle pour le bien de la France. »

LE ROI LOUIS-PHILIPPE AU ROI LÉOPOLD.

« Paris, le jeudi 22 mai 1834.

» Mon très cher frère et excellent ami,

» Je vous réponds séparément sur la partie importante de votre lettre du 19 que je viens de recevoir. Ce que vous me communiquez est d'une telle gravité que je ne conçois pas que ce soit seulement pour que je ne l'apprenne pas par d'autres que vous m'en faites part. Des résolutions de cette nature doivent non seulement être concertées entre l'Angleterre et nous, mais vous ne pouvez pas les prendre sans notre concours et notre approbation. Ni l'acte qui vous appelle au trône, ni la constitution belge, ni les traités qui vous l'ont garanti ne confèrent ce droit. Il faut donc qu'avant d'aller plus loin dans cette *singulière* matière, vous en fassiez l'objet d'une négociation officielle de votre gouvernement avec le nôtre. Je dis *singulière*, mon cher frère, parce qu'en vérité je ne conçois pas qu'à votre âge, avec une femme comme la vôtre, l'amertume de la perte que nous venons de faire vous entraîne à vous persuader qu'il est urgent de pourvoir aux chances de votre succession, et d'affubler la Belgique d'une série d'agnats comme ceux du Luxembourg :

» 1° Je suis loin de croire qu'un tel acte fût une garantie pour la solidité de votre trône et je serais plutôt porté à croire que la pensée en plairait à ceux qui ne la désirent pas, par suite des difficultés de tout genre qu'il pourrait lui susciter. Je ne crois point qu'il soit nécessaire pour rassurer la Belgique sur le danger du retour des Nassau ou l'établissement de la république, car personne n'ignore que la France ne souffrira jamais ni l'un ni l'autre.

» 2° Personne n'ignore que ce que nous voulons, c'est l'indépendance réelle et *non nominale* de la Belgique ; que nous ne voulons nullement qu'elle dépende de nous ni de l'Angleterre ni de tous les deux, mais que nous voulons encore bien moins qu'elle dépende de la Prusse, de la Confédération germanique ou de l'Allemagne. Non seulement nous avons voulu que la Belgique fût indépendante mais nous avons établi qu'elle serait perpétuellement neutre, afin qu'elle ne pût pas être engagée dans de pareils liens. — L'indépendance de la Belgique nous importe encore sous un autre rapport que vous connaissez bien : c'est que c'est la base, le lien de notre alliance avec l'Angleterre qui nous est si précieuse et qui est la garantie de la paix et de l'ordre social. Nous résisterons donc à tout ce qui pourrait y porter atteinte et *germaniser* la Belgique, soit en entrant dans la Confédération germanique, soit en tombant dans la dépendance d'un des États qui la composent.

» J'espère donc, mon cher frère, que vous allez arrêter le message de vos Chambres dont vous me parlez, et que vous ne donnerez aucune suite à ce projet avant d'en avoir entretenu les cabinets de Londres et de Paris et d'avoir reçu leurs réponses.

» Sur ce, mon frère, je vous embrasse de tout mon cœur, et je repars pour Neuilly, étant toujours et pour la vie,

» Votre bon frère et bien affectionné beau-père et fidèle ami.

» LOUIS-PHILIPPE. »

LE PRINCE DE TALLEYRAND AU COMTE DE RIGNY.

« Londres, le 26 mai 1834.

» Monsieur le comte,

» J'ai vu hier soir lord Grey et l'ai entretenu du projet qu'avait le roi Léopold de régler la succession au trône de Belgique de concert avec les Chambres belges. J'ai aisément fait valoir près de lui les raisons qui s'opposent à un tel projet. Je dois rendre à lord Grey la justice de dire qu'il a saisi comme vous les inconvénients de plus d'un genre que soulèverait le plan du roi Léopold. Il m'a positivement donné l'assurance que l'Angleterre s'opposerait à ce que la succession au trône fût déterminée sans le concours de la France et de l'Angleterre. On écrira d'ici dans ce sens à Bruxelles, et je puis ajouter même que lord Durham avec qui j'en ai parlé et dont les avis sont en général accueillis par le roi Léopold, se propose de lui faire connaître l'opposition qu'il trouverait en Angleterre à l'exécution de son projet de succession. »

« Londres, le 26 mai 1834.

» Je m'abstiens en général de vous entretenir des débats parlementaires d'Angleterre qui se rapportent spécialement aux affaires intérieures du pays, parce que je sais que les journaux qui vous sont adressés d'ici vous fournissent à cet égard beaucoup plus exactement et plus promptement que je ne pourrais le faire tous les détails désirables. Je dois cependant vous rendre compte aujourd'hui d'un incident très grave qu'a amené la discussion d'un bill dans la Chambre des communes.

» Ce bill dont la première lecture a eu lieu il y a plus de quinze jours est relatif au rachat des dîmes du clergé protestant en Irlande. On a calculé que, par suite des résultats financiers qu'il produirait, il resterait en définitive un résidu dont il s'agirait de régler l'emploi. L'un des membres du cabinet, lord John Russell, qui soutenait le bill à la Chambre des communes, s'était prononcé peut-être un peu intempestivement lors de la première lecture pour que le fond restant fût employé selon la volonté du gouvernement. Cette proposition excita un très vif dissentiment dans le cabinet dont plusieurs membres, partageant à ce sujet l'opinion d'un parti assez considérable dans la Chambre des communes et certainement de la majorité de la Chambre des pairs, déclarèrent ne pouvoir l'adopter. Les ministres qui s'opposèrent le plus fortement contre la proposition de lord John Russel sont MM. Stanley et sir James Graham. Ils voyaient, disaient-ils, une spoliation des biens du clergé anglican et prétendaient que s'il restait un fond quelconque, après que toutes les opérations du bill auraient été exécutées, ce fond devait être remis au clergé anglican d'Irlande qui en réglerait l'usage.

» Lord John Russell, de son côté, persistant dans l'opinion qu'il avait émise, avait offert sa démission, si on ne l'adoptait pas. On était parvenu cependant à lui faire retirer sa démission, et le cabinet cherchait le moyen de mettre fin à cette difficulté, lorsqu'une motion que M. Ward[1] doit faire demain à la Chambre des communes est venu reproduire tous les embarras qu'on avait espéré dissiper. M. Ward proposera que le fond en question soit employé au profit de l'Église dissidente et de l'Église catholique d'Irlande, et il est encore impossible de prévoir l'issue de cette motion.

» Quelle qu'elle soit, on prétend qu'elle doit amener la sortie de plusieurs membres du ministère. Si la proposition de M. Ward obtient la majorité dans la Chambre, M. Stanley et sir James Graham ont annoncé l'intention positive de se retirer; dans le cas contraire, ce serait lord John Russell et sans doute d'autres membres du cabinet qui quitteraient.

---

1. Henry-Georges Ward, né en 1798, homme politique et diplomate anglais. Il fut successivement secrétaire de légation à Stockholm, La Haye et Madrid et fut nommé ministre à Mexico en 1825. En 1832, il fut élu député. Il devint, en 1849, haut commissaire aux îles Ioniennes, puis gouverneur de Ceylan en 1856, et mourut en 1860.

» Depuis trois jours, les conseils de cabinet se succèdent sans qu'on ait pu trouver encore le moyen de concilier les opinions divergentes qui y sont exprimées. La retraite de M. Stanley serait une perte bien sensible pour le ministère dont il est le plus solide et sans contredit le plus habile soutien à la Chambre des communes. Celle de lord Russell et d'autres membres pourrait aussi produire quelques conséquences inattendues.

» Enfin, monsieur le comte, vous voyez que le moment est critique, et que, s'il ne survient pas quelque accommodement, l'existence du cabinet actuel est compromise.

» Vous me permettrez de ne point émettre ici de prédiction sur l'administration qui pourrait être appelée à succéder à celle-ci; ces prédictions seraient au moins oiseuses en présence de circonstances aussi mobiles et aussi incertaines que celles qui peuvent s'élever d'un instant à l'autre. Je me bornerai donc à vous tenir exactement informé de tout ce qui parviendra à ma connaissance. »

« Londres, le 27 mai 1834, dix heures du soir.

» La motion de M. Ward vient d'être faite à la Chambre des communes; elle a été secondée par M. Grote [1]. Le chancelier de l'échiquier, lord Althorp, a, dans un discours habile, proposé l'ajournement de la question et du parlement jusqu'à lundi. M. Grote s'est empressé d'appuyer la proposi-

---

1. Georges Grote, historien et homme politique anglais, né en 1794, député aux Communes en 1832, où il siégea dans le parti whig. Il se retira en 1841 et dès lors s'occupa exclusivement d'histoire. On lui doit une histoire de Grèce, ouvrage considérable qui a établi sa réputation. En 1868, il succéda à lord Brougham comme président du conseil de l'Université de Londres. Il mourut en 1871.

tion du ministre, en faisant allusion aux circonstances graves auxquelles elle se rapportait. La Chambre l'a adopté avec des acclamations très vives et très prononcées ; ainsi, les choses restent en suspens de ce côté. Il est certain, cependant, que c'est un grand appui moral donné à la majorité du ministère, et il paraît que M. Stanley, sir James Graham, le duc de Richmond et peut-être lord Ripon devront se retirer.

» Le roi, dit-on, est décidé à soutenir lord Grey et les membres du cabinet qui marchent avec lui. »

« Londres, le 29 mai 1834.

» ... Les ratifications portugaises sont enfin arrivées ce matin à Londres ; je pense que l'échange se fera ce soir ou demain matin. Aussitôt que j'aurai reçu les ratifications d'Angleterre, d'Espagne et de Portugal, je les remettrai à M. Feuillet.

» J'ai l'honneur de vous envoyer une copie de la note par laquelle lord Palmerston doit annoncer la conclusion du traité de la quadruple alliance aux légations étrangères accréditées en Angleterre.

» Le duc de Richmond et lord Ripon ont positivement offert leur démission qui a été acceptée. Cela rendra le nouvel arrangement ministériel plus difficile, mais on croit cependant qu'il pourra être terminé lundi, jour fixé pour la reprise des travaux de la Chambre des communes [1].

1. A la suite de ce remaniement, le ministère anglais perdit quatre membres : lord Stanley, ministre des colonies et de la guerre, fut remplacé par M. Spring-Rice aux colonies et par M. Ellice à la guerre ; sir J. Graham, premier lord de l'amirauté, par lord Auckland ; le duc de Richmond, maître général des postes, par le marquis de Coningham ; lord Ripon, lord du sceau privé, par le comte de Carlisle.

» Je ne perds pas de vue la question d'Orient et j'en entretiendrai de nouveau lord Palmerston et lord Grey aussitôt que l'organisation nouvelle du cabinet leur laissera la liberté de s'en occuper. »

« Six heures du soir.

» P.-S. — Je sors du Foreign Office où je m'étais rendu pour procéder à l'échange des ratifications, qui n'a pu avoir lieu, parce que l'instrument envoyé de Lisbonne est tellement incorrect qu'il est presque impossible de l'accepter. Parmi les irrégularités, je me bornerai à vous indiquer le retranchement du préambule.

» Nous cherchons les moyens de pourvoir à cet embarras, mais jusqu'à présent nous n'avons rien trouvé. Ce retard désagréable pour nous, et que je vous prie de tenir secret, est une grave difficulté pour le cabinet anglais qui espérait être en état de présenter lundi prochain le traité au parlement. »

« Londres, le 31 mai 1834.

» M. Feuillet, qui aura l'honneur de vous remettre cette dépêche, vous porte en même temps les trois ratifications du traité du 22 avril.

» Après avoir mûrement pesé les inconvénients que produirait le retard dans l'échange des ratifications de ce traité, nous nous sommes décidés à accepter l'instrument portugais, quelque incorrect qu'il fût.

» Nous avons essayé d'ailleurs de prévenir les mauvaises conséquences de notre détermination au moyen des deux pièces dont j'ai l'honneur de joindre ici les copies.

» La première est une déclaration aussi explicite que possible du ministre de Portugal à Londres, et la seconde une contre-déclaration des plénipotentiaires des trois cours par laquelle ils prennent acte de l'engagement solennel contracté par le plénipotentiaire portugais de faire rectifier le plus promptement possible les erreurs commises dans l'exécution des ratifications portugaises.

» En prenant lecture de ces deux pièces, vous serez sans doute convaincu comme moi, monsieur le comte, que nous ne pouvions pas faire davantage dans l'état de choses donné.

» Notre refus de ratifier aurait amené un délai qui ne pouvait pas être de moins d'un mois ; pendant ce temps les opérations de l'armée espagnole restaient suspendues et l'auraient été même longtemps après, puisqu'il aurait fallu attendre de Londres les ordres nécessaires pour autoriser le gouvernement espagnol à agir. L'invitation que nous avons transmise aux trois ministres d'Espagne, de France et de Grande-Bretagne à Lisbonne, nous donne d'ailleurs la certitude que ce n'est que quand ils auront entre les mains des ratifications rectifiées que l'ordre d'avancer sera accordé au gouvernement espagnol.

» Vous trouverez jointe aussi une copie de la dépêche que je viens d'écrire à ce sujet à M. le baron Mortier, et j'ose espérer que vous me trouverez justifiable de lui avoir adressé des instructions sans attendre vos ordres. La célérité, dans cette circonstance, l'emportait sur toute autre considération.

» Après l'échange des ratifications, nous avons discuté le projet d'amnistie dont il est fait mention à l'article V du traité et nous avons arrêté la rédaction de celui que j'ai l'honneur de vous envoyer en copie.

» La raison qui m'a particulièrement déterminé, monsieur le comte, à consentir à l'arrangement dont je viens de vous rendre compte, est qu'il m'a semblé urgent de donner toute valeur au traité du 22 avril. Les difficultés ministérielles qui se sont élevées ici dans ces derniers jours et qui, quoique heureusement arrangées pour le moment, peuvent encore se renouveler, rendaient de la plus haute importance pour nous que ce traité fût ratifié par le ministère actuel ou du moins reconnu pour tel.

» Je pense que le gouvernement du roi, en appréciant cette considération, approuvera la résolution que j'ai dû prendre.

» Vous connaissez déjà par la voie des journaux les noms de ceux qui sont appelés à remplacer les membres sortants du cabinet anglais. Dès qu'il était certain, comme j'avais eu l'honneur de vous le mander, que lord Grey restait à la tête des affaires, les noms des nouveaux ministres n'offraient plus le même intérêt.

» Il reste à savoir maintenant quel effet produira sur les deux chambres du parlement l'arrangement ministériel. L'opinion la plus généralement répandue est que le cabinet ne s'est pas fortifié par l'adjonction de ceux qu'il a appelés dans son sein. Je crois cette opinion assez fondée. »

LE COMTE DE RIGNY AU PRINCE DE TALLEYRAND.

« Paris, le 1ᵉʳ juin 1834.

» Mon prince,

» Pour que vous sachiez bien pourquoi nous vous envoyons copie d'une nouvelle instruction à M. Périer à Bruxelles, il faut vous dire que, sur une conversation de M. Van de Weyer avec lord Palmerston, celui-ci a écrit une lettre particulière au roi Léopold, dans laquelle il approuve le plan de désigner un successeur. Le roi Léopold a envoyé copie de cette lettre à son beau-père qui me l'a montrée hier ; alors nous avons écrit à Bruxelles, nous fondant non sur ce renseignement *très confidentiel*, mais sur une dernière lettre de Périer qui annonçait la reprise de ce plan.

» Comme il résulte de là que lord Grey et lord Palmerston auraient parlé en sens différent, j'ai cru devoir vous donner ce renseignement : je vous prie de le considérer comme entre vous et moi seul ; le roi même ignore que je vous en parle.

» Nous attendons l'arrangement ministériel à Londres avec impatience.

» Les Portugais sont d'étranges maladroits avec leurs ratifications écourtées: je crains bien que nous ne puissions passer outre. »

M. DE RAYNEVAL AU PRINCE DE TALLEYRAND.

« Aranjuez, le 2 juin 1834.

» Prince,

» Voici probablement la dernière gazette relative aux événements de la guerre portugaise que j'aurai à vous envoyer, car la voilà finie comme par enchantement cette guerre qu'il y a peu de jours encore, on regardait comme interminable. C'est vous qui êtes le véritable vainqueur en cette occurrence.

» Le traité a tout fait. La coopération des Espagnols a bien produit quelque effet, mais si on ne nous eût pas aperçu comme un corps de réserve derrière eux, les armes ne fussent certes pas tombées aussi promptement des mains des miguélistes [1].

» L'accord signé par le secrétaire de la légation britannique en Portugal et les généraux de dom Pedro relativement à don Carlos, n'impose à ce prince aucune des conditions exigées de dom Miguel. Cela mécontente horriblement ce cabinet-ci qui venait justement de demander qu'avant de permettre au prétendant espagnol de s'embarquer on déterminât entre les signataires de la convention du 22 avril le lieu où il lui serait permis de se retirer. Un tel désir était peut-être en opposition avec cette convention, mais ici on n'en espérait pas moins le faire accueillir. Maintenant on craint bien qu'il ne soit trop tard, mais si on n'obtient pas satisfaction sur ce point, on insistera avec d'autant plus de force sur la nécessité d'obliger don Carlos, pour recevoir la pension qui lui est assurée, à faire les mêmes promesses que dom Miguel. Ceci est plus facile à admettre, mais ce n'est pas tout : le cabinet

[1]. La guerre civile touchait en effet à son terme en Portugal. A la suite de la bataille de Santarem (18 fév.), et des succès répétés de l'amiral Napier et du comte de Villaflor dans le nord, les forces miguélistes se trouvèrent entièrement désorganisées. L'intervention espagnole précipita encore les événements. Dom Miguel, complètement battu près de Thomar (16 mai), se retira sur Evora où il fut cerné et contraint de se rendre à discrétion (26 mai). Don Carlos qui avait joint ses forces aux siennes partagea son sort. Le lendemain (27 mai), dom Pedro publia une amnistie générale. Don Carlos fut laissé libre de se retirer sans conditions : il s'embarqua à Aldea Gallega avec sa famille et se rendit en Angleterre. Quant à dom Miguel il dut signer l'engagement de quitter la Péninsule, moyennant quoi il reçut une pension de 375 000 francs. — Après la mort de dom Pedro, le cabinet portugais prit contre le prétendant des mesures de rigueur. Il fut déclaré déchu de tous ses droits civils et politiques. Toute tentative de sa part pour rentrer en Portugal devait être punie de mort dans les vingt-quatre heures. Toutefois, les cortès refusèrent de ratifier ce que ces mesures avaient de trop draconien.

espagnol propose en même temps à ses alliés de déclarer que si les mêmes circonstances qui ont rendu leur union nécessaire dans le but de pacifier la péninsule venaient à se reproduire, le traité reprendrait à l'instant même toute sa force et vigueur.

» M. Martinez de la Rosa vient de rédiger à la hâte et d'adresser à M. Villiers et à moi une note où les trois points que je viens d'indiquer sont traités et dont la conclusion est d'inviter la France et l'Angleterre à assurer à l'Espagne les garanties qu'elle réclame comme indispensables pour son repos futur. J'aurais voulu vous envoyer cette pièce sur laquelle Votre Altesse et lord Palmerston vont avoir à délibérer, mais je suis forcé, faute de temps, à vous engager à en demander communication à ce ministre... »

LE PRINCE DE TALLEYRAND AU COMTE DE RIGNY.

« Londres, le 5 juin 1834.

» Monsieur le comte,

» ... Je n'ai pu voir lord Palmerston que pendant quelques instants ce matin, mais assez de temps cependant pour l'entretenir de la reprise du projet de pourvoir, par une mesure extraordinaire, à la succession éventuelle du trône de Belgique. Il m'a avoué qu'après être entré d'abord dans les idées du roi Léopold à cet égard, il cédait à l'opinion qu'un ajournement indéfini de cette question était préférable. Il m'a promis de transmettre demain à sir Robert Adair des instructions dans ce sens. Il m'a d'ailleurs montré une lettre en date du 3, qu'il venait de recevoir de cet ambassadeur, qui lui annonçait en quelques lignes que l'ajournement que nous désirons paraissait être adopté par le cabinet de Bruxelles lui-même.

» J'ai eu l'honneur, monsieur le comte, en vous envoyant une copie de la note par laquelle lord Palmerston se proposait de communiquer le traité de quadruple alliance au corps diplomatique ici, de vous mander que cette communication devait être faite immédiatement. Il n'en a pas été ainsi néanmoins, et sur l'opinion émise par l'avocat de la couronne, le cabinet anglais s'est décidé à retarder la publication du traité jusqu'à ce qu'il ait reçu les nouvelles ratifications de Lisbonne. S'il en était temps encore, je crois que vous feriez bien aussi de suspendre la publication à laquelle j'ai eu le tort de vous engager prématurément...

» Je puis vous dire que l'escadre anglaise qui a quitté Malte n'a pas d'autres instructions que celle de se rendre dans les eaux de Smyrne pour reprendre la station qu'elle y occupe tous les étés.

» On a reçu aujourd'hui des lettres de Lisbonne du 27 mai qui annoncent que l'infant don Carlos ne s'embarquera pas sur le même bâtiment que l'infant dom Miguel. Il paraît que le premier de ces deux princes a demandé à être transporté à Plymouth et de là en Hollande.

» Les nouveaux ministres, lord Auckland[1], M. Spring Rice[2]

---

1. Lord Auckland faisait déjà partie du précédent cabinet comme président du bureau du commerce.

2. Thomas Spring Rice, né en 1790, député aux Communes en 1820, sous-secrétaire d'État à l'intérieur en 1827. En 1830, il devint secrétaire de la Trésorerie dans le cabinet Grey et en 1834, ministre des colonies. En 1835 il fut nommé chancelier de l'échiquier. Il se retira en 1839 et fut nommé pair d'Angleterre avec le titre de baron Monteagle. Il reçut en même temps la charge de contrôleur de la chambre du Trésor.

et M. Ellice[1] ont prêté serment entre les mains du roi ce matin au lever de Sa Majesté.

» Le succès que le ministère a eu à la séance de la Chambre des communes de lundi[2] n'a pas complètement encore rassuré l'opinion publique ; lord Grey lui-même ne peut se défendre d'une inquiétude assez vive dont on retrouve les traces dans ses discours et dans la lettre qu'il a écrite à la députation de cent cinquante membres de la Chambre des communes qui lui avait remis une adresse pour le presser de rester au ministère. »

LE COMTE DE RIGNY AU PRINCE DE TALLEYRAND.

« Paris, le 11 juin 1834.

» Mon prince,

» Il nous paraît ici que M. Grant[3] a été bien officieux et bien prompt quant à don Carlos. S'il l'eût laissé vingt-quatre heures de plus menacé par Rodil, on aurait eu une

---

1. Edouard Ellice, né en 1781, industriel et homme d'État anglais. Après avoir occupé de hauts emplois dans la compagnie des fourrures de la baie d'Hudson, il entra dans la vie politique, fut élu député en 1830, fut secrétaire de la Trésorerie dans le cabinet Grey, puis secrétaire d'État à la guerre, de juin à novembre 1834. En 1836, il fut chargé d'une mission extraordinaire à Paris. Il rentra ensuite dans la vie privée jusqu'à sa mort (1869).

2. C'est à cette séance qu'avait été discutée la motion de M. Ward. A la suite d'un discours de lord Althorp, elle avait été rejetée par la question préalable par 396 voix contre 120.

3. Sir John Grant (1804-1850) était secrétaire de légation en Portugal. Il faisait fonction de chargé d'affaires en l'absence du ministre lord Howard de Walden. Les conditions de la capitulation d'Evora avaient été discutées dans une conférence entre lui, le général en chef des troupes miguélistes et le comte de Saldanha.

convention avec lui à peu près semblable à celle qu'a souscrite dom Miguel.

» Quoi qu'il en soit, le traité a bien atteint son but : l'expulsion des deux prétendants, et don Carlos nous paraît être, sauf quelque chose d'écrit, exactement dans la même situation que dom Miguel.

» On ne pouvait dans un traité fixer leur résidence future : on ne le peut davantage dans un supplément de traité. Quant à rendre le traité permanent, je comprends que Martinez de la Rosa le désire comme action morale continue sur les partisans de don Carlos ; mais il ne faudrait pas que cela devînt pour nous une nécessité ou une obligation d'une intervention continue aussi : cela serait embarrassant. Rayneval et Villiers me paraissent être d'accord cependant qu'il y aurait quelque chose à ajouter. Si on le veut à Londres, nous n'y ferons pas d'obstacle, mais nous ne voudrions pas qu'il en résultât pour nous aucune obligation nouvelle en dehors des termes du traité dont vous avez si bien saisi l'à-propos et calculé les effets.

» Le duc de Frias a eu l'ordre de nous presser là-dessus je lui ai simplement répondu ce matin que c'était une affaire traiter à Londres... »

LE PRINCE DE TALLEYRAND AU COMTE DE RIGNY.

« Londres, le 12 juin 1834.

» Monsieur le comte,

» ... J'ai parfaitement compris la nécessité dans laquelle le gouvernement du roi s'est trouvé de repousser les attaques de quelques journaux français au sujet de l'échange des ratifications du traité du 22 avril : il ne pouvait pas agir autrement, et du reste je ne pense pas que cela ait aucun inconvénient pour le gouvernement anglais ; on ne m'a pas fait jusqu'à présent la moindre observation à cet égard, et je suis bien en mesure de répondre à toutes celles qui pourraient être faites.

» J'ai eu l'honneur de vous transmettre avant-hier la copie d'une note adressée à lord Palmerston par le marquis de Miraflorès le jour même où elle m'avait été communiquée. Je n'avais pas encore arrêté mes idées sur la réponse qu'il serait convenable de faire à cette note et je n'avais pas pu en entretenir lord Palmerston ; c'est seulement hier que nous en avons parlé[1].

» Je lui ai fait remarquer que nous ne devions pas répondre à cette communication du gouvernement espagnol autrement que par un refus de nous mêler de l'affaire qu'il recommande à nos soins : que n'étant nullement lié à l'égard de cette question par le traité du 22 avril il y aurait dans mon opinion quelque chose d'odieux de la part des gouvernements de France et de la Grande-Bretagne à vouloir déterminer le sort futur des infants don Carlos et dom Miguel après qu'ils se trouvent expulsés de la péninsule.

» Ces deux princes sont aujourd'hui envers l'Espagne et le Portugal dans la même situation que tous les prétendants vis-à-vis des pays sur lesquels ils réclament des droits. L'Angleterre, la France, la Suède n'ont pas demandé aux autres

---

[1]. Le cabinet de Madrid aurait désiré que les puissances signataires du traité de 22 avril s'entendissent pour interdire aux deux princes exilés, don Carlos et dom Miguel, de rentrer dans la péninsule, et au besoin pour s'assurer de leurs personnes. C'était là le but de la démarche de M. de Miraflorès.

puissances des garanties contre les prétendants qui ont pu les inquiéter, et si les gouvernements d'Espagne et de Portugal croient avoir de justes sujets de crainte dans l'avenir de la part des deux infants, c'est des cortès qu'ils doivent réclamer des mesures de rigueur contre les tentatives que ces princes pourraient faire dans la suite et qui seraient de nature à troubler la tranquillité de la péninsule.

» Il m'a paru que lord Palmerston partageait ma manière de voir sur cette question. Il s'éclairera d'ailleurs de l'opinion de son cabinet, et de mon côté j'attendrai les instructions que j'ai eu l'honneur de vous demander. »

MADAME ADÉLAÏDE D'ORLÉANS AU PRINCE DE TALLEYRAND.

« Tuileries, le 12 juin 1834.

. . . .

» *P.-S.* — Mon frère vient de me parler de l'idée qu'on avait eue à Madrid de faire une déclaration nouvelle sur le traité de la quadruple alliance. Selon lui, pour lui conserver sa force et son effet, il ne faut en rien dire surtout dans le moment où son *efficacité* vient d'être rendue aussi évidente. et il faut s'abstenir de toute déclaration confirmative ou explicative parce que tout acte de ce genre infirmerait au lieu de confirmer, et que, de plus, on pourrait l'attribuer soit au regret que l'affaire se soit arrangée sans qu'on ait eu besoin des troupes ou armées françaises, soit au désir de se préparer des prétextes pour les faire marcher plus tard.

» Il me charge de vous dire qu'il en a causé hier avec lord Granville qui a paru très satisfait des dispositions que notre cher roi lui a manifestées, ce qui était d'autant plus à propos, m'a dit le roi, qu'à Madrid l'affaire a pris un faux pli et qu'il devenait plus difficile à chaque délai de parvenir à l'effacer... »

LE PRINCE DE TALLEYRAND AU COMTE DE RIGNY.

« Londres, le 13 juin 1834.

» Monsieur le comte,

» J'ai eu l'honneur de vous expédier une dépêche télégraphique en même temps que celle-ci : elle vous annonce l'arrivée de don Carlos à Portsmouth, sur laquelle je n'ai pas jusqu'à présent d'autres détails à vous transmettre.

» J'ai reçu ce matin la dépêche que vous m'avez fait l'honneur de m'écrire le 11, et je me suis empressé de voir lord Palmerston et lord Grey pour conférer avec eux sur les points qui y étaient traités. Ils avaient reçu des lettres de M. Villiers qui sont parfaitement d'accord avec la dépêche de M. de Rayneval dont vous aviez bien voulu m'envoyer une copie. Les deux ministres étaient donc au courant des désirs et des prétentions du gouvernement espagnol, quand je suis venu m'en entretenir avec eux.

» Nous avons examiné ensemble tout ce qu'il était possible de faire dans cette circonstance et j'ai pu reconnaître bientôt que vos prévisions s'étaient réalisées et que le gouvernement anglais ne voulait pas aller au delà des stipulations du traité du 22 avril. Lord Palmerston m'a positivement dit que quand les nouvelles ratifications portugaises de ce traité auraient été échangées, il considérerait le traité comme complété dans son exécution aussi bien que dans sa forme et qu'il ne croyait pas que l'action de l'Angleterre dût s'étendre plus loin que les engagements contractés par l'acte du 22 avril. Il a ajouté qu'il avait l'intention de répondre à la note de M. de Miraflorès et aux demandes adressées à M. Villiers par M. Martinez de la Rosa en déclarant que le gouvernement anglais ne pouvait intervenir dans les questions qui lui avaient été soumises et que si le gouvernement espagnol croyait avoir quelques arrangements à négocier avec l'infant don Carlos, c'était un négociateur espagnol qu'il devait charger de traiter directement avec ce prince.

» D'après les instructions que vous m'avez fait l'honneur de m'adresser, je n'ai pas cru devoir insister près des deux ministres anglais en faveur des demandes de l'Espagne, et je me suis borné à leur dire que je vous rendrais compte de ma conversation avec eux.

» Mon opinion que vous avez pu déjà pressentir par ma dépêche d'hier, monsieur le comte, s'accorde, je l'avoue, avec celle de lord Grey et de lord Palmerston, et si je regrette avec vous qu'on n'ait pas imposé quelques conditions plus positives à l'infant don Carlos, je n'en reste pas moins persuadé qu'aujourd'hui on ne peut plus traiter avec ce prince que de gré à gré. »

M. DE RAYNEVAL AU PRINCE DE TALLEYRAND.

« Madrid, le 14 juin 1834.

» Prince,

» La régente a voulu vous marquer sa reconnaissance du traité du 22 avril. M. de Florida-Blanca est chargé de vous remettre en son nom les insignes de l'ordre de Charles III. Je me trouve très honoré d'être par là votre confrère en chevalerie; mais comme il ne faut ôter à personne ce qui lui appartient, je dois déclarer que je ne suis pour rien dans cette royale résolution. L'honneur en revient tout entier à M. Martinez de la Rosa, si ce n'est à Sa Majesté elle-même.

» Ce ministre reçoit en même temps la même décoration.

» J'ai à vous remercier de l'envoi que vous m'avez fait des pièces relatives à la ratification portugaise. Y a-t-il eu là ignorance ou mauvaise foi ? Heureusement on est dispensé d'agiter cette question par la promptitude du dénouement du triste drame qui se jouait en Portugal. Vous aurez vu que l'amnistie convenue à Evora-Monto se rapprochait beaucoup de celle dont vous avez arrêté le projet à Londres.

» Les troupes espagnoles sont déjà rentrées en Espagne on les dirige sur la Biscaye. Il est plus à souhaiter qu'à espérer qu'à leur approche les armes tombent des mains des insurgés, comme elles sont tombées de celles des miguélistes. Si cela arrive, ce sera encore un miracle dû au traité.

» Nous avons appris aujourd'hui le succès que le ministère reformé a obtenu dans la Chambre des communes. Cela est de bon augure. Ici, comme chez nous, on ne parle que d'élections. Dieu veuille qu'elles soient bonnes dans les deux pays !

» Je crois que nous aurons très incessamment le comte Toreno[1] comme ministre des finances. »

---

1. Jose Maria Queipo e Llano, comte de Toreno, homme d'État et historien espagnol. Né en 1786, il fut en 1808 l'un des chefs de la guerre de l'indépendance dans les Asturies, et fut élu aux cortès de Cadix. Proscrit en 1814, il se réfugia en France, revint en Espagne quelques années après, fut élu député en 1820, mais dut s'expatrier de nouveau en 1823. Il fut nommé ministre des finances en 1833, puis ministre des affaires étrangères et président du conseil en 1835, mais se retira au bout de peu de mois. Il mourut à Paris en 1843.

LE PRINCE DE TALLEYRAND AU COMTE DE RIGNY.

« Londres, le 16 juin 1834.

» Monsieur le comte,

» ... J'ai vu avec plaisir que le gouvernement du roi avait adopté, sur les dernières propositions du cabinet de Madrid, un parti qui s'accorde entièrement avec les vues du ministère anglais. Vous aurez pu juger par mes dépêches que j'étais toujours resté, à cet égard, dans les bornes que vous me prescrivez, et dans lesquelles je continue à croire que nous ferons bien de nous maintenir.

» J'avais fait connaître à M. de Miraflorès, en réponse à la note qu'il m'avait adressée, l'opinion que j'avais eu l'honneur de vous exprimer par ma dépêche numéro 63, et comme le ministre d'Espagne avait reçu une réponse du même genre de lord Palmerston, il s'est décidé à se rendre à Portsmouth pour négocier directement avec don Carlos.

» Les offres qu'il devait faire à ce prince au nom de son gouvernement consistaient dans une pension de trente mille livres sterling moyennant laquelle l'infant prendrait des engagements semblables à celui qu'on a fait souscrire à dom Miguel. Le prétendant espagnol devrait de plus renoncer à aller habiter Rome, où on craint que son séjour en ce moment n'exerce une fâcheuse influence sur le gouvernement papal, si mal disposé déjà pour l'Espagne.

» M. de Miraflorès était parti avant-hier pour remplir sa mission et lord Palmerston avait expédié de son côté à Portsmouth M. Blackhouse, l'un des sous-secrétaires d'État des affaires étrangères; celui-ci était chargé d'offrir à don

Carlos tous les services qu'il est au pouvoir du gouvernement anglais de lui rendre, à l'exception toutefois d'un prêt d'argent, sur le refus duquel ce gouvernement se montre inébranlable. Il devait, en même temps, sonder les dispositions de l'infant au sujet des propositions de M. de Miraflorès. On a pensé que le refus d'argent était le meilleur appui que le cabinet anglais pût donner au négociateur espagnol, parce qu'on supposait que l'infant et sa suite composée de plus de soixante personnes, se trouvaient dans le dénûment le plus complet.

» Il n'en a pas été ainsi cependant, et M. Blackhouse vient de mander à lord Palmerston que don Carlos ne désirait pas continuer son voyage pour le moment; qu'il voulait, au contraire, débarquer immédiatement et avec l'intention de rester quelque temps en Angleterre. Il ne veut pas entendre parler des propositions de M. de Miraflorès; d'après son langage, il ne renonce à rien et ne cessera jamais de faire valoir ses droits; et il ne veut pas consentir à recevoir un écu sous la condition de se soumettre à un engagement restrictif quelconque.

» Lord Palmerston attribue cette résistance de l'infant aux conseils de la princesse de Beira et de l'évêque de Léon, qui sont à bord du *Donegal* ; et, sans se dissimuler le mauvais effet que cela peut avoir sur les insurgés du nord de l'Espagne, il n'y attache pas cependant une grande importance.

» D'après les réponses de don Carlos à M. Blackhouse, le marquis de Miraflorès a renoncé à voir le prince auquel il avait écrit la lettre et le projet de transaction dont je joins ici les copies et il est de retour à Londres.

» Don Carlos a fait venir à Portsmouth M. de Sampayo, qui remplissait les fonctions de consul général de dom Miguel, chargé de lui retenir une maison pour quinze jours à Portsmouth et de lui chercher une campagne dans les environs de Londres. Mais le fait le plus remarquable et qui paraît positif, c'est que l'infant a entre les mains de M. de Saraïva, ministre de dom Miguel à Londres, un crédit d'un million de francs qui a été envoyé par M. de Blacas. On doit en conclure que tout était préparé en cas d'événement, et que c'est en Angleterre que don Carlos fixera son séjour, pour quelque temps du moins. Il est bien entendu que le gouvernement anglais n'y mettra aucune opposition; il voit même cette résolution sans trop de mécontentement, dans la pensée qu'il pourra surveiller plus facilement ses démarches et les menées de ses partisans.

» La nouvelle de la révolution républicaine de Lisbonne, annoncée pompeusement par quelques journaux, n'était qu'une fraude employée par des joueurs de Bourse, qui ont tiré parti de quelques cris proférés au théâtre, en présence de dom Pedro, et contre son gouvernement, pour avoir laissé échapper dom Miguel. Je ne sais pas si un esprit aussi violent d'animosité de la part du peuple portugais justifie le décret par suite duquel tous les couvents sont abolis au Portugal et dans toutes les possessions portugaises. Ce décret, quelque utile qu'il puisse être en soi, me paraît avoir été rendu prématurément et pourrait bien produire de nouveaux troubles dans le pays; le gouvernement, à peine affermi, a commis au moins une imprudence en provoquant le clergé tout entier uni aujourd'hui dans sa haine contre lui, et il est impossible de ne pas reconnaître dans ce nouvel acte de dom Pedro le mauvais esprit qui l'a dirigé depuis deux ans.

» On annonce la prochaine arrivée en Angleterre du duc de Palmella; il vient de Lisbonne avec l'amiral Parker qui quitte le commandement de la station du Tage, dans lequel il est remplacé par sir William Gage [1].

» Quelques personnes disent que le voyage du duc de Palmella n'a pas d'autre but que des affaires particulières, mais on a peine à se persuader qu'il ne soit pas motivé par des raisons politiques. »

LORD PALMERSTON AU PRINCE DE TALLEYRAND.

« Stanhope-Street, 16 juin 1834.

» Mon cher prince,

» Blackhouse me mande que don Carlos ne désire pas continuer son voyage pour le moment; qu'au contraire, il veut débarquer tout de suite et avec l'intention de rester ici « quelque temps ». — Quant aux propositions de Miraflorès, il ne veut pas en entendre parler; il ne renonce à rien: il ne cessera jamais de faire valoir ses droits, et il n'acceptera pas un seul écu à condition de rester tranquille. Il paraît que son courage s'est merveilleusement rétabli depuis que la baie de Biscaye se trouve entre lui et Rodil.

» Tout ceci est assez naturel et fort peu important. Le seul résultat en sera que l'Espagne économisera trente mille livres

---

1. Sir William Hall Gage, né en 1777, entra dans la marine à dix-neuf ans, et eut une carrière des plus brillantes. Il devint lord de l'amirauté en 1841, fut promu amiral en 1862, et mourut en 1865.

sterling par an et que sa tranquillité intérieure n'en souffrira pas du tout...

» Tout à vous.
» PALMERSTON.

» P.-S. — La réponse de don Carlos ne veut dire que ceci : L'évêque de Léon et la princesse de Beira sont avec moi. »

LE COMTE DE RIGNY AU PRINCE DE TALLEYRAND.

« Paris, le 18 juin 1834.

» Mon prince,

» Rouen [1] me mande du 28 mai que l'escadre anglaise était à Nauplie et qu'elle portait *quinze cents hommes de troupe* et six pièces de campagne. L'amiral parlait d'aller vers les Dardanelles, mais attendrait encore quelques jours des nouvelles de Malte.

» Cette demi-mesure me paraît singulière, mais s'accorde avec le langage que jusqu'à la date du 30 mai tenait à Constantinople lord Ponsonby. Je suis porté à croire que, depuis, il aura modifié ce langage et même qu'il aura déconseillé à l'amiral de réunir ses vaisseaux sur la côte d'Asie. En tout cas, la Russie va en prendre prétexte pour rester armée et nous serons constamment en échec.

» Un Russe, nommé Mayenvorth, qui fait ici son métier, dit partout avoir reçu de Medem l'assurance que s'il entre encore un vaisseau anglais dans la Méditerranée les Russes

1. Le baron Rouen était alors ministre de France en Grèce.

iront au Bosphore. Il faut savoir que leur position maritime dans la mer Noire n'est garantie que par les châteaux du Bosphore, car Sébastopol n'est pas en état de défense par mer... »

LE COMTE DE RIGNY AU PRINCE DE TALLEYRAND.

« Paris, le 23 juin 1834.

» Mon prince,

» Sainte-Aulaire mande qu'il y a eu grand bruit à Vienne au sujet de l'escadre anglaise qui a paru dans l'Archipel. Pozzo en était très préoccupé, et je me suis tué à lui faire considérer ce mouvement sous son véritable point de vue : une promenade navale qu'un nouvel amiral s'est cru en droit et en devoir de faire sans but politique. Je suppose du moins que c'est cela.

» Les affaires de Suisse se compliquent. Rumigny[1] n'est pas toujours adroit. Le ministre de Sardaigne me disait hier que son cabinet se déclarant satisfait du langage de la députation, tout tombait de soi-même, lorsqu'une nouvelle note est venue raviver la question[2].

» Nous écrivons en Égypte qu'on se décide à remplir les engagements contractés envers la Porte, et d'ôter là tout prétexte. Tout ce bruit aboutira à donner aux Russes un pré-

---

1. Le comte de Rumigny, alors ministre de France en Suisse.

2. Une députation suisse s'était rendue auprès du roi de Sardaigne, au cours d'un voyage que ce prince faisait en Savoie, pour lui témoigner les regrets du gouvernement suisse de l'échauffourée du mois de février (Voir page 392, note). Le roi l'avait fort bien accueillie, ce qui n'empêcha pas le cabinet de Turin d'adresser le 20 juin une note au directoire, pour se plaindre de l'insuffisance des mesures de police qu'il avait prises.

texte de rester armés dans la mer Noire et à nous tenir ainsi en échec de ce côté.

» Nos élections sont très bien. Sur cent trente nominations connues à cette heure, l'opposition en a perdu vingt-quatre remplacées convenablement. Nous aurons deux légitimistes à Marseille[1]. »

LE PRINCE DE TALLEYRAND AU COMTE DE RIGNY.

« Londres, le 26 juin 1834.

» Monsieur le comte,

» ... J'ai cherché lord Palmerston ce matin et je viens d'avoir avec lui un entretien...

» Il m'a avoué que M. Morier[2], tout en partageant les vues qui dirigeaient notre ambassade en Suisse, n'était cependant pas tout à fait d'accord avec M. de Rumigny sur la marche qu'il convenait de suivre. M. Morier pense qu'il faut employer une grande prudence et de l'habileté pour maintenir la diète helvétique sur le terrain où elle s'est placée vis-à-vis des puissances limitrophes.

» Lord Palmerston, en faisant valoir les raisons exposées par M. Morier, m'a néanmoins dit qu'il comprenait toute l'importance qu'il y avait dans les circonstances actuelles, à ce que la France et l'Angleterre se montrassent unies sur toutes

---

1. Élections générales du 22 juin. L'opposition républicaine en sortit considérablement diminuée. Par contre, le parti légitimiste obtint une vingtaine de sièges.

2. Sir Robert Morier, littérateur et diplomate anglais, né en 1790, était alors ministre en Suisse.

les questions. Il désire que vous soyez bien convaincu qu'à cet égard il apprécie les considérations développées dans votre dépêche.

» Il m'a en même temps donné l'assurance qu'il allait écrire non seulement en Suisse, mais encore aux ministres d'Angleterre à Turin, à Stuttgard et à Munich, pour les charger de faire aux gouvernements près desquels ils sont accrédités des représentations dans le sens que nous désirions.

» Comme il a cru remarquer, d'après les rapports de lord Minto, que M. Ancillon surtout avait adopté des idées très erronées sur les affaires de Suisse, il se propose de faire arriver aussi à Berlin des observations qui, il l'espère, pourront produire un bon effet. J'ai lieu de croire que les instructions de lord Palmerston aux différents ministres que je viens d'indiquer, seront expédiées par le courrier de demain...

» ... Il (lord Palmerston) m'a communiqué les dernières lettres de lord Ponsonby, qui s'accordent presque identiquement avec celles de notre ambassadeur. J'ai pu juger que les nouvelles apportées par ces dépêches préoccupaient fortement le gouvernement anglais...

» ... J'ai obtenu de lord Palmerston qu'il transmettrait à Alexandrie des instructions pour qu'on fît comprendre à Méhémet-Ali qu'il devait mettre un terme à ses exigences envers la Porte. On aura de la peine à faire entendre raison au vice-roi, sur la question de l'arriéré que réclame le sultan, car il paraît que rien n'a été écrit à ce sujet dans la convention de Kutaya, et que ce qui était relatif à l'arriéré a été convenu verbalement ; mais le colonel Campbell sera chargé d'insister sur ce point, en même temps que sur celui des districts dont Ibrahim demande la remise.

» J'ai prié lord Palmerston de me donner de nouveaux éclaircissements sur les mouvements de la flotte anglaise dans l'Archipel, et il m'a fait la même réponse que celle que j'ai eu l'honneur de vous transmettre il y a peu de temps. L'Angleterre, m'a-t-il dit, croit qu'il est nécessaire pour sa sûreté dans l'état présent de l'orient, d'entretenir une flotte dans l'Archipel.

» Cette flotte qui hiverne à Malte fait tous les étés une course d'exercice, et rien n'a dû être changé cette année à l'usage précédemment établi. Du reste, le gouvernement anglais se verrait avec plaisir déchargé de la dépense considérable et de l'entretien de cette flotte, et il suffirait pour cela qu'on mît fin aux intrigues qui agitent l'Orient.

» Les dernières dépêches venues de Lisbonne et qui sont du 9 affirment que les erreurs commises dans les ratifications portugaises du traité du 22 avril ne sont point l'œuvre de la mauvaise foi, et que nous ne tarderons pas à recevoir de nouvelles ratifications aussi complètes que nous étions en droit de les demander. »

« Londres, le 6 juillet 1834.

» J'ai eu l'honneur de vous annoncer par ma dernière dépêche que je ferais usage des observations que vous aviez bien voulu me communiquer sur l'effet que produisaient près de plusieurs cabinets les mouvements de la flotte anglaise dans la Méditerranée.

» J'ai vu hier lord Palmerston assez longtemps, et après lui avoir fait part de vos réflexions et des détails contenus dans la dépêche de l'amiral Roussin, j'ai cru devoir l'aborder de nouveau ouvertement sur la question d'Orient qui à bon droit préoccupe en ce moment tous les cabinets. Après avoir passé en revue avec lui les différentes phases de cette question, j'ai conclu en établissant que dans mon opinion, il y avait aujourd'hui pour la France et la Grande-Bretagne à prendre un des deux partis suivants : ou d'adopter les mesures indiquées par l'amiral Roussin en attaquant les établissements maritimes russes dans la mer Noire, et ceci était la guerre ; ou de persister à faire tout pour le maintien de la paix générale, et alors il fallait éviter autant que possible les demi-mesures, les motifs fondés d'inquiétude pour les autres puissances, et se tenir dans une ligne de conduite ferme, mais modérée et conciliatrice.

» J'ai laissé de côté le premier parti qu'il n'est pas nécessaire de discuter en ce moment et qui d'ailleurs devrait avant tout être précédé d'un traité d'alliance offensive entre l'Angleterre et la France.

» Je me suis donc attaché principalement à ma seconde disposition, et j'ai rappelé les considérations que j'avais déjà développées dans mes conversations précédentes au sujet des mouvements de la flotte anglaise dans la Méditerranée. J'ai dit que ces mouvements ne pouvaient avoir qu'un effet bien douteux sur le cabinet de Saint-Pétersbourg ; qu'ils n'étaient en définitive qu'une démonstration dont il était aisé de prévoir l'issue, et que dans ces sortes d'affaires, une demi-mesure sans résultat était plus nuisible qu'utile.

» Prenant enfin la question dans l'intérêt purement français, j'ai fait comprendre à lord Palmerston que le gouvernement du roi ayant sans cesse à répondre aux questions des représentants d'Autriche, de Prusse et de Russie à Paris, sur l'affaire que nous traitions en ce moment, ne pouvait se défendre d'éprouver quelque inquiétude de toute entreprise dans la mer Noire dont il devrait répondre sur le Rhin ; que nous avions pensé qu'un traité purement défensif entre nous et l'Angleterre aurait servi à intimider la Russie et ses alliés beaucoup mieux que des promenades maritimes : qu'il avait fallu renoncer à ce moyen puisqu'il répugnait pour le moment au cabinet anglais, mais que ce cabinet ne devrait pas à son tour s'étonner si nous agissions avec précaution et réserve dans une affaire dont les conséquences étaient aussi importantes pour nous ; que si nous ne croyions pas nécessaire, par exemple, d'envoyer notre flotte dans l'Archipel cette année-ci (et à cet égard, je ne connais pas la disposition de notre gouvernement), le gouvernement anglais devrait en trouver l'explication dans les efforts que nous faisions déjà en entretenant une armée de terre très considérable.

» Lord Palmerston m'a d'abord exprimé ses regrets des difficultés qui s'étaient opposées jusqu'à présent, et qui s'opposaient encore à la conclusion du traité dont je l'avais si souvent entretenu.

A la manière dont il s'est expliqué, j'ai pu juger, comme j'ai déjà eu l'honneur de vous l'écrire, que ces difficultés ne venaient pas de lui, et que c'était plutôt dans le cabinet qu'il trouvait de la résistance. Je ne serais même pas surpris que le gouvernement anglais ne revînt dans un temps peut-être prochain de ses refus réitérés et qu'il ne consentît à faire un traité dont les avantages sont si évidents.

» Reprenant ensuite mes observations sur l'inutilité des mouvements de la flotte anglaise, lord Palmerston a reproduit les considérations que je rapportais dans ma dernière dépêche, et qui tendraient à prouver que les inquiétudes manifestées par la Russie et l'Autriche témoignent assez l'importance que ces puissances attachent aux démonstrations maritimes de l'Angleterre ; il est toujours convaincu de l'efficacité de ces démonstrations, et je doute qu'on rappelle la flotte anglaise avant la fin de l'été.

» Lord Palmerston est convenu toutefois que l'exposé de la situation particulière de la France que je venais de lui faire était exact, et que nous pouvions avoir des motifs de ne pas agir de même que l'Angleterre dans telle circonstance donnée et réciproquement. J'ai pensé que le point essentiel pour nous serait de conserver notre liberté d'action dans cette affaire : c'est pourquoi je lui ai demandé catégoriquement si son gouvernement désirait que notre flotte parût aussi cette année dans l'Archipel.

» Il m'a répondu que, quelque satisfaisant que ce mouvement de notre part pût être pour l'effet général, son gouvernement ne le réclamait pas positivement. Nous en sommes restés là sur cette question, monsieur le comte, et le résultat de ma conversation a été de me faire connaître que l'Angleterre était déterminée à maintenir en ce moment ses armements maritimes dans la Méditerranée, mais que nous n'étions nullement obligés de suivre son exemple.

» J'insisterai sur ce dernier point parce que je crois qu'en effet notre flotte dans la Méditerranée pourrait sans inconvénient peut-être ne pas sortir pendant cette saison actuelle.

» Le cabinet anglais n'aura pas lieu de s'en plaindre, puisqu'il ne nous a pas formellement invités à mettre nos vaisseaux en mer, et que d'ailleurs nous entretenons une armée considérable qui serait d'un grand poids dans la balance, si plus tard on devait en venir à une rupture ouverte dans l'Orient. Ce serait au moins un équivalent de la flotte anglaise, car il est indubitable qu'alors la guerre se ferait sur le Rhin autant que dans la mer Noire.

» Cette raison, qui nous justifie très bien aux yeux de l'Angleterre, ne me paraît pas devoir être moins puissante devant les Chambres et devant l'opinion publique en France.

» Nous devons espérer de plus que les cabinets du Nord nous sauraient quelque gré d'éviter une démarche qui d'ailleurs est superflue pour démontrer l'union de l'Angleterre et de la France aujourd'hui qu'elle est constatée d'une manière si éclatante aux yeux de l'Europe. »

« Londres, le 7 juillet 1834.

» ... J'ai appris avec beaucoup de satisfaction que les affaires de Suisse avaient pris une meilleure tournure; il est à espérer que les tracasseries du cabinet autrichien cesseront devant les résolutions définitives de la diète helvétique. Celles-ci seront sans doute conçues dans des termes assez conciliants pour offrir aux gouvernements d'Autriche, de Sardaigne, de Bavière, de Wurtemberg et de Bade un moyen honorable de revenir sur les singulières prétentions qu'ils avaient mises en avant.

» Vous avez vu que lord Palmerston s'était exprimé avec le chargé d'affaires d'Autriche de manière à le convaincre que l'Angleterre ne s'était point séparée de nous dans cette question. Lord Palmerston a compris qu'il s'agit ici, comme vous le faisiez très bien remarquer, monsieur le comte, des principes sur lesquels repose l'alliance de la France et de la Grande-Bretagne. L'Autriche a voulu essayer jusqu'à quel point nos deux cabinets supporteraient ses exigences ; il était utile qu'elle nous trouvât bien résolus dans ce premier essai.

» J'ai communiqué à lord Palmerston la note que vous avez chargé M. Alleye[1] de remettre à la diète germanique en réponse à celle du 12 juin. Il m'a beaucoup remercié de cette communication, et il juge la note si parfaitement convenable qu'il se propose de faire répondre M. Cartwright[2] à peu près dans les mêmes termes.

» Votre manière d'envisager la lutte entre le comte d'Armansperg[3] et les autres membres de la régence est complètement partagée par le cabinet anglais qui continuera à appuyer de tous ses efforts le comte d'Armansperg[4]. Je suis porté à

---

1. Le baron Alleye de Ciprey, alors ministre de France près la Confédération germanique.

2. Ministre d'Angleterre près la Confédération germanique. Il avait été précédemment commissaire de la conférence de Londres à Bruxelles.

3. Joseph Louis, comte d'Armansperg (1789-1853), homme d'État bavarois. En 1814, il avait été plénipotentiaire de Bavière au congrès de Vienne il fut en 1832 nommé, par le roi de Bavière, président du conseil de régence de Grèce.

4. Un conseil de régence avait été nommé en Grèce par le roi de Bavière pour gouverner pendant la minorité du roi Othon. Il se composait du comte d'Armansperg, président, du conseiller de Maurer et du général Heydeck. La discorde ne tarda pas à éclater au sein du conseil. On reprochait au comte d'Armansperg de concentrer tous les pouvoirs entre ses mains, de favoriser outre mesure l'influence anglaise et de s'aliéner l'esprit public en nommant des Bavarois à tous les emplois. Le 2 mai, le général Heydeck et M. de Maurer tentèrent une sorte de coup d'État et prirent une suite de décisions qui enlevaient à leur président l'administration des finances et la direction des affaires étrangères. Mais le roi de Bavière soutint M. d'Armansperg et rappela M. de Maurer qui fut remplacé par M. de Kobell, conseiller d'État bavarois. Le général Heydeck dut céder, et M. d'Armansperg reprit la présidence du conseil avec tous les pouvoirs et les prérogatives qu'il s'était attribués.

croire que le roi de Bavière lui-même maintiendra le comte à la tête de la régence, attendu qu'il désire ainsi que M. de Gise, son ministre des affaires étrangères, tenir M. d'Armansperg éloigné de la Bavière aussi longtemps que possible.

» Je viens d'être prévenu par le ministre de Portugal à Londres qu'on avait remis le 21 juin à M. le baron Mortier les nouvelles ratifications portugaises au traité du 22 avril. Aussitôt qu'elles vous seront parvenues, monsieur le comte, vous voudrez bien remettre les anciennes à M. le chevalier de Lima[1] qui est chargé de les renvoyer en Portugal. Je suis bien aise que cette affaire se soit heureusement arrangée par les moyens que nous avons employés ; elle nous avait fort embarrassés à l'époque des échanges.

» L'infant don Carlos est établi avec toute sa famille dans sa nouvelle résidence près de Londres; il y a été visité par le ministre des Deux-Siciles[2] et par un grand nombre de tories. La plupart de ceux qui l'ont vu ont été surpris de son ignorance de sa propre position et de ses intérêts. Il reçoit le titre de roi, et son fils aîné celui de prince des Asturies, de toutes les personnes qui s'en approchent...

» Je viens de recevoir la lettre par laquelle vous me faites l'honneur de m'annoncer que le roi a eu la bonté de m'accorder un congé, dont je ne profiterai probablement qu'après la séparation du parlement. »

1. Louis-Antoine d'Abreu e Lima, vicomte de Carreira, diplomate portugais, né en 1785, plénipotentiaire au congrès de Vienne, secrétaire de légation et chargé d'affaires à Pétersbourg, puis ministre à La Haye de 1824 à 1830. Il fut accrédité à Paris en 1833.

2. Le comte de Ludolf.

LE PRINCE DE TALLEYRAND AU COMTE DE RIGNY.

[*Dépêche télégraphique.*] « Londres, le 9 juillet 1834.

» Lord Grey et lord Althorp ont offert leurs démissions au roi. Elles ont été acceptées. Le roi a fait appeler lord Melbourne qui paraît destiné à former le nouveau cabinet[1]. »

LE PRINCE DE TALLEYRAND AU COMTE DE RIGNY.

« Londres, le 14 juillet 1834.

» Monsieur le comte,

» ...Depuis quelques jours, le bruit du départ de don Carlos pour l'Espagne s'était répandu à Londres, mais les détails qu'on donnait sur cet événement étaient tellement vagues et contradictoires qu'il était difficile d'y ajouter foi. Aujourd'hui même que l'événement est hors de doute, on ne s'accorde pas sur la manière dont il a eu lieu. D'une part, on soutient que l'infant s'est embarqué à bord du bâtiment anglais *The United Kingdom* pour un port du nord de l'Espagne. Ceci est le rapport fait par la police anglaise; mais, d'autre part, le ministre d'Espagne croit avoir la preuve que l'infant est parti de Londres le jour même où les gazettes anglaises annonçaient

---

[1] Le cabinet anglais était profondément ébranlé depuis le précédent remaniement. Aussi, lorsqu'au mois de juillet de violents débats s'engagèrent à la Chambre des communes au sujet du renouvellement du bill de coercition pour l'Irlande, lord Althorp, chancelier de l'Échiquier, s'apercevant qu'il n'avait plus l'autorité nécessaire pour faire adopter par les députés le projet du gouvernement, préféra donner sa démission sans même attendre qu'il eût été mis en minorité. Lord Grey, qui depuis plusieurs mois aspirait à la retraite, profita de cette circonstance et se retira des affaires.

qu'il avait assisté avec toute sa famille à une représentation du Théâtre Italien ; qu'il s'est rendu à Paris, accompagné du général Moreno et d'un Français [1] qui a organisé toute l'entreprise, et que de là le prince et ses deux compagnons ont continué leur route vers la frontière d'Espagne, où des intelligences préparées par M. Calomarde [2] doivent leur avoir assuré une libre entrée en Espagne.

» Je vous rapporte les faits qui m'ont été communiqués par lord Palmerston et par le marquis de Miraflorès sans pouvoir vous indiquer quels sont ceux vraiment exacts, car dans les affaires de cette nature qui concernent presque exclusivement la police, il est difficile de discerner d'abord la vérité.

» La formation du nouveau cabinet anglais n'est pas encore définitivement conclue, quoiqu'elle soit à peu près arrêtée. Le roi avait d'abord chargé lord Melbourne d'essayer de composer un ministère de coalition. Cette combinaison ayant échoué, Sa Majesté a tenté une démarche près de lord Grey pour l'engager à rentrer dans les affaires, mais les instances réitérées du roi n'ayant pu prévaloir sur la ferme volonté qu'avait lord Grey de se retirer, lord Melbourne a été choisi pour le remplacer comme premier lord de la Trésorerie. Il paraît que les autres membres du cabinet seront maintenus à

---

1. M. Auguet de Saint-Sylvain.

2. François Thadée Calomarde, homme d'État espagnol, né en 1775, fut d'abord secrétaire au conseil de Castille, puis ministre de la justice en 1824. Il garda son portefeuille jusqu'en 1832, se montra zélé partisan du pouvoir absolu, et poursuivit activement le parti constitutionnel. A la mort du roi Ferdinand, il se rangea du côté de don Carlos et dut quitter le pouvoir. Il se réfugia en France d'où il servit quelque temps la cause du prétendant ; mais il ne tarda pas à se désintéresser de la vie politique et se retira à Toulouse où il mourut dans la retraite en 1842.

leur poste, et c'est dans une réunion des ministres ce soir qu'on fera choix du remplaçant de lord Melbourne au département de l'intérieur. Il pourrait se faire aussi qu'on eût à choisir un successeur au marquis de Lansdowne qui persisterait, dit-on, à se retirer. C'est lord Grey qui seul a pu déterminer lord Althorp à redevenir chancelier de l'Échiquier et à reprendre par conséquent la direction de la Chambre des communes.

« Londres, le 15 juillet 1834.

» ... Les ministres se sont réunis dans la soirée dans le but de s'entendre sur les arrangements que rendait nécessaire le choix fait par le roi de lord Melbourne pour remplacer lord Grey en qualité de premier lord de la Trésorerie. Je viens d'être informé qu'ils sont tombés d'accord pour appeler lord Duncannon[1] au département de l'intérieur en remplacement de lord Melbourne. Lord Duncannon, qui était commissaire des bois et forêts sans entrée dans le cabinet, aurait pour successeur sir John Hobhouse[2] qui, lui, deviendrait membre du cabinet.

» Lord Melbourne est parti ce matin pour Windsor afin de soumettre ces propositions au roi, mais on ne doute pas qu'elles ne soient agréées par Sa Majesté.

» Il y aura probablement quelques autres changements de

---

1. John William baron Duncannon of Bessborough (1781-1847).

2. John Cam Hobhouse, né en 1785, fut élu député aux Communes en 1820. En 1821 il devint secrétaire au département de la guerre, puis secrétaire d'État pour l'Irlande, commissaire des bois et forêts en 1834 et président du bureau des Indes en 1846. Il fut créé pair en 1851 sous le titre de lord Broughton et mourut en 1869.

moindre importance, par suite de la retraite de lord Howick[1], fils de lord Grey qui occupait le poste de sous-secrétaire d'État au département de l'intérieur[2].

» On peut donc regarder le cabinet comme reconstitué et se former une opinion sur ce qu'il est aujourd'hui.

» Je dois commencer par vous dire, monsieur le comte, que la modification qu'il vient de subir n'altérera en rien les rapports actuels existant entre la France et l'Angleterre. Lord Duncannon et sir John Hobhouse ont toujours professé des sentiments qui doivent rassurer complètement le gouvernement du roi sur ce point.

» Si on examine la situation présente du ministère anglais à l'égard des affaires intérieures du pays, on ne peut se dissimuler qu'il a fait une perte irréparable dans lord Grey, dont le noble caractère et la loyauté reconnue inspiraient de la confiance à ses partisans et même à ses adversaires. Il est difficile de croire que les opinions plus prononcées et plus réformatrices des deux nouveaux membres du cabinet compensent l'éloignement de lord Grey de la haute position qu'il occupait aux yeux du pays et de l'Europe.

» J'entends dire par des personnes aussi impartiales qu'il est possible d'en rencontrer au milieu des violences de l'esprit

---

1. Henry-Georges Howick, comte Grey, né en 1802, député aux Communes en 1826, sous-secrétaire d'État aux colonies en 1830, puis au département de l'intérieur, ministre de la guerre et conseiller privé en 1835. Il se retira en 1839, mais fut encore ministre des colonies de 1846 à 1852. Il succéda à son père à la Chambre des lords en 1845 et prit dès lors le titre de comte Grey.

2. Il faut ajouter également que quelques jours après, le comte de Carlisle, lord du sceau privé, donna sa démission et fut remplacé par lord Mulgrave. Le cabinet ainsi reconstitué dura jusqu'au mois de novembre, époque où les tories rentrèrent au pouvoir.

de parti que la retraite successive, dans ces dernières semaines, de M. Stanley, de sir J. Graham, du duc de Richmond, de lord Ripon et enfin de lord Grey a affaibli le ministère à un point qui laisse peu de garantie pour sa durée future. Il faudrait mieux connaître que je ne puis le faire, les germes de division qui existeraient, dit-on, toujours dans le cabinet pour juger jusqu'à quel point cette opinion est fondée. Ce qui paraît hors de doute, c'est que la nécessité dans laquelle on se trouve de faire passer à la Chambre des pairs, avant la fin de la session, le bill sur l'Église d'Irlande, rend presque inévitable entre les deux Chambres une collision qui est depuis si longtemps redoutée par le gouvernement. Fera-t-on alors une nomination de pairs? Cette question, résolue affirmativement, pourrait bien déterminer encore d'autres membres du cabinet à se retirer : résolue négativement, on ne comprend plus comment l'administration pourra marcher entre les volontés opposées des deux Chambres.

» Je n'ai pas besoin de vous rappeler, monsieur le comte, que mes observations dans cette circonstance sont de la nature la plus confidentielle et qu'il est utile au service du roi que rien n'en soit indiscrètement révélé.

» Je le répète, le cabinet anglais, tel qu'il est reconstitué restera dans des dispositions amicales pour la France : c'est le point essentiel pour nous et qui doit guider notre politique, jusqu'à ce que d'autres circonstances qu'il serait imprudent de préjuger nous mettent dans le cas de la modifier...

» P.-S. — On m'informe à l'instant que l'infant don Carlos qui aurait quitté Londres le 2 de ce mois, serait débarqué le 9 dans un port de la Biscaye où il aurait reçu un accueil très favorable. Il n'était accompagné, dit-on, que d'un Français. Je vous transmets cette nouvelle sans la garantir, car il est impossible, à travers la diversité des informations qui se succèdent si rapidement, de reconnaître l'exacte vérité. Cette dernière nouvelle est du reste parvenue au gouvernement anglais qui y attache confiance. Ce matin encore, M. de Miraflorès me répétait l'assurance qu'il avait entre les mains la preuve que don Carlos avait dû traverser la France pour se rendre en Navarre. »

LE COMTE DE RIGNY AU PRINCE DE TALLEYRAND.

« Paris, le 17 juillet 1834.

» Mon prince,

» Les observations contenues dans votre lettre concordent parfaitement avec les réflexions que nous faisons ici sur la composition du cabinet anglais. Ce qui nous importe le plus, c'est l'assurance du maintien de la bonne intelligence entre les deux pays. Cela devient très nécessaire dans les circonstances actuelles.

» On mande de Gênes que, quoique dom Miguel n'ait pas voulu rompre l'engagement qu'il a souscrit, il sera bientôt tellement renseigné et excité, qu'il pensera à retourner dans la péninsule, s'il trouve dans la mort ou la maladie de son frère une occasion favorable[1]. Nul doute que don Carlos ne

1. Dom Pedro était malade depuis longtemps. Son état empira rapidement à partir du mois d'août, et il expira le 24 septembre à l'âge de trente-six ans.

l'appelle et ne soit prêt à lui rendre en Navarre l'hospitalité qu'il en a reçue en Portugal.

» J'ai lu dans *le Globe* du 15 un article faisant allusion aux suites qui pourraient être données au traité du 22 avril.

» Nul doute qu'un appel ne nous soit fait de la part de l'Espagne et j'ai tenu, mon prince, à ce que vous puissiez sonder à l'avance le cabinet anglais à cet égard...

» ... Le maréchal Soult a offert sa démission[1] ce matin; il la donne sérieusement et définitivement, et dans ce moment le roi cherche à décider Gérard que la crainte de la tribune et du fardeau fait encore hésiter. Il pense aussi, je crois, à l'inconvénient d'entrer seul; il parle de la faiblesse de Jacob. Je ne sais si dans ses confidences avec Thiers il a été plus loin. Je suis pour ma part tout prêt à faciliter les arrangements, d'autant plus que je suis seul d'un avis contraire à celui qui prévaut de faire un long discours d'ouverture et d'engager par là une discussion d'adresse qui me paraît inutile, et seulement propre à agiter et à rendre la question du dehors plus difficile à manier...

» Madame de Dino sera plus habile que Champollion si elle déchiffre ceci, mais j'ai la main très agitée parce que j'ai un peu de fièvre en ce moment. »

---

1. Il y avait une véritable hostilité dans le cabinet entre le maréchal Soult et plusieurs de ses collègues, notamment M. Guizot et M. Thiers. Une sorte de conspiration s'organisa pour amener le maréchal à donner sa démission. On le savait partisan du maintien du régime militaire en Algérie. MM. Guizot et Thiers parlèrent d'y substituer le gouvernement civil. Le maréchal Soult s'y opposa et menaça de se retirer. On le prit au mot et sa démission fut acceptée. Quant à l'établissement du gouvernement civil qui avait servi de prétexte en cette circonstance, il n'en fut pas même question à ce moment.

LE PRINCE DE TALLEYRAND AU COMTE DE RIGNY.

« Londres, le 17 juillet 1834.

» Monsieur le comte,

» J'ai l'honneur de vous transmettre une copie de la lettre que je viens de recevoir de M. le ministre d'Espagne et qui était accompagnée de la note, également jointe en copie, adressée par ce ministre à lord Palmerston. Cette note qui est toute empreinte de l'irréflexion d'une démarche faite, je pense, un peu prématurément, mettra nécessairement le gouvernement anglais dans le cas de s'entendre avec nous sur la conduite que les cabinets de Londres et de Paris auront à tenir dans les circonstances nouvelles où va se trouver l'Espagne. Je vous prie, monsieur le comte, de vouloir bien me faire connaître à cet égard les intentions du gouvernement du roi et me donner les directions qui me sont absolument nécessaires dans une question si importante et qui se rattache si intimement aux intérêts de la France.

» J'ai accusé réception simplement à M. de Miraflorès de sa note, et comme il est évident qu'elle est son propre ouvrage et qu'il n'a pas eu le temps de recevoir des ordres de sa cour, vous croirez sans doute que nous devons attendre, pour prendre un parti décisif, que le gouvernement espagnol ait communiqué directement ses vues sur ce point.

» J'ai l'honneur de vous envoyer un exemplaire du *bill* rendu dans la dernière session du parlement sur l'exécution des conventions conclues entre la France et la Grande-Bretagne pour la répression de la traite.

LE COMTE DE RIGNY AU PRINCE DE TALLEYRAND.

« Paris, le 18 juillet 1834.

» Mon prince,

» Je vous écris du conseil même : l'ordonnance qui nomme le maréchal Gérard en remplacement du maréchal Soult vient d'être signée et sera demain au *Moniteur* avec des explications convenables pour le maréchal Soult dont, après tout, la retraite est volontaire.

» Nous n'avons pas de nouvelles de la frontière, si ce n'est la concentration de forces de part et d'autre et les symptômes d'un engagement prochain. »

LE COMTE DE RIGNY AU PRINCE DE TALLEYRAND.

« Paris, le 21 juillet 1834.

» Mon prince,

» Je n'ai pas besoin de vous dire dans quel embarras nous met l'arrivée de don Carlos en Espagne.

» La reine s'y est passablement discréditée, et son parti se présente divisé entre elle et sa sœur, au prétendant, aujourd'hui, à la tête d'une armée.

» D'un autre côté, les plans de finances de Toreno annoncent une réduction d'intérêt des rentes espagnoles. Ceci touche à une infinité de petites gens à Paris, qui commencent à jeter les hauts cris.

» C'est sous ces différentes influences que nous allons ouvrir une discussion publique dans laquelle le traité du 22 avril jouera un grand rôle par ce qu'il a promis, par ce qu'il a produit d'abord, et aussi par ce qu'il n'a pas pu prévenir.

» Ou il existe, ou il n'existe plus. — S'il n'existe plus, nous retombons dans notre première situation vis-à-vis du gouvernement de la reine : reconnaissance formelle et promesse d'appui et de secours; et nul doute qu'on ne nous fasse appel en ce sens, avec d'autant plus de force et peut-être de raison que don Carlos aura traversé en entier notre territoire.

» Si le traité existe, il y aura vraisemblablement appel aux articles III et IV[1], et la démarche de M. de Miraflorès est un avant-coureur de celle que fera le cabinet de Madrid.

» C'est donc le principe qu'il faut décider; nous verrons ensuite pour les conséquences.

» Vous remarquerez, mon prince, de quelle difficulté va être la rédaction de la phrase du discours, puis l'adresse. Dans la discussion, on ne manquera pas de nous dire que l'affaire de l'Angleterre étant faite quant au Portugal, dom Miguel parti et ayant signé sa renonciation, nous avons aidé à retirer ses marrons du feu, puis qu'on nous a plantés là, etc.

» Et puis, songez à tous ces mouvements carlistes sur notre frontière du Midi, à une restauration carliste en Espagne, lorsque Berryer est nommé député à Toulouse et à Marseille. J'aperçois déjà dans les députés ministériels qui nous arrivent des dispositions aigres sur ce sujet. Et ici nous retrouverons les deux partis ligués dans la Chambre pour nous accuser de faiblesse et en même temps pour empêcher une action plus vive de notre part dans le nord de la pénin-

---

1. C'étaient les articles du traité du 22 avril qui prévoyaient l'intervention éventuelle de la France et de l'Angleterre. Le cabinet espagnol n'y fit appel officiellement que l'année suivante (17 mai 1835.);

sule ; et notre parti à nous, parti moyen, mobile, niais, accessible à toutes les fausses idées de dignité nationale, qui blâmera notre inaction. — Le roi, je le sais, craint les puissances du Nord ; il craint la guerre, il craint d'entrer, ne fût-ce que pour faire quelques pas, en Espagne. Je la crains aussi, mais il y a bien aussi à craindre de l'autre côté. Au surplus, nous n'avons aucune demande de l'Espagne. Seulement, avant qu'elle arrive, je voudrais que nous fussions d'accord, afin que de nouvelles divisions ne se mettent pas dans le cabinet, et j'en prévois sur ce sujet important d'assez prochaines. »

LE PRINCE DE TALLEYRAND AU COMTE DE RIGNY.

« Londres, le 21 juillet 1834.

» Monsieur le comte,

» J'ai eu hier une conversation avec lord Palmerston sur les affaires d'Espagne et sur la nouvelle complication qu'avait créée la présence de l'infant don Carlos dans les provinces insurgées. Il a reconnu comme moi *que le but du traité du 22 avril n'était point atteint* et a paru frappé surtout de l'observation contenue dans votre dépêche numéro 63, sur ce que les conséquences de ce traité auraient en définitive tourné au profit de l'infant, puisqu'il se serait trouvé transporté au milieu de ses partisans, tandis qu'avant le traité, l'accès des provinces basques lui était à peu près fermé.

» J'ai fait remarquer à lord Palmerston que, dès qu'il admettait avec nous que le but du traité n'était pas rempli, il devait aussi lui paraître nécessaire d'adopter quelque moyen de compléter l'œuvre que nos deux cours avaient en vue lorsqu'elles l'avaient conclu.

» Sur ce point, m'a-t-il dit, nous ne sommes pas éloignés » de penser qu'il y a *quelque chose* à faire pour aider la cause » de la reine d'Espagne, mais pour déterminer ce *quelque chose*, » il faut connaître la portée des demandes qui de Madrid seront » faites à Paris et à Londres. Nous allons expédier quelques » bâtiments légers sur la côte du nord de l'Espagne, pour sur- » veiller les mouvements des insurgés; la présence de notre » pavillon sur ce point pourra n'être pas inutile au gouverne- » ment espagnol, et c'est la seule mesure que nous puissions » prendre jusqu'à ce que le cabinet de Madrid ait demandé un » secours plus direct.

» Le point une fois admis par lord Palmerston que le traité du 22 avril, quoique exécuté à la lettre, ne l'était point dans son principe, et qu'il y avait *quelque chose* à faire pour arriver à cette exécution, je n'ai pas voulu insister davantage et j'aurais même attendu pour lui en reparler une demande positive venue de Madrid, lorsque j'ai reçu il y a quelques heures la dépêche que vous m'avez fait l'honneur de m'écrire sous le numéro 66.

» J'ai jugé, après avoir lu cette dépêche, que l'objet en était trop grave pour ne pas réclamer de lord Palmerston la confirmation de ce qu'il m'avait déclaré hier et qui répondait si bien aux questions que vous m'adressez. L'envoi fait par le gouvernement du roi de bâtiments devant Saint-Sébastien, Bilbao, Santander, etc., qui s'accorde avec la mesure prise par le gouvernement anglais, m'offrait d'ailleurs l'opportunité de revenir sur notre conversation d'hier.

» Lord Palmerston n'a pas hésité à me répéter ce qu'il

m'avait dit, c'est-à-dire *qu'il ne regarderait pas le but du traité du 22 avril comme atteint,* et qu'il y avait de la part de notre gouvernement et du sien quelque chose à faire pour pourvoir à l'exécution de cette transaction. Je reproduis ces mêmes termes parce qu'aujourd'hui comme hier ils ont été ceux employés par lord Palmerston.

» Il m'a informé en outre qu'il venait de recevoir une seconde note de M. de Miraflorès par laquelle celui-ci renouvelle les demandes comprises dans la première, et formule quelques-unes des stipulations qui devraient être insérées dans le nouveau traité ou dans la convention supplémentaire qu'il faudrait conclure.

» Le marquis de Miraflorès voudrait entre autres qu'on fît entrer un corps auxiliaire portugais en Espagne, en réciprocité du corps espagnol qui a poursuivi les deux prétendants en Portugal.

» Lord Palmerston m'a dit qu'il répondrait à cette note comme à la première en déclinant de prendre aucun parti sur l'objet de son contenu, jusqu'à ce qu'on ait connaissance des intentions du cabinet de Madrid, et j'ai insinué que c'était surtout pour la question de l'entrée d'un corps de troupes portugaises en Espagne, qu'il était important de connaître les désirs du cabinet de Madrid. Vous pourrez, ce me semble, sonder déjà M. le chevalier de Lima sur ce point assez délicat. La mesure prise par le gouvernement anglais de faire tenir quelques bâtiments sur la côte du nord de l'Espagne ne pourra pas manquer de produire un bon effet; car, exécutée de concert avec celle du même genre dont vous me parlez, elle montrera dès le principe que nous sommes d'accord pour soutenir la cause de la reine.

»Telles sont, monsieur le comte, les seules informations que je sois en état de vous fournir en réponse aux dernières dépêches que vous avez bien voulu m'écrire.

» J'y ajouterai une seule réflexion, c'est que dans mon opinion le gouvernement anglais verrait avec un vif déplaisir toute intervention armée de notre part en Espagne, et que d'un autre côté, cependant, les moyens qu'il consentirait à adopter pour secourir la cause de la reine ne seraient probablement pas de nature à la servir suffisamment; du reste, tout ceci ne peut être encore qu'hypothétique. »

LE COMTE DE RIGNY AU PRINCE DE TALLEYRAND.

« Paris, le 25 juillet 1834.

» Mon prince,

» Les dépêches de Madrid ne sont pas rassurantes et ne donnent pas un grand appétit d'aller se fourrer là.

» Il est bon que vous sachiez que les ministres étrangers ici qui peuvent apercevoir les dispositions personnelles du roi s'en prévalent auprès de don Carlos qu'ils font renseigner et encourager à cet égard : nous en avons *preuves matérielles*.

» Ils disent beaucoup dans leurs conversations privées que ce sera la guerre générale si nous soutenons la reine par une intervention armée : ils *provoquent* de leurs cours des notes précises sur ce sujet et disent qu'elles nous arrêteront tout court. Aussi voudrais-je qu'il y ait parti pris dans un sens ou dans un autre avant que nous entendions un tel langage.

» Ce qu'il y aurait de mieux, c'est que l'Espagne ne nous

demandât rien, et je n'ai encouragé Rayneval dans aucune espérance à ce sujet.

» Les vaisseaux anglais ont quitté Smyrne et ils ont bien fait, car cela agitait de nouveau Constantinople et tout son drogmanat à peu près en pure perte... »

MADAME ADÉLAÏDE D'ORLÉANS AU PRINCE DE TALLEYRAND.

« Neuilly, le 25 juillet 1834.

» Notre cher roi, à qui j'ai lu ma lettre et qui l'approuve complètement, veut que je vous dise quel est son langage sur l'affaire de l'Espagne. Il donnera tout l'appui moral dont il peut disposer, pour soutenir la couronne sur la tête de la jeune reine et donner force et consistance à son gouvernement. Il croit que cet appui moral sera plus efficace qu'une intervention armée; il fera donc tous ses efforts pour être dispensé de toute intervention de ce genre, mais il a trop l'expérience des vicissitudes humaines pour s'engager à ce qu'elle n'ait jamais lieu; il veut au contraire qu'on sache qu'il sera toujours prêt, quoi qu'il puisse lui en coûter, à prendre les mesures hardies que les circonstances lui paraîtraient exiger dans l'intérêt de la France, seul mobile de sa conduite et de sa pensée.

» Le roi me charge en outre de vous dire qu'il sait qu'il y a des gens qui croient qu'avec un corps de dix, douze ou quinze mille hommes, tout au plus, de troupes françaises, on pourrait enlever don Carlos et le transporter en France, en repliant aussitôt toutes ces troupes sur le territoire français. Le roi ne croit point au succès d'une telle tentative, si elle était faite.

» Rien ne serait plus difficile que de cerner don Carlos dans les montagnes, de le poursuivre et de l'attraper. Mais le roi croit aussi que, même en réussissant, le nom de don Carlos *enlevé par les Français* serait plus formidable que sa présence qui deviendra une source d'embarras continuels pour ses partisans et particulièrement pour ceux qui auront à le garder. Il dit que cet enlèvement serait assimilé en Espagne à celui de Ferdinand VII par Napoléon et serait de même plus avantageux que nuisible à sa cause. — Tandis que si, par l'effet de l'action espagnole, la puissance de don Carlos se trouve amoindrie et que ce soit parce que l'Espagne ne veut pas de lui qu'il se trouve rejeté sur le territoire français, sa cause sera perdue, et alors on pourra prendre envers lui sans inconvénient les mesures de sûreté qui préserveraient l'Espagne des dangers auxquels son retour pourrait l'exposer plus tard. Voilà, mon cher prince, une des pensées que le roi confie à votre discrétion ; il sait que vous n'en ferez que bon usage et regrette bien de ne pas vous entendre et de ne pouvoir pas vous communiquer toutes ses opinions sur cette question si grave et si compliquée.

» Il vous prie d'ailleurs de ne pas perdre de vue, à tout hasard, que toute intervention de la France en Espagne devant nécessairement l'affaiblir sur le Rhin et sur les Alpes serait *désirée* et non *redoutée* par les puissances du Nord, et que par conséquent, comme elle pourrait décider la guerre de leur part, jamais la France ne saurait s'y embarquer si l'Angleterre ne s'était pas liée par une alliance à faire cause commune avec elle.

» Tout ceci, mon cher prince, sous le sceau du plus grand secret. »

LE PRINCE DE TALLEYRAND AU COMTE DE RIGNY.

« Londres, le 25 juillet 1834.

» Monsieur le comte,

» ... J'avais vu lord Palmerston hier et dans un assez long entretien que nous avons eu ensemble sur la situation présente de l'Espagne, je lui ai fait pressentir toutes les difficultés que cette question entraînait pour le gouvernement du roi, au moment où la réunion des Chambres l'obligerait à s'expliquer sur la conduite politique qu'il tiendrait dans les affaires de la péninsule. J'ai dit en même temps qu'il nous était absolument nécessaire de connaître l'opinion du cabinet anglais sur la valeur qu'il attachait au traité du 22 avril, et de savoir si, d'après ce que lui, lord Palmerston, m'avait dit deux jours auparavant, le gouvernement français se trouvait autorisé à déclarer solennellement que la France et l'Angleterre reconnaissaient toutes deux que le but du traité n'étant point atteint, il y avait quelque nouvelle mesure à prendre pour pourvoir à son exécution. J'ai ajouté enfin que, dans le cas où le cabinet anglais reconnaîtrait avec nous la non-exécution du traité du 22 avril, il serait peut-être possible de me faire connaître dès aujourd'hui, et avant même que les demandes de secours du cabinet de Madrid nous aient été communiquées, quels sont les moyens que l'Angleterre croirait devoir proposer pour servir la cause de la reine d'Espagne.

» Lord Palmerston auquel j'avais développé toutes les raisons qui me faisaient désirer des réponses catégoriques, sinon sur tous ces points, au moins sur celui qui était relatif à la valeur qu'on devait attacher au traité du 22 avril, me promit de soumettre mes observations aux autres membres du cabinet aujourd'hui dans la matinée, et c'est le résultat de cette conférence avec ses collègues qu'il vient de me communiquer à l'instant et que je m'empresse de vous transmettre.

» Le gouvernement anglais croit que dans le discours d'ouverture des Chambres on peut introduire une phrase à peu près comme celle-ci :

» L'Angleterre pense avec nous que le but du traité du
» 22 avril n'est pas atteint, et dans ce moment-ci les quatre
» puissances signataires de ce traité s'occupent à fixer les
» mesures qui doivent être prises dans les circonstances
» actuelles.

» Telle est, monsieur le comte, la phrase que j'ai rédigée devant lord Palmerston et qu'il a approuvée dans tout son contenu. Le gouvernement du roi n'est pas astreint cependant à s'en tenir aux termes mêmes de cette phrase, mais il ne pourrait pas s'écarter de l'esprit, sans s'exposer à aller au delà de ce que le gouvernement anglais approuverait.

» Quant aux mesures à prendre, lord Palmerston m'a répété qu'on ne pouvait pas s'en occuper avant d'avoir reçu les demandes du cabinet de Madrid, et qu'il serait inutile de discuter en ce moment la question d'une intervention armée de notre part en Espagne, avant que le développement des événements dans la péninsule ait rendu nécessaire une si importante démarche.

» Je n'ai pas voulu insister davantage, parce qu'il m'a paru que, pour le moment, la phrase que je viens d'avoir l'honneur de vous indiquer répondait suffisamment aux exigences imposées au gouvernement du roi. En effet, s'il s'élève une discussion à la Chambre des députés sur les conséquences du traité du 22 avril, on pourra se borner à dire que les puissances signataires ont reconnu que l'objet de ce traité n'étant point atteint, elles devaient s'occuper des mesures ultérieures à prendre, mais que ces mesures étaient le sujet d'une négociation dont il ne serait pas convenable de dévoiler les détails.

» Je pense, monsieur le comte, que vous partagerez mon opinion à cet égard, et j'attendrai impatiemment votre réponse à cette dépêche.

» Je dois ajouter que lord Palmerston m'a exprimé, en son nom et en celui de ses collègues, le vif désir qu'une phrase de notre discours d'ouverture rappelât l'union de la France et de la Grande-Bretagne. Il serait aisé, je crois, de la lier à celle qui est relative aux événements de la péninsule.

» M. Tricoupis, ministre de Grèce à Londres, m'a fait part de quelques propositions qui lui auraient été faites, il y a peu de jours, par le nouveau chargé d'affaires de Russie au nom de son gouvernement. L'une de ces propositions tendrait à faire demander, par le gouvernement grec lui-même, aux trois cours de l'alliance, une déclaration par laquelle la neutralité du royaume de la Grèce serait reconnue. M. Tricoupis, en se chargeant probablement de transmettre cette ouverture à son gouvernement, m'a dit qu'il avait répondu à M. le comte de Medem qu'une déclaration telle qu'il la proposait devrait sans doute mettre le gouvernement grec dans la nécessité, en cas de guerre, de fermer ses ports aux bâtiments anglais et français.

» La seconde proposition était relative au roi Othon, que le cabinet russe désirerait voir embrasser la religion grecque ou du moins déclarer sa ferme intention d'élever ses enfants dans cette religion. M. Tricoupis doit avoir répondu que le roi Othon, n'ayant pas encore atteint sa majorité, n'était pas obligé de s'expliquer sur ce point ; que dans tous les cas c'était une affaire de conscience qui ne pouvait être décidée par un traité et que, quant à ce qui se rapportait à la religion des enfants du jeune roi, il était inutile de s'en occuper, puisqu'il n'en avait pas et qu'il n'était pas même marié. »

« Londres, le 29 juillet 1834.

» Je viens de voir lord Palmerston qui m'a fait part d'un changement arrêté dans un conseil de cabinet au sujet de la phrase que j'ai eu l'honneur de vous communiquer et qui exprimait l'opinion des gouvernements de France et d'Angleterre sur le traité du 22 avril. Il m'a dit que n'ayant consulté, lorsqu'il m'avait vu, que quelques-uns de ses collègues, il avait jugé plus tard que l'objet était trop grave pour ne pas être traité dans un conseil de cabinet, et que c'était d'après l'avis général du conseil que la nouvelle phrase avait été modifiée et envoyée à lord Granville pour vous être soumise.

» Lord Palmerston m'a lu cette phrase qui me paraît contenir, quoique d'une manière moins claire, la substance de celle que je vous avais adressée. J'ai exprimé ma pensée à cet égard à lord Palmerston en ajoutant qu'il était possible que le discours du roi eût déjà reçu la sanction du conseil des ministres lorsque la communication de lord Granville vous aura été faite et que, par conséquent, il fût trop tard pour lui faire subir aucune modification.

» Je crois pouvoir vous dire que dans mon opinion il n'y aurait aucun inconvénient à maintenir la première rédaction qui vous est parvenue par moi, si c'est celle que vous préférez. »

LE COMTE DE RIGNY AU PRINCE DE TALLEYRAND.

« Paris, le 3 août 1834.

» Mon prince,

» J'ai parfaitement compris ce qui est arrivé : c'est que Palmerston a saisi l'occasion de votre absence pour faire ce qui lui eût été plus difficile, vous étant à Londres.

» Au reste, tout cela est fini. Ici les avis sont fort partagés : les uns disent que nous avons trop dit, les autres pas assez.

» Dupin est contre toute intervention armée; le *Journal des Débats* pour toute intervention armée; je ne puis que le ralentir là-dessus, mais non le faire taire.

» Il nous est impossible dans les marches de montagne de bien savoir ce que font don Carlos et Rodil. Je ne suis pas sans inquiétude sur les dispositions, non de Rodil personnellement, mais de ses alentours. Le massacre des moines à Madrid[1] a ravivé l'insurrection, et les conspirations suivies et découvertes à Madrid annoncent de la division dans le parti de la reine...

---

1. Des scènes de meurtre avaient, en effet, ensanglanté Madrid. Le choléra s'était répandu dans la capitale. Comme à Paris, la populace refusant de croire à la maladie attribua l'épidémie à des empoisonnements dont elle accusa les religieux. Le 17 juillet, des bandes armées attaquèrent les couvents de la ville et massacrèrent la plupart des religieux qui s'y trouvaient.

» Les nouvelles de la Catalogne sont meilleures. Je voudrais bien que vous puissiez m'expédier, par estafette extraordinaire, la conversation de lord Londonderry à la Chambre des pairs[1]. Cela tombera ici à temps pour nos débats qui vont s'ouvrir à la fin de la semaine. »

« Le 4 août.

» Harispe[2] nous mande que décidément Rodil a eu un avantage considérable contre Zumalacarreguy : don Carlos

---

1. Lord Londonderry avait annoncé qu'il ferait une motion sur les affaires de la péninsule. Le 4 août, il prit la parole à la Chambre des lords, et attaqua violemment la politique du cabinet. — Voici ce qu'il disait de la France :

« En ce qui concerne l'alliance avec la France, je ne crois pas qu'il soit juste de donner une préférence à ce pays sur les autres et je ne puis approuver les éloges qu'on a prodigués si souvent aux trois journées de Juillet.

» Louis-Philippe gouverne d'après le principe de la force ; il a rempli la province et la capitale de ses troupes ; ses ordonnances, et sa conduite en général sont aussi arbitraires que celles de Charles X ; seulement Louis-Philippe a agi avec plus de franchise et d'habileté... En ce qui touche le quadruple traité, je ne conçois rien réellement de plus bas, de plus atroce que la marche qu'on a suivie à l'égard du Portugal en négociant ce traité. Nous nous étions engagés à une neutralité positive... mais sous le masque de la neutralité, le gouvernement préparait une intervention armée de concert avec un puissant allié. Je crois réellement que pour une grande nation, une pareille conduite est atroce. » Lord Londonderry ajoutait que l'Angleterre n'avait rien gagné à cette politique, et il concluait en demandant « qu'une humble adresse fût présentée à Sa » Majesté pour la prier d'ordonner que des copies de toutes les correspon- » dances et des renseignements qui ont conduit à la négociation et à la » conclusion du traité du 22 avril fussent déposées sur le bureau. » Cette motion fut repoussée à une grande majorité.

2. Jean-Isidore, comte Harispe, né en 1768, engagé volontaire en 1792, devint général de brigade en 1807 et servit particulièrement en Espagne. Mis en disponibilité sous la restauration pour s'être rallié à l'empereur pendant les Cent-jours, il reprit du service en 1830, et fut créé pair de France. Il commandait en 1834 une division sur la frontière des Pyrénées. Il fut nommé maréchal de France en 1851 et mourut en 1855.

reste adossé à notre frontière, et Harispe ne doute guère que sous peu il ne soit obligé de la repasser.

» Voilà les demandes de Madrid dont lord Palmerston reçoit le double par Villiers et par M. de Miraflorès.

» Dans la Chambre, on est peu disposé à l'intervention armée. Le roi se soucie peu d'une déclaration et nous pourrions, en effet, considérer la phrase du discours comme équivalente.

» D'un autre côté, Toreno, avec son emprunt à Londres et la banqueroute qu'il fait à nos petits rentiers, ne nous donne aucune force pour l'aider : on dit qu'il réduit à deux cinquièmes. Nous avions écrit vivement là-dessus, mais l'Espagne veut une banqueroute et je crois qu'elle ne pourra pas faire autrement. Cela rendra Toreno aussi populaire à Madrid que peu ici... »

LE COMTE DE RIGNY AU PRINCE DE TALLEYRAND.

« Le 4 août 1834, neuf heures du soir.

» Mon prince,

» Nous recevons la dépêche télégraphique suivante de Bayonne en date de ce jour :

» Les insurgés sont battus sur tous les points depuis le 1er.
» Rodil attaque avec vigueur[1]. »

» J'aurai ce soir des détails... »

---

1. Le général Rodil venait d'être mis à la tête de forces imposantes. Arrivé à Logrono sur l'Èbre, il apprit la nouvelle de l'arrivée de don Carlos dans les provinces insurgées. Il résolut de tout faire pour s'emparer de sa personne, couvrit le pays de postes fortifiés et remporta des avantages signalés, mais le prétendant parvint toujours à lui échapper au milieu des plus grands dangers.

LE PRINCE DE TALLEYRAND AU COMTE DE RIGNY.

« Londres, le 5 août 1834.

» Monsieur le comte,

» J'ai l'honneur de vous transmettre la copie d'une pièce dont vous avez déjà connaissance ; c'est la note par laquelle lord Palmerston avait répondu le 28 du mois dernier aux démarches renouvelées du ministre d'Espagne à Londres. J'y joins en même temps une traduction littérale de la nouvelle note que le marquis de Miraflorès vient d'adresser à lord Palmerston, et dans laquelle il a exposé les différents points que le gouvernement espagnol désire faire entrer dans des articles additionnels au traité du 22 avril.

» Une communication du même genre vous aura été faite sans aucun doute par M. le duc de Frias, et comme elle aura appelé toute votre attention, je vous serai très obligé de me faire connaître les intentions du gouvernement du roi sur les cinq nouvelles propositions du cabinet de Madrid.

» La première exprime un désir qui a été prévenu par le gouvernement français et ne pourra par conséquent donner lieu à aucune difficulté. Je pense qu'il en est de même de la seconde[1], et quant à la troisième qui est relative à l'entrée d'un corps de troupes portugaises, il ne paraît guère possible, dans les circonstances données, que nous y mettions opposition.

» Mais c'est sur la quatrième proposition particulièrement que j'ai besoin d'avoir des données positives, précises et les

---

1. La première proposition était relative aux mesures à prendre par le cabinet français sur la frontière des Pyrénées ; la deuxième, aux secours que l'Angleterre devait fournir au gouvernement de la reine Isabelle.

plus détaillées. Je ne puis juger d'aucune manière quelle est la nature, la quantité, la valeur des secours matériels que le gouvernement du roi voudrait s'engager à fournir à l'Espagne, et je réclame en conséquence à cet égard de votre part, monsieur le comte, un article complètement rédigé et pour lequel je n'aie plus à peu près qu'à demander la signature des autres plénipotentiaires.

» Je tiendrais également à être instruit de la forme que vous désirez donner à l'espèce de garantie et d'appui moral qui fait l'objet de la cinquième proposition du gouvernement espagnol.

» Vous concevez, monsieur le comte, que ces deux derniers points renferment des questions que je ne suis pas en état de résoudre, car il faudrait mieux connaître que je ne puis le faire les ressources que le gouvernement du roi a l'intention d'employer en faveur de l'Espagne, et la mesure des engagements qu'il voudrait prendre dans les affaires de la Péninsule.

» Comme il est très probable qu'on ne tardera pas à me demander mon opinion sur les articles additionnels à ajouter au traité du 22 avril, j'oserai vous prier de hâter, autant que cela sera possible, l'envoi des directions et des ordres que j'attends de vous. »

« Londres, le 7 août 1834.

» ... Je viens d'avoir avec lord Palmerston un entretien au sujet des demandes faites récemment par le cabinet de Madrid aux gouvernements de France et d'Angleterre. Il m'a fait part des réflexions que lui avait suggérées l'examen attentif de ces demandes et qui l'ont amené à douter de la possibilité d'ajouter quelques articles au traité du 22 avril, ou même de conclure un nouveau traité. En effet, m'a-t-il dit, les demandes du cabinet de Madrid portent sur des points qui ne peuvent guère donner lieu à des stipulations de traité, mais qui peuvent être l'objet de mesures de police que chaque gouvernement est toujours libre d'adopter. Ainsi le gouvernement français est en droit de défendre l'introduction en Espagne, par sa frontière de terre, de quelque espèce de secours que ce soit destinés aux insurgés espagnols. Il peut, de concert avec le gouvernement anglais, faire surveiller les côtes de l'Espagne, empêcher la contrebande militaire dans les bornes qui sont déterminées par les lois des nations. Mais il n'est pas nécessaire que de telles mesures soient stipulées par un traité ; il serait même impossible de le faire sans reconnaître les droits des neutres et, par conséquent, sans invalider d'avance toutes les poursuites qui seraient faites contre des bâtiments étrangers qui tenteraient d'aborder en Espagne pour y porter des armes, munitions, etc., etc., aux insurgés. A moins d'une déclaration de guerre formelle de la part de la France et de l'Angleterre contre don Carlos, qu'on ne peut raisonnablement demander, il serait difficile pour ces deux puissances de faire reconnaître le blocus des côtes d'Espagne par les autres gouvernements. Il semblerait donc plus convenable que le gouvernement espagnol déclarât ses ports en état de blocus, et que les vaisseaux français et anglais prêtassent leur secours pour maintenir ce blocus, en agissant toutefois dans les bornes qui leur sont prescrites par les droits des neutres.

» Quant aux demandes de secours matériels faites par le cabinet de Madrid, il n'est pas besoin d'un traité pour y satisfaire ; chaque gouvernement est libre à cet égard de faire ce qui lui convient, et les secours n'en seront pas moins réels quoique donnés sans traité.

» Enfin, pour ce qui concerne la déclaration solennelle que le gouvernement espagnol désire qui soit faite par les gouvernements signataires du traité du 22 avril, le cabinet anglais n'y met aucune opposition, mais il pense qu'une telle déclaration peut être l'objet seulement d'une note diplomatique qui serait rendue publique à Madrid au besoin.

» Il ne peut être question de l'entrée de troupes portugaises en Espagne, puisque le cabinet de Madrid n'a point fait mention de ce projet dans les demandes qu'il a adressées au gouvernement anglais et qu'il a insisté au contraire pour que le cordon de troupes portugaises qui sera réuni sur la frontière du Portugal ne pénètre point en Espagne.

» Ayant résumé ces diverses considérations avec lord Palmerston, nous sommes convenus de nous réunir demain aux plénipotentiaires d'Espagne et de Portugal, d'inviter ceux-ci à nous passer une note en forme qui renfermera les demandes qui peuvent entrer convenablement dans un pareil document, et nous leur annoncerons en même temps notre intention de répondre à cette note par une contre-note qui exprimera l'opinion de nos deux gouvernements sur la situation actuelle de la péninsule et qui contiendra les assurances de notre appui quand les circonstances le permettront. Cette contre-note pourrait être ensuite publiée à Madrid et prêterait sans doute au gouvernement espagnol l'appui moral qu'il réclame de nous.

» Tel est, monsieur le comte, le plan auquel nous nous

sommes arrêtés, qui pourra être modifié, mais qui, dans tous les cas, nous dispensera de conclure une convention ou des articles additionnels au traité du 22 avril.

» Je vous serai particulièrement obligé de me faire connaître si ce plan a mérité votre approbation et celle du gouvernement du roi. »

« Londres, le 9 août 1834.

» ... Après plusieurs conférences entre lord Palmerston, les ministres d'Espagne et de Portugal et moi, dans lesquelles MM. de Miraflorès et Sarmento ont vivement insisté pour que des articles additionnels fussent ajoutés au traité du 22 avril, nous sommes convenus du projet de convention additionnelle que j'ai l'honneur de vous transmettre. Il a reçu l'approbation du cabinet anglais...

» Je n'ai pas jugé convenable cependant de me déclarer prêt à signer ces articles additionnels et j'ai demandé à en référer à mon gouvernement...

» L'examen attentif du projet que je vous envoie, monsieur le comte, vous persuadera sans doute comme à moi qu'il n'offre aucun inconvénient réel pour le gouvernement du roi, puisqu'il ne contient point de nouvel engagement excepté celui de ne pas laisser passer par notre frontière des secours à l'armée de l'infant don Carlos, et sur ce point nous avons prévenu les stipulations de l'article premier.

» Une seule considération m'arrête, quoiqu'au fond elle me paraisse sans importance.

» Par l'article II, le gouvernement anglais s'engage à fournir des secours en armes et en munitions de guerre dont la valeur lui sera remboursée plus tard par l'Espagne.

» Cette dernière stipulation ne pourra-t-elle pas donner lieu dans notre Chambre des députés et dans les journaux à quelques fausses interprétations. N'accusera-t-on pas le gouvernement du roi d'avoir privé le commerce français de la vente des objets qui seront livrés par l'Angleterre au gouvernement espagnol ?

» Ce reproche serait très mal fondé, certainement, car il est évident que, comme il arrive toujours en pareil cas, l'Angleterre ne retirera en définitive rien des déboursés qu'elle sera dans le cas de faire, et qu'il y a un avantage positif pour nous à éviter de pareils déboursés. Mais j'ignore si le ministère français est en mesure de faire prévaloir cette opinion, et c'est ce qui m'a décidé à suspendre mon consentement à l'article.

» Au total, le projet de convention additionnelle est assez insignifiant pour qu'il n'y ait aucun danger de notre part à l'approuver. Il offrirait même plutôt de l'inconvénient par son insignifiance, si nous ne pouvions toujours affirmer qu'il renferme toute la somme des demandes faites par le cabinet de Madrid.

» Un seul point du projet a de la valeur : c'est la reconnaissance faite par la France et l'Angleterre que le but du traité du 22 avril n'est pas atteint.

» Je persiste à croire que la preuve de ce fait se serait trouvée aussi utilement exprimée dans le discours du roi des Français à l'ouverture des Chambres, et dans celui que le roi d'Angleterre prononcera vers la fin de cette semaine à la prorogation du parlement. Au besoin même, un échange de notes diplotiques entre la France et l'Angleterre d'une part, et l'Espagne de l'autre, aurait suffi pour remplacer le préambule un peu pompeux d'une convention qui stipule des obligations si peu importantes.

» Mais enfin nous avons dû céder aux instances réitérées de MM. de Miraflorès et de Sarmento : le premier surtout de ces messieurs nous a fait voir des passages de dépêches de M. Martinez de la Rosa qui lui imposent l'obligation, dit-il, d'insister pour obtenir des articles additionnels au traité du 22 avril. »

« Londres, le 12 août 1834.

» ... Il me paraît que le projet d'articles additionnels qui était joint à ma dépêche s'accorde avec les intentions que vous m'exprimez au nom du gouvernement du roi.

» La déclaration mentionnée dans le préambule des articles est conçue en des termes assez vagues pour ne donner lieu à aucune objection sérieuse.

» J'aurais préféré, comme je vous le disais dans ma dépêche d'hier, qu'on s'en tînt à la phrase du discours du roi, mais il était impossible de faire des articles additionnels au traité du 22 avril sans les motiver d'une manière quelconque, et je crois que la phrase employée dans ce but, dit aussi peu que faire se pouvait.

» Les stipulations de l'article premier ayant reçu votre approbation, il ne reste plus que l'objection sans importance que je vous ai soumise sur l'article II.

» Je ne pense pas que vous désiriez que la proposition du gouvernement du roi au cabinet de Madrid à l'égard du transport de la légion étrangère d'Alger sur la côte d'Espagne forme un nouvel article additionnel. Je ne la mettrais en avant que dans le cas où vous m'en donneriez l'ordre...

» Au moment où je finissais cette dépêche, j'ai vu lord Palmerston qui m'a annoncé qu'à la demande de M. de Miraflorès et d'après l'opinion unanime du conseil, il me proposait d'ajouter l'article suivant à ceux que j'ai eu l'honneur de vous envoyer hier : « S'il arrivait que de nouvelles circonstances » exigeassent de nouvelles mesures, les hautes parties contrac- » tantes s'engagent à faire à ce sujet ce dont elles pourraient » convenir d'un commun accord. »

» Je n'ai pas caché à lord Palmerston que je n'approuvais cet article ni dans le fond, ni dans la forme qui était blessante pour le gouvernement espagnol, puisque c'était douter d'avance de ses forces, et que la publication d'un tel doute de la part des trois cours pourrait produire un mauvais effet à Madrid. J'ai ajouté enfin, qu'en nous communiquant cet article je vous exprimerais l'inconvénient que j'y trouvais. — Si vous refusez de l'adopter, je crois qu'il serait utile de m'écrire une dépêche assez motivée pour que je puisse la montrer. »

« Londres, le 15 août 1834.

» ... J'ai l'honneur de vous transmettre le discours que le roi d'Angleterre vient de prononcer en ajournant le parlement au 25 septembre prochain. Le roi en lisant le discours a donné aux phrases qui concernent la politique extérieure et la France particulièrement une expression qui a paru faire sensation dans la tribune diplomatique. »

« Londres, le 19 août 1834.

» Je m'empresse de vous transmettre les articles additionnels que nous venons de signer à l'instant. Je crois que le gouvernement du roi ne peut qu'être satisfait de leur contenu[1]. Vous remarquerez que nous avons fait quelques changements, ainsi que je vous l'annonçais hier, au projet primitif de ces articles : le plus important est celui qui termine l'article II. Par cet article l'Angleterre s'engage vis-à-vis de la reine régente dans une politique beaucoup plus décidée, tandis que l'article premier est resté le même et ne stipule pour la France

---

1. Voici le texte de la convention additionnelle au traité de la quadruple alliance, tel qu'il fut arrêté et signé le 18 août 1834 :

« Sa Majesté le roi des Français, Sa Majesté la reine régente d'Espagne, ... Sa Majesté le roi du Royaume-Uni de Grande-Bretagne et d'Irlande, Sa Majesté Impériale le duc de Bragance, régent du royaume de Portugal et des Algarves, hautes parties contractantes au traité du 22 avril 1834, ayant porté leur sérieuse attention sur les événements récents qui ont eu lieu dans la péninsule, et étant profondément convaincues que dans ce nouvel état de choses de nouvelles mesures sont devenues nécessaires pour atteindre complètement le but dudit traité ;

» Les soussignés (suivent les noms des plénipotentiaires), étant munis de l'autorisation de leurs gouvernements respectifs sont convenus des articles suivants additionnels au traité du 22 avril 1834 :

» I. — Sa Majesté le roi des Français s'engage à prendre dans la partie de ses États qui avoisine l'Espagne, les mesures les mieux calculées pour empêcher qu'aucune espèce de secours en hommes, armes ou munitions de guerre, soit envoyé du territoire français aux insurgés en Espagne.

» II. — Sa Majesté le roi du Royaume de la Grande-Bretagne et d'Irlande s'engage à fournir à Sa Majesté Catholique tous les secours d'armes et de munitions de guerre que Sa Majesté Catholique pourra réclamer, et en outre à l'assister avec des forces navales, si cela devient nécessaire.

» III. — Sa Majesté Impériale le duc de Bragance régent du royaume de Portugal et des Algarves... partageant complètement les sentiments de ses augustes alliés et désirant reconnaître par un juste retour les engagements contractés par la reine régente d'Espagne dans le deuxième article du traité du 22 avril 1834, s'oblige à prêter assistance si la nécessité s'en présentait à Sa Majesté Catholique par tous les moyens qui seraient en son pouvoir d'après la forme et la manière qui seraient convenues ensuite entre leurs dites Majestés.

» IV. — Les articles ci-dessus auront même force et valeur, etc.

» TALLEYRAND, MIRAFLORÈS,
» PALMERSTON, C.-P. DE MORAES SARMENTO. »

que des obligations qu'elle s'est déjà empressée de remplir. Je suis bien aise que cette convention additionnelle au traité du 22 avril ait pris par la suppression de la dernière partie de l'article II un caractère uniquement politique [1]. Vous remarquerez sans doute, monsieur le comte, qu'elle se lie mieux ainsi au traité du 22 avril et aux vues que les cours ont eues en le contractant. »

M. de Talleyrand était arrivé au terme de sa tâche. Quelques jours après avoir signé les articles additionnels au traité de la quadruple alliance, il profita du congé qui lui avait été accordé et revint en France. Trois mois après, il se déterminait à résigner ses fonctions d'ambassadeur, et écrivait au roi à Madame Adélaïde et au ministre des affaires étrangères les lettres qui vont suivre.

LE PRINCE DE TALLEYRAND A MADAME ADÉLAÏDE.

« Valençay, le 12 novembre 1834.

» ... Mademoiselle aura pu remarquer que je me suis abstenu longtemps de lui parler de moi et de détourner un seul instant son attention de la pénible crise [2] qui devait fatiguer le

---

1. Voir page 469 la teneur du projet primitif de cet article. Le changement qui y avait été apporté était apprécié en ces termes par M. de Talleyrand dans une dépêche du 17 août :

« ... Nous sommes convenus de nous borner à la signature des trois articles en changeant toutefois quelques expressions de l'article II qui par l'idée commerciale qu'elles apportent, ôtent de la force et de la dignité aux mesures stipulées par cet article. »

2. La crise ministérielle de novembre 1834. Après le ministère des trois jours présidé par le duc de Bassano, le cabinet du 11 octobre revint au pouvoir sous la présidence du maréchal Maison.

roi. Mais aujourd'hui que cette crise est terminée, je réclame avec toute la confiance d'un serviteur éprouvé une nouvelle preuve de la bonté de Mademoiselle. Je la supplie de disposer favorablement le roi à la lecture d'une lettre que j'écris au département des affaires étrangères. Elle y porte ma démission. Je dois croire que le roi est disposé à la recevoir, Monseigneur le duc d'Orléans m'ayant témoigné que, dans son opinion, je ne pouvais plus être utile à Londres. Il a raison, car je suis vieux, je suis infirme, et je m'attriste de la rapidité avec laquelle je vois ma propre génération disparaître. Homme d'un autre temps, je me sens devenir étranger à celui-ci.

» Je me permettrai aussi de répéter à Mademoiselle ce que le prince royal a fort bien senti : c'est que nous avons depuis quatre années tiré de l'Angleterre tout ce qu'elle pouvait nous donner *d'utile*. Puisse-t-elle ne nous rien transmettre de nuisible ! L'Angleterre s'est étrangement modifiée et je ne pense pas qu'elle puisse s'arrêter dans la nouvelle route qu'elle parcourt. Je ne me sens pas appelé, je l'avoue à la suivre. Ici se présente d'ailleurs, outre la différence de système, une question de personnes. Lord Palmerston et moi, nous ne nous entendons plus, et nous ne nous plaisons guère. Il ne faut pas que le service du roi souffre de cette mésintelligence. Tels sont mes motifs : je les crois fondés en raison, en convenance, et je suis persuadé que l'admirable pénétration du roi les jugera dignes de mon dévouement à ses intérêts. Je n'insisterai donc pas davantage sur mon attachement à sa personne, mais je reviendrai encore une fois sur la nécessité qu'il y a pour moi de me reposer avant de finir. Je crois d'ailleurs devoir à la place que peut me destiner l'histoire de ne pas compromettre le souvenir des services que j'ai été assez heureux pour pouvoir rendre à la France à travers les vicissitudes infinies qu'elle a traversées depuis plus de cinquante années.

» En prolongeant mon action, désormais sans objet, je serais sans utilité pour mon pays et ne pourrais que nuire à ma dignité personnelle.

» Je ne ferai aucune excuse à Mademoiselle de l'entretenir si longuement du même objet : sa noble amitié est de nature, je le sais, à ne pouvoir que s'augmenter de tout l'abandon de ma confiance. Un esprit aussi élevé, une âme aussi tendre me conservera mes plus chères consolations, son *souvenir et sa bonté*...

» TALLEYRAND. »

LE PRINCE DE TALLEYRAND AU MINISTRE DES AFFAIRES ÉTRANGÈRES[1].

« Valençay, le 13 novembre 1834.

» Monsieur le ministre,

» Lorsque la confiance du roi m'appela il y a quatre ans à l'ambassade de Londres, la difficulté même de la mission me fit obéir. Je crois l'avoir accomplie utilement pour la France et pour le roi, deux intérêts toujours présents à mon esprit, étroitement confondus dans ma pensée.

» Dans ces quatre années, la paix générale maintenue a permis à toutes nos relations de se simplifier : notre poli-

---

1. A la suite de la dissolution du ministère, deux ou trois intérimaires ayant été nommés successivement, M. de Talleyrand dut adresser simplement cette lettre au ministre des affaires étrangères, sans désignation de personne. (*Note de M*me *la comtesse de Mirabeau.*)

tique, d'isolée qu'elle était, s'est mêlée à celle des autres nations ; elle a été acceptée, appréciée, honorée par les honnêtes gens et par les bons esprits de tous les pays. La coopération que nous avons obtenue de l'Angleterre, n'a rien coûté ni à notre indépendance ni à nos susceptibilités nationales, et tel a été notre respect pour les droits de chacun, telle a été la franchise de nos procédés que, loin d'inspirer de la méfiance, c'est notre garantie que l'on réclame aujourd'hui contre de certaines directions qui inquiètent la vieille Europe.

» C'est assurément à la haute sagesse du roi, à sa grande habileté qu'il faut attribuer des résultats aussi satisfaisants. Je ne réclame pour moi-même d'autre mérite que celui d'avoir deviné, avant tous la pensée profonde du roi et de l'avoir annoncée à ceux qui, depuis, se sont convaincus de la vérité de mes paroles.

» Mais aujourd'hui que l'Europe connaît et admire le roi, que par cela même, les plus grandes difficultés sont surmontées ; aujourd'hui que l'Angleterre a peut-être un besoin égal au nôtre de notre alliance mutuelle et que la route que paraît vouloir suivre l'Angleterre doit lui faire préférer un esprit à traditions moins anciennes que les miennes ; aujourd'hui, je crois pouvoir sans manquer de dévouement au roi et à la France supplier respectueusement Sa Majesté d'accepter ma démission, et vous prier, monsieur le ministre, de la lui présenter.

» Mon grand âge, les infirmités qui en sont la suite naturelle, le repos qu'il conseille, les pensées qu'il suggère, rendent ma démarche bien simple, ne la justifient que trop, et en font même un devoir. Je me confie à l'équitable bonté du roi pour en juger ainsi. Agréez...

» Prince DE TALLEYRAND. »

LE PRINCE DE TALLEYRAND AU ROI LOUIS-PHILIPPE.

« Valençay, le 23 novembre 1834.
» Sire,

» Votre Majesté aura pardonné le retard que j'ai mis à la remercier de ses nouvelles bontés, de sa confiance, j'oserai presque dire de son amitié. Je voudrais y mieux répondre, mais je ne puis me refuser aux sérieux avertissements reçus à la triste cérémonie à laquelle j'ai dû assister[1].

» J'y ai puisé le courage de persévérer dans une résolution dont le côté vraiment douloureux pour mon cœur est de déplaire au roi. Il m'excusera s'il consent à se souvenir du dévouement avec lequel, malgré mon grand âge, je l'ai servi depuis quatre années, et il vaudra bien m'en savoir encore quelque gré alors que la mort de mes vieux amis et le poids des années ne permettent plus à mes actions de répondre à mon zèle.

» C'est bien à tort qu'on chercherait d'autres motifs que ceux indiqués dans les dernières lignes de ma lettre au ministre des affaires étrangères. Ce serait une erreur que d'avoir voulu faire de ma démission une question de noms propres soit anglais, soit français. J'ai, grâce à vous, Sire, obtenu pour la révolution de Juillet, le *droit de cité* en Europe. Ma tâche est accomplie et j'insiste aujourd'hui pour me retirer parce que j'en ai le droit et le besoin.

» Si je sortais de cette pensée si vraie et si simple et qu'il me fallût d'autres motifs encore, je dirais au roi que personne

---

1. L'enterrement de la comtesse Tietzkewitz, née princesse Poniatowska (*Note de M*^me *la comtesse de Mirabeau*).

n'honore plus que moi le duc de Wellington ; que je suis persuadé qu'à lui seul appartiendra l'honneur, si toutefois cela se peut encore, d'arrêter l'Angleterre dans sa décadence[1]. Mais quel que soit mon respect pour son caractère, sa force et sa prudence, je ne pourrais, sur le seul fait de sa rentrée aux affaires, retirer ma démission si sérieusement motivée et publique depuis beaucoup de jours, sans devenir à l'instant même un homme de parti pour les deux pays et, par cela même moins en état de bien servir le roi.

» Je n'ai jamais été un homme de parti ; je n'ai jamais voulu l'être et c'est ce qui a fait ma force. Lorsqu'il y a quatre ans je suis parti pour l'Angleterre, j'étais aux yeux de la France, de cette France si sévère dans ses susceptibilités nationales, ce que j'ai toujours voulu être : l'homme de la France ! Aujourd'hui, je serais pour elle, l'homme du duc de Wellington.

» Le roi oublie trop souvent dans son indulgente bonté mon grand âge : il oublie qu'il n'est pas permis à un octogénaire de manquer de prudence, car ce qui rend les fautes de la vieillesse si tristes, c'est qu'elles sont irréparables.

» Je crois qu'il sera facile au roi de faire un choix convenable pour Londres. M. de Sainte-Aulaire saurait comme il l'a su à Rome et à Vienne faire respecter son gouvernement et estimer sa personne. M. de Rayneval, plein d'expérience et d'une prudence habile, serait peut-être dans les circonstances

---

1. Le cabinet de lord Melbourne venait de se retirer (14 novembre). Le duc de Wellington avait été provisoirement appelé au pouvoir en attendant l'arrivée de sir R. Peel, alors en voyage, que le roi voulait charger de constituer un nouveau ministère. Pendant près d'un mois, le duc de Wellington représenta à lui seul tout le gouvernement anglais. Il conserva le portefeuille des affaires étrangères dans le cabinet de sir R. Peel.

actuelles, un meilleur choix encore, car il connaît mieux que personne les intérêts et les difficultés de la péninsule dont le sort occupera sans doute en première ligne le nouveau cabinet anglais.

» Je vois, du reste, tant d'intérêts divers à régler, ou du moins à discuter, que je pense de plus en plus à un prochain congrès. S'il convenait à Votre Majesté de m'y envoyer, je ferais volontiers dans cette mission momentanée un dernier essai de mes forces. Ce n'est que là où tout considéré, je pourrais peut-être encore servir utilement le roi. Je ne saurais être coupable à ses yeux des torts de mon âge et des fatigues de ma vie.

» Je suis, Sire...

» Prince DE TALLEYRAND. »

LE ROI LOUIS-PHILIPPE AU PRINCE DE TALLEYRAND.

« Paris, le 25 novembre 1834.

» Mon cher prince,

» Je n'ai rien vu de plus parfait, de plus noble, de plus honorable, de mieux exprimé que la lettre que je viens de recevoir de vous. J'en suis profondément touché. Sans doute il m'en coûte beaucoup de reconnaître la justesse de la plupart de vos motifs pour ne pas retourner à Londres, mais je suis trop sincère et trop ami de mes amis, pour ne pas reconnaître que vous avez raison. Cependant, pour pousser jusqu'au bout ma franchise, je crains que le poids de la douleur qui vous accable ne vous ait porté à vous exagérer celui des années et ce que vous avez considéré comme des avertissements. Croyez que plus j'apprécie les grands services que vous m'avez rendus ainsi que ceux que vous avez rendus à la France, plus je sens qu'il y en a que vous seul vous pourriez encore me rendre, et vous ne vous dissimulez sûrement pas combien votre résolution, quelque bien motivée qu'elle soit, va augmenter mes embarras. Il est impossible de rien arrêter avant que le ministère anglais soit reconstitué, mais j'entre bien dans vos idées : il faut s'occuper de préparer l'avenir, et c'est pour cela, mon cher prince, que je désire vivement que vous reveniez à Paris le plus tôt possible. Je suis impatient de vous entendre et d'être entendu de vous : je sens le besoin d'avoir l'assistance de votre expérience et surtout les conseils de cette amitié éclairée qui m'est si précieuse. J'aime à vous répéter combien vous devez compter sur la mienne et sur tous les sentiments que je vous porte depuis si longtemps.

» LOUIS-PHILIPPE. »

L'ambassade de Londres est le dernier épisode de la carrière politique du prince de Talleyrand. Il touchait d'ailleurs au terme de son existence, car il ne survécut à sa démission que quatre années. Il les passa dans une retraite absolue, soit dans sa terre de Valençay, soit à Paris, dans son hôtel de la rue Saint-Florentin. C'est là qu'il mourut le 17 mai 1838. Le matin même de sa mort, il avait signé une rétractation solennelle des erreurs de sa vie qui avaient encouru les censures de l'Église ; il l'adressa au pape Grégoire XVI avec une lettre de soumission. Nous ne croyons pouvoir mieux terminer les *Mémoires* que M. de Talleyrand a consacrés à sa vie publique qu'en insérant ici ces deux pièces remarquables.

RÉTRACTATION DU PRINCE DE TALLEYRAND.

« Touché de plus en plus par de graves considérations, conduit à juger de sang-froid les conséquences d'une révolution qui a tout entraîné et qui dure depuis cinquante ans, je suis arrivé, au terme d'un grand âge et après une longue expérience, à blâmer les excès du siècle auquel j'ai appartenu, et à condamner franchement les graves erreurs qui, dans cette longue suite d'années, ont troublé et affligé l'Église catholique, apostolique, romaine, et auxquelles j'ai eu le malheur de participer.

» S'il plaît au respectable ami de ma famille, monseigneur l'archevêque de Paris, qui a bien voulu me faire assurer des dispositions bienveillantes du souverain pontife à mon égard, de faire arriver au Saint-Père, comme je le désire, l'hommage de ma respectueuse reconnaissance et de ma soumission entière à la doctrine et à la discipline de l'Église, aux décisions et jugements du Saint-Siège sur les affaires ecclésiastiques de France, j'ose espérer que Sa Sainteté daignera les accueillir avec bonté.

» Dispensé plus tard par le vénérable Pie VII de l'exercice des fonctions ecclésiastiques, j'ai recherché, dans ma longue carrière politique, les occasions de rendre à la religion et à beaucoup de membres honorables et distingués du clergé catholique tous les services qui étaient en mon pouvoir. Jamais je n'ai cessé de me regarder comme un enfant de l'Église. Je déplore de nouveau les actes de ma vie qui l'ont contristée, et mes derniers vœux seront pour elle et pour son chef suprême.

» CHARLES-MAURICE, prince DE TALLEYRAND.

» Signé à Paris, le 17 mai 1838. »

[Écrit le 10 mars 1838.]

LETTRE DU PRINCE DE TALLEYRAND AU PAPE GRÉGOIRE XVI

« Très Saint-Père,

» La jeune et pieuse enfant qui entoure ma vieillesse des soins les plus touchants et les plus tendres vient de me faire connaître les expressions de bienveillance dont Votre Sainteté a daigné se servir à mon égard, en m'annonçant avec quelle joie elle attend les objets bénis qu'elle a bien voulu lui destiner : j'en suis pénétré comme au jour où monseigneur l'archevêque de Paris me les rapporta pour la première fois.

» Avant d'être affaibli par la maladie grave dont je suis atteint, je désire, très Saint-Père, vous exprimer toute ma reconnaissance et en même temps mes sentiments. J'ose espérer que non seulement Votre Sainteté les accueillera favorablement, mais qu'elle daignera apprécier dans sa justice toutes les circonstances qui ont dirigé mes actions. Des *Mémoires* achevés depuis longtemps, mais qui, selon mes volontés, ne devront paraître que trente ans après ma mort, expliqueront à la postérité ma conduite pendant la tourmente révolutionnaire. Je me bornerai aujourd'hui, pour ne pas fatiguer le Saint-Père, à appeler son attention sur l'égarement général de l'époque à laquelle j'ai appartenu.

» Le respect que je dois à ceux de qui j'ai reçu le jour ne me défend pas non plus de dire que toute ma jeunesse a été conduite vers une profession pour laquelle je n'étais pas né.

» Au reste, je ne puis mieux faire que de m'en rapporter, sur ce point comme sur tout autre, à l'indulgence et l'équité de l'Église et de son vénérable chef.

» Je suis avec respect, très Saint-Père, de Votre Sainteté le très humble et très obéissant fils et serviteur.

» CHARLES-MAURICE, prince DE TALLEYRAND.

» Fait le 10 mars 1838. Signé à Paris le 17 mai 1838. »

FIN DE LA DOUZIÈME PARTIE.

APPENDICE

Nous insérons ici un certain nombre de pièces qui n'ont pas trouvé place dans le corps des *Mémoires*, et qui se réfèrent à quelques-uns des incidents des plus importants des négociations. Les unes sont tirées des papiers du prince de Talleyrand, les autres des archives du château de Broglie. Toutes sont publiées d'après les documents originaux.

LE DUC DE BROGLIE A M. BRESSON[1].

Le 8 octobre 1832.

Nous continuons à espérer que les mesures maritimes agiront assez fortement sur l'esprit du roi Guillaume pour détruire ses dernières illusions.

Si cet espoir se réalise, toute difficulté disparaît.

Mais il n'est pas impossible que ce prince, fortifié dans son obstination par l'apparence de désaccord qui s'est si malheureusement manifesté dans la conférence, persiste à repousser le seul accommodement aujourd'hui admissible, et qu'au risque d'appeler sur son pays de nouveaux sacrifices, il veuille encore attendre de l'avenir des chances plus favorables qu'il attend vainement depuis deux ans.

Les mesures de blocus pourraient dans cette hypothèse devenir insuffisantes. Je commence par vous dire, monsieur, que ce n'est que lorsque cette insuffisance serait démontrée de la manière la plus incontestable que nous nous déterminerions à l'admettre comme la base de nos calculs et de nos prévisions.

1. Voir page 15.

Mais, le fait une fois reconnu, il faudrait évidemment recourir à des moyens plus efficaces. C'est alors, et seulement alors, que la France et l'Angleterre devraient unir leurs forces pour obliger la Hollande à évacuer Anvers, et il nous paraît impossible que nos alliés n'y donnassent pas en de telles circonstances leur complet assentiment.

Il se présente, d'ailleurs monsieur, un moyen de ménager la susceptibilité de la Russie et de donner à la marche des cours alliées tous les dehors de cette entière impartialité qui, en réalité, n'a cessé d'y présider. De même que les Hollandais occupent Anvers qui doit un jour revenir à la Belgique, les Belges occupent Venloo et les portions du Luxembourg et du Limbourg assignées à la Hollande par le traité du 15 novembre. On pourrait convenir qu'en même temps que nous prendrions possession d'Anvers, le gouvernement prussien recevrait des mains des Belges Venloo et les territoires dont il vient d'être question pour les garder provisoirement en dépôt, et les remettre au roi Guillaume à l'époque où il se déterminerait enfin à accepter le traité du 15 novembre...

M. BRESSON AU DUC DE BROGLIE [1].

Berlin, le 24 octobre 1832.

Si nous faiblissons, si nous faisons une nouvelle concession, on en profitera, comme on vient de le faire, pour reculer de quelques jours, ne fût-ce même que de quelques heures, la conclusion qui nous est devenue indispensable. Ce n'est pas mauvaise volonté, c'est peur puérile de fantômes qu'on se crée. J'avais regretté au premier aperçu, pour cette raison, la proposition relative à Venloo. Depuis, je me suis convaincu qu'elle avait produit bon effet, qu'elle était très goûtée, qu'elle rassurait. Mais ce qu'elle n'avait pas pu faire malgré tout cela, c'était d'aiguillonner un peu le cabinet prussien. Vous n'avez rien à appréhender de ce côté; j'y engage mon existence, si vous l'exigez. Vous pouvez aller droit devant vous, mener à bien votre expédition; on vous laissera faire, et si la Russie cherche à se prévaloir de cette circonstance pour prévenir ou irriter contre nous, elle y perdra son temps. On est ici parfaitement résigné et, quoiqu'on ne veuille pas en con-

1. Voir page 15.

venir, on sent que nous faisons bien et l'on nous en saura gré plus tard.

Ne perdez donc pas un moment, monsieur le duc. Raffermissez la bonne cause, les saines doctrines, en leur préparant un succès. Elles sont partout, hélas! trop compromises. Vous acquerrez une grande gloire en faisant un grand bien. Je pèse, croyez-moi, chacune de ces paroles. Je sais que la paix ou la guerre dépendent des dispositions de la Prusse et que, si je me trompe, les maux que je provoque ne me laissent plus qu'à rougir et à gémir éternellement. Mais je ne me trompe pas : je connais le terrain où je suis.

LE PRINCE DE TALLEYRAND AU DUC DE BROGLIE[1].

[*Particulière.*]
Le 27 octobre 1832.

Mon cher duc,

Notre échange des ratifications vient d'être fait. Je suis bien aise que vous soyez content et je le suis beaucoup d'avoir servi le ministère que j'aime et dont vous êtes le principal intérêt.

J'ai été obligé de m'occuper sans délai de toutes les communications à faire, et j'espère que j'y ai mis toute la prudence que les circonstances exigent. C'est en déposant Venloo entre les mains des Prussiens que le nœud gordien sera dénoué.

Cela est sans inconvénient, et cela nous débarrasse des exigences des puissances du Nord qui, la Prusse satisfaite, n'oseront avoir des doutes sur notre bonne foi. C'est, d'ailleurs, un hommage à la personne même du roi de Prusse dont la bienveillance est fort à soigner; car elle est une barrière et il faut la rendre insurmontable. Je vous engage à presser M. de Werther d'écrire dans ce sens-là à sa cour. De mon côté, j'exciterai M. de Bülow. Vous voyez donc qu'il doit être entendu que, même le roi de Hollande refusant, le roi des Belges doit évacuer la partie du territoire qui ne lui appartient pas. Cela mettra d'autant plus le roi de Hollande dans son tort sans nous mettre nous dans aucun danger, puisque nous devons stipuler que le roi de Prusse évacuera Venloo dès que le roi des Pays-Bas aura accédé au traité du 15 novembre.

Adieu, mille amitiés bien tendres.

TALLEYRAND.

1. Voir page 16.

LE ROI LOUIS-PHILIPPE AU DUC DE BROGLIE [1].

Valenciennes, à onze heures du soir.
Mercredi, 9 janvier 1833.

Mon cher duc,

Je m'empresse de vous renvoyer, selon votre désir, les extraits des dépêches des 7 et 8 janvier que vous m'avez envoyés et je vous remercie bien de ceux que vous avez pris la peine de faire vous-même avec tant de clarté et de précision...

...En rapprochant toutes les circonstances, je crois que notre expédition d'Anvers produit, au dehors comme au dedans, une sensation bien plus forte que celle dont nous pouvions nous flatter. Le refus de La Haye a pour objet de ne pas avoir l'air de céder à notre force et de voir si notre désir d'éviter la guerre ne nous fera pas céder aux insinuations et aux vœux de la Prusse, et je pense par là-même, qu'à présent que nous avons fait des propositions et qu'elles sont rejetées, nous devons nous abstenir d'en faire de nouvelles et attendre que le roi de Hollande daigne nous en faire. Je ne crois pas que nous ayons longtemps à attendre ; je vois d'autant moins de raison de lui en faire, qu'il n'ose pas fermer l'Escaut, et que l'opinion de son pays l'éloigne de son système de résistance. Je crois donc que c'est à notre tour à faire *les renchéris*. Nos deux administrations sont bien rassises en France et en Angleterre, notre union est bien resserrée par notre victoire et la loyauté de notre rentrée; ainsi, en langage de soldat, *restons l'arme au bras* et voyons venir... L.-P.

LE DUC DE BROGLIE AU PRINCE DE TALLEYRAND [2].

Paris, le 16 janvier 1833.

Mon prince,

Je vous ai fait part dans ma dernière dépêche de l'impression que j'ai reçue en lisant la note hollandaise et le contre-projet qui

---

1. Voir page 87.
2. Voir page 87.

l'accompagnait. Le roi est absent. Le président du conseil l'a suivi à l'armée. Je n'ai pu réunir encore le reste de mes collègues et m'entretenir à fond avec eux. Je suis donc hors d'état de vous transmettre, quant à présent, la pensée du cabinet. Les réflexions que je vais consigner dans cette lettre me sont personnelles et je vous les soumets simplement pour m'éclairer de vos conseils.

La réponse du roi des Pays-Bas est telle que je l'attendais. Il élude nos propositions et cherche à gagner du temps : le ton en est conciliant et le but évasif. Le résultat, si nous y déférions, serait de placer la Hollande précisément dans la position où nous voulons et où nous avons raison de vouloir placer la Belgique. Ce résultat serait de fonder un *statu quo* favorable à la Hollande et dans lequel le roi Guillaume s'établirait indéfiniment, sans reconnaître l'indépendance de la Belgique, négociant à perte de vue et attendant quelque chance favorable de guerre générale.

En possession de tout le territoire que le traité du 15 novembre lui assigne, percevant un péage sur l'Escaut, un péage sur la Meuse, satisfait dans sa nouvelle prétention d'un droit de transit par Sittard et Maestricht, débarrassé des intérêts de la dette belge, affranchi de nos mesures coercitives, il nous tiendrait à discrétion, gardant en réserve la question des eaux intermédiaires, celle du syndicat et celle du pilotage et du balisage comme prétexte pour chicaner et ne pas finir.

Aussi la difficulté ne me paraît pas être de savoir si ces propositions seront ou ne seront pas accueillies par nous, mais quelle conduite nous devons tenir après les avoir appréciées à leur juste valeur.

Notre premier soin doit être, ce me semble, de bien assurer notre position actuelle, de ne pas souffrir qu'il lui soit porté aucune atteinte.

Nous agissons, aux termes de la convention du 22 octobre, comme signataires et comme garants du traité du 15 novembre. Nous avons pris le parti d'exécuter ce traité par voie de coaction, attendu que les négociations qu'on avait consenti à rouvrir sur deux ou trois articles de ce traité n'avaient à ses yeux, pour but que de l'ajourner sans terme et de finir par l'anéantir. Nous avons pris ce parti parce que nous sommes convaincus de la mauvaise foi du roi des Pays-Bas. Après la prise d'Anvers nous avons consenti à mettre encore une fois sa volonté d'en finir à l'épreuve. Nous lui avons demandé une chose bien simple, de reconnaître et d'exécuter toutes les parties du traité qu'il ne conteste pas. A cette condition nous lui avons promis de renoncer aux mesures coercitives. Cette condition n'est point acceptée ; nos mesures coercitives doivent continuer. Il y va de notre dignité. Il y va de toute chance de succès. Si nous nous en désistons avant que les trois quarts ou les quatre cinquièmes du traité soient exécutés, nous n'avons rien fait ; nous ne tenons rien ; l'expédition d'Anvers sera inutile ; nous serons même dans une position plus fâcheuse qu'auparavant : car nous aurons montré le bout de nos forces et de notre résolution. Si nous nous avisions alors de menacer, on se moquerait de nous.

Un second point non moins important était l'intervention des trois puissances.

Le roi des Pays-Bas paraît répugner à traiter isolément avec l'Angleterre et la France. Il réclame le concours de la conférence tout entière. Nous n'avons aucune raison pour nous y refuser. Mais la Prusse, l'Autriche et la Russie se sont séparées de nous sur ce principe que l'emploi des moyens coercitifs leur paraissait injuste et inopportun ; notre opinion n'ayant pas changé, notre conduite demeurant la même, c'est à ces puissances de se rapprocher de nous, si elles le veulent ; ce n'est pas à nous, qu'elles ont dénoncés en quelque sorte à l'Europe, d'aller les chercher et de nous jeter dans leurs bras. Si le roi des Pays-Bas désire leur intervention, qu'il les ramène à nous, qu'il les réconcilie avec l'emploi des mesures coercitives auxquelles nous ne renonçons point, ou qu'il rende lui-même l'emploi des mesures coercitives inutiles en acceptant nos propositions, en exécutant de prime abord toute la partie du traité qu'il ne conteste pas.

Quant au fond même de la question, voici ce qu'il m'en semble : nos propositions avaient pour but de simplifier la difficulté, de séparer la portion non contestée du traité de la portion contestée ; de mettre ainsi en évidence le peu d'importance des points en litige et, après avoir ainsi fait ressortir ce peu d'importance, d'inviter les deux parties, au nom du bon sens, à ne pas se condamner à des dépenses cent fois supérieures à la valeur des objets réclamés, à désarmer et à ne plus menacer la paix de l'Europe.

Le roi des Pays-Bas accepte l'idée d'une convention préliminaire mais il entend qu'on réintroduise dans cette convention deux ou trois des points contestés. A quoi bon dès lors une convention préalable? S'il faut négocier avec lui et avec les Belges, à quoi bon ne pas négocier tout à fait, ne pas viser du premier coup au définitif?

Il me semble que nous devons lui dire : vous ne voulez pas de la convention préliminaire, c'est-à-dire de la convention qui est toute faite d'avance, qu'on peut accepter par *oui* ou par *non*, puisqu'elle ne se compose que de points préalablement consentis de part et d'autre. Soit. Vous voulez négocier, à la bonne heure ! Négocions. Mais négocions pour tout de bon; que ce qui sera convenu soit définitivement convenu, et alors apportez-nous simultanément toutes vos prétentions, réglons tout par un seul et même arrangement. N'en conservez pas en réserve pour les tirer de votre poche lorsque l'on sera sur le point de terminer et pour tout ajourner de nouveau.

Je pense que ces trois idées :

Nous voulons bien négocier, mais à la condition que les moyens coercitifs ne seront pas discontinués;

Nous voulons bien négocier de concert avec l'Autriche, la Prusse et la Russie, mais à la condition que ces trois puissances se présenteront d'elles-mêmes et ne nous demanderont pas au préalable le sacrifice des mesures coercitives.

Nous voulons bien négocier, mais négocier sur tous les points en litige simultanément et en finir une fois pour toutes. Si vous voulez la cessation des mesures coercitives, exécutez la partie du traité que vous ne contestez pas. Si vous voulez une conventi onpartielle, que ce soit une convention qui porte uniquement sur des points déjà consentis de part et d'autre et qui ne soit pas sujette à négociation.

Il me semble, dis-je, que ces idées, exprimées dans un langage modéré, conciliatoire, mais ferme et résolu, serait de nature à ôter soit au roi des Pays-Bas, soit à ses amis, toute espérance de se jouer de nous désormais, et que la conclusion ne se ferait pas attendre; tandis qu'au contraire, si nous donnons dans le piège, si nous nous laissons entraîner à sacrifier d'abord les mesures coercitives puis à rentrer dans la voix des négociations, nous sommes certains de nous engager dans un défilé sans issue.

Il est toutefois un dernier point qui doit, à mon avis, être tenu distinct de tous les autres.

Je veux parler de la clôture de l'Escaut. Ceci est un fait nouveau et sur lequel il importe, avant tout, de bien s'expliquer.

La libre navigation de l'Escaut n'est pas une question hollando-belge: c'est une question européenne.

Toutes les nations de l'Europe, la France et l'Angleterre en particulier, ont un intérêt direct et personnel dans cette question.

Toutes les nations d'Europe ont droit, ont un droit direct et personnel au maintien de la liberté de l'Escaut, aux termes de l'article du congrès de Vienne.

Les cinq puissances signataires du traité du 15 novembre y ont un droit spécial. Elles ont signifié par un protocole *ad hoc* en 1830 qu'elles prendraient pour un acte d'hostilité de la part du roi des Pays-Bas toute tentative de fermer l'Escaut, et le roi des Pays-Bas a déclaré solennellement qu'il entendait laisser l'Escaut libre et demeurer simple spectateur de ce qui s'y passerait jusqu'à la conclusion des affaires hollando-belges.

Les puissances ont donc un droit positif, non seulement à la liberté de l'Escaut, mais au maintien provisoire du *statu quo* et à l'absence provisoire de tout péage.

Je pense que l'Angleterre et la France doivent se refuser à toute espèce de négociations jusqu'à l'ouverture de l'Escaut. Je croirais même qu'il serait bon d'ajouter qu'en cas de refus sur ce point, elles aviseront à ce qu'elles auront à faire et de donner à entendre qu'en représailles, et considérant la clôture comme un acte d'hostilité, elles commenceront par confisquer les bâtiments saisis, sauf à employer leur produit à indemniser la Belgique, plus spécialement affectée par la clôture de l'Escaut.

Si nous ne prenons pas le soin de vider cette question avant toutes les autres, nous pouvons être sûrs qu'on nous vendra la liberté de l'Escaut au prix de quelque concession nouvelle. C'est un sujet qu'il faut, ce me semble, prendre tout de suite, de très haut.

Telles sont, mon prince, les idées qui s'offrent à mon esprit;

j'attendrai pour m'y arrêter davantage que vous m'ayez fait connaître quel prix j'y dois attacher. Tout ce que je recueille de la Prusse et de l'Autriche me donne à penser que, si nous tenons bon, elles viendront à nous; mais que nous sommes arrivés à un point critique et décisif où il dépendra de notre conduite de savoir si c'est nous qui donnerons ou qui subirons la loi.

Agréez, mon prince, le témoignage de mon dévouement.

V. BROGLIE.

LE DUC DE BROGLIE AU PRINCE DE TALLEYRAND[1].

Paris, le 21 janvier 1833.

Prince, nous venons de recevoir de Constantinople des nouvelles bien importantes. Le 21 du mois dernier Ibrahim Pacha a complètement battu, auprès de Konieh, l'armée du grand-seigneur.

... Sauver la Porte et empêcher l'intervention de la Russie, c'est évidemment le double but assigné en ce moment à la politique de la France et à celle de l'Angleterre. Le concours actif et immédiat des deux gouvernements est nécessaire pour l'assurer, et je vais vous indiquer, prince, les mesures par lesquelles ce concours nous a paru devoir se réaliser.

Il serait essentiel, avant tout, que lord Ponsonby partît sur-le-champ pour Constantinople, où sa prompte arrivée proclamerait déjà la ferme intention du cabinet de Londres de ne pas rester inactif au milieu de la crise à laquelle est livré l'empire ottoman. D'accord avec l'amiral Roussin, il déclarerait à la Porte que la France et l'Angleterre prennent sur elles de garantir la conservation du trône du sultan, mais à la condition expresse que le gouvernement ottoman dont elles protégeraient ainsi l'indépendance ne la sacrifierait pas lui-même en admettant sur son territoire des forces étrangères et en leur livrant les passages du Bosphore et des Dardanelles, véritables clefs de l'empire.

En même temps, les deux cours demanderaient formellement à Méhémet-Ali d'arrêter la marche de ses troupes; elles lui offriraient

---

1. Voir page 111.

d'ailleurs leur médiation pour lui faire obtenir des concessions raisonnables, mais en lui faisant comprendre que, dans le cas où il voudrait abuser de ses avantages pour détrôner le sultan ou pour lui imposer d'inadmissibles exigences, elles se verraient réduites à la nécessité de s'interposer pour empêcher des catastrophes inconciliables avec leurs intérêts.

De pareilles démonstrations suffiraient probablement pour déterminer Méhémet-Ali à se renfermer dans les limites où nous voulons que son ambition soit contenue. Il faut néanmoins prévoir le cas où elles demeureraient sans succès. Il est évident que, dans cet état de choses, notre intérêt dominant, le principe qui doit nous diriger c'est d'empêcher que la Russie n'ait aucun prétexte plausible pour occuper, à titre d'auxiliaire de la Porte, Constantinople et les deux détroits ainsi que les provinces de l'Asie-Mineure. Dès lors, prince, il peut être à propos que les cabinets de France et d'Angleterre combinent dès à présent les dispositions à prendre pour agir, s'il y a lieu, soit sur les côtes de Syrie, soit même sur celles de l'Égypte, de telle sorte que le divan de Constantinople, rassuré sur son existence par une si puissante diversion, ne soit point tenté de s'abandonner à la protection armée de la Russie.

Veuillez, prince, ne pas perdre un moment pour conférer avec lord Palmerston sur cette importante question. Vous comprendrez l'impatience avec laquelle nous attendons les déterminations du cabinet de Londres dans une circonstance où le moindre retard peut avoir les conséquences les plus fâcheuses.

Vous aurez à examiner s'il y a lieu à faire des déterminations que nous pourrons prendre, l'objet d'une communication au cabinet de Saint-Pétersbourg. Parmi les considérations qui contribueront à former à cet égard votre manière de voir, entrera sans doute celle du danger d'accroître encore la gravité des complications qui peuvent surgir de l'état de l'Orient en s'en montrant d'avance trop préoccupé.

On nous mande de Constantinople que les missions de Prusse et d'Autriche ont appuyé les offres du général Mourawieff. Il est difficile de croire que cet appui soit bien sincère de la part de l'Autriche. M. de Metternich se montre, comme on devait le prévoir, fort troublé de la possibilité d'une intervention russe dans les affaires de Turquie, et bien que, dans la situation actuelle de l'Europe, on ne puisse pas s'attendre à le voir se placer, pour l'empêcher, sur la même ligne que la France et l'Angleterre, il est très probable qu'une fois que nous serions engagés, loin de contrarier nos efforts, il les seconderait d'une manière quelconque tout en les blâmant peut-être en public. Ce ministre n'est pas homme à sacrifier à des combinaisons du moment un intérêt vital et permanent tel qu'est, pour l'Autriche, celui d'éloigner les Russes de Constantinople...

LE DUC DE BROGLIE AU PRINCE DE TALLEYRAND[1].

Paris, le 8 février 1833.

Mon prince,

Dans ma dépêche d'hier je vous ai parlé d'une conversation que j'avais eue la veille avec M. le comte Appony. En voici le détail ; je crois que ce récit ne sera pas sans intérêt pour vous.

Vous n'ignorez pas qu'il y a six semaines ou environ, M. le prince de Metternich fit proposer au gouvernement anglais de terminer l'affaire de Belgique en réunissant une sorte de congrès, où toutes les questions relatives à cette affaire semblaient devoir être agitées sur nouveaux frais. La proposition était équivoque, timide ; il était insinué que le congrès pourrait se tenir ailleurs qu'à Londres et le bruit a même couru en Allemagne que ce congrès devait être réuni à Aix-la-Chapelle ou à Francfort.

Quoi qu'il en soit, lord Palmerston, en réponse à cette ouverture embarrassée et peu concluante, fit une réponse très vigoureuse. Cette réponse formait une dépêche d'environ vingt minutes de lecture, dont lord Granville me donna communication. Dans cette dépêche, l'affaire de Belgique était reprise depuis les vingt-quatre articles ; il était établi avec une grande rigueur de logique que toutes les questions relatives à l'affaire belge avaient été définitivement résolues par le traité du 15 novembre ; que la France et l'Angleterre avaient fait accepter la solution à la Belgique ; que les trois autres puissances, loin d'agir dans le même sens sur le roi de Hollande,

---

1. Voir page 128.

l'avaient au contraire encouragé à la résistance par les délais apportés à leur ratification ; que, si quelques points avaient depuis été remis en discussion sur la demande des trois puissances, c'était sous condition qu'aucun changement ne s'opérerait que du libre consentement des deux parties intéressées ; que ce consentement n'ayant pu être obtenu après six mois de négociations nouvelles, il n'était plus resté d'autre parti que de contraindre la Hollande à force ouverte et de l'amener au même résultat où la Belgique s'était laissée conduire par la persuasion ; que ce parti, l'Angleterre et la France l'avaient pris sur le refus des trois autres puissances, et que la seule chose qu'elles eussent à faire était d'y persister, à moins que le roi de Hollande, ramené à des sentiments plus raisonnables par l'expérience ou par les conseils de ses alliés, nous fît des propositions qui pussent convenir à la Belgique. Lord Palmerston concluait par le rejet de toute proposition de nouveau congrès pour régler ce qui l'était déjà et ne demandait plus qu'à être mis à exécution.

C'est cette dépêche qui est devenue l'occasion de mon entretien avec M. le comte Appony.

... Il m'a donné lecture d'une dépêche dans laquelle M. de Metternich se plaint amèrement de ne plus rien comprendre à la situation de l'affaire belge ni aux intentions de la France et de l'Angleterre ; il se plaint de ne plus voir de dénouement possible et se montre disposé à tout abandonner ; il se plaint surtout de l'Angleterre, de lord Palmerston, de son obstination, de sa témérité ; il accuse lord Palmerston d'avoir dénaturé sa proposition. Elle n'avait pas pour but de former un nouveau congrès, mais seulement de renouer la conférence en y admettant les plénipotentiaires hollandais et belges ; il n'entendait pas que la portion territoriale du traité du 15 novembre y dût être remise en question, mais seulement les points contestés par le roi de Hollande ; il n'était pas dans sa pensée que le congrès se réunît ailleurs qu'à Londres, etc. Après de longues lamentations, M. de Metternich s'adresse à moi comme à un homme plus modéré, plus conciliant que lord Palmerston (et ici force compliments et cajoleries) afin de savoir ce que je pense, en réalité, de la question belge, quelles sont les intentions de l'Angleterre, et si, lorsque nous traitons ensemble, elle se conduit vis-à-vis de nous comme elle se conduit vis-à-vis de l'Autriche, répondant à ce qu'on ne lui dit pas, dénaturant la pensée qu'on lui communique et échappant à toutes les prises de l'argumentation.

A cette lecture a succédé celle d'une lettre particulière, où le même sujet se trouve traité sous la forme de la plaisanterie et où lord Palmerston est accusé de répondre blanc quand on lui dit noir, et bonjour quand on lui dit bonsoir.

J'ai écouté tout ceci très tranquillement et sans interrompre M. Appony. Quand il a eu fini, j'ai pris la parole et je lui ai d'abord fait remarquer que la proposition dont il était question dans cette dépêche ne nous avait pas été communiquée par le gouvernement autrichien. Cette remarque a fait rougir M. Appony jusqu'au blanc des yeux. J'ai poursuivi en disant que, ne sachant point dans quels termes la proposition était conçue, il m'était impossible de déterminer si lord Palmerston l'avait bien ou mal comprise, ni jusqu'à quel point il avait eu tort ou raison de la bien ou mal comprendre ; que, ne pouvant juger du mérite de la demande, je ne pouvais juger davantage du mérite de la réponse et que je déclinais par conséquent toute intervention dans une controverse qui était étrangère à mon gouvernement.

— Toutefois, ai-je repris, si vous désirez savoir quelle est la pensée du gouvernement français sur la situation de l'affaire belge, et sur son avenir, je n'ai point de difficulté à vous la faire connaître et je tâcherai de vous l'expliquer assez clairement pour ne pas mériter le reproche que M. de Metternich adresse à lord Palmerston.

J'ai repris alors tout le thème de la dépêche de lord Palmerston (sans y faire d'ailleurs la moindre allusion), suivant, pied à pied, l'ordre des raisonnements, et je lui ai dit en finissant que telle était la pensée du gouvernement français, et qu'il n'y avait jamais eu sur ce point entre lui et le gouvernement anglais la moindre divergence d'opinion ni le moindre malentendu.

Je m'arrêtais de temps en temps pour demander à M. Appony si je me faisais bien comprendre, s'il avait besoin de plus d'explications, s'il y avait dans mon langage quelque chose qui ne fût pas suffisamment clair.

M. Appony, à qui la dépêche de lord Palmerston avait sans doute été communiquée, et qui me la voyait reproduire sous le nom du gouvernement français, a fort bien compris que sa tentative pour désunir les deux gouvernements, pour établir une scission entre l'un et l'autre, n'avait aucune chance de succès ; il se l'est tenu pour dit.

Alors, changeant de batterie, il a dit qu'il allait me parler non plus au nom de son gouvernement, n'ayant point d'ordre à cet effet, mais en son propre nom et par forme de conversation.

— Tant que vous persévérerez, m'a-t-il dit, dans les mesures coercitives, nous ne pourrons nous réunir à vous ; nous sommes trop engagés contre l'emploi de ces mesures ; mais, si vous vouliez les abandonner, la conférence se reformerait d'elle-même, et, en y adjoignant, comme M. de Metternich le propose, les plénipotentiaires hollandais et belges, tout se terminerait promptement.

— Quelle garantie, lui ai-je répondu, pouvez-vous nous offrir que le roi de Hollande se montrerait plus disposé à terminer maintenant que par le passé ? Renoncer aux mesures coercitives, c'est lui donner gain de cause ; c'est lui dire qu'il peut résister tant qu'il voudra sans qu'il lui en arrive rien de fâcheux. Admettre son plénipotentiaire dans la conférence et en même temps celui de Belgique, c'est lui donner un avantage qu'il n'avait pas ; c'est lui donner à penser que tout sera remis en discussion ; c'est lui fournir le moyen de tout entraver et de mettre à chaque instant des bâtons dans les roues. Comment espérer que les choses en iront mieux et plus vite ?

— Oh ! mais, a repris M. Appony, si la France et l'Angleterre donnaient à l'Europe ce grand témoignage de leur désir de terminer l'affaire de Belgique, de leur amour pour la paix, alors les trois puissances seraient avec elles de tout cœur ; nous vous seconderions de tous nos efforts, rien ne serait négligé par nous pour déterminer le roi de Hollande à céder.

— Eh quoi, lui ai-je dit, est-ce donc que vous n'étiez pas avec nous de tout cœur l'été dernier ? Est-ce que vous ne nous secondiez pas de tous vos efforts ? Est-ce que vous auriez négligé quelque chose pour décider le roi de Hollande ? Est-ce que vous pourriez faire plus à l'avenir que vous n'avez fait dans le passé ?

M. Appony a rougi pour la seconde fois et n'a pas répondu.

Après quelques instants de silence, voyant que la conversation allait finir, j'ai repris en lui disant : — A mon tour je ne vous parle point ici comme organe du gouvernement français ; nous causons familièrement et nous discutons de simples hypothèses. Supposons que l'Angleterre et la France cèdent aux *invitations* des trois autres puissances (j'ai insisté sur ce mot invitation); supposons qu'elles consentent à *laisser la conférence se reformer*, en abandonnant les mesures coercitives, et que, l'épreuve faite, le roi de Hollande se montre tout aussi récalcitrant que par le passé, admettriez-vous alors l'emploi des mesures coercitives? Vous réuniriez-vous à nous pour en faire usage?

— Mais, m'a dit M. Appony avec quelque embarras, nous ne nous étions pas opposés aux mesures coercitives *pécuniaires*.

— Si fait, ai-je répondu. C'est même sur ce refus que la conférence s'est séparée. Voyez plutôt le soixante-dixième protocole. Vous y avez consenti depuis, il est vrai, mais isolément, et c'était pour prévenir le siège d'Anvers. D'ailleurs, si les mesures coercitives pécuniaires ne suffisaient pas?

— Nous avions moralement consenti aux mesures coercitives *maritimes*.

— Oui, mais, encore un coup, c'est lorsque vous nous avez vus décidés à prendre Anvers et pour prévenir le siège. D'ailleurs, la Russie n'a jamais consenti.

— Je crois que nous irions jusque-là.

— Si vous aviez jamais, ai-je repris en finissant, quelque proposition à me faire sur ce sujet de la part de votre gouvernement, j'y aurai réfléchi de mon côté. En ce moment, nous n'avons rien à nous dire d'officiel l'un à l'autre.

La conversation s'est terminée ainsi.

Hier, M. de Werther est venu; il m'a lu une dépêche du même style que celle de M. de Metternich, tendant au même but, mais plus courte et ne parlant pas de la proposition faite à l'Angleterre; il s'en est suivi une conversation plus courte aussi et dans laquelle j'ai reçu les mêmes insinuations officieuses; la dépêche contenait également des éloges et des cajoleries personnelles au détriment de lord Palmerston et du gouvernement anglais.

Enfin ces deux messieurs, sachant combien je suis lié avec Sainte-Aulaire qui vient d'arriver ici, l'ont pris pour leur confident, l'ont chargé de me répéter des conversations qu'ils avaient eues avec lui sur le même sujet et ont même été jusqu'à lui donner lecture des dépêches qu'ils m'avaient communiquées.

Si vous combinez ces avances avec le ton de la dépêche de Saint-Pétersbourg relative au maréchal Maison que Pozzo vous a montrée, dépêche qui répond à une communication purement officielle par des protestations d'*amitié*, et cela, au moment où je venais de dire à dessein à M. le comte Appony (il y a environ six semaines) que la Russie paraissait vouloir demeurer avec nous dans des relations *pacifiques* mais non pas *amicales*, voici la moralité que j'en tire :

Les trois puissances ont grand'peur de voir l'affaire belge se terminer sans leur entremise. Le printemps approche. Les croisières vont reprendre de l'activité. L'opinion s'ébranle en Hollande. Elles voudraient à tout prix rentrer dans les négociations. Elles iraient même jusqu'à approuver dans l'avenir l'emploi des mesures coercitives ; mais quant aux mesures coercitives *actuelles*, leur amour-propre est engagé, leur désapprobation a été trop éclatante pour qu'elles puissent reculer ; il leur faut quelque expédient qui sauve le point d'honneur.

D'un autre côté, le roi de Hollande, qui connaît cette situation, l'exploite en se refusant à traiter *définitivement*, sans le concours des cinq puissances.

Si nous pouvions, sans perdre notre position actuelle, sans nous remettre à la discrétion des trois puissances, leur offrir un moyen de se rallier à nous qui leur évitât l'humiliation de se contredire et qui les enlevât au roi de Hollande et les mît de notre côté, peut-être serait-ce bien fait d'y réfléchir.

Voici à peu près comment je conçois la chose :

La conférence n'existe plus, mais les éléments de la conférence existent à Londres ; les plénipotentiaires des cinq puissances s'y trouvent encore, s'y voient journellement.

Qui empêcherait de pressentir à la fois dans des conversations particulières MM. de Bülow, de Wessenberg, de Lieven et M. Van de Weyer sur la solution raisonnable à donner aux trois ou quatre questions en litige ?

Quand on serait tombé d'accord, ou à peu près, lord Palmerston ferait ce qu'il a fait au mois d'août dernier, il rédigerait un plan et des articles qui seraient communiqués *officieusement* aux personnes qui auraient été sondées d'avance.

Si le plan était agréé, en secret, la France et l'Angleterre rédigeraient une convention *soi-disant préliminaire* mais dans laquelle *toutes* les difficultés seraient résolues, et dont un article spécial indiquerait seulement que ladite convention préliminaire, agréée par la Hollande et la Belgique, par la France et l'Angleterre, serait convertie en traité définitif par l'approbation et la signature des plénipotentiaires russe, autrichien et prussien, et substituée alors au traité du 15 novembre.

Il faudrait, dans la rédaction des articles, se rapprocher autant que possible du projet prussien afin d'y intéresser M. de Bülow.

La convention, une fois rédigée, serait envoyée officiellement à Bruxelles et à La Haye, et serait en même temps communiquée officiellement aux plénipotentiaires des trois puissances comme l'a été la convention du 22 octobre.

Les trois puissances appuieraient à La Haye par leurs ministres la proposition anglo-française, se déclareraient prêtes à la convertir en traité définitif et avertiraient le roi de Hollande que s'il persiste à rejeter des dispositions si raisonnables, elles vont se réunir à la France et à l'Angleterre et reformer la conférence pour aviser aux moyens de le réduire.

Par là les trois puissances rentreraient dans la négociation sans se démentir trop ouvertement; leur bonne volonté actuelle pourrait être mise à profit sans que nos mesures coercitives discontinuassent et le roi de Hollande serait pris à son propre piège.

Je vous soumets ces idées, mon prince, sans y attacher d'autre importance que de m'éclaircir de vos lumières. Vous êtes sur les lieux; vous n'y seriez pas que vous en sauriez cent fois plus que moi. Je remets toute la conduite de cette affaire à votre prudence et vous prie d'excuser ce long bavardage.

Veuillez agréer le témoignage de mon dévouement.

V. BROGLIE.

MADAME ADÉLAÏDE AU PRINCE DE TALLEYRAND [1].

Tuileries, le 13 février 1833.

... J'ai fait part à notre cher roi de ce que vous me mandez relativement au Portugal et à la reine dona Maria : je vous dirai

---

1. Voir page 233.

très sincèrement que nous n'avons jamais désiré cette situation délicate pour notre cher Nemours, ni aucun de nos enfants. Je suis persuadée qu'ils seront beaucoup plus heureux restant en France ce qu'ils sont. Ainsi à cet égard nos vues ne pourront jamais porter ombrage au gouvernement anglais. Le *jamais* m'afflige, non pour la chose en elle-même, mais pour le sentiment que cela prouve de préjugé et d'éloignement, de défiance qui malgré tout existe encore contre nous, ce que je regarde comme malheureux dans les intérêts des deux pays ; mais, quant à cette affaire de Portugal, je vous le répète, nous ne le pensons ni ne le désirons pour aucun de nos enfants. Mais, en même temps, il me semble qu'il ne serait pas dans nos intérêts que ce fût un archiduc, et que l'Autriche acquît par cet arrangement une influence sur l'Espagne dans le même genre que celle qu'elle n'a déjà que trop grande sur l'Italie. Je vous soumets cette idée, en vous engageant à songer à un autre choix et à m'écrire quel est votre avis sur le prince qu'il serait le plus désirable de voir là et que nous ferions bien de soutenir. Je penserais peut-être à un prince de Naples. Pour moi, je vous avoue que je crois que cela vaudrait beaucoup mieux qu'un Autrichien qu'il faut surtout éviter...

LORD PALMERSTON AU PRINCE DE TALLEYRAND [1].

Stanhope-Street, le 16 avril 1833.

Mon cher prince,

Voici la note que M. Dedel vient de me remettre. Elle est, comme je lui ai remarqué, une très mince affaire après tant de réflexion.

Quant à la nouvelle rédaction pour l'armistice, elle a le mérite d'être incompréhensible, ou plutôt, elle est à double sens ; car nous avons toujours soutenu qu'avant novembre dernier il y avait suspension d'armes sans terme, tandis que de l'autre côté le roi

---

1. Voir page 156.

des Pays-Bas déclarait toujours qu'il était libre de recommencer les hostilités à tout instant.

En ceci la note ne nous avance pas.

Rien n'y est dit de la neutralité, et il y a ceci à remarquer qu'un armistice est bilatéral, et que si les Hollandais provoquaient les Belges à quelque petite agression sur les frontières ou s'ils alléguaient quelque infraction de la part des Belges, ils pourraient dire que l'armistice était rompu. Mais un engagement de la part de la Hollande de respecter la neutralité de la Belgique serait un lien dont la Hollande n'échapperait pas si facilement.

Rien n'est dit dans cette note de l'ouverture des communications commerciales par la ville de Maestricht, mais je m'imagine que, lorsqu'on ouvre la rivière on ne continuerait pas à fermer les rues.

Vous savez naturellement que le prince de Metternich propose un arrangement qui serait excellent si la Hollande voulait l'adopter. C'est-à-dire une convention entre nous deux et la Hollande, par laquelle l'embargo serait levé, armistice indéfini conclu, Escaut mis sur le pied de novembre dernier et Meuse ouverte ; en même temps un traité serait signé entre les cinq puissances et la Hollande, par lequel cette dernière accepterait finalement les vingt et un articles sur lesquels les réserves ne portent pas ; les trois autres articles formeraient le sujet de négociations immédiates.

Quant à moi, je ne vois que du bon dans cette proposition.

Mais il faut voir si elle nous arrivera de Berlin telle qu'elle est partie de Vienne...

MADAME ADÉLAÏDE AU PRINCE DE TALLEYRAND[1].

Neuilly, le 20 juillet 1833.

... Je viens vous remercier de votre empressement à nous donner les nouvelles de la conférence si intéressante pour nous. Je dois vous dire que notre cher roi regrette beaucoup, surtout étant soutenu par l'Angleterre, que vous n'ayez pas insisté davantage pour obtenir que les vingt et un articles adoptés et ratifiés

1. Voir page 196.

par les cinq puissances ne soient pas remis en discussion. — Il croyait que la conférence le déclarerait de prime abord aux plénipotentiaires hollandais, et qu'elle ne s'occuperait que des trois articles réservés. Il voit avec étonnement qu'au lieu de cela, on va seulement parafer ceux des vingt et un articles qui s'accordent avec le projet hollandais et que les autres seront remis en discussion, ce qui paraît être en contradiction directe avec les engagements que les cinq puissances ont contractés avec la Belgique par un traité qu'elles ont formellement ratifié; et tellement, que, pour sa part, il ne sait pas comment il pourrait ratifier un acte qui serait entaché de cette contradiction. Je me hâte de vous en faire part, parce que je suis sûre que ces réflexions de notre cher roi vous frapperont, et qu'avec votre talent et votre zèle vous trouverez moyen de remédier à ce premier début fâcheux, et qui nous tourmente beaucoup...

LE DUC DE BROGLIE AU PRINCE DE TALLEYRAND[1].

Paris, le 1er août 1833.

Prince, j'ai reçu les dépêches que vous m'avez fait l'honneur de m'écrire sous les numéros 146 et 147. Les informations que j'y ai trouvées sur la marche et l'esprit de la négociation m'ont vivement intéressé.

Un courrier de l'amiral Roussin nous a appris le départ des forces russes; cette heureuse nouvelle nous eût causé une satisfaction plus complète si elle ne nous fût arrivée avec la confirmation à peu près positive d'un autre fait dont jusqu'à présent nous avions aimé à douter, la conclusion d'une alliance défensive entre la Porte et la Russie. Je vous envoie le texte de ce traité tel que le drogman de notre ambassadeur a pu l'écrire à la hâte sous la dictée du Reiss-Effendi.

Nous ignorons encore ici si cette alliance doit être rendue publique. Il serait sans doute peu raisonnable, avant de connaître toutes les circonstances d'un pareil événement, de vouloir arrêter des déterminations sur ce que nous pourrons avoir à faire pour obvier à ses conséquences; mais je crois que la France et l'Angle-

1. Voir page 212.

terre ne pourront se dispenser de demander à la Porte des explications sur le motif et le but d'un acte aussi inattendu et aussi grave, d'un acte qui, ne pouvant s'expliquer de sa part par le besoin de trouver un appui contre des ennemis extérieurs, alors que toutes les puissances sont d'accord pour la protéger, semble avoir pour résultat de préparer l'intervention d'un gouvernement étranger dans les troubles intérieurs de l'empire ottoman ; d'un acte, enfin, qui peut être envisagé comme changeant les principes admis jusqu'à présent par rapport à la navigation du Bosphore, comme créant, à cet égard, en faveur de la Russie un privilège que les autres cours ne sauraient jamais reconnaître. Une demande d'explications ainsi motivée serait une protestation véritable, et je n'ai pas besoin d'en faire ressortir les avantages.

Veuillez en parler à lord Palmerston...

LE DUC DE BROGLIE A M. BRESSON [1].

Paris, le 13 août 1833.

Monsieur, lorsque vous recevrez cette dépêche, vous connaîtrez déjà les événements qui viennent d'éclater en Suisse. Tout y paraissait tendre à un rapprochement entre les partis qui divisent depuis trois ans la confédération helvétique. Celui qui appelle de ses vœux la révision du pacte fédéral et qui a décrété l'émancipation de la campagne de Bâle et des districts extérieurs de Schwytz avait déjà fait de nombreuses concessions et se montrait disposé à en faire de nouvelles. Les opinions extrêmes avaient perdu tout crédit dans la diète de Zurich, soumise à l'influence exclusive des hommes modérés et conciliants. L'assemblée de Sarnen, de son côté, semblait, depuis peu, animée d'un esprit de paix et de sagesse ; des conférences allaient s'ouvrir sur quelques-uns des points litigieux [2].

1. Voir page 236.

2. Une guerre civile avait éclaté en 1831 entre la ville de Bâle et la campagne qui en dépendait, provoquée par le refus du grand conseil de la ville d'accorder aux habitants de la campagne le retour aux anciennes franchises. La diète intervint et prononça d'autorité la division du ter-

Malheureusement, ces dispositions si satisfaisantes n'étaient sincères que d'un seul côté. Les faits n'ont pas tardé à prouver que l'attitude adoptée en dernier lieu par les cantons dont les délégués siègent à Sarnen n'était, au moins dans la pensée de quelques-uns de leurs meneurs, qu'un moyen d'endormir des adversaires trop confiants, et les attaques tentées si inopinément à Kussnacht et dans la campagne de Bâle ont révélé des projets que des hommes loyaux et amis de leur pays étaient loin de soupçonner.

Dans ces circonstances, la diète a agi avec autant d'énergie que de prudence. En étouffant dans son principe cet essai de guerre civile, elle s'est donné le temps d'aviser et de pourvoir aux moyens d'écarter par des mesures complètes les dangers qu'a signalés cette explosion imprévue. La tâche qui lui reste à remplir est sans doute difficile ; pour ne pas manquer à ses devoirs, elle a besoin d'allier à une sage vigueur une prudente circonspection. En même temps qu'elle travaillera à rendre désormais impossible les aggressions d'un parti aveugle, elle devra contenir les passions du parti opposé, dont les derniers événements ont réveillé l'ardeur auparavant bien calmée. Elle devra comprimer les désorganisateurs, les novateurs systématiques naguère si découragés et auxquels ce qui vient de se passer a rendu quelques chances ; une telle tâche, je le répète, est bien délicate : néanmoins, l'exemple du passé nous donne la ferme espérance, qu'appuyée sur le bon sens des Suisses, la diète saura triompher de ces obstacles.

Mais on devrait peut-être les considérer comme insurmontables si les craintes d'une intervention étrangère venaient agiter les

---

ritoire de Bâle en deux cantons : Bâle ville et Bâle campagne. De même à Schwytz une scission s'était produite entre le canton primitif et les districts qui lui avaient été adjoints : La Marche, Einsieldeln, Kussnacht et Pfaefficon. — Bâle ville et Schwytz s'unirent aux cinq cantons d'Uri, d'Unterwald, de Neuchâtel et des Valois et tentèrent de former une ligue séparée pour la défense de leurs intérêts. Les six cantons dissidents envoyèrent des délégués qui siégèrent à Sarnen, puis à Schwytz, et se déclarèrent indépendants de la diète fédérale de Zurich. La guerre éclata entre la confédération et les dissidents. Ceux-ci commencèrent par s'emparer de Kussnacht mais ils ne tardèrent pas à être vaincus. Le 4 août les troupes fédérales s'emparèrent de Schwytz et le 10, de Bâle.

esprits, blesser les susceptibilités nationales, inspirer aux uns, avec de funestes inquiétudes, l'irritation et l'exagération qui en est la suite, et animer les autres d'espérances aussi dangereuses que mal fondées. Sans doute, une pareille intervention est aujourd'hui impossible. Pour en être convaincu, il suffit de penser à la situation de l'Europe. Néanmoins, comme les suppositions les plus déraisonnables sont souvent les mieux accueillies dans les temps de parti, comme elles ne trouvent que trop d'échos dans les hommes de désordre, qui s'en servent pour agiter les masses, le gouvernement du roi a pensé que le moyen le plus efficace de contribuer à la tranquillité de la confédération helvétique, c'était de bien constater, par son langage et par son attitude, le principe dont il est résolu à ne pas se départir à l'égard de ce pays : ce principe, c'est qu'aux Suisses seuls il appartient de terminer les différends auxquels ils sont seuls directement intéressés, et qu'une ingérence étrangère, quelle qu'elle fût, rendrait presque insolubles en en faisant sans nécessité des questions européennes.

Les cabinets de Vienne et de Berlin sont trop éclairés pour ne pas partager au fond notre manière de voir sur l'impossibilité d'une intervention ; mais je crois qu'ils ne comprennent pas assez la nécessité de dissiper les craintes et les espérances qu'on peut concevoir en Suisse à ce sujet ; je soupçonne même que, trompés par des rapports inexacts, ils se font illusion sur la possibilité de modérer, de contenir les novateurs en prenant à leur égard le ton d'une menace vague et ambiguë : du moins n'est-ce que par cette conjoncture que je puis m'expliquer les propos, les démarches et l'agitation continuelle des envoyés d'Autriche et de Prusse. Ce serait une erreur bien dangereuse ; ce serait un moyen presque infaillible d'ôter tout crédit aux partisans des mesures modérées, qu'on accuserait de céder à des injonctions étrangères ou de les forcer, pour éviter cette imputation, à se joindre aux opinions extrêmes qu'ils ont pu dominer jusqu'à présent.

Ne négligez rien, monsieur, pour faire ressortir aux yeux de M. Ancillon l'évidence des considérations que je viens de vous développer. Pressez-le de faire parvenir tant à l'envoyé prussien qu'aux autorités de Neufchâtel des instructions conformes à l'esprit de sagesse et de prudence que réclament les circonstances. J'écris dans le même sens à M. de Rumigny et nous aimons à penser que c'est dans cette ligne que marcheront désormais les représentants des grandes puissances auprès de la confédération helvétique.

Nous n'avons pas appris sans surprise que M. de Bombelles [1] répandait le bruit d'un entretien dans lequel j'aurais exprimé à l'ambassadeur ou au chargé d'Autriche une opinion absolument conforme à celle de son gouvernement sur le danger d'apporter la moindre modification au pacte fédéral de 1815. Cette assertion était trop inexacte, elle pouvait avoir de trop graves conséquences pour que je n'aie pas dû charger M. de Rumigny de la rectifier; mais j'eusse souhaité, dans l'intérêt général, qu'on ne nous eût pas contraints à constater le dissentiment qui existe entre les grandes puissances sur une question aussi majeure.

M. BRESSON AU DUC DE BROGLIE [2].

Berlin, le 17 décembre 1833.

Monsieur le duc,

Je vous remercie de m'avoir rendu l'organe d'une politique si nette, si loyale et si nationale. M. Ancillon ne peut plus se faire illusion sur les misérables manœuvres employées pour l'abuser. Il regrette, j'en suis sûr, ses premières insinuations. Je n'ai pas voulu le forcer dans ses derniers retranchements, et j'ai accepté ses explications pour mettre fin à un débat pénible. Je lui ai lu la lettre particulière que vous m'avez fait l'honneur de m'écrire. Il n'a pas osé éclater contre M. de Metternich, mais il contenait à grand'peine l'expression de son indignation. S'il manque lui-même de franchise et s'il revient souvent sur ses paroles et ses promesses, ce n'est point par duplicité, c'est par faiblesse. Il est incapable d'une action double préméditée. Je ne sais ce que l'on doit le plus admirer, de la perfidie ou de la maladresse de M. de Metternich. Il est impossible de tomber plus à plat dans son propre piège. J'aurai soin que tout ceci ne soit ni perdu ni oublié à Berlin.

---

1. Louis, comte de Bombelles conseiller privé de l'empereur d'Autriche, ministre plénipotentiaire d'Autriche en Suisse.

2. Voir page 277.

M. Ancillon s'est dit que, pour ne pas augmenter les inconvénients de la démarche à laquelle il a si imprudemment associé son gouvernement, il devait paraître conséquent avec lui-même et ne pas la désavouer. On lui souffle probablement ce rôle de Vienne et de Pétersbourg. Mais les entours du roi, que votre énergie a intimidés, prodiguent des explications et des excuses qui équivalent à un désaveu. Ce bon prince Wittgenstein, surtout, en est amusant : il m'est si facile de l'inquiéter que je mets mes soins maintenant à le rassurer. Il disait à lord Minto : « Mais comment donc penserions-nous à la guerre ? Il faudrait que le roi se mît à la tête de l'armée, et voyez comme cela dérangerait toutes ses habitudes ! » Tout cet entourage se compose d'excellentes gens, très pacifiques assurément, qui ne demandent qu'à finir leurs jours dans le calme. De flagrantes provocations les mettraient seules en mouvement. Après le roi ce sera autre chose, et personne ne peut prononcer avec sûreté de jugement sur le prince royal. Mais Dieu merci ! nous sommes loin de là. Le père pourrait bien survivre au fils. L'on ne s'en plaindrait pas en Prusse...

Daignez...

LE DUC DE BROGLIE AU PRINCE DE TALLEYRAND [1].

Paris, le 2 janvier 1834.

Prince,

... M. de Bacourt m'avait signalé, il y a quelque temps, des tentatives de rapprochement qui auraient eu lieu entre l'Autriche et l'Angleterre au sujet des affaires d'Orient et j'avais appelé sur ce point l'attention de M. de Sainte-Aulaire. Cet ambassadeur a cru de son côté remarquer des communications plus fréquentes et plus intimes qu'à l'ordinaire entre M. de Metternich et M. Frédéric Lamb, surtout après l'arrivée d'un courrier que ce dernier a reçu dans la journée du 20 décembre. Le chancelier d'Autriche, sans entrer avec M. de Sainte-Aulaire dans de plus amples explications, lui a exprimé la satisfaction la plus vive des nouvelles

---

[1]. Voir page 303.

apportées par ce courrier ; il lui a dit que, grâce aux efforts du gouvernement français pour calmer l'Angleterre, le cabinet de Londres envisageait aujourd'hui la question d'Orient du même œil que ceux de Vienne et de Paris. Sir Frédéric Lamb paraît avoir tenu à M. de Sainte-Aulaire un langage à peu près semblable. Tout cela est fort peu clair et, tout en croyant qu'il entre dans la politique de M. de Metternich de jeter de l'incertitude dans nos dispositions en nous donnant à entendre qu'il s'entend d'une manière intime avec le gouvernement britannique, je désirerais qu'il vous fût possible de nous donner quelques informations sur ce qu'il peut y avoir de fondé dans ces apparences de rapprochement. Je n'ai pas besoin de vous dire que, loin de nous affliger d'une combinaison qui associerait l'Autriche à un système de garantie contre les projets ambitieux du gouvernement russe, nous ne pourrions, dans les circonstances actuelles, qu'y trouver un motif de satisfaction.

LE DUC DE BROGLIE AU PRINCE DE TALLEYRAND [1].

Paris, le 27 mars 1834.

Prince, je vous ai fait connaître la résolution qu'avait prise le gouvernement espagnol d'envoyer une armée en Portugal dans l'unique objet d'y disperser les partisans de don Carlos. M. Villiers, secondé à cet égard par M. de Rayneval, dont il avait réclamé l'appui s'est vainement efforcé de décider M. Martinez de la Rosa à donner à cette expédition un but plus général en la dirigeant également contre dom Miguel et don Carlos. Le ministre espagnol s'y est refusé, ne voulant pas, a-t-il dit, créer sans une nécessité absolue des obstacles nouveaux au faible corps de troupes qui va passer la frontière des deux royaumes. Nous avons lieu de croire, et c'est aussi l'opinion de M. Villiers, que la crainte de mécontenter les puissances du Nord est entrée pour beaucoup dans la détermination de M. Martinez.

Il est d'ailleurs aisé de prévoir que les troupes espagnoles, une

---

1. Voir pages 354 et 358.

fois arrivées en Portugal pourront se trouver entraînées par la force des choses à faire cause commune avec les pédristes. Cette considération n'a pas échappé au cabinet de Madrid. Aussi, tandis que M. Martinez de la Rosa, pour se maintenir sur le terrain où il avait cru devoir se placer, se refusait à toutes les ouvertures de M. Sarmento, envoyé de dom Pedro, son collègue, le ministre de la guerre, discutait avec ce dernier un plan d'émigration combiné, sans en avoir l'apparence et qui, en même temps qu'il doit faciliter les mouvements des Espagnols, placera dom Miguel, à l'égard des forces de son frère, dans une situation embarrassante et dangereuse.

Si les Espagnols se sont décidés à une entreprise dont les conséquences avaient longtemps semblé les effrayer, c'est parce qu'ils ont désespéré de vaincre la répugnance de l'Angleterre à intervenir matériellement en Portugal. Cependant, les nouvelles que nous recevons de Lisbonne pourraient nous faire croire que cette répugnance n'est plus aussi absolue.

Lord Howard, après avoir reçu de Londres des pouvoirs plus étendus que ceux dont lord W. Russell était investi, a rédigé un projet de convention destiné à pacifier le Portugal, et qu'il a envoyé à lord Palmerston après l'avoir communiqué à M. Mortier aussi bien qu'au ministre de dom Pedro, qui s'en est montré satisfait. En voici les principales clauses :

Le gouvernement de la reine accorderait une amnistie entière à tous ceux de ses adversaires qui lui prêteraient serment dans un temps prescrit. Ceux qui s'y refuseraient pourraient quitter le Portugal et vendre leurs biens.

Les grades des officiers miguélistes leur seraient assurés avec une demi-solde.

Dom Miguel conserverait sa fortune personnelle et même son apanage ou en recevrait l'équivalent. Des bâtiments portugais, français et anglais seraient mis à sa disposition pour le transporter hors du pays.

Toutes les contestations qui s'élèveraient sur le sens des stipulations de ce traité seraient jugées par une commission composée des ministres de France et d'Angleterre et du chargé d'affaires de Suède.

Enfin, si dom Miguel refusait ces conditions, le gouvernement anglais mettrait à la disposition de la reine dona Maria des troupes de débarquement et des bâtiments de guerre pour faire cesser les hostilités.

Je dois remarquer que, dans la communication faite par lord Howard au cabinet de Lisbonne, il n'a nullement été question de cette dernière clause et que probablement même ce n'est que par inadvertance que l'envoyé d'Angleterre l'a fait connaître à M. Mortier. Vous en conclurez sans doute, prince, que, dans vos entretiens avec lord Palmerston, il sera bon d'éviter d'en faire mention.

Ce que nous ne savons pas et ce qu'il importerait de savoir, c'est jusqu'à quel point les idées émises par lord Howard lui sont particulières ou se rattachent aux directions qu'il a pu recevoir. Je désirerais qu'il vous fût possible de nous fournir à cet égard quelques explications. Les intérêts de la France et ceux de l'Angleterre sont identiques dans la double lutte qui ensanglante en ce moment la péninsule. Une saine politique prescrit donc aux deux gouvernements d'y concerter leur action, et, pour ce qui nous regarde, nous sommes disposés à seconder de tous nos moyens le plan adopté par le cabinet de Londres pour la pacification du Portugal, dès que ce cabinet nous en aura fait part.

FIN DE L'APPENDICE.

DE M. LE DUC DE CHOISEUL

Commencé à Bourbon-l'Archambauld en 1811, et fini à Châteauneuf, près de Saint-Germain, chez madame la Duchesse de Courlande en 1816.

DE M. LE DUC DE CHOISEUL[1]

M. le duc de Choiseul avait de l'esprit naturel, peu d'instruction, beaucoup d'assurance; un beau nom avec un léger vernis d'étranger qui le classait également parmi les grands seigneurs de France et d'Allemagne. La branche de la maison de Choiseul à laquelle il appartenait était au service des ducs de Lorraine. Le comte de Stainville, son père, était grand chambellan de François, dernier duc de Lorraine, devenu grand-duc de Toscane, et ensuite empereur d'Allemagne par son mariage avec Marie-Thérèse. C'était une chose assez

---

1. Cet écrit sur le duc de Choiseul se trouvait, dans les papiers de M. de Talleyrand, annexé à ses *Mémoires*. Il en est toutefois entièrement indépendant. C'est un morceau détaché, qui, ainsi que la date en fait foi, fut commencé par le prince plusieurs années avant qu'il songeât à mettre la main à ses *Mémoires*. Cependant l'intérêt particulier que présente cet écrit l'a fait joindre à la présente publication. On a déjà indiqué dans la préface (I-XV) les raisons qui l'ont fait rejeter à la fin du dernier volume, bien que la chronologie marquât sa place en tête de l'ouvrage. Il a semblé préférable, en effet, de ne pas rompre la suite et l'unité des *Mémoires*, et de prévenir toute confusion entre les souvenirs personnels du prince et un simple chapitre d'histoire.

singulière en 1757, que de voir M. le comte de Stainville, le père, chevalier de la Toison d'Or et ministre de l'empereur à Paris, et le comte de Stainville, son fils, chevalier de l'ordre du Saint-Esprit, ambassadeur de France à Vienne, à la cour de ce même empereur. A cette même époque, les deux autres fils du comte de Stainville étaient aussi, l'un abbé commandataire en France et prieur de Reuil, et l'autre major dans un régiment de Croates au fond de la Hongrie.

Le traité de 1736[1] ayant incorporé la Lorraine à la France, la maison de Choiseul avait dû rentrer au berceau de ses pères. Le jeune comte de Stainville débuta par une sous-lieutenance au régiment du Roi, et bientôt après, obtint le régiment de Navarre. Il fit bien la guerre comme colonel, mais il parut d'une manière encore plus brillante dans la société. Ses premiers succès y eurent beaucoup d'éclat. M. de Stainville fut l'amant et l'amant éperdument aimé de madame de Gontaut[2], fille aînée de M. Crozat-Duchâtel[3], lieutenant général, cordon rouge, sous lequel il avait servi dans la guerre de 1740. Madame Duchâtel, née Gouffier, réunissait tous les

---

1. Le traité de Vienne qui mit fin à la guerre de succession de Pologne. Il reconnaissait les droits de l'électeur de Saxe qui fut couronné sous le nom d'Auguste III. Quant à Stanislas Leczinski dont la France avait soutenu les intérêts, il reçut en dédommagement la Lorraine, sous cette condition, qu'à sa mort, ce duché reviendrait à la France. Stanislas étant mort en 1766, c'est à cette date que la Lorraine devint province française.

2. Antoinette Crozat du Châtel (1728-1747) fille du lieutenant général de ce nom et de Marie Thérèse Gouffier de Heilly, épousa en 1744, le duc Charles de Gontaut, frère cadet du maréchal de Biron. De ce mariage naquit le duc de Lauzun.

3. Louis François Crozat, marquis du Châtel, appartenait à une riche famille de financiers ; un de ses membres s'était récemment anobli en achetant le marquisat du Châtel en Bretagne.

soirs dans sa maison quelques personnes d'un esprit distingué, telles que madame du Deffant[1], Pont de Veyle[2], le chevalier de Curten[3], et M. de Stainville, quoique distrait par bon nombre d'infidélités qu'il faisait à madame de Gontaut, ne manquait guère d'y venir quelques moments. L'exactitude d'un peu de soins était un de ses principes. M. de Gontaut, l'un des favoris de Louis XV, d'un caractère gai et facile, avec assez peu d'esprit, tel qu'il fallait être dans la société de madame de Pompadour, l'avait pris dans la plus grande amitié, mais n'avait pu encore le faire pénétrer dans cet intérieur suprême, où l'on avait de son caractère une opinion peu avantageuse. Il circulait autour de madame de Pompadour que M. de Stainville avait été un des principaux modèles que Gresset[4] avait pris pour la comédie du *Méchant*. Cela, quelques bons mots, une ambition assez annoncée, le faisaient passer pour un homme dangereux, et probablement, il aurait été retardé dans sa brillante carrière, si une circonstance qui aurait dû accroître l'inquiétude que donnait son approche, n'eût servi

---

1. Marie de Vichy Chamrond, née en 1697 d'une vieille famille de Bourgogne, épousa toute jeune le marquis du Deffant, dont elle se sépara peu après. Son salon fut durant quarante ans le centre d'une société élégante et spirituelle. Elle mourut en 1780.

2. Antoine de Ferriol, comte de Pont de Veyle, naquit en 1697. Son père était président du parlement de Metz. Lui-même fut intendant général des classes de la marine. Il composa quelques comédies et un grand nombre de poésies légères. Il mourut en 1774 après avoir été pendant cinquante ans l'ami de madame du Deffant.

3. Maurice de Curten, issu d'une famille suisse, passée au service de la France, né en 1692, entré à l'armée en 1706, maréchal de camp en 1743, lieutenant général en 1748, grand croix de l'Ordre de Saint-Louis en 1757. Il mourut en 1766.

4. Gresset, poète comique, né en 1709 à Amiens, mort en 1777. *Le Méchant* qui est sa meilleure comédie est de 1747.

au contraire à le mettre hors de ligne. Le roi témoigna quelque goût pour une très belle personne que le comte de Choiseul-Beaupré[1], menin de M. le Dauphin, venait d'épouser; madame de Pompadour en montrait de la jalousie. Il se formait déjà à Versailles une espèce de parti qui favorisait cette intrigue; et M. de Stainville, assez maltraité par madame de Pompadour, et parent de madame de Choiseul, se trouvait naturellement rangé du côté de la prétendante. On a supposé que lui ayant fait sa cour, et n'ayant pas reconnu à son esprit assez d'habileté pour le rôle qu'il voulait lui faire jouer, il l'avait sacrifiée, et avait envoyé à madame de Pompadour, par l'entremise de M. de Gontaut, pour être montrées au roi, les lettres que dans un premier moment de passion, elle lui avait écrites. Et comme madame de Choiseul périt, peu de temps après, de la manière la plus inattendue, on a prétendu, aussi, qu'il n'avait pas été étranger à sa mort. Ce n'est pas le seul soupçon de ce genre qu'on ait osé former sur M. de Stainville. Quelque persuadé que je sois qu'aucun n'ait été fondé, j'éprouve une sorte d'embarras de ne pouvoir tirer mes motifs de conviction de la moralité de sa vie, et d'être obligé d'aller les chercher dans la légèreté de son caractère. Madame de Pompadour, tranquillisée, chercha à se faire de nouvelles créatures, et passa, immédiatement, trop vite peut-être, pour la réputation de M. de Stainville, de l'éloignement le plus marqué pour lui, à un intérêt dont elle ne tarda pas à lui

---

1. François comte de Choiseul-Beaupré était lieutenant général et menin du Dauphin. (Ce nom de *Menin* était d'origine espagnole; il désignait les six gentilshommes attachés spécialement à la personne du Dauphin.) Il épousa en 1751 mademoiselle de Romanet, nièce de madame de Pompadour.

donner des preuves. Dans ces circonstances, Madame de Gontaut tomba gravement malade, et sur son lit de mort, elle supplia sa jeune sœur, qui n'avait que quatorze ans, d'épouser M. de Stainville, voulant emporter, en mourant, la satisfaction d'avoir assuré la fortune de son amant, et aussi, ce que l'exaltation de sa tête lui présentait comme le bonheur de sa sœur. Une espèce d'enchantement que M. de Stainville avait répandu sur toute cette famille, décida bientôt la mère ainsi que la fille, de sorte que devenu presque immédiatement maître d'une fortune de cent vingt mille livres de rente, il n'eut plus qu'à s'occuper des moyens d'entrer dans une carrière dans laquelle sa naissance, son esprit, son activité et la médiocrité de ceux qui y occupaient les premières places, permettaient de lui donner bien des avantages. Ses vues se portèrent sur l'ambassade de Rome. Quelques flatteries adressées à M. Rouillé [1], ministre des affaires étrangères, l'appui de son beau-frère, M. de Gontaut, le retour vers lui de madame de Pompadour, un peu même de cette répugnance que le roi lui conservait encore, tout concourut à lui faire obtenir ce brillant éloignement ; et il partit pour remplacer M. de Nivernais. La magnificence de son début, à Rome, effaça tous les ambassadeurs qui l'avaient précédé ; le luxe prodigieux de l'entrée qu'il y fit, l'éclat de sa maison, le choix de ses sociétés particulières, l'eurent bientôt rendu maître de toutes les nominations ecclésiastiques ; il sut gagner l'amitié de

---

1. Antoine Rouillé, comte de Jouy, né en 1689, d'une vieille famille de robe, conseiller au parlement en 1711 ; secrétaire d'État à la marine (1749) puis aux affaires étrangères (1754). Il donna sa démission en 1757, fut nommé surintendant général des postes, se retira en 1758 et mourut en 1761.

Benoît XIV[1] qui ne l'appelait que *son cher fils*, et qui jamais ne put lui refuser rien dans les entretiens fréquents et tout à fait familiers qu'il avait avec lui. C'est à cette époque que M. de Stainville reçut les premières impressions, qui ont concouru depuis à la destruction de l'ordre des jésuites. La faveur dont il jouissait auprès du Saint-Père le mit en confidence avec les principaux personnages de cet ordre, et l'un des assesseurs du Général eut l'imprudence de lui ouvrir le registre secret dans lequel *la Société* inscrivait tous les noms de ses élèves, avec des notes sur le caractère et les sentiments que leur jeunesse avait pu faire connaître, et il y lut, à son article, que l'on devait, s'il arrivait à des places importantes, le tenir pour un homme qui n'aimait et qui n'aimerait jamais *la Société*[2].

Le rapprochement de M. de Stainville avec madame de Pompadour n'était pas tel, qu'il n'y eût dans la même route que celle où il se trouvait, un homme plus avancé que lui. L'abbé de Bernis[3], favori plus ancien et plus intime, traçait

---

1. Benoît XIV (Prosper Lambertini) naquit à Bologne en 1675. Entré dans les ordres, il fut nommé évêque d'Ancône, puis archevêque de Bologne. Il était cardinal depuis 1726. En 1740 il fut choisi pour succéder au pape Clément XII. Il mourut en 1758.

2. C'est en effet sous le ministère de Choiseul que les jésuites furent expulsés de France (1762-1764).

3. François-Joachim de Pierres, comte de Bernis, naquit au château de Saint-Marcel en Vivarais (1715) d'une des plus vieilles familles de France. Il fut de bonne heure destiné à l'état ecclésiastique; toutefois, bien qu'il ait porté toute sa jeunesse le titre d'abbé, il ne prononça ses vœux qu'à quarante ans. Il dut à la protection de madame de Pompadour d'être nommé ambassadeur à Venise (1752). Revenu à Paris en 1755, il négocia, bien que n'ayant aucun titre officiel, le traité de 1756 avec l'ambassadeur impérial. Il fut presque aussitôt nommé secrétaire d'État aux affaires étrangères, puis cardinal. Disgracié et exilé en 1757, il sortit de sa retraite en 1764, fut nommé archevêque d'Alby, puis ambassadeur à Rome (1769); — il fut destitué en février 1791 pour avoir refusé de prêter serment à la constitution civile, et il mourut en 1794.

assez ennuyeusement dans l'ambassade de Venise, les degrés de sa future élévation.

M. de Stainville ne manqua pas de profiter de la connexion de leurs affaires respectives, de quelques querelles que la république de Venise avait alors avec le Saint Père, pour établir entre eux une correspondance qui ne tarda pas à former une espèce d'intimité, en sorte que l'abbé de Bernis, de retour en France, pour être le plénipotentiaire ostensible du fameux traité de 1756, et entrer ensuite au conseil, en qualité de ministre, attendant la prochaine retraite de M. Rouillé, regardait M. de Stainville comme un des futurs collaborateurs du grand et brusque changement qui allait s'opérer dans la balance politique de l'Europe.

De son côté, M. de Stainville, qui commençait à en avoir assez des négociations ecclésiastiques, dévoré du désir de passer sur le théâtre des grandes affaires qui se préparaient, entretenant une correspondance régulière avec madame de Pompadour, soignant toutes les commissions de curiosités ou autres, que l'Italie pouvait lui présenter pour la favorite, obtint par elle, à la fin de 1756, un congé qui lui permit de reparaître à Versailles.

Dans l'hiver qui suivit, de grands changements se firent dans le ministère[1]; il est hors de mon sujet de m'y arrêter; mais je ne saurais, en passant, m'empêcher de dire que la

---

1. Allusion à la révolution de cabinet qui marqua le rétablissement du roi. Durant sa maladie (suite de l'attentat de Damiens), Machault et d'Argenson avaient pris sur eux de renvoyer madame de Pompadour. A son retour, elle exigea leur destitution. Machault céda la place à Peirenc de Moras, et d'Argenson au marquis de Paulmy, son neveu (février 1757).

destitution de M. d'Argenson[1] et celle de M. de Machault[2] ont eu une influence bien funeste sur les événements de la guerre qui commença en 1757. L'abbé de Bernis était alors nommé à l'ambassade de Vienne, faveur qui avait été la suite naturelle du traité qu'il avait signé avec M. de Stahremberg[3]; et comme l'impératrice Marie-Thérèse pressait vivement pour l'arrivée du ministre de France, et que le bon M. Rouillé se défendait encore un peu dans sa place, l'abbé de Bernis, pour ne quitter ni le terrain, ni la carrière, se fit nommer à l'ambassade de Madrid, où il n'y avait pas d'affaires pressantes à traiter; et M. de Stainville fut destiné à se rendre immédiatement à Vienne, à sa place. Ses préparatifs furent prompts; tout le faste de sa représentation y passa de Rome directement, et lui-même s'y rendit dans les premiers jours d'août. Il trouva la cour impériale, naguère si désolée, toute remplie des espérances que lui donnait la victoire de Kollin[4], remportée par le maréchal Daun[5], dont l'effet avait été la levée du

---

1. Marc-Pierre de Voyer, comte d'Argenson, né en 1696, appartenait à une vieille famille de Touraine qui jeta un vif éclat aux XVIIe et XVIIIe siècles. Sept de ses membres parvinrent aux plus hautes charges de l'État. Lui-même fut lieutenant général de la police (1720), ministre d'État (1742), secrétaire d'État à la guerre (1743-1757). Il mourut peu après sa disgrâce en 1764.

2. M. de Machault était alors secrétaire d'État à la marine.

3. George-Adam prince de Stahremberg, né à Londres en 1724, d'une vieille famille autrichienne. Ambassadeur à Paris en 1755. Rappelé à Vienne en 1766, il devint ministre d'État, puis gouverneur des Pays-Bas. Il mourut en 1807.

4. Kollin, ville de Bohême, sur l'Elbe, 6.000 habitants. La victoire des Autrichiens est du 18 juin 1757.

5. Léopold, comte de Daun, né à Vienne en 1705, était feld-maréchal en 1748. Il fut généralissime des armées impériales pendant la guerre de Sept ans. Vainqueur à Kollin et à Hochkirch, il fut battu à Leuthen et à Torgau. Il mourut en 1766.

siège de Prague; et celle de Hastenbeck[1] que le maréchal d'Estrées[2] venait de remporter sur le duc de Cumberland[3]. Deux mois plus tard, M. de Stainville aurait trouvé dans le cabinet de Vienne les formes de la plus grande déférence; mais à cette époque, ce cabinet avait pris une habitude hautaine. L'ambassadeur de France fut, néanmoins, très bien traité par l'impératrice, et accueilli d'une manière particulière par le bon empereur François Ier qui voyait en lui un Lorrain, et le fils de son ministre actuel à la cour de France. Mais, M. le comte de Kaunitz[4] le reçut avec plus de froideur. La dignité qu'il affecta de marquer dans les premières entrevues, présagea à M. de Stainville qu'il serait loin de trouver en lui le secrétaire d'État de la cour papale. Les médiocres conséquences de la bataille de Hastenbeck, comparées avec quelques succès qui suivirent la grande affaire de Kollin, et la levée du siège de Prague qui rendit disponible quarante mille hommes enfermés

1. Hastenbeck, village de l'électorat de Hanovre. La victoire des Français est du 20 juillet 1757.

2. Louis Le Tellier, marquis de Courtenvaux, duc d'Estrées, né en 1697, était petit-fils du célèbre Louvois. Sa mère était la sœur du comte Victor d'Estrées, maréchal de France. Celui-ci étant mort sans enfants en 1737, son neveu hérita de son nom et de son titre. Le comte, plus tard duc d'Estrées, fut lieutenant général en 1744, et maréchal en 1757. Il perdit son commandement en Allemagne à la suite d'intrigues de cour et mourut en 1771.

3. Guillaume-Auguste, duc de Cumberland, né en 1727, était le troisième fils du roi Georges II. Mis à la tête des armées anglaises du continent, il fut constamment battu. Plus heureux en Écosse, il battit le prétendant, Charles-Édouard; il mourut en 1765.

4. Venceslas-Antoine, comte puis prince de Kaunitz-Rietberg, né en 1711, conseiller aulique en 1735, commissaire impérial à la diète de Ratisbonne, sous Charles VI, ambassadeur à Rome, puis à Turin, sous Marie-Thérèse. Ministre d'État (1749), ambassadeur à Paris. A son retour, il fut nommé chancelier de cour et d'État. Il mourut en 1794.

dans cette ville avec le prince Charles[1], donnaient au ministre autrichien, un ton et des formes très déplaisants pour l'ambassadeur de France. Mais le mois de novembre arrivé, toutes les fiertés furent confondues par les deux batailles que le roi de Prusse gagna en personne à cinq jours l'une de l'autre ; à Rosbach[2], contre les Français, et sous les murs de Breslau[3], contre les Autrichiens. L'armée française et l'armée autrichienne furent si complètement battues qu'on ne sut plus lequel des deux alliés devait être le plus humilié. Alors les reproches d'ineptie se multiplièrent de part et d'autre. M. de Stainville, naturellement moqueur, tombait impitoyablement sur le maréchal Daun ; et M. de Kaunitz n'épargnait pas davantage les généraux français. Le chevalier de Curten, ancien lieutenant général se trouvait à Vienne, où il était arrivé en même temps que M. de Stainville ; il avait une commission militaire dont l'objet était la reprise de l'électorat de Saxe, que devait faire l'armée de Soubise, conjointement avec celle de l'empire commandée par le prince de Hildburghausen[4]. Le chevalier de Curten passait pour un excel-

---

[1]. Charles, prince de Lorraine, né en 1712, était le frère de l'empereur François. Feld-maréchal général et généralissime des troupes impériales et hongroises, il prit part aux guerres de la succession d'Autriche et de Sept ans.

[2]. Rosbach, village de l'électorat de Saxe près de Mersebourg. Les Français étaient commandés par Soubise.

[3]. La bataille fut livrée à 7 kilomètres de Breslau près du village de Leuthen, ou Lissa.

[4]. Joseph de Saxe-Hildburghausen, prince souverain d'Allemagne, né en 1702, fut nommé en 1735 feld-maréchal au service de l'Autriche. Il dirigea en 1739 une campagne malheureuse contre les Turcs. Il prit part sans grand succès à la guerre de Sept ans et mourut en 1787.

lent officier, et était certainement un des hommes les plus aimables et les plus piquants de son temps. Sa mission qui était d'un ordre inférieur se trouvait terminée par les grands faits de guerre qui venaient d'avoir lieu, mais il en avait peu de souci. Il demandait sans cesse ce que l'armée de l'empire était devenue, à quoi on lui répondait par semblable question sur l'armée de Soubise. En sorte qu'au milieu de tous ces désastres, qui devaient se terminer par quelque modification dans l'influence germanique, ou par la cession de quelques provinces, mais point encore par l'abdication de quelque tête couronnée, ou par la destruction d'un royaume ou d'un empire[1], on put passer à Vienne un hiver assez supportable. Lorsque les plaintes de M. de Kaunitz devenaient un peu plus fortes, M. de Stainville lui dépêchait le comte de Montazet, qui, avec les formes embarrassantes du plus grand zèle, prenait les renseignements les plus minutieux sur la grande armée autrichienne, et montrait un empressement excessif à la rejoindre, étant destiné, disait-il, à avoir l'honneur d'y servir.

On faisait de toutes parts de nouvelles levées pour la composer; et M. de Kaunitz, tout en critiquant le pauvre maréchal Daun, que l'impératrice soutenait à cause de madame de Daun, sa favorite, élevait secrètement à la fortune un homme modeste que le hasard lui avait fait rencontrer, et qui, par la levée du siège d'Olmütz[2], devint quelques mois après, le sauveur de la puissance autrichienne. M. de

---

1. Allusion aux traités imposés plus tard par Napoléon.

2. Olmütz, ville d'Autriche (Moravie). Le roi de Prusse qui l'avait assiégée, ne put s'en emparer et dut battre en retraite.

Laudon[1] fut véritablement l'homme le plus distingué de tous ceux que l'Autriche a employés dans le cours de cette fameuse guerre de Sept ans. Car M. de Lascy[2], dont le nom a été consacré par la belle lettre que lui écrivit en mourant Joseph II, avait plus de talent pour le cabinet que pour l'exécution, et s'est montré plus propre à être un grand ministre de la guerre qu'un grand général d'armée.

Les forces nombreuses qui se réunissaient, une organisation militaire nouvelle qui commençait à se former, les espérances qui étaient la suite de ces efforts et de ces changements, permirent bientôt à M. de Kaunitz de reprendre les airs inattentifs avec lesquels il blessait cruellement l'amour-propre de M. de Stainville. Tantôt c'était à la comédie où leurs loges étaient absolument contiguës, M. de Kaunitz arrivait dans la sienne, prenait une place adossée à celle de l'ambassade, et ne s'apercevait qu'au cinquième acte que M. de Stainville était à côté de lui. Une autre fois, invité à quelque dîner solennel chez l'ambassadeur de France, au lieu d'arriver à deux heures, il faisait impitoyablement

---

1. Ernest, baron de Laudon, né à Tootzen (Livonie), d'une famille originaire d'Écosse qui avait émigré au XIV⁰ siècle. Il passa huit ans au service de la Russie (1731-1739), se présenta ensuite à Frédéric II qui le repoussa ; il passa alors en Autriche, devint général en 1757, feld-maréchal en 1758 ; il eut une part glorieuse à la guerre de Sept ans. Appelé à diriger une campagne contre les Turcs en 1788, il mourut au cours de ses succès (7 juillet 1790).

2. Joseph, comte de Lascy naquit en 1725 à Pétersbourg d'une famille noble d'origine irlandaise. Son père était général dans l'armée russe. Lui-même entra dans l'armée autrichienne et devint feld-maréchal en 1760, après de brillants succès remportés durant la guerre de Sept ans. Après la paix, il entra au conseil aulique et durant de longues années travailla de concert avec l'empereur Joseph II. Chargé en 1788 de la guerre contre les Turcs, il fut battu et demanda à être remplacé par Laudon, bien qu'il fût son ennemi personnel. Il mourut en 1801.

attendre jusqu'à six, une trentaine de personnes, qui toutes par leur rang et leur naissance, paraissaient mériter quelques égards, et, tout à coup, au milieu du dîner, il écartait son assiette, arrangeait la place qu'avait occupée son couvert, tirait de sa poche une petite écritoire ou un crayon, et se mettait à écrire, à demi couché sur la table ; ou bien, il étalait un étui de toilette et se nettoyait les dents. L'usage était de se rassembler tous les soirs chez ce ministre, où sa sœur, madame la comtesse de Questemberg, faisait en assez bonne femme, les honneurs du salon. Aucun des ministres ne manquait à s'y rendre, parce que M. de Kaunitz y paraissait assez régulièrement vers les onze heures, et que c'était un moment favorable, ou pour l'entretenir de quelque affaire, ou pour apprendre de lui les nouvelles qui venaient journellement des armées ; il se faisait secrètement rendre compte de l'arrivée de l'ambassadeur de France, et dans les circonstances où il savait qu'il importait le plus à celui-ci de lui parler, il le laissait attendre jusqu'à une heure après minuit, et lui faisait dire par un valet de chambre, sans même se donner la peine d'imaginer quelque excuse, qu'il ne paraîtrait point. Alors M. de Stainville se dépitait, rentrait chez lui, et disait à qui voulait l'entendre, qu'il était impossible de suivre les affaires avec un tel homme. L'impératrice, qui était informée par ses rapports intérieurs du mécontentement de M. de Stainville, ne perdait pas une occasion de lui raconter les inattentions, sans nombre, de M. de Kaunitz pour elle-même. Mais elle croyait, et disait avoir un tel besoin de ce ministre, qu'elle lui passait toutes ses fantaisies. L'indulgence de l'impératrice était mise à tant d'épreuves, que pendant quelque temps, on a pu croire que

M. de Kaunitz avait avec cette princesse des liaisons plus intimes que celles des affaires. Il fallut tout l'éclat d'une aventure avec une danseuse de l'opéra pour empêcher cette opinion de trop s'établir. Il y avait au théâtre une Italienne assez belle, nommée la Tagliatzi. M. de Kaunitz était publiquement son amant. Quelques rigoristes de la cour, et le médecin Wasa-Sivieten, par dévotion, et peut-être aussi, par une envie secrète de plaire, animèrent tellement la conscience de l'impératrice sur ce scandale, qu'elle en donna un bien plus grand encore, en faisant enlever un matin la danseuse, et en la faisant transporter aux frontières d'Italie avec défense absolue de reparaître à Vienne. M. de Kaunitz se croyant outragé, monte chez l'impératrice, sa démission à la main, fait changer sa détermination, et la Tagliatzi revient avec tous les honneurs de l'aventure; et pour que personne ne pût douter de son triomphe, M. de Kaunitz la mène en calèche le lendemain de son arrivée dans toutes les promenades de Vienne. Il ne faut pas croire davantage au sentiment qu'on a supposé que cette princesse avait eu pour le général O'Donnell[1]; elle aimait l'empereur, qui était beau, et auquel elle passait sa petite infidélité avec la princesse d'Auersperg[2], en faveur des enfants qu'elle ne cessait d'avoir.

Mais je m'écarte trop de mon sujet. L'humeur respective des deux ministres venait au fond de ce que les deux cours

---

1. Le général comte Charles O'Donnell né en 1715 en Irlande, entra en 1736 au service de l'Autriche. Feld-maréchal lieutenant en 1757, gouverneur général des Pays-Bas après la paix, puis inspecteur général de cavalerie. Il mourut en 1775.

2. La princesse Josèphe d'Auersperg était la fille de Jean prince de Trautson. Née en 1734, elle avait épousé en 1744 Charles d'Auersperg, prince souverain d'Allemagne.

n'étaient rien moins que contentes du succès de leur grande alliance. Celle de Vienne, qui manquait encore moins d'hommes que d'argent, ne voulait plus du système de la combinaison des armées ; on convint d'agir séparément, et l'Autriche réclama en conséquence le choix de l'alternative dans l'exécution du traité, qui avait fixé le secours respectif à vingt-quatre mille hommes ou à vingt-quatre millions. L'impératrice, qui n'avait cessé un seul jour d'employer toute sa séduction vis-à-vis de M. de Stainville, se flattait d'emporter le subside. Elle se fit même aider en cette occasion par l'empereur qui traitait toujours M. de Stainville avec la familiarité d'un compatriote, et qui croyait avoir sur lui une grande influence. L'impératrice écrivit à madame de Pompadour ; M. de Stahremberg touchait au moment d'obtenir ce point de la facilité de l'abbé de Bernis ; l'opinion de M. de Stainville, à cet égard, retarda la décision. Vingt-quatre millions à cette époque était un subside très considérable. L'Angleterre, qui depuis en a prodigué d'immenses, ne donnait à Frédéric II que cinquante mille livres sterling[1], et on peut dire que celui-là gagnait bien son argent, et que si la France l'eût conservé pour allié à pareil prix, l'influence autrichienne en Allemagne n'aurait pas duré aussi longtemps. Au surplus, comme on voulait, de part et d'autre, que ces légères altercations ne tournassent pas au détriment de l'alliance, ce fut à cette époque qu'on adopta le plan d'une union plus intime et plus solide, par le projet de mariage de la jeune archiduchesse Marie Antoinette, alors au berceau, avec le futur héritier de la couronne de France.

1. 1 250 000 francs.

M. de Stainville reçut à cette occasion une marque éclatante de satisfaction : il fut créé duc héréditaire (et prit le titre de duc de Choiseul) en même temps que M. le comte de Gontaut son beau-frère, fut fait duc à brevet, honneur suffisant pour ce dernier, puisque son fils, ou plutôt celui de M. de Stainville, connu depuis sous le nom toujours brillant de duc de Lauzun, était naturellement appelé à hériter de la pairie du maréchal de Biron[1], son oncle. Cette double faveur accordée en même temps aux deux amis, fut l'ouvrage de madame de Pompadour, et le fruit de l'assiduité de M. de Gontaut, autant que de l'exactitude de la correspondance de M. de Stainville, qui ne faisait pas partir un courrier sans donner à la favorite dans une lettre particulière un petit sommaire de ses dépêches. Madame de Pompadour en aurait été moins flattée, si elle eût su combien était étendue et confiante la correspondance privée de M. de Choiseul. Tous les courriers portaient des lettres d'abord à madame de Robecq[2], ensuite à madame de Luxembourg[3], à l'abbé de Bernis dont il cherchait à affaiblir l'influence dans sa correspondance avec la favorite, à M. de Gontaut, à M. de Soubise, à M. de Praslin[4],

1. Louis-Antoine de Gontaut, duc de Biron, fils du maréchal duc de Biron, né en 1701, entra à l'armée et fit la campagne de Bohême comme maréchal de camp ; lieutenant général en 1743 ; maréchal de France en 1757 ; gouverneur du Languedoc en 1775. Il mourut en 1788.

2. La princesse Anne de Robecq était la fille du maréchal duc de Montmorency-Luxembourg. Elle épousa Anne de Montmorency prince de Robecq, grand d'Espagne et lieutenant général. Elle mourut en 1760, à trente-deux ans.

3. Madeleine-Angélique de Neufville-Villeroi, maréchale duchesse de Luxembourg (1707-1787).

4. César, comte de Choiseul, créé duc et pair en 1762 et connu dès lors sous le nom de duc de Praslin, naquit en 1712. Il devint lieutenant général ; ambassadeur à Vienne en 1758 ; secrétaire d'État aux affaires étrangères en 1760 ; à la marine en 1766. Il fut exilé en 1770 et mourut en 1785.

au comte de Castellane[1], à M. du Châtelet[2], au chevalier de Beauteville[3], et il en recevait des réponses qui le tenaient exactement au courant de ce qui se passait sur le double théâtre des intrigues de Versailles et de Paris.

La tête de M. de Choiseul fut traversée un moment alors, par l'idée d'obtenir une grande charge à la cour. Mais, M. de Gontaut lui fit voir combien ces places étaient encombrées de survivances ; il réfléchit de son côté sur la probabilité qu'il n'aurait point d'enfants de madame de Choiseul dont la santé était très délicate ; il avait lui-même altéré son tempérament par une jouissance qui avait précédé de beaucoup l'époque à laquelle elle était devenue femme, et il était résulté pour elle de cette imprudence, des inconvénients de santé qui l'obligeaient à rester souvent sur une chaise longue. Cette petite malade, dont la tête romanesque était dix fois plus ardente que son corps n'avait de force, était toutefois très exigeante sur les attentions du mariage, et fort jalouse de toutes les femmes auxquelles son mari paraissait adresser quelques hommages. Aussi M. de Choiseul manqua-t-il à peu près tout ce qu'il entreprit dans ce genre pendant son séjour à Vienne.

M. de Choiseul informé par M. de Gontaut, que madame de Pompadour commençait à se dégoûter de l'abbé de Bernis

---

1. Michel, comte de Castellane, gouverneur de Niort, ambassadeur près la Porte, maréchal de camp en 1762.

2. Louis-Florent, duc du Châtelet-Lomont, né à Semur en 1727. Il était le fils de la célèbre madame du Châtelet si connue grâce à Voltaire. Il fut maréchal de camp et ambassadeur à Vienne.

3. P. du Buisson, chevalier de Beauteville, aide-maréchal général des logis de l'armée de Flandre (1745), maréchal de camp (1758), ministre en Suisse (1762).

qui, prêt à devenir cardinal, faisait entrevoir des prétentions que sa capacité ne soutenait guère, donna à ses lettres particulières la direction que cette nouvelle circonstance exigeait. Il chercha à se faire regarder par madame de Pompadour, comme un rival et un successeur de l'abbé de Bernis, sur lequel elle pouvait compter, et par celui-ci comme un coopérateur fidèle, dont il pourrait se servir, s'il parvenait à faire le grand pas qu'il avait la secrète ambition de tenter. L'abbé de Bernis, sûr du chapeau de cardinal, commença à parler de sa mauvaise santé, en insinuant toutefois, après les instances qui lui étaient faites pour rester, qu'il serait prêt à témoigner sa reconnaissance et son dévouement, si on lui donnait la direction suprême du conseil. C'était où on l'attendait. On se concerta pour le retour de M. de Choiseul, et on pensa dès lors au moyen de l'investir de la charge que le futur cardinal dédaignait d'occuper. De son côté, M. de Bernis se mit à rédiger un long mémoire, dans lequel il essayait de démontrer au roi la nécessité d'un premier ministre qui tînt d'une main ferme l'ensemble des opérations de tous les départements. La situation critique des affaires était peut-être assez favorable à cette idée. Mais la répugnance du roi pour cette espèce de tutelle était bien connue de madame de Pompadour qui, d'ailleurs, n'ayant plus que ce rôle à jouer, sans avoir l'inconvénient du titre, n'avait aucune envie de se le laisser enlever. Deux mois suffirent à toutes ces manœuvres, et dans les premiers jours de novembre, pendant que la barrette arrivait de Rome, M. de Choiseul arrivait de Vienne, pour occuper le poste que le cardinal allait quitter. L'arrivée subite de M. de Choiseul, et l'espèce de désaccord qui existait dans les différentes dispositions des parties intéressées, ne pouvaient pas manquer de produire d'étranges contradictions. Ainsi dans la même semaine, M. de Choiseul qui n'avait été présenté dans l'article officiel de la *Gazette*, que comme un aide choisi par le cardinal pour conduire sous sa direction le ministère des affaires étrangères, M. de Choiseul, médiocrement accueilli par le roi, était créé pair à l'ouverture du premier conseil, à cause de la prétention que le maréchal d'Estrées éleva, concernant la préséance des maréchaux de France sur les ducs qui n'étaient pas pairs. On vit aussi le cardinal quitter le logement du secrétaire d'État, et s'installer dans un des plus grands appartements du château de Versailles, où dès le premier mardi, jour d'audience des ambassadeurs, il les reçut avec solennité concurremment avec le nouveau ministre, chez lequel ils n'eurent l'air d'aller ensuite que comme chez un premier commis, et M. de Choiseul, ministre des affaires étrangères, duc et pair de France paraissait, au milieu de toutes ces faveurs, n'occuper qu'un poste secondaire. Le cardinal avait remis directement au roi son mémoire et s'emparait comme de haute lutte de la place éminente qu'il croyait s'être assurée. Le roi ne disait rien, laissait faire, et, sans doute se fût soumis, si madame de Pompadour, à qui le mémoire revint de la main du roi et qui n'en était que plus offensée, ne se fût jointe à M. de Soubise, à M. de Gontaut et à M. de Belle-Isle[1], pour en représenter l'auteur

---

1. Louis Fouquet, duc de Belle-Isle, était le petit-fils du fameux surintendant Fouquet. Né à Villefranche-de-Rouergue en 1684, il entra de bonne heure à l'armée, fit comme colonel la guerre de la succession d'Espagne. Maréchal de camp en 1719, il fut impliqué dans le procès de Leblanc, secrétaire d'État à la guerre, accusé de concussion, et fut enfermé à la Bastille. Lieutenant général en 1732, il reçut en 1736 le gouvernement de Metz et des trois évêchés. Maréchal de France en 1741, il prépara l'élection de l'empereur Charles VII. Peu après, il s'illustrait par la campagne de Bohême et la retraite de Prague (1743). Fait prisonnier en Hanovre en 1744, il fut interné un an en Angleterre. En 1757, il fut nommé secrétaire d'État à la guerre. Il mourut en 1761.

comme un ambitieux qui voulait s'emparer d'une place que la considération personnelle du roi, son opinion connue à cet égard, et les derniers conseils du cardinal de Fleury[1], devaient empêcher de jamais rétablir. Cette forme de rappel à ses propres principes, présenté au roi comme une marque d'attachement le plus vrai pour sa personne et pour sa gloire, ne manqua pas son effet. On exila le cardinal de Bernis[2].

Ainsi fut enlevé à la suprême direction des affaires, cet homme doux et aimable, fait pour le charme de la société, bien plus que pour la haute intrigue du ministère. Sa vie reprit dans la suite quelque éclat par les moyens que lui fournirent son caractère ecclésiastique, sa grande fortune et le bel emploi qu'il en savait faire. Il a fini sa carrière d'une manière heureuse, puisque ses derniers moments ont été employés à donner des soins, des marques de respect, et presque des secours, aux vertueuses filles de son bienfaiteur. L'histoire parlera bien peu de lui.

M. de Choiseul resta seul chargé des affaires étrangères. L'usage qu'il fit de son pouvoir et la situation dans laquelle il plaça la France vis-à-vis des cours de l'Europe, ne sont peut-être pas sans intérêt à connaître.

Un des principaux actes de son administration, fut le traité du mois de janvier 1759 avec l'Autriche. Par ce traité la

---

1. André Hercule, cardinal de Fleury, appartenait à la vieille noblesse du Languedoc. Il naquit à Lodève le 22 juin 1653. Aumônier de la reine, il fut en 1698 nommé évêque de Fréjus. A la mort de Louis XIV il fut nommé précepteur du nouveau roi sur lequel il prit bientôt la plus grande influence. Au mois de juin 1726, Fleury fut nommé ministre d'État et surintendant des postes, et bientôt après créé cardinal. Il garda la direction des affaires jusqu'à sa mort (1743).

2. Novembre 1758.

France réduisit de vingt-quatre millions à quatorze, le subside convenu par le traité de 1756. Mais, par une inconséquence injustifiable, on mit à la disposition de l'Autriche des forces aussi considérables qu'on aurait pu le faire pour un intérêt national et du premier ordre. Ce ne fut qu'en 1761 que M. de Choiseul effrayé des maux de tout genre qu'éprouvait la France, essaya d'en abréger la durée par une paix particulière avec l'Angleterre, qu'il supposait devoir entraîner celle avec l'Allemagne. Les premières paroles de rapprochement avaient été portées par M. le bailli de Solar[1], ambassadeur de Sardaigne à Londres. M. de Bussy[2] fut ensuite accrédité auprès de M. Pitt[3], et M. Stanley vint en France. Quelque condescendance que M. de Choiseul mit dans la négociation avec l'Angleterre, on ne put pas arriver à en établir les premières bases : lord Chatam voyait encore trop de chances heureuses dans la guerre pour vouloir sérieusement faire la paix. Il négociait pour être populaire et il ne finissait rien parce qu'il était homme d'État. Après des essais de tout

---

1. Ignace Solar de Breille, connu sous le nom de bailli de Solar, né en 1715, grand-croix de Malte, ambassadeur de Sardaigne en France (1758-1765). Il reçut, après la paix de 1763, l'abbaye de St-Jean-des-Vignes de Soissons.

2. François de Bussy né en 1699, entra aux affaires étrangères en 1725, comme chargé d'affaires à Vienne, puis à Londres (1737). Ministre plénipotentiaire à Londres (1740). Premier commis aux affaires étrangères (1749). Il mourut en 1780.

3. William Pitt, comte de Chatam, un des plus grands hommes d'État de l'Angleterre, né en 1708, entra au parlement à vingt-sept ans. Il fut le chef de l'opposition jusqu'en 1746 ; devint alors vice-trésorier d'Irlande et conseiller privé sous le ministère Newcastle. Premier ministre (1755-1761). En 1766, Pitt fut créé comte de Chatam et entra à la Chambre des lords. En même temps il fit une courte réapparition aux affaires. Il mourut en 1775.

genre, il fallut abandonner cette idée. Le seul succès politique qu'obtint M. de Choiseul à cette époque, et qui lui donne une sorte de place dans l'histoire, c'est le pacte de famille avec l'Espagne[1], par lequel on peut dire que la France, sans affaiblir sa position continentale, en la fortifiant même, et sans prendre des engagements onéreux, était assurée pour la paix comme pour la guerre d'une coopération durable avec la puissance qui possédait alors les plus belles ressources maritimes, et les riches trésors de l'Amérique et des Indes. Si cet accord avec l'Espagne eût été fait en même temps que le traité de Versailles avec la cour de Vienne, il est à croire que l'Angleterre n'eût jamais obtenu les succès qui ont amené la désastreuse paix de 1763.

Cette époque de notre histoire portera sans doute les publicistes, s'il peut s'en trouver encore dans quelques années, à examiner si, en théorie générale, les traités d'alliance permanente sont utiles aux puissances qui les contractent. Ce genre de transaction est celui dont on croit en général devoir recueillir le plus de résultats avantageux. Cependant, l'expérience a prouvé que chaque puissance, en cherchant à faire pencher la balance de son côté, apporte dans cette espèce d'accord un esprit de réserve et d'égoïsme, qui nuit à la cause commune. Aussitôt que les stipulations de bonne harmonie, d'assistance de secours définis sont convenues, tous les efforts se dirigent

---

1. Le pacte de famille est une convention signée à Paris le 15 août 1761 entre les représentants de la France (Choiseul) et d'Espagne (Grimaldi), par laquelle les souverains de la maison de Bourbon, Louis XV, Charles III, roi d'Espagne, Ferdinand roi des Deux-Siciles (fils de Charles III) et Philippe duc de Parme (son frère), contractaient une alliance défensive et offensive pour la garantie mutuelle de leurs États. Cette alliance dura autant que la monarchie française.

sur les moyens d'inter préter les clauses, d'éluder les demandes, d'échapper enfin aux conséquences des engagements qu'on a contractés ; et quand le *casus fœderis* devient tellement évident qu'on ne peut le méconnaître, mille circonstances deviennent alors des prétextes, pour retarder les préparatifs et compliquer l'exécution des articles les plus clairs. L'allié attaqué a eu le temps de perdre des provinces, avant de recevoir un homme ou un écu de celui qui devait lui prodiguer des secours de tout genre. Les quatre coalitions formées successivement depuis la Révolution française, eussent-elles été aussi promptement anéanties, si chacun des contractants eût employé de bonne foi et à temps, tous les moyens dans l'intérêt de la cause commune ?

En supposant même de la loyauté dans l'allié dont l'intervention est devenue nécessaire, les obstacles naturels, la distance, la lenteur des levées, l'état des chemins dans telle saison, ne suffisent-ils pas pour rendre inutiles des secours dont la moitié arrivée à temps pouvait donner une autre direction et un autre résultat à des événements importants ? La Prusse certainement eût fait une plus vigoureuse résistance, si avant la bataille d'Iéna, le quartier général de l'empereur Alexandre eût été à Custrin, par exemple[1].

Dans les motifs de tiédeur des alliances, il faut aussi compter pour quelque chose le déplaisir de voir mal employés ses troupes, son artillerie, ses magasins ; de voir ses régiments placés au poste le plus périlleux, de perdre des hommes, de

---

1. Au moment de la bataille d'Iéna, l'armée russe n'avait pas encore passé la frontière allemande. Napoléon dut aller la chercher au fond de la Pologne et ne l'atteignit qu'en janvier, c'est-à-dire trois mois après la bataille d'Iéna.

dissiper son trésor, et souvent sans retirer d'autre avantage de sa coopération, que celui d'assister à la prise de possession des conquêtes faites par ses alliés.

Une grande partie des inconvénients attachés aux traités d'alliance entre des puissances continentales, pourrait disparaître dans les accords entre des puissances maritimes, et c'est pour cela que le traité de 1761 avec l'Espagne, quoique fait trop tard, est encore l'acte le plus habile du ministère de M. de Choiseul. En effet, on comprend aisément qu'un secours, même de peu de valeur, prend tout de suite de l'importance quand, transporté par mer, il peut menacer sur divers points et presque au même instant les territoires de l'ennemi commun, et qu'ensuite, lorsqu'il s'agit de régler les conditions de paix et de partager les fruits d'une guerre heureuse, il soit possible de faire la part d'une des puissances, sans nuire trop aux intérêts de l'autre.

Du reste, le peu que l'on vient de dire sur une question d'un si haut intérêt et qui mériterait d'être traitée avec soin et développement, ne s'applique, comme on a pu le voir, qu'au cas où la guerre, suivant de près le traité conclu, oblige les contractants à l'exécution de ses clauses. Car il n'y a personne qui ne doive regarder comme la plus belle œuvre de la politique une alliance combinée avec lenteur et sagesse, entre des puissances de premier ordre, dans la vue généreuse de fixer un état de paix permanent en empêchant partout la guerre, et dont le but unique serait de forcer par une médiation juste et imposante, au repos, à la modération, et à un libre et facile échange des productions des différents pays, tout pouvoir inquiet, ambitieux et prohibitif qui voudrait troubler l'équilibre général.

Il est toutefois nécessaire d'apporter de grandes précautions dans un pacte de cette nature; c'est dans l'intérêt de la société européenne, c'est dans l'intérêt de tous qu'il doit être contracté. Il faut donc que cet intérêt soit bien constaté, bien évident, et il ne l'est pas assez, si ceux qu'il touche, c'est-à-dire les nations, ne sont pas convaincues que c'est de leurs propres avantages qu'on s'est occupé. Car, si elles devaient concevoir de la défiance, toute alliance des cabinets deviendrait illusoire et même dangereuse. Dans l'état de civilisation où l'Europe est parvenue, les peuples tendent partout à prendre un niveau commun; et s'ils se voyaient détournés de cette voie, ils s'en prendraient bientôt à leurs gouvernements, et agiraient contre eux avec une force irrésistible.

Les projets d'alliance chrétienne de Henri IV[1], de paix perpétuelle de l'abbé de Saint-Pierre[2], ont été médités dans des temps où les gouvernements avaient exclusivement toute la confiance des peuples. Ceux-ci remettaient alors aux mains de leurs souverains, le soin de prévoir et de diriger leurs destinées. Les souverains de leur côté avaient toute l'autorité nécessaire pour conduire de si grands intérêts. Les grands

---

1. Talleyrand rappelle ici le grand plan de réorganisation européenne longtemps rêvé par Henri IV. Il voulait d'abord arriver à constituer en Europe un état d'équilibre durable, et pour cela il reléguait chaque nation dans ses frontières naturelles. L'Europe, ainsi divisée en un certain nombre d'États à peu près égaux en force et en étendue, eût alors été la grande République chrétienne. Un conseil suprême de députés de tous les États eût été chargé de prévenir les guerres en réglant les différends. C'est de ce projet de fédération de tous les peuples chrétiens, dont Henri IV aimait à s'entretenir avec Sully; mais il n'eut pas le temps ni peut-être le dessein d'en entreprendre la réalisation.

2. Charles Castel, abbé de Saint-Pierre (1658-1743), connu par son projet de paix perpétuelle. Il avait repris les idées de Henri IV et passa sa vie à soumettre aux différents ministres, une multitude de projets de réforme.

corps de l'État n'étaient que les auxiliaires du pouvoir, et si parfois ils cherchaient à diminuer son action, ce n'était jamais jusqu'au point de l'exposer à être à la discrétion des peuples. L'idée de la souveraineté était entière dans les esprits, et elle se présentait partout, comme une force tutélaire contre laquelle nulle résistance n'était légitime.

A une telle époque, on pouvait créer des systèmes politiques, et celui que la grande âme de Henri IV avait su concevoir, aurait pu s'exécuter.

Mais les progrès de la civilisation, en élevant la partie moyenne des peuples, ont diminué la distance qui la séparait du gouvernement. C'est alors qu'on a commencé à examiner le mécanisme et les actes de celui-ci : bientôt la critique est arrivée, et a conduit à la méfiance, ce qui fait qu'aujourd'hui il faut, pour gouverner les peuples, plus de sincérité et de sagacité que l'on n'en avait besoin autrefois. Il faudrait donc beaucoup d'habileté et de prévoyance pour former dans un tel état de choses, une de ces alliances dont le seul objet serait de garantir la paix générale.

Je m'arrête ici, étonné de n'avoir pas su résister à l'attrait des aperçus généraux, qui m'ont fait sortir de l'objet circonscrit dans lequel j'aurais voulu rester.

La hauteur naturelle de M. de Choiseul, son pouvoir étendu et sans contrôle, la légèreté de ses mœurs, lui faisaient trop mépriser les pays nouveaux où la civilisation ne faisait que de paraître. Il dédaigna de s'occuper des changements qui se préparaient alors dans le Nord; et il ne sut point porter ses regards du côté de la Russie. Cette puissance commençait cependant à suivre par une sorte d'instinct, la politique qui la conduisait vers le centre de l'Europe, et dont la tendance était, sans projet encore déterminé, d'arriver à exercer un jour une influence prépondérante et dangereuse sur les affaires du continent. Il ne vit point jusqu'où pouvaient aller les rapports utiles que l'Angleterre commençait à avoir avec cette puissance, et par suite de son aveuglement à cet égard, il tâcha d'entretenir de la mésintelligence entre la Suède et le Danemark, tandis qu'il aurait dû chercher à réunir ces deux petites puissances, seules capables, avec l'appui de la France, de fermer à volonté la communication commerciale qui, par la force des choses doit lier intimement la Russie avec la Grande-Bretagne. En même temps, il témoigna d'une manière offensante son dédain pour la cour de Pétersbourg. Il rappela de cette capitale le vieux marquis de l'Hôpital [1], qui jouissait d'assez de considération et même de faveur auprès de l'impératrice Elisabeth [2] : il le remplaça par le baron de Breteuil, simple ministre plénipotentiaire, en lui donnant de froides instructions, qui ne lui laissaient aucune possibilité de profiter des avantages que l'on pouvait attendre de la chute du comte de Bestucheff [3], partisan déclaré et peut-être pension-

---

1. Paul de Gallucio, marquis de l'Hôpital, issu d'une famille noble d'origine napolitaine, né en 1697, entra à l'armée et devint lieutenant général en 1745. Ambassadeur à Naples en 1739, il passa de là à Pétersbourg. Il mourut en 1776.

2. Élisabeth, fille de Pierre le Grand, née en 1709, succéda en 1741 à l'impératrice Anne et mourut en 1761.

3. Alexis Bestoujet-Rumine ou Bestucheff, issu, dit-on, d'une famille d'origine anglaise émigrée en Russie au XVe siècle, naquit à Moscou en 1693. Il entra d'abord au service de l'électeur de Hanovre, qui, devenu roi d'Angleterre, l'envoya comme ambassadeur à Pétersbourg. Il passa ensuite au service de la Russie, fut ministre à Copenhague, puis ministre d'État sous l'Impératrice Anne, et grand chancelier sous l'impératrice Élisabeth. Exilé en 1757, il fut rappelé par Catherine en 1762 et mourut en 1766.

naire de l'Angleterre. On ne parvint point cependant à aigrir l'Impératrice Elisabeth, qui se prêtait d'elle-même à donner des explications au manque d'égards qu'on avait pour elle. Mais sa mort arrivée inopinément laissa le trône de Russie à Pierre III[1] : les dispositions de celui-ci étaient totalement opposées à celles de sa tante. Il était secrètement attaché au service militaire du roi de Prusse, et en avait reçu directement, sans que cela passât par aucun intermédiaire, et avec des formes mystiques, les grades de capitaine et de colonel. Celui de général, dont il reçut le brevet à son avènement, et dont il porta immédiatement l'uniforme, lui parut le comble de la gloire. Il envoya au même instant, au général de son armée qui combattait le roi de Prusse, l'ordre de se ranger de son côté, et de poursuivre sous sa direction la guerre contre les Autrichiens[2].

Cette extravagante politique se trouva, malheureusement pour ce prince, associée à une autre folie plus dangereuse, celle de manifester l'intention de répudier sa femme, la fameuse Catherine seconde, qui ne lui permit pas de s'abandonner longtemps à tous les caprices, auxquels le désordre de sa tête l'aurait porté.

L'indifférence de M. de Choiseul pour ce qui se passait en Russie était telle, qu'à l'époque de la mort violente de Pierre III, il n'y avait de Français accrédité à Pétersbourg que l'abbé Duprat, secrétaire du baron de Breteuil,

---

1. Pierre III, fils de l'impératrice Anne et neveu d'Élisabeth, épousa en 1746 Sophie d'Anhalt Zerbst, qui fut plus tard la grande Catherine. Il monta sur le trône le 5 janvier 1762, fut déposé peu de mois après, arrêté et étranglé dans sa prison (juillet 1762).

2. Le traité de paix entre la Prusse et la Russie est du 5 mai 1762.

qu'il y avait laissé comme chargé d'affaires. C'est cet abbé qui y recueillit tous les détails que M. de Rulhière, alors à Varsovie avec le baron de Breteuil, nous a transmis comme témoin oculaire dans un ouvrage ou plutôt dans une sorte de nouvelle écrite avec élégance, et où l'exactitude n'a jamais été que secondaire.

Un nouveau règne, un nouveau ministère, une souveraine entreprenante, obligèrent cependant la France à avoir à Pétersbourg un véritable agent diplomatique. M. de Choiseul se trouva forcé d'ordonner au baron de Breteuil, qui revenait par congé, de retourner à son poste. Mais fidèle au système qu'il avait adopté d'humilier le souverain, sans rien faire pour contenir la politique du pays, il ne donna à M. de Breteuil d'autre instruction que de demander à la nouvelle impératrice l'expédition de la *Reversale*, par laquelle l'impératrice Elisabeth en recevant de la France le titre d'impératrice, s'était soumise à ne prétendre vis-à-vis d'elle à d'autre rang, qu'à celui accordé aux czars de Moscovie.[1]

Comme ce que j'écris ici est plutôt l'esquisse d'une époque prise dans son ensemble qu'un tableau historique de faits, je

---

1. Jusqu'au règne d'Élisabeth, les souverains russes n'étaient officiellement connus que sous le titre de czars de Moscovie. En 1745, Élisabeth entreprit de se faire reconnaître par les cours étrangères le titre d'impératrice. A cet effet, elle signa avec la France en mars 1745, un acte dit *Reversale*, par lequel Louis XV « *par amitié et une attention toute particulière pour elle, condescendait à la reconnaissance du titre impérial.* » En retour l'impératrice déclarait ne prétendre vis-à-vis de la France à un autre rang de préséance qu'à celui de czarine de Moscovie. — Le 3 décembre 1762, Catherine déclara que le titre impérial avait de tout temps appartenu aux czars, et qu'elle refuserait d'entrer en relations avec les États qui ne la reconnaîtraient pas pour impératrice. Breteuil reçut l'ordre de confirmer la Reversale de 1745, en en rappelant la condition résolutoire que Catherine paraissait disposée à oublier. L'Espagne suivit son exemple. (Voir à ce sujet, une série de pièces dans Martens, Recueil de traités.)

ne suis assujetti qu'à ne pas confondre dans les impressions que je veux laisser, les temps où la puissance de M. de Choiseul n'était pas entière, et ceux où il était le maître absolu de la France.

La paix était devenue le besoin général de l'Europe, et comme alors les traités étaient fidèlement observés, les bonnes relations pouvaient se rétablir promptement entre les États naguère belligérants. L'occupation des pays vaincus ne se prolongeant pas au delà de la paix, comme on l'a vu depuis, l'indépendance de chaque pays redevenait entière, et les conséquences ruineuses de la guerre cessaient avec elle.

La mort de George II [1], roi d'Angleterre, permit de penser sérieusement à la paix. George III [2], son successeur, accoutumé pendant tout le temps qu'il avait été prince de Galles, à la plus grande familiarité avec le comte de Bute [3], qui avait été son gouverneur, lui accorda une telle confiance à son avènement au trône, qu'il l'appela immédiatement à la place de lord Chatam. Le comte de Bute devenu premier ministre, crut de son intérêt personnel, de fixer, par une paix dont il aurait la gloire, les avantages immenses que la guerre avait procurés à l'Angleterre. Il parla donc de la possibilité de

1. George II, roi d'Angleterre, fils de George Ier, né à Hanovre en 1683, il monta sur le trône en 1727 et mourut en 1760.

2. George III, roi d'Angleterre, petit-fils de George II, né en 1738; succéda à son grand-père. Il tomba en démence en 1810 et mourut en 1820.

3. Jean Stuart, comte de Bute, né en Écosse en 1713, élu pair d'Écosse en 1737. Gentilhomme de la Chambre du futur Georges III et chargé de son éducation (1751), il fut à l'avènement de son élève appelé au conseil, puis nommé secrétaire d'État et lord de la Trésorerie (1761). Il signa le traité de 1763 et paraissait tout-puissant lorsqu'il donna sa démission subitement. Il mourut en 1792.

s'entendre. Et par les instigations du même bailli de Solar, dont il a déjà été question, il donna de la confiance dans les ouvertures qu'il faisait, et même de l'éclat à une nouvelle négociation par l'envoi en France du duc de Bedford [1]. On y répondit par celui du duc de Nivernais à Londres. Le premier avait pour secrétaire de légation, M. Hume [2], et l'autre mena dans la même qualité le chevalier d'Éon [3]. Malgré ces petites disparates qui rappellent toujours la légèreté de M. de Choiseul, le traité avança assez rapidement pour qu'au commencement de septembre 1763, il se trouvât prêt à être signé. Il l'aurait même été alors, si, M. de Grimaldi [4]

1. John Russell, quatrième duc de Bedford (1710-1771) était premier lord de l'Amirauté en 1744. Il se retira en 1751, fut en 1761, nommé lord-lieutenant d'Irlande et garde du sceau privé. A son retour de Versailles où il avait été négocier le traité de Paris, il entra dans le cabinet Grenville et y resta jusqu'à sa mort.

2. David Hume, philosophe et historien anglais, né en 1711 à Édimbourg. Il fut secrétaire d'ambassade à Vienne et à Turin. Il vint à Paris en 1763 comme secrétaire de M. de Hertford, ambassadeur d'Angleterre et non pas en 1761, avec le duc de Bedford, comme il est dit ci-dessus. Il mourut en 1776.

3. Charles d'Éon de Beaumont, dit le chevalier d'Éon, né à Tonnerre en 1728. Une célébrité singulière est restée attachée à son nom; son sexe est resté longtemps douteux, et s'il est avéré aujourd'hui qu'il était réellement un homme, l'opinion publique, sur la foi d'aveux mensongers, le tint durant longtemps pour une femme. — Le chevalier d'Éon fut un des agents les plus remuants de la diplomatie secrète de Louis XV. Après une mission en Russie, et un court séjour à l'armée (1758), il fut en 1762 nommé ministre à Londres par intérim. Il ne voulut pas céder la place au nouvel ambassadeur, le comte de Guerchy. Ce fut le point de départ d'une série d'aventures et de complications sans fin. Possesseur du secret du roi, il se joua pendant plusieurs années du roi et de ses ministres, eut à Londres le train de vie le plus brillant, et finit par forcer le roi à capituler. Louis XVI l'autorisa à revenir en France. Il retourna peu après en Angleterre et y mourut en 1810.

4. Don Geronimo duc de Grimaldi, grand d'Espagne, né à Gênes en 1720. Il entra dans la diplomatie, fut ambassadeur à Paris en 1761. Ministre des affaires étrangères en 1764, il donna sa démission en 1776 et mourut en Italie en 1786.

plénipotentiaire de l'Espagne, ne s'y fût opposé dans la persuasion que les Anglais étaient à la veille d'éprouver un grand échec à la Havane. L'échec n'eut point lieu ; les Anglais prirent la Havane, et il fallut pour la ravoir donner les Florides, dont M. de Choiseul indemnisa l'Espagne par la cession de la Louisiane. On consentit à tout, et on signa la paix à Fontainebleau le 2 novembre 1763[1].

On peut à peine croire aujourd'hui à l'intervention dans une négociation si importante, du bailli de Solar, représentant d'un gouvernement qui, de nos jours, sans opposition de la part d'aucun des cabinets de l'Europe, a été rayé du nombre des puissances.

La paix avec le roi de Prusse suivit de quelques semaines celle avec l'Angleterre, et elle entraîna au bout de peu de temps, celle du roi de Prusse avec la cour de Vienne[2]. Ainsi, se termina cette fameuse guerre de Sept ans, que nos pères trouvaient si pleine d'événements, et qui a bien pâli pour la génération actuelle, en regard des grandes luttes dont elle a été témoin.

L'année suivante, madame de Pompadour mourut, et il n'en résulta aucun changement ni à l'intérieur, ni au dehors. La mort de cette femme qui pendant tant d'années avait joué le rôle de premier ministre ; — qui par ressentiment de quelques propos ou de quelques vers échappés contre elle

---

1. Par ce traité désastreux la France cédait à l'Angleterre presque toutes ses colonies; le Canada, toutes les îles et côtes du golfe Saint-Laurent, toute l'Inde. Elle rasait de nouveau les fortifications de Dunkerque, et évacuait le Hanovre, la Hesse et le Brunswick.

2. Le traité de paix entre la Prusse et l'Autriche fut signé au château de Hubertzbourg (près Leipzig) le 15 février 1763.

à Frédéric II, avait été l'auteur véritable de l'alliance de la maison de France avec celle d'Autriche, dont la conséquence pouvait être d'anéantir le faible contre-poids que la Prusse commençait à porter dans les affaires de l'Europe ; — qui avait abattu d'un souffle le cardinal de Bernis, pour le crime d'avoir pu penser un moment à occuper la place qu'avait eue l'évêque de Fréjus[1] au commencement du règne ; — la mort de cette femme, dis-je, fut à peine une nouvelle pour la France et pas même une contrariété dans l'intérieur du roi.

Subjuguée depuis cinq ans par l'ascendant du duc de Choiseul, blasée, fatiguée de toutes les jouissances, bravée quelquefois par celui qu'elle avait élevé si haut, et qui des deux amies d'un ordre subalterne qu'elle s'était attachées, madame d'Amblimont[2] et madame d'Esparbès[3], avait séduit l'une, et écarté l'autre par une insulte publique ; — plus humiliée encore par la sorte de supériorité que mesdames de Gramont[4] et de Beauvau[5] avait prise dans la société particulière du roi, dont elle n'avait plus que le triste privilège de faire les honneurs : accablée d'infirmités qui depuis longtemps avait éloigné Louis XV de son lit, et qui en repoussaient même celui qui

---

1. Le cardinal de Fleury.

2. Probablement Marie-Anne de Chaumont-Quitry, mariée en 1754 à Claude de Fuchsamberg comte d'Amblimont.

3. Mademoiselle Toinard de Jouy mariée au comte d'Esparbès de Lussan, maréchal de camp, gouverneur de Montauban. Elle mourut très âgée.

4. Béatrix de Choiseul-Stainville, duchesse de Gramont, sœur du duc de Choiseul.

5. Marie-Sylvie de Rohan-Chabot, maréchale, princesse de Beauvau-Craon.

avait été y chercher la fortune, madame de Pompadour quitta la vie sans regret. Le roi resta indifférent, il eut l'air d'être débarrassé plutôt que privé d'une habitude, sorte de lien qui parmi les têtes couronnées, remplace ordinairement les penchants naturels. On accorda deux soirées seulement à une solitude de convenance, et dès le troisième jour après avoir chassé à Rambouillet, et avoir reçu ensuite les courtisans à son débotté comme à l'ordinaire, il remonta dans l'appartement de madame de Pompadour ; la chambre était la même, le lit seul en était ôté. Il y trouva madame de Gramont, madame de Beauvau. M. de Choiseul, M. de Chauvelin[1], M. de Gontaut et les autres personnes de sa société particulière. Le nom de celle qui avait occupé cet appartement pendant dix-huit ans, et qui y avait introduit tout ce qui composait l'intérieur du roi n'y fut plus prononcé.

A dater de cette époque, tout plia sous le sceptre de M. de Choiseul dont l'audace et la volonté ne rencontraient ni échec ni contradiction. Sa fortune était alors à son apogée; il changeait les ministres, rappelait les ambassadeurs, inquiétait les cabinets de l'Europe, bravait l'héritier du trône, cassait les arrêts des parlements, rendait des arrêts du conseil ; faisait des ordonnances, donnait des lettres de cachet, obtenait des grâces de toute espèce, et livrait la France à ses amis. Ce n'est qu'en 1768 qu'un léger nuage à l'horizon commença de loin à le menacer. Un homme à peu près obscur travaillait, sans sûrement en avoir le projet, à ébranler cette fortune si bien affermie.

---

1. Le chevalier Bernard de Chauvelin était brigadier en 1744, lieutenant général en 1749, commandant en Corse, puis ministre à Gênes, ambassadeur à Turin en 1753, grand-maître de la maison du roi en 1765. Il mourut en 1773.

M. du Barry[1], petit gentilhomme toulousain, vivait à Paris, à l'aide de moyens assez honteux. Au fait de toutes les sales intrigues du temps, il cherchait à se procurer par là, l'existence journalière du libertinage, et d'un luxe à peine aperçu.

Il s'était constitué donneur de soupers de femmes publiques ; il en entretenait constamment une ou deux qu'il laissait facilement passer à d'autres hommes, quand il croyait pouvoir en tirer quelque avantage, et son cercle en ce genre ne s'étendit guère d'abord au delà des bureaux des ministres, parce que c'était dans ce monde qu'il rencontrait ou quelque petite grâce bien facile, ou quelque promesse plus facile encore à faire payer par les dupes de la province, qui abondent toujours dans la capitale. A titre de proxénète de tout genre, il s'était introduit chez le maréchal de Richelieu[2] et chez le duc de Duras[3]. Il les avait même attirés dans quelques-

---

1. Le comte Jean du Barry-Cérès, né à Levignac près Toulouse d'une famille obscure. Venu à Paris, et n'ayant pu entrer dans la diplomatie, il trouva moyen de réaliser une grosse fortune dans les marchés de fournitures et de vivres. Il avait pour frère le comte Guillaume du Barry qui fut le mari de madame du Barry. A la mort de Louis VX, il se hâta de quitter la France, mais il revint bientôt et se fixa à Toulouse. Il y fut guillotiné en 1794.

2. Armand Duplessis, duc de Richelieu, était le petit-neveu du grand cardinal. Né en 1696, il était mousquetaire à Denain (1712). Ambassadeur à Vienne (1724). Lieutenant général en 1744, il se distingua à Fontenoy et à Raucoux. Ambassadeur à Dresde, maréchal de France (1748), gouverneur de Guyenne (1755). Il commanda l'expédition de Minorque (1756) et l'armée du Hanovre (1757). Il mourut en 1788.

3. Emmanuel de Durfort, duc de Duras, né en 1715 d'une vieille famille de Guyenne. Son père était maréchal de France. Lui-même, lieutenant général (1748), ambassadeur en Espagne (1751), premier gentilhomme de la Chambre (1757), devint maréchal en 1775 et mourut en 1789.

uns de ses soupers plus choisis où se trouvaient M. de Thiard[1], le chevalier de Durfort[2], le comte de Bissy[3], l'abbé de Mastin, MM. de la Tour du Pin[4], et quelques gens de lettres de bonne humeur, tels que Moncrif[5], l'abbé Arnaud, Cailhava[6], son compatriote Robbé[7] à qui il faisait dire des contes, les joueurs de proverbes du temps, Goy, plus connu sous le nom de Mylord Goy, enfin tout ce qui pouvait composer des soirées assez divertissantes.

Son application à découvrir des débutantes dans la

---

1. Henry, comte de Thiard, neveu du cardinal de Bissy, né en 1726. Maréchal de camp (1760), lieutenant général et premier gentilhomme du duc d'Orléans (1762). Il commanda en Provence (1782), puis en Bretagne (1787), fut arrêté en 1793 et guillotiné le 9 thermidor an II.

2. Le chevalier Joseph de Durfort-Boissières, né en 1745, était capitaine au régiment de Chartres.

3. Claude de Thiard, connu sous le nom de comte de Bissy, était le frère du comte de Thiard. Né en 1721, il était lieutenant général en 1760, et commandant en Languedoc. Il mourut en 1818. Il était membre de l'Académie.

4. Les La Tour du Pin appartenaient à la noblesse du Dauphiné. Le marquis Philippe, né en 1723 était lieutenant général en 1788. Forcé de déposer dans le procès de la Reine, son témoignage le fit arrêter comme suspect; il fut guillotiné peu après (1794). — Son frère, le comte Louis, né en 1726 était maréchal de camp, et chambellan du duc d'Orléans. Il émigra et ne rentra en France qu'à la Restauration.

5. François Paradis de Moncrif ainsi appelé du nom de sa mère (Moncreiff) qui était anglaise. Il fut secrétaire du comte d'Argenson, puis du comte de Clermont, lecteur de la Reine Marie Leczinska, secrétaire du duc d'Orléans. Il écrivit quelques romans, des comédies et des opéras, entra à l'Académie en 1733 et mourut en 1770.

6. Jean Cailhava, né à Estandous, près Toulouse (1731), travailla toute sa vie pour le théâtre et laissa un grand nombre de pièces, comédies, drames et opéras; il mourut en 1813.

7. Pierre Robbé de Beauveset, né à Vendôme (1712). Il écrivit des poésies légères, mais surtout des contes impies et licencieux; il mourut en 1792.

galanterie l'avait mis en contact avec le fameux Lebel, premier valet de chambre du roi, et fournisseur ordinaire de ce qu'on appelait le parc aux cerfs. Ces deux braconniers s'étaient souvent rencontrés sur les mêmes voies, et M. du Barry n'avait fait aucune difficulté de se mettre sous les ordres de l'entrepreneur principal. Dans l'hiver de 1767 à 1768, après une conversation assez triste sur les embarras du temps, sur les difficultés attachées à leur état, quand on voulait le bien faire, M. du Barry proposa à Lebel une jeune personne qui vivait chez lui depuis quatre ans ; mais à qui il se chargeait de faire retrouver en peu de jours le maintien novice que l'âge du roi exigeait. Lebel, soit entraînement, soit dénuement, le suit et voit mademoiselle L'Ange[1], car c'était ainsi qu'on l'avait nommée dès son début. Quelques visites faites coup sur coup à des heures solitaires, eurent bientôt décidé ses vues personnelles. Du Barry, confident naturel des petites entreprises de ce genre, ne perdit pas de temps pour construire un plan de fortune, de l'espèce de ceux auxquels Lebel pouvait coopérer. L'Ange avait une cousine peu jolie, mais d'une tournure agréable, bonne enfant, qui demeurait avec elle dans la maison et lui servait de compagne au dedans et au dehors. Le marquis d'Arcambal, commandant en Corse, en était amoureux. Par M. d'Arcambal, et par quelques commis des bureaux de la guerre, M. du Barry avait fait avoir à un nommé Nalet, l'entreprise des vivres de Corse, assez bonne affaire sur laquelle lui, du Barry, avait établi sa dépense

---

1. Marie-Jeanne Gomart de Vaubernier, comtesse du Barry, né à Vaucouleurs en 1746. A la mort de Louis XV, elle fut exilée à l'abbaye de Pont-aux-Dames, près de Meaux. Elle en sortit peu après, et se retira dans son pavillon de Luciennes. Elle fut guillotinée en 1793.

depuis deux ans. Il dit à L'Ange de flatter les désirs de Lebel. et de lui en promettre le succès s'il la faisait arriver jusqu'au roi; et s'il pouvait procurer une place de fermier général à ce Nalet qui l'épouserait, et que, sur cette place, on arrangerait les parts de chacun. Lebel, qui ne voulait point de mari dans cette affaire, dit qu'il suffirait d'en faire un cousin: mais comme M. du Barry tenait au mariage, et que Nalet était en Corse, on convint de la présenter au roi comme une femme mariée, mais qui n'avait fait que passer par la cérémonie religieuse, sans que son mari eût habité avec elle. Lebel la fit donc venir souper chez lui à Versailles avec sa cousine. Le roi, par une porte vitrée, peu distante de la table, eut tout le loisir de la voir et de l'entendre, ce qui sans doute était sa coutume pour les débuts. La première impression fut très favorable. Le maintien et les discours avaient été arrangés de main de maître, et chacun y avait parfaitement rempli son rôle. L'appétit pour une femme mariée, mais encore vierge, engagea le roi à ordonner à Lebel de la faire venir une seconde fois. C'est alors que M. du Barry fit la confidence de cette aventure au maréchal de Richelieu, qui lui conseilla de faire de L'Ange, au lieu de madame Nalet, la femme de son propre frère, M. Guillaume du Barry, à l'aide d'un petit roman assez grossier dans le fond, mais qui lui parut susceptible du développement qu'il a pris depuis. Ce n'était donc plus une aspirante pour le parc aux cerfs que l'on présenta au roi, mais une femme de condition; et l'on ne voulut pas même qu'elle eût l'air dans le dénuement. M. du Barry épuisa la caisse des vivres de Corse pour composer une garde-robe élégante, un fastueux équipage et une riche livrée, à celle dont le but et le futur rôle n'étaient pas encore bien arrêtés. On la fit débuter à

Compiègne dans cet éclat imprudent. Elle logeait dans la ville, se tenait très renfermée chez elle pendant le jour, et ne sortait que les soirs après minuit pour se rendre au château où elle couchait, et d'où elle revenait chaque matin dans la même chaise, suivie de deux domestiques. Il est probable que les rapports de police qui auraient pu révéler au roi toute cette manœuvre furent détournés par Lebel, ou peut-être les avis ne parvinrent-ils, qu'après que la fantaisie du roi était devenue une passion caractérisée. M. de Choiseul, au fait de tout ce qui se passait, éprouva un peu d'inquiétude, mais ne l'exprima que d'une manière dédaigneuse, et dans des termes méprisants qui furent rapportés au roi par madame du Barry elle-même. Les formes que celle-ci employa ne firent qu'augmenter la passion du monarque, et l'aigrir contre les obstacles que sa faiblesse voyait déjà arriver. La mort de Lebel contribua à augmenter l'ascendant de la favorite. Comme elle avait eu l'art de témoigner au roi quelque indépendance de ce confident, et de se montrer supérieure à la voie subalterne par laquelle elle lui avait été amenée, tout ce que Lebel avait dit à son avantage, jusqu'au dernier moment, se tourna dans l'esprit du roi en une sorte de testament de mort, dicté par la conscience du sujet le plus fidèle. La cousine qui était restée chez M. du Barry devint, dans l'idée du roi, cette demoiselle L'Ange dont on parlait; en sorte qu'il s'établit dans la tête de ce pauvre prince une confusion qui acheva de l'aveugler, et qui lui fit repousser comme absurdes ou comme des calomnies, tous les traits de lumière qu'on essaya de lui présenter. Le voyage de Compiègne finit ainsi. La comtesse Guillaume du Barry revint à Paris et rentra chez le comte Jean, devenu son beau-frère, sans avoir reçu aucun témoignage de la munificence de son royal amant, pas même le plus léger cadeau, de manière que son désintéressement et l'air de passion qu'elle avait su donner à toute sa conduite, achevèrent de persuader au roi qu'il avait trouvé en elle le suprême bonheur d'être aimé pour lui-même. Au bout de quelques semaines, les ressources de la fourniture de Corse commencèrent à diminuer. Conseillée par son beau-frère, madame du Barry eut la hardiesse d'aller demander au duc de Choiseul, à Paris, une avance de fonds pour son protégé Nalet. Elle accompagna sa demande de quelques ouvertures de bonne intelligence. M. de Choiseul, fidèle à son orgueil et à son désordre, eut la double maladresse et de repousser ses insinuations, en lui disant qu'il ne savait rien de ce qui se passait hors de son département, et de lui accorder en même temps au delà de ses demandes. Tout périssait sans ce léger secours. Le maréchal de Richelieu qui avait été tenu au courant par M. du Barry, jugeant alors qu'il se préparait une grande affaire de cour, pensa qu'il n'y avait plus de péril ni pour sa considération, ni pour sa bourse à se mettre en avant, et il se chargea de faire réussir la demande de la présentation de madame du Barry, en disant au roi que les du Barry lui étaient connus, qu'ils étaient de bonne race et que, dans son gouvernement ils étaient respectés à l'égal des premières maisons du pays.

On parvint à trouver moyennant une somme d'argent médiocre et quelques belles promesses, une femme de qualité, la comtesse de Béarn, pour présenter à la cour la nouvelle favorite, qui ne parut toutefois publiquement que ce jour-là à Versailles, et ne s'occupa plus qu'à travailler en secret à la grande explosion de sa faveur pour l'époque du voyage de Fontainebleau. De son côté, le roi, entraîné par son penchant et prenant de la confiance dans le succès inespéré de la présentation, crut qu'en changeant de terrain, une grande nouveauté pourrait être admise. Dans son travail avec M. de la Suze, grand maréchal des logis, il réserva pour lui-même, et sans s'expliquer, dans la distribution des logements du château de Fontainebleau, celui que madame de Pompadour avait occupé, fit rouvrir par ses architectes les portes de communication qui avaient été fermées du côté de son appartement, et dès le lendemain de son arrivée dans ce nouveau séjour, quelques domestiques et les femmes de la comtesse du Barry vinrent s'y loger à petit bruit. Deux jours après, elle-même s'y trouva tout établie. Mesdames de Gramont et de Beauvau, invitées le soir même à venir souper dans l'intérieur, prirent quelque prétexte pour s'en excuser. On s'y était attendu parce qu'on savait à quels propos méprisants, ces dames si indulgentes pour madame de Pompadour, s'étaient abandonnées sur la nouvelle favorite, et on s'était assuré de quelques femmes plus d'accord avec elles-mêmes et moins collets-montés, de madame de Béarn d'abord, de la maréchale de Mirepoix[1], d'une vieille princesse de Talmont[2] qui était parente de la feue reine. Les courtisans ne manquèrent pas, et ce fut ainsi que la nouvelle maîtresse, que L'Ange destinée pour le parc aux cerfs, un moment madame Nalet, devenue le même jour comtesse du Barry,

---

1. Anne de Beauvau-Craon, née en 1707, mariée en premières noces à Jacques de Lorraine, prince de Lexing, et, en secondes noces (1739), - à Pierre de Lévis duc de Mirepoix, maréchal de France.

2. Marie-Louise, princesse Jablonowska, née en 1700, épousa, en 1730, Anne de la Trémoille, prince de Talmont. Elle mourut en 1773. — Son père était le cousin germain du roi Stanislas.

se trouva occuper la place de madame de Pompadour. La mort de Lebel avait démonté les restes du parc aux cerfs ; elle demeura paisible maîtresse du cœur du roi, sans rivales, et le roi crut avoir trouvé une nouvelle et plus agréable existence. Au retour de Fontainebleau, le même arrangement parut naturel; presque tous les amis de M. de Choiseul prirent la position commode et plausible de continuer à aller tous les soirs chez madame du Barry pour la tenir, disaient-ils, bien au fait de l'intérieur du roi. M. de Choiseul, de son côté, se retirant chez lui avec les femmes de l'ancienne société de madame de Pompadour, se persuada que les choses iraient de cette manière, et que, tandis que madame du Barry resterait la maîtresse des plaisirs, il pourrait rester le maître des affaires.

Cette situation assez belle en apparence, mais qui ne pouvait durer, subsista néanmoins pendant quelque temps. Les intrigues survinrent cependant. M. le maréchal de Richelieu introduisit M. d'Aiguillon[1], et les critiques sur l'administration de M. de Choiseul commencèrent à se faire jour. Les ministres, jaloux de l'influence absolue qu'il exerçait, vinrent grossir la petite cour de la favorite : M. de la Vrillière[2],

---

1. Armand Vignerod Duplessis-Richelieu, duc d'Aiguillon, appartenait à la famille du cardinal. Né en 1720, il devint gouverneur de l'Alsace, puis de la Bretagne, où il eut à soutenir une longue lutte contre le parlement de Rennes. Très hostile à Choiseul, il le remplaça en 1770 aux affaires étrangères. C'est pendant son ministère qu'eut lieu le partage de la Pologne. Exilé à l'avènement de Louis XVI, il mourut en 1782.

2. Louis Phélippeaux, comte de Saint-Florentin, duc de la Vrillière, né en 1705, succéda à son père comme secrétaire d'Etat de la maison du roi (1725). Il fut nommé ministre d'Etat 1751, et créé duc en 1770. Il quitta le ministère en 1775 et mourut deux ans après.

M. Bertin[1], arrivèrent les premiers; le manteau de l'abbé Terray[2] et la simarre du chancelier de Maupeou[3] s'offrirent gaîment aux écarts de la poudre de sa toilette. Bientôt, on entama contre M. de Choiseul une guerre sourde, à laquelle madame du Barry n'avait encore aucune part. Elle était flattée, amusée même, des visites de ces messieurs; elle avait assez de sens pour y trouver quelque bassesse. Elle n'avait ni ne voulait prendre le goût des affaires; son but était rempli, sa position était faite, et elle ne désirait que d'en jouir. Quelquefois seulement, elle se permettait et encourageait quelques sarcasmes contre les femmes de l'ancienne société, pour affranchir le roi de toute espèce de regrets de les avoir perdues, mais elle ne s'était encore rien permis contre M. de Choiseul. L'éclat dont il était environné lui imposait, et quelques égards l'auraient maintenue dans une neutralité à laquelle elle était tout à fait disposée. Une visite de dix minutes pendant une des chasses du roi, l'aurait à cette époque éblouie, enchantée; le roi auquel elle n'aurait pas manqué de le dire à son retour, en aurait été très aise. Une limite décente aurait été ainsi

1. Henri Bertin, né en 1719, d'une ancienne famille de robe. Conseiller au parlement (1741). Président du grand conseil (1750). Intendant du Roussillon, puis de Lyon. Lieutenant général de la police (1757). Contrôleur général (1759-1763). Forcé de quitter ce poste devant l'hostilité du parlement, il resta néanmoins ministre d'Etat. En 1774 il fut un instant secrétaire d'Etat aux affaires étrangères. Il mourut en 1792.

2. Alors contrôleur général.

3. René de Maupeou, né en 1714. Conseiller au parlement. Président à mortier (1743). Premier président (1763). Il fut nommé chancelier en 1768. Il entreprit de débarrasser l'autorité royale de l'hostilité permanente des parlements. Il chassa l'ancien parlement et le remplaça par un autre, créé de toutes pièces, et que l'histoire connait sous le nom de parlement Maupeou (janvier 1771). Maupeou fut exilé à l'avènement de Louis XVI, et mourut en 1792.

tracée entre eux, et cela eût suffi pour étouffer les intrigues dans leur berceau. M. de Choiseul se montrait disposé à cette démarche, mais la morgue des femmes qui l'entouraient en décida autrement. Nul rapport ne put s'établir. La séparation des partis se marqua, et madame du Barry, qui n'aurait voulu s'occuper que de pompons, de joyeusetés et de plaisirs, se trouva obligée à se mêler d'affaires, et à recevoir contre son gré des leçons de politique qu'elle tâchait de répéter ensuite le moins gauchement qu'il lui était possible. Deux années presque entières s'écoulèrent sans que les ennemis de M. de Choiseul gagnassent du terrain. Chaque jour, ils accusaient la favorite de mal entendre, et de rendre encore plus mal les leçons continuelles dont ils la fatiguaient. Les choses en étaient à ce point, lorsque au milieu de l'année 1770 une grande querelle vint établir le champ de bataille sur lequel tous ces intérêts de cour devaient se rencontrer.

Un navigateur français avait pris possession des îles Falkland, depuis longtemps abandonnées[1]. L'Espagne les revendiqua, remboursa les frais de l'établissement qu'il avait formé et prétendit constater son droit de propriété en y envoyant une petite garnison, qui certainement n'aurait eu aucune influence sur le commerce de personne. Mais l'Angleterre, inquiète de tout en ce genre, et se prévalant d'un article assez vague de la paix d'Utrecht, intervint pour soutenir que c'était à elle

---

1. Les îles Falkland ou Malouines sont situées dans l'océan Atlantique méridional, au large de la côte est de la Patagonie. Découvertes au xvie siècle, elles restèrent longtemps sans maître reconnu. Bougainville y conduisit en 1763 une colonie de Français ; mais ceux-ci furent au bout de deux ans dépossédés par les Espagnols. Les Anglais intervinrent alors. En 1771, l'Espagne leur céda définitivement ces îles, et elles appartiennent aujourd'hui, sans contestation, à l'Angleterre.

que ces îles devaient appartenir, et qu'elle seule avait le droit de les faire occuper. Elle menaça l'Espagne et commença quelques armements dont les premiers frais valaient dix fois plus que la possession contestée, mais qui décelaient le secret désir d'arrêter la restauration de la marine d'Espagne et celle de la marine française. La marine de France surtout commençait à sortir de l'anéantissement où l'avait mise la guerre de Sept ans, terminée par le malheureux traité de 1763. M. de Choiseul n'hésita pas à se prononcer fortement pour l'exécution du pacte de famille qui était son ouvrage; et son cousin le duc de Praslin, qui, depuis cinq ans, avait travaillé sans relâche et avec succès, au rétablissement de la marine, se réunit à lui dans le conseil, pour provoquer les mesures les plus violentes. Elles n'étaient guère plus analogues à l'état des finances d'Espagne qu'à celui des finances de France. La cour de Madrid le laissait bien entendre, avec soumission cependant, car depuis le traité de 1761, elle s'était entièrement abandonnée aux directions du cabinet de Versailles. M. de Choiseul croyant voir dans la reprise des hostilités et dans une guerre dispendieuse, un moyen sûr pour rester en place et pour renverser l'abbé Terray, soutenait la cause de l'Espagne plus vivement que la cour de Madrid même, et inspirait au ministère espagnol, des réclamations et des instances auxquelles il prétendait ensuite qu'il n'était pas possible d'échapper. Le contrôleur général qui, par des opérations entachées de mauvaise foi, avait tari la source des emprunts, se trouvait à bout de voies; il ne savait comment fournir aux demandes de fonds dont l'accablait le ministre de la marine. Le conseil du roi était devenu une espèce d'arène, où les deux ministres influents battaient journellement leurs adversaires. Madame du

Barry s'informait, au sortir de chaque conseil du résultat de ces discussions, dont le roi revenait toujours rangé à l'avis de M. de Choiseul. Déjà il était sourdement question du renvoi de l'abbé Terray, et par un canal très sûr et inaperçu, la favorite se trouvait secrètement disposée à l'abandonner et à approuver la proposition que MM. de Choiseul allaient faire de mettre en sa place le conseiller d'État Foulon, directeur des finances de la guerre et de la marine, homme possédant assez bien l'art des virements dans les fonds de ces deux grands départements, et auquel une sorte de langage mystérieux faisait croire des idées et des ressources. Par suite des affaires de fournitures que M. du Barry avait protégées dans ces deux départements, M. Foulon avait formé avec lui une liaison qui l'assurait de son faible suffrage.

Les attaques réitérées contre M. de Choiseul ne produisant aucun effet, il s'éleva quelque inquiétude autour de madame du Barry. Sa cousine Chon, placée auprès d'elle, dans un état demi-subalterne, instruite de tout ce qui se passait, et alarmée de la puissance que la guerre et un nouveau contrôleur général pouvaient donner à M. de Choiseul, vint à Paris consulter M. du Barry, qui dans la vie continuelle d'expédients qu'il avait menée, avait pris une certaine habitude des affaires. M. du Barry tout enorgueilli du retour de ses parentes à la ressource de ses conseils, imagina d'aller secrètement trouver l'abbé de la Ville[1], un des premiers commis du département des affaires étrangères. Celui-ci était un ex-

---

1. L'abbé Jean-Ignace de la Ville, né en 1690. Ministre de France à la Haye (1743), premier commis au département des affaires étrangères (1755), évêque *in partibus* de Triconie et directeur des affaires étrangères (1774), mort en 1774. Il était entré à l'Académie en 1746.

jésuite, ambitieux honteux, que quelques évêques du parti des jésuites avaient souvent bercé de l'espérance de parvenir au ministère à son tour. Son petit rôle se trouvait effacé par l'éclat du crédit de MM. de Choiseul, auxquels il témoignait une soumission monacale, dont M. le duc de Choiseul n'était pas tout à fait la dupe. M. du Barry qui portait avec lui une intrigue et du pouvoir, eut à peine besoin de faire briller aux yeux de l'abbé de la Ville l'espoir du ministère. Il le trouva très au fait de l'affaire des îles Falkland, et disposé à faire valoir les embarras pour la France d'une guerre nouvelle et sûrement dispendieuse : « La cause est bien légère, dit l'abbé, et le vrai but ne peut être que l'intérêt ministériel de MM. de Choiseul. Au point où en sont les choses, ajouta-t-il, il n'y a qu'un moyen de l'empêcher : il faudrait que le roi prît sur lui d'écrire une lettre confidentielle à Sa Majesté Catholique. Il aurait infailliblement par sa réponse la preuve qu'elle est disposée à éviter la guerre en renonçant aux îles Falkland, objet de tant de bruit. » — Il n'en fallait pas davantage à du Barry, qui se rendit immédiatement chez sa belle-sœur, et l'endoctrina assez bien pour qu'elle pût développer au roi cette idée en s'en appropriant l'invention, et pour achever de lui donner confiance en la bonté de sa tête, elle lui dit : « Je parie que si vous aviez le courage d'envoyer chercher l'abbé de la Ville, de lui ordonner de vous parler vrai sur le succès de cette démarche directe vis-à-vis du roi d'Espagne, il ne pourrait pas se refuser à l'approuver, et par là vous auriez la mesure de cette grande fidélité avec laquelle vous croyez être servi par M. de Choiseul. » — Le roi, de plus en plus frappé de l'intelligence de sa maîtresse, lui dit : « Mais sous quel prétexte puis-je envoyer chercher cet abbé? Le duc de Choiseul le saura. — Que vous êtes simple et bon, lui répliqua-t-elle alors, je ne le connais pas, moi, je ne l'ai jamais vu, mais je me charge de le faire trouver ici, et pour vous mettre plus à votre aise, je prétends l'y faire venir à la chute du jour, habillé en séculier, avec une bourse à sa perruque et l'épée au côté. » — Le roi, animé par le plaisir de voir mêler ainsi les moyens les plus comiques aux plus sérieuses affaires, y donna son consentement. L'abbé, aussitôt prévenu, se rendit dès le soir même en habit gris, à cet honorable et mystérieux rendez-vous. Peu de moments après le roi y arriva, et après quelques plaisanteries sur le costume, prit le ton de maître, mais de maître confiant. Il dit à l'abbé qu'il avait le projet d'écrire au roi d'Espagne, et qu'il exigeait de sa fidélité de lui dire franchement ce qu'il pensait des dispositions réelles de Sa Majesté Catholique, ainsi que de sa lettre. L'abbé de la Ville ne manqua pas de répondre que si les souverains se mettaient ainsi à traiter leurs affaires, ils les arrangeraient bientôt et rendraient le métier de leurs ministres et de leurs ambassadeurs bien peu nécessaire. Le roi satisfait, fit ensuite quelques reproches à l'administration de M. de Choiseul. L'abbé, avec une réserve qui laissait apercevoir qu'il était de la même opinion, s'abstint de parler contre son ministre, et par respect pour son maître, dit qu'il ne se permettrait pas non plus de le défendre. L'entretien ne dura pas longtemps. Le roi congédia l'abbé avec les marques de la plus grande bienveillance, et celui-ci sortit la tête remplie de chimères. Le roi se trouva donc tout résolu à écrire au roi d'Espagne. Comme un peu d'amour-propre l'avait empêché de dire à l'abbé de la Ville de lui faire la minute de sa lettre, il se mit à chercher dans sa tête comment il la tournerait. La première phrase venait difficilement. « Vous ferez cela tout de travers, » lui dit madame du Barry, laissez-moi vous en faire le projet.» Il y consentit en riant. Et aussitôt un courrier de mademoiselle Chon est expédié pour faire venir dans la nuit même à Luciennes M. du Barry, celui qu'on appelait le roué, pour y faire cette importante composition. Du Barry se mit en route à minuit, et comme il faisait un temps très noir et que les eaux étaient débordées, il versa et pensa se noyer à l'abreuvoir de Marly. Mais enfin il arriva, se sécha et fit ensuite son petit travail comme il put. La lettre contenait en substance :

« Que n'ayant eu que trop de guerres à soutenir dans le cours de son règne, parvenu à un âge où il ne lui restait plus à souhaiter que de finir en paix sa carrière, et d'en employer la fin à remettre l'ordre dans son administration intérieure et surtout dans ses finances, il confiait amicalement ce désir à son cousin, en l'assurant toutefois, que si l'intérêt de la monarchie espagnole ou de son propre honneur lui paraissait mériter qu'il passât par-dessus cette grande considération, il n'hésiterait pas d'y souscrire d'après la réponse qu'il lui ferait par la voie du courrier particulier qu'il lui envoyait. »

Madame du Barry copia de sa main ce projet de lettre ; le lendemain matin elle le fit transcrire par le roi sur sa propre table ; et son coiffeur partit chargé de cette grande mission à laquelle il n'employa que dix-huit jours. La réponse de Charles III[1],

---

1. Charles III, roi d'Espagne, fils de Philippe V et d'Elisabeth Farnèse naquit, en 1716. Il régna d'abord sur Parme, dont il avait hérité par sa mère (1731), puis sur le royaume des Deux-Siciles (1734). En 1759, il fut appelé au trône d'Espagne, par la mort de son frère Ferdinand VI. Il mourut en 1788.

composée par O'Reilly[1], qui était l'homme de sa confiance particulière, fut telle qu'on la désirait. Il y donnait au roi, son cousin, les plus grands éloges sur le sentiment d'humanité qui le guidait, protestait de l'entière conformité de ses vœux personnels, et s'abandonnait absolument à sa décision.

Rien ne parut plus évident alors au roi que l'intrigue de MM. de Choiseul. Les querelles parlementaires qui existaient à la même époque, et dans lesquelles ils avaient pris parti contre le chancelier, les firent représenter comme des hommes qui sacrifiaient les affaires intérieures aussi bien que celles du dehors à leur excessive ambition. Les propos de leur société intime furent rapportés, exagérés et envenimés de toutes les manières. Le roi, pendant le voyage du courrier, avait commencé à leur témoigner de la froideur ; elle se tourna en répugnance à son retour, et pendant les trois ou quatre jours qui précédèrent leur disgrâce, ils ne purent obtenir ni conversation, ni travail avec lui. Il en résulta même que M. le duc de Choiseul, qui avait dans son portefeuille le compte des dépenses de ses deux départements pendant l'année 1770, ne put le faire approuver et signer par le roi et perdit ainsi près de quinze cent mille francs de fonds non employés, que le roi, suivant son usage, lui accordait comme gratification à la fin de chaque service.

---

3. Alexandre, comte O'Reilly, né en Irlande vers 1730, entra d'abord dans l'armée espagnole, passa de là en Autriche, où il servit sous les ordres de son compatriote Lascy (1757), prit ensuite du service en France, pour retourner de nouveau en Espagne où il obtint le grade de colonel. Il devint successivement gouverneur de Madrid, inspecteur général d'infanterie et capitaine général d'Andalousie. La mort de Charles III, le fit tomber en disgrâce (1788). Il allait prendre le commandement de l'armée contre la France lorsqu'il mourut (1794).

Enfin le 23 décembre 1770, le roi ayant pris courage, envoya, au moment de partir pour la chasse, M. de la Vrillière porter à M. de Choiseul une lettre très sèche par laquelle il l'exilait à Chanteloup, et une, un peu moins sévère à M. de Praslin, pour lui prescrire de se retirer immédiatement à Praslin. Le roi était si rêveur pendant toute cette journée, et tira tant de fois sa montre, qu'on put aisément juger qu'il se passait quelque chose d'extraordinaire. Il ne parut un peu à son aise, que lorsqu'il apprit à son retour à Versailles que ses ordres avaient été exécutés avant midi, et qu'il avait trois départements à donner. C'est alors que madame du Barry commença réellement à jouer le grand rôle de favorite. Elle fit accorder, par l'influence de M. le prince de Condé, le département de la guerre, à **M. de Monteynard**[1], ancien lieutenant général, officier médiocre et ministre plus médiocre encore. La marine, par la protection du chancelier de Maupeou, fut confiée à **M. de Boynes**[2], conseiller d'État qui avait fourni le projet du remplacement du parlement par le grand conseil; et les affaires étrangères, qu'elle ne put de plein saut, faire donner au duc d'Aiguillon, passèrent provisoirement dans les débiles mains de M. de la Vrillière. L'abbé de la Ville, qui vit des fenêtres de son bureau tous ces changements et ces dé-

---

1. Louis-François marquis de Monteynard, né en 1716, au château de la Pierre, en Dauphiné, d'une vieille famille noble de cette province. Maréchal de camp (1748), inspecteur général d'infanterie, lieutenant général (1759), secrétaire d'État à la guerre (1771-1774).

2. Etienne-François Bourgeois de Boynes, maître des requêtes, procureur général près la chambre royale (1753), intendant de la Franche-Comté, premier président du parlement de Besançon (1757), conseiller d'État (1761), ministre de la marine (1771). Il donna sa démission en 1774 et mourut en 1783.

parts, ne perdit pas encore tout à fait espérance. Mais deux mois après, lorsque madame du Barry eut triomphé de la répugnance que le roi avait pour M. d'Aiguillon, il se trouva fort heureux de recevoir pour récompense l'évêché *in partibus* de Triconium, avec une abbaye. Le roi ne voulut point qu'il quittât les bureaux où il le croyait nécessaire.

C'est ainsi que finit ce ministère, qu'on peut appeler un règne de onze ans, qui a laissé quelques noms propres et très peu de faits pour l'histoire. Un simple résumé, et les traits caractéristiques des personnages qui ont eu quelque influence ou quelque part dans les affaires de ce temps, aideront à déterminer l'importance que cette période doit obtenir dans nos annales.

Le traité de 1756, qui y tient une grande place, avait été fait avec une précipitation inconcevable, où tout montre l'entraînement que donnait l'humeur du traité signé au mois de janvier précédent entre l'Angleterre et la Prusse. L'irréflexion ressort de tous les articles. Certes, si le traité de 1756 eût été médité, s'il eût été fait par des esprits plus calmes, si l'on eût été bien pénétré du danger que courait la France en unissant, à une pareille époque, sa cause à celle d'une puissance qui avait sur le continent tant de sujets de querelles, on n'eût pas consenti à ce que, par la principale condition du traité, on exceptât du *casus fœderis*, la guerre qui éclatait au moment même entre la France et l'Angleterre. On n'eût point été dupe de cette apparence de réciprocité qu'établissait la garantie mutuelle, quand cette garantie ne s'étendant qu'aux possessions que les puissances contractantes avaient en Europe, assurait à l'Autriche tout son territoire, et permettait, sans qu'il y eût aucune infraction de commise, que la France occupée et épuisée par la guerre continentale, perdit ses plus belles colonies. Mais il est juste de dire, que M. de Choiseul n'a point été consulté et qu'il n'assista à aucune des conférences dans lesquelles on arrêta les stipulations de ce fameux traité. Il était à Rome, tout entier aux affaires de la Rote, ou aux querelles des jésuites, lorsque M. l'abbé de Bernis et M. de Stahremberg négociaient à Versailles. M. de Choiseul ne revint de Rome qu'à la fin de cette même année 1756. Il convient donc de décharger sa mémoire de la signature du traité, en le laissant toutefois sous le poids de l'accusation d'un grand nombre de ses suites et de ses funestes conséquences.

Entraîné, comme il l'était dans le tourbillon des affections et des intérêts de madame de Pompadour, il s'identifia avec le nouveau système, se flattant toutefois de pouvoir en arrêter les dangers par une surveillance continue, dont la légèreté de son caractère le rendait parfaitement incapable. Il lui aurait fallu toujours à ses côtés M. Pfeffel[1], pour appeler sans cesse son attention sur les empiétements imperceptibles par lesquels la cour de Vienne, habile en ce genre, augmentait journellement son influence, en faisant prévaloir ses prétentions dans toutes les questions qui touchaient à la constitution germanique, tandis que le garant de cette grande charte, le protec-

---

1. Christian-Frédéric Pfeffel, fils de Jean-Conrad Pfeffel, jurisconsulte et diplomate français. Né à Colmar en 1726, il fut d'abord secrétaire d'ambassade au service de la Saxe (1754). En 1758, il fut appelé à Paris par le cardinal de Bernis qui le nomma conseiller de légation à Ratisbonne, puis chargé d'affaires par intérim près la diète. En 1761, il entra au service du duc de Deux-Ponts, qui le nomma résident en Bavière. De nouveau appelé à Versailles en 1768, il fut attaché au département des affaires étrangères en qualité de jurisconsulte du roi. Il resta à ce poste jusqu'à la Révolution. Destitué en 1792, il rentra au service du duc de Deux-Ponts et mourut en 1807.

teur du traité de Westphalie, le roi de France en un mot, devint, presque sans s'en apercevoir, l'instrument des entreprises et des succès de cette ambition graduelle.

Ce serait, au reste, une erreur de croire, que ce que je blâme le plus dans le traité de 1756, soit le nouveau système d'alliance qu'il établit, et la nouvelle direction qu'il devait donner à la politique française. Les Français, habitués depuis longtemps à regarder l'Autriche comme une puissance rivale, naturellement ennemie, que la France doit toujours redouter, considèrent une alliance avec elle comme une chose monstrueuse, absolument contre nature. Le préjugé influe beaucoup sur cette manière de voir ; il faudrait peut-être en chercher l'origine dans les rivalités personnelles des souverains qui se sont disputé la domination de l'Italie, plutôt que dans une rivalité des deux puissances, fondée sur la nature des choses ; mais de nos jours encore, ce préjugé est trop fort et trop généralement répandu, pour que je ne sente point la nécessité d'expliquer à ce sujet toute ma pensée.

Les alliances qui ont la conquête pour objet sont pernicieuses ; d'abord, pour ceux contre qui elles sont dirigées, et en définitive, pour ceux mêmes qui les ont faites. Mais quel que soit l'événement, elles ne sauraient jamais être durables par mille raisons ; j'en ai rapporté quelques-unes plus haut. Ces alliances ne peuvent donc, en aucun cas, former un système politique, et il serait hors de propos d'en parler.

Mais des alliances peuvent avoir pour but, non de faire la guerre, mais de rétablir ou de maintenir la paix ; non d'acquérir des provinces, mais d'assurer à chacun des contractants la conservation de ses possessions ; — non de mettre en péril la tranquillité des autres États, mais d'empêcher qu'aucun

État puisse menacer la sécurité d'un autre. Personne ne niera que des alliances dont toutes les conditions seraient calculées de manière à atteindre ce but, ne présentassent des avantages inappréciables. Mais bien peu de puissances peuvent contracter des alliances semblables. Les grandes puissances, ou plutôt des puissances de premier ordre, le peuvent seules.

Il faut ensuite que leur position géographique ne soit pas un obstacle au développement de leurs moyens d'influence. Ainsi l'Espagne ne pourrait entrer avec fruit dans une alliance de cette sorte ; car, à moins que l'alliance ne s'appliquât spécialement à des relations et à des intérêts maritimes, elle n'y apporterait qu'une influence infiniment moindre que ne semblerait le promettre sa force absolue.

Cette influence même, à vrai dire, serait à peu près nulle. — La Prusse est géographiquement une puissance si mal constituée, qu'elle ne peut pas ne pas être animée de l'esprit de conquête, et qu'elle ne peut point ne pas être dépendante. Avec une assez grande étendue de côtes, sans pouvoir créer une marine militaire, attendu que ses revenus bornés ne suffisent qu'à grand'peine à l'entretien de ses armées de terre, elle sera toujours, à cet égard, à la merci de l'Angleterre qui peut en un instant ruiner tout son commerce. Obligée de tenir ses forces disséminées sur une bande longue et étroite, elle sera toujours dépendante de la Russie, qui peut envahir le duché de Posen et la Silésie, avant qu'une armée prussienne ait été réunie.

Et pourtant, malgré une situation qui semblerait devoir commander le repos, ou n'admettre la possibilité d'en sortir que par une impulsion étrangère, le sentiment de sa propre conservation fait à la Prusse une sorte de nécessité de tendre toujours à faire des conquêtes. Un État dont la configuration est telle, que le résultat d'une seule bataille peut être de le couper en plusieurs morceaux, de manière à intercepter toute communication entre eux, est dans une situation trop périlleuse et trop précaire, pour qu'il ne cherche pas constamment à en changer, et il paraît inévitable ou que la puissance prussienne périra bientôt, ou qu'elle réunira sous sa domination une partie considérable de l'Allemagne. Il est bien vrai qu'à l'époque dont nous parlons et avant le partage de la Pologne[1], elle n'était pas exposée aux mêmes dangers, parce qu'elle n'occupait pas le même rang ; mais si elle doit plus d'éclat à l'ambition du prince célèbre qui lui a fait prendre celui qu'elle occupe aujourd'hui, elle ne lui devra point d'avoir rendu son existence permanente plus solidement assurée.

La Russie, avant qu'elle ait pris une place dans le système politique de l'Europe, n'avait jamais eu avec la France aucune relation suivie; jamais aussi elle n'en eut d'intimes, depuis qu'elle s'est introduite en Europe, si ce n'est à une époque récente où tous les rapports naturels des différents États se trouvèrent détruits, et où ces deux puissances étant restées seules entières sur le continent, leurs gouvernements s'allièrent, l'un pour parvenir plus facilement à faire de

---

1. Il y eut trois partages de la Pologne en 1772-1773, en 1793, en 1795. En 1773, la Prusse obtint le pays de Warmie, les palatinats de Pomérélie, et de Culm. En 1793, Dantzig, Thorn, Czenstochau et la meilleure partie de la Grande-Pologne. En 1795, la partie des palatinats de Podlachie et de Masovie située à droite du Bug, et au nord elle s'étendit jusqu'au Niémen.

nouvelles conquêtes, l'autre dans l'espoir de les partager[1]. De telles vues ne pouvaient manquer de mettre promptement aux prises les deux alliés. Dans la lutte qui s'engagea, la Russie courait peu de risques. Nous touchons encore aux dangers auxquels la France s'est trouvée exposée. Elle porte actuellement la peine de l'ambition qui l'avait rapprochée de la Russie. A l'avenir, ce ne pourrait être encore que le même motif qui les réunît l'une et l'autre. Les anciens rapports entre les différents États de l'Europe ont été ou rétablis ou remplacés par des rapports nouveaux. Mais la France et la Russie n'ont toujours aucun intérêt commun; tous ceux qui les divisaient autrefois doivent les diviser désormais, s'il est possible encore davantage. Et si, contre tous les conseils de la prudence, il pouvait arriver un jour que la France recherchât une seconde fois cette alliance, l'effet inévitable et immédiat qu'elle aurait, serait de produire un rapprochement intime entre l'Autriche et la Prusse, qui, remontées au rang d'où elles étaient déchues, sont aujourd'hui en état de veiller à leur propre conservation, et ne sont plus réduites à attendre avec résignation leur salut des incertaines combinaisons du hasard. Quelque peu de sûreté que présente l'alliance de la Prusse, l'Autriche, n'ayant plus à choisir serait bien dans la nécessité de s'en contenter. La France, alors, se serait placée dans une position si fausse, que ce qu'il y aurait de plus à craindre pour elle, serait que l'Autriche et la Prusse ne vinssent à succomber. Car, si cela arrivait, les mêmes causes qui ont déjà changé en ennemis des alliés si peu faits l'un pour l'autre, les auraient bientôt divisés encore, et le succès

---

1. Traité de Tilsitt.

de la nouvelle lutte qui s'engagerait entre eux, serait bien moins douteux que celui de la première que la France avait commencée, en traînant sous ses drapeaux les forces de presque toute l'Europe. Un rapprochement aux dépens de la France ne manquerait pas de s'opérer entre les trois puissances du Nord, et on verrait une répétition des événements de 1813 et 1814, et probablement avec des conséquences encore plus fâcheuses.

Tout bien considéré, je ne vois que la France et l'Autriche qui puissent former une alliance dans le but que j'ai indiqué. Leur étendue, leur puissance, leurs richesses sont telles, qu'elles n'ont rien à envier à personne, rien à désirer que de conserver ce qu'elles possèdent. Elles ont la force nécessaire pour maintenir par leur accord tout en repos autour d'elles. Les plus fortes puissances du centre de l'Europe, elles seraient aussi les plus fortes de l'Europe entière, si, depuis un siècle, il ne s'en était élevé une au nord, dont les effrayants et rapides progrès doivent faire craindre que tant d'envahissements par lesquels elle s'est déjà signalée, ne soient encore que le prélude d'envahissements toujours croissants qui finiront par tout engloutir. Le commun danger dont cette puissance menace l'Autriche et la France, doit être pour elles un lien de plus, et même le plus fort de ceux qui doivent les unir. L'une y est plus prochainement exposée, mais dès que celle-ci aurait succombé, l'autre ne saurait manquer de succomber à son tour; et avec elle, tout le reste de l'Europe.

On voit par là combien a fait de mal, surtout pour l'avenir, l'homme qui, en forçant l'Autriche à se précipiter dans les bras de la Russie, a avancé peut-être de plusieurs siècles la domination que prendra cette puissance. Dieu veuille que les cabinets de l'Europe soient assez éclairés pour ne pas la rendre prochaine!

Dans le siècle dernier on a fait trop peu d'attention aux pas de géant de la Russie, dè qu'elle a commencé à se montrer. Parce que, pendant des siècles, son nom était resté pour ainsi dire inconnu, on n'a pas imaginé que déjà elle était à craindre. On n'a pas su voir qu'un pays qui, par son étendue et ses immenses déserts, et par la rigueur de son climat est à l'abri de toute invasion, a sur les autres d'incalculables avantages; que, n'ayant rien à faire pour la défense, il peut réunir tous ses efforts pour l'attaque ; que le peuple encore tout barbare qui l'habite, joignant un courage féroce à une grossièreté d'organes qui en double la force, une soumission absolue à une obéissance passive, n'ayant que des besoins peu nombreux et qui ne dépassent point les bornes du nécessaire le plus strict, est, entre les mains de son gouvernement, un instrument aussi facile à manier qu'il est formidable. Quoique tout cela fût palpable, on n'en soupçonna rien ; la petite vanité de quelques philosophes ayant été flattée, il n'en fallut pas davantage pour qu'ils se missent à vanter et Catherine II et son gouvernement, et son pays, et même ses conquêtes. On les crut sur parole et sans examen, et bientôt la mode vint d'admirer ce que l'on ne connaissait point, et qui n'aurait dû inspirer que de la crainte. Qu'était-ce cependant, et qu'est-ce toujours que cette nation, ce peuple, ce gouvernement que les philosophes du xvııı^e siècle se sont mis si inconsidérément à prôner? Il est assez curieux d'observer que dans le même temps qu'ils se portaient accusateurs de tous les gouvernements de l'Europe civilisée qu'ils représentaient comme absolus, comme oppresseurs, comme ayant usurpé les droits des peuples, ils aient réservé toutes leurs louanges pour un gouvernement despotique de sa nature; qu'ils se soient attendris sur le prétendu esclavage des peuples civilisés, et déjà depuis longtemps affranchis du lien antique de la servitude, et qu'ils n'aient rien trouvé à dire sur le sort de tout un peuple de serfs. Car il n'y a point de classe moyenne en Russie, mais seulement un petit nombre de maîtres et une multitude d'esclaves[1]. Cela seul suffit pour juger quelle distance il y a de ce pays aux autres.

On sent que rien de ce qui fait la véritable gloire d'une nation ne doit s'y trouver ; que là où la presque totalité des sujets est la propriété de quelques autres, il ne saurait y avoir ni générosité ni noblesse de sentiments. En effet, les sentiments élevés ne se font pas remarquer chez ce peuple, soit parmi les maîtres, soit parmi les serfs. On parle un peu de la bonté des premiers, de leur douceur envers leurs paysans, du bonheur dont ils les font jouir. Mais cette douceur, ce bonheur sont juste ce qu'il faut pour que le serf ne soit pas porté, par un trop grand malaise, à penser à la possibilité de changer de mode d'existence. C'est assurément là un bien mince sujet d'éloge. Quoi qu'il en soit, au reste, de l'opinion que l'on peut avoir des vertus et des vices inhérents à une telle organisation sociale, ce qui est certain pour tout le monde, c'est que l'influence sur le reste de l'Europe d'une nation encore complètement barbare, quelque forme, quelque

---

1. L'affranchissement des serfs en Russie ne date que de 1861. C'est l'œuvre de l'empereur Alexandre II.

couleur que prenne son gouvernement, serait une grande calamité. Que serait-ce donc de sa domination[1] ?

Ce n'est pas, on le voit, l'alliance en elle-même avec l'Autriche que je blâme dans le traité de 1756, puisqu'une alliance semblable est, à mon avis, le seul moyen de prévenir cette calamité ou d'en reculer l'époque. Ce sont les petits motifs qui ont porté à faire ce traité, les petites conceptions qui y ont présidé, les petits résultats qu'on a préparés, les petites passions par lesquelles on s'est laissé conduire; car tout a été petit dans cette circonstance.

Ce n'est pas non plus d'avoir laissé subsister ce traité dont il n'est pas l'auteur, que je blâme M. de Choiseul; c'est de n'avoir pas, pendant toute la durée de sa longue et toute-puissante administration, songé un seul moment à donner une direction vraiment utile à ce nouveau système d'alliance, ou plutôt c'est d'avoir adopté ce système et de n'avoir même pas entrevu de quelle manière il pouvait devenir avantageux. Un des reproches les plus graves qu'ait mérités M. de Choiseul est assurément de n'avoir rien vu de ce qui se passait dans le nord; de n'avoir rien prévu de ce qui s'y préparait, et,

---

1. Lorsque ce morceau fut écrit en 1816, l'Autriche paraissait en effet la barrière la plus naturelle à opposer à une barbarie menaçante. Mais depuis cette époque, dans la masse effrayante des événements qui se sont passés de toute part, dans les combinaisons nouvelles qui ont affranchi les esprits comme les territoires, l'Autriche est restée stationnaire; elle est restée vieille et isolée au milieu de l'Europe, tandis que le nord a fait des progrès réels; la liberté s'y introduit enfin dans toutes les branches de l'administration et des relations politiques. La Prusse, de protégée est devenue protectrice. La France s'est donné une forme de gouvernement qui consacre toutes les franchises contre lesquelles l'Autriche se défend. Dès lors les alliances naturelles ne sauraient être les mêmes, car ce qui désormais doit faire la base de tout traité durable, c'est ce qui appelle, étend et consacre les bienfaits de a civilisation (1829) (*Note du prince de Talleyrand*).

par conséquent, de n'avoir pourvu à rien. Cela seul suffirait pour justifier tout ce que j'ai dit de sa légèreté, de son imprévoyance, et du peu de profondeur de ses vues.

Cependant, comme il n'est pas refusé aux hommes légers et qui ont de l'esprit, d'avoir ou d'adopter quelquefois des idées utiles pourvu qu'elles ne leur donnent pas trop de peines de détail, M. de Choiseul pressentant le jugement de l'histoire à son égard, voulut marquer son ministère par un acte politique qui eût quelque éclat, et qui parût *balancer l'alliance autrichienne*. Pour cela, il conçut le projet du *pacte de famille* avec le roi d'Espagne et les autres souverains de la maison de Bourbon. Nous reconnaissons volontiers que ce pacte, signé le 15 août 1761, était une conception vraiment digne d'un homme d'État. Il offrait de grands avantages aux puissances qui s'unissaient par cet acte important. Pour la France, en lui assurant toute sécurité sur sa frontière des Pyrénées, il rendait son action beaucoup plus libre sur ses autres frontières; il lui donnait l'appui de la marine espagnole, qui, à son tour, recevait celui de la marine française; et toutes les deux trouvaient des ressources dans les ports de Naples et de la Sicile. Enfin, cette union des trois branches de la maison de Bourbon, leur donnait la domination à peu près exclusive de la Méditerranée.

Mais il aurait fallu, pour que le pacte de famille profitât réellement aux trois puissances associées, qu'il eût été contracté au début de la guerre de Sept ans et non à une époque où la France, déjà épuisée par les désastres de cette guerre, dut entraîner l'Espagne dans sa ruine et hâter par là, la décadence de cette dernière puissance. D'ailleurs, comme nous l'avons dit plus haut, pour la France, le résultat le plus clair de son alliance intime avec l'Espagne cette époque, à fut de devoir lui abandonner la Louisiane pour l'indemniser de la perte des Florides.

Si nous recherchons les autres actes du ministère de M. de Choiseul que l'histoire a recueillis, nous trouvons d'abord l'occupation du comtat d'Avignon, opération sans utilité et sans gloire. Une fantaisie porta à s'en emparer, la peur du diable le fit rendre. On ne se donna pas même la peine de justifier par une raison quelconque l'invasion ni la restitution [1].

La conquête de la Corse [2], qui date du même temps, doit passer pour importante, si l'on veut oublier ce qu'elle a coûté d'hommes pour la faire, et d'argent pour la conserver. Les avantages que l'on en attendait pour la marine ont été à peu près nuls jusqu'à présent; mais c'est dans la Méditerranée une province française qu'enviaient fort les Anglais, avant de s'être emparés de Malte. Il y a des chances pour que cette possession nous soit utile dans l'avenir.

Une affaire de discipline intérieure et qui ne laisse pourtant pas que de marquer dans le ministère de M. de Choiseul, a été

---

[1]. Avignon fut occupé en 1768 par les troupes françaises. M. de Choiseul était alors en lutte avec la cour de Rome au sujet des jésuites. Le pape Clément XIII avait condamné, comme attentatoires *à la liberté de l'Église, à la cause de Dieu et aux droits du Saint-Siège*, les édits par lesquels les jésuites avaient été expulsés des États catholiques. Toutes les puissances résistèrent, prenant fait et cause les unes pour les autres. Naples s'empara de Bénévent et de Ponte-Corvo. La France occupa Avignon. Le successeur de Clément XIII, Clément XIV, ayant signé le bref de suppression, Avignon fut évacué aussitôt après (1773).

[2]. Les Génois cédèrent la Corse à la France en toute souveraineté, moyennant la somme de deux millions. Traité de Versailles du 15 mai 1762.

la destruction de l'ordre des jésuites [1]. Il avait cru rencontrer souvent leur influence dans les affaires ecclésiastiques et dans les querelles parlementaires; et quoique avec un clergé aussi éclairé, aussi mêlé avec le grand monde que l'était celui de France, le travail des jésuites eût moins d'inconvénients qu'il n'en aurait eu avec un clergé sans lumières et sans consistance, peut-être était-il bien de chercher à diminuer le crédit de cet ordre. On pouvait même vouloir le détruire. Je n'examine pas cette question qui me conduirait trop au delà de mon sujet. Mais toujours est-il vrai de dire, qu'un gouvernement monarchique, tel qu'était celui de la France à cette époque, pouvait trouver plus d'utilité que de danger à voir la direction de l'esprit de famille, et jusqu'à un certain point de l'esprit public, rester entre les mains des jésuites. On pourrait remarquer à l'appui de cette opinion qu'en 1789, pas un des membres de la minorité de la noblesse n'avait été élevé par les jésuites. Mais M. de Choiseul, souverainement léger et ennemi de tous les pouvoirs qui ne dérivaient pas de lui, détruisit les jésuites, uniquement parce qu'il ne se croyait pas sur eux une influence première. C'était une question d'État, il en fit une question d'intrigue. M. le duc de

---

[1]. A la fin du xviiie siècle, les jésuites se virent attaqués par toutes les puissances catholiques. Le Portugal donna le signal (1759). La France vint ensuite (1762-64) puis l'Espagne (1766), Naples, Parme (1767), Venise Modène, la Bavière. Enfin Marie-Thérèse elle-même suivit le mouvement. Peu après (20 juillet 1773), le pape Clément XIV ordonnait la suppression de l'ordre. En France, la lutte, engagée à l'occasion d'un incident fortuit, fut vivement soutenue par Choiseul et les parlements, le roi se laissant mener par eux. En 1762, les parlements de Paris, Rouen, Bordeaux, Rennes, Metz, Pau, Perpignan, Aix, Toulouse, condamnèrent au feu les statuts de la Société, et ordonnèrent à ses membres de sortir du territoire de leur juridiction. Enfin, en novembre 1764, une ordonnance royale supprima entièrement la Société.

la Vauguyon[1] et M. le Dauphin[2] les soutenaient; son intrigue fut de les attaquer. Plus tard il fit la guerre aux philosophes (dans la comédie qu'il fit faire par Palissot[3]) parce qu'ils lui prenaient quelque portion de l'empire qu'il voulait exercer seul sur son temps. Ce ne sont pas des raisons d'un ordre supérieur qui le déterminèrent : il voyait des hommes qui s'étaient emparés de beaucoup d'opinions, et il voulait, dans l'intérêt de son amour-propre, disposer de toutes.

C'est aussi la haine de M. de Choiseul contre les jésuites, qui a été le principal motif de la désastreuse expédition de Cayenne, au commencement de 1764. Il en ordonna tous les détails d'après des mémoires qui lui avaient été remis par M. de Préfontaine[4]. Celui-ci, homme d'esprit et d'intrigue,

1. Antoine-Paul-Jacques de Quelen, duc de la Vauguyon, naquit le 17 janvier 1706. Colonel en 1733. Brigadier en 1743 pour sa belle conduite durant la retraite de Prague. Maréchal de camp après Fontenoy (1745) Lieutenant général en 1748. Il avait été nommé menin du Dauphin en 1745. En 1758 il fut nommé gouverneur de son fils aîné le duc de Bourgogne, et fut successivement gouverneur de ses trois autres fils. Le Dauphin mourut entre ses bras en 1765. Lui-même mourut en 1772.

2. Louis, Dauphin, fils de Louis XV, né en 1729, mourut prématurément en 1755. Il se maria deux fois ; en 1745 avec Marie-Thérèse d'Espagne morte l'année suivante sans enfants; en 1747 avec Marie-Josèphe de Saxe dont il eu⁴ quatre fils : le duc de Bourgogne mort jeune, et les trois princes qui furent Louis XVI, Louis XVIII et Charles X.

3. Charles Palissot de Montenoy, poète français, né à Nancy (1730). Il était le fils d'un conseiller du duc de Lorraine. On a de lui plusieurs comédies et des poésies diverses. Il mourut en 1814. L'auteur fait ici allusion à la campagne que Palissot soutint contre les philosophes; il ne cessa de les attaquer sur le théâtre et dans ses vers notamment dans le Cercle, comédie où il attaque Rousseau (1755), les Philosophes (1760), les Petites Lettres sur de grands philosophes (1757) dirigées contre Diderot la Dunciade ou guerre des sots, poème satirique (1764) etc.

4. M. Brûletout de Préfontaine, habitait la Guyane depuis vingt ans, lorsqu'il vint à Paris en 1762, offrir au duc de Choiseul le projet d'une colonie agricole dans ce pays. Le ministre accepta et le renvoya à Cayenne avec un brevet de lieutenant-colonel. Il échoua dans sa tentative et mourut en 1786.

avec quelques phrases de philanthropie et quelques insinuations contre les jésuites, que M. de Choiseul voulait dépouiller de leurs grandes et riches possessions dans les colonies, parvint à faire adopter tous ses plans.

Par le traité de 1763, la France cédait à perpétuité le Canada et l'Acadie[1] aux Anglais. Les habitants de ces colonies, et particulièrement les Acadiens, montraient à la France un grand attachement. D'un autre côté, le sort des nègres commençait à inspirer quelque intérêt. M. de Choiseul fit décider dans le conseil du roi, qu'au milieu des colonies à nègres, on formerait des établissements pour la culture desquels on n'emploierait que des blancs. Dans cette vue, on transporta à Saint-Domingue environ trois mille Acadiens, à la Martinique deux mille; huit cents à la Guadeloupe ; la grande expédition fut dirigée vers Cayenne. Deux cent treize bâtiments de tout tonnage partirent de France. Ils portaient dix mille cinq cents personnes. L'Acadie en fournit huit mille, et deux autres bâtiments arrivèrent en même temps des différentes colonies. M. de Chanvalon[2] avait été nommé intendant; M. de Béhague[3], commandant militaire,

---

1. L'Acadie appartenait aux Anglais depuis le traité d'Utrecht (1713).

2. Jean-Baptiste Thibauld de Chanvalon, né en 1725 à la Martinique, était l'élève de Réaumur et de Jussieu. En 1757, il fut envoyé à la Guyane comme intendant général. Arrêté à son retour en France, et condamné à la prison perpétuelle pour malversations (1767), il put faire reviser son procès, et fut acquitté en 1776. Nommé commissaire général des colonies, il mourut en 1783.

3. Antoine, comte de Béhague, appartenait à une famille noble des Pays-Bas. Lieutenant-colonel en 1761, il fut nommé commandant militaire à la Guyane (1763), maréchal de camp en 1771, lieutenant général en 1791, gouverneur de la Martinique, où il rétablit l'ordre troublé par la révolution. Forcé de quitter l'île en 1793, il se rendit en Angleterre, d'où le comte d'Artois l'envoya en Bretagne diriger l'insurrection. Il mourut en Angleterre vers 1802.

et le chevalier Turgot[1], qui avait été consulté, gouverneur général. Jamais l'imprévoyance et la légèreté n'ont été poussées plus loin. Une vingtaine de mille hommes furent jetés sur une plage où ils ne trouvèrent ni maisons, ni magasins, ni apothicaireries, ni hôpitaux, ni même abris contre les ardeurs du soleil qui, à 4° 55′, sont mortelles pour les hommes non acclimatés, si l'on néglige quelques-unes des précautions exigées par l'expérience. Aussi, au bout de quinze jours, la moitié de ce qui était débarqué avait péri ; et après cinq mois, il ne restait pas trois cents personnes de l'expédition. Mais cela se passait loin, et la mode qui entourait M. de Choiseul, fermait tous les accès à la vérité.

Dans l'administration de la guerre, M. de Choiseul porta une agitation fatigante pour les troupes. Il fit chaque année des changements. Nouveaux genres d'instruction, nouvelles manœuvres, nouvelle tactique, nouveaux uniformes, tout cela plaisait à la jeune noblesse française qui, toujours mobile et brave, admirait le ministre qui abandonnait les anciennes idées et perfectionnait, disait-on, la tactique par laquelle on croyait que les Prussiens s'étaient couverts de gloire. Comme si les bons ou les mauvais succès militaires ne dépendaient pas toujours des talents du général ! L'art de la guerre varie en Europe tous les dix ans. Tantôt telle puissance a une meilleure infanterie, tantôt c'est la cavalerie qui décide des

---

1. Le chevalier Étienne Turgot, marquis de Cosmont, frère du célèbre homme d'État, appartenait à une vieille famille de Normandie. Son père était prévôt des marchands à Paris. Il fut d'abord chevalier de Malte et commanda une galère. Brigadier en 1764, il fut nommé gouverneur de la Guyane. C'est lui qui fit rappeler en France l'intendant Chanvalon ; arrêté lui-même à son retour en France, il fut bientôt relâché ; il vécut dès lors dans la retraite et mourut en 1789.

combats, ou bien la supériorité est attachée à l'arme de l'artillerie. Il n'y a point de principes fixes à cet égard; tout est dans le génie de celui qui commande.

L'influence de M. de Choiseul s'étendit d'une manière désastreuse sur les finances, par les choix ineptes qu'il porta le roi à faire. Il indiqua M. de Silhouette[1] par complaisance pour M. le duc d'Orléans. Ce ministre débuta par faire porter la vaisselle de tous les particuliers à la Monnaie, et celle même du roi tandis que la cour de Vienne pour laquelle on s'était ruiné, en faisait faire une en or et se plaisait à la montrer aux noces magnifiques de l'archiduc Joseph avec une princesse de Parme[2]. M. de Silhouette, devenu fou au milieu du conseil du roi, fut remplacé par M. de Laverdy[3], simple conseiller au parlement, désigné uniquement parce qu'il était un des plus opposés à l'enre-

1. Étienne Silhouette, né à Limoges le 5 juillet 1709, mort en 1767. Conseiller au parlement de Metz, maître des requêtes, secrétaire des commandements, puis chancelier du duc d'Orléans, commissaire du roi près la compagnie des Indes, contrôleur général en 1759. Il provoqua contre lui un déchaînement inouï en suspendant durant un an les créances de l'État, et dut se retirer après huit mois d'exercice. On ignore peut-être que ce ministre donna son nom à ces dessins qui représentent un profil tracé autour de l'ombre d'un visage. On prétend en effet qu'une de ses principales distractions était de tracer de semblables portraits sur les murs de son château, qui s'en trouvèrent bientôt couverts. La société ne manqua pas de relever ce petit ridicule, et donna à ces dessins le nom de leur auteur.

2. L'archiduc Joseph, fils de l'impératrice Marie-Thérèse, plus tard l'empereur Joseph II, épousa le 6 octobre 1760 la princesse Isabelle de Parme, fille du duc de Parme et nièce du roi Charles III d'Espagne. Elle mourut sans enfant en 1763.

3. Clément de l'Averdy ou Laverdy, né en 1723, conseiller au parlement, contrôleur général en 1763. Il ne resta en place que quelques mois et vécut ensuite dans la retraite; il mourut sur l'échafaud en novembre 1793.

gistrement d'édits bursaux qui déplaisaient généralement. On lui supposait du crédit dans sa compagnie. Il en avait quand il était en opposition avec la cour; il ne s'en trouva plus, quand il voulut la servir. M. de Laverdy devenu inutile, on le renvoya. M. de Choiseul fit nommer à sa place M. d'Invault[1], et avec ses formes légères, il donnait pour raison de cette préférence qu'il l'avait toujours aimé, et qu'il avait été au collège avec lui.

Il est possible de soutenir que de tous les choix faits par l'influence de M. de Choiseul, il n'y en eut qu'un de bon, celui du duc de Praslin. Son bonheur le servit dans cette occasion. On a cru beaucoup qu'il n'avait cherché dans cette espèce d'association qu'un aide soumis à ses caprices. Il se trouva, au contraire, que M. de Praslin était un homme dont la trempe d'esprit était forte, qui avait un caractère noble et ferme, et des idées saines qu'il exprimait même avec un peu de rudesse. Mais ses belles qualités étaient rendues perpétuellement inutiles par une santé misérable : il n'y avait pas un quart d'heure de la journée pendant lequel il pût être tout entier à son travail. Dans les moments où il se portait bien, il n'épargnait pas à son cousin les contradictions d'opinion, et souvent même des reproches assez sévères. On l'estimait, et on le craignait dans sa famille. Madame de Gramont savait plier son caractère devant lui; et comme malgré ses sourcils épais et son visage laid et grave, il avait un fond de sensibilité, il s'était laissé aller à tant aimer le duc de Choiseul, qu'après lui avoir montré ses erreurs, il

---

1. Etienne Maynon, seigneur d'Invault, né en 1721; conseiller au parlement (1741), contrôleur général et ministre d'État (1768). Il resta peu de temps en charge.

éprouvait une reconnaissance extrême quand il les réparait, de même que quand M. de Choiseul persistait, M. de Praslin restait disposé à les excuser et à les défendre.

Le portrait de M. de Praslin que je viens de faire, me conduit naturellement à parler de l'extérieur de M. de Choiseul. La nature l'avait fait laid aussi : il était roux ; avec un peu d'art de toilette, il s'était à peu près travesti en blond ; les formes de son visage et celles de sa tête étaient communes ; il avait les yeux spirituels, sa taille était assez bien prise ; il tirait un grand avantage de la beauté de ses mains qui étaient petites, effilées, blanches et parées par de beaux ongles. Son maintien hardi, son visage rond et son front élevé, contrastaient complètement avec le toupet avancé, le teint hâve et l'air modeste de M. de Praslin. Jamais deux hommes n'ont été, au moral et au physique, plus dissemblables.

Madame de Pompadour n'avait point d'esprit ; ses yeux bleus sans éclat ni vivacité décelaient le vide de sa tête. Quoiqu'elle eût été élevée et eut vécu dans la société financière de Paris, qui était assez distinguée alors, elle avait mauvais ton, des manières de parler vulgaires, dont elle n'avait pu se corriger, même à Versailles. Elle différait en tout point de madame du Barry qui, moins bien élevée, était parvenue à avoir un langage assez pur. Madame du Barry avait les yeux moins grands, mais ils étaient spirituels ; son visage était bien fait, et ses cheveux étaient de la plus grande beauté ; elle aimait à parler[1], et elle avait attrapé l'art de conter assez

---

[1]. Et même à écrire. Quelques pages de souvenirs écrites par elle et confiées à Morande, auteur du *Gazettier cuirassé*, malgré leur peu d'étendue, ne manquent ni de grâce ni d'intérêt (*Note du prince de Talleyrand*).

gaîment ; elles possédaient l'une et l'autre, celui de mentir, au premier degré.

Madame de Gramont, avec un air de famille, avait eu dans sa jeunesse ce qu'on appelle la beauté du diable. Elle était blanche, grasse et fraîche ; son caractère était élevé et son esprit était libre et fort. Elle aurait été éloquente, si cela avait été possible avec un mauvais son de voix. Elle écrivait bien. Elle avait dans ses manières quelque chose d'attirant et cependant d'absolu. Dans sa chambre, elle ne souffrait qu'une opinion ; tout ce qui aimait M. de Choiseul y était bien traité ; le reste n'y entrait pas. Elle avait du culte pour son frère, et du dévouement pour ses amis. La galanterie n'a occupé que peu de moments dans sa jeunesse. Le jour où elle est entrée dans le monde, elle s'est placée la première dans la société, et elle l'est restée jusqu'à la fin de sa vie.

Parmi les hommes qui ont joué de grands rôles sous le ministère de M. de Choiseul, le chancelier Maupeou semble mériter une place à part. C'était un homme à la fois plein d'invention, d'esprit, de malignité, et caressant jusqu'au dégoût. Tous les hommes vulgaires et de mauvais ton étaient enchantés de lui : il déplaisait à toute la bonne compagnie : Cela lui était égal. Il suivait, sans jamais s'en écarter, la ligne qu'une fois il s'était tracée. S'il eût vécu du temps de Louis XI, il aurait été son premier ministre et son serviteur le plus intime.

M. d'Aiguillon avait commencé sa carrière comme M. de Choiseul par des bonnes fortunes. Il en avait eu de brillantes. Il était entré dans le monde avec plus d'avantages pour cette sorte de succès, parce qu'il était né riche, avec des dignités acquises, et qu'il avait une fort jolie figure. Mais il n'avait ni noblesse ni élévation de caractère. Les affaires de la politique lui étaient absolument étrangères ; il avait peu lu, il n'avait point voyagé, et il ne connaissait l'Europe que par la conversation de Paris. Les querelles des pays d'états, du parlement et quelques études militaires, avaient fait tout le travail de sa vie.

Le grand reproche politique qu'on lui a fait, a été d'avoir ignoré le premier partage de la Pologne, avant qu'il soit consommé, mais cette ignorance datait de plus loin que lui : elle tenait à ce que les manœuvres mystérieuses de la cour de Vienne n'avaient pas été connues sous le ministère de son prédécesseur ; et c'est un coup de la fortune de M. le duc de Choiseul, qu'il ne soit pas resté six mois de plus en place ; car il est plus que vraisemblable qu'il n'en aurait pas su davantage.

La disgrâce de M. de Choiseul présenta des différences extrêmement remarquables avec les autres disgrâces ministérielles qui eurent lieu sous le règne de Louis XV. Jusqu'à lui, aucun des ministres exilés par ce monarque n'avait reçu de consolations ni de marques d'attachement ou de reconnaissance, que de la part de sa famille ; encore se faisait-on un devoir de demander avec précaution, et seulement en cas de maladie, la permission d'aller leur faire une courte visite. M. le cardinal de Bernis à Soissons, M. d'Argenson aux Ormes, M. de Machault à Arnouville, M. de Maurepas à Bourges, M. le Duc même[1], en remontant plus haut, à Chantilly, étaient

---

1. Louis Henry duc de Bourbon, petit-fils du Grand Condé, chef du conseil de régence durant la minorité de Louis XV, premier ministre après la mort du régent (1723). Il fut exilé en 1726 à Chantilly par le jeune roi.

restés dans l'isolement le plus complet. Personne n'osait plus prononcer leur nom en présence du roi, qui se plaisait à voir dans ce silence absolu, de la part de tout le monde, une approbation générale de la détermination qu'il avait prise. Il n'en a pas été de même à l'égard de M. de Choiseul. Le ton de la bonne compagnie pendant son long ministère était plutôt d'être le courtisan du ministre que le courtisan du roi.

Il était à la mode de s'identifier avec ses intérêts pendant le débat qui eut lieu entre son crédit et celui de la favorite. La société de madame du Barry n'avait pu s'élever à la hauteur de celle de madame de Pompadour ; ses femmes, ses hommes, ses grâces, ses ministres ne lui donnaient qu'un éclat bien terne auprès de l'immense et puissante société de M. de Choiseul.

L'habitude qu'on avait prise de prononcer sans respect le nom du roi ; le mépris dont on s'était accoutumé à couvrir impunément les amis de madame du Barry, avaient établi dans les esprits une sorte d'indépendance que l'âge et la faiblesse du roi avaient autorisée.

Quelques amis de M. de Choiseul, quelques jeunes gens sur lesquels il avait répandu des grâces prématurées, osèrent demander la permission d'aller le voir à Chanteloup. Les entours de la favorite se trompèrent dans l'espèce de dédain qu'ils crurent devoir lui conseiller d'affecter sur ces premières demandes; le nombre en augmenta, il ne fut plus possible d'en refuser aucune. Plusieurs femmes donnèrent l'exemple d'aller à Chanteloup sans permission. Beaucoup d'hommes qui ne tenaient à la cour par les liens d'aucun service se hasardèrent à les imiter. En sorte qu'il y eut à Chanteloup une foule et une cour qui avaient l'air de lutter avec celles de Versailles. La médiocrité des nouveaux ministres, le manque de considération de ceux qui étaient restés[1], l'indifférence que portait le roi dans les affaires les plus importantes, ôtèrent à toutes les déterminations du conseil le caractère de la durée. Il se forma alors une mode d'insubordination qui détruisit le prestige de l'autorité. Elle peut être regardée comme l'origine de cet esprit de résistance qui s'est manifesté avec tant d'éclat sous le règne suivant.

On alla jusqu'à ériger dans les jardins de Chanteloup une pyramide, sur laquelle la vanité inscrivit tous les noms de ceux qui vinrent payer cet hommage de la mode à l'illustre exilé; et si l'on voulait observer que ces mêmes noms se retrouvent vingt ans plus tard sur la fameuse liste des émigrés, on jugerait peut-être bien de l'inconséquence, bien de la légèreté dans les actions de la noblesse française à cette époque, et ensuite bien de l'injustice dans ses jugements.

Au reste, cet esprit moqueur, léger, irréfléchi, toujours s'enivrant, de la noblesse française, reparaît souvent dans notre histoire. On le retrouve chez madame de Longueville comme à Coblence. Mais il est un autre esprit, qui pour appartenir à une autre classe de la société, n'en est pas moins français; il a fallu Henri IV pour calmer les vieux ligueurs, bourgeois de Paris; en 1791, ils ont pu devenir les maîtres.

---

1. Ceux des ministres qui restèrent en charge furent La Vrillière, Terray et Maupeou. Les nouveaux ministres furent MM. d'Aiguillon, de Monteynard et de Boynes.

Les affaires personnelles de M. de Choiseul se ressentirent bientôt de l'immense dépense à laquelle cette espèce de gloire le condamna ; le désordre magnifique dans lequel il avait vécu à Versailles, le suivit dans sa brillante retraite, et les revenus des ministères de la guerre et des affaires étrangères, celui de la charge de colonel général des Suisses, de la surintendance des postes, ainsi que les faveurs particulières qu'il se faisait annuellement accorder, manquant à ses recettes, il fallut y suppléer par les aliénations de son faible patrimoine et de la fortune de madame de Choiseul ; le dévouement de celle-ci fut récompensé par le plaisir qu'elle eut de l'offrir tout entière à sa mémoire en payant ses dettes après sa mort.

On s'était attendu et tout portait à croire qu'à la mort de Louis XV, l'opinion publique forcerait le nouveau roi à rappeler à la tête des affaires un ministre, dont la disgrâce avait paru si généralement improuvée. Mais cinq ans d'éloignement de la cour avait lassé cette faveur populaire. L'esprit de critique et même d'opposition au gouvernement, après l'heureux essai qu'il avait fait de ses forces à l'occasion de l'exil de M. de Choiseul, en avait pris plus de confiance ; il s'affermissait de plus en plus, mais sa direction était changée.

Plus indéterminée et plus vague dans son objet, l'opposition regardait au loin, et visait plus haut. L'intérêt pour M. de Choiseul n'était plus rien. Aussi, malgré la faiblesse de Louis XVI, malgré le crédit de la reine et l'appui qu'elle était portée à donner aux espérances et à l'ambition de M. de Choiseul, ses instances ne parvinrent qu'à faire cesser son exil.

Les préventions du jeune roi, entretenues par Mesdames ses tantes[1], l'emportèrent. L'esprit et les intérêts de la cour n'étaient plus les mêmes qu'à la fin du règne de Louis XV. De nouveaux ministres, de nouvelles espérances, des ambitions naissantes se présentaient de toute part : les vieux courtisans s'éloignaient ou mouraient. La reine n'avait pas été consultée sur le choix du premier ministre. Ce choix une fois fait, il n'était plus possible d'en revenir et d'appeler M. de Choiseul au seul poste qu'il lui convenait d'occuper.

Là, s'éteignit l'éclat de cette carrière brillante, plus remarquable par des succès de société, que signalée dans l'histoire par des traits caractéristiques d'un mérite réel et d'une solide gloire. M. de Choiseul finit par le discrédit qui s'attache à un homme persécuté par ses créanciers, et uniquement occupé à en repousser les attaques. Le chagrin aggravant une maladie légère le conduisit au tombeau. Il mourut sans regrets et sans bruit. M. de Choiseul ne sera pour l'histoire qu'un homme qui a gouverné la France par le despotisme de la mode, pendant onze années, sans que son nom rappelle ni batailles gagnées, ni traités glorieux, ni ordonnances ou réglements utiles, et qui a préparé de grands maux sentis jusqu'à nos jours, par l'arbitraire qu'il a établi dans les différentes admi-

---

1. Louis XV eut huit filles :
Louise-Elisabeth (1727-1759), mariée au duc de Parme. — Anne (1727-1752). — Marie (1728-1733). — Adélaïde (1732-1800). — Victoire (1733-1799). — Sophie (1734-1782. — Thérèse (1736-1744). — Louise (1737-1787).
Madame Louise se fit carmélite. Mesdames Adélaïde, Victoire et Sophie ne se marièrent pas et passèrent leur vie à la cour de leur neveu Louis XVI. C'est à celles-ci qu'il est fait allusion plus haut.

nistrations, et par l'esprit de critique et de déconsidération de l'autorité royale, qu'il a encouragé jusqu'à la fin de sa vie.

M. de Choiseul n'a pas senti que cet esprit de critique dans un gouvernement arbitraire, sans issue légale, devient ainsi le plus grand élément de décomposition. La révolution, si longtemps préparée par tout ce qui aurait pu et dû la prévenir en est une terrible preuve. Henri IV est le dernier de nos rois qui ait su céder et résister quand il le fallait.

FIN DE M. LE DUC DE CHOISEUL.

INDEX ALPHABÉTIQUE

DES NOMS DES PERSONNAGES
MENTIONNÉS DANS CES MÉMOIRES

A

ABERDEEN (Georges Gordon comte d'), homme d'État anglais. — III, 331*, 335, 336, 337, 340, 342, 343, 346, 351, 352, 363, 369, 371, 373, 392, 398, 406, 449, 452. — IV, 258*, 358*, 369, 410*, 423, 427. — V, 132, 133, 282, 283.

ABOVILLE (le comte d'), pair de France. — III, 252, 253.

ABSAC (d'), gentilhomme du Périgord. — I, 10.

ACHMET PACHA, diplomate ottoman. — V, 323.

ADAIR (Sir Robert), diplomate anglais. — IV, 282*, 402. — V, 46, 361, 418.

ADDINGTON, vicomte SIDMOUTH (Henry), homme d'État anglais. — I, 282*, 283.

ADDINGTON (Henry-Unwin), diplomate anglais. — V, 214*, 216, 227, 240, 242, 244, 245, 250.

ADÉLAÏDE DE BOURBON (Madame). — I, 97. — V, 589.

ADÉLAÏDE D'ORLÉANS (Madame). — I, 162, 164. — III, 388, 429, 451, 453 à 455, 457 à 460, 464, 466, 467, 469. — IV, 4, 9, 12, 13, 48, 50, 86, 104, 106, 124, 171, 176, 177, 248, 250, 253, 255, 257, 259, 260, 270, 273, 280, 297, 302, 304, 308, 309, 330, 333, 336, 344, 367, 371, 381, 410, 414 à 417, 442, 444, 447, 448, 461, 465, 468, 474, 481, 482, 486, 488, 489, 492, 496. — V, 32, 38, 49, 55, 64, 80, 109, 140, 186, 253, 264, 334, 346, 347, 362, 368, 405, 423, 456, 474, 501, 503.

---

1. Les chiffres romains renvoient aux volumes les chiffres arabes aux pages, et les astérisques (*) aux notes biographiques et historiques.

AGAR, comte DE MOSBOURG (Michel), homme d'État français. — II, 13*.

AGOULT (Vincent d'), aide-major aux gardes françaises. — I, 206*.

AGOULT (Hector d'), diplomate français. — II, 507*, 531.

AIGUILLON (Armand Vignerod Duplessis Richelieu duc d'), homme d'État français. — III, 427. — V, 556*, 565, 566, 585.

ALBANI (Joseph), cardinal italien. — IV, 444*.

ALBARET (M. d'). — I, 50.

ALBUFÉRA (le duc). — Voir SUCHET.

ALCUDIA (duchesse d'). — I, 356, 379.

ALEMBERT (Jean Lerond d'), écrivain français. — I, 83*.

ALEXANDRA PAULOWNA (archiduchesse d'Autriche). — II, 353*, 397.

ALEXANDRE VIII, pape. — II, 46*, 91.

ALEXANDRE Iᵉʳ, empereur de Russie. — I, 139, 279, 294, 298, 305, 306, 314 à 316, 319 à 321, 386, 387, 393 à 400, 404, 408, 412 à 414, 422 à 425, 428, 432, 434, 437 à 440, 443, 446 à 451. — II, 5, 7, 147, 149, 150, 152, 153, 162 à 166, 170, 209, 210, 246, 249, 257 à 260, 286, 292, 303, 308, 309, 312, 316, 317, 325, 326, 328, 329, 338, 340, 349, 355, 357, 359, 362 à 367, 370, 375, 377, 378, 386, 398, 400, 403 à 406, 408 à 411, 413, 416, 418, 420, 426, 429, 430, 434, 436, 438 à 441, 443 à 445, 448, 454 à 462, 464 à 468, 471, 473, 474, 476, 478, 485, 487, 489 à 492, 499, 500, 509 à 515, 517, 522, 523, 525 à 528, 531, 532, 535, 538, 546, 547, 549, 553, 566, 567. — III, 4, 5, 17, 19, 22, 28, 29, 32, 33, 38, 39, 41, 44, 51, 53, 58, 64, 67, 69, 86, 93, 95 à 97, 106 à 108, 115, 118, 120, 121, 128, 132, 139, 162, 163, 167, 172, 173, 175 à 178, 186, 197, 239, 240, 276, 298, 404, 405, 439. — V, 537 *.

ALIGRE (Étienne François d'), premier président du parlement de Paris. — I, 90*, 198, 200.

ALIX, général français. — III, 252.

ALLEYE DE CIPREY (le baron), diplomate français. — IV, 34. — V, 440*.

ALTHORP (John-Charles Spencer, vicomte), homme d'État anglais. — III, 397*.— V, 411, 442, 444.

ALTIERI (l'abbé). — III, 162.

AMBLIMONT (Marie-Anne de Chaumont-Quitry, comtesse d'). — V, 547*.

AMEILLE. — III, 251.

AMÉLIE-AUGUSTE-EUGÉNIE DE BEAUHARNAIS, impératrice du Brésil. — IV, 216, 249*, 252. — V, 203, 206, 229, 235, 254, 256, 259, 265.

AMMÉCOURT (d'), conseiller au parlement. — I, 186.

ANCILLON (Jean-Pierre-Frédéric), homme d'État prussien. — III, 358*, 400. — IV, 380, 381, 392, 496. — V, 15*, 20, 63, 156, 157, 159, 160, 204, 263, 403, 434, 507, 508, 509.

ANDRÉ (Antoine-Balthazar-Joseph d'), directeur général de la police. — II, 439, 502*, 505.

ANDRÉOSSY (Antoine-François, comte), général français. — III, 23*, 234.

ANGE (Mademoiselle L'). — Voir DU BARRY.

ANGLÈS (Jules, comte), préfet de police. — III, 148*.

ANGOULÊME (Louis-Antoine de Bourbon, duc d'). — II, 140*, 141, 143, 144, 146, 147, 150, 257. — III, 130, 146, 155, 167, 178, 189, 250.

ANGOULÊME (Marie-Thérèse, duchesse d'). — II, 172, 307, 310. — III, 19, 54, 146, 167, 189.

ANNE D'AUTRICHE, reine de France. — I, 166.

ANNE, reine d'Angleterre. — II, 253.

ANNE grande-duchesse de Russie, princesse royale et plus tard reine des Pays-Bas. — I, 422, 447,. — III, 33, 34, 37, 38, 71. — IV, 281.

ANSTEDT (Jean baron d'), diplomate russe. — II, 421*, 445, 540. — III, 86.

ANTOINE, triumvir romain. — III, 8.

ANTONIO, infant d'Espagne. — I, 318, 370*, 380, 381, 383. — II, 341.

ANZELY (M. d'). — I, 47.

APPONY (Antoine-Rudolphe, comte d'), diplomate autrichien. — IV, 138*, 269, 393. — V, 144, 183, 273, 393, 436, 495, 496, 497, 498, 499, 500.

ARCAMBAL (le marquis d'), lieutenant général. — V, 551.

ARENBERG (Prosper-Louis, duc d'). — II, 219*.

ARENEMBERG (Comtesse d'). — Voir HORTENSE.

ARGENSON (Marc-Pierre de Voyer comte d'), homme d'État français. — V, 522*, 585.

ARGOUT (Antoine-Maurice, comte d'), homme d'État français. — IV, 83, 379, 387, 443, 446. — V, 187.

ARISTOPHANE, poète grec. — I, 64.

ARMANSPERG (Joseph-Louis, comte d'), homme d'État bavarois. — V, 440*, 441.

ARNAUD (l'abbé François). — I, 46*. — V, 550.

ARNAULT, poète et homme politique français. — III, 252.

ARNOLD, général américain. — I, 231*.

ARNOULD (Sophie), actrice de l'Opéra. — I, 166*.

ARRIGHI, duc de Padoue, général français. — III, 252.

ARSCHOT-SCHOONHOVEN (le comte d'), homme politique belge. — IV, 119*, 264.

ARTOIS (comte d'). — Voir CHARLES X.

ARUNDEL (lord). — III, 451.

ASSELINE (Jean-René), théologien français. — II, 38*.

ASTON (sir Arthur-Ingram), diplomate anglais. — V, 162*, 164, 216, 227, 228, 233, 234, 243, 247, 257.

ASTROS (l'abbé d'). — II, 75*, 76.

ASTURIES (le prince des). — Voir FERDINAND VII.

ATHALIN (baron), général français. — III, 455*.

AUBRY, garde à Valençay. — I, 383.

AUCKLAND (George Eden, comte), homme d'État anglais. — III, 398*. — V, 419*.

AUERSPERG (Josèphe de Trautson, princesse d'). — V, 528*.

AUERSPERG (princesse d'). — III, 97.

AUGEREAU, duc de Castiglione, maréchal de France. — I, 273.

AUGUET DE SAINT-SYLVAIN. — V, 443, 447.

AUGUSTE, empereur romain. — I, 420.

AUGUSTE II, électeur de Saxe, roi de Pologne. — II, 399.

AUGUSTE II, roi de Saxe. — Voir FRÉDÉRIC-AUGUSTE II.

AVAUX (le comte d'), diplomate français. — IV, 413.

AVIAU DE SANZAY (Charles-François, comte d'), prélat français. — II, 102*, 103.

AWINOFF, commodore russe. — III, 363.

AZANZA (don Joseph Miguel de), homme d'État espagnol. — I, 359*, 370.

B

BACIOCCHI (Elisa Bonaparte, princesse). — II, 167.

BACON, philosophe anglais. — I, 81, 83.

BACOURT (Adolphe de), diplomate français. — I, 139. — III, 393. — IV, 124, 134, 467. — V, 264, 509.

BADE (Charles-Frédéric, grand duc de). — I, 294, 304. — III, 304, 305, 307, 308.

BADE (Charles-Louis-Frédéric, prince héréditaire et plus tard grand-duc de). — I, 418*, 495, 499.

BADE (Stéphanie de Beauharnais, princesse héréditaire, puis grande-duchesse de). — I, 418*. — II, 147, 257.

BADE (Guillaume, duc de), — IV, 426*.

BAGOT (sir Charles), diplomate anglais. — IV, 281*.

BALIVIÈRE (l'abbé de). — I, 60.

BARANTE (Amable-Guillaume-Prospère Brugière, baron de), diplomate français. — V. 75*.

BARBÉ-MARBOIS (François, marquis de), homme d'État français. — I, 299*.

BARCLAY DE TOLLY (Michel, prince), général russe. — III, 124*.

BARRAL (Louis, comte de), prélat français. — II, 51*, 71, 78, 88, 99, 101, 103, 104, 105, 108, 116. — III, 252.

BARRAS (Paul, comte de), membre du Directoire. — I, 250*, 251, 252, 254, 271, 273.

BARRÈRE, conventionnel. — III, 252.

BARROT (Odilon), homme d'État français. — IV, 82*, 246, 269. — V, 11, 12.

BARRY (Guillaume du). — V, 552.

BARRY-CÉRES (Jean, comte du). — V, 549* à 554, 560, 561, 563.

BARRY (Marie-Jeanne Gomart de Vaubernier, comtesse du). — V, 551* à 566, 584, 587.

BARTHE (Félix), homme d'État français. — IV, 304*.

BARTHÈS (Joseph), médecin et philosophe français. — I, 36*, 37.

BASSANO (duc et duchesse de). — Voir MARET.

BATHURST (Henry, comte de), homme d'État anglais. — II, 144*, 146. — III, 45.

BAUDRAND (le comte), général français. — III, 328*. — IV, 275, 280, 281, 283, 284.

BAUER (M. de). — I, 418.

BAUFFREMONT (Laurence de Montmorency, princesse de). — V, 187*.

BAUFFREMONT (Catherine de Paterno-Moncada, duchesse de). — IV, 333.

BAVIÈRE (Guillaume, duc de). — I, 417.

BAVIÈRE (Charles - Théodore, prince de). — III, 416*. — IV, 15.

BAYANNE (Alphonse-Hubert de Lallier, duc de), prélat français. — II, 109*.

BÉARN (comtesse de). — V, 554, 555.

BÉATRIX D'ESTE, archiduchesse d'Autriche. — II, 307. — III, 19, 23.

BEAUHARNAIS (prince Eugène de), vice-roi d'Italie. — I, 402*, 403. — II, 4, 16, 99, 121, 147, 152, 155, 257, 259, 521. — III, 71, 162, 378.

BEAUHARNAIS (François, marquis de), diplomate français. — I, 339* à 346, 353, 360 à 363, 366, 367.

BEAUHARNAIS (Amélie de Bavière, princesse Eugène de). — III, 71.

BEAUHARNAIS (Stéphanie de). — Voir BADE.

BEAUMETZ (M. de), député aux États-Généraux. — I, 233*, 239, 240, 247.

BEAUMONT (Étienne - François, Fallot de), prélat français. — II, 109*.

BEAUSSET (Louis de), préfet du palais impérial. — I, 407*.

BEAUTEVILLE (P. du Buisson, chevalier de), maréchal de camp. — V. 531*.

BEAUVAU (Marie-Sylvie de Rohan-Chabot, princesse de). — I, 59*. — V, 547*, 548, 555.

BECHTOLSHEIM (baronne de). — I, 437.

BEDFORD (John Russell, duc de), homme d'État anglais. — V, 545*.

BEHAGUE (Antoine, comte de), lieutenant général. — V, 580*.

BEIRA (princesse de). — V, 428, 431.

BELLE-ISLE (Louis Fouquet, duc de), maréchal de France. — V, 533*.

BELLIARD (le comte), général et diplomate français. — III, 252. — IV. 93*, 112, 166 167, 181, 182, 188, 193, 194, 197 à 202, 204, 207 à 209, 213 à 215, 219, 272, 396.

BENAC (M. de), gentilhomme du Périgord. — I, 10, 11.

BENOIT XIV, pape. — V, 520*.

BENTHAM (Jérémie), écrivain anglais. — I, 226*.

BENTINCK (William Cavendish, lord), général anglais. — II, 15*, 441, 449, 451, 529.

BERESFORD (William Carr, vicomte), maréchal anglais. — II, 142*, 143.

BERG (le grand-duc de). — Voir MURAT.

BERNADOTTE. — Voir CHARLES XIV.

BERNADOTTE (Eugénie Clary, maréchale). — Voir EUGÉNIE.

BERNIS (François-Joachim de Pierres, comte de), cardinal français. — V, 520* à 522, 529 à 534, 547, 567, 585.

BERNSTORFF (Christian, comte de), homme d'État prussien. — II, 333. — III, 358*, 400. — IV, 213, 380, 495.

BERRY (Charles-Ferdinand, duc de). — II, 257, 302. — III, 9, 33, 35, 37, 38, 130*, 152, 155 à 157, 178. — IV, 349.

BERRY (Marie-Caroline-Thérèse de Bourbon, duchesse de). — III, 39*. — IV, 452, 453, 467*. — V, 49, 50, 101*, 111, 147, 165*, 166, 170, 187.

BERRYER (P.-Ant.), avocat et homme politique français. — V, 32*, 451.

BERTAZZOLI, aumônier et camérier du pape Pie VII. — II, 110.

BERTHIER, prince de Neufchâtel et de Wagram (Alexandre), maréchal de France. — I, 308*, 317, 374, 406, 441.

BERTHIER prince de Wagram, (Napoléon-Alexandre), pair de France. — III, 253.

BERTIN (Henry), contrôleur général. — V, 557*.

BERTIN DE VAUX (Louis-François). — III, 450*.

BERTIN DE VAUX (Louis-François), journaliste français. — IV, 73*, 96.

BERTRAND, général français. — III, 251.

BERTRAND (l'abbé). — I, 46*.

BESNARDIÈRE (Jean-Baptiste de Gouey, comte de la), diplomate français. — II, 136*, 137, 161, 207. — III, 212, 234.

BESSIÈRES, duc d'Istrie, maréchal de France. — I, 370, 371.

BESSIÈRES, duc d'Istrie (Jean-Baptiste), pair de France.

BESTUCHEFF-RUMINE (Alexis), homme d'État russe. — V, 541*.

BETHMANN. — I, 414.

BEUGNOT (Jacques-Claude, comte), homme d'État français. — II, 23*, 24, 502, 505. — III, 47.

BIANCHETTI (comte César), homme politique italien. — IV, 117*.

BIANCHI, général autrichien. — III, 98*.

BIGNON (Louis-Pierre-Édouard, baron), diplomate français. — V, 308*, 309, 310, 311.

BIGOT DE PRÉAMENEU (Jean), homme d'État français. — II, 87*, 88, 101, 102.

BILLECOCQ, diplomate français. — V, 246*.

BINGHAM. — I, 238.

BIRON (Louis-Antoine de Gontaut duc de), maréchal de France. — V, 530*.

BIRON (Armand de Gontaut duc de Lauzun, comte puis duc de). — I, 36*, 37, 159*, 160, 210. — V, 530*

BISSY (Claude de Thiard, comte de), lieutenant général. — V, 550*.

BJOERNSTJERNA (comte de), ministre de Suède à Londres. — V, 333.

BLACAS D'AULPS (duc de), homme d'État français. — II, 312, 384, 435, 472, 503. — III, 84, 129, 131, 143, 145, 177. — V, 429.

BLACKHOUSE, sous-secrétaire d'État au Foreign Office. — V, 427, 428, 430.

BLANCHARD (l'abbé Pierre-Louis. — II, 42*.

BLIGH (sir John Duncan), diplomate anglais. — V, 178, 247, 301*, 395.

BLOT (Pauline Charpentier d'Ennery, comtesse de). — I, 59*, 61.

BLÜCHER, maréchal prussien. — II, 150. — III, 124, 126, 233, 236, 273, 275.

BOIS-LE-COMTE (Charles-Joseph-Edmond, comte de), diplomate français. — V, 135*.

BOISGELIN (Jean de Dieu Raymond de), prélat français. — I, 27*, 32, 102.

BOISGELIN (l'abbé de). — I, 50*.

BOISSY-D'ANGLAS (le comte), homme politique français. — III, 234, 252, 253.

BOLINGBROKE (Henry Paulet de Saint-Jean, vicomte de), homme d'Etat anglais. — I, 38*.

BOLIVAR, homme d'Etat et général américain. — IV, 426*.

BOMBELLES (Marc-Marie, marquis de), diplomate français. — III, 179*.

BOMBELLES (Louis, comte de), diplomate autrichien. — V, 508*.

BONALD (de), écrivain français. — I, 30,

BONAPARTE. — Voir NAPOLÉON.

BONAPARTE (Joseph), roi de Naples, puis d'Espagne. — I, 282, 283, 302, 387 439, 447, 448. — II, 7, 12, 27 à 32, 48, 162, 167. — III, 108*, 110, 113. — IV, 180. — V, 399.

BONAPARTE (Louis), roi de Hollande. — I, 303*. — II, 20, 21*, 167.

BONAPARTE (Lucien). — I, 342, 448. — IV, 180. — V, 399.

BONAPARTE (Jérôme), roi de Westphalie. — I, 317, 419. — II, 22, 24, 25, 167. — III, 110*. — V. 399.

BONAPARTE (prince Charles). — IV, 100*, 179.

BONAPARTE (prince Louis-Napoléon) plus tard Napoléon III. — IV, 100*, 179, 180.

BONAPARTE (Elisa). — Voir BACIOCCHI.

BONAPARTE (Lœtitia). — II, 167.

BONAPARTE (Pauline). — Voir BORGHÈSE.

BONIFACE VIII, pape. — II, 70.

BONIFACE (SAINT-) légat du pape Etienne III. — II, 47.

BORGHÈSE (Marie-Pauline Bonaparte princesse). — I. 423*. — II, 167. — III, 110*.

BORNOS (comte de), homme d'Etat espagnol. — I, 352, 353.

BORY. — III, 252.

BOSE (Frédéric-Guillaume, comte de), diplomate saxon. — I, 415*.

BOSSUET. — II, 41, 53, 76, 90, 113.

BOUCHER, cuisinier de M. de Talleyrand. — I, 383.
BOUFFLERS (chevalier de), maréchal de camp. — I, 62*.
BOUFFLERS-ROUVREL (Marie de Campar-Saujon, comtesse de). — I, 43*, 44.
BOUGAINVILLE (Louis-Antoine de), marin français. — I, 259*.
BOUILLÉ (comte de), diplomate français. — IV, 34.
BOUILLON (Marie-Christine de Hesse-Rheinfelz-Rothembourg princesse de). — I, 161*.
BOULAY DE LA MEURTHE (M.), homme politique français. — III, 252.
BOULOGNE (Etienne-Antoine de), prélat français. — II, 98*, 103, 105.
BOUQUET (dom Martin), bénédictin. — I, 26*.
BOURBON (Louis-Henry, duc de), 1er ministre. — V, 586*.
BOURBON (Louis-Henry-Joseph, duc de). — I, 203*, 204, 383. — III, 130*, 155.
BOURBON (Louise-Thérèse d'Orléans, duchesse de). — I, 178.
BOURBON (l'abbé de). — I, 50*.
BOURGOIN (Mademoiselle), actrice de la Comédie-Française. — I, 405.
BOURGOING (Jean-François, baron de), diplomate français. — I, 415*.
BOURJOLLY (Mademoiselle de). — I, 418.
BOURJOT, diplomate français. — IV, 134.
BOURLIER (Jean-Baptiste), prélat français. — I, 51*. — II, 52, 78, 108, 116.

BOURMONT (Louis-Auguste-Victor comte de Ghaisnes de), maréchal de France. — V, 218*, 253, 258.
BOURMONT (M. de), officier français. — V, 200, 218.
BOURRIENNE (de), homme politique français. — III, 248*.
BOUVIER-DUMOLARD, homme politique français. — III, 249*, 252.
BOVARA, ministre des cultes d'Italie. — II, 101, 102.
BOYER, général français. — I, 406.
BOYNES (Etienne-François Bourgeois de), ministre de la marine. — V, 565*.
BRAGANCE (duc de). — Voir PEDRO I.
BRAGANCE (duchesse de). — Voir AMÉLIE.
BRAYER. — III, 251.
BRESSON (Charles, comte), diplomate français. — III, 346*, 375, 383, 393, 442, 461, 462, 468. — IV, 7, 8, 10, 12, 21, 24, 28, 38, 41, 44, 49, 50, 53*, 55, 60 à 64*, 65, 66, 69*, 77, 81, 85, 93, 99, 124, 129, 136, 379, 386, 391, 424, 483, 484, 487, 488, 490, 491, 495. — V, 15, 19, 58, 64, 74, 150, 155, 156, 158, 204, 263, 395, 485, 486, 505, 508.
BRETEUIL (Louis-Auguste Le Tonnelier, baron de), homme d'État français. — I, 60*, 90, 92, 94, 95, 102, 197, 198. — V, 541, 543.
BRETEUIL (François-Victor Le Tonnelier de), prélat français. — I, 25*.
BRETEUIL (l'abbé Théodose de), chancelier du duc d'Orléans. — I, 197*.

BRIENNE (Étienne de Loménie, comte de), prélat et homme d'État français. — I, 28*, 49, 59, 92, 99, 102, 106 à 110, 171, 182, 191, 196, 202, 205*, 207.

BRIENNE (Louis-Marie de Loménie, comte de), lieutenant général. — I, 109*.

BRIGNOLE-SALES (Antoine, marquis de), homme d'État sarde. — II, 433*, 447, 449, 451.

BRIONNE (Louis-Charles de Lorraine, prince de Lambesc, comte de). — III, 86*.

BRIONNE (Louis de Rohan-Montauban, comtesse de). — I, 43*, 59, 92*, 93. — II, 289*, 290. — III, 86*, 126. — V, 79.

BRISSOT DE WARVILLE (Jean-Pierre), homme politique français. — I, 221*.

BRISTOL (Frédéric-William Hervery, marquis de), homme d'État anglais. — IV, 333*.

BROGLIE (Maurice-Madeleine, prince de), évêque de Gand. — II, 78*, 103, 104, 105.

BROGLIE (Victor, duc de), homme d'État français. — III, 360. — IV, 151. — V, 6, 11, 12, 19, 22 à 24, 27 à 30, 34, 35, 37, 39, 40, 42, 43, 45, 49, 51, 54, 56, 57, 60, 62, 63, 66, 69, 74, 77, 78, 81, 83, 85, 92, 94, 98, 102, 105, 108 à 112, 114, 117, 124 à 126, 128, 130 à 154, 157 à 168, 171, 172, 175, 178, 180, 183, 184, 187 à 191, 197 à 218, 225 à 227, 233, 234, 236, 240, 242, 243, 247, 251, 254, 257, 259 à 265, 274 à 279, 291, 294 à 298, 302, 306, 308 à 318, 326, 327, 330, 331, 333 à 340, 343, 345*, 346, 348, 349, 352 à 355, 358, 361, 485 à 488, 493, 495, 504, 505, 508 à 510.

BROUCKÈRE (Henry de), homme d'État belge. — IV, 148*.

BROUGHAM (Lord Henry), homme d'État anglais. — III, 379*, 391, 397, 456, 460. — IV, 351, 451. — V, 84, 251, 348, 353.

BROUSSAIS, médecin français. — IV, 446*.

BRUGES (Henri-Alphonse, vicomte de), grand-chancelier de la Légion d'honneur. — III, 215*.

BRUIX (Eustache), amiral français. — I, 254*.

BRUNSWICK-OELS (Frédéric-Guillaume, duc de). — II, 221*.

BRUTUS. — I, 445.

BUBNA (Ferdinand, comte de), feld-maréchal autrichien. — III, 127*.

BUCHOLZ (comte de). — I, 419.

BUCHOLZ (comtesse de). — I, 419.

BUCHON, journaliste et historien français. — IV, 350*

BUCKEBURG (prince de). — II, 427.

BUFFON, écrivain français. — I, 34, 66.

BUFFON (Mademoiselle de Cépoy, comtesse de). — I, 202*.

BÜLOW (Henri, baron de), diplomate prussien. — III, 353, 373, 402*. — IV, 20, 80, 101, 115, 132, 138, 142, 214, 392, 440, 442, 495, 497, 498. — V, 5, 22, 34, 35, 37, 38, 41, 57, 184, 185, 328, 329, 330, 487, 500, 501.

BÜLOW (la baronne de). — III, 402.

BUNBURY (sir Henry Edward), lieutenant général anglais. — II, 140*.

BUONSIGNORI, prélat italien. — II, 88*, 109, 111.

BURDETT (sir Francis), homme politique anglais. — IV, 437*.

BURGHERSH (John Fane, comte de Westmoreland, lord), diplomate anglais. — III, 99*.

BURGOS (don Francisco Xavier de), homme d'État espagnol. — V, 391*.

BUSSY (François de), diplomate français. — V. 535*.

BUTE (Jean Stuart, comte de), homme d'État anglais. — V, 544*.

BUTIAKIN (de), diplomate russe. — II, 552*, 566.

C

CADAVAL (Nunho-Caëtano-Alvarez Pereira de Mello, duc de), homme d'État portugais. — V, 205*, 207, 217.

CADORE (duc de). — Voir CHAMPAGNY.

CADOUDAL (Georges). — III, 303.

CAGLIOSTRO (Joseph Balsamo, comte de). — I, 165*.

CAILHAVA (Jean), auteur dramatique. — V, 550*.

CALOMARDE (François Thadée), homme d'État espagnol. — V, 443*.

CALONNE (Charles-Alexandre de), contrôleur général. — I, 40*, 43, 59, 89, 90, 94 à 109, 168, 186.

CALVIN. — I, 80.

CAMBACÉRÈS (Jean-Jacques Régis de), archichancelier d'empire. — I, 289*. — II, 8, 119.

CAMBRONNE, général français. — III, 251.

CAMPBELL, colonel et consul anglais. — V, 124, 125, 141, 148, 434.

CAMPO-CHIARO (duc de), diplomate napolitain. — III, 80*, 81, 118, 167.

CAMPOMANEZ (don Dominigo, Fernandez de). — I, 352.

CANAVERI (Jean-Baptiste), prélat italien. — II, 52*.

CANCLAUX (comte de), pair de France. — III, 252, 253.

CANNING (Georges), homme d'État anglais. — I, 226*. — III, 394, 395, 406, 456. — IV, 76, 114.

CANNING (sir Stratford), diplomate anglais. — II, 425*. — V, 59*, 73, 91 à 94, 98 à 100, 104, 105, 120, 122, 139, 140, 225.

CANOUVILLE (M. de). — I, 407, 413.

CAPEFIGUE (Raymond), historien français. — II, 265. — IV, 344, 350*.

CAPO D'ISTRIA (Jean, comte), homme d'État russe, plus tard président de la Grèce. — II, 425*, 500, 548. — III, 432, 433*, 435, 436, 437. — IV, 34, 184, 225, 352.

CAPOUE (prince de). — Voir NAPLES.

CAPRARA, cardinal italien. — II, 44, 58, 66, 72.

CARADOC, colonel anglais. — V, 74.

CARAMAN (Victor-Riquet, duc de), diplomate français. — II, 445*.

CARDOZO. — V, 218.

CARIGNAN (princesse de). — I, 93, 125.

CARLOS (don), infant d'Espagne. — I, 318, 366*, 367, 374. — II, 341. — V, 237, 250, 278, 336, 363, 376, 378, 417, 419 à 422, 424, 425, 427 à 431, 441, 442, 446, 447, 450 à 457, 462, 463, 467, 469, 510.

CARNOT (Lazare), général et homme d'État français. — I, 254*, 266, 279. — III, 252.

CAROLINE DE BRUNSWICK, reine d'Angleterre. — II, 300. — IV, 156.

CAROLINE (Adélaïde - Amélie - Louise-Thérèse de Saxe-Menningen), reine d'Angleterre. — III, 342. — IV, 89. — V, 97, 173, 174.

CAROLINE, reine de Naples. — Voir MURAT (Madame).

CARTWRIGHT (sir Thomas), diplomate anglais. — III, 375*, 393, 420*. — V, 440*.

CASABIANCA (comte de), pair de France. — III, 252.

CASA-FLORÉS (marquis de), diplomate espagnol. — II, 384*, 398. — III, 10.

CASELLI (Charles-François), cardinal italien. — II, 78, 103*.

CASENOVE. — I, 232.

CASSIUS. — I, 445.

CASTELCICALA (prince de), diplomate napolitain. — III, 455*.

CASTELLANE (Michel, comte de), maréchal de camp. — V, 531*.

CASTELLAR (marquis de), lieutenant général espagnol. — I, 359, 365.

CASTLEREAGH (Robert Stewart marquis de Londonderry, vicomte), homme d'État anglais. — II, 269, 279*, 308, 313, 317 à 322, 330 à 333, 335 à 337, 339, 345, 346, 351, 352, 354, 357, 363 à 367, 372, 374 à 376, 378, 381, 387, 389, 394 à 401, 404 à 406, 409, 413 à 416, 418, 421 à 424, 427 à 431, 433, 435, 436, 438, 441, 443, 444, 446, 449, 451 à 454, 458, 469 à 472, 476, 477, 484 à 487, 489 à 491, 493, 499, 500, 503, 508, 509, 512 à 514, 521, 523, 526, 529, 532, 534 à 536, 538, 539, 543, 545, 546, 548, 550, 552, 555, 556, 557. — III, 3, 4, 5, 8, 11, 13, 16, 21, 22, 26, 28, 31, 32, 39, 41 à 45, 47, 49, 52, 54, 56, 57, 61, 66 à 69, 73 à 75, 79, 82, 84, 85, 87, 89, 90, 94, 172, 204, 210, 220, 236, 264, 270, 272, 273, 297, 298. — IV, 315.

CASTLEREAGH (lady). — III, 54, 189.

CASTRIES (Charles de la Croix, marquis de), maréchal de France, ministre de la marine. — I, 42*, 54, 59.

CASTRO. — I, 383.

CATHCART (William, lord), amiral et diplomate anglais. — II, 409*. — III, 113.

CATHERINE II, impératrice de Russie. — I, 263, 279. — V, 320, 542, 573.

CATHERINE-PAULOWNA (grande-duchesse de Russie, duchesse d'Oldenbourg) et plus tard reine de Wurtemberg. — II, 340*, 341, 353*, 405, 510, 540.

CATHERINE de Wurtemberg, reine de Westphalie. — III, 320.

CATILINA. — I, 84.

CATINAT (Nicolas de), maréchal de France. — I, 120*.

CATON. — I, 84.

CAULAINCOURT duc de Vicence, (Louis de), général et diplomate français. — I, 320*, 395 à 401, 413, 423, 434, 438. — II, 136, 149, 166, 265, 268 à 271, 566. — III, 141, 168, 183, 309, 310, 312, 315. — IV, 34.

CAVALLERO (Joseph, marquis de), homme d'État espagnol. — I, 352*, 354, 355, 362, 369.

CAVANAC (Madame de). — I, 50*.

CAVENDISH (Henry), physicien anglais. — I, 84*.

CELLES (Antoine-Charles Fiacre, comte de Wisher de), homme politique belge. — III, 372*, 411, 439, 443, 444*, 445. — IV, 4, 72, 106, 317, 326.

CELLES (comtesse de). — III, 445.

CÉSAR. — I, 84. — II, 532.

CEVALLOS (don Pedro), homme d'État espagnol. — I, 354*, 358, 362, 377 à 379. — II, 531*, III, 10.

CHABANNES (Marie-Élisabeth de Talleyrand, comtesse de). — I, 107*.

CHABROL (le comte de), préfet de Montenotte. — II, 77*.

CHALABRE. — I, 60.

CHALAIS (Marie-Françoise de Rochechouart, princesse de). — I, 7*, 8, 11, 14.

CHALLAYE, diplomate français. — II, 207. — III, 346.

CHAMILLARD (M. de), gentilhomme du Périgord. — I, 10.

CHAMFORT (Sébastien), écrivain français. — I, 36*, 45, 47, 60.

CHAMPAGNY, duc de Cadore (Jean Baptiste Nompère de), homme d'État français. — I, 321*, 330, 378, 379, 400, 407. — III, 252.

CHANVALON (Jean-Baptiste Thibauld de), commissaire général des colonies. — V, 580*.

CHAPTAL (Antoine), savant et homme d'État français. — I, 288*.

CHARLEMAGNE (Mademoiselle). — I, 8.

CHARLEMAGNE, empereur. — II, 47, 50, 68, 101.

CHARLES-QUINT, empereur d'Allemagne. — II, 60.

CHARLES VI, empereur d'Allemagne. — II, 230.

CHARLES X, roi de France. — I, 60, 62, 102, 104, 123, 125, 137 à 141. — II, 147, 152, 169, 175, 259, 260, 262, 290, 302. — III, 130*, 154, 155, 158, 178, 238, 247, 326, 327, 348, 357, 422, 429, 434, 451, 453, 454, 458, 459. — IV, 82.

CHARLES III, roi d'Espagne. — IV, 561, 562, 563.

CHARLES IV, roi d'Espagne. — I, 331 à 335, 339, 342 à 346, 351 à 359, 368, 369, 377 à 381. — II, 242. — IV, 445.

CHARLES XII, roi de Suède. — II, 399.

CHARLES XIII, roi de Suède. — III, 15, 55.

CHARLES XIV ou CHARLES-JEAN, roi de Suède. — II, 11, 147, 152, 155, 257, 259. — III, 15, 48, 50, 54, 55, 73, 77. — V, 276*.

CHARLES-EMMANUEL II, roi de Sardaigne. — I, 290*. — II, 228*.

CHARLES-FÉLIX, roi de Sardaigne. — II, 228 *.

CHARLES-FRÉDÉRIC, grand-duc de Bade. — Voir BADE.

CHARLES-LOUIS-FRÉDÉRIC, grand-duc de Bade.—Voir BADE.

CHARLES, archiduc d'Autriche. — I, 267*, 297. — III, 390*, 416, 467. — IV, 45.

CHARLES-THÉODORE, prince de Bavière. — Voir BAVIÈRE.

CHARLES DE LORRAINE. — Voir LORRAINE.

CHARLES DE NAPLES (prince). —Voir NAPLES.

CHARLOTTE D'ANGLETERRE (princesse). — III, 434.

CHARTRES (duc et duchesse de). — Voir ORLÉANS.

CHARTRES (Mademoiselle de). — Voir Adélaïde D'ORLÉANS.

CHASSÉ (baron), général hollandais. — IV, 222*, 463. — V, 56.

CHASTELLUX (chevalier de), lieutenant général. — I, 48*.

CHASTRE (le comte de la), ambassadeur de France à Londres. — II, 518.

CHATHAM (William Pitt, lord). — IV, 288. — V, 535*, 544.

CHATEAUBRIAND (de), écrivain et homme d'État français. — III, 148* 229.

CHATEAUBRUN (Jean-Baptiste-Vivien de), maître d'hôtel du duc d'Orléans. — I, 150*.

CHATELAIN (René-Théophile), journaliste français. — IV, 73*, 96*.

CHATELET-LOMONT (Louis-Florent, duc du), diplomate français. — V, 531*.

CHAUVELIN (le chevalier Bernard de), diplomate français. — V, 548*.

CHAUVERON (M. de), gentilhomme du Périgord. — I, 10.

CHÉNIER (Marie-Joseph), homme politique et écrivain français. — I, 247*.

CHENOISE (M. de), diplomate français. — III, 357, 359, 376.

CHEVERT (François de), lieutenant général. — I, 120*.

CHEVREUSE (Françoise de Narbonne Pelet, duchesse de). — I, 300*.

CHILDÉRIC III. — II, 47.

CHOISEUL-STAINVILLE (Étienne-François, duc de). — I, 43*, 60, 146. — V, 515 à 527, 529 à 531, 533 à 536, 538, 540, 542, 544 à 548, 553, 554, 556 à 562, 564, 565, 567, 575 à 585, 587 à 590.

CHOISEUL-STAINVILLE (Mademoiselle Crozat du Châtel, duchesse de). — V, 519, 531, 589.

CHOISEUL-BEAUPRÉ (François, comte de). — V, 518*.

CHOISEUL-BEAUPRÉ (Mademoiselle de Romanet, comtesse de). — V, 518*.

CHOISEUL-GOUFFIER (Auguste, comte de), diplomate et pair de France. — I, 14*, 23*, 34, 35, 37, 45, 72.

CHON (Mademoiselle). — V, 551, 553, 560, 563.

CHRISTIAN VII, roi de Danemark.— III, 35, 36*.

CICÉ (Jérôme Champion de), prélat français. — I, 49*, 102.

CICÉRON. — I, 64, 84.

CLAIRAULT (Alexis), savant français. — I, 83*.

CLANCARTY (Richard Power-Trench, comte de), diplomate anglais. — II, 409*, 451, 535, 539, 546. — III, 113, 140, 172 à 176.

CLAPARÈDE (le comte), général français. — I, 406*.

CLARENDON. — Voir VILLIERS.

CLARKE duc de Feltre, général et homme d'État français. — I, 306*, 388. — III, 152*.

CLAUDE, empereur romain. — I, 444.

CLAUSEL (Bertrand), maréchal de France. — III, 251. — IV, 269*.

CLÉMENT VII, pape. — II, 60.

CLÉMENT DE RIS, pair de France. — III, 252.

CLÉOPATRE. — III, 8.

CLERMONT-GALLERANDE (Charles, marquis de), maréchal de camp et pair de France. — I, 128*.

CLOUET. — V, 218.

CLUYS, homme politique français. — III, 252.

COBENZL (Louis, comte de), homme d'État autrichien. — I, 281*, 282. — II, 388.

CODRONCHI, prélat italien. — II, 102.

CODRUS. — I, 445.

COIGNY (Henri de Franquetot, duc de), maréchal de France. — I, 104*, 153.

COLBERT, homme d'État français. — I, 146.

COLCHEN (le comte), pair de France. — III, 252.

COLLOREDO (Jérôme, comte de), général autrichien. — III, 98*.

CONDÉ (Louis-Joseph de Bourbon, prince de). — I, 177*, 183, 203, 204, 323. — II, 299. — V, 565.

CONDILLAC (Etienne Bonnot de), philosophe français. — I, 85*.

CONDORCET (M. Caritat, marquis de), philosophe français. — I, 85*, 135.

CONÉGLIANO. — Voir MONCEY.

CONFLANS D'ARMENTIÈRES (Louis-Gabriel, marquis de), maréchal de camp. — I, 158*, 159.

CONINGHAM (marquise de). — III, 404.

CONSALVI, cardinal, secrétaire d'Etat de la cour de Rome. — I, 284*. — II, 119.

CONSTANT (Benjamin), homme politique et écrivain français. — II, 261. — III, 466.

CONSTANTIN, grand-duc de Russie. — I, 407*, 414, 425. — II, 434, 440, 445, 522.

CONZIÉ (Louis de), prélat français. — I, 54, 59.

COOK (H.), colonel anglais. — II, 145.

COOK (Edouard), homme d'Etat anglais. — II, 374*, 526, 534.

COPPENS (M. de), homme politique belge. — IV, 494*.

CORCELLES (Claude de), homme politique français. — IV, 168*.

CORDOVA (Louis-Fernandez de), général et diplomate espagnol. — V, 207*, 217, 218, 252.

CORMEREY (M. de). — I, 105, 106.

CORNUDET (le comte), pair de France. — III, 252.

CORNWALLIS (Charles lord), général et homme d'Etat anglais. — I, 282*.

CORSINI (M. de). — II, 493.

COURLANDE (Charlotte-Dorothée de Medem, duchesse de). — II, 4*, 5, 181*, 213.

COURLANDE (Dorothée, princesse de). — Voir DINO.

COURTIN, homme politique français. — III, 252.

COUTURIER (l'abbé), supérieur du séminaire Saint-Sulpice. — I, 22*.

CREIDEMANN, conseiller d'Etat russe. — I, 414.

CREUTZ (Gustave, comte de), diplomate suédois. — I, 46*.

CROIX (le comte de), pair de France. — III, 252.

CROMWELL. — I, 258.

CROZAT DU CHATEL (Marie-Thérèse Gouffier du Heilly, marquise). — V, 516.

CROZAT DU CHATEL (Louis-François, marquis), lieutenant général. — V, 516*.

CRUSSOL (le bailli de). — III, 233.

CUVELIER, intendant militaire autrichien. — III, 258.

CUMBERLAND (Guillaume-Auguste, duc de). — V, 523*.

CUMBERLAND (Frédérique de Mecklembourg-Strélitz, duchesse de). — V, 166*.

CURTEN (Maurice, chevalier de), lieutenant général. — V, 517*, 524.

CZARTORYSKI (le prince Adam). — II, 309*, 329, 389, 390, 443, 500, 511, 515, 525, 528, 536, 547. — III, 51, 96, 115.

CZERNICHEFF (A. de). — II, 352.

D

DALBERG (Charles, baron de), prince primat de la confédération du Rhin. — I, 417*, 428, 434, 437, 445, 446. — II, 219*, 232, 245.

DALBERG (Émeric-Joseph, baron, puis duc de), homme d'État français. — I, 418*. — II, 135, 149, 163, 168, 207, 208, 257 à 260, 303, 359, 369, 400, 414, 423, 430, 432, 479, 492, 494, 508, 520, 540, 546. — III, 113, 188, 212, 285, 333. — IV. 33, 70, 71, 82, 94, 97, 109, 139, 140, 169, 206, 207, 267, 269, 320, 325, 329, 339, 347, 378. — V, 171*.

DALHOUSIE (lord), général anglais. — II, 142.

DALMATIE (duc de). — Voir SOULT.

DAMAS, acteur de la Comédie-Française. — I, 405.

DAMBRAY (Charles-Henry, vicomte), homme d'État français. — II, 173*, 518, 530.

DAMOUR, diplomate français. — III, 26.

DANTE. — I, 373.

DANTZIG (duc de). — Voir LEFEBVRE.

DARBERG (M. de). — I, 388.

DARMSTADT (Louis, prince héréditaire, puis grand-duc de Hesse Darmstadt). — I. 418*.

DARU (le comte), homme d'État français. — I, 407*.

DAUDÉ. — I, 58.

DAUN (Léopold, comte de), feld-maréchal autrichien. — V, 522*, 524, 525.

DAUN (la comtesse de). — V, 525.

DAUNOU (Pierre), homme politique français. — I, 247*. — II, 102.

DAVOUST duc d'Auerstaedt, prince d'Eckmühl, maréchal de France. — I, 406. — II, 79. — III, 160.

DAWKINS, commissaire anglais en Grèce. — III, 436.

DAZINCOURT (Joseph Albouis), directeur des spectacles de la cour. — I, 402*, 403, 405, 429.

DEBELLE (M.). — III, 251.

DECAZES (Elie, duc), homme d'État français. — IV, 350.

DECHEN (M. de). — I, 419.

DEDEL, diplomate hollandais. — V, 88,. 146, 166 à 169, 173, 175, 194, 198, 324, 329, 330, 502.

DEDELEY D'AGIER (le comte), pair de France. — III, 252.

DEFFANT (Marie de Vichy-Chamrond, marquise du) — V, 517*.

DEFERMONT, homme politique français. — III, 252.

DEJEAN (François-André, baron), prélat français. — II, 76*.

DEJEAN (François), général français. — III, 252.

DEJEAN (Auguste, comte), général français. — III, 252.

DELILLE (l'abbé), poète français. — I, 36*, 45, 60. — II, 309.

DEMARÇAY (Marc-Jean), général et homme politique français. — IV, 168*.

DENBIGH (William-Basile Percy-Fielding, comte de), pair d'Angleterre. — V, 97*.

DENON (le baron), directeur général des musées. — I, 310*.

DERBY. — Voir STANLEY.

DESAIX (Louis-Antoine), général français. — I, 280*.

DESCARTES. — I, 82.

DESFOURNEAUX (Étienne, comte), général français. — III, 249*.

DESPORTES (Félix). — III, 252.

DESPRÈS, acteur de la Comédie-Française. — I, 405.

DESSAU (Léopold, prince d'Anhalt). — I, 417*.

DESSOLLES (Jean), général français. — III, 154*.

DESSOLLES (Irénée-Yves, baron), prélat français. — II, 104*.

DEVAUX (Paul-Isidore), homme d'État belge. — IV, 166*, 215.

DIEBITCH (Jean, comte de), feld-maréchal russe. — III, 400*. — IV, 323.

DIGEON (vicomte), général français. — III, 110*.

DILLON (Arthur de), prélat français. — I, 27*, 31*, 49, 101.

DILLON (Arthur, comte de), général français. — I, 160*.

DINO (Edmond, comte de Périgord, duc de Dino, puis de Talleyrand). — II, 4*, 5.

DINO (Dorothée de Courlande, comtesse Edmond de Périgord, duchesse de Dino, puis de Talleyrand et Sagan). — II, 5*, 208. — III, 333, 337, 342, 459, 462, 465, 466. — IV, 172, 179, 181, 329 469, 495. — V, 9, 166, 174.

DINO (Mademoiselle Pauline de). — V, 483.

DION CASSIUS. — I, 444.

DIRAT. — III, 252.

DOLGOROUKI (le prince Georges), général et diplomate russe. — I, 418*.

DÖNHOFF (le comte), conseiller de légation prussien. — V, 20, 27.

DORIA (Giovanni-Pamphili), cardinal italien. — II, 77, 109*, 111.

DOMBROWSKI (Jean), général polonais. — I, 309*.

DROUET D'ERLON, maréchal de France. — III, 153, 251.

DROUOT, général français. — III, 251.

DROUYN DE L'HUYS (Édouard), diplomate et homme d'État français. — V, 340, 341*.

DUCHATEL (Charles-Marie Tanneguy, comte), homme d'État français. — V, 351*.

DUCHATEL. — V, 218.

DUCHESNOIS (Mademoiselle), actrice de la Comédie-Française. — I, 405*.

DUCOS (le comte Roger), membre du Directoire. — I, 269, 273*.

DUCREST (Charles-Louis, marquis), chancelier du duc d'Orléans. — I, 170*, 171, 172, 178, 204.

DUCREST. — Voir VILLENEUVE

DUFRESNI. — I, 308.

DUGNANI (Antoine), cardinal italien. — II, 109*, 111.

DUKA (Pierre, comte), général autrichien. — II, 428*.

DULAU (Jean-Marie), prélat français. — I, 31*, 32.

DUMOLARD. — Voir BOUVIER.

DUMONT (Pierre), publiciste suisse — I, 226*.

DUMOURIEZ (Charles-François Duperrier), général français, — I, 292*, III, 307*, 308.

DUNCANNON OF BESSBOROUGH (John-William, baron), homme d'État anglais. — V, 444*, 445.

DUNDAS (lord Melvil), homme d'État anglais. — I, 230*.

DUPIN (André-Marie), magistrat et homme d'État français. — IV, 21. — V, 11*, 12, 45, 131, 190, 361, 462.

DUPONT DE L'ÉTANG (Pierre), général français. — I, 319*. — II, 478*, 502, 505, 558.

DUPONT DE L'EURE, homme politique français. — V, 56.

DUPONT DE NEMOURS (Pierre), économiste français. — I, 37*, 105, 106, 107.

DUPORTAIL, ministre de la guerre. — I, 68*.

DUPRAT (l'abbé). — V, 542.

DUPUIS (Mademoiselle Rose), actrice de la Comédie-Française. — I, 405.

DURANT. — Voir MAREUIL.

DURAS (Emmanuel de Durfort, duc de), maréchal de France. — V, 549*.

DURAS (Angélique de Bournonville, maréchale duchesse de). — I, 5*.

DURAS (Amédée de Durfort, duc de), pair de France. — II, 169*.

DURBACH. — III, 252.

DURFORT-BOISSIÈRES (le chevalier Joseph de). — V, 550*.

DURFORT (Madame Étienne de). — II, 259.

DURHAM (John-George Lambton, comte de), homme d'État anglais. — III, 397*. — V, 20, 324*, 357, 409.

DUROC, duc de Frioul, grand-maréchal du palais. — I, 294*, 301, 311, 330, 346, 381, 401 à 403, 407.

DUVAL (Pierre), recteur de l'Université. — I, 82*.

DUVOISIN (Jean-Baptiste, baron), prélat français. — I, 51*. — II, 44, 52, 64, 71, 78, 80, 84 à 86, 88 à 105, 108, 113, 116.

DWERNICKI, général polonais. — IV, 221*.

DZIALINSKI, gentilhomme polonais. — I, 310.

E

EDELSHEIM (le baron d'), homme d'État badois. — III, 305, 308 à 311.

EGLOFFSTEIN (Auguste, baron d'), général saxon. — I, 416*.

EINSIEDEL (le baron d'), homme d'État saxon. — I, 416. — II, 291. — III, 105.

ELISA. — Voir BACIOCCHI.

ELISABETH, reine d'Angleterre. — II. 253.

ELISABETH, impératrice de Russie. — I, 422*. — II, 307, 464, 495, 499, 526. — III, 19, 22. — V. 541*, 542, 543.

ELISABETH DE BOURBON (Madame). — I, 383.

ÉLISABETH FARNÈSE, reine d'Espagne. — III, 88*.

ELLENBOROUGH (Édouard Law, comte de), homme d'État anglais. — IV, 451*.

ELLICE (Édouard), homme d'État anglais. — V, 420*.

EMERY (l'abbé Jacques-André), supérieur-général de l'ordre de Saint-Sulpice. — II, 41*, 52, 71, 78.

ENGHIEN (Louis-Antoine-Henry de Bourbon, duc d'). — I, 292, 404. — III, 302, 306 à 311, 315, 316.

EON DE BEAUMONT (Charles, chevalier d'). — V, 545*.

ERLON (d'). — Voir DROUET D'ERLON.

ESCOÏQUIZ (don Juan de), homme d'État espagnol. — I, 331* à 336, 339 à 343, 352, 353, 362 à 365, 370, 375, 377 à 381.

ESPARBÈS (Mademoiselle Toinard de Jouy, comtesse d'). — V, 547*.

ESPRESMÉNIL (Jean-Jacques du Val d'), conseiller au parlement. — I, 188*, 191, 206, 207.

ESSLING (prince d'). — Voir MASSÉNA.

ESTERHAZY DE GALANTHA (Paul-Antoine, prince), diplomate autrichien. — III, 353, 373, 401*, 402. — IV, 79, 80, 103, 115, 116, 133, 138, 142, 143, 393, 421, 498. — V, 5, 22, 37, 57, 184, 298, 299, 303, 305, 328, 330.

ESTERHAZY DE GALANTHA (Marie-Joséphine de Lichtenstein, princesse). — III, 96*.

ESTISSAC (Marie de la Rochefoucauld, duchesse d'). — I, 5*.

ESTRÉES (Louis Le Tellier, marquis de Courtenvaux, duc d'), maréchal de France. — V, 523*, 533.

ETIENNE III, pape. — II, 47.

ETIENNE V, pape. — II, 47.

EUGÈNE (le prince). — Voir BEAU= HARNAIS.

EUGÉNIE BERNADOTTE, reine de Suède. — III, 50.

EXELMANS, général français. — III, 252. — IV, 26*.

EYRAGUES (le marquis d'), diplomate français. — V, 86, 160*, 162*, 202.

F

FABERT (Abraham), maréchal de France. — I, 120*.

FABRE DE L'AUDE (le comte), pair de France. — III, 252.

FABVIER (le baron), général français. — IV, 26*.

FAGEL (Robert, baron de), général et diplomate hollandais. — III, 148*. — IV, 435.

FAIN (François, baron), conseiller d'État, secrétaire du cabinet de l'empereur. — I, 406*.

FALCK (Antoine Reinhard, baron), homme d'État hollandais. — III, 374*, 375, 392, 423. — V, 53.

FALKENSTEIN (le major de). — I, 417.

FAUCHE-BOREL (Louis) agent politique français. — III, 164*.

FAVIER (Jean-Louis), diplomate français. — I, 58*.

FELTRE (duc de). Voir CLARKE.

FERCOC, bibliothécaire du château de Valençay. — I, 383.

FERDINAND VII, prince des Asturies, puis roi d'Espagne. — I, 318, 331 à 336, 339, 340 à 344, 346, 351 à 353, 357, 359 à 372, 374, 375, 377, 379 à 381, 386, 389, 390. — II, 34, 341. — III, 72, 258. — V, 90*, 99, 104, 250, 457.

FERDINAND Ier, roi des Deux-Siciles. — I, 265*, 302. — II, 225, 237, 240, 241, 254, 293, 294, 306, 312. — III, 57, 67, 68, 85, 95, 119, 180, 206, 220.

FERDINAND II, roi des Deux-Siciles. — V, 289.

FERDINAND, archiduc d'Autriche, grand-duc de Toscane, électeur de Salzbourg, grand-duc de Wurtzbourg. — II, 223*, 242. — III, 62*, 265.

FERIA (marquis de). — I, 367.

FERNAN-NUNÈS (comte de), diplomate espagnol. — I, 367*, 371, 374.

FERRAND (Antoine-François-Claude, comte), homme d'État français. — II, 173*.

FESCH, cardinal français. — I, 260*, 423. — II, 51, 78, 96, 98, 99, 100*, 101 à 105.

FEUILLET, diplomate français. — V, 399, 411, 412, 413.

FICQUELMONT (Charles-Louis, comte de), général et diplomate autrichien. — V, 273*.

FILANGIERI prince de Satriano, duc de Taormina (Charles), général napolitain. — II, 456*, 473.

FITZ-JAMES (M. de). — I, 160.

FITZ-JAMES (Marie de Thiard, duchesse de). — I, 24*.

FLAHAUT (Adélaïde Filleul), comtesse de Flahaut, puis marquise de Souza. — I, 248*.

FLAHAUT DE LA BILLARDERIE (comte de), général et diplomate français. — III, 163*, 410 à 412, 417. — IV, 5*, 28, 29, 59, 62, 64, 74, 311, 329, 344, 347, 387, 446, 488, 489. — V, 4, 22, 229, 236.

FLAHAUT DE LA BILLARDERIE comtesse de). — IV, 344. — V, 22.

FLAGERGUES, homme politique français. — III, 234, 235.

FLÈCHE (Madame de la). — II, 25.

FLÉCHIER, prélat français. — II, 80.

FLEURY, cardinal et homme d'État français. — I, 20, 98. — V, 534*, 547.

FLEURY (M. de). — I, 59.

FLEURY (l'abbé Claude), confesseur de Louis XV. — II, 40*.

LEURY (Anne d'Auxy de Monceaux, duchesse de). — I, 5*.

FLEURY (Claudine de Montmorency-Laval, marquise de). — I, 161*.

FLORIDA-BLANCA marquis de Miraflorès. — V, 336*, 337 à 339, 358, 362, 363, 367, 377, 378*, 379, 380, 384, 422*, 425, 427, 428, 430, 443, 447, 449, 451, 454, 464, 465, 468, 469, 471, 472.

FOÈRE (l'abbé de), homme politique belge. — IV, 148*, 152, 159.

FONCEMAGNE (Étienne de), sous-gouverneur du duc d'Orléans. — I, 150*.

FONTANA (François-Louis), cardinal italien. — II, 52*, 71.

FONTANES (M. de), grand-maitre de l'Université. — I, 435*. — II, 7, 168.

FONTENELLE, écrivain français. — I, 66, 82, 181.

FONTENILLE (marquis de). — I, 128*.

FORBIN-JANSON, homme politique français. — III, 252.

FORELL (le baron de), diplomate saxon. — I, 361*.

FOREST (Antoine, comte de la), diplomate français. — I, 294*, 387, 388.

FORMOND (M. de), diplomate français. — II, 207*. — III, 26*.

FORNIER. — I, 95.

FOSTER (Auguste-Jean), diplomate anglais. — V, 404*, 434.

FOUCAULT, écuyer de M. de Talleyrand. — I, 383.

FOUCHÉ, duc d'Otrante, ministre de la police. — I, 269*. — II, 7, 9, 147, 257, 262. — III, 229, 233 à 236, 238, 239, 249 à 251, 254, 255.

FOULON (Joseph-François), conseiller d'État et intendant des finances. — I, 57*, 60, 89, 95, 97. — V, 560.

FOUQUET, surintendant des finances. — I, 172.

FOURQUEUX (Michel Bouvard de), contrôleur général. — I, 106*, 107, 108.

FOX (Charles), homme d'État anglais. — I, 227*, 241, 283, 304, 305. — III, 416.

FRANCISCO, infant d'Espagne. — I, 339*, 381.

FRANCK (Madame). — II, 300.

FRANCKLIN. — II, 264.

FRANÇOIS Iᵉʳ, roi de France. — I, 65. — II, 57, 63.

FRANÇOIS Iᵉʳ, empereur d'Allemagne. — V, 515*, 516, 523, 528, 529.

FRANÇOIS II comme empereur d'Allemagne et Iᵉʳ comme empereur d'Autriche. — I, 223, 277, 281, 298, 321, 424, 438, 439, 449. — II, 10, 68, 150, 152, 258,

260, 283, 287, 310, 327, 329, 351, 376, 397, 404, 408, 410, 411, 421, 422, 428, 461, 467, 498, 509, 510, 527, 530, 538, 546, 547, 555. — III, 8, 24, 31, 32, 42, 47, 56, 63, 67, 72, 81, 94, 120, 125, 163, 181 à 183. — V, 204, 224, 270 à 274, 304, 393.

FRANÇOIS Ier, roi des Deux-Siciles. — III, 455.

FRANÇOIS IV (archiduc d'Autriche) duc de Modène. — II, 224*, 229.

FRÉDÉRIC II, roi de Prusse. — I, 309, 316. — V, 524, 529, 542, 546, 547, 570.

FRÉDÉRIC-GUILLAUME III, roi de Prusse. — I, 298*, 303, 304, 315, 396. — II, 150, 152, 162, 258, 286, 385, 386, 393, 395, 404, 440, 443 à 445, 465, 469, 476, 538. — III, 52, 197, 274, 400, 402. — IV, 329, 380, 391, 392, 495. — V, 38, 204, 271, 273, 274, 395, 487, 509.

FRÉDÉRIC II comme duc et Ier comme roi de Wurtemberg. — I, 294, 296, 304, 419*, 428, 446. — II, 388, 510, 511*, 530, 540. — III, 118, 163.

FRÉDÉRIC-AUGUSTE Ier, roi de Saxe. — I, 310, 317*, 415, 446. — II, 204, 219, 245, 246, 250, 283 à 285, 289, 290, 304, 306, 312, 313, 332, 342 à 344, 350, 357, 387, 392, 393, 396, 397, 440, 441, 450, 454, 461, 467, 472, 474, 480, 522, 525, 543, 544, 547, 553, 553. — III, 4, 5, 8, 14, 16, 48, 53 à 55, 58, 61, 76, 84, 93, 101, 102, 104, 105.

FRÉDÉRIC VI, roi de Danemark. — II, 363, 456.

FRÉDÉRIC-GUILLAUME, prince royal de Prusse, plus tard roi sous le titre de Frédéric-Guillaume IV. — III, 358*, 400, 402. — V, 509.

FRÉDÉRIC-GUILLAUME-CHARLES prince des Pays-Bas. — Voir PAYS-BAS.

FRÉDÉRIQUE-CATHERINE princesse de Wurtemberg, reine de Westphalie. — I, 419.

FRESSINET. — III, 252.

FRÉTEAU DE SAINT-JUST (Emmanuel), conseiller au Parlement. — I, 92*, 189, 191, 197.

FREVILLE (M. de), conseiller d'État français. — V, 198*.

FRIAS (le duc de), diplomate espagnol. — I, 367, 374. — V, 368, 391*, 421, 475.

FRIMONT (Jean-Philippe, comte de), général autrichien. — III, 98*, 165, 229.

FUNCK (le baron de), général saxon. — I, 415*.

G

GABLENZ (M. de), chambellan du roi de Saxe. — I, 415.

GABRIELLE (Jules), cardinal italien. — II, 49*.

GAGARIN (le prince), aide de camp de l'empereur Alexandre. — I, 414.

GAGE (sir William Hall), amiral anglais. — V, 430*.

GAGERN (baron Jean de), historien et diplomate allemand. — I, 279*.

GALAIZIÈRE (le marquis Chaumont de la), conseiller d'État français. — I, 105*, 106.

GALITZIN (le prince). — I, 414.

GALL (le baron de). — I, 416.

GALLEBOIS (M. de), officier d'ordonnance du maréchal Berthier. II, — 270.

GALLES (Caroline de Brunswick, princesse de). — Voir CAROLINE.

GALLOIS, marin français. — IV, 427, 433.

GARNIER DE SAINTES, homme politique français. — III, 252.

GARRAU. — III, 252.

GASCHET (L'abbé). — II, 42.

GASCOYNE, général et homme politique anglais. — IV, 145*.

GASSENDI (le comte), homme politique français. — III, 252.

GENDEBIEN (Jean-François), homme politique belge. — III, 442*.

GENLIS (Charles Brûlart, marquis de Sillery, comte de). — I, 162*, 163.

GENLIS (Félicité Ducrest de St-Aubin, marquise de Sillery, comtesse de). — I, 162*, 163, 164, 171, 179, 248, 299, 300, 448. — III, 372, 445.

GENOUDE (Antoine-Eugène de), journaliste français. — IV, 451*.

GENTZ (Frédéric de), diplomate autrichien. — II, 279*, 280, 282, 315, 318, 328, 340 à 342, 346, 347, 350, 429, 444. — III, 30, 32, 47.

GEOFFRIN (Madame). — I, 48.

GEORGEL (l'abbé Jean-François). — I, 92*.

GEORGE II roi d'Angleterre. — V, 544*.

GEORGE III roi d'Angleterre. — I, 221, 230, 276, 305. — II, 203*, 221, 379, 388, 400. — III, 79. — V, 544.

GEORGE IV, prince régent, puis roi d'Angleterre. — II, 146, 301, 396, 418, 436, 550, 551.— III, 4, 168, 265 à 271, 404, 449.

GEORGES. — Voir CADOUDAL.

GÉRARD, maréchal et homme d'Etat français. — III, 445. — IV, 262*, 264, 266, 271, 347, 474, 475. — V, 30, 62, 65, 70, 73. — V, 76, 85, 448, 450.

GÉRARD (La maréchale). — III, 445.

GERBIER (Pierre), avocat au parlement de Paris.— I, 105*, 106.

GERLACHE (Etienne-Constantin, baron de), homme d'Etat belge — IV, 207.

GERVAIS, conseiller d'Etat russe. — I, 414.

GILLY, général français. — III, 251.

GIRAC (François Bareau de) prélat français. — I, 59*.

GIRAC (Madame de). — I, 58*.

GIRALDO (don Pedro), colonel espagnol. — I, 339, 352, 353.

GISE (M. de), homme d'Etat bavarois. — V, 441.

GIULAY (le comte Ignace), général autrichien. — I, 301*.

GLEICHEN (M. de). — I, 417.

GLENELG (Charles Grant, lord), homme d'Etat anglais. — III, 460*

GLUCK. — I, 50.

GOBLET D'ALVIELLA (le comte), général et diplomate belge. — IV, 327*, 361, 362, 375, 479.— V, 16*, 45, 46, 393*, 394, 395, 397.

GODERICH (Frédéric-John Robinson, comte de Ripon, lord vicomte), homme d'État anglais. — III, 397*. — IV, 314, 317*. — V, 412, 446.

GODOÏ, prince de la Paix (don Manuel). — I, 307*, 328 à 337, 340 à 342, 345, 346, 351, 353 à 359, 361 à 365, 367, 378 à 381.

GODOÏ, princesse de la Paix, (Madame). — I, 332*, 356.

GODOÏ (don Diégo). — I, 334.

GOETHE. — I, 416, 426 à 429, 434, 436, 437, 441, 442.

GOGEL (Alexandre), homme d'État hollandais. — II, 20*.

GOHIER, membre du Directoire. — I, 269.

GOISLARD. — Voir MONSABERT.

GOLDBERG, homme politique hollandais. — II, 20.

GOLTZ (Auguste-Frédéric, comte de), diplomate prussien. — I, 314*, 419.

GONTAUT (Charles, duc de). — V, 517 à 519, 530, 531, 533, 548.

GONTAUT (Antoinette Crozat du Châtel, duchesse de). — V, 516*, 517, 519.

GORDON (sir R.), diplomate anglais. — IV, 154, 492*.

GORLITZ (baron de). — I, 419.

GOURIEFF (M. de), diplomate russe. — III, 366*. — IV, 425.

GOURNAY (M. de). — I, 106.

GOURVILLE (M. de), gentilhomme du Périgord. — I, 10.

GOUVION (Jean-Baptiste), général français. — I, 68*.

GOUVION-SAINT-CYR (Laurent), maréchal et homme d'État français. — III, 238*.

GOY (mylord). — V, 550.

GRAHAM (sir James), homme d'État anglais. — V, 141*, 410, 412, 446.

GRAMONT (Béatrix de Choiseul Stainville, duchesse de). — I, 44*. — V, 547*, 548, 555, 583, 585.

GRANT (Charles). — Voir GLENELG.

GRANT (sir John), diplomate anglais. — V, 417, 420*.

GRANVILLE (Thomas Leveson Gower, comte) diplomate anglais. — IV, 85*, 91, 274, 362, 381, 385, 395 à 397, 402, 456. — V, 14, 15, 21, 27, 28, 48, 67 à 69, 71, 108, 111, 112, 124, 125, 130, 140, 145, 148, 151, 158, 206, 209, 212, 213, 227, 265, 279, 290, 304, 357, 367, 373, 374, 395, 398, 401, 404, 405, 423, 461, 495.

GRÉGOIRE LE GRAND, pape. — II, 53.

GRÉGOIRE XIV, pape. — II, 70,

GRÉGOIRE XVI, pape. — IV, 419, 422, 427, 433, 436, 444, 481, 483, 496.

GRÉGOIRE, colonel belge. — IV, 52*.

GRENVILLE (William Wyndham lord), homme d'État anglais. — I, 229, 305*.

GRESSET, poète comique. — V, 517*.

GREY (Charles, comte), homme d'État anglais. — III, 391*, 394, 396, 397, 406, 407, 410, 414, 416,

418, 438, 466.— IV, 12, 14, 15, 24, 56, 88, 132, 152 à 154, 237, 248, 258, 260, 271, 273, 289, 292, 351, 358, 361, 370, 410, 423, 434, 437, 451, 455, 456, 486, — V, 7, 19, 24, 30, 51, 52, 78, 85, 126, 132, 136, 137, 141, 142, 151, 159, 201, 242, 243, 251, 255, 256, 293, 294, 296 à 299, 301, 304, 305, 307 à 309, 311 à 313, 317, 343, 344, 353, 358, 375, 408, 412, 413, 415, 416, 420, 424, 425, 442 à 446.

GREY (Henry-Georges Howick, comte). — V, 445*.

GREY (lady). — V, 22.

GRIMALDI (don Geronimo, duc de), diplomate espagnol. — V, 545*.

GRIMALDI (Joseph-Marie de), prélat italien, — II, 103*.

GROLMANN (Charles-Guillaume de), général prussien. — III, 58*.

GROS (Mademoiselle), actrice de la Comédie-Française. — I, 405.

GROTE (Georges), historien et homme politique anglais. — V, 411*.

GROUCHY (Emmanuel, marquis de), maréchal de France. — III, 251.

GUIBOURG (M. de). — V, 50.

GUILLAUME IV, roi d'Angleterre. — III, 340 à 342, 369, 371, 375, 379, 391, 459. — IV, 13, 29, 147, 148, 226, 288, 293, 334, 434, 452, 458. — V, 21, 23, 24, 71, 130, 141, 145, 174, 251, 254, 255, 263, 312, 313, 327*, 354, 377, 380, 382, 384, 412, 420, 442 à 444, 470, 472.

GUILLAUME Ier, roi des Pays-Bas. — II, 221 à 223. — III, 128, 265, 334, 339, 340, 345, 363, 364, 371 à 373, 381, 384, 393, 399, 400, 411, 418, 422, 424, 431, 442, 444, 445, 449, 468, 469. — IV, 3, 16 à 18, 27, 30, 35, 61, 78, 81, 99, 106, 150, 160, 172, 178, 183, 191, 194, 195, 211, 231, 232, 238, 249, 250, 253, 255, 259, 261, 264, 268, 270, 275, 278, 279, 281, 283, 287, 292, 296, 306, 307, 317, 324, 328, 330, 337, 340, 343, 345, 346, 348, 354 à 356, 368, 375 à 381, 385, 392, 406, 409, 416, 425, 428, 429, 432, 435, 454, 455, 459 à 462, 466, 471, 472, 475, 476, 482, 493 à 497. — V, 5, 16, 26, 27, 36, 38, 42, 47, 53, 57, 72, 77, 84, 86 à 88, 146, 150, 159, 162, 168, 169, 175, 185, 186, 192 à 198, 226, 260, 261, 264, 270*, 277, 323, 328*, 329, 391, 397, 485 à 487, 488 à 492, 495, 496, 498 à 501, 503.

GUILLAUME, prince d'Orange, prince royal des Pays-Bas et plus tard roi sous le nom de GUILLAUME II. — III, 355, 372, 373, 377, 378, 381, 386, 389, 390, 409, 416, 461, 463. — IV, 12 à 14, 16, 22 à 27, 39 à 41, 50, 51*, 53, 62, 77 à 79, 86, 92, 116, 121 à 123, 253, 263, 484, 486, 490.

GUILLAUME, prince d'Orange et plus tard roi des Pays-Bas sous le nom de GUILLAUME III.— III, 385.

GUILLAUME Ier, prince royal, puis roi de Wurtemberg. — II, 25*, 510, 524, 540.

GUILLAUME IX. — Voir HESSE-CASSEL.

GUILLAUME, duc de Bavière. — Voir BAVIÈRE.

GUILLAUME DE BADE. — Voir
BADE.

GUILLEMINOT, général et diplomate français. — IV, 153 à 155, 159, 161, 170, 226, 340*, 492*.

GUIZOT, homme d'État français. — III, 360. — IV, 21. — V, 8, 39.

GUSTAVE III, roi de Suède. — I, 93*.

GUSTAVE IV, roi de Suède. — II, 383*. — III, 15*, 35, 36*, 50, 55.

GUTAKOWSKI, gentilhomme polonais. — I, 310.

GUTSCHMIDT (le baron de), général saxon. — I, 415.

H

HAMMERSTEIN (Hans Detlef, baron de), ministre du duc d'Oldembourg. — I, 416*.

HAMILTON (Alexandre), général américain. — I, 241*, 244 à 247.

HANNO, commissaire belge dans le Luxembourg. — V, 341*.

HARDENBERG (Charles-Auguste, prince de), homme d'Etat prussien. — II, 149, 279*, 280, 285, 319*, 320, 323, 345, 422, 431, 444, 457, 472, 491, 493, 499, 523, 527, 528, 533, 539, 548. — III, 18, 20, 53, 113, 188, 204.

HARDI (l'abbé). — I, 15, 16.

HAREL. — III, 252.

HARISPE (Jean-Isidore, comte), maréchal de France. — V, 463*, 464.

HARLAY (du), magistrat français. — II, 64.

HARPE (Frédéric-César de la), homme politique suisse. — I, 285*. — II, 304*, 309, 329. — III, 94, 95.

HARPE (J. Fr. de la) écrivain français. — I, 135*.

HARROWBY (lord). — III, 148. — IV, 451.

HARVELAY (Madame d'). — I, 107.

HASTINGS (WARREN), homme d'Etat anglais. — I, 226.

HAUGWITZ (le comte d'), diplomate prussien. — I, 297, 298*, 301 à 303, 306.

HAUTERIVE (Alexandre-Maurice Blanc, comte d'), diplomate français. — II, 148*, 258.

HAVRÉ (Joseph-Anne-Auguste-Maximilien duc d'), pair de France. — III, 249*.

HÉLÈNE PAULOWNA, grande-duchesse de Russie. — IV, 249*.

HELVÉTIUS (Claude-Adrien), philosophe français. — I, 84*.

HÉNAULT (Charles), président au parlement de Paris. — I, 66*.

HÉNIN (Mademoiselle de Monconseil, princesse d'). — I, 62*.

HENRI II, roi de France. — I, 65.

HENRI III, roi de France. — I, 65, 146.

HENRI IV, roi de France. — I, 65, 146, 148, 149, 227. — II, 70, 71. — V, 539*, 540, 588, 590.

HENRI VIII, roi d'Angleterre. — II, 253.

HENRI DE PRUSSE. — Voir PRUSSE.

HENRI, lieutenant-colonel de gendarmerie. — I, 371, 382, 388.

HERDA (baron de). — I, 416.

HÉRICOURT (Louise Duché du Trousset d'). — I, 45*, 46.

HESSE-CASSEL (Guillaume IX, landgrave de). — II, 26*, 203, 221.

HESSE-HOMBOURG (le prince de). — I, 417.

HESSE-PHILIPPSTHAL (François, prince de). — I, 419*.

HESSE-RHOTENBURG (le prince de). — I, 417.

HEYDECOPER. — I, 233, 240.

HEYTESBURY (William A'Court, baron), diplomate anglais. — IV, 108, 118*.

HIJAR (le duc d'). — I, 367, 371.

HILL (le vicomte), général anglais. — III, 460*.

HINCMARD, ancien archevêque de Reims. — I, 19.

HINUBER, général allemand. — IV, 163.

HIRN (François-Joseph de), prélat français. — II, 103*, 105.

HITROFF, général russe. — I, 414.

HOBHOUSE, lord Broughton (John Cam), homme d'État anglais. — V, 444*, 445.

HOCHE, général français. — I, 261*.

HOFF (Charles de), ministre d'État du duché de Saxe-Gotha. — I, 416*.

HOFFMANN (Jean-Godefroy de), diplomate prussien. — II, 540*.

HOHENLOHE (le prince de). — I, 419.

HOHENZOLLERN-HECHINGEN (le prince de). — I, 418. *

HOHENZOLLERN-HECHINGEN (le prince héréditaire de). — I, 418.

HOHENZOLLERN-SIGMARINGEN (Antoine, prince de). — I, 417*.

HOLBACH (P. Thiry, baron d'), philosophe français. — I, 85*.

HOLLAND (Henry-Richard Vassall Fox, lord), homme d'État anglais. — III, 397*. — IV, 314, 316, 317*, 437, 451. — V, 22, 296, 348, 353.

HOOGWORST (Emmanuel Vanderlinden, baron d'), général belge. — III, 390*.

HOPITAL (Paul Gallucio, marquis de l'), diplomate français. — V, 541*.

HOPPNER, consul anglais. — IV, 201, 224.

HORTENSE DE BEAUHARNAIS, reine de Hollande. — II, 167. — IV, 179*, 181.

HOVEL (M. de). — I, 418.

HOWARD DE WALDEN (Charles-Auguste Ellis, baron), diplomate anglais. — V, 359*, 511, 512.

HOWE (Richard William Penn, comte), pair d'Angleterre. — V, 97*.

HOWICK. — Voir GREY.

HUGON (le baron), amiral français. — V, 176*, 177.

HULLIN, général français. — III, 252.

HULLOT, gouverneur de M. de Talleyrand. — I, 16.

HUMANN, homme d'État français. — V, 191.

HUMBOLDT (Alexandre de), savant allemand. — I, 45*. — III, 358*.

HUMBOLDT (Guillaume, baron de), homme d'État prussien. — II, 279, 319, 323, 335, 346, 350, 354, 356, 412. — III, 113, 358, 402.

HUME (David), philosophe et historien anglais. — V, 545*.

HUSKISSON (William), homme d'État anglais. — V, 106*

I

IBRAHIM PACHA, prince égyptien. — V, 109, 126*, 142, 160, 175, 188, 434, 493.

INFANTADO (duc de l'). — I, 335*, 336, 337, 339, 340, 352, 353, 359, 362, 364, 365, 370, 374, 375, 377, 378.

INNOCENT XI, pape. — II, 45*, 64, 80, 91.

INNOCENT XII, pape. — II, 46*.

INVAULT (Étienne Maynon d'), contrôleur général. — V, 583*.

ISABEAU, greffier au parlement. I, 200.

ISABELLE, reine d'Espagne. — V, 93, 104, 105, 120, 278, 450, 455, 456.

ISABELLE DE PARME, impératrice d'Allemagne. — V, 582.

ISABEY (Jean-Baptiste), peintre français. — III, 25*.

ISENBOURG (le prince d'). — II, 220.

IZQUIERDO DE RIBERA Y LEZAUN, diplomate espagnol. — I, 330*, 346, 369.

J

JACOB, amiral français. — V, 402, 448.

JACOBI KLOEST (le baron de), diplomate prussien. — II, 350*, 351.

JAUCOURT (François, marquis de), homme d'État français. — II, 168*, 305*, 310, 314, 330, 347, 351, 356, 379, 383 à 385, 400, 408, 414, 417, 419, 440, 451, 474, 479, 507, 513, 515, 519, 530, 532, 537, 553. — III, 6, 9, 10, 14, 15, 17, 26, 41, 47, 48, 57, 76, 79, 83, 90, 115, 131, 135, 141, 143, 145, 164, 165, 187, 238.

JAUREGUI (don Thomas), officier espagnol. — I, 334.

JEAN VI, roi de Portugal. — III, 350.

JEAN, prince, puis roi de Saxe. — III, 387*, 390. — IV, 14, 426*.

JEAN, archiduc d'Autriche. — II, 352*.

JENISSON-WALLEVORT (François-Olivier, comte de), ministre de Bavière à Londres. — V, 216.

JÉRÔME, roi de Westphalie. Voir BONAPARTE.

JERSEY (lady). — III, 457.

JEPHERSON. — II, 264.

JOINVILLE (le prince de). — IV, 174.

JOLIVET (Jean-Baptiste, comte), ministre des finances de Westphalie. — II, 23*, 24.

JORDAN (de), conseiller d'État prussien. — II, 540.

JOSEPH II, empereur d'Allemagne. — I, 177*. — V, 526, 582.

JOSEPH, roi de Naples, puis d'Espagne. Voir BONAPARTE.

JOSÉPHINE, impératrice des Français. — I, 295, 342, 422, 447, 448, 451. — II, 7.

JOUBERT, général français. — I, 270.

JOURDAN, maréchal de France. — IV, 97*.

JUDA, curé de Saint-Pé. — II, 139.

JULES II, pape. — II, 70.

JULIE. — I, 36.

JUNOT, duc d'Abrantès, général français. — I, 319*, 330.

K

KALITCHEFF (M. de), diplomate russe. — I, 278.

KALKREUTH (Frédéric-Adolphe, comte de), feld-maréchal prussien. — I, 314*.

KANTZOW (chevalier de), chargé d'affaires de Suède à Lisbonne. — V, 511.

KAUNITZ-RIETBERG (Venceslas-Antoine, comte puis prince de), homme d'État autrichien. — I, 298. — III, 22. — V, 523*, 524 à 528.

KELLER (Louis-Christophe, comte de), diplomate prussien. — I, 418*.

KELLERMANN (François-Étienne), général français. — I, 280*.

KERSABIEC (Mademoiselle de). — V, 50.

KERSALAUN (comte de), gentilhomme breton. — I, 172.

KETTELHUTT (M. de). — I, 417.

KLÉBER, général français. — I, 271.

KNESEBECK (Charles-Frédéric, baron de), feld-maréchal prussien. — III, 120*.

KOLLI. — I, 388.

KOTZEBUE (Auguste de), écrivain allemand. — I, 428*.

KOURAKIN (prince), feld-maréchal et homme d'État russe. — I, 315*, 321.

KRUDENER (Julie de Wietinghoff, baronne de). — I, 80*.

KRUDENER (Alexis-Constantin), baron de), diplomate russe. — III, 108*.

KRUDENER (M. de), diplomate russe. — IV, 77* 78, 92.

L

LA BÉDOYÈRE (Charles Huchet, comte de), général français. — III, 150*, 251.

LABENSKI (M.). — I, 414.

LABORDE. — III, 251.

LABRADOR (Pedro Gomes Kavelo, marquis de), diplomate espagnol, — I, 370*, 378, 379. — II, 279, 282, 314, 318 à 324, 331, 335, 338, 372, 381, 385, 452, 475, 493, 519, 531. — III, 10, 11, 16, 113.

LACAVE, acteur de la Comédie-Française. — I, 405.

LACÉPÈDE (le comte de), naturaliste et homme d'État français. — III, 252.

LACLOS (Pierre-Ambroise Choderlos de), général et écrivain français. — I, 208*, 209, 210.

LACROIX (Constant-Charles de), homme d'Etat français. — I, 252*.

LAFAYETTE (Gilbert Motier, marquis de), général et homme politique français. — I, 68*, 69. III, 385. — IV, 21, 34, 94, 322, 351. — V, 56, 403*.

LAFFITTE (Jacques), homme d'État français. — III, 334*, 368, 430. — IV, 33, 73, 82, 97, 100 108, 491.

LAFONT, acteur de la Comédie-Française. — I, 405*, 431.

LA FONTAINE. — I, 85, 254. — III, 387.

LAGRANGE (Joseph-Louis de), savant français. — I, 134*.

LALLEMAND (Charles-François-Antoine, comte), général français. — III, 153*, 251. — IV, 26*.

LALLEMAND (Henri-Dominique, baron), général français. — III, 251.

LALLY-TOLLENDAL (Gérard, marquis de), homme d'Etat français. — III, 148*.

LAMARQUE (Maximilien, comte), général et homme politique français. — III, 252, 334*, 440. — IV, 21, 133*, 322, 436, 467.

LAMB (Sir Frédéric), diplomate anglais. — III, 461*. — IV, 151*, 420. — V, 21, 111, 200, 209, 224, 300, 303 à 308, 341 à 343, 397, 509, 510.

LAMBALLE (le prince de). — I, 158.

LAMBALLE (Marie-Thérèse-Louise de Savoie-Carignan princesse de). — I, 61*, 161, 201.

LAMBERT (Charles-Guillaume), contrôleur général des finances. — I, 189*.

LAMBRUSCHINI, nonce du pape à Paris. — IV, 140.

LAMOIGNON (Chrétien-François, marquis de), garde des sceaux. I, 184*, 185, 186, 189, 191, 196 205.

LANGLOIS, précepteur de M. de Talleyrand. — I, 16, 17, 34.

LANGSDORF (Emile, baron de), diplomate français. — III, 415*

LANNES, duc de Montebello, maréchal de France. — I, 300, 406.

LANNES, duchesse de Montebello (la maréchale). — II, 10.

LANNES, duc de Montebello (Napoléon), pair de France et diplomate. — III, 253.

LANSDOWNE (William Petty, marquis de), homme d'Etat anglais. — I, 225*.

LANSDOWNE (Henry Petty, marquis de), homme d'Etat anglais. — I, 227*. — III, 397, 410. — V, 32*, 57, 84, 444.

LAPLACE (P. Simon, marquis de). — I, 81*, 135.

LA RÉVEILLÈRE-LÉPEAUX, membre du directoire. — I, 269.

LA ROMANA (marquis de) général espagnol. — I, 330, 331*, 368.

LASCY (Joseph, comte de), feld-maréchal autrichien. — V, 526*.

LA TOUR-MAUBOURG (Marie-Charles-César de Fay, comte de), général français et pair de France. — III, 252.

LATOUR-MAUBOURG (Just de Fay, marquis de), général et diplomate français. — IV, 170*.

LATOUR-MAUBOURG (Armand-Charles-Septime, comte de), diplomate français. — IV, 282, 285, 310, 327, 357, 361 à 363, 368, 372, 373, 390, 395, 402. - V, 45, 46, 73, 361.

LAUDERDALE (James Maitland, comte de), homme d'État anglais. — I, 305*, 306.

LAUDON (Ernest baron de), feld-maréchal autrichien. — V, 526*.

LAUNAY (Jourdan de), gouverneur de la Bastille. — I, 125*.

LAURAGUAIS, duc de Brancas, (Léon de), pair de France. — I, 36*.

LAURISTON (Jacques-Bernard Law, marquis de), maréchal de France. — I, 405*.

LAUZUN. — Voir BIRON.

LAVAL (Mathieu-Paul-Louis de Montmorency, vicomte de). — I, 160*.

LAVAL (Catherine Tavernier de Boullongne, vicomtesse de). — I, 24*, 107.

LA VALETTE (Marie Chamans, comte de), directeur général des postes. — I, 298*. — III, 251.

LAVERDY (Clément de), contrôleur général. — V, 582*, 583.

LAVOISIER (Laurent), savant français. — I, 134*.

LAVRILLIÈRE (Louis Phélippeaux, comte de Saint-Florentin, duc de). — V, 556*, 565.

LAWŒSTINE (la marquise de). — III, 445.

LEBEAU (Jean-Louis-Joseph), homme d'État belge. — IV, 192*, 196, 197, 201, 205, 211, 214, 493.

LEBEL, valet de chambre de Louis XV. — V, 551, 552, 553, 556.

LEBRUN, duc de Plaisance (Charles, prince), homme d'État français. — II, 8*. — III, 252.

LEBRUN (Denis Écouchard), poëte français. — I, 103*.

LEBRUN (Marie-Louise Vigée), peintre. — I, 50*.

LE COCQ (M.). — I, 419.

LECOIGNEUX DE BELABRE (le marquis), conseiller au parlement. — I, 92*, 189.

LEFEBVRE duc de Dantzig, maréchal de France. — III, 252.

LEFEBVRE duchesse de Dantzig, (la maréchale). — I, 13*.

LEFEBVRE-DESNOUETTES (Charles, comte), général français — I, 370. — III, 251.

LEFEBVRE, diplomate autrichien. — III, 141*.

LE HOC, médecin du collège d'Harcourt. — I, 15.

LE HON (le comte), diplomate belge. — IV, 208*, 229, 232, 479. — V, 166, 405.

LEIKAM (M. de). — I, 417.

LELORGNE D'IDEVILLE. — III, 252.

LEMOS (Gil de). — I, 362.

LEMOS. — V, 218.

LÉON III, pape. — II, 47.

LÉON X, pape. — II, 57*, 63.

LÉON (évêque de). — V, 428, 431.

LÉOPOLD DE SAXE-COBOURG-SAAFELD, roi des Belges. — I, 414*. — II, 396, 523. — III, 421, 434, 435, 438 à 440, 463, 466 à 468. — IV, 3, 11, 15, 26, 41*, 121, 122, 131, 148, 151, 152, 159, 160, 163, 164, 166, 172*, 174, 177, 179, 186 à 190, 198, 199, 201, 205, 207, 212, 214, 215, 217, 220, 222, 223, 225, 226, 230 à 234, 236, 238, 240 à 244*, 248, 252 à 267, 272, 273, 276 à 281, 285, 299, 305, 306, 328, 337, 343, 345, 357, 360 à 362, 366 à 377, 402, 425, 454, 455, 459, 461, 463 à 467, 471, 473, 481, 485, 492, 494. — V, 5, 16, 29, 31, 35, 36, 43, 165, 171, 187, 189, 196, 395, 404, 405*, 406, 408, 409, 416, 418, 437.

LÉOPOLD Louis-Philippe-Victor-Ernest, prince royal de Belgique. — V, 405.

LÉOPOLD. — Voir NAPLES.

LEPELLETIER (Félix). — III, 252.

LEPELLETIER comte DE SAINT-FARGEAU (Louis-Michel), conseiller au parlement de Paris. I, — 193*.

LERCHENFELD (comte de). — I, 418.

LEROND (Madame). — I, 15.

LESSART (Antoine de Valdeck de), homme d'État français. — I, 220*.

LESSING, poète allemand. — I, 426.

LEUCHTENBERG (Auguste-Charles-Eugène-Napoléon, prince d'Eichstaedt, duc de). — III, 378*, 386, 390, 467. — IV, 6, 26, 28, 35, 39, 41, 45, 55, 58, 59, 62, 67, 487, 488, 490. — V, 229 à 235, 239, 242, 243, 255*, 256.

LEYEN (prince de la). — I, 418*. — II, 323*.

LIANCOURT. — Voir LAROCHEFOUCAULD.

LICHTENSTEIN (Prince Jean de). — I, 301*, 323.

LIEVEN (Christophe Andreiewitch, prince de), général et diplomate russe. — III, 367*, 368, 403, 404, 418, 419, 425, 437, 456. — IV, 78, 80, 92, 121, 187, 224, 259, 355, 420. — V, 5, 22, 37, 40, 41, 48, 71, 97, 105, 130, 151, 163, 183 à 185, 217, 248, 301, 302, 318, 323, 325, 326, 331, 368, 403, 404, 500.

LIEVEN (Dorothée de Benkendorf, princesse de). — III, 404*, 405, 406, 456. — IV, 12, 248. — V, 157.

LILLE (comte de). — Voir LOUIS XVIII.

LILLE (de), officier français. — I, 153*, 154.

LIMA, vicomte de Carreira (Louis-Antoine d'Abreue), diplomate portugais. — V, 441*, 454.

LIMON (Geoffroy, marquis de), contrôleur général du duc d'Orléans. — I, 178*, 179, 203.

LIPPE (comtesse de la). — II, 427.

LIVERPOOL (Robert Jenkinson, comte de), homme d'État anglais. — III, 45*.

LOBAU. — Voir MOUTON.

LOBO, diplomate portugais. — III, 113.

LOCKE, philosophe anglais. — I, 81, 84.

LONDONDERRY (Charles-William Stewart, marquis de), homme d'État anglais, — II, 349* 353, 374, 409, 429, 539, 544, 545. — III, 21, 113, 172, 175, 298. — IV, 213, 214, 317*, 324. — V, 463*.

LONGUEVILLE (la duchesse de). — V, 588.

LORRAINE (Charles, prince de), feld-maréchal autrichien. — V, 524*.

LORRAINE (princesse, Charlotte de). — I, 93.

LOUIS LE DÉBONNAIRE, roi de France. — II, 47, 101.

LOUIS IX (Saint-), roi de France. — IV, 105.

LOUIS XI, roi de France. — V, 585.

LOUIS XII, roi de France. — II, 70, 163.

LOUIS XIII, roi de France. — I, 146, 166.

LOUIS XIV, roi de France. — I, 4, 53, 66 à 68, 98, 116, 117, 146, 149, 166, 172, 227, 420, 428. — II, 11, 46, 76, 129, 164, 269, 313, 354. — IV, 321.

LOUIS XV, roi de France. — I, 4, 66, 146. — II, 12, 269. — V, 517, 518, 532 à 534, 547, 548, 551 à 554, 556, 561 à 565, 582, 585, 588 à 590.

LOUIS XVI, roi de France. — I, 23*, 24, 34, 67, 72, 97, 99, 101 à 106, 111, 124, 128, 130, 137, 138, 140, 146, 148, 156, 171, 172, 175, 183 à 185, 187, 189 à 193, 196 à 200, 203 à 205, 221 à 224, 274, 292. — II, 164, 283. — V, 529, 589.

LOUIS XVIII, roi de France. — 138, 260, 287. — II, 39, 131, 146, 165, 169, 172, 173, 204, 206, 211, 212, 214, 238, 249, 252, 255, 263, 277, 281, 290, 298 à 300, 306, 307, 310 à 312, 317, 326, 335, 350, 355, 359, 360, 363, 372, 380, 382, 389, 398, 403, 409, 418, 421, 422, 427, 434, 443, 450, 457, 463, 473, 483, 492, 494, 495, 501, 503, 505, 508, 514, 516, 518, 521, 530, 533, 536, 542, 550, 551, 554, 566. — III, 3, 4, 7, 10 à 13, 16, 19, 23, 31, 32, 39, 42, 46, 50, 51, 56, 61, 76, 77, 80, 84 à 87, 93, 98, 102 à 104, 109, 113, 115, 117, 118, 121, 123, 125, 127, 129, 131, 132, 134, 139, 140, 142, 143, 145, 146, 149, 151, 153, 155 à 161, 164, 166, 167, 180, 182, 184 à 186, 188, 189, 194, 228 à 238, 243, 250, 253 258, 265, 268, 274, 275, 277, 289, 296, 298, 299, 316, 319, 345. — IV, 82.

LOUIS-PHILIPPE, roi des Français. — I, 164. — II, 155. — III, 150 à 155, 157, 159*, 160, 174, 327 à 330, 342, 360, 369, 372, 376 à 378, 380, 387, 393, 411, 421, 429, 430, 440, 441, 451, 454, 457, 459, 464. — IV, 5, 7, 9, 11 à 13, 29, 31, 34, 41, 48, 50, 52, 55, 60, 68, 71, 75, 86, 88, 94, 97, 105, 106, 132, 173, 175, 179, 205, 206, 243, 249, 251, 252, 255 à 259, 261, 264, 273 à 275, 283, 289, 296, 297, 303, 305, 307, 308, 312, 321, 325, 331, 336, 340, 345, 352, 354, 357, 360, 361, 363, 368, 369, 371, 372, 378, 381, 382, 388, 400, 405, 411, 413, 415, 416, 427, 442 à 448, 453, 459*, 461, 464, 465, 468 à 470, 474 à 478, 481 à 484. — V, 6, 10, 22, 35, 38, 39, 45, 55, 65 à 67,

78, 91, 109, 130, 141, 164, 174, 229, 231, 253, 254*, 263 à 265, 269, 270, 278, 279, 295, 311, 335, 346 à 348, 352, 354, 369, 372, 374, 398, 404, 406, 416, 423, 424, 441, 448, 452, 455 à 457, 464, 470, 475, 477, 478, 480, 488, 489, 503, 504.

LOUIS I, roi de Bavière. — III, 437. — IV, 9, 322, 349, 426. — V, 441.

LOUIS II, duc de Parme, roi d'Etrurie. — I, 328. II, 519, 351. 383*, 493. — III, 38.

LOUIS, dauphin de France. — V, 579*.

LOUIS (Louis-Dominique, baron), homme d'Etat français. — I, 89* 92. — II, 135, 257. — III, 238, 259, 285. — IV, 448.

LOUISE, reine de Prusse. — I, 303, 316.

LOUISE D'ORLÉANS, reine des Belges. — IV, 459*, 461, 466, 468, 473. — V, 5, 405, 406.

LOULÉ (le marquis de) homme d'Etat portugais. — V, 229*, 265.

LOULÉ (Anne de Bragance, marquise de). — V, 265.

LOUVOIS, homme d'Etat français. — I, 146.

LOUVOIS (Auguste-Michel, marquis de), pair de France. — III, 249*.

LOWENHIELM (Gustave de), diplomate suédois. — II, 331, 334, 345*, 347. — III, 50, 113.

LUCAIN, poète latin. — II, 532.

LUCCHESINI (Jérôme, marquis de), diplomate prussien. — I, 279*, 308.

LUCIEN. — Voir BONAPARTE.

LUDOLF (le comte de), diplomate napolitain. — V, 441.

LUIS (don), infant d'Espagne. — I, 333.

LURDE (le comte de), diplomate français. — V, 232*, 233, 236, 243, 246, 247.

LUTHER. — I, 80. — II, 43.

LUXEMBOURG (Anne de Montmorency, chevalier de), maréchal de camp. — I, 165*.

LUXEMBOURG (Madeleine-Angélique de Neufville-Villeroi, maréchale, duchesse de). — I, 36*. — V, 530*.

LUYNES (Marie Brûlart de la Borde, duchesse de). — I, 5*.

LUYNES (Elisabeth de Montmorency-Laval, duchesse de). — I, 24*, 105.

LYNCH (Jean-Baptiste, comte), maire de Bordeaux, pair de France. — II, 143*, 144.

LYNDHURST (John-Singleton Copley, baron de). — IV, 451*, 452.

M

MACANAZ (Don Pedro), homme d'Etat espagnol. — I, 367*, 371, 378.

MACDONALD, duc de Tarente (Alexandre), maréchal de France. — I, 267*. — II, 153, 166. — III, 107, 132, 151, 152, 155, 157.

MACHAULT, comte d'Arnouville (Jean-Baptiste de), homme d'Etat français. — I, 25*, 26. — V, 522*, 585.

MACHIAVEL. — II, 160.

MACK DE LIEBERICH (Charles, baron de), général autrichien. I, 296*.

MACKINTOSH (sir James), écrivain et homme politique anglais. — IV, 90*.

MACLAGAN, homme politique belge. — IV, 22*.

MADINIER, agent de change. — I, 95.

MAHMOUD II, sultan ottoman.— 59, 95, 115, 116, 118, 124, 125, 163, 175, 176, 179, 182 à 184, 210, 211, 226, 305, 321, 434, 493, 494.

MAIRAN (Jean-Jacques Dortous de), écrivain français. — I, 66*, 82.

MAISON (Joseph, marquis), maréchal de France. — III, 236, 362*, 371, 373, 376, 378, 380, 398. — V, 21, 112, 224, 315, 331*, 360, 395, 500.

MALACHOWSKI, gentilhomme polonais. — I, 310.

MALCOLM, amiral anglais. — V, 42, 43, 48, 53, 162 à 164, 166, 177, 179.

MALESHERBES (Chrétien-Guillaume de Lamoignon de), homme d'État français. — I, 42*, 53, 215.

MALMESBURY (James-Harris, comte de), diplomate anglais.— I, 256*.

MALOUET (Pierre-Victor, baron), homme d'État français. — I, 70*.

MANNAY (Charles), prélat français. — I, 51*. — II, 52, 71, 78, 88, 99, 101, 103, 105, 108, 116.

MARBOIS. — Voir BARBÉ-MARBOIS.

MARBOT (baron de), général français. — III, 252.

MARC-AURÈLE, empereur romain. — II, 327.

MARCHAND (Jean-Gabriel, comte), général français. — III, 111*.

MARCOLINI (le comte), homme d'État saxon. — I, 415*.

MARET, duc de Bassano (Hugues), homme d'État français.—I, 51*, 407. — II, 7. — III, 156, 304. — IV, 378, 449, 488.

MARET, duchesse de Bassano, (Madame). — I, 300*.

MAREUIL (le baron Durant de), diplomate français. — IV, 184*, 212, 235, 435, 451, 454, 456, 459, 463 à 465, 478, 479. — V, 4, 18 à 21, 28, 32, 74 à 78.

MARIA II, reine de Portugal. — III, 349*, 350. — IV, 216, 252, 274, 445. — V, 69, 92, 94, 103*, 104, 199, 203, 205 à 207, 214, 215, 217, 228 à 230, 232 à 234, 237, 239, 241, 243, 246, 249, 254 à 256, 259, 260, 263 à 265, 336, 393, 501, 512.

MARIA-THÉRÉSA, infante d'Espagne. — I, 333.

MARIE-AMÉLIE, reine des Français. — III, 459. — IV, 174, 416, 461, 468, 474. — V, 174, 229.

MARIE-AMÉLIE-AUGUSTE DE BAVIÈRE, reine de Saxe. — III, 105.

MARIE-ANTOINETTE, reine de France, — I, 23, 60, 63, 90, 91*, 92, 93, 95, 103, 108, 176, 177, 222. — V, 529, 589, 590.

MARIE-CAROLINE (Charlotte), reine des Deux-Siciles. — II, 295, 304.

MARIE-CHRISTINE, reine d'Espagne. — V, 104, 343.

MARIE-ISABELLE, régente de Portugal. — V, 238.

MARIE LECZINSKA, reine de France. — I, 4*.

MARIE-LOUISE, impératrice des Français. — II, 6, 10, 99, 117, 146, 150, 154, 155, 162, 167, 307, 351, 424, 442, 475, 498, 519, 535. — III, 22, 59, 63, 65, 86 à 88, 127, 147, 163, 174, 182, 183.

MARIE-LOUISE-BÉATRIX D'ESTE, impératrice d'Autriche. — II, 283, 307, 310, 397. — III, 19, 23, 41.

MARIE-LOUISE, reine d'Espagne. — I, 331, 332, 335, 344, 345, 355, 358, 368, 379, 381.

MARIE-LOUISE, reine d'Étrurie. — I, 328, 361, 368, 381. — II, 225, 240, 242, 432, 452, 475, 493, 498, 535, 552. — III, 62, 63, 87, 88, 220.

MARIE-THÉRÈSE, impératrice d'Allemagne. — V, 515*, 522, 523, 525, 527 à 529.

MARIOTTI (le chevalier), consul de France. — II, 512*.

MARKOFF (Arcadi Ivanovitch, comte), diplomate russe. — I, 278*, 279.

MARMONT, duc de Raguse, maréchal de France. — II, 31, 162, 178. — III, 158.

MARMONTEL (Jean-François), écrivain français. — I, 46*.

MARSAN (Marie-Louise de Rohan Soubise, comtesse de). — I, 5*

MARTIN Ier, pape. — II, 53.

MARTIN, commissaire de police. — II, 258.

MARTIN (le baron de). — I, 540,

MARTIN (M.), ministre de France à Hanovre. — V, 21.

MARTINEZ DE LA ROSA (Francisco), homme d'État espagnol. — V, 315*, 317, 359, 373, 378, 379, 400, 418, 421, 425, 426, 471, 510, 511.

MARXHANSKY (M. de). — I, 415.

MASSÉNA, duc de Rivoli, prince d'Essling, maréchal de France. — I, 268*. — II, 30. — III, 128, 252.

MASSERANO (Carlo Ferrero-Fieschi, prince), grand maître des cérémonies du roi Joseph. — I, 345*.

MASSIAS (Nicolas, baron), diplomate français. — III, 307*, 310.

MASTIN (l'abbé de). — V, 550.

MASUYER (Mademoiselle). — IV, 180.

MATHIEU, comte de la Redorte (Maurice), général français. — III, 107*.

MATUSIEWICZ (André-Joseph, comte de), diplomate russe. — III, 358*, 363, 368, 373, 403, 415, 456, 457. — IV, 35, 92, 187, 259. — V, 40, 41, 48, 71, 105, 150*, 156*, 158.

MAUBREUIL D'ORSVAULT (Marie-Armand Guerri, marquis de). — III, 302*, 319 à 322. — IV, 421*.

MAUGUIN (François), homme politique français. — III, 334*, 440. — IV, 21, 171, 304, 322, 436. — V, 310.

MAUPEOU, homme d'État français. — I, 190. — V, 557*, 565, 585.

MAUPERTUIS (Moreau de), écrivain français. — I, 83*.

MAUREPAS (Jean Phelippeaux, comte de), homme d'État français. — I, 42*, 156. — V, 585.

MAURRIQUE (don José). — I, 331.

MAURY (Jean), cardinal français. — II, 51*, 75, 76, 78, 106, 116.

MAXIMILIEN-JOSEPH IV, comme duc et Iᵉʳ comme roi de Bavière. — I, 294*, 304, 403, 419, 446. — II, 302*, 376, 381, 412, 413, 473, 547. — III, 79.

MAYENWORTH. — V, 431.

MAYNON. — Voir D'INVAULT.

MECKLEMBOURG - SCHWERIN (Frédéric-François, duc de). — I, 416*.

MECKLEMBOURG - STRELITZ (Georges-Frédéric, prince héréditaire, puis duc de). — I, 416*.

MEDEM (comte de), diplomate russe. — V, 117*, 119, 120, 130, 431, 460.

MÉDINA-CŒLI (duc de). — I, 367, 374.

MEERVELDT (comte de), diplomate autrichien. — II, 441.

MÉHÉE-LATOUCHE. — III, 252.

MÉHÉMET-ALI, pacha d'Égypte. — V, 59, 90, 95, 96, 108, 115 à 119, 124, 125, 141, 142, 180 à 184, 306, 307, 321, 326, 344, 402, 434, 493, 494.

MEILHAN (Gabriel Sénac de), écrivain et administrateur français. — I, 60*, 89.

MÉJAN (Étienne comte), homme politique français.—IV, 488*.

MELBOURNE (W. Lamb, vicomte), homme d'État anglais. — III, 397*. — IV, 230, 442 à 444.

MELLINET (François-Aimé), général français passé au service de la Belgique. — III, 252. — IV, 102*.

MELZI D'ERIL (François), grand chancelier et garde des sceaux du royaume d'Italie. — I, 289*.

MÉNANDRE, poète grec. — I, 64.

MÉNEVAL (François, baron de), secrétaire du cabinet de Napoléon. — I, 406*.

MERCY (M. de). — II, 328.

MERCY-ARGENTEAU (François, comte de), diplomate autrichien. — I, 91*, 93.

MERLIN DE DOUAY, homme d'État et magistrat français. — I, 261, 269. — III, 252.

MERLIN DE DOUAI (Madame). I, 261.

MÉRODE (Philippe-Félix, comte de), homme d'État belge. — III, 385*, 386 à 390, 467. — IV, 9, 148, 156. — V, 395*.

MESNARD (Louis-Charles, comte de), premier écuyer de la duchesse de Berry. — V, 50*.

METTERNICH-WINNEBOURG-OCHSENHAUSEN (Clément-Wenceslas-Lothaire prince de). — II, 15, 151, 152, 163, 259, 265, 269, 270, 278 à 280, 289, 290, 304, 307 à 309, 314 à 321, 328 à 338, 341 à 346, 351, 357, 358, 361, 365, 375, 376, 379, 381, 386 à 388, 395, 397, 400 à 402, 406, 408, 410, 411, 416, 418 à 424, 427 à 433, 435, 439, 441, 443 à 450, 453 à 458, 461, 466 à 477, 484, 488, 491, 493, 498 à 500, 509 à 513, 524 à 528, 531 à 535, 538, 539, 542 à 548, 551, 556, 557, 562, 566, 567. — III, 3, 5, 8*, 11, 12,

16, 17, 20, 21, 28, 31, 32, 42, 49, 59, 63 à 65, 67, 68, 75, 79 à 82*, 83 à 85, 87, 89, 90, 94 à 106, 113, 114, 119, 139, 162, 165, 172, 175, 181, 183, 188, 204, 227, 238, 239, 276, 297, 358, 400. — IV, 138, 140, 321, 350, 421, 422. — V, 21, 112, 128, 129, 134, 142, 143, 144*, 148, 149, 180 à 183, 200, 204, 209, 224, 263, 271 à 275, 293, 297*, 298 à 308, 341 à 344, 397, 403, 494 à 499, 503, 508 à 510.

METTERNICH (Mademoiselle de). — III, 97.

MICHIELS, diplomate belge. — IV, 191*.

MIGNET (François-Auguste-Marie), historien français. — IV, 350.

MIGUEL (dom), infant de Portugal. — III, 349* à 352. — IV, 81, 109, 145, 181, 201, 210, 216, 310, 445. — V, 63, 69, 73, 91 à 93, 102, 103, 120 à 122, 139, 186, 199, 214, 218, 230, 236 à 241, 249, 257, 263, 278, 336, 338, 359, 361, 378, 417 à 422, 427, 429, 447, 451, 510, 511.

MINA, chef de bandes pendant la guerre d'Espagne. — II, 384.

MINTO (Gilbert Elliot comte de), diplomate anglais. — IV, 495. V, 19*, 58, 64, 70, 247, 298, 397, 434, 509.

MIOLLIS (François, comte) général français.— II, 49*.

MIRABEAU (Honoré-Gabriel Riquetti de). — I, 36*, 215.

MIRABEAU (Madame la comtesse de). — V, 390*.

MIRAFLORES. — Voir FLORIDA-BLANCA.

MIREPOIX (Anne de Beauvais Craon, princesse de). — V, 555*.

MIROMESNIL (Armand Hue de), homme d'Etat français. — I, 90*, 102.

MITHRIDATE. — I, 430. — II, 124.

MOLÉ (Mathieu), magistrat et homme d'État français. — III, 253*.

MOLÉ (Mathieu-Louis, comte), homme d'État français. — III, 253*, 329, 330, 333, 335, 342, 344, 346, 348, 352, 353, 357, 359, 361, 363, 368, 371, 373, 449, 452, 454, 457. — IV, 350. — V, 347.

MOLLENDORF (le comte de), feld-maréchal prussien. — I, 309*.

MOLLIEN (comte), homme d'Etat français. — II, 9*, 148, 258.

MOLTKE (le baron de). — I, 419.

MON (don Arias), gouverneur de Castille. — I, 352.

MONCEY duc de Conegliano, maréchal de France. — III, 252, 307, 310, 311.

MONCK. — I, 271, 273.

MONCRIF (François Paradis de), écrivain français. — V, 550*.

MONGE (Gaspard), savant français. — I, 135*.

MONSABERT (Goislard de), conseiller au parlement de Paris. — I, 206.

MONTAIGNE, écrivain français. — I, 81.

MONTALIVET (le comte Bachasson de), homme d'Etat français. — IV, 82*.

MONTAZET, prélat français. — I, 25*.

MONTAZET (le comte de), diplomate français. — V, 525.

MONTESQUIEU, écrivain français. — I, 66, 84, 389, 435. — II, 27.

MONTESQUIOU (François-Xavier-Marc-Antoine, abbé de), homme d'Etat français. — II, 172 *, 209.

MONTESQUIOU-FEZENSAC (Pierre, comte de), pair de France. — I, 402 *.

MONTESQUIOU (Anatole, comte de), général et diplomate français. — III, 120 *, 454 *.

MONTESQUIOU (Madame de), gouvernante du roi de Rome. — III, 120, 125, 126, 252.

MONTESSON (Charlotte Béraud de la Haie de Riou, marquise de). — I, 43*, 49, 59.

MONTEYNARD (Louis-François, marquis de), lieutenant-général, secrétaire d'État à la guerre. — V, 565*.

MONTFORT (comte de). — Voir JÉROME BONAPARTE.

MONTGELAS (Maximilien Garnerin, baron de), homme d'État bavarois. — I, 419*.

MONTHION, général français. — I, 368*.

MONTHOLON (Madame de). — Voir SEMONVILLE.

MONTMORENCY (Valentine de Harchies, comtesse de). — I, 300*.

MONTMORENCY (Mathieu de), député à l'Assemblée constituante. — I, 13*.

MONTMORENCY (Raoul, duc de). — V, 187*.

MONTMORIN-SAINT-HEREM (Armand, comte de), homme d'État français. — I, 102*, 204.

MONTROND (Casimir, comte de). — III, 162*.

MONVILLE (Thomas Boissel de), pair de France. — I, 160*.

MORANDE (Charles Thévenot de), journaliste français. — I, 70*. — V, 584*.

MOREAU (Victor), général français. — I, 266*, 267, 270, 279, 280, 292. — III, 303.

MOREAU, architecte. — III, 25.

MORENO, général espagnol. — V, 443.

MORIER (sir Robert), diplomate anglais. — V, 433*.

MORNARD, secrétaire de M. de Talleyrand. — I, 387.

MORRIS (Madame Robert). — I, 239.

MORTEMART (Éléonore de Montmorency, marquise de). — I, 300*.

MORTEMART (le duc de), diplomate français. — III, 465. — IV, 34, 92*, 108, 119, 135, 229, 329.

MORTIER, duc de Trévise, maréchal de France. — I, 406. — II, 162. — III, 129, 132, 153 à 160, 252, 334, 464. — IV, 111.

MORTIER (le baron Hector), diplomate français. — IV, 322*. V, 338, 359, 390, 393, 396, 414, 441, 511, 512.

MOS (le marquis de), grand maître du palais du roi d'Espagne. — I, 354, 362.

MOSBOURG. — Voir AGAR.

MOSCOSO DE ALTAMIRA (don Jose Maria de). — V, 391*.

MOULINS, membre du Directoire. — I, 269.

MOUNIER (Claude, baron), administrateur français. — IV, 379*.

MOURAWIEFF-KARSKI (Nicolas, prince), général russe. — V, 115*, 117 à 119, 138, 444.

MOUTON-DUVERNET, général. — III, 251*.

MOUTON, comte de Lobau, maréchal de France. — III, 252. — IV, 474.

MUCEY, agent des émigrés. — III, 304.

MÜLINEN (Frédéric de), homme d'État suisse. — III, 102*.

MÜLLER (Frédéric de), chambellan du duc de Saxe-Weimar. — I, 441, 442.

MÜLLER (Jean de), historien allemand. — I, 309*, 426, 435, 441, 445, 446.

MÜNCH-BELLINGHAUSEN (Joachim, comte de), diplomate autrichien. — IV, 133*, 141 à 143, 164, 191.

MUNSTER (Ernest-Frédéric, comte de), homme d'État hanovrien. — II, 256*, 354, 367, 379, 399, 427, 508, 509, 512, 524, 525, 536, 539.

MURAT (Joachim), grand-duc de Berg, puis roi de Naples. — I, 304, 309, 311, 360 à 365, 367, 369, 378 à 381. — II, 9, 12, 14 à 17, 121, 137, 204, 225, 239, 241* 242, 257, 293, 323, 332, 341, 344, 361, 423, 424, 432, 433, 441, 442, 456, 473 à 475, 488, 498, 512 à 515, 520, 521, 529 à 531, 536, 537, 549. — III, 8*, 15, 40, 49, 57, 66 à 69, 73 à 76, 80, 81, 85, 87, 90, 95, 99, 100, 104, 114, 118, 119, 128, 133, 110*, 164, 165, 167, 179 à 164, 208.

MURAT (Caroline Bonaparte), grande-duchesse de Berg, puis reine de Naples. — II, 14 à 16, 147, 476, 488. — III, 8*.

MUSQUIZ (M.). — I, 370, 378.

N

NALET, intendant des vivres. — V, 551, 552, 554.

NAMICK PACHA, diplomate ottoman. — V, 59, 77, 95, 108.

NANSOUTY (Étienne Champion, comte de), général français. — I, 406*, 437

NAPIER (sir Charles), amiral anglais. — V, 199*, 201.

NAPLES (Léopold de Salerne, prince de). — III, 179*, 181.

NAPLES (Charles-Ferdinand de Capoue, prince de). — III, 387*, 390, 440. — IV, 4, 13, 14*, 15*, 16, 31, 39, 48, 55, 61, 70, 72, 79, 80, 121, 122. — V, 237.

NAPOLÉON Ier. — I, 94, 214, 255 à 263, 268 à 277, 280 à 321, 325 à 331, 333*, 339 à 344, 346, 351, 354, 355, 361, 363, 365 à 371, 373 à 382, 384 à 390, 393 à 405, 407, 408, 410 à 414, 420, 422 à 453. — II, 3 à 7, 8 à 14, 16 à 22, 24 à 30, 32 à 36, 43 à 51, 55, 58, 61 à 87, 93 à 97, 99 à 102, 104 à 106, 108, 110 à 117, 119 à 125, 129 à 167, 173, 174, 178, 203 à 205, 209 à 212, 226, 233, 251, 257 à 260, 262, 265, 268 à 271, 280, 284, 285, 288, 289, 296, 298, 299, 331, 352, 355, 361, 379, 382, 417, 418, 442, 446, 463, 475, 486, 497, 512, 515, 521, 522,

529, 530, 537, 566. — III, 22, 33, 35, 65, 72*, 98 à 101, 103, 106* à 108, 111, 112, 115 à 119, 121, 123, 127 à 129, 132, 134, 135, 139 à 145*, 149 à 156, 160 à 163, 166, 169 à 176, 180 à 183, 187, 201 à 203, 206, 207, 210, 212, 216, 223, 224, 228, 234, 250, 256, 263, 279, 288, 290, 297, 302 à 311, 317, 319 à 321, 345, 404, 427, 444, 458. — IV, 82, 140, 181, 206, 248, 321, 332, 378, 416, 445. — V, 235, 284, 457, 572,

NAPOLÉON II, roi de Rome, duc de Reichstadt. — II, 51, 74, 98, 162, 352, 424, 442. — III, 22, 63, 120, 125, 174, 183. — IV, 140, 170, 171.

NARBONNE-LARA (Louis, comte de), général et diplomate français. — 35*, 37, 45.

NARBONNE-LARA (Mademoiselle de Chalus, comtesse de). — I, 97*.

NASSAU-SIEGEN (Othon, prince de), vice-amiral russe. — I, 263*.

NASSAU (Guillaume, duc de). — V, 391.

NASSAU (Frédéric, prince de). — Voir PAYS-BAS.

NECKER, homme d'État français. — I, 30*, 48, 59, 60, 94, 98, 110, 111*, 113, 114, 121, 220. — IV, 351.

NEMOURS (Louis-Charles, duc de). — III, 386, 389, 411, 440, 443, 445, 464, 467, 468. — IV 3 à 6, 28, 39, 41 à 52, 55 à 59, 62, 67 à 70, 88, 198, 255, 263, 264, 331, 461, 464, 482 à 484, 490. — V, 50, 369, 502.

NESSELRODE (comte de), homme d'État russe. — I, 321. — II, 149, 151, 152, 162, 163, 166, 258 à 260, 278, 279, 292, 308, 320, 325, 335, 338, 345, 390, 408, 423, 430, 446, 449, 457, 465, 472, 479, 500, 520. — III, 113, 123, 162, 188, 363. — IV, 329. — V, 273, 301, 302, 319 à 325, 368.

NESSELRODE (Madame de). — IV, 249.

NEUFCHATEL (prince de). — Voir BERTHIER.

NEUKOMM (Sigismond), compositeur allemand. — III, 25*. — IV, 259.

NEUMANN (baron de), diplomate autrichien. — V, 102, 103*, 104, 128, 129, 134, 148, 439.

NEWTON. — I, 81, 83.

NEY prince de la Moskowa, duc d'Elchingen, maréchal de France. — II, 166, 326. — III, 150, 154, 251.

NICOLAÏ (Louis-Marie de), prélat français. — I, 25*.

NICOLAÏ (Aimar-Claude de), prélat français. — I, 25*.

NICOLAS 1er, empereur de Russie. — III, 357, 358, 363 à 368, 403, 455, 464, 465. — IV, 3, 51, 107, 323, 329, 351, 373, 375, 380*, 391, 392, 425, 435, 495. — V, 72, 91, 95, 100, 105, 117 à 119, 142, 163, 181, 184, 188, 204, 220, 224, 248, 263, 270, 271* à 274, 301, 316, 321, 323, 325.

NIVERNAIS (Louis-Jules Mancini-Mazarin, duc de), diplomate français. — I, 190*. — V, 519, 545.

NOAILLES (Louis-Marie, vicomte de), général français. — I, 209*

NOAILLES (Françoise de Talleyrand-Périgord, comtesse Just de). — II, 4*.

NOAILLES (Alexis, comte de), homme d'État français. — II, 208*, 419, 421, 424, 427, 443, 451, 473, 475, 476, 491, 507. — III, 24, 47*, 50, 113, 179, 184, 185, 212. — IV, 168*.

NOSTITZ-RIENECK (comte de), général prussien. — IV, 321*.

NOTHOMB (Jean-Baptiste), homme d'État belge. — IV, 215*.

NYON (M. de), officier français. — III, 127.

O

OCHS (Pierre), homme politique suisse. — I, 285*.

O'DONNEL (Charles comte), général autrichien. — V, 528*.

O'FARRIL (Don Gonzalo), général et homme d'État espagnol. — I, 369*, 370.

O'REILLY (Alexandre, comte), général espagnol. — V, 564*.

OFFALIA (Don Narcisco de Heredia, comte d'), homme d'État espagnol. — V, 67, 68*, 121.

OLAGUER. — I, 362, 369.

OLAZABAL (M. d'). — I, 372.

OLDENBOURG, prince de Lubeck, (Pierre-Frédéric, d'). — I, 416*.

OLDENBOURG (Pierre-Frédéric-Guillaume duc de Holstein). — II, 219, 221. — III, 35, 36*.

OLDENBOURG (Pierre-Frédéric-Georges, duc d'). — II, 353*.

OLDENBOURG (duchesse d'). — Voir CATHERINE PAULOWNA.

OMPTEDA (Louis-Charles-Georges, baron d'), homme d'État hanovrien. — V, 21*.

ORANGE (prince d'). — Voir GUILLAUME Ier et GUILLAUME II rois des Pays-Bas.

ORDENER (Michel), général français. — III, 309*, 315.

ORGAZ (le comte d'). — I, 334, 352, 353.

ORLÉANS (Philippe I, duc d'). — I, 166*, 178.

ORLÉANS (Louis-Philippe, duc d'). — I, 178, 197.

ORLÉANS (Louis-Philippe-Joseph, duc de Chartres, puis duc d'). — I, 49, 109, 145*, 146 à 152, 156 à 173, 175 à 180, 183, 187, 190 à 198, 200 à 204, 206 à 210, 213, 214*. — II, 155. — V, 582.

ORLÉANS (Ferdinand duc d'). — IV, 255*, 264, 305, 331, 458, 467, 476. — V, 50, 65, 140, 141, 145 à 147, 161, 164*, 165, 166, 170, 173, 174, 360, 475.

ORLÉANS (duc d'). — Voir LOUIS-PHILIPPE.

ORLÉANS (Louise de Bourbon-Penthièvre, duchesse de Chartres, puis duchesse d'). — I, 145*, 152, 163, 200, 202, 203, 205.

ORLOFF (Alexis Fœdorowitch, comte, puis prince), général et diplomate russe. — IV, 416*, 418, 420, 425, 427 à 430, 432, 433, 435, 437, 441, 450, 499. — V, 175, 188, 211.

ormesson (Henri Lefèvre d'), homme d'Etat français. — I, 55*.

orvilliers (Louis Guillouet, comte d'), marin français. — I, 166*.

osmond (M. d'), diplomate français. — III, 187*.

osmond (Antoine baron d'), prélat français. — II, 76*.

osmond de medavy (Charles), prélat français. — I, 49*.

oszarowski (comte Adam d'Alkantara), aide de camp de l'empereur Alexandre. — I, 414*.

othon de bavière, roi de Grèce. — III, 387*, 390, 437. — IV, 8*, 11, 13, 14, 34, 39, 41, 220, 426, 483, 484, 488. — V, 460, 461.

otrante (duc d'). Voir fouché.

otterstedt (le baron d'), ministre de Prusse à Berne. — V, 507.

otto, comte de Mosloy (Guillaume), diplomate français. — I, 282*. — II, 10.

oubril (M. d'), diplomate russe. — I, 305.

oudinot, duc de Reggio, maréchal de France. — I, 406. — II, 21, 326. — III, 153.

oultremont (M. d'). — III, 390.

ouvaroff (Théodore, comte), premier aide de camp général de l'empereur de Russie. — I, 414*.

ouvrard (Julien), financier français. — IV, 429*.

oxford (Édouard Harley, comte d'). — II, 504*, 513, 531.

P

pacca, cardinal italien. — II, 119.

paix (prince et princesse de la). — Voir godoi.

palissot de montenoy (Bernard), écrivain français. — V, 579*.

palmella (don Pedro de Souza-Holstein, comte, puis duc de), homme d'État portugais. — II, 317, 319, 324, 331, 334, 337, 400. — III, 27, 113. — IV, 310*. — V, 62, 63, 198, 199, 203, 205, 227, 235, 430.

palmerston (Henry John Temple, lord vicomte), homme d'État anglais. — III, 394*, 396, 401, 406 à 408, 414, 416, 418, 424, 426, 435, 437, 438, 466, 467. — IV, 19, 20, 24, 44, 56, 62 à 64, 76, 77, 79*, 85, 103, 104, 107, 108, 115, 117, 144, 149, 152, 153, 161, 188, 209, 211, 224, 225, 260, 261, 288, 289, 292, 361, 370, 393, 394, 400, 404, 418, 446, 472, 479, 480, 491, 493, 497, 498. — V, 5, 7, 18 à 25, 27, 30, 33, 34, 37 à 43, 46, 47, 51, 52, 56 à 61, 67, 70 à 72, 74, 81 à 85, 94 à 96, 99, 100, 103, 104, 108 à 116, 130, 136 à 142, 146 à 153, 159, 163, 167, 177 à 184, 187, 188, 197, 200, 205 à 207, 214 à 217, 227, 233 à 236, 240 à 243, 246, 250 à 252, 256, 257, 262, 264, 265, 293, 294, 298, 303, 304, 307, 317 à 321, 324 à 331, 336, 339, 340*, 342 à 344, 354, 358, 359, 362 à 367, 373 à 384, 393 à 404, 412, 413, 416 à 419, 422 à 430, 433 à 440, 443, 449, 452 à 454, 458 à 468, 472, 475, 494, 502, 505, 511.

PANCHAUD, banquier génevois. — I, 36*, 37, 58, 89.

PARKER (sir William), amiral anglais. — V, 254*, 430.

PASKIEWICZ (Ivan Fœdorowitch), feld-maréchal russe. — IV, 312*.

PASQUIER (Étienne-Denis, duc), homme d'État français. — III, 238*, 242. — IV, 33, 350, 388, 390. — V, 79, 100, 170.

PATKUL, gentilhomme livonien. — II, 399*.

PATRAT (Mademoiselle), actrice de la Comédie-Française. — I, 405.

PAUL Ier, empereur de Russie. — I, 264, 277, 278, 279. — III, 34, 35, 36*.

PAULINE (la princesse). — Voir BORGHÈSE.

PAYS-BAS (Guillaume-Charles-Frédéric), prince des). — III, 346*. — IV, 220, 320, 426.

PEDRO Ier, empereur du Brésil. — III, 344, 349*, 350. — IV, 215, 221, 235, 236, 249, 252, 273, 274, 293, 422*. — V, 62*, 63, 68, 73, 91 à 93, 103, 121, 186, 203 à 208, 211, 217, 227 à 238*, 241*, 243, 246 à 253, 256, 257, 263, 265, 278, 336, 338, 429, 430, 447*, 511.

PEDRO II, empereur du Brésil. — IV, 216.

PEEL (sir Robert), homme d'État anglais. — III, 376, 379, 395. — IV, 444*.

PEISSONEL, consul français. — I, 72.

PENN (William), fondateur de la Pensylvanie. — I, 234*.

PENTHIÈVRE (Louis de Bourbon, duc de). — I, 5*, 166.

PENUELAS, homme d'État espagnol. — I, 369, 370.

PÉPIN LE BREF, roi de France. — II, 47.

PÉRIER (Casimir), homme d'État français. — IV, 98*, 109, 110, 112, 115, 124 à 127, 130, 131, 134, 135, 139, 155, 167, 170, 179, 202, 203, 205, 239, 240, 244, 247, 248, 263, 269, 286, 294, 304, 308, 317, 320, 324, 325, 337, 339, 352 à 355, 367, 377, 379, 382, 385, 388, 396 à 398, 401, 405, 408, 418, 427 à 430, 433, 438*, 439, 443, 446 à 449, 452, 456 à 460, 465, 491. — V, 3, 10 à 12.

PÉRIER (Camille), homme politique français. — IV, 397*, 399 à 401, 406, 408, 410.

PÉRIER (Auguste-Casimir-Victor-Laurent), homme d'État français. — IV, 127, 239, 244, 246, 286, 309, 337, 354, 356, 430. — V, 396*, 415, 416.

PÉRIGORD (Marguerite de Talleyrand, comtesse de). — I, 5*.

PÉRIGORD (abbé de). — I, 35*, 93.

PÉRIGORD (comte et comtesse Edmond de). Voir DINO.

PÉRIGNON (Dominique, marquis), maréchal de France. — II, 15*.

PERREY, secrétaire de M. de Talleyrand. — II, 207.

PESCATORE, gouverneur civil du Luxembourg. — V, 56*.

PÉTION (Jérôme), maire de Paris. — I, 222*.

PETTY (lord Henry). — Voir LANSDOWNE.

PFEFFEL (Christian-Frédéric), diplomate français, passé ensuite au service du duc de Deux-Ponts. — V, 567*.

PFEFFEL DE KRIEGELSTEIN (Charles-Hubert, baron de), diplomate bavarois. — IV, 322*.

PHILIPPE LE BEL, roi de France. — II, 70.

PHILIPPE V, roi d'Espagne. — I, 382. — II, 11.

PICHEGRU (Charles), général français. — I, 266*, 292. — III, 303.

PIE VI, pape. — I, 93*, 264, 284. — II, 35, 37, 123.

PIE VII, pape. — I, 94, 284. — II, 34 à 36, 39 à 50, 55 à 58, 61, 66 à 69, 72 à 82, 84, 87 à 91, 93 à 95, 97, 100, 102 à 106, 110 à 123, 433, 475. — III, 264. — V, 482.

PIE VIII, pape. — III, 455.

PIERRE Ier, empereur de Russie. — I, 264.

PIERRE III, empereur de Russie. — I, 264. — III, 35, 36. — V, 542*.

PIETRO (Michel di), cardinal italien. — II, 77*, 119, 120.

PIOMBINO (prince de). — II, 240*, 243.

PIRÉ, général français. — III, 252.

PITT (William), homme d'État anglais. — I, 230*, 241, 283, 304.

PLAISANCE (duc de). — Voir LEBRUN.

PLINE. — I, 64.

PLUTARQUE. — I, 64.

POIX (Philippe de Noailles-Mouchy, prince de), lieutenant général. — I, 62*.

POLIGNAC (Auguste-Jules, prince de), homme d'Etat français. — III, 40*. — IV, 82. — V, 133, 136.

POLIGNAC (Gabrielle de Polastron, princesse de). — I, 59*, 60, 102.

POMMEREUIL. — III, 252.

POMPADOUR (Madame de). — I, 5. — V, 517 à 521, 529 à 533, 546, 548, 555, 556, 567, 584, 587.

PONIATOWSKI (Joseph prince) maréchal de France. — I, 311*, 313.

PONSONBY (Jean, vicomte), diplomate anglais. — III, 420*, 421, 438, 443. — IV, 11, 12, 24, 40, 41, 53, 62, 64, 68, 69, 77, 81, 85*, 86, 91, 99, 181 à 184, 186, 188 à 190, 193 à 201, 204, 205, 208*, 209 à 214, 484, 490. — V, 113*, 125, 162, 164, 166, 175, 179, 187, 188, 200, 210 à 213, 216, 226, 265, 304, 357, 431, 434, 493.

PONSONBY (Frédéric), colonel anglais. — II, 145.

PONT (comte de). — I, 150.

PONT DE VEYLE (Antoine de Ferriol, comte de). — V, 517*.

PONTÉCOULANT (comte de), pair de France. — III, 252, 354.

PONZA (Carlos). — Voir NAPIER.

PORTALIS (Joseph, comte), magistrat et homme d'Etat français. — II, 75*.

POTOCKI (Alexandre), gentilhomme polonais, — I, 310.

POTTER (Louis-Joseph-Antoine de), publiciste et homme politique belge. — III, 385*.

POZZO DI BORGO (Charles-André, comte), général et diplomate russe. — II, 213*, 260, 355, 378, 511. — III, 4, 5, 14, 23, 32, 48, 55, 72, 76, 86, 98, 107, 139, 147, 148, 164, 227, 239, 242, 348, 358, 368, 415, 419, 457, 458, 465. — IV, 74, 269, 325, 379, 349, 420, 421, 495. — V, 41, 48, 77, 91*, 97, 98, 101, 105, 131, 138, 178, 183, 273, 275, 323, 326, 393, 398, 432, 436, 500.

PRADA (Don Benito Arias de), alcade de la cour d'Espagne. — I, 352.

PRADEL (comte de), ministre de la maison du roi. — III, 243.

PRADT (Dominique Dufour de), prélat français. — I, 373*. — II, 108, 135, 258, 259.

PRASLIN (César de Choiseul, duc de), homme d'Etat français. — V, 530*, 559, 565, 583, 584.

PRASLIN (duc de), pair de France. — III, 252.

PREFONTAINE (M. Brûletout de). — V, 579*.

PRÉVAL. — I, 165.

PRICE (Richard), philosophe anglais. — I, 226*.

PRIESTLEY (Joseph), savant anglais. — I, 226*,

PRUSSE (prince Guillaume de). — I, 419*.

PRUSSE (prince Henri de). — I, 62*.

PUYSIEUX (Louis Brûlart, marquis de), ministre d'État. — I, 163*.

PUYSIEUX (marquise de). — I, 163.

Q

QUELEN (Hyacinthe, comte de), prélat français. — V, 482.

QUESADA, général espagnol. — — V, 393, 396.

QUESTEMBERG (comtesse de). — V, 527.

R

RABELAIS. — I, 81.

RACINE. — I, 444.

RADET (Etienne, baron), général français. — II, 50*.

RADETZKY, général autrichien. — III, 98*.

RADZIWILL (Antoine-Henry, prince de). — III, 71*.

RAGUSE (duc de). — Voir MARMONT.

RAMPON (comte). — III, 252.

RASUMOFFSKI (André, comte de), diplomate russe. — II, 409* 446, 539, 548, 554. — III, 113.

RAUCOURT (Mademoiselle), actrice de la Comédie-Française. I, — 405*. — III, 51*.

RAVEZ (Simon), homme politique français. — II, 143*.

RAYMOND, aide de camp de Barras. — I, 251.

RAYNAL (l'abbé Guillaume-Thomas). — I, 71*, 85.

RAYNEVAL (François-Maximilien Gerard, comte de), diplomate français. — IV, 96*. — V, 73, 93, 94, 98*, 100, 104, 105, 120, 123, 140, 237*, 240, 242, 244,

249, 251, 261, 262*, 265, 336, 390, 398, 416, 421, 424 à 426, 479, 510.

RÉAL (Pierre-François, comte), préfet de police. — III, 252 307*, 310, 311.

RECHBERG (Joseph, comte de), général et diplomate bavarois. — III, 248*.

REGGIO (duc de). Voir OUDINOT.

REGNAULD de Saint-Jean d'Angély. — III, 252.

RÉGNIER duc de Massa (Claude-Ambroise), grand juge et ministre de la justice. — III, 303*, 304, 310.

REICH (baronne de). — III, 307, 309*.

REINHARD (Charles-Frédéric, comte), diplomate français. — II, 25*, 482*.

RÉMUSAT (Auguste, comte de), préfet du palais. — I, 295*, 401 à 404, 427.

RÉMUSAT (François-Marie-Charles, comte de), homme d'État français. — IV, 458*.

RÉMUSAT (Madame de). — IV, 458, 460.

RENAUDES (Martial Borge des), homme politique français. — I, 51*.

REPECAUD, colonel français. — IV, 194.

REPNIN (Nicolas, prince), général russe. — II, 453*, 468, 471, 472, 476, 482.

RETZ, cardinal français. — I, 19, 147.

REUSS (comte de). — I, 419.

REUSS XLI (prince de). — I, 418.

REUSS-EBERSDORFF (prince de), — I, 417*.

REUSS-GREIZ (prince de). — I, 417*.

REUSS-LOBENSTEIN (prince de) — I, 417*.

REUSS-SCHLEIZ (prince de). — I, 417*.

RÉVEILLON, fabricant de papier peint. — I, 208*.

REYNIÈRE (Suzanne de Jarente de la). — I, 43*, 60.

REZENDE (le marquis de). — V, 254, 255.

RICARD (Étienne), général français. — II, 558*. — III, 12, 13, 41, 55, 64, 76, 131.

RICCÉ (M. de). — I, 248.

RICHELIEU (le cardinal de). — I, 4, 19, 33, 65, 116.

RICHELIEU (Armand-Duplessis, duc de), maréchal de France. — V, 549*, 552, 554, 556.

RICHELIEU (Armand du Plessis, duc de), homme d'État français. — II, 511*, 536, 567. — III, 239 à 243, 298. — IV, 133.

RICHMOND (Charles, duc de), homme d'État anglais. — III, 394*, 398. — V, 412, 446.

RIGNY (Henry-Gauthier, comte de), amiral et homme d'État français. — IV, 73*, 83, 95, 449, 494. — V, 9, 44, 346, 352 à 354, 358, 360, 362, 366, 368 à 372, 374, 376, 385, 391, 393, 395, 396, 398 à 400, 402, 404, 408, 409, 411 à 413, 415, 418, 420, 421, 424, 427, 432, 433, 435, 439, 442, 444, 447, 449, 450, 452, 455, 458, 461, 462, 465, 466, 469, 471, 472.

RILLET, banquier. — I, 56.

RIPON. — Voir GODERICH.

RIVIÈRE (Charles-François de Riffardeau, duc de). — III, 14*.

ROBBÉ DE BEAUVESET (Pierre), écrivain français. — V, 550*.

ROBECQ (Anne de Montmorency Luxembourg, princesse de). — V, 530*.

ROBECQ (Madame de). — I, 107.

ROBESPIERRE. — I, 215. — III, 8.

ROCHE-AYMON (Charles-Antoine, comte de la), prélat français. — I, 18*, 23, 32.

ROCHECHOUART (comte de). — I, 50.

ROCHEFOUCAULD (Dominique de la), prélat français. — I, 31*.

ROCHEFOUCAULD (Louis-Alexandre, duc de la Roche-Guyon et de la), député aux États généraux. — I, 215, 222*.

ROCHEFOUCAULD, duc de Liancourt (François, de la), grand maître de la garde-robe. — I, 47*, 60, 160, 247.

ROCHEFOUCAULD (Polydore, comte de la), diplomate français. — III, 468*.

ROCHEFOUCAULD (Hyppolyte, comte de la), diplomate français. — III, 456*.

ROCHEFOUCAULD-SURGÈRE (vicomte Jean-François de la). — Voir SURGÈRE.

ROCHEJAQUELEIN (Louis du Vergier, marquis de la), maréchal de camp. — II, 141*.

ROCHEJAQUELEIN (Henry, marquis de la), homme politique français. — IV, 429*.

RODENBACH (Alexandre de), homme politique belge. — IV, 494*.

RODIL, général espagnol. — V, 393, 420, 430, 462, 464*.

RODOLPHE DE HABSBOURG. — II, 9.

ROGIER (Firmin), diplomate belge. — IV, 25*.

ROHAN (Louis-René, prince de), cardinal français. — III, 427.

ROHAN (Victor, prince de), grand chambellan. — III, 143*, 145.

ROHAN (Louis de). — IV, 322.

ROHAN-GUEMÉNÉ, duc de Montbazon et de Bouillon (Charles-Alain-Gabriel, prince de). — III, 47, 48*, 103, 104, 125.

ROHAN-GUEMÉNÉ (Ferdinand Meriadec, prince de), prélat français. — I, 27*.

ROMANS (Mademoiselle de). — I, 50*.

ROMANZOFF (Nicolas, comte de), homme d'État russe. — I, 396*, 397 à 399, 413, 414, 423, 433, 447, 448, 453.

ROMARINO, général polonais. — IV, 312*.

ROMILLY (Samuel), jurisconsulte anglais. — I, 226*.

ROSARI (Giovanni), professeur et homme politique italien. — II, 549*.

ROTHSCHILD. — III, 546. — IV, 105, 385.

ROUEN (le baron), diplomate français. — III, 26*. — V, 431*

ROUILLÉ, comte de Jouy (Antoine), homme d'État français. — V, 519*, 521, 522.

ROUSSEL-D'URBAL (Nicolas-François), général français. — III, 111*.

ROUSSIN (Albin Reine, baron), amiral et diplomate français. — IV, 224*. — V, 134*, 137, 138, 148, 149, 152, 154, 163, 175, 179, 181, 188, 200, 210, 211, 213, 265, 357*, 402, 434 à 436, 493, 504.

ROUX-LABORIE (Antoine), secrétaire général du gouvernement provisoire. — III, 320*.

ROVERELLA, cardinal italien. — II, 109.

ROVIGO (duc de). — Voir SAVARY. — III, 319.

RUFFO (Fabrice-Denis), cardinal italien. — II, 109*.

RUFFO (le commandeur), diplomate napolitain. — II, 294. — III, 181*, 185.

RULHIÈRE (Claude), écrivain français. — I, 37*, 45, 53. — V, 543.

RUMIGNY (Marie-Théodore de Gueulluy, comte de), général français. — IV, 111*.

RUMIGNY (de), diplomate français. — IV, 322*. — V, 75, 432*, 433, 507, 508.

RUSSEL (lord John), homme d'État anglais. — IV, 98*. — V, 409 à 411.

RUSSEL (lord William), diplomate anglais. — V, 205, 214, 215, 227, 228, 232, 234, 235, 241, 247, 251 à 253, 257, 511.

S

SABATIER DE CABRE (l'abbé), conseiller au parlement. — I, 92*, 179, 190, 191, 194, 195, 197.

SAGAN (Catherine-Wilhelmine de Courlande, duchesse de). — II, 336*.

SAINT-AUBIN (Mademoiselle de). — Voir GENLIS.

SAINT-BLANCARD (Charles de Gontaut, marquis de). — I, 62*) 160.

SAINT-CRICQ (M. de), homme politique français. — V, 190.

SAINT-GENIS (Nicolas de), auditeur à la cour des comptes. — I, 28*, 105, 106.

SAINT-GERMAIN (Claude-Louis, comte de), ministre de la guerre. — I, 121*.

SAINT-LAURENT (Louis), général français. — I, 406*.

SAINT-LEU (duchesse de). — Voir HORTENSE.

SAINT-LOUIS. — Voir LOUIS IX.

SAINT-MARS, traducteur aux affaires étrangères. — III, 26*.

SAINT-MARSAN (Antoine Asinari, marquis de), diplomate et homme d'État italien. — II, 333, 433*, 447, 449, 512. — III, 107, 109, 185.

SAINT-PIERRE (Charles Castel, abbé de). — V, 539*.

SAINT-PRIX, acteur de la Comédie-Française. — I, 404*, 405, 432.

SAINT-SIMON (de). — II, 145.

SAINT-SIMON (marquis de), diplomate français. — V, 276*.

SAINT-VINCENT (Robert de), conseiller au parlement. — I, 188*.

SAINT-VINCENT (de). — III, 252.

SAINTE-AULAIRE (Louis-Clair de Beaupoil, comte de), diplomate français. — IV, 139*, 245, 449. — V, 180, 182, 209, 224, 263, 300*, 302*, 304, 306, 308, 403, 432, 479, 499, 509, 510.

SAINTE-AULAIRE (M. de), diplomate français. — IV, 419.

SAINTE-FOY, agent diplomatique. — I, 58*.

SALDANHA DE GAMA (Antoine), diplomate portugais. — III, 113.

SALDANHA OLIVEIRA È DAUN (Joao-Carlos, duc de), maréchal et diplomate portugais. — V, 208*, 248, 317*, 318.

SALES (comte de), diplomate sarde. — V, 432.

SALIERI (Antonio), compositeur italien. — III, 25*.

SALM-KYRBOURG (Frédéric V, prince de). — II, 220*

SALM-REIFERSCHEID-DYCK (Joseph, comte, puis prince de). — I, 419*.

SALM-SALM (Constantin-Alexandre, prince de). — II, 220*.

SALVERTE (Anne-Joseph-Eusèbe Baconnière), homme politique français. — IV, 169*, 269.

SAMPAYO (M. de), consul général de dom Miguel, à Londres. — V, 429.

SAN-CARLOS (don Joseph Michel de Carvajal, duc de), homme d'État espagnol. — I, 362*, 370, 374, 375, 377, 386, 387.

SAPIEHA (Alexandre, prince), chambellan de l'empereur Napoléon. — I, 402*.

SARAIVA (M. de), ministre de dom Miguel, à Londres. — V, 429.

SARMENTO (M. de), diplomate portugais. — V, 359*, 363, 367, 379, 380, 384, 414, 441, 468, 469, 471, 511.

SAUNIER (Mademoiselle), femme de chambre de la princesse du Chalais. — I, 11.

SAVARY, duc de Rovigo (René), général français. — I, 366*, 367, 370 à 372, 378, 405. — II, 135, 150. — III, 251, 301 à 303, 310, 316, 318, 319. — IV, 206.

SAXE (Maurice, comte de), maréchal de France. — I, 261.

SAXE (Antoine, prince de). — II, 342*, 397.

SAXE (Marie-Thérèse-Josephe, archiduchesse d'Autriche, princesse Antoine de). — II, 342*.

SAXE-COBOURG (Ferdinand-Charles-Auguste, duc de). — II, 522*.

SAXE-COBOURG (Léopold, duc de). — Voir LÉOPOLD.

SAXE-COBOURG (Julie-Henriette-Ulrique, princesse de), grande-duchesse de Russie. — II, 522*.

SAXE-COBOURG-SAAFELD (Ernest-Antoine, duc de). — II, 522*, 523, 524, 536. — III, 35.

SAXE-GOTHA (Auguste, duc de). — I, 415*.

SAXE-HILDBURGHAUSEN (Joseph, prince de), feld-maréchal autrichien. — V, 524*.

AXE-HILDBURGHAUSEN (duchesse de). — I, 417*.

SAXE-TESCHEN (Albert, duc de), feld-maréchal autrichien. III, 93*.

SAXE-WEIMAR (Charles-Auguste, grand-duc de). — I, 416*, 427*, 523*.

SAXE-WEIMAR (Charles-Frédéric, prince héréditaire de). — I, 246, 416*.

SAXE-WEIMAR (duchesse de). — I, 427, 441, 466.

SCHILLER. — I. 426.

SCHIMMELPENNINCK (Roger-Jean, comte), homme d'État hollandais. — II, 18*, 19.

SCHNEIDER, général français. — IV, 184*.

SCHÖNBERG (M. de). — I, 415.

SCHOUWALOFF (Paul, comte), général russe. — I, 414*.

SCHRAMM (Jean-Paul-Adam, comte), général français. — V, 66*.

SCHRAUT (de), ministre d'Autriche en Suisse. — III, 128.

SCHRÖDER (M. de), diplomate russe, — I, 414.

SCHULENBURG (Frédéric-Albert, comte de), diplomate saxon. — II, 304*, 313, 354, 381, 410, 454.

SCHWARZBURG-RUDOLSTADT (prince de). — I, 417*.

SCHWARZENBERG (prince de), feld-maréchal autrichien. — II, 150, 162, 178, 260, 428, 465, 466, 490. — III, 21, 31, 86, 100, 101, 120, 124, 181, 227.

SCHWARZENBERG (Félix-Louis-Jean-Frédéric, prince de), général et homme d'État autrichien. — V, 204*,

SÉBASTIANI (Horace, comte), maréchal et homme d'État français. — I, 399*. — III, 398, 410 à 412, 419, 423, 425, 426, 429, 437, 439, 443, 462, 468. — IV, 6, 7, 8, 10, 14, 18, 21, 25*, 28, 29, 35, 43, 45, 53, 56, 59 à 64, 67, 68, 72, 74, 77, 79, 81, 83, 87, 89, 91, 92, 95, 98, 100, 102, 107, 110, 111, 115, 118, 120, 123, 125, 131, 134 à 137, 141, 149, 152, 155 à 161, 165, 167, 170, 181, 186, 188, 190 à 196, 200, 202, 203*, 205 à 207, 213, 217 à 224, 227, 229*, 230, 234, 237 à 241, 246, 265, 280, 283, 289, 293, 294, 297, 304, 309, 311, 319, 325, 332, 340, 346, 362 à 364, 367, 372*, 374, 377, 379, 382, 384, 385, 387, 395, 396, 405, 411, 430 438, 446 à 448, 456, 458, 461 à 463, 470, 484, 491, 495. — V, 4, 22, 345 à 348.

SÉBASTIANI (Jean-André Tiburce, vicomte), diplomate français. — IV, 170*.

SÉGUIN, trésorier du duc d'Orléans. — I, 166.

SÉGUR (Philippe-Henry, marquis de), maréchal de France. — I, 120*.

SÉGUR (comte de), grand-maître, des cérémonies de la cour impériale. — III, 252.

SÉLIM, sultan ottoman. — I, 262.

SÉMÉLÉ (baron de), général français. — III, 110*.

SÉMONVILLE (Charles-Louis Huguet, marquis de), grand référendaire de la cour des pairs. — I, 174*. — II, 173. — IV, 33, 169*, 330,

SÉMONVILLE (Mademoiselle de Rostain, comtesse de Montholon puis marquise de). — I, 174*,

SENAC DE MEILHAN. — Voir MEILHAN.

SERS, diplomate français. — III, 26.

SÉVIGNÉ (Madame de). — I, 66.

SHEIL (Richard Lalor).— V, 339*.

SHELDON. — I, 160.

SICKINGEN (comte de). — II, 287*, 410, 411, 467, 546. — III, 32.

SIDMOUTH. — Voir ADDINGTON.

SIEYÈS (l'abbé Emmanuel-Joseph), homme politique français. — I, 116*, 209 à 213, 269, 273.

SILHOUETTE (Étienne), contrôleur général. — V, 582*.

SILLERY (Madame de). — Voir GENLIS.

SIMÉON (Joseph-Jérôme, comte), homme d'État français. — II, 23*, 24.

SIMIANE (Adélaïde de Damas, comtesse de). — I, 61*.

SIX, homme politique hollandais. — II, 20.

SIXTE-QUINT, pape. — II, 70, 71.

SKINAS, diplomate grec. — V, 330, 331.

SMITH (Robert). — I, 226.

SMITH. — I, 239.

SOBIESKI (Jean), roi de Pologne. — I, 312.

SOLANO, marquis del Socorro, (don Francisco), général espagnol. — I, 353*.

SOLAR, homme d'État espagnol, — I, 359.

SOLAR DE BREILLE (Ignace, bailli de), diplomate sarde. — V. V, 535*, 545, 546.

SOLIGNAC, général français au service du Portugal. — V, 122*.

SOLLES (Irénée-Yves, baron de) — Voir DESSOLLES.

SONGEON (Jean-Marie), général français. — III, 127*.

SONTAG, diplomate français. — V, 396*.

SOPHIE DE BOURBON (Madame). — V, 589.

SOPHIE-DOROTHÉE, impératrice de Russie. — III, 71.

SOUBISE (Charles de Rohan, prince de), maréchal de France. — I, 60*. — V, 524, 525, 530, 533.

SOULT, duc de Dalmatie, maréchal de France. — I, 405. — II, 31, 32, 139, 326, 502, 505, 558, 559. — III, 47, 151*, 252, 335. — IV, 33, 97, 206, 305, 312*, 463*. — V, 6, 132*, 347, 350, 448*, 450.

SOURCHES (Louis-François du Bouchet, comte de), grand prévôt de France. — I, 5*.

SOUTZA (prince), diplomate grec. — IV, 245*.

SOUZA-BOTHELO (José, marquis de), diplomate portugais. — I, 248*.

SOUZA (Madame de). — Voir FLAHAUT.

SPERANSKY (M.). — I, 414.

SPINA (Joseph, comte), cardinal italien. — II, 103*.

SPRENGTPORTEN (Joram, baron de), général suédois. — I, 278*.

SPRING RICE, baron Monteagle, (Thomas), homme d'État anglais. — V, 419°.

STACKELBERG (Gustave, comte de), diplomate russe. — II, 409*. — III, 113.

STADION (Jean-Philippe-Joseph-Charles, comte de), homme d'État autrichien. — II, 151*, 258, 259, 307, 428.

STAEL (Anne-Louise Necker, baronne de). — I, 61*, 250, 252, 259.

STAHREMBERG (George-Adam, prince de), diplomate autrichien. — V, 522*, 529, 567.

STAINVILLE (Etienne-François, duc de). — Voir CHOISEUL STAINVILLE.

STAINVILLE (comte de), diplomate autrichien. — V, 515, 516.

STALA (l'abbé), bibliothécaire de San Isidro. — I, 334.

STANISLAS II, roi de Pologne. — II, 392*.

STANLEY (M.). — V, 535.

STANLEY, comte de Derby (Edouard-Geoffroy-Smith). — V, 339*, 410 à 412, 446.

STASSART (baron de), administrateur français, puis président du Sénat de Belgique. — III, 182*. — IV, 25*.

STEIN (Charles, baron de), homme d'État prussien. — II, 405*, 442, 453, 500, 541.

STEPHANIE. — Voir BADE.

STEWART (lord). — II, 545. — Voir LONDONDERRY.

STOCKMAR (Charles-Frédéric, baron de), médecin et conseiller de la reine Victoria. — IV, 328*.

STROGONOFF (Grégoire-Alexandrowitch, comte), diplomate russe. — I, 358*.

STUART DE ROTHESAY (lord), diplomate anglais. — III, 340, 450, 452, 456, 457. — V, 137, 282.

STUDNITZ (M. de). — I, 416.

SUARD (Jean-Baptiste), écrivain français. — I, 435*.

SUCHET duc d'Albuféra, maréchal de France. — I, 406. — II, 29*. — III, 252.

SUCHTELEN (Jean-Pierre, comte de), général et diplomate russe. — V, 334*.

SUÉTONE. — I, 64, 444.

SURGÈRE (Jean-François de la Rochefoucauld, comte de). — I, 61*.

SURLET DE CHOKIER (baron), régent de Belgique. — III, 388*. — IV, 102, 111*, 116, 120, 121, 237, 252.

SUZE (Louis-Michel Chamillard, comte de la), grand maréchal des logis de la maison du roi. — I, 15*, 17. — V, 555.

SUZE (comte de la). — I, 15*, 16.

SYLLA. — I, 432.

T

TACITE. — I, 427, 437, 442 à 446.

TAGLIATZI, actrice de l'opéra de Vienne. — V, 528.

TALLEYRAND-PÉRIGORD prince de Bénévent (Charles-Maurice, prince de). — I, 3* et passim.

TALLEYRAND-PÉRIGORD (Alexandre de), prélat français. — I, 18*, 23, 260. — II, 39*, 170. — III, 141*.

TALLEYRAND-PÉRIGORD (Charles-Daniel de), lieutenant général menin du dauphin. — I, 6.

TALLEYRAND (Louis, baron de), diplomate français. — I, 104*.

TALLEYRAND (Alexandre-Daniel, baron de), diplomate et pair de France. — III, 178*.

TALLEYRAND (Auguste, comte de), diplomate français. — III, 108*, 110, 113, 123*, 190.

TALLEYRAND-PÉRIGORD (Alexandrine-Marie-Victoire-Éléonore de Damas, comtesse de). — I, 44.

TALLEYRAND (Marie-Elisabeth Chamillard, marquise de). — I, 6.

TALLEYRAND (baronne de). — II, 295.

TALMA, acteur de la Comédie-Française. — I, 405, 430. — II, 300.

TALMA (Madame), actrice de la Comédie-Française. — I, 405.

TALMONT (Marie-Louise Jablonowska, princesse de). — V, 555*.

TANDEAU (l'abbé), conseiller au parlement. — I, 186, 187.

TARENTE (duc de). — Voir MACDONALD.

TATITSCHEFF, ambassadeur de Russie à Vienne, — V, 302*.

TAUBE (comte de). — I, 419.

TAVANNES (Charles, comte de Saulx), lieutenant-général, chevalier d'honneur de la reine. — I, 5*.

TAYLOR (sir Brook), diplomate anglais. — IV, 117.

TELLES-JORDAO, général portugais. — V, 207, 217.

TELLIER, diplomate français. — IV, 134, 136, 391, 394.

TERCEIRA (duc de). Voir VILLAFLOR.

TÉRENCE, poète latin. — I, 64.

TERRAY (Joseph), contrôleur général. — I, 186*. — V, 557, 559, 560.

TESTE (Jean-Baptiste), homme d'État et magistrat français. — IV, 330*.

THÉMINES (Alexandre de Lauzières de), prélat français. — I, 32*, 207.

THÉVENOT. — Voir MORANDE.

THIARD (Henry, comte de), lieutenant général. — V, 550*.

THIBAUDEAU, homme politique et administrateur français. — III, 252.

THIELMANN, général saxon. — I, 415. — II, 362*.

THIERS (Adolphe), homme d'État français. — IV, 33, 110. — V, 10, 191, 253, 448.

THOMASSIN (Louis de), oratorien. — II, 41*.

THORN (de), homme politique belge. — IV, 455*, 479*.

THÜMMEL (baron de). — I, 416.

TIBÈRE, empereur romain. — I, 444.

TILLEMANS (Jean-François), jurisconsulte et homme politique belge. — III, 385*.

TINSEAU (Jean-Antoine), prélat français. — I, 27*.

TITE-LIVE, historien latin. — I, 444.

TOLSTOÏ (Pierre, comte de), général et diplomate russe. — I, 394*, 395, 414.

TOLSTOÏ (le comte), grand maréchal de la cour de Russie. — I, 414.

TORENO (José-Maria Queipo è Llano, comte de), homme d'État espagnol. — V, 426*, 450, 464.

TORRÈS (don Sébastien de). — I, 352.

TOUR DU PIN GOUVERNET (Frédéric, marquis de la) diplomate français. — II, 208*, 400, 520, 535. — III, 19, 113, 128, 187, 212.

TOUR DU PIN (Louis, comte de la), maréchal de camp. — V, 550*.

TOUR DU PIN (Philippe, marquis de la), lieutenant général. — V, 550*.

TOUR ET TAXIS (Charles-Alexandre, prince de la), grand maître des postes impériales. — I, 417*.

TOUR ET TAXIS (Thérèse de Mecklembourg-Strélitz, princesse de la). — I, 417*, 424, 432 à 434, 437, 449, 450.

TRAUTMANSDORF (prince de), conseiller d'Etat et grand chambellan de l'empereur d'Autriche. — II, 328*, 488.

TRAVANET. — I, 60.

TREILHARD, membre du Directoire. — I, 269.

TRÉVISE. — Voir MORTIER.

TRICOUPIS (Spiridion), homme d'Etat grec. — V, 317*, 460, 461.

TRIDENT, maître de poste à Kehl. — III, 304.

TROUBETZKOI (prince). — I, 414.

TRUCHSESS (comte de). — I, 419.

TRUCHSESS (Madame de). — II, 25.

TRUDAINE DE MONTIGNY (Ch. de), intendant général des finances. — I, 107*.

TUDO (Dona Josefa). — I, 355*.

TURGOT baron de l'Aulne, (Jacques), contrôleur général. — I, 42*, 87, 106.

TURGOT, marquis de Cosmont, (Le chevalier Etienne), gouverneur de la Guyane. — V, 581*.

TYSYKIEWICZ ou TIETZKIEWICZ (princesse Vincent). — I, 313. — V, 478*.

V

VAINES (Madame J. de). — I, 47*.

VALENCE (comte de), général français. — III, 234, 252, 445.

VALETTE (de la), grand maître de l'ordre de Malte. — I, 277, 278*.

VANDAMME, général français. — III, 252.

VAN DER NOOT (Henri-Charles-Nicolas), homme politique belge. — III, 384*.

VAN DE WEYER (Sylvain), diplomate belge. — III, 438, 463, 464, 468. — IV, 12, 52, 68, 106, 288, 342, 375, 409, 469, 473, 479, 490, 498. — V, 166, 184, 194, 416, 500.

VAN EUPEN (l'abbé). — I, 384*.

VAN PRAET (Jules), homme d'État belge. — IV, 192*, 193.

VAN STYRUM. — II, 20.

VARENNES, acteur de la Comédie-Française. — I, 405.

VARENNES (M. de), diplomate français. — V. 126*.

VATOUT (Jean), homme politique français. — IV, 111*.

VAUDÉMONT (princesse de), — III, 448, 449, 456 à 458. — IV, 105, 295, 296, 307, 310, 313, 325, 327, 332, 340 à 345, 352, 356, 358, 382, 384, 387, 388, 390, 394, 395, 404 à 406, 410, 412, 420 à 422, 425 à 429, 432, 435, 437, 440 à 442, 445 à 447, 450 à 453, 456 à 460, 464, 467, 469, 476 à 478, 494, 499. — V, 22, 32, 48, 52, 53, 75, 76, 79, 80, 101, 123.

VAUDREUIL (Joseph de Rigaud, comte de), pair de France. — I, 47*, 60, 103, 104.

VAUDREUIL (Victor-Louis Rigaud, vicomte de), diplomate français. — III, 335*.

VAUGUYON (Antoine-Paul-Jacques de Quelen, duc de la), gouverneur des enfants de France. — 579*.

VAULABELLE (de), historien français. — II, 163.

VAUPALLIÈRE (M. de la). — I, 60.

VENNINGEN (Madame de). — I, 418.

VERDIER, général français. — I, 370, 371.

VERGENNES (Charles-Gravier, comte de), homme d'État français. — I, 40*, 97, 99, 101 à 103, 440.

VERHUEL (de), ministre de Hollande à Madrid). — I, 361.*

VERHUELL, comte de Sevenaar (Charles-Henri), amiral hollandais passé au service de la France. — II. 19*, 20.

VERMOND (l'abbé Mathieu de). — I, 95*.

VERNÈGUES (de), chevalier. — II, 439.

VERSTOLCK VAN SOELEN (Jean Gilbert), diplomate hollandais. — V, I 261*. — V, 194, 198, 329.

VERTEUIL (M. de), gentilhomme du Périgord. — I, 10.

VESMERANGES (de), intendant des postes. — I, 107*.

VIAL, (diplomate espagnol.) — V, 256.

VIANES (M. de). — I, 60.

VICENCE (duc de). — Voir CAULAINCOURT.

VICQ D'AZYR (Félix), premier médecin de la reine Marie-Antoinette. — I, 135*.

VICTOIRE DE BOURBON (Madame). — V, 589.

VICTOR-EMMANUEL Ier, roi de Sardaigne. — II, 34, 203, 204, 227, 228, 232, 254, 446, 450, 452, 537*. — III, 100, 207.

VIGURI (don Luis), intendant de l'armée espagnole. — I, 334.

VILLAFLOR duc de Terceira, général portugais. — IV, 274*. — V, 198, 199, 205, 207, 208, 217, 218, 227, 235, 318.

VILLAIN XIV (Charles-Hippolyte), diplomate belge. — IV, 148*.

VILLARS (Gabrielle de Noailles, duchesse de). — I, 5*.

VILLE (l'abbé Jean Ignace de la). — V, 560*, 561, 562, 565.

VILLÈLE (Joseph de), homme d'État français. — III, 316, 318, 319.

VILLENA (don Juan Manuel de), premier écuyer du prince des Asturies. — I, 339, 352, 353.

VILLENEUVE (Alexandre-Louis Ducrest de), amiral français. — V, 43*, 44, 48.

VILLIERS, comte de Clarendon, (Georges-William-Frédéric), diplomate anglais. — V, 244*, 245, 262, 263, 265, 359, 418, 421, 424, 425, 464, 510.

VINCENT (Charles, baron de), diplomate autrichien. — I, 313*, 424, 425, 432, 433, 437, 438, 447, 449. — II, 485*, 559. — III, 88, 89, 141, 180, 182, 227, 228*.

VITROLLES (Eugène d'Arnaud, baron de), homme politique français. — I, 138*, 139. — II, 146, 148, 149, 151, 152, 169, 257 à 260.

VOLTAIRE. — I, 66, 83, 146, 435. — V, 384, 385.

VOYER (Marc-René, marquis de), lieutenant-général. — I, 152*, 153 à 156.

W

WALDECK (prince de). — I, 417.

WALEWSKA (comtesse Anastase). — I, 312.

WANGENHEIM (baron de). — I, 416.

WASA (prince de), prince royal de Suède et feld-maréchal autrichien. — III, 15*.

WASA-SIVIETEN, médecin de la cour d'Autriche. — V, 528.

WASHINGTON. — I, 238. — II, 264.

WALTERSTORFF (Ernest-Frédéric de), général et diplomate danois. — III, 182*.

WARD (Henry-Georges), homme politique et diplomate anglais. — V, 410*, 411.

WATTEVILLE (Nicolas-Rodolphe de), homme d'État suisse. — III, 102*.

WEISSE (M. de). — I, 417.

WELLESLEY (marquis de), homme d'État anglais. — III, 460*.

WELLESLEY POOLE (William), homme d'État anglais. — III, 148*.

WELLINGTON (Arthur Colley Wellesley, duc de). — II, 30 à 32, 138 à 145, 147, 150, 289, 290, 356, 381, 399, 435* à 438, 472, 484 à 486, 493, 503, 517. — III, 39*, 41, 45, 47 à 49, 51 à 54, 57, 59, 67, 68, 73, 76, 80, 81, 84, 99 à 101, 104 à 106, 113, 118, 120, 121, 123, 124, 126, 135, 139, 144, 145, 147, 148, 165, 167, 172, 178, 182, 222, 228, 233, 234, 236 à 239, 273 à 275, 277, 331, 336, 343, 347, 348, 351, 353, 354, 356, 359, 361, 363, 364, 366, 373, 376 à 378, 391, 393 à 395, 406, 449 à 460. — IV, 313 à 315, 317*, 333, 358, 410, 453, 456. — V, 186, 201, 282, 479*.

WERTHER (baron de), diplomate prussien. — IV, 325*. — V, 44, 144, 273, 275, 436, 487, 499.

WESSENBERG-AMPFINGEN (Jean Philippe, baron de), diplomate et homme d'État autrichien. — II, 400*, 551, 539, 548. — III, 113, 139, 401, 402. — IV, 35, 101, 103, 159, 161, 231, 235, 249, 250, 378, 440, 494. — V, 41, 328, 500.

WHARNCLIFFE (James Stuart, lord). — IV, 146*, 147.

WIELAND (Christophe-Martin), écrivain allemand. — I, 416*, 426, 427, 434, 436, 437, 441, 443 à 445, 440.

WINDISCHGRÆTZ (Alfred, prince de) feld-maréchal autrichien. — 340*.

WINTZINGERODE (Ferdinand, baron de), général russe. — II, 153*.

WINTZINGERODE (comte de) diplomate et homme d'Etat wurtembergeois. — I, 419. — II, 540.

WITTGENSTEIN (le prince de Sayn), homme d'Etat prussien. V, 509.

WOLKONSKI (prince) aide de camp de l'empereur Alexandre. — I, 414. — II, 150, 457. — III, 120.

WRÈDE (Charles-Philippe, prince de) feld-maréchal bavarois. — III, 333, 335, 358*, 361, 369, 376, 381, 410, 412, 421, 456, 472, 484, 490, 509, 510, 538. — III, 79, 165, 248, — IV, 322.

WURMSER (comte), intendant général de l'armée autrichienne. — III, 256.

WURTEMBERG (Paul, prince de) — — III, 467. — IV, 34*, 249, 352, 395, 426.

WURTEMBERG (princesse de) — Voir FRÉDÉRIQUE-CATHERINE.

WURTEMBERG (Antoinette-Ernestine-Amélie de Saxe-Cobourg Saafeld duchesse de). — I, 419. — II, 536*.

WURTEMBERG (comte de). — I, 419.

WURTEMBERG (prince royal de). — Voir GUILLAUME.

WYBICKI (comte). — I, 309.

WYNN, homme d'État anglais. — IV, 101*.

X

XIMÉNÈS, cardinal. — I, 19.

Y

YARMOUTH (lord). — I, 305, 306.

YORK Frédéric, duc d'York et d'Albany. — IV, 458*.

YVON (l'abbé). — I, 152*.

Z

ZASTROW (de), aide de camp du roi Frédéric-Guillaume III. — I, 308.

ZEA BERMUDEZ (François), homme d'État espagnol. — III, 359*. — V, 90, 98, 99, 104, 105, 121, 140, 216, 237, 240, 242, 244, 245, 250, 252, 262, 263, 315*, 317, 378.

ZERDELER (Louis), diplomate et homme d'État suisse. — II, 424*, 426. — III, 7, 28, 102.

ZESCHAU (de), général saxon. — III, 77*.

ZEUGWITZ (de), officier saxon. — II, 396.

ZICHY DE VASONYKIO (comte de), homme d'État autrichien. — II, 397*, 428, 458.

ZIGESAR (de). — I, 416.

ZUMALACARREGUY (Thomas), général carliste. — V, 393*, 463.

ZURLO (Giuseppe, comte), homme d'État italien. — II, 13*.

ZUYLEN DE NYEWELDT (Hugo, baron de), diplomate hollandais. — III, 423*. — IV, 183, 184, 186, 190. — V, 27, 35, 51, 53, 87, 88, 401.

FIN DU TOME CINQUIÈME ET DERNIER.

TABLE DU TOME CINQUIÈME

Avertissement de l'Éditeur.   1

ONZIÈME PARTIE

Révolution de 1830 (1832-1833).   1

DOUZIÈME PARTIE

Révolution de 1830 (1833-1834). 267

Appendice. 485

De M. le duc de Choiseul. 513

Index alphabétique des noms des personnages mentionnés dans les « Mémoires ». 593

PARIS. — IMP. CHAIX, RUE BERGÈRE, 20. — 17796-7-91.

www.ingramcontent.com/pod-product-compliance
Lightning Source LLC
Chambersburg PA
CBHW050316240426
43673CB00042B/1427